4차 산업혁명 시대의 인공지능
알고리즘에 의한 법 분야 위험 예측

유민총서

17

4차 산업혁명 시대의 인공지능
알고리즘에 의한 법 분야 위험 예측

| 양종모 지음 |

홍진기법률연구재단

차 례

프롤로그

1 장 4 차산업혁명, 미래, 위험사회

미래사회 ··3
4 차 산업혁명 ···3
위험시대 ··7
핀테크와 레그테크 ···9

2 장 위험에 대하여

1. 위험 일반론 ··19
위험이란 무엇인가? ···19
위험의 정의와 유형 ···20
위험의 속성 ···29
같으면서도 다른 위험과 위기 개념 ·····················30
2. 위험의 관리 ··32
위험의 지배 ···32
위험의 관리 방안 ···37
글로벌 위험 관리 ···41
위험 회피 전략- 또 다른 아이디어 ·····················42

위험의 규제 ··· 44

위험의 감수 ··· 45

비즈니스 분야의 포괄적 위험관리 프레임 ··········· 49

3. 법적 위험 ·· 51

법적 위험의 유형 ·· 52

규제 위험 ·· 56

법률 준수 위험 ·· 57

계약 위험 ·· 57

분쟁 위험 ·· 58

평판 위험 ·· 58

비 법적 위험 ··· 59

개인정보 보호 준수 및 데이터 침해 위험 ············ 60

법적 위험과 관련된 실제 사례 ···························· 61

4. 법적 위험 관리 방안 ··· 63

법률 서비스 분야의 특성으로서 위험 관리 ··········· 63

사고방식의 변화-법적 위험관리의 시작 ··············· 64

법적 위험 관리 프레임 워크 ······························· 68

법적 위험의 식별 ·· 70

법적 위험 분석 ·· 71

법적 위험 평가 ·· 72

법적 위험의 처리 ·· 75

위험 평가 계획 수립 ·· 76

법적 위험의 자체 정의 ······································· 79

법적 위험의 대응 ·· 80

법적 위험 분석 ·· 80

법적 위험의 완화 ·· 84

의사소통 ··· 89

3장 예 측

1. 예측 일반론 ···93
   미래 예측 ··93
   예측에 있어서 확률이론 ···102
   경제학과 예측 ··107
   예측 기술 ··112
   예측코드 ··118
   카오스 ···119
   시나리오 계획 ··120
   예측의 오류 ··123
   예측의 유용성 ··128
   예측은 기회? ···130
   예측 오류의 이유 ··132

2. 법 분야의 예측 ···135
   법 분야 위험 예측의 필요성 ··135
   법 분야 예측의 중요성 ··143
   경험적 정보 ··148
   법률(요소 중심) 분석 ···149
   실증적 정보 ··149
   요소 중심 분석 ··150
   변호사 경험 ··152

3. 인공지능 예측 ···153
   인공지능 알고리듬의 등장 ··155
   알고리듬 ··155
   문제의 분할 전략 ··158
   인공지능은 예측 ···158
   인공지능 예측 공식 ···163

인공지능 예측 규칙의 평가 ························164

인공지능은 흑마술black magic이 아니다. ···········166

긱 파워Geek Power ························167

패러다임의 전환 ························167

빅데이터 ························168

마법의 양탄자 ························172

빅데이터와 인공지능 알고리듬의 차이 ···········175

통계학 ························178

블랙박스 또는 설명 가능성의 문제 ···········181

자율성Autonomy ························183

데이터의 질 ························185

알고리듬 복잡도의 지수적 증가 ···········186

4 장 인공지능 위험 예측

1. 위험 예측에 인공지능 알고리듬 도입 ···········193

인공지능 도입에 따른 위험 예측·관리의 과제 ···········205

인공지능에 의한 위험 관리 실태 ···········207

2. 위험 예측 도구로서의 인공지능 ···········210

인공지능 위험 예측 분석 알고리듬 ···········212

인간 의사결정의 취약성 ···········214

인공지능이 예측에서 실패하는 이유 ···········216

안다는 것을 아는 것 ···········217

모른다는 것을 아는 것 ···········217

모른다는 것조차 모르는 것 ···········218

안다는 사실을 모르는 것 ···········219

함께 할 때 더 잘하는 예측 ···········222

　예외 예측 ···225

　인공지능 예측의 과정 해부 ···226

　인공지능 알고리듬은 진정으로 알지 못한다. ·········228

　딥러닝이 잘 하는 일 ···231

　인공지능 예측에 있어서 특성공학의 중요성 ···········234

　특성 공학feature engineering ······································236

3. 금융 부문의 위험 예측 ··238

　일본의 부동산 버블 ···246

　투자 위험의 예측 ···249

　금융기관의 대출 신용 평가 ···252

　초인간적 위기 감지팀 ···254

　인공지능 퀀트 ···256

　퀀트의 성공은 알고리듬이 좌우 ···································258

　특이한 주가 예측 모델 ···261

4. 금융규제와 레그테크 ···262

5 장 예측 모델링

예측 모델의 구체적 구현 ···267

미래연구 ···269

모델 ···270

위험 예측을 위한 컴퓨터 모델 ·······································283

예측 모델링의 과제 ···294

6장 법 분야 인공지능 위험 예측 관리

법적 분야의 인공지능 활용 ·······297

법적 위험 예측 알고리듬 ·······301

법률실무에서의 데이터 과학 ·······303

인공지능 알고리듬에 의한 법적 위험 관리 가능성 ·······304

인공지능에 의한 법 분야 위험 예측 변화 ·······305

법 분야의 인공지능 위험 예측의 함의 ·······307

법 분야 인공지능 위험 예측 도구 개발 연혁 ·······310

법적 추론의 자동화와 예측 알고리듬의 차이 ·······311

법 분야 위험의 양적예측의 원리 ·······312

법 분야 위험 예측·분석의 현실 ·······315

법 분야 인공지능 위험 예측의 장애물 ·······316

7장 공공영역에서의 법적 위험 예측

1. 재범의 위험성 예측 알고리듬 ·······322

보험과 위험 파악 ·······324

재범의 위험성 예측 알고리듬 ·······325

재범 위험성 예측 알고리듬의 구축 ·······327

비판의 비판 ·······329

COMPAS ·······330

이론상 훌륭하다 ·······337

실행상의 문제 ·······338

재범의 위험성 예측 알고리듬에 대한 또 다른 우려 ·······341

오류가능성의 문제 ·······342

블랙박스 속성·불투명성 ·······343

역공학을 통한 실험적 예측 모델의 구현 ·················346
코드 차원의 예시 ······································352

2. 범죄 예측 알고리듬(예측 치안 알고리듬)·················358
마이너리티 리포트 ····································358
Predpol ··360
기타 유형의 예측 치안 알고리듬 ·····················367
데이터의 염결성 ·····································370
불량 데이터의 원인 ··································372
단편화되고 편향된 데이터 ····························372
오손된 데이터 ······································374
데이터 편향성의 문제 ································378
우리나라 범죄 예측 선행 연구 ························380
소스코드 차원의 범죄예측 알고리듬 소개 ···············382

3. 자살 예측 방지 알고리듬 ·····························384
자살 위험 예측 코드 ··································394

8 장 민간영역에서의 법적 위험예측

1. 법적 예측 알고리듬 사용 ····························401
법적 분야의 정보기술 ································401
양적 법적 예측 ······································402
양적 법적 예측과 자연어 처리 ························404
양적 법적 예측 현황 ································407
머신러닝과 법적 예측 ································408

2. 계약서 위험 예측 알고리듬 ··························411
계약 메타데이터 추출 ································421
Kira 의 작동원리 ····································422

자동화된 계약서 분석에서 자연어처리 ·················422
예측 계약predictive contracting ·················424
계약서 위험 예측 알고리듬 관련 국내 연구 ·················428

3. 자금세탁 방지 알고리듬 ·················433

4. 사기 예측 알고리듬 ·················440
규칙기반의 접근 방식 ·················442
사기 예측·탐지 모델 ·················445

5. 대출 위험 예측 알고리듬 ·················448

6. 소송(판결) 예측 ·················452
선행연구에서 인공지능 소송 예측 모델 구현 사례 ·················454
미 연방 대법원의 인디언 관련 사건 판결 예측 연구 ·················457
자연어 처리를 이용한 유럽 인권 재판소 판결 예측 ·················462
소송(판결) 예측 알고리듬 평가 총설 ·················470
Lex Machina와 Solomonic ·················472
머신러닝의 개가와 소송 결과 예측 알고리듬 ·················477
집단소송 ·················478
제3자 소송 자금 조달 ·················481
소송금융의 역사 ·················485
오늘날 국가마다 소송 금융 규제가 크게 다르다. ·················485
소송자금 투자자의 위험 평가 도구 ·················487
새로운 제언(좋은 모델을 선택하기 위한 방법론) ·················491
진정한 법 분야 예측 알고리듬을 위한 제언 ·················492

9장 자연어 처리

자연어 처리 ·················501
예측 부호화 ·················504

n-gram ··· 504

단어 가방 ·· 505

tf-idf 방법 ··· 506

word2vec ·· 509

BERT ··· 516

GPT ·· 518

왓슨이라는 IBM의 인지 컴퓨팅 ··· 522

ROSS의 구현 방식 ·· 523

참고문헌   529

찾아보기   543

프롤로그

이 책을 쓰면서, 나는 왜 예측에 관심을 가졌는지 자문해본다. 사실 '페이첵'이라는 영화를 보면서 그것에서 제시하는 여러 상황과 가정과 전망에 매료되었기 때문일 수도 있다.[1]

사실 예측이라는 주제는 법학과도 법 분야와도 어울리지 않는, 법학자나 법률전문가에게 생경한 개념일 수도 있다. 필자가 법 분야의 예측과 관련된 논문을 썼을 때 심사자들의 반응도 그랬다. 법률전문가들이 의뢰인에게 법률서비스를 제공함에 있어 가장 중요한 핵심요소는 예측력이라고 했더니, 동의하기 어렵다는 지적이 있었다. 법률전문가라면 전문적 지식과 분석력을 갖추고 성실한 자세로 임하면 되지, 무슨 예측 운운하면 되느냐는 생각이 아니었을까? 그러나 실제 법조실무가로 일했던 필자의 경험에 비추어 보면 법률전문가는 그것만으로는 부족하다는 생각이 들었다. 법률적 전문지식이나 성실함 등은 기본 덕목이 되기는 하지만, 보다 훌륭한 법률전문가가 되기 위해서는 부족하다. 적어도 법률전문가는 형사사건을 맡아 처리하든, 민사소송을 담당하게 되었든 소송의 향방을 미리 예측하고, 의뢰인도 미처 생각하지 못한 소송의 승패를 좌우하는 여러 가지 요소를 발굴하여야

---

1) '페이첵'은 필릭 K. 딕의 단편 소설 '페이첵'을 원작으로 오우삼 감독이 제작하여 2003년 개봉한 SF 영화이다. 영화에 대한 평을 보면 기억조작을 다룬 영화라지만, 필자는 주인공이 개발한 미래 예측 알고리듬도 대단한 관심을 끌었다. 미래 예측을 다룬 필립 K. 딕의 또 다른 소설을 원작으로 한 '마이너리티 리포트'보다는 훨씬 현실적 미래 예측을 다뤘다. '마이너리티 리포트'가 초능력 소녀들의 예지력을 예측의 근간을 삼았다면, '페이첵'에서 미래 예측을 주인공이 개발에 참여한 미래예측 알고리듬이 한다는 점에서 보다 현실적 접근으로 보인다. 원작인 소설과 영화는 내용상에서 많은 차이가 있다.

한다. 그러나 이러한 예측이 말처럼 쉬운 것은 아니다. 예를 들어 형사사건을 선임하면서, 변호사들은 의뢰인에게 형사 사건의 대략적인 향방을 이야기하고, 그것이 사건 수임에 상당한 영향을 미친다. 구속되어 있는 피고인의 사건을 수임하면서, 집행유예로 석방하는 것을 조건으로 삼았다면, 그것은 나름 집행유예가 예견되었기 때문이다. 그런데 갖은 노력에도 불구하고, 실형이 선고되면, 그 변호사는 당혹을 넘어 낭패를 당하는 경우가 있다. 기대가 무산된 피고인이나 가족 측이 항의 수준을 넘어 행패를 부리는 경우가 없지 않다. 반대로 사건 결과 예측이 제대로 맞아떨어지면 의뢰인의 만족은 물론 변호사의 성가도 올라가게 마련이다. 이러한 예측이 맞아떨어지기 위해서는 물론 경험이나 전문적 지식 등 개인적 역량이 작용한다.

이런 저런 이유로 인공지능을 연구하면서, 필자가 줄곧 관심을 가졌던 부분은 인공지능 알고리듬을 통한 법 분야 예측이었다. 그러나 필자가 법학 교수로 몸담고 있고, 누구나 필자의 연구 분야를 법학이라 여기는 상황에서 법 분야 예측을 주제로 삼았지만, 실상 필자에게는 예측 자체가 훨씬 매력적이었다. 도대체 어떻게 하면 미래 예측이 가능한가?

사실 필자가 인공지능에 관심을 가지게 된 것은 프로그래밍과 무관하지 않다. 군 복무 시절, 경영학을 독학하면서 Operation Research에 흥미를 느꼈는데, 그 내용 속에 컴퓨터 소스 코드가 포함되어 있었다. 생소한 소스코드는 아무래도 이해가 될 것 같지 않았지만, 그래도 언젠가 도전해보겠다는 마음을 가졌고, 결혼 후 장모님이 결혼 선물로 PC를 사주시면서 본격적으로 프로그래밍의 세계에 진입하게 되었다. 나름대로 초보적인 수준의 프로그래밍 공부를 하면서, 점차 데이터베이스 등 검사로서의 업무 처리에도 도움이 되는 여러 가지 어플리케이션을 사용하면서 점차 컴퓨터의 가능성을 보게 되었고, 프로그래머로서의 최고 경지까지 올라보겠다는 터무니없는 목표를 세우기까지 하였다. 그러면서 프로그래밍의 최고 경지는 무엇일까 나름 생각해보니, 인공지능이었다. 인공지능은 1950년대에 태동하였고,

필자가 프로그래밍에 입문한 1980년 후반에는 30여년의 세월이 흘렀지만, 아직까지 세상에 알릴만한 어떤 성과도 없는 것처럼 보였고, 필자가 접하는 인공지능이란 것도 prolog나 lisp로 만들어진 아주 초보적인 어플리케이션이었지만, 기존의 컴퓨터 알고리듬과는 다른 점을 발견하면서 매력적이라 생각하였지만, 기실 그 때는 인공지능의 겨울이라고 불리는 시간이었다. 다층 신경망 자체의 문제점, 컴퓨터 성능의 제약으로 인한 연산 처리의 한계로 인하여, 인공지능 연구 지원은 대폭 축소되기 시작했고, 관련 산업도 침체기에 접어드는 두 번째 겨울을 맞이하게 된다. 연구 투자도 줄면서, 자연스럽게 학자들도 다른 분야로 눈을 돌리는 시기였고, 지금 인공지능의 대가로 볼츠만 머신에 오류역전파를 결합해 딥러닝의 전환점을 만든 재프리 힌튼(Geoffrey Everest Hinton) 교수 같은 이도 인공지능 연구를 계속하기 위해서 미국을 떠나 캐나다로 이주하기도 했다.[2)]

필자의 경우도 아주 초보적 수준의 입문서만 접할 수밖에 없는 현실에서 자연스럽게 관심에서 멀어졌지만, 그래도 프로그래밍의 끈은 놓지 않았고, 인공지능에 대한 기대감도 버리지 않았다. 인공지능과 관련하여 그 사이에 여러 우여곡절이 있긴 하였지만, 필자는 검찰을 떠나 2006년부터 대학 교수로 재직하면서 연구의 필요성을 느끼게 되었고, 일반적인 법학 이외의 소재를 찾다보니 자연스럽게 다시 인공지능에 재진입하게 되었다.

인공지능과 관련한 연구에서 필자가 놀라움을 느낀 것은 바로 인공지능의 예측 기능이었다. 인공지능과 관련하여 가장 먼저 관심을 끈 것은 범죄예측 알고리듬이었고, 그 다음은 재범의 위험성 예측이었다. 이 알고리듬들은 공공영역의 것이고, 민간 영역에서도 예를 들면 Lex Machina와 같은, 지적 재산권 소송의 비용과 결과 예측 알고리듬이 사용되고 있다. 이러한 알

---

2) 물론 제프리 힌튼의 경우, 영국 태생이고, 인공지능 연구를 위해 미국을 이주하였고, 인공지능을 군사적 목적으로 이용하는 것을 원치 않아 캐나다 고급연구소의 펠로우가 되었다는 설도 있다.

고리듬의 전제는 빅데이터 분석을 통한 객관적이고 과학적인 위험 측정이다. 인공지능 예측 기술이 발전하면, 알고리듬은 확률적 결론만 있어도 더 크고 복잡한 데이터 세트를 이해하고, 작은 표본의 잠재적 편향 효과와 같은 역사적·경험적 기술의 한계도 극복할 수 있다.

또한 인공지능 알고리듬 특히 머신러닝은 사기 탐지에서 성공을 거두었다고 평가받는다. 전자 거래가 늘면서 새로운 종류의 금융사기와 시장 조작이 횡행하고, 2011년에만 사기 행위로 인하여 금융 산업이 입은 손해가 연간 약 800억 달러에 이를 정도인데, 로지스틱 회귀, naïve Bayes algorithm 및 support vector machine과 같은 비교적 고전적 인공지능 알고리듬으로도 이러한 경제 범죄의 상당부분을 적발하는 성과를 내었다.[3]

물론 이와 같은 인공지능에 의한 예측 알고리듬이 기존의 인간 중심의 예측 체계를 완전히 대체할 것이라고는 보이지 않으며, 예측 알고리듬은 여전히 오류의 문제에서 자유롭지 못하다. 비교적 단순한 당뇨병예측 시스템조차 많은 위양성false positive 및 위음성false negative의 결과를 보인다. 예측 알고리듬의 경우, 비효율성이나 정확성 결여는 단순히 결정이 잘못된다는 것을 넘어 결정의 불공정성도 초래한다는 점에서 이와 같은 문제는 자동화된 인공지능 예측 시스템의 사용에 부정적 영향을 미친다. 따라서 이런 예측도구의 등장에도 불구하고, 인간 전문가의 역할은 여전하고, 자동화된 예측 과정에서의 인간 개입 개념인 'human in loop'가 주목을 받고 있다. 현 상황에서 예측분석 알고리듬은 인간이 수행하는 결과 예측을 지원하고, 보완하는 역할을 할 가능성이 높다. 2019년 2월 트럼프 대통령이 서명한 "AI Order on AI" 행정 명령에 따른 연구 개발 전략 계획이 인간의 능력을 보완하고 증강하는 인공지능 시스템의 개발이라는 것도 우연이 아니다.[4]

---

3) 매튜 딕슨 외, 이기홍(역), 『이론에서 실전까지 금융머신러닝』, 초판(에이콘출판주식회사, 2022), 44면.

이러한 주제에 진입하기 전에도 빅데이터나 인공지능 알고리듬의 놀라운 기능에 대한 여러 가지 소개서를 통해 인공지능이 가진 무한한 가능성에 대하여 큰 기대를 걸기도 했다. 어떻든 범죄예측 알고리듬이나 재범의 위험성 예측 알고리듬 모두 현실에서 사용되는 인공지능 알고리듬이고 모두 범죄와 관련되었다는 점에서 적절하고, 자연스런 선택인지 모른다. 그러나 무엇보다도 중요한 것은 바로 예측이 중심이라는 것이다. 인공지능이 미래를 예측한다!!! 그 얼마나 가슴 설레는 주제인가? 필자는 2016년 대검찰청에서 발간하는 형사법의 신동향에 인공지능 이용 범죄예측 기법과 불심검문 등에의 적용에 관한 고찰이라는 논문을 썼다. 그때 초록에서 빅데이터와 인공지능을 이용한 범죄예측의 실용적 모델을 언급하면서, 사전에 범죄발생 징후가 높은 지역과 시간을 미리 예측하여 선정하고, 순찰활동 등 경찰력을 그 지점에 집중토록 함으로써 경찰의 예방활동에 큰 기여를 하는 알고리듬을 소개하면서 영화 '마이너리티 리포트'를 언급하기도 했다. 물론 그 이전인 2013년도에 수사기법으로서의 데이터 마이닝에 대한 법적 고찰이라는 논문을 통해서 데이터 마이닝을 수사에 활용할 경우를 상정하고, 그럴 때 발생할 수 있는 여러 가지 법적 쟁점을 형사법 관점에서 다뤘다. 데이터 마이닝이 생소한 사람도 있을 것이지만, 이것도 인공지능 알고리듬을 데이터의 관점에서 바라본 것일 뿐 인공지능 알고리듬과 같다.

재범의 예측 알고리듬에 대하여는 그 이전부터 필자가 했던 각종 강연에서 소개를 하였지만, 정작 논문으로 나온 것은 2021년도였다. 법 분야 의사결정 알고리듬의 대표 격으로 거론되는 재범 위험성 예측 알고리듬 COMPAS는 피고인의 석방 여부 결정이나 형량 결정 등에 사용되고 있는데, 이 알고리듬이 가진 여러 가지 문제점을 언급하면서 인공지능의 설명 가능성 등을

---

4) Estefania McCarroll, "Weapons of Mass Deportation: Big Data and Automated Decision-Making Systems in Immigration Law", 34 GEO. IMMIGR. L.J. 705 (2020), p.706.

논하였다. 그러나 논문이 가진 성격 때문에 비판적 시각에서 여러 문제점을 지적하였지만, 사실 이러한 알고리듬은 실로 법 분야 예측에 있어서 인공지능의 놀라운 성과라고 하지 않을 수 없다. 더욱이 범죄예측 알고리듬이나 재범 위험성 예측 알고리듬은 현실에서 사용되면서 괄목할만한 성과를 거두었으니, 그것이 가진 일부 부정적 측면을 덮기에 충분하다. 문제점이 있다고 해서 효율성 측면에서 탁월한 성과를 보이는 시스템을 무조건 막거나 폐기하려는 것은 문제가 많다. 구더기 무서워 장 못 담그겠느냐는 속담이 들어맞는 형국이다.

　뒤에 자세히 소개하겠지만, 재범 예측 알고리듬은 그 뿌리를 보험계리에 두고 있다. 보험의 원리가 바탕이 되었단 말이다. 네이버 국어사전 정의에 따르면 보험은 경제 재해나 각종 사고 따위가 일어날 경우의 경제적 손해에 대비하여, 공통된 사고의 위협을 피하고자 하는 사람들이 미리 일정한 돈을 함께 적립하여 두었다가 사고를 당한 사람에게 일정 금액을 주어 손해를 보상하는 제도라고 되어 있다. 학술적으로는 독일의 A. Manes 라는 학자가 제시한 '보험이란 다수의 동종의 위험에 노출된 경제주체에 의한 우연하고 평가 가능한 금전적 필요의 상호적 충족이다'라는 정의가 대체로 지금까지 많은 학자에 의해 지지를 받고 있다. 보험의 목적은 우연한 사고에 의해 발생하는 '필요의 충족'에 있다 보니 우연한 사고에 의해 발생하는 경제적 불이익의 보충이라는 소극적인 것에 그치고, 어떤 사고의 발생에 의해 적극적으로 이익을 취득하는 것을 목적으로 하고 있는 것은 아니다. 보험은 우연한 사고의 발생에 의한 필요의 충족을 목적으로 하고 있어 방화, 자살 등과 같이 보험가입자의 고의로 인해 발생하는 사고, 소위 주관적 위험 및 심장질환자의 사망과 같이 우연성을 결여하는 사고는 보험의 대상이 되지 않는다. 또한 보험은 대수적 원리에 기초한다. 대수의 법칙the law of large numbers이란 어떤 독립적으로 발생하는 사상에 대하여 그 관찰대상을 늘리면 늘릴수록, 그리고 관찰도수를 늘리면 늘릴수록 어떤 사상의 발생확률의 실제결과는 점점 예측결과에 가까워지는 현상을 말하며 평균의 법칙the law of average이라고도 한다.5) 이 법칙은 개개인들에게는 불확실한 현상이라도 이런 개인들이 많이 소속된 집단 전체로 보면 거의 확실한 현상으로 바뀌게 된다는 말이다. 예를 들어, 개인들은 금년에 자신의 집에 화재가 발생할지 그렇지 않을지 알 수 없는 불확실성을 가지고 있지만, 도시나 국가 전체로 보면 거의 일정한 숫자의 집들에서 매년 화재가 발생한다는 것이다. 보험 회사는 많은 수의 주택을 대상으로 하기 때문에 화재가 발생할 주택의 비율을 거의 확실하게 예측할 수 있게 된다.6)

　이런 정의보다 한자 의미 그대로 위험(險)으로부터 보호(保)하고자 한다는 소박한 풀이가 더 와 닿는 것은 결국 위험에 대한 대처라는 점이다. 막대한 교정비용 절감을 위해 재소자 숫자를 줄이는 하나의 방안으로 도입된 재범 위험성 예측 알고리듬은 이상보다는 현실을 채택한 접근법이라는 점에 의의가 있다. 차별 등 기존의 법적 관념에서는 문제가 없지 않지만, 그 시행 결과 막대한 예산 절감 효과를 가져 올 수 있다면 그만이라는 매우 냉정한 기술적 고려가 있는데, 이런 점을 무조건 비난하기는 곤란하다. 오히려 필자는 이러한 재범 예측 알고리듬의 신뢰도에 관심이 있었고, 그것이 표방하는 여러 가지 원리나 모델이 타당성이 있느냐는 관점에서 살펴보려고 무던 애썼다. 물론 이러한 알고리듬이 개별 기업의 자산이고, 영업비밀 보호라는 장벽 때문에 모델에 대한 분석이 가능하지는 않았다. 그러나 모델의 원리가 무엇일까 하는 차원에서 고찰하려고 애썼고, 본 저술에서도 그 점은 동일하다. 잠깐 언급했지만, 재범 위험 예측 알고리듬은 보험 수리적 방법을 빌려왔다고 했는데, 그런 표현은 다소 이상하다. 보험이나 재범의 위험성 예측 알고리듬이나 위험과 위험의 발생 확률을 전제로 깔고 있다는 점에서 동일한 원리일뿐, 그렇다고 재범 위험성 예측 알고리듬이 보

---

5) 한낙현/김홍기, 『위험관리와 보험』, 초판(우용출판사, 2008), 45-47면.
6) Robert D. Cooter/Thomas Ulen, 한순구(역), 『법경제학』, 초판(경문사, 2009), 58면.

험 수리적 방법을 빌려왔다고 하는 것은 적절한 표현이 아니다. 현실 세계에서 불확실성이 개입되지 않는 이벤트는 없다. 불확실성이 개재되는 한 확률과 통계가 대처의 중심이 되지 않을 수 없다. 보험은 오랜 역사를 가지고 있지만, 불확실한 위험에 대한 대처의 방안으로 창안된 것이다. 이런 보험의 역사를 다시 소개할 것이다. 그만큼 보험이라는 제도는 위험 관리에 있어 커다란 족적을 남겼고, 때문에 위험 관리에 있어 전형이 될 수 있다. 다만 보험법과 같이 법적 규율과 관련된 논의는 기대하지 않길 바란다. 그것은 본서의 저술 의도와는 동떨어진 것이다. 보험에서 얻고자 하는 것은 예측의 방법론이고, 예측의 경험이다. 또 다른 법 분야 위험 예측 알고리듬인 범죄 예측 알고리듬은 흔히 착각하기 쉬운 알고리듬이다. 범죄 발생 예측이라고 하니까 구체적으로 어떤 범죄자가 언제, 어디에서 범죄를 저지를 것인지를 예측하려는 것으로 착각하기 마련이다. 그러나 영화 '마이너리티 리포트'에서와는 달리 현실의 범죄예측 알고리듬은 범죄인이 아닌 범죄 발생 장소를 예측한다. 엄밀한 의미에서 언제라는 것도 예측하지 못한다. 특정 장소에서 범죄가 발생할 가능성이 높다는 것, 즉 범죄가 발생할 가능성이 높은 특정 장소를 예측해줄 뿐이다. 이런 알고리듬 없이도 우리는 우범지역이라는 표현을 쓰면서 특정 지역에서 범죄가 발생할 가능성이 많다는 것을 막연히 인식하고 있다. 우범지역은 범죄가 자주 일어나거나 일어날 가능성이 높은 지역으로 정의되는데, 결국 범죄예측 알고리듬은 우범지역이 어떤 곳인지를 알려줄 뿐이라는 것인가? 범죄예측 알고리듬 중 하나인 Predpol은 지진예측 알고리듬을 본 딴 것으로 알려지고 있다.

별 실력도 없으면서 인공지능을 알리는 것을 상품화한 사람들이 꽤 있다. 누구는 이런 사람들의 실체를 까면서 신랄한 비판을 하지만, 필자는 이런 사람들의 덕을 봤다고 생각한다. 적어도 인공지능에 대하여 환상과 기대를 심어줬기 때문이다. 인공지능의 실체를 어느 정도 파악하고 보니 인공지능 알고리듬의 근간은 무식하기 짝이 없다는 것을 알게 되었다. 인공지능에 대한 막연한 환상이 깨지는 순간이었지만, 한편 그렇게 단순한 모델이 그렇게 대단한 성능을 발휘한다는 것은 놀라웠다.

더불어 원래 본서의 저술 의도가 그야말로 예측에 있다는 것을 재삼 강조한다. 인공지능 알고리듬이 기존의 컴퓨터 알고리듬과 다른 것은 불확실한 상황 하에서 미래를 예측할 수 있다는 점이고, 그것은 굉장히 매혹적인 부분이다. 물론 인공지능 알고리듬에 대하여 어느 정도 알게 되면 예측과 분석이 크게 다르지 않다는 것을 알게 된다. 미래 예측은 과거 사례를 학습하여 만든 모델로 하는 데, 이런 학습과정을 알고리듬의 관점에서 보면 과거 사례를 분석하는 것과 다름없다. 따라서 예측이나 분석은 활용의 관점일 뿐 근본은 같다고 해도 크게 틀리지 않는다. 사람에게 어려운 미래 예측이 일개 기계가 해낼 수는 없는 것이고, 그걸 너무 기대하고, 신뢰하는 것도 문제가 없지 않다. 그래도 인공지능 알고리듬은 현실적으로 인간과는 다른 방식으로 미래를 예측하고, 법 분야의 위험도 예측 가능하다. 필자는 미래 자체의 예측을 다루려는 욕심이 크지만, 이 저서가 홍진기법률연구재단의 지원을 받은 만큼 법적 분야를 대상으로 하게 되었고, 법 분야의 예측이라는 쪽에 방점을 둔 것일 뿐, 주제를 법 분야 예측에 국한하려 하지 않는다. 위험의 예측 일반이 본 저술의 목적이라 여겼으면 한다. 나아가 위험의 예측만 해서는 활용 관점에서 기여도가 떨어진다. 그래서 위험의 예측을 위험의 규율 또는 통제 방안과 연결시켜 보았다. 이런 의도로 생각의 범위를 넓히니 자연스럽게 첨단 기술에 의한 금융 규제인 레그테크RegTech에 이르렀다. 레그테크는 최근 각광을 받고 있고, 그 중요성은 너무나 크다.

이러한 레그테크는 위험이 본질적으로 법적 위험으로 환원될 수 있다는 것을 전제로 기존의 위험 규제 프레임을 법적위험의 규제나 규정 준수라는 관점에서 조망하고, 나아가 그런 법적 위험의 규제와 관리 측면에서 인공지능 알고리듬의 활용 가능성을 높인다. 인공지능 알고리듬의 활용에 있어서 인공지능이 가진 여러 가지 문제점을 외면할 수는 없다. 통상 인공지능에 의한 자동화된 의사결정은 엄격한 규제 대상이다. 유럽의 GDPR과 같은 경우, 자동화된 의사결정을 위해서는 대상자의 동의를 필요로 한다. 뿐만 아니라, 재범의 위험성 예측 알고리듬의 경우, 인종 차별적 결과 등으로 인해 비판의 도마 위에 올랐다. 비현실적 강 인공지능을 염두에 둔 인공지능 윤리가 한 때 논의되기도 했다. 그 논의에서 인공지능의 윤리를 사람의 윤리에 빗대기도 했다. 그러나 인공지능 윤리는 개발 윤리다. 인공지능의 설계 단계에서 인공지능으로 인해 인간이 해악을 입지 않도록 구현되어야 한다는 것이 기본이다. 그러면 이러한 실제적 인공지능 윤리가 레그테크에서 어떻게 포섭이 되고, 또 어떤 갈등 상황을 연출하는지 살펴볼 필요가 있다. 금융의 개발 논리는 기본적으로 이익추구에 있고, 큰 틀에서 법적 규제를 위반하지 않으면 된다. 문제는 누구의 이익 추구이냐는 것이다. 앞서 서브프라임 모기지 사태가 여러 금융기관의 파산까지 가져왔지만, 통상의 경우, 대출채무자의 채무불이행이 있더라도 이러한 위험이 그런 모기지 상품을 구매하는 사람에게 전가되는 식으로 설계되어 있다면, 이러한 방식은 금융기관에게 이익이 되지만, 반면 위험이 전가되는 구매자 입장에서 채무불이행으로 인한 손해를 고스란히 떠안아야 한다. 금융 시스템이 복잡하게 설계되고 운영되어온 이면에 금융업자의 이익이 우선시되고, 금융서비스 이용자는 뒷전이 되며, 규제기관 또한 제대로 된 감독을 하기 보다는 오히려 금융업자들의 이익을 대변하는 존재로 전락되고 말았다는 비판을 염두에 두고, 이러한 핀테크 및 이를 규제하는 레그테크가 이와 같은 윤리에 부합하는지에 대하여 의문을 가지고 접근하여야 한다. 금융을 비롯한 각종 법적 위험의 규제에 있어 이와 같은 윤리라는 잣대를 들이댈 것인가가 문제된다. 막연히 소비자를 보호한다는 단순 논리로는 위와 같은 복잡한 이해타산의 문제를 해결하고 진정한 소비자 보호의 결과를 거양하기가 어렵다. 따라서 레그테크를 통한 제대로 된 위험 규제를 위해서는 이러한 핀테크의 이면에 있는 인공지능 등 다양한 기술적 측면에 대한 충분한 이해와 검토가 수반되어야 하고, 그 토대 위에서 다시 인공지능 등 다양한 알고리듬을 동원해 제대로 된 위험 규제 모델을 창출하여야 한다. 인공지능 알고리듬의 경우, 분석과 예측이라는 측면에서는 탁월한 성능을 보이고 있다. 특히 법적 위험의 예측이 위험의 규제 프로세스에서 어떤 역할을 할 것인지는 꽤 중요하게 다룰 문제다. 본 저술에서는 그와 같은 기술적 측면에 대한 고찰이 중요한 비중을 차지할 것이다. 뿐만 아니라 그동안의 레그테크가 금융부문을 중심으로 논의되어왔다는 한계상황을 염두에 두고, 법적 위험 전반의 규제 논리로서의 전환이 가능한지 여부도 타진해본다. 인공지능이 가진 저력을 위험을 관리하고, 최적화하고, 평가하는 데만 치중하는 것을 비판하면서, 인공지능을 보다 창조적인 프로세스를 실질적으로 변화시키는 도약대로 삼아야 한다는 견해7)가 있을 정도로 인공지능을 활용한 위험 예측이 중요하지만, 아직 법 분야에서는 이런 위험 예측은 큰 주목을 받지 못하였다.

아무래도 저술내용의 상당부분이 법학의 입장에서는 미답의 분야를 대상으로 하고 있고, 어떤 체계화된 저술의 대상으로서 적합하지 않다. 그러다 보니 목차에서부터 전형적인 Ⅰ. 1. (1) 1) 으로 나가는 체제를 취하지 않았다. 마치 새로운 세계를 탐험하는 것처럼 생각이 흘러가는 대로 저술을 하였다.

본 연구를 지원해 주신 홍진기법률연구재단의 홍석조 이사장님과 재단 관계자 분들께 감사인사를 드립니다.

그리고 끊임없이 저자를 사랑해주고, 응원해주는 든든한 평생의 지원군 희원, 도경에게 감사의 뜻을 전한다.

---

7) 김태원, 『데이터 브랜딩』, 초판(유엑스리뷰, 2021), 205면

1장

4차 산업혁명, 미래, 위험사회

미래사회

일반적으로 미래사회의 특성을 나타내는 키워드는 불확실성, 위험, 스마트, 융합 등이다. 이런 불확실성이 지배하는 시대에서 여러 가지 가능성에 대한 시나리오 시뮬레이션을 통해 불확실한 상황 변화에 유연하게 대처할 수 있다. 즉 다양한 위험을 사전에 파악하는 것은 물론 실시간 대처도 가능하다. 그것이 가능한 배경에는 빅데이터 또는 인공지능 알고리듬이 있다. 빅데이터를 기반으로 한 인공지능 분석은 개인 맞춤형의 지능화된 서비스 제공을 통해 삶의 질을 향상시키고, 트렌드 변화에 능동적으로 대처하여 경쟁력을 확보할 수 있는 스마트한 삶을 제공한다. 산업분야 등 다양한 분야에서 빅데이터를 활용하면 새로운 가치를 창출할 뿐만 아니라, 새로운 융합시장의 길을 열어줄 것으로 기대된다.[8] 미래 사회는 결국 빅데이터와 인공지능으로 대표되는 4차 산업혁명으로 도래되는 사회로 봐도 무방할 것이다.

4차 산업혁명

제4차 산업 혁명Fourth Industrial Revolution은 정보통신 기술ICT의 융합으로 이루어지는 차세대 산업 혁명이다. 4차 산업혁명이라고 명명한 것은 증기기관의 발명과 더불어 시작된 1차 산업혁명, 전기, 내연기관의 발명으로 촉발된 2차 산업혁명, 컴퓨터와 인터넷이 가져온 20세기 후반의 3차 산업혁명과 무관하지 않다. 엄밀한 의미에서 3차 산업혁명의 심화단계이지 별도로 4차라는 명명이 필요 없다는 견해도 있는데, 4차 산업혁명이 3차

---

8) 윤두희, 『빅데이터가 나를 위해 일할 때까지』, 초판(주식회사 부크크, 2019), 14면.

산업혁명과 어떤 점에서 차별화되느냐 하는 문제로 귀결된다. 우리나라 산업통상자원부는 4차 산업혁명을 "인공지능 기술을 중심으로 하는 파괴적 기술들의 등장으로 상품이나 서비스의 생산, 유통, 소비 전 과정이 서로 연결되고 지능화되면서 업무의 생산성이 비약적으로 향상되고 삶의 편리성이 극대화되는 사회·경제적 현상"이라고 정의한다. 이렇게 보면 4차 산업혁명을 결정짓는 핵심인 인공지능이 바로 그 차별화의 중심에 있다고 해도 과언이 아닐 것이다.

  따라서 인공지능에 필요한 데이터를 확보할 수 있는 생태계를 구축하고 이를 활용할 수 있는 알고리즘을 보유한 기업이 4차 산업혁명 시대의 시장을 주도할 수밖에 없다.[9] 예를 들어 현대제철은 구글이 공개한 알파고 알고리즘을 철강설비에 적용하여, 스스로 학습하는 딥마인드 방식을 통해 자동차 강판 제작 시 최적의 금속 배합 비율 발견하였고, 사물인터넷을 활용한 스마트공장을 구축하고 있으며, 메디데이터Medidata는 클라우드와 빅데이터를 활용한 임상실험 플랫폼[10]을 제공하고 있으며, 스탠다임Standigm[11]은 딥러닝 기술을 활용하여 많은 양의 연구 데이터를 분석하고 가장 유망한 후보를 가려내는 기술을 활용하여 신약 후보물질들을 예측하는 시스템을 개발하고 있다.[12] 4차 산업혁명 시대는 플랫폼에 의한 지배가 예상되는데, 플랫폼은 일반적으로 소비자와 생산자의 상호 의존적인 그룹 간의 교

---

9) 유수정, "4차 산업혁명과 인공지능", 『한국멀티미디어학회지』, 제21권 제4호(한국멀티미디어학회, 2017), 2면

10) 메디데이터는 홈페이지에서 eClinical 솔루션을 통해 임상시험의 가능성을 재정의하고 있다고 하면서, 메디데이터 만이 최신의 치료법과 기기를 환자에게 제공하기 위해 필요한 빅데이터, 인공지능을 기반으로 한 인사이트, 그리고 환자 중심의 솔루션을 통합할 수 있다고 강조하고 있다. https://www.medidata.com/kr/(2022. 4. 1. 최종방문).

11) 2015년에 설립된 이 회사가 내세우는 것은 개발 초기 단계에 있는 연구자들에게 워크플로 인공지능을 제공하여 7개월 이내에 최고 수준의 약물 발견을 하도록 한다는 점이다. https://www.standigm.com/about/company(2022. 4. 1. 최종방문).

12) 유수정, 각주 10)의 논문, 2면

환을 촉진하여 가치를 창출하는 비즈니스 모델이다. 이러한 교환을 가능하게 하기 위해 플랫폼은 주문 형 접근이 가능한 대규모의 확장 가능한 사용자 및 리소스 네트워크를 생성한다. 플랫폼은 사용자가 상호 작용하고 거래할 수 있는 네트워크 효과로 커뮤니티와 시장을 만든다.[13] 이러한 플랫폼을 통해 기업 기능이 산업간 경계 없이 적용되면서 업무도 전문적 기능 중심으로 전환되어 비전형적 고용형태가 확산될 것으로 예상된다.[14] 플랫폼 세계에서 경쟁은 본질적으로 전통적인 파이프라인 기업들 간의 경쟁 양상과 매우 다르다. 플랫폼 시대에서는 승자 독식이 빈번하다. 승자 독식 시장을 특징짓는 4가지 요소에는 규모의 공급 경제, 강력한 네트워크 효과, 높은 멀티호밍[15] 비용과 전환 비용, 특화된 틈새 전문화 부족이 있다.[16]

빅데이터 분석, 로봇공학, 3D 프린팅, 사물인터넷, 무인 운송 수단(무인 항공기, 무인 자동차) 등 4차 산업혁명을 견인하는 기술의 중심에는 인공지능이 있다. 즉 인공지능 기술로 말미암아 상품이나 서비스의 생산에서부터 유통, 소비 전 과정에서 모든 것이 연결되고 지능화되는 현상이 4차 산업혁명의 본질이다. 2016년 세계 경제 포럼World Economic Forum에서 주창된 이 개념은 물리적, 생물학적, 디지털적 세계를 인공지능에 입각해서 통합하는 데 중점이 있고, 이러한 4차 산업혁명의 견인 역할에 이르러 인공지능은 단순한 기술적 진전이 아닌, 경제, 산업 등 모든 분야에 영향을 미치는 일종의 플랫폼 역할을 한다. 인체의 정보를 디지털 세계에 접목하는 기술인 스마트워치나 스마트 밴드를 이용하여 모바일 헬스케어를 구현한

---

13) https://www.applicoinc.com/blog/what-is-a-platform-business-model/(2022. 4. 25. 최종 방문).
14) 유수정, 각주 10)의 논문, 3면.
15) 사용자가 하나 이상의 플랫폼에서 비슷한 유형의 상호작용에 참여하는 현상. 프리랜서 전문가가 두 개 이상의 서비스 마케팅 플랫폼에 자신의 이력서를 올린다거나, 음악 팬이 한개 이상의 음악 사이트에서 음악을 내려 받고 저장하며 공유한다거나, 운전자가 우버와 리프트를 통해 동시에 승객들을 유치하는 것 모두가 멀티호밍 현상이다.
16) 마셜 W. 밴 앨스타인 외, 이현경 (역), 『플랫폼 레볼류션』, 초판(부키(주), 2017), 363면.

다든가, 가상현실VR과 증강현실AR도 물리적 세계와 디지털 세계의 접목에 해당될 수 있으나 이는 어디까지 하위개념에 불과하다. 4차 산업혁명은 우리가 살고 일하고 서로 관계를 맺는 방식의 근본적인 변화를 나타낸다. 이는 1차, 2차, 3차 산업 혁명에 상응하는 비범한 기술 발전으로 가능해진 인간 개발의 새로운 장이다. 이러한 발전은 물리적, 디지털 및 생물학적 세계를 결합하여 엄청난 가능성과 잠재적인 위험을 모두 발생시키는 방식으로 이루어지고 있다. 이 혁명의 속도, 폭, 깊이로 인해 우리는 국가가 어떻게 발전하고 조직이 가치를 창출하는지, 인간에게 무엇을 의미하는지 다시 생각해야 한다. 4차 산업혁명은 기술 중심의 변화 이상이다. 지도자, 정책 입안자, 모든 소득 그룹 및 국가의 사람들을 포함하여 모든 사람이 통합 기술을 활용하여 인간 중심의 포괄적인 미래를 만들 수 있도록 도울 수 있는 기회다. 진정한 기회는 기술 그 이상을 바라보고 많은 사람들이 가족, 조직 및 지역 사회에 긍정적인 영향을 미칠 수 있도록 하는 능력을 제공하는 방법을 찾는 것이다.17)

　이러한 4차 산업혁명은 바라보는 관점에 따라서 다양하게 해석된다. 산업공학관점에서 4차 산업혁명은 스마트 공장smart factory으로 파악된다. 스마트 공장은 연결된 장치, 기계 및 생산 시스템을 사용하여 데이터를 지속적으로 수집하고 공유하는 디지털화된 제조 시설을 의미하는데, 가격, 생산성, 품질, 수요, 효율성, 시간, 서비스 관점에서 경쟁력의 혁명이고, 그로 인해 승자 독식이라는 현상이 일반화된다. 3차 산업혁명 시대가 다품종 대량생산이었다면, 4차 산업혁명으로 인해 개인 맞춤형 생산으로 변모한다.18)

---

17) https://www.weforum.org/focus/fourth-industrial-revolution(2021. 8. 1. 최종 방문).
18) 이준열, "4차 산업혁명과 인공지능 기술", 『대한산업공학회 추계학술대회 논문집』, (대한산업공학회, 2018), 1679쪽.

위험시대

현대사회는 다양한 위험이 존재하고 그러한 위험은 중요한 사회적 이슈로 취급된다. 자연적 재해뿐만 아니라 사회적, 경제적, 정치적, 문화적 시스템에 의하여 발생하는 사회적 위험 또한 다양하며 그로 인한 피해 규모도 크다.

울리히 벡Ulrich Beck이 현대 사회를 위험사회로 파악하면서, 다른 학자들도 위험사회라는 개념으로 현대의 위험을 다루고자 했다. 현대는 여러 가지 위험원들에 노출되어 있고, 이러한 위험원들로 인해 사람은 중대한 위협에 직면해있다. 앞서 보았듯이 기술 발전으로 인한 새로운 위험들로 인해 인류의 생존 자체가 위협받는 상황이 되었다. 벡에 의하면, 우리 사회는 스스로 만들어낸, 쉽게 드러나지 않는 자기파괴 가능성의 도전에 직면하고 있기 때문에 기술-과학적으로 생산된 위험들의 생산, 정의 그리고 분배로부터 생겨나는 문제들과 갈등들은 전통적인 산업사회의 부의 분배의 문제들이나 갈등들과 중첩된다고 한다.

벡은 현대적 위험은 근대의 일상생활에서와는 다른 의미를 갖는다고 한다. '진전된 현대성'으로 인해 인간 활동과 전문적 지식 없이는 파악하기 어려운 위험이 생성되는데, 그 영향은 집단적이고, 전 지구적이며, 되돌릴 수 없으므로 이전에는 상상하기 어려울 정도의 규모로 파국적이라고까지 한다. 일부 학자는 '위험이 있는 집단적 광기'가 있다고 주장하기도 했다. 벡 등은 1980년대와 1990년대부터 발전해 온 소해면상뇌증Bovine Spongiform Encephalopathy 문제, 즉 인간 뇌질환의 새로운 변종 크로이츠펠트-야콥병(nvCJD)과 '광우병'에 감염된 소의 고기를 먹는 것 사이에서 '위험사회'의 특징이 잘 드러난다고 한다. 그것은 직접 관찰이 아닌 과학적 조사를 통해서만 위험을 알고 평가할 수 있기 때문에 문제가 된다. 더욱이, 그것은 안전/불안전, 건전/불건전과 같은 질적 및 이분법적 판단 대신 적어도 먹고 마시는 것과 같은 일상적인 활동에 대한 것이라는 점에서 충격적이다.

유전자 변형 유기체, 생식 기술 또는 광범위한 일상생활에 잠재적으로 영향을 미칠 수 있는 컴퓨터 오류와 관련된 위험과 같이 '진전된 현대성'의 전형이라고 볼 수 있는 위험도 있다.[19)

지식기반 경제가 급속히 발전하면서 체제의 복잡성이 증가하고 있을 뿐 아니라, 변화가 급격해지는 가운데 상호 네트워크 연계로 인해 파급 효과가 커지면서 체제의 불안정성 또한 증대하고 있다. 또한 세계화의 진전으로 외부충격에 대한 노출이 증가되는 가운데 자본의 대규모 유·출입이 가능해짐에 따라 충격의 파괴력이 증폭되면서 사후적 복구비용이 사전적 예방비용을 상회하게 되었다. 이와 같은 추세는 경제·금융 부문뿐 아니라 점차 환경·자원, 정치·사회 부문에서도 광범위하게 관찰되고 있다. 포괄적 안보의 중요성이 커짐에 따라 군사안보 전략의 일환으로 발달해 온 장기 국가전략을 전 부문에 걸쳐 확장 수립하여 사전적 예방을 강화할 필요성이 증대하고 있는 것이다.[20)

논쟁의 여지가 있는 '위험 사회'라는 개념이 역사적 일반화로서 이론적으로 일관성이 있는지와 정확한지에 대해서는 많은 논란이 있지만 최근에 위험risk, 위해hazard 및 책임blame에 대한 다양한 토론과 연구가 있었음은 의심의 여지가 없다.[21)

위험사회의 특징 손실로 나타나는 결과에 대한 인과관계가 단순하지 않다는 것, 즉 복잡성·다양성·전문성 모두의 영향을 받는다는 점이다. 지식사회에서는 산업사회와 달리 눈에 보이지 않는 구성적인 지적 능력을 통해 높은 부가가치를 생성하게 된다. 지식사회의 전문가는 적어도 자신의 분야에서 원인·결과의 복잡한 관계를 꿰뚫고, 불확실한 미래에 대한 예측능력

---

19) Christopher Hood et al., 『The government of risk- Understanding Risk Regulation Regimes』, Oxford University Press, 2004, pp.3-4.
20) 정재호, "미래예측 방법론: 이론과 실제", 『나라경제』, 2006년 10월호, 118면.
21) Christopher Hood et al., supra note 20, at 4.

을 가지고 있어야 한다. 현대적 기업이나 여타 조직의 직무는 높은 수준의 전문적인 지식과 경험, 지혜를 요구한다.[22] 그러나 이런 위험사회라는 전반적 관점도 중요하겠지만, 법 분야의 고유한 위험에 대한 논의도 중요하다.

핀테크와 레그테크

경제 분야의 경우, 2006년 이후 금융시장에는 많은 위기 상황이 발생했고, 그로 인해 전 세계적으로 금융 기관들은 엄청난 손실을 경험하였으며, 이에 금융기관과 규제당국 모두 위험관리 분야에서 활용되어 온 기존의 관행들을 재평가하기에 이르렀고, 스트레스 테스트와 유동성 위험에 대한 관심은 과거보다 더욱 증가하였다.[23] 우리나라에서도 금융 투자와 관련하여 각종 사고가 있었는데, 2019년 7월 라임자산운용이 코스닥 기업들의 전환사채CB 등을 편법 거래하면서 부정하게 수익률을 관리하고 있다는 의혹에서 시작되어, 10월 라임자산운용이 운용하던 펀드에 들어있던 주식 가격의 하락으로 뱅크런(펀드런) 위기를 맞으면서 결국 환매중단을 선택한 라임펀드 사건을 비롯하여, 2019년 디스커버리자산운용의 2,562억 원 규모 펀드가 미국 현지 자산운용사의 법정관리로 환매가 연기돼 발생한 대규모 투자자 피해 사건인 디스커버리 펀드 사태 등 다수의 대량 피해가 발생하였는데, 디스커버리 펀드는 2017년 4월부터 기업은행, 하나은행, 한국투자증권에서 팔려나갔고, 이중 기업은행의 판매액이 6,792억 원으로 가장 많았고, 신한은행의 판매액은 650억 원, 하나은행의 판매액은 240억 원으로 알려졌다. 이러한 사태는 단순한 투자 피해를 넘어 사회적 문제로 대두되었으며, 일응 도덕적 해이와 탐욕이 빚어낸 참화일 수 있지만, 반면 금융 규제와 관련된 제도적 미비가 주된 원인이 되고, 더 깊이 들어가면, 위험을 제대로

---

22) 김중구, 『위험관리가 회사의 미래를 결정한다』, 초판(원앤원북스, 2009), 84면.
23) John C. Hull, 강병진 외(역), 『금융기관의 위험관리』, 제2판((주)시그마프레스, 2013), 9면.

예측하지 못한 것이 근본적 원인이다. 주식, 채권, 파생상품 등에 대한 투자를 위해 다수의 고객들로부터 돈을 모아서 실적에 따라 배당하는 일종의 투자기금인 펀드는 공모펀드, 사모펀드 등 다양한 종류가 있으며, 라임사태나 디스커버리 펀드는 모두 사모 형태다. 이러한 펀드뿐만 아니라 각종 금융상품은 뇌관과 같이 항시 위험을 내포하고 있으며, 2008년의 금융 위기를 불러온 모기지 사태는 주택 거품이 꺼지면서 수 조 달러의 손실이 발생하기도 했는데, 이때 모기지 사기로 인해 은행은 피해를 보지 않고, 은행으로부터 상품을 매입한 구매자들이 피해를 입었다. 그런데 정작 그로 인한 피해의 손해배상은 대출기관인 은행이 받고, 구매자들은 배상에서 제외되는 등 각종 문제가 노정되었다. 특히 모기지 증권화mortgage securitization는 은행이 대출채무자의 채무불이행으로 인해 손해를 보지 않고, 은행의 상품에 투자한 외부 투자자만 손해를 보는 구조를 만들었다.

핀테크Fintech는 금융과 기술의 합성어로, 금융 서비스 제공 및 사용을 개선하고 자동화하려는 새로운 기술을 의미하는데, 핀테크는 컴퓨터와 스마트폰에서 사용되는 전문 소프트웨어와 알고리듬을 활용하여 기업, 사업주 및 소비자가 금융 운영, 프로세스를 더 잘 관리할 수 있도록 돕는다.

사실 이러한 핀테크의 부상으로 금융과 IT 기술이 결합되면서 각종 금융상품 등이 개발되기 시작했다. 이런 핀테크에 대하여 미국의 서브프라임 사태를 예로 들면서, 금융업자들은 자기 자신도 제대로 알지 못하는 위험을 관리한답시고 추상적인 가치를 만들어 투기를 조장하고, 허상의 숫자를 만들어 대중을 우롱하며 자기 배만 불렸다는 신랄한 비판도 있다.

서브프라임 모기지로 촉발된 2008년의 세계적 금융위기 이후 금융 산업에서 헤지펀드와 같이 규제 사각지대에 있는 금융상품에 대하여 시스템적 접근이 절실하다는 것은 학계의 일반적 시각이었다. 2008년의 금융 위기는 유동성 위험과 같은 일반적 문제 해결의 중요성뿐만 아니라, 위험 기반으로의 전략적 이동의 필요성을 절감케 하는 계기가 되었다. 규제기관의 입장에서도 위험을 식별하고 평가할 때 직면한 위험상황의 복잡성과 원인을 파악하여야 하는 것은 물론이고, 위험이 가진 다면성을 제대로 인식하고, 위험의 적절한 규제를 위한 해결책을 마련할 필요가 있다.

펀드를 비롯한 금융 투자에 있어서의 경제적 거래의 한 당사자가 다른 당사자보다 더 많은 지식과 정보를 가지고 있는 것을 의미하는 정보 비대칭을 비롯하여 금융위기 사태에서 보듯 한 금융 기업의 도산이 금융 산업 전체에 여파를 미쳐 금융 시스템의 붕괴를 초래하는 시스템 위험까지 금융에는 크고 작은 다양한 문제가 있는데, 이러한 시스템 위험을 사전에 탐지하고, 시장의 신뢰성을 유지하거나, 회복하는 조치가 필요하다. 금융의 신뢰 회복의 전제조건으로 안정적인 결제시스템, 자본배분의 효율화, 투자자 자산의 안전한 운용과 관리가 거론된다.

위험 규제는 불확실성 하에서 사회적 의사 결정을 위한 조직적 접근으로, 그 이전에는 통제할 수 없었던 위험을 통제하려는 일종의 시도다. 이는 위험 관리 측면에서는 질적 전환이며, 위험과 규제 사이의 연결성의 증대라는 현상으로도 연결된다. 이러한 금융 위험은 직·간접으로 법적 위험과 직결된다. 법적 위험이란 관련 법률을 준수하지 않음으로써 발생한 손해 또는 손실을 의미하며, 금융이나 기업 활동뿐만 아니라 사회 모든 영역에서 발생한다. 금융이나 기업 활동 등에 중대한 영향을 미치는 법률 및 규정의 역동적인 변화로 인해 발생하는 위험을 규제 위험이라고 분류하기도 하는데, 이러한 규제 위험은 위험 규제와 규정 준수 프로세스를 통해 줄이거나 없앨 수 있다. 법적 위험은 그 이외에 계약에 수반되거나, 불법행위 등에 의하여도 발생하며, 이로 인해 소송 등 분쟁상황으로 이어지거나, 기업 신용 훼손 등의 결과를 초래하기도 한다. 그러나 이는 어떤 위험이 바로 법적 위험으로 전환되는 예에 불과하고, 모든 분야의 위험은 종국엔 법적 위험으로 연결되기 때문에, 딱히 법적 위험의 범주를 특정 영역으로 제한하여서는 아니 된다.

위험 규제나 관리, 규정 준수의 당위성에 의문을 품는 사람은 없을 것이다. 디지털 통화 생태계의 근간을 이루는 비트코인은 통화 단위로 비트코인 네트워크상에 있는 참가자 사이에서 가치를 보관하고 전송되며, 비트코인 사용자들은 기존의 통화를 가지고 할 수 있는 일의 대부분을 할 수 있다. 예를 들면, 상품을 매매하거나 사람이나 기관에 송금하거나 대출을 받을 수도 있다. 비트코인은 매매가 가능하며 비트코인 전문거래소에서 다른 통화로 환전할 수도 있다. 비트코인은 신속하고 안전하며 국경을 뛰어넘는 통화 수단이기 때문에 통화의 완벽한 형태라고 주장하는 이도 있다.24) 이러한 비트코인 생태계까지 가세하면서 금융 환경에서의 위험 예측과 규제에는 여러 가지 어려움이 도사리고 있다. 반면 금융 시스템 전반의 디지털화에 따라 금융 부문 전반을 모니터링하고 기록·통신할 수 있으며, 기계로 판독할 수 있는 데이터가 늘어 빅데이터로 생성되기에 이르렀는데, 이러한 추세는 인공지능 모델링이 가능하다는 점에서 인공지능 알고리듬에 의한 금융 위험의 예측과 규제에 호재가 되기도 한다.

사실 은행 영업은 많은 위험들을 발생시킨다. 중앙은행 규제자들은 은행들이 자신들이 떠안고 있는 위험에 대비하여 충분한 자본을 보유하도록 요구한다. 1987년 이러한 자본 요구량 결정을 위한 국제 기준이 만들어졌다. 2007년부터 시행 되었던 신바젤 협약은 신용위험, 시장 위험, 운영 위험 등 세 가지 유형의 위험들 각각에 대해서 구 자본량을 할당하는 것이었다. 총 자본요구량은 신용위험을 위한 자본, 시장 위험을 위한 자본, 운영 위험을 위한 자본을 합친 것이다. 신용 위험은 대출 거래와 파생상품 거래의 상대방이 지급불능 상태에 빠지게 될 위험이다. 이것은 전통적으로 은행이 직면하는 가장 큰 위험이었으며 가장 많은 규제자본이 요구되는 위험이다. 시장 위험은 은행의 트레이딩 영업으로부터 주로 발생한다. 그것은 은행의

---

24) 안드레아스 M. 안토노풀로스, 각주 7)의 책, 3면.

트레이딩 북에 있는 증권가치가 하락할 가능성과 연관된 위험이다. 운영 위험은 은행의 내부 시스템이 예상한 대로 작동하지 못하거나 외부의 사건으로 말미암아 손실이 발생할 위험이다. 신용 위험과 운영 위험으로부터 발생하는 손실을 고려하는 기간은 1년이다. 이에 반해 시장 위험으로부터 발생할 수 있는 손실을 고려하는 기간은 열흘이다. 규제당국의 규제 목적은 은행이 충분히 많은 자본을 계속 유지하도록 함으로써 장래 은행 파산의 가능성을 낮추는 데 있다. 가령 신용 위험과 운영 위험의 경우 어떤 해에 예기치 못한 손실의 양이 자본의 양을 초과하여 나타날 확률이 0.1%가 되도록 자본이 선택된다. 규제 자본을 계산하는 것 이외에 대부분의 대형은행들은 경제적 자본 산출을 위한 시스템을 추가적으로 가지고 있다. 이것은 은행이 자신들 스스로 필요하다고 생각하는 자본으로, 규제당국에 의해 주어진 지침이 아닌 자체적인 모형을 이용하여 계산하는 것이다. 경제적 자본은 종종 규제자본보다 적다. 하지만 은행들이 규제자본 이상의 자본을 보유하는 것 이외에 다른 선택의 여지는 없다. 자본의 형태(자산, 후순위 채권 등)는 당국자에 의해 지정된다. 충분한 예고 없이 자본을 확충해야 하는 상황을 피하기 위하여 은행들은 최소 규제자본 이상으로 자본금액을 유지하려고 한다. 2007년과 2008년에 은행들이 서브프라임 모기지 포트폴리오에 대한 막대한 손실을 발표하였을 때 많은 은행들이 황급히 신규 자기자본을 조달해야 했다. 국부 펀드(국가 정부에 의하여 통제되는 투자펀드)는 이 자본의 일부를 제공했다. 예를 들면 400억 달러 정도 손실을 보고했던 시티그룹은 2007년 11월에 아부다비 투자청으로부터 75억 달러와 2008년 1월에 싱가포르와 쿠웨이트 정부를 포함했던 투자자들로부터 145억 달러의 자본 유치를 했다. 나중에 시티그룹과 또 다른 많은 은행들은 생존을 위해 자국 정부들로부터 자본 수혈을 받기도 하였다.[25]

---

25) John C. Hull, 각주 24)의 책, 55면.

또한 첨단 기술로 인한 기술과 제도의 부조화로 인한 위험 확산과 최근의 코로나 바이러스와 같은 전 지구적 위기 사태에 직면하면서 이러한 위험의 극복 방안을 강구하는 것이 최우선 과제가 된 소위 위험 중심의 사회가 되었다고 해도 과언이 아니다. 이러한 위험 사회의 도래에 따라 이런 위험 현상의 진단과 대응방안 모색, 예방책 강구는 시급하다. 이는 국가나 사회, 일반 기업뿐만 아니라 개인도 자유로울 수 없는 이슈로서, 이런 위험의 회피 방안 모색과 피해 상황 극복이 핵심 과제로 떠올랐다. 위험의 심각성이나 다양성은 커졌지만, 그런 위험을 감지하고 대응하는 것은 직감만으로는 어렵다. 따라서 사회 각 분야별로 위험을 미리 예측하고 제거하기 위한 위험성 평가의 중요성은 크다. 위험성 평가는 위해를 유발할 가능성이 있는 위험 요소 및 위험 요소를 찾아내어 분석하고 평가하는 것을 의미하는데, 이러한 위험성 평가는 역동적인 방식으로 이루어져야 한다. 이러한 위험성 평가의 성공 여부는 위험 예측 모델의 적절성에 달려있다.

공공 정책, 물리 및 사회 과학, 의학 및 기술을 포함한 대부분의 영역에서 위험을 이해하고 측정하고 관리하는 데에는 표준적인 프레임워크가 사용되며, 이는 법률 영역도 마찬가지다. 이 프레임워크는 확률론적 모델과 통계 정보를 사용하여 가능한 결과를 예측한다. 이러한 모델이 기초하는 위험의 요소는 세 가지인데, (1) 가능한 결과나 세계의 상태, (2) 각 결과나 상태와 관련된 비용이나 편익, (3) 각 결과나 국가가 얻거나 얻을 확률 또는 가능성이 바로 그것이다.26)

위험의 형상은 하도 다양해서 일일이 거론하기 힘들다. 코로나19는 미중 간 밀착되었던 경제구조의 디커플링을 가속화시키고, 글로벌 가치사슬 전반을 재편할 것으로 전망된다. 대외무역 의존도가 매우 높고(GDP의 95%), 특히 중국과의 수출입 교역 비중이 높은 우리나라는 지금까지의 수출입 경

---

26) Jose Luis Bermu Dez & Michael S. Pardo, "Risk, Uncertainty, And Super-Risk", 29 Notre Dame J.L. Ethics & Pub. Pol'y 471 2015, pp.472-473.

로가 과연 최선인지 재고할 수밖에 없다. 사드 배치를 둘러싼 중국의 경제 보복으로 중국 의존도의 위험성을 경험한 우리나라는 동남아시아라는 새로운 활로를 대안 지역으로 시험한 바 있다. 코로나19 확산에 대한 중국의 책임성을 연이어 압박하고 있는 미국의 강경한 태도는 전 세계에 탈중국화를 요구할 것이며, 이는 우리에게 더 큰 압박, 위험으로 작용할 것이다.[27]

또한 세계 여러 나라 기업은 기존 공급 네트워크에서 변화를 모색하기 시작했다. 중간재 공급 네트워크를 다각화하거나 본국회귀를 도모하고 있다. 실제로 미국에서 이런 경향은 분명하게 나타나고 있다. 이를테면, 2조 달러가 넘는 '코로나19 경기 부양법'을 제정하면서 미국 정부는 미국 제조업 공급 네트워크에 내재되어 있는 위험 요인을 분석하고, 본국으로 되돌아오는 기업에 혜택을 베풀며, 기술 개발을 지원하는 조치를 담았던 것이다. 한국 정부도 3차 추경을 편성하면서 비슷한 조치를 제안한 바 있다.[28]

법 분야에서도 다양한 형태의 고유한 위험을 예측하고 대응하고자 하는 방안 모색이 계속되어 왔으며 미국 등에서는 현실적인 위험 평가 또는 예측 모델들이 개발되어, 활용되고 있다. 소송 결과 예측 알고리듬과 같이 법률 서비스 과정에서 사용되는가 하면, 공공영역에서는 재범의 위험성 예측과 예측 치안 알고리듬이 활용된다.

국내에는 법무부가 범죄 징후 예측 시스템이라는 전자발찌 부착자의 위치 기반의 이상 징후 포착 시스템을 개발하여 운영 중이지만, 이는 재범 위험을 예측하는 위험성 평가도구와는 거리가 멀다. 경찰청도 경찰청 빅데이터 플랫폼 구축의 1단계인 범죄 위험도 예측 분석 시스템을 2021년 1월부터 시범 운용 중이지만, 범죄 통계, 112신고 등 치안 데이터와 인구·주요업종·건물 유형 등의 공공데이터를 융합 분석하여 범죄 발생 위험도를 분석

---

27) KAIST 문술미래전략대학원 미래전략연구센터, 『카이스트 미래전략 2021』, 초판(김영사, 2020), 74면.
28) 김소영 외, 『미래의 귀환』, 초판(한울엠플러스(주), 2020), 84면.

한다는 것 이외에는 정확한 실체 파악이 어렵다.

　인공지능은 우리의 전화기, 자동차, 쇼핑, 중매, 병원, 은행, 모든 매체 등
도처에 존재한다. 그래서인지 기업의 최고경영자CEO와 부사장과 관리자,
팀장, 창업자, 투자자, 스포츠 감독, 정책 입안자들이 너도나도 앞 다투어
인공지능을 배우려 한다. 그들은 인공지능이 그들의 사업을 밑바닥부터 바
꾸고 있다는 사실을 몸으로 느낀다.[29] 그러나 인공지능에 있어 선진국이라
할 미국에서도 본격화된 법 분야 인공지능의 발전은 다른 분야에 비해 활
발하지는 못한 것 같다. 법 분야의 예측 알고리듬에 국한하여 보면 아무래
도 재범의 위험성 예측을 비롯한 공공영역에서의 위험성 예측 도구가 중심
이다. 물론 국내에서는 이러한 위험성 예측 도구의 사용이 본격화되지 않
았기에 이를 논하는 것이 성급한 것 아닌가 하는 의문도 없지 않지만, 본격
적 도입 이전에 인공지능 알고리듬에 의한 위험성 예측이 가지는 여러 가
지 문제점 등에 대하여 선제적으로 검토할 필요는 있다. 민간 영역의 법률
서비스에 쓰이는 인공지능 알고리듬은 변호사 등 법률 전문가의 의사결정
을 대체한다기보다는 변호사를 보조하고, 변호사의 능력을 증강하는 역할
을 하고 있는데 그처 공공영역의 인공지능 알고리듬보다는 법적 논쟁거리
는 적기는 하지만, 그것이 가져오는 파급효과는 적지 않다. 어떻든 법 분야
에 있어서의 인공지능 예측 알고리듬은 일부 성공에도 불구하고, 성숙기에
접어들었다고 보기 어렵고, 어떤 일반화된 논의도 쉽지 않은 것은 분명하
다. 그래도 인공지능과 관련하여 가장 좋은 결정을 내릴 수 있는 핵심 요인
을 찾아내고, 유불리有不利를 따질 수 있는 프레임워크를 마련해보겠다는
의지를 가지고 임해보려 한다.

---

[29] 어제이 애그러월 외, 이경남(역), 『예측기계- 인공지능의 간단한 경제학』, 초판(생각의
　　힘, 2019), 14면.

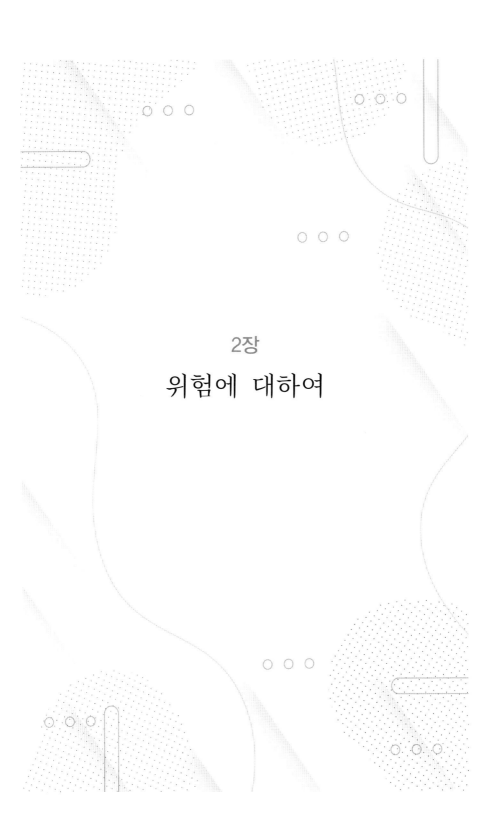

2장

위험에 대하여

1. 위험 일반론

위험이란 무엇인가?

일상어로 말하면, 위험이라는 단어는 부정적인 성격의 사건이 발생할 가능성을 나타낸다. 당연히 그것은 외부 세계의 어떤 측면에 있는 위험을 가정한다. 대부분의 문헌은 외부 세계의 속성으로서 위험에 대한 이러한 객관주의적 측면을 강조해왔다. 위험을 미래 행동에 대한 사람들의 결정의 예상되는 의미와 객관적 조건 및 명시된 목표의 예측할 수 없는 특성 사이의 여러 가지 불리한 편차의 총합으로 정의되기도 한다.[30]

전통적으로 위험은 "신의 행위"와 같은 부작용의 확률과 결과로 정의되었다. 그러나 행동 접근법은 태도와 신념이 주관적인 위험 평가(지각된 위험)에 어떻게 영향을 미치는지에 집중했다. 두 접근 방식 사이의 차이는 종류가 아니라 정도의 문제라고 해야겠다. 위험은 정확하게 설명될 수 있고 단순한 인식이 판단의 기반이 되는 현실의 구성적 특징으로 간주되는 경향이 있다. 위험은 다양한 이론적 담론, 지적 기술 및 학문 분야(범죄학, 심리학, 사회학, 금융, 결정 이론, 효용 이론 등)와 결부되어 있으며, 그것들이 내재된 정치적, 문화적 특성과 분리하여서는 파악이 어렵다. 전체 위험은 개별 위험의 조합이며 확률로 측정되어야 한다. 불확실성이란 위험은 세계의 상태에 대한 마음의 불확실성 상태로서 확률적으로 측정되지 아니하면 주관적인 불확실성으로 남아있게 된다. 이것에 확률이 개입하면서, 훈련된

---

30) Guiling Wang/Yimin Chen, "Enabling Legal Risk Management Model for International Corporation with Deep Learning and Self Data Mining", Comput Intell Neurosci, 2022. 4. 6, p.2.

지식을 사용하여 예측을 하고, 통제할 수 있게 되면 객관적 현실이 된다.
위험의 현실적 객관적 파악은 보험과 밀접한 관련이 있다.[31]

위험의 정의와 유형

학자들도 나름 위험을 정의하면서, 위험을 경제적 손실의 발생에 관한
불확실성이라거나, 어떤 주어진 상태에서 일정기간 중에 발생될 수 있는
결과의 변화도, 손실의 가능성, 손실에 대한 불확실성, 손해의 불확실성, 측
정이 가능한 불확실성, 확률에 의해 측정할 수 있는 개개 위태의 결합, 수
량적으로 측정할 수 있는 위험과 측정할 수 없는 불확실성 등 다양하게 파
악한다. 이처럼 위험에 관한 연구는 여러 학자들에 의해 오랫동안 수행되
어 왔지만, 공통적으로 적용할 수 있는 위험의 개념은 아직도 확립되어 있
지 않다. 하지만 이들을 종합해 보면, 위험은 크게 '손실의 가능성possibility
of loss'이라는 학설과 '손실의 불확실성uncertainty of loss'이라는 학설로
대별할 수 있으며 이들 학설은 모두 우연성의 요소와 손실의 요소를 공유
하고 있다. 우연성의 요소란 우리가 사고발생의 결과를 예측할 수 있다면
위험은 존재하지 않는다는 것을 의미하며, 손실의 요소란 발생하는 적어도
하나의 가능적 결과가 바람직하지 않는 것, 즉 손실이라는 것을 필요로 한
다는 것을 의미한다.[32]

위험의 분류에 있어 체계적 위험과 비체계적 위험을 살펴보는 것도 의미
가 있다. 이 분류는 투자와 관련된 위험의 분류에서 나온 것이다.

'체계적 위험'이라는 용어는 사회적, 정치적 또는 경제적 요인과 같은 비
즈니스의 거시 경제적 요인으로 인해 발생하는 증권 수익률의 변동을 의미

---

31) D. Knights/T. Vurdubakis, "Calculations of Risk: Towards An Understanding Of
    Insurance As A Moral And Political Technology", 『Covering Risks』, Ashgate
    Publishing Limited, 2005, pp.404-405.
32) 한낙현/김흥기, 각주 5)의 책, 18면.

한다. 이러한 변동은 전체 시장 수익률의 변화와 관련이 있다. 체계적인 위험은 정부 정책의 변화, 자연재해와 같은 자연의 현상, 국가 경제의 변화, 국제 경제 구성 요소 등으로 인해 발생한다. 위험은 일정 기간 동안 투자 가치의 하락을 초래할 수 있다.

이자 위험은 금리 또는 이자율의 변동으로 인해 수시로 발생하는 위험으로 채권 및 사채와 같은 이자가 발생하는 증권에 영향을 미친다.

인플레이션 위험은 개인의 구매력에 부정적인 영향을 미치므로 구매력 위험이라고도 한다. 이러한 위험은 생산원가 상승, 임금 상승 등으로 인해 발생한다.

시장 위험은 주식 가격에 영향을 미친다. 즉, 가격은 시장의 다른 주식과 함께 일정 기간 동안 지속적으로 오르거나 내릴 것이다.

비체계적 위험은 미시 경제적 요인, 즉 조직에 존재하는 요인으로 인해 기업의 유가증권 수익률이 변동하여 발생하는 위험을 말한다. 이러한 위험을 유발하는 요소는 회사 또는 산업의 특정 보안과 관련이 있으므로 특정 조직에만 영향을 미친다. 이와 관련하여 필요한 조치를 취하면 조직은 위험을 피할 수 있다. 비즈니스 위험과 재무 위험의 두 가지 범주로 구분되며 다음과 같이 설명된다.

영업 위험은 영업성과가 사전에 계획한 목표에 미치지 못할 때 발생한다. 수익 목표에 미달하거나 비용이 예산을 초과하면 발생하며, 경영이 지속 가능한지를 결정짓는 핵심적 위험이며,[33] 비즈니스 위험이라도 한다. 정부 정책의 변화, 경쟁의 심화, 소비자의 취향과 선호도의 변화, 대체 제품의 개발, 기술의 변화 등 영업 위험을 유발하는 몇 가지 요인이 있다.

재무 위험은 차입 위험이라고도 한다. 회사의 자본 구조 변경은 재무 위험에 해당한다. 부채-자기 자본 비율은 그러한 위험의 표현이다. 또한 예를

---

33) 김중구, 각주 23)의 책, 23면.

들어 기업이 소유한 건물이 화재로 전소할 위험은 명백히 비체계적 위험이며 해당 기업의 주주들이 분산 투자를 통해 없앨 수 있음에도 불구하고 대부분의 기업들에서 화재에 대비한 보험을 드는 것은 매우 흔한 일이다. 또한 대부분의 기업들은 높은 위험을 감수하는 것을 피하려고 하며, 때로는 환율 변동, 이자율 변동, 상품가격 변동 등에 대해서 그들의 노출을 헷지하고자 노력한다.

안정적인 영업 이익의 확보와 기업의 존속은 매우 중요한 경영 목표이기도 하다. 이러한 기업들도 새로운 사업 기회가 주주의 관점에서 '위험-수익률 간의 교환관계'를 개선시키는지 평가하고자 시도한다. 그러나 기업이 감수하는 총 위험이 지나치게 커지지 않도록 제한하는 것을 최우선적인 전제 조건으로 삼는 것 또한 사실이다. 완전 시장perfect market에서 기업이 파산하게 되면 기업의 유무형 자산들은 시장의 공정가격에 따라 즉각적으로 처분되며 채권자, 주주, 그리고 다른 이해 관계자들에게 명확한 지침에 따라 분배된다. 만약 우리가 그러한 완전 시장에서 살고 있다면 파산이라는 사건 그 자체는 주주가치를 전혀 훼손시키지 않는다. 그러나 불행히도 현실 세계는 이러한 완전 시장과는 거리가 멀다. 파산에 임박한 시점이 되면 기업이 보유한 유무형의 자산들은 상당부분 그 가치가 하락한다. 게다가 파산과정을 통해서 이러한 자산들의 가치는 필연적으로 더욱 하락하게 되는데, 이를 파산비용bankruptcy cost이라 한다.

파산비용의 속성은 무엇인가? 일단 파산이 선언되면 소비자나 공급자는 해당 기업과 더 이상 거래를 영위하지 않으려 한다. 파산 기업이 보유한 자산은 때때로 빠른 시일 내에 처분되어야 하기 때문에 정상적인 판매 가격보다 훨씬 낮은 가격에 처분되기도 한다. 기업의 브랜드나 명성과 같은 중요한 무형자산의 가치는 때때로 소멸되기까지 한다. 그런 기업은 더 이상 주주의 이해를 최대화하기 위한 노력도 하지 않는다. 파산 관련 회계사들이나 변호사들에게 거액의 수수료가 지급되어야 한다. 기업이 높은 위험을 감수하였다가 잘못되었을 경우, 재앙에 가까운 파산비용이 발생할 수도 있다.

기업의 생존은 중요한 경영 목표이며, 주주들은 과도한 총 위험을 감수하지 않는 기업을 선호한다. 파산법은 국가에 따라 매우 다르지만, 대개의 경우 채권자들 간의 자금 회수를 위한 경쟁을 유도하기 때문에 파산절차는 파산 기업의 가치를 훼손시키는 방향으로 전개될 수밖에 없다. 이러한 기업의 가치는 해당 기업이 수십 년에 걸쳐 공들여 축적해 온 것일 수 있다. 따라서 주주의 이해를 가장 잘 대변하는 기업들이 이러한 가치파괴적인 과정이 발생할 확률을 줄이려고 하는 것은 당연하며, 이는 결과적으로 기업이 감수하는 총 위험을 제한하는 전략의 형태로 나타난다.

분야별로는 특이한 위험도 있다. 사람이 건강하게 오래 사는 것은 축복이라는 점에 별다른 이의를 하지 못할 것이다. 그런데 이를 위험으로 파악하는 분야가 있다. 장수 위험은 의학 발전과 생활양식의 변화로 사람들이 더 오래 살게 되는 것을 위험으로 파악한다. 기대수명은 세계 대부분의 지역에서 꾸준히 증가하였다. 2004년도에 미국에서 태어난 아기의 평균 기대수명은 1929년에 태어난 아이의 기대수명보다 대략 20년 더 높게 추정된다. 평균 기대수명은 국가마다 다르다. 기대수명의 증가는 대부분의 연금 계약에서 연금을 보다 더 오랫동안 지불함으로 인해서 수익성에 불리한 영향을 주기 때문에 위험이 된다. 하지만, 대부분의 생명보험 계약들(사망보험금의 지급 시점이 미뤄지기 때문에 또는 정기 생명보험의 경우에는 사망보험금의 지급 가능성이 낮아지기 때문에)의 수익성은 개선되는 측면이 있어 이를 위험이라고 보지 않는다. 사망 위험은 전쟁, 에이즈, 또는 스페인독감 같은 전염병으로 사람들이 예상 수명보다 일찍 사망할 위험이고, 관념적으로 위험으로 인식하는 데 별 문제가 없다.

사망 위험의 영향을 계산함에 있어서 특정 사건에 의해 영향을 받을 가능성이 가장 높은 연령 집단을 고려하는 것이 중요하다.

사망위험은 대부분 유형의 생명보험 계약에서 보험금 지급에 불리한 영향을 미치기 때문에 위험으로 파악하지만, 연금 계약에서는 예상한 기간보다 더 짧게 연금이 지불되기 때문에 수익성은 증가된다. 생명보험회사가 연금 사업에서 직면하는 장수 위험과 사망 위험은 보통의 생명보험 계약에서 직면하게 되는 위험들과 어느 정도 상쇄관계에 있다. 보험 계리사는 조심스럽게 여러 가지 시나리오들에 대해 보험회사의 위험을 평가해야 한다. 장수 위험은 재보험 계약과 장수 파생상품으로 헷지할 수 있다.[34]

보험과 관련하여 파악되는 또 다른 위험은 재해위험이다. 재해위험은 사고나 범죄로 인한 재산 손실이나 상해의 위험을 의미한다. 가령 2005년 여름 미국의 카트리나와 2007년 1월 보퍼트 풍력 등급 상 12등급에 달했던 북서 유럽 태풍의 대가는 매우 컸다. 이러한 것들을 대재해 위험catastrophic risk이라고 한다. 대재해 위험이 문제가 되는 이유는 개별 보험 계약자들에 의한 보험금 청구가 더 이상 독립적으로 이루어지지 않기 때문이다. 1년 동안에 허리케인이 발생해서 허리케인으로 인한 손실에 대한 수많은 보험금 청구를 처리해야 하거나 또는 그해에 허리케인이 발생하지 않아서 그러한 보험금 청구가 하나도 없거나 둘 중 하나이다. 대부분의 대형 보험업자들은 재해의 발생 가능성을 예측하고 그로 인한 보험사의 손실을 측정하기 위해 지리, 지진대와 기상학적인 정보들을 기초로 하는 모형을 가지고 있다. 이러한 모형을 바탕으로 기본적인 프리미엄이 결정되지만 그렇다고 해서 대재해 위험의 '전부 또는 제로'의 성격이 제거되는 것은 아니다.

최근 벌어지고 있는 러시아와 우크라이나 간의 전쟁도 전 세계에 영향을 미치는 위기 상황이다. 코로나 사태의 여파로 식량과 여타 원자재 상품의 세계적 공급망이 교란된 상황인데, 설상가상으로 위 전쟁으로 상황이 더 악화되었으나, 문제는 그와 같은 악화 상태가 어느 정도로 심화되고 그 교란 상태가 얼마나 지속될지가 불확실하다는 것이다.

---

34) John C. Hull, 각주 24)의 책, 68면.

코로나 팬데믹 상황이 끝나가는 기미를 보이고 있는 것은 희망적이나, 종식 자체는 낙관하기 힘들며, 재유행 등의 불안감도 가시지 않고 있다. 이런 코로나 상황은 정부의 엄격한 통제, 사회적 거리 두기 등 국민들의 행동 변화로 인하여 통제가 되고 있다고는 하지만, 이런 비의학적 개입들은 세계 경제에 심각한 타격을 입혔고, 그 충격의 정도는 2008년과 2009년 사이에 있었던 금융위기 때보다 더 커서 1930년대의 대공황과 비교되고 있는 지경이다.[35]

물론 이러한 일반적 위험 외에도 기술의 발전과 관련된 신기술 위험도 존재한다. 언제, 어느 정도의 영향을 미칠지 정확히 예측하기는 불가능하다. 신기술위험은 복잡성과 불확실성이 너무 크기 때문에 기존의 추세기반 기술 예측을 통해서 대응방안을 마련하기가 어렵다. 예를 들어, 정보통신기술의 발전에 의해 복잡한 네트워크에 연결된 전력망 등과 같은 대형기술시스템은 해커나 바이러스와 같은 새로운 위협에 취약하여 대규모 정전을 초래할 가능성이 존재한다.[36]

기술의 발전으로 인한 이런 위험은 초재해ultrahazards이다. 즉, 법에서 엄격한 책임이 적절하다고 간주하는 위험 유형이다. 이것은 Richard A. Epstein이 말했듯이 "작은 방아쇠가 … 훨씬 더 큰 힘을 방출할 수 있는" 곳에서 발생하는 위험이다. 법원은 이런 유형의 위험에 대하여 "누구든지 이웃에게 피해를 줄 수 있는 것을 자기 땅에 가져오거나 축적하는 사람은 위험을 무릅쓰고 그렇게 하는 것"이라고 판결했다. 요약하자면, 초재해는 작은 방아쇠, 큰 힘, 이웃에 대한 위협을 결합한 개념이다.

이런 위험의 평가는 어렵다. 그런 기술의 안전이 경험적으로 검증될 수 없기 때문이다. 경험적 검증은 샘플 세트의 데이터가 필요하며 일반적으로

---

35) 니얼 퍼거슨, 홍기빈(역), 『둠, 재앙의 정치학』, 초판((주)21세기북스, 2021), 34면.
36) 임현, "미래 위험 대응을 위한 기술 예측의 방향", 『FUTURE HORIZON』, (과학기술정책연구원, 2020), 20쪽.

반복적인 시도를 통해 수행된다. 예를 들면, 신약이 안전하다는 것을 경험적으로 입증하려면 제한된 사람들에게 약물을 투여하고 그 결과를 통계적으로 분석한다. 그러나 제한된 수의 사람들에게 초재해 위험의 가능성이 있는 기술을 테스트할 수 없다. 그 기술이 인간의 멸종이라는 위험을 초래할 수도 있기 때문이다.[37]

뿐만 아니라 분야별로 특성화된 위험도 존재한다. 예를 들어 해외 투자를 한다고 하자. 그런 경우, 그와 관련된 고유한 위험, 즉 해외 투자 위험이 존재한다. 그 원인으로는 기본 자원, 정치 시스템, 경제 및 금융 발전, 환경보호 등인데, 북미 국가 클러스터와 오세아니아 국가 클러스터는 투자 위험이 낮은 반면 아프리카, 라틴 아메리카 및 아시아의 투자 위험은 높을 뿐만 아니라, 특정 도시의 여러 요인에 영향을 받는다. 기업의 해외 투자 위험이 거대하고 복잡한 시스템이라는 것은 널리 알려져 있고, 따라서 투자 위험평가 시스템을 설계하고 구축할 필요가 있는데, 평가시스템을 구축하는 전 과정에서 구축원칙과 투자 위험 영향 요인의 구성을 결정하는 것이 핵심연결고리가 된다.[38] 정치 시스템의 위험 범주는 주로 특정 국가의 안정성뿐만 아니라 정치적 영향의 정도를 특징으로 한다. 이는 법치 및 정책지원 수준을 포함하는 외교 상황을 평가하는 핵심 요소이다. 특히 정치체제의 주요 위험요인으로는 체제교체, 주변세력 간의 모순과 갈등, 법 체제, 사회신용, 외국인 지분, 파트너 등이 있다. 환경 보호의 위험 요소 범주는 투자에 있어 필수적으로 고려하여야 하는데, 기업이 해외 투자를 할 때 그 나라의 환경 보호의 법적 요구 사항, 투자 대상의 환경 법 집행 수준 및 환경 보호에 대한 자연 요소의 영향과 같은 환경 보호 요소를 항상 고려하

37) Eric E. Johnson, "Agencies And Science-Experiment Risk", University of Illinois law review. 2016. 527-587, pp.533-537.
38) Xiuyan XuID, "Risk factor analysis combined with deep learning in the risk assessment of overseas investment of enterprises"PLoS One. 2020 Oct 2;15(10).

어야 한다.

위험에 대하여 제대로 대처하려 하면서 오랜 경험을 축적한 보험에서는 위험을 보다 역동적으로 파악하고 있다. 보험은 이러한 손실을 수반하는 우연한 사고를 전제로 한 경제제도이므로, 보험계약에 있어서 위험은 우연한 사고와 관련하여 파악되고 있다. 우연한 사고의 발생은 통상 경제적 손실을 유발한다. 그리고 이 우연한 사고의 발생은 불확실성을 가지고 있다. 여기에서 말하는 우연한 사고란 그 발생이 가능하지만 확실하지 않는 사고를 의미하며, 즉 발생 자체에 관한 불확실성, 발생 시기에 관한 불확실성, 발생의 정도에 관한 불확실성 중 어느 한 가지라도 관련을 가지고 있는 것을 말한다. 이 같은 우연한 사고 발생의 불확실성 또는 가능성을 '위험'이라 부르고 있다. 그러면서, 보다 하위 개념으로 위태를 두고 있는데, 손실의 빈도나 심도 그리고 손실의 발생가능성을 새로이 만들어 내거나 증가시키는 상태를 의미하며, 다음과 같이 분류할 수 있고, 보험용어로서는 위험의 증가 혹은 감소라는 형태로 사용되고 있다. 물리적 위태physical hazard란 손실의 발생가능성을 새로이 만들어 내거나 증가시키는 자연적이고 물리적인 조건을 말한다. 예컨대 안전하지 못한 제동장치를 그대로 방치하는 경우 사고의 위험은 새로이 생겨날 수 있고, 안개나 폭우, 도로상의 빙판 등은 자동차 사고라는 손실의 가능성을 증대시킬 수 있으며, 주유소 등에 인화성 물질이 흩어져 있는 경우 화재의 위험은 새로이 생겨나거나 증가된다. 이 경우에 있어서 안전치 못한 제동장치, 빙판 및 인화성 물질의 방치는 물리적 위태에 해당된다.

도덕적 위태moral hazard란 손실의 발생가능성을 새로이 만들어 내거나 고의적으로 증가시키는 개인의 특성이나 정신적 상태를 말한다. 다시 말하면 손실을 고의로 만들어 내거나 우발적으로 발생한 손실의 정도를 증대시키는 부정직성을 의미한다. 예컨대 보험금을 목적으로 한 방화행위나 교통사고에 의한 상해를 과장하는 행위 또는 음주운전 등은 도덕적 위태의 좋은 예라고 할 수 있다. 이러한 도덕적 위태는 여러 종류의 보험에서 여러 가지 형태로 존재할 수 있고 통제하기도 매우 어려우나 보험자로서는 공제조항deductibles, 유예기간waiting period, 예외조항exclusions 등 여러 가지 규정을 만들어 통제하고 있다.

정신적 위태morale hazard란 도덕적 위태의 경우처럼 고의는 없지만 무관심 또는 부주의 등으로 손실발생을 방관하는 정신적 태도를 말한다. 예컨대 자동차에 키를 그대로 두고 주차해 놓았다가 차를 도난당하거나, 졸음운전을 하다가 교통사고를 내거나, 침대에서 담배를 피우다 그대로 잠이 들어 화재가 발생하는 경우는 개인의 무관심 또는 부주의가 가져다주는 손실이라고 할 수 있다. 일반적으로 이러한 무관심과 부주의는 자신의 재산이나 생명이 부보付保되었다고 안심하는 상태에서 비롯하는 경우가 많다. 이 같은 정신적 위태가 도덕적 위태와 다른 점은 도덕적 위태는 고의성이 그 주된 요인으로 작용하나, 정신적 위태는 고의성은 없고 단순히 무관심과 부주의를 그 주된 요인으로 하고 있다는 점이다.

경제활동으로 인한 위험도 있다. 경제생활은 항상 위험을 수반하며, 인류의 역사는 끊임없이 변화·변동하는 위험과 함께 투쟁하며 발전해 왔다고 해도 과언이 아니다. 사망, 노령, 상해, 질병 등의 위험은 보험에서 파악하고 있는 인적 위험의 종류다. 보험에서는 각종 재산의 파괴, 소실, 상실 등의 위험을 재산 위험property risk으로 파악하고 있다.[39]

법적 위험의 경우도 다양하다. 이에 대하여 뒤에 따로 살펴보겠지만, 여러 가지 법률관계로 인하여 초래되거나, 파생되는 위험도 있고, 범죄 피해 위험과 같은 것도 존재한다. 보험에서 취급하는 배상책임위험liability risk은 과실이나 계약위반으로 제3자의 인명이나 재산의 피해 등에 대한 위험으로 법적 위험의 범주에 속한다.

---

39) 한낙현/김홍기, 각주 5)의 책, 17면.

　이같이 인간의 주변 환경이나 기업환경 속에는 보험의 대상인 위험이 다양한 형태로 존재하고 있으며, 또한 위험은 환경오염, 인공지능 위험, 컴퓨터 바이러스, 해킹 등과 같이 계속 새롭게 생성되고 있다.

　이렇게 위험이 편재·생성되고 있는 곳에는 항상 불안이 떠날 수 없고 불안이 떠날 수 없는 곳에 가장 합리적인 위험관리Risk Management 방법인 보험 제도를 생각하지 않을 수 없다.

위험의 속성

　위험의 인과관계에 대한 인식도 다르다. 코로나19 발생의 인과관계는 선형적이어서 개인이 사회적 거리 두기를 통해 자신을 보호하고 집단감염을 막을 수 있다고 생각하지만, 기후 위기는 인과관계가 비선형적인 탓에 자동차를 타지 않고 전기를 아끼는 행동이 곧바로 위험을 완화하거나 늦추는 결과로 나타나지 않는다. 위험의 양대 요소인 발생 가능성과 파급력도 다르다. 코로나19 대유행은 언젠가는 종식될 것이고 비슷한 유형의 재난은 간헐적으로 발생할 것이지만, 기후 위기는 연속적이며 일상적이다. 더욱이 코로나19의 파급력은 광범위하지만, 기후 위기보다는 제한적이다. 가장 큰 타격을 받은 항공, 카지노, 레저 시설, 자동차 부품·장비, 석유 및 가스 추출 부문과 달리 보험과 의료 부문은 코로나19의 영향이 거의 없었다. 또 미국, 유럽, 남미 등지에서는 감염 확진자가 속출했지만 키리바시공화국, 마셜제도, 미크로네시아, 사모아, 솔로몬제도, 통가, 투르크메니스탄, 투발루, 바누아투 등지에서는 코로나19 감염 사례가 단 한 건도 발견되지 않았다. 반면 기후 위기의 파급력은 모든 부문과 지역에 미치므로 무제한적이다. 대응 방식에서도 코로나19와 기후 위기는 대비된다. 코로나19 대응이 방역과 격리 중심이라면, 기후 위기 대응은 온실가스 배출량 감소와 기후변화로 인한 피해를 줄이기 위한 적응에 기초하고 있다. 코로나 19의 경우 각국 정부들은 이동 제한 조치와 재정 투입을 과감하게 추진했다. 반면 기후 위기는 30개국 1,734개의 지방정부가 기후 비상사태를 선포했지만, 주요 온실가스 배출국들은 소극적인 태도를 보이거나 '신 기후 체제' 이행을 위한 파리기후변화협약에서 탈퇴하는 등 우유부단한 모습을 보이고 있다. 분명한 사실은 기후변화 시대에 코로나19와 같은 감염병 대유행은 '뉴노멀'이 될 가능성이 크다는 것이다. 기후변화의 가속화는 생태계 파괴에 따른 인간과 동물 인터페이스의 증가를 초래해 코로나19와 같은 신종 바이러스의 발생과 확산을 촉진할 것이다. 우리의 인식이 왜곡된 탓에 코로나19가 기후변화보다 더 위협적으로 보인다. 하지만 전 지구적·문명사적 관점에서 진실은 그 반대다.

위험 또는 위기로 인한 결과도 극명하다. 코로나19 이후 국가권력은 제2차 세계대전 이래 가장 강력한 방식으로 행사되고 있으며, 대중의 광범위한 지지를 얻고 있다. 거대 기업들은 단기적으로는 손실을 입었지만, 장기적으로는 타격을 받은 소규모 기업들을 대체하면서 시장점유율을 높였다.[40] 비대면으로 인해 접객 업종은 된서리를 맞은 반면, 배달업은 최고의 호황을 누렸다. 존립 위기에 몰렸던 일부 지방 골프장들은 코로나로 인한 해외여행 불가로 인하여, 최고의 호황을 누렸고, 엄청난 영업이익을 물론 몸값을 불린 반면 골퍼들은 바가지요금과 부킹 난에 시달렸다.

같으면서도 다른 위험과 위기 개념

필자가 의도하는 위험의 영어 표현은 risk다. 그런데 risk는 엄밀히 위험과는 다르다. 순수한 의미의 위험은 발생하지 않기를 바랄 뿐, 관리 대상이 되거나, 기회로 삼기는 곤란하다. 반면 risk는 다르다. 위험과 기회가 공존하는 개념이다. 따라서 무조건 risk를 피해서도 아니 되는 것은 기회가 날라 가기 때문이다. 그렇다고 무대책으로 기다릴 수도 없다. 그래서 risk는

---

40) KAIST 문술미래전략대학원 미래전략연구센터, 각주 28)의 책, 97면.

위기로 번역하는 것이 옳을지 모른다. 물론 본 저서에서는 굳이 구별하여 쓰지 않고 위험이라는 용어를 주로 쓴다. 즉 위험과 기회가 공존하는 위기라는 개념은 관리가 되어야 하고, 나름 예측을 통해 반전의 기회로 삼을 수 있다.

파생상품이란, 기초자산의 변동에 따라 수익이 변동되는 금융상품으로, 선물거래와 옵션거래가 있다. 파생상품거래에서 상품은 주식이나 이자율, 인간의 생명이나 주택, 또는 주택 저당권의 거래가 아니다. 파생상품 거래에서의 상품은 불확실성 그 자체다.[41] 즉 불확실한 위험 자체가 상품인 셈이다.

위험의 감쇄방안으로는 점차 다양한 고안이 생겨난다. 예를 들면 클라우드 펀딩은 새로운 위험 관리 방식이다. 돈을 빌리는 데 어려움을 겪는 중소기업 경영자나 소비자들에게 인터넷을 통해 마련된 해법이다. 이는 투자자들에게 기회를 제공한다. 차용자가 웹사이트에 얼마만큼의 돈이 필요하고 어디에 사용할 것인지 설명하면서 대출을 신청하면 돈을 빌려주고 싶은 사람들이 받고자 하는 금리와 변제를 원하는 시기를 알린다. 쌍방이 동의하면 거래가 성사된다. 최대 규모의 클라우드 펀딩 사이트로 여겨지는 렌딩클럽닷컴은 2007년부터 200억 달러 이상의 자금 대출을 주선했다. 대출자는 2,000달러에서 40,000달러까지 자금을 얻을 수 있다. 투자자들은 전액을 대출해줄 수도 있고 신청 대출 중에서 최소 25달러만을 대출해줄 수도 있다. 즉 한 사람에게 2,000달러를 빌려주는 대신 80명에게 25달러씩을 빌려줌으로써 한 사람의 대출자가 채무를 불이행할 때의 위험을 극적으로 줄일 수 있는 것이다.

---

41) 피터 L. 번스타인, 안진환(역), 『위험, 기회, 미래가 공존하는 리스크』, 초판(한국경제신문, 2008), 481면.

2. 위험의 관리

위험의 지배

현대와 과거를 구분 짓는 것은 바로 위험에 대한 지배mastery of risk가 가능해졌다는 점이다. 인류는 위험을 지배할 수 있었기에 신의 변덕에 따라 좌지우지되는 미래에서 벗어 수 있었고, 자연 앞에서 더 이상 수동적인 자세를 취하지 않아도 되었던 것이다. 인류가 그 경계를 넘어서기 전까지 미래는 단지 과거의 반복이거나, 미래에 대한 예견의 지식을 독점했던 예언자나 점쟁이들의 어두운 영역일 뿐이었다.[42]

시간과 위험은 동전의 양면과 같다. 만일 내일이 없다면 위험 또한 존재하지 않기 때문이다. 시간은 위험을 변형시키고 위험의 본질은 시간의 지평에 따라 모양이 갖춰진다. 다시 말해 위험의 위력이 발휘되는 공간은 다름 아닌 미래라는 시간이다. 시간은 철회할 수 없는 결정에서 가장 큰 문제가 된다. 그럼에도 불구하고 우리는 불완전한 정보를 토대로 돌이킬 수 없는 수많은 결정을 내려야한다. 택시 대신에 지하철을 타는 사소한 결정에서부터 직업을 바꾸거나 브라질에 공장을 세우는 일, 한 나라에 선전포고를 하는 중대한 일에 이르기까지 우리 주위에는 철회할 수 없는 결정으로 가득하다.

그리스인들의 관심을 끌었던 유일한 위험 관리 형태는 바람 앞에 무릎 꿇는 것이었다. 그리고 그리스 시인들과 극작가들은 지금까지도 바람에 대한 의존성을 반복적으로 노래하고 있다. 바람을 달래기 위해 사랑하는 아이들을 제물로 바쳤던 시절보다는 나아진 셈이다. 어쨌든 그리스인들이 무기력할 수밖에 없었던 가장 주된 이유는 숫자체계의 결핍에서 찾아야 한다. 만일 그들에게 숫자가 있었더라면 단지 행위의 결과를 기록하는 데서

---

42) 피터 L. 번스타인, 각주 41)의 책, 8-9면.

벗어나 계산이 가능했을 것이다.

어떤 사회에서 위험 개념이 그 사회의 문화에 통합되려면, 현재를 바라보는 시각의 변화가 아닌 미래에 대한 태도의 변화가 우선되어야 한다. 그러나 르네상스 이전 사람들은 미래를 그저 운수소관이거나, 아니면 무작위적인 변화의 결과 정도로 생각했다. 따라서 그들의 결정은 대부분 본능이나 직감에 따라 이루어졌던 것이다. 생활환경이 자연과 밀접하게 연관되어 있으면, 인간이 통제할 수 있는 부분은 그리 많지 않다. 아기를 낳고 곡물을 재배하고 사냥하고 고기를 잡고 잠자리를 마련하는 등의 기본적 기능에 묶여 그저 생존에만 여념이 없는 한, 인간은 자신들의 결정으로 영향을 끼칠 수도 있는 환경에 대해 단순한 상상조차 할 수 없다는 뜻이다. 미래가 블랙홀에 머무는 한 오늘 저축한 한 푼을 결코 벌어들인 돈이라 할 수 없는 것과 같은 이치다. 선택과 결정의 시대가 열리자 사람들은 점진적으로, 미래가 위험은 물론이고 기회도 제공해준다는 사실과 미래는 제한이 없으며 약속으로 가득 차 있다는 사실을 깨닫기 시작했다. 무역은 또한 위험을 수반하는 사업이다. 무역 성장이 도박의 원리를 부의 창조로 변형시킴에 따라 위험 감수의 전형이라 할 자본주의가 태동했다. 하지만 그 자본주의는 두 가지 새로운 행위가 없었다면 결코 번성할 수 없었을 것이라는 점에 주목해야한다. 두 가지 행위는 미래가 우연이나 신의 의지에 의존하는 동안에는 불필요했다. 그 하나는 바로 부기다. 보잘 것 없는 행위일 수도 있겠지만 부기야말로 셈과 계산에 새로운 기술을 보급하는 데 일익을 담당했다. 다른 하나는 예측이다. 이는 부기보다 상위의 행위일 수도 있겠지만, 위험 감수를 즉각적인 수익과 연결시키는 훨씬 더 도전적인 행위다.

어느 누구도 앞으로 무슨 일이 있을지 따져보지도 않고 상품을 배에 선적하거나 판매할 상품을 들여놓거나 돈을 빌리지는 않는다. 주문한 상품이 제시간에 배달되도록 확실히 하는 것, 판매할 상품이 예정대로 생산되는지 확인하는 것, 판매시설을 모두 제자리에 갖춰놓는 일 등은 구매자가 계산대에 돈을 올려놓기 전에 반드시 계획되어야 하는 것들이다. 성공적인 사업 경영자는 탁월한 예측가가 되어야 한다. 구매·생산·마케팅·가격 결정·조직 등은 모두 그 다음인 것이다.[43]

현대사회에선 기술 발전에 의한 새로운 위험이 등장할 수밖에 없다. 위험은 피할 수 없더라도 불안과 불신을 최소화하고 피해를 완화하는 위험소통은 가능하다. 성공적인 위험소통은 위험 요소에 대한 전문가의 판단과 일반인의 인식 간 격차를 줄여주어 위기 시 정부가 인력과 자원의 효율적인 배분을 가능하게 함으로써 위기 수습을 앞당길 수 있다. 기술예측은 기술의 발전이 초래하는 위험에 대한 예측 과정에서 다양한 이해관계자를 참여시켜 서로의 소통을 증진하는 데 도움을 줄 수 있다.[44]

미래에 일어날 것을 정의 내리고, 여러 대안 가운데 하나를 선택하는 능력은 현대 사회를 움직이는 핵심이다. 부의 분배에서부터 공중의 건강보호에 이르기까지 전쟁 수행에서부터 가족계획에 이르기까지 보험료 지불에서부터 안전벨트 착용에 이르기까지 옥수수 경작에서부터 콘프레이크 판매에 이르기까지 위험 관리는 우리의 의사결정을 좌우하는 데 미치지 않는 분야가 없을 정도다. 과거에는 농경이나 제조, 경영관리, 통신 등에 사용되는 도구가 단순했다. 그리고 그러한 도구의 고장이나 파손도 빈번했지만, 대개의 경우 배관공이나 전기 기술자, 컴퓨터 공학자 또는 회계사나 투자자문가 등을 부르지 않고 그냥 고쳐 쓸 수 있었다. 한 분야에서의 실패가 다른 분야에 직접적인 영향을 끼치는 일도 적었다. 하지만 오늘날 우리가 사용하는 도구들은 매우 복잡하고, 그러한 도구의 고장이나 파손은 재난을 일으킬 수도 있으며 그 파급 효과 또한 방대하다. 따라서 우리는 지속적으로 그러한 도구의 기능부전과 오류 가능성을 파악해야 한다. 만일 확률이론의 자유로운 구사와 위험 관리에 대한 도구가 없었다면 기술자들은 큰

---

43) 피터 L. 빈스타인, 각주 41)의 책, 32-43면.
44) 임현, 각주 36)의 논문, 21면.

강을 가로지르는 대형다리도 구상하지 못했을 터이고, 가정에서는 여전히 벽난로나 거실 스토브로 난방을 했을 것이고, 전기 제품은 존재하지도 않았을 것이며, 소아마비에 걸린 아이들은 여전히 불구가 되었을 것이고, 하늘을 나는 비행기도 없었을 것이며, 우주비행은 꿈속에서나 가능한 일로 남았을 것이다. 만일 다양한 보험이 없었다면 가장의 사망으로 끼니를 거르거나 거리에 나앉는 가족들이 속출할 것이고, 현재보다 훨씬 더 많은 사람들이 의료서비스 혜택을 받지 못할 것이며, 단지 부자들만이 가정을 가질 여유를 얻을지 모른다. 만일 농부들이 수확 전에 고정 가격으로 농산물을 판매할 수 없었다면, 지금보다 훨씬 적은 농산물이 생산되었을 것이다. 금융전문가들에게 위험 분산이 가능한 자본시장이 없다면, 또한 투자가들에게 단 하나의 주식만 소유하도록 제한되어 있다면(자본주의 초기에는 그랬다), 우리 세대를 상징하는 거대한 혁신기업-마이크로소프트(Microsoft), 머크(Merck), 뒤퐁(DuPont), 앨코아(Alcoa), 보잉(Boeing), 맥도날드(Mc-Donald's) 등의 기업-은 결코 생겨나지 않았을 것이다. 위험 관리 능력, 그리고 위험 감수에도 불구하고 미래 예측에 대한 선택의 욕구, 이 두 가지가 결국 경제 체제를 발전시키는 핵심요소인 셈이다.[45]

상품이 판매시장까지 도달하려면 대개 장거리 수송을 거쳐야 하기 때문에 언제나 우선적으로 고려되는 사항은 날씨다. 하지만 이렇게 운송되는 상품에 대한 투자에서 이윤을 얻으려면 날씨 이외의 것도 고려해야 한다. 상품의 운반, 판매, 그리고 대금회수 과정에서의 금융비용은· 기본적인 사항이고, 소비자의 요구, 가격 수준, 상품이 도착하는- 시점의 유행등도 미리 계산에 넣어야만 한다. 과거에는 앞날을 미리 예측하는 것이 기껏해야 시간낭비로 여겨지거나 최악의 경우에는 죄악이라는 오명도 뒤집어썼다. 하지만 자신의 계획대로 미래를 구체화하는, 즉 기꺼이 위험을 감수하려는

---

45) 피터 L. 번스타인, 각주 41)의 책, 11면

모험정신으로 가득한 기업가들에게는 17세기 이후 100년이 흐르는 동안 앞날에 대한 예측은 필수불가결한 것이었다. 오늘날에는 너무나 평범해 보이지만 사업성을 예측하는 기법의 발달은 17세기 말까지만 해도 혁신에 속했다. 수학자들이 이론을 발전해나 갔지만 상업적 적용에는 외면된 까닭에 위험 관리라는 과학의 발달은 늦춰질 수밖에 없었다. 냉혹하게 결정되는 수학적 가능성을 인식하고 이를 불확실한 미래에 대한 확률적 예측에 이용하는 수준에 이르기 위해 인류는 이후로도 방대한 개념적 장애를 극복해야 했다. 다시 말해 원시 자료를 수집하는 차원에서 벗어나 입수된 자료의 활용 방법을 결정하는 데까지 많은 시련을 극복해야 했다. 앞으로 이 문제에서 이룩되는 지적인 진보는 여러면 에서 지금까지 살펴본 것보다 훨씬 더 놀랄 만한 것들이다.

사실 그 자체가 모든 사람들에게 동일하더라도, 효용은 사람들의 평가마다 독특한 상황에 따라 달라진다. 저마다 다른 예상 위험이 동등한 가치로 간주되어야 한다고 가정할 이유가 없다. 결국 저마다의 판단 가치를 갖는 것이다. 효용의 개념은 직관적인 경험에서 얻어진다. 즉, 쓸모 있다거나 바람직하다거나 만족스럽다는 느낌을 담는다.

만약 모든 사람들이 모든 위험을 동일한 방법으로 평가한다면, 위험을 수반하는 대부분의 기회는 사라질 것이다. 모험을 좋아하는 사람들은 확률이 비록 낮더라도 큰 이익에 큰 효용을 느낀다. 대신 손실의 확률이 높은 것에서 그다지 효용을 느끼지 못한다. 반면에 어떤 사람들은 이익의 발생 확률에 거의 효용을 느끼지 못한다. 왜냐하면 그들의 가장 주요한 목적은 자신의 자본을 그대로 유지하는 것이기 때문이다. 한 사람은 햇빛을, 다른 사람은 폭풍우를 보고 있는 셈이다.

베르누이의 목적은 '누구든지 재정상황에 맞추어 어떤 위험 감수를 했을 경우 예측 가능한 규칙을 만들자는 것이었다. 이는 현대의 모든 금융경제학자, 사업가, 투자가 등에게는 핵심적인 사항이다. 위험은 더 이상 수동적으로 받아들여져서는 안 된다. 위험은 이제 선택할 수 있는 일련의 기회가 된 것이다.

베르누이의 효용에 대한 개념, 즉 '부의 증가로 얻어지는 만족은 이전에 소유했던 재화의 양에 대해 반비례 관계를 가질 것이라는 제안은 후대 중요 사상가들의 연구에 불멸의 영향력을 끼칠 정도로 강력했다.[46]

위험의 관리 방안

위험관리에서 공공의 기능이 더욱 중요해졌다. 감염병 뿐만 아니라 우리 사회가 당면한 위험 요인이 다양화·복잡화·대형화되면서 이를 관리하기 위한 사회적 책임도 더욱 커졌다. '위험'이라는 공유재를 관리하기 위해 사회가 함께 부담하고 책임져야 할 영역이 확대되고 있으며, 이에 따른 공공의 기능과 역할이 더욱 중요해진 것이다. 국가 차원에서 불확실한 위험을 관리한다는 것은 향후 발생 가능성이 있는 피해를 예측·예방하고, 잘못된 정보를 바로잡는 정부의 역할이 중요하다는 점을 의미한다. 이는 정부의 책임뿐 아니라 권한도 막강하게 만드는 기제로 작용할 것이다.[47]

위험은 일반적으로 어떻게 관리되어야 하는가? 위험에 대하여 오랜 관리 경험이 있는 금융 분야를 살펴보고, 어떤 단서를 얻을 필요가 있다. 금융기관들(혹은 다른 조직들의 경우도 마찬가지이지만)이 선택할 수 있는 위험관리 전략은 크게 두 가지이다. 첫째는 위험을 개별 단위로 식별한 후 각각 독립적으로 분리하여 관리하는 것으로, 일반적으로 이러한 전략을 위험 분해risk decomposition라고 한다. 시장 위험은 환율, 이자율, 주가 등과 같은 시장변수들의 미래 움직임에 밀접하게 연관되어 있다.

위험 분해 전략에서는 개별 거래 책임자가 오직 1개의 시장변수(혹은 매우 소규모의 시장변수 집합)를 전담하여 책임을 지도록 부서를 조직하게

---

46) 피터 L. 번스타인, 각주 41)의 책, 155-175면.
47) KAIST 문술미래전략대학원 미래전략연구센터, 각주 28)의 책, 58-76면.

된다. 예를 들면 달러-엔 환율과 연관된 모든 거래는 오직 한 사람의 거래 책임자가 전담하도록 부서를 조직하는 것 등을 들 수 있다. 매일 장 마감 시점이 되면 해당 거래 책임자는 특정 위험 지표들이 은행이 설정한 한도 이내로 유지되고 있는지를 점검하도록 요구받는다. 만약 장 마감 시점이 임박하였음에도 불구하고 특정 위험 지표가 한도를 벗어나리라고 예상된다면 해당 거래 책임자는 포지션을 계속 유지할 수 있도록 추가적인 특별 허가를 취득하거나 혹은 특정 위험 지표가 한도 이내로 회귀할 수 있도록 새로운 헷지 거래를 실행해야만 한다.

둘째는 적절한 분산을 통하여 위험을 줄이는 것으로, 이러한 전략을 위험 통합risk aggregation이라고 한다. 두 가지 접근법 모두 금융기관들에 의해서 널리 활용되는 방법이다. 위험 통합은 보험회사에게는 핵심적인 기능이다. 예를 들어 자동차 보험의 경우를 가정해 보자. 개별 자동차 보험 증권에 대해서 보험회사가 얼마의 보험금을 지불하게 될지는 사실 매우 불확실하다. 그러나 100,000 건의 유사한 보험 증권에 대해서 얼마의 보험금을 지불하게 될지는 비교적 정확하게 예측 가능하다.

신용 위험 또한 전통적으로 위험 통합을 통해 관리되는 것이 일반적인데, 이 경우 금융기관의 보유 포트폴리오가 얼마나 잘 분산되어 있는지가 매우 중요하다. 예를 들어 은행이 전체 가용금액의 40%를 동일인에게 빌려 주었다면, 분산이 전혀 되지 아니한 것으로, 도저히 감당하기 어려운 과도한 위험에 직면할 수 있다. 만약 해당 채무자가 재무적 곤경에 빠져 이자나 원금을 상환하지 못한다면 채권자인 은행은 파산의 곤경에 빠질 수도 있다.

반면 은행이 전체 가용 금액의 0.01%를 10,000 명의 채무자에게 동일한 비중으로 빌려 주는 분산 전략을 사용하였다면 이는 훨씬 더 안전한 포지션이다.

위험사회에서 위험관리의 핵심 개념은 바로 위험량에 대한 개념을 이해하고 의사결정의 지표로 삼는 것이다. 위험량 개념을 알기 이전에는 노출액을 기준으로 삼았다. 위험사회가 도래했음에도 불구하고, 전근대적인 지표인 노출액 개념에 머물렀기 때문에 우리나라는 1997년 IMF 외환위기와 같은 국가위기를 겪게 되었다.

노출액Exposure은 말 그대로 위험의 대상이 되는 금액의 크기를 말한다. 신용위험이 없는 은행의 원금이 보장되는 정기예금에 금 1,000만 원을 1년 동안 넣어두려는데, 여유 자금이어서, 금리 변동에 따른 위험도 없는 경우, 정기예금에 투자한 1천만 원이 노출액이 아니라 0원이다. 반면에 삼성전자 보통주 주식에 이 여유지금을 투자하고, 현재의 삼성전자 주식 1천만 원어치의 가치가 1년 후 그보다 떨어진다면 손실을 볼 수도 있으므로 위험 노출액은 1천만 원 전부가 된다. 위험 량은 노출액과 이에 영향을 미치는 변수의 미래 불확실성에 따라 결정된다. 이 변수의 불확실성은 변동성으로 표시된다. 즉 변동성은 해당 노출 액의 미래가치가 오르고 내리는 정도로, 위험 량을 결정하는 중요한 데 물론 위험량을 결정하는 요인에는 노출액과 변동성 이외에도 만기까지의 기간, 분산 정도, 상관관계 등이 더 있다. 변동성은 예상된 기대 값으로부터 벗어나는 정도인데, 위험 량은 변동성과 비례하므로, 변동성이 커지면 위험 량도 커진다. 이러한 위험 량의 개념을 지금까지의 중요한 의사결정에서 간과했다. 즉 지금까지는 위험 량이 아닌 노출 액의 크기로 위험의 정도를 가늠하는 생각의 틀 속에 갇혀 있었다.[48]

뿐만 아니라 다른 시각에서 위험을 바라보는 것도 필요하다. 바로 위험이 초래한 사회재난에 대응하기 위해 회복력resilience을 고려한 전략이 바로 그것이다. 재난 회복력은 재난의 충격으로부터 새로운 일상으로 돌아오는 힘이다. 재난 회복력은 1) 강점과 약점을 알고, 2) 다양한 분야의 역량을 갖추며, 3) 시스템 내 기능과 역할을 조직화하고, 4) 비정상적 상황에 대응

---

48) 김중구, 각주 23)의 책, 103면.

할 수 있는 자율적 규칙과 5) 변화한 환경에 적응할 수 있는 역량을 포함한다. 재난 회복력과 함께 위기관리 전문가 미셸 부커Michele Wucker가 경고한 '회색 코뿔소Grey Rhino'의 의미도 되새겨봐야 한다. 회색 코뿔소는 개연성과 파급력이 모두 큰 충격을 뜻한다. 예측이 어려워 대응이 쉽지 않은 '블랙 스완Black Swan'과는 다르다. 다만 사람들은 멀리서도 감지할 수 있는 코뿔소의 진동과 같은 작은 위험신호를 부정하거나 과소평가하고, 또는 두려움 때문에 회피하는 태도를 보이다가 눈앞에 닥쳐왔을 때에야 비로소 대응에 나선다는 것이다. 위기를 겪은 직후야말로 예방 시스템을 구축하기에 가장 적절한 시기일 수 있으며, 장기적이고 새로운 관점에서 다음의 위기를 대비해야한다. 위기에 대한 사회적 기억은 재난을 예방하기 위한 학습의 기회가 된다.[49]

글로벌 경제가 후반 단계의 비즈니스 사이클로 이행됨에 따라 조직은 경제 흐름 또는 변화(turn)의 순간을 헤쳐 나갈 준비를 해야 한다.

변화는 경제적, 지정학적, 환경적, 사회적 또는 경쟁적일 수 있다. 이 불확실한 시기에 대부분의 경영진은 안주전략으로 경제 주기의 변화에 대처한다. 그러나 변화가 주는 기회와 위험에 대해 제대로 대처하지 않는 것은 중대한 실수가 될 것이다. 가장 성공적인 조직은 변화의 순간에 위험을 기꺼이 감수한다.[50]

가트너Gartner의 효율적인 성장에 관한 연구에 따르면 전환기(2008-09년 경기 침체) 전에 미래를 예상하고 포괄적인 실행 계획을 개발한 소수의 조직이 지난 8년 동안 경쟁업체보다 지속적인 우위에 섰다. 이와 같이 우위에 서기 위해서는 전략, 비용 및 인재 계획에 대한 사전 예방적이고 일치된 접근 방식이 필요하다. 여기에서 시나리오 계획Scenario Planning이 필요하

---

49) KAIST 문술미래전략대학원 미래전략연구센터, 각주 28)의 책, 59-60면.
50) Gartner, "Scenario Planning for Economic Uncertainty", 2019. 6, https://www.gartner.com/en/documents/3941881(2021. 11. 5. 최종방문).

다. 시나리오 계획은 미래의 불확실성을 식별하고 비즈니스 환경의 변화에 대응하기 위한 적절한 실행 계획을 개발하는 데 사용되는 도구이다. 그러나 시나리오 기획은 일반적으로 조직 수준에서만 관련이 있는 것으로 인식된다. 기능은 전략적 결정과 운영 계획에 동일한 원칙을 적용하지 않는다. 그 결과 경영진이 행동할 준비가 되어 있는 동안 경영진이 급히 결정을 내리는 데 의존하여 기능이 소극적으로 변한다.

진보적 리더는 기업 시나리오 계획에 기능적 준비가 필요하다는 것을 이해한다. 그들은 기업 시나리오를 사용하여 전략 및 운영 결정의 변화를 이해하고 경제적 불확실성이 생성할 수 있는 위험과 기회에 조치를 취하도록 팀을 배치하기 위해 작지만 강력한 변화를 만든다.[51]

글로벌 위험 관리

글로벌 위험 관리 개념이 등장한 것은 글로벌 기업들의 네트워크 비즈니스 모델이 확산되고, 인터넷과 전자공급체인망의 구축으로 생산과 판매지역의 확장을 통한 리드타임의 단축, 글로벌 파트너 간의 수요공급 일치성 강화, 글로벌 위험요인의 증가와 공급망 간의 연계가 가시화되고 있는 것이 주요 배경이다. 글로벌 위험관리는 기업의 이익을 극대화하고 경영의 안정성을 확보하기 위해서 기업 경영에서 발생할 수 있는 글로벌 위험을 체계적이고 과학적으로 관리하는 것이다. 일례로, 기업이 국가간의 무역거래를 하면서 국가위험, 환율 변동, 가격 하락, 상품 손상 등에 대해 적절하게 대응하는 것을 글로벌 위험관리라고 한다. 글로벌 위험관리의 배경 및 동기는 글로벌 네트워크 체계의 위험, 글로벌 공급망 체계의 위험, 운송공급체계의 위험, 글로벌 통관 체계의 위험 등 네 가지 형태로 글로벌 위험이 증가하고 있기 때문이다. 글로벌 공급체인관리를 운영하면서 발생하는 위

---

51) Gartner, supra note 50.

험 중 글로벌 공급위험은 글로벌 조달 단계에서 발생하는 위험으로 기업의 경쟁력을 저해하거나 고객의 삶과 안전을 위협하는 사건이 발생할 가능성이 높은 위험이며, 글로벌 운영위험은 기업 내부에 존재하면서 핵심 설비의 고장이나 진부화, 노후화로 인해 제조 또는 프로세싱 역량의 부족으로 인해 발생하는 위험이다. 또한, 글로벌 수요위험은 부정확한 수요예측으로 인해 재고 부족현상으로 배송이 지연되거나, 부적절한 신상품 도입으로 시장에서 판매기회를 잃어버리는 경우이며, 글로벌 안전위험은 글로벌 공급체인 관리에서 원재료의 공급으로부터 최종 고객에게 상품과 서비스가 전달되는 일련의 과정에서 발생되는 안전에 대한 위험이다.52) 최근 코로나로 인하여 생산, 물류 등에 차질이 생겨 중요 부품의 공급 부족, 지연으로 인하여 자동차 등의 생산에 차질을 빚는 사태도 이와 무관하지 않다.

위험 회피 전략- 또 다른 아이디어

많은 사람들이 주식 시장은 위험하고, 변동성이 크고 종잡을 수 없으며, 평생 일을 해서 어렵게 번 돈을 불리기 위해 선택할 투자처는 결코 아니라고 생각한다. 많은 사람들이 주식이 위험하고 변동성이 크고 종잡을 수 없다고 생각하는 데에는 다 이유가 있다. 그 이유가 다음 그림에 나타난다. 이 그림은 1926년부터 2015년까지 S&P 500 지수의 월간 실적을 보여준다. 이 표는 대단히 예측하기 힘든 주식 시장의 성향이 사실임을 보여준다. 극단적인 변동이 일상적으로 보인다. 앞으로 몇 개월간 시장이 어떻게 움직일지 전혀 알지 못하기 때문에 주식에 투자하면 큰 위험을 안게 된다는 결론에 이르게 되는 것이다.

---

52) 김창봉 외, 『4차 산업혁명 시대의 Global SCM』, 초판(박영사, 2018), 144면.

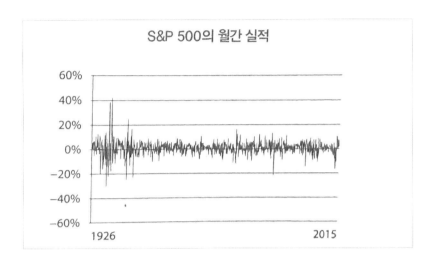

그러나 투자 기간이 길어질수록 주식 시장의 위험성, 변동성은 떨어지고 예측 가능성이 높아진다. 시간에 따라서, 주식 시장처럼 위험하고 변동성이 크고 예측하기 어려운 어떤 것을 대단히 안정적으로 바꾸는 방법이다. 긴 기간에는 제멋대로 달라지던 가치의 변동성이 사라진다. 장기 투자자라면, 가령 남은 생 동안 사용할 돈을 모으고 있는 것이라면 주식 시장의 단기 변동성을 완전히 관련이 없다고 무시해도 된다.[53]

위험을 분산시키는 헷지Hedge 전략도 있다. 투자한 자산의 위험을 분산시키기 위해 헷지가 되는 다른 자산에 투자해 변동을 완화시킨다는 전략이다. 해외 상품에 투자할 때 환율 변동은 수익률에 직접적인 영향을 주게 되는데, 환 헷지로 투자손실을 한정지을 수 있다.

---

53) 릭 에덜먼, 이영래(역), 『4차 산업혁명과 투자의 미래』, 초판((주)현암사, 2018), 319면.

위험의 규제

위험사회에서 위험은 법과 공공정책의 주요 이슈다. 예를 들어 금융 규제 대책 마련과 시행은 금융 분야의 위험 상황을 전제로 이루어지며, 그와 관련된 법률 규정의 제정 시에 금융 분야의 위험의 특성, 그 수준과 분포를 반영하여 제정된다. 예를 들어, 은행의 자본 요구사항은 금융 산업의 위험을 관리하기 위해 고안된 금융 규제책의 일종이다. 마찬가지로, 재판에서의 입증책임분배 법리는 진실 규명 과정에 내재된 위험, 즉 진위불명의 상황 해결을 위한 것이다. 이러한 구체적인 사례 외에도, 법은 일반적으로 불확실한 환경에서 이루어지는 개인이나 기업, 산업, 정부의 의사결정 과정을 규율하기 위해 제정된다.

인간의 위험에 대한 대처의지의 표현이 위험관리risk management이며, 이는 사회 환경과 기업환경에 따라 발전되어 기업은 물론이고, 가계, 정부에까지 확대되게 되었다. 특히 소득수준과 문화수준의 향상과 더불어 가계의 위험관리는 원활한 경제활동의 수행을 위해 그 중요성이 높아지고 있다.[54]

규제시스템이 어떻게 작동하는지에 대하여 어느 정도 이해해야 한다. 이 시스템은 해당 물질의 위험을 측정하기 위한 위험평가risk assessment라고 하는 기술적 부분과 이를 위해 무엇을 할 것인가를 결정하는 보다 정책지향적인 부분인 위험관리라고 하는 두 부분으로 구성되어있다.[55] 필자는 이러한 규제 시스템에 위험의 예측을 포함시키려 한다.

현대 사회에서 직면하는 새로운 위험은 종전의 위험 유형과는 전혀 다른 속성을 지니고 있어 규제 당국이 이러한 위험을 신속하게 파악할 수도 없을 뿐만 아니라, 그것을 규제하는데 필요한 정보도 없다. 규제를 위해서는 신기술로 인한 위험에 대한 정보가 어느 정도 임계값threshold(critical value)

---

54) 한낙현/김홍기, 각주 5)의 책,17면.
55) Stephen Breyer, 『규제의 악순환』, 법제처 비교공법연구회(역), 초판(법령정보관리원, 2012), 25면.

을 넘어야 하는데, 그러한 정보의 부재 또는 부족으로 인해 규제가 지연된다. 경우에 따라서는 규제 당국이 이러한 위험에 대하여 파악하고 있는 사이, 최적의 규제를 위한 타이밍을 놓칠 수도 있다.[56]

위험의 감수

위험의 관리에 있어 위험을 무조건 회피하는 것은 정답이 아니다. 기업의 경우, 생존을 위해서 어느 정도의 위험 감수는 필연적이며, 기업이 현재 감수하고 있는 위험과 향후에 감수하기로 계획된 위험들의 조합을 이해하고, 그 위험이 용인될 수 있는 수준의 것인지를 파악하는 것이 중요하다. 시티그룹이나 매릴린치 등과 같은 은행들에서 발생한 서브프라임 사태로 인한 초대형 손실 또한 감당하기 어려운 과도한 위험이 감수되고 있다는 사실을 위험관리부서가 최고경영자에게 사전에 주지시켰더라면 어느 정도는 완화될 수 있었을 것이다.[57]

규제기관이나 종사자들이 규제 임무를 합리적으로 수행하려고 노력하는 선의를 가진 능력 있는 규제자라 할지라도 반생산적인 결과를 야기할 수 있으므로, 규제 제도의 설계가 중요하다.[58] 규제기관이 빠질 수 있는 함정의 대표적 예는 터널시야의 문제인데, 어두운 터널을 빠른 속도로 달리면 터널의 출구만 동그랗게 밝게 보이고 주변은 온통 깜깜해지는 시각효과에 빗대어, 규제과정에서 지나치게 규제 프로세스를 세분화하고, 단편화한 후, 그 단일 프로세스에 너무 집중하는 바람에 전체적 관점에서의 위험 규제에서 실패하는 현상을 설명하는 용어다. 또 다른 문제는 엄청난 비용이 소요되는 과도한 규제의 문제다. 어떤 위험이 가진 폐해에 비해, 그러한 위험을

---

56) Matthew T. Wansley, "Regulation of Emerging Risks", 69 Vand. L. Rev. 401 2016, pp.403-404.
57) John C. Hull, 각주 24)의 책, 2면.
58) Stephen Breyer, 각주 55)의 책, 29면.

방지하거나 제거하는데 지나치게 많은 비용이 소요되는 경우에도 그와 같은 위험을 규제 대상으로 삼아야 하는 것인지 의문이다. 위험은 똑같은 산술적 평가가 어렵다.[59]

흔히 수용할 수 있는 위험이라는 표현을 쓴다. 산술적으로 보아 위험이 낮다는 의미다. 그러나 한 사람이 사망할 위험이 10,000분의 1이라하더라도 FDA 및 EPA와 같은 규제 기관에서 일반적으로 용인할 수 없는 것으로 간주된다.[60] 이러한 기관의 조치는 한 사람이 사망할 확률이 100만분의1에 불과할 수 있다는 점에서 과도하다고 할 수 있지만, 꼭 산술적으로만 해석할 일은 아니다.

위험의 실제 크기와 체감 크기는 그 위험이 알려지지 않은 위험인가 또는 과도한 공포를 부르는 위험인가에 따라 달라진다. 모든 위험을 완벽하게 규제하지 못할 경우, 결국은 위험의 규제에서 우선순위를 정하여야 하는데, 그러한 우선순위 선정이 잘못되면, 규제기관의 노력에도 불구하고, 규제효과는 크게 감소하고, 심지어 규제의 실패로 귀결될 수 있다.[61]

첫째, 잠재적 피해가 매우 큰 곳에서는 아주 작은 재난 확률도 통계적으로 유의할 수 있다.

위험의 수학에서 100만 명 사망의 10,000분의 1의 위험은 100명의 특정 사망과 동일할 수 있다. 그리고 전체 인구의 10,000분의 1의 손실 위험은 700,000명 이상의 특정 사망에 해당한다.

따라서 우리의 법률 기관이 의미 있고 합리적이며 효과적인 방식으로 그러한 위험 문제에 관여하도록 하는 것은 의미가 있다.[62]

특히 어떤 특정사건의 현저함은 규제의 우선순위에 영향을 미친다. 사회

---

59) Stephen Breyer, 각주 55)의 책, 46면.
60) Eric E. Johnson, supra note 37, at 549.
61) Stephen Breyer, 각주 55)의 책, 46면.
62) Eric E. Johnson, supra note 37, at 532.

적으로 이목을 끈 사건이 발생하면, 그 사건이 가진 영향의 심각성을 떠나 전 국민의 관심이 집중되었다는 이유만으로 합리적 규제책이 아닌 과도한 규제방식이 채택될 수 있다. 극적이고 선정적인 치명적 사건은 발생빈도가 낮지만, 과대평가되고, 일상적인 위험은 발생빈도가 높은데도 과소평가된다. 실상 통계적 관점에서 접근하여 발생 확률이 높은 위험의 규제가 극히 드물게 발생하는 극적 사건의 규제보다 더 방점이 주어져야 하지만, 현실은 그렇지 않다.[63]

'오류 관리 이론 Error Management Theory'에 따르면 아주 작은 확률이라도 그 위험성이 막대할 때는 회피 반응이 작동한다. 마땅한 치료제가 없던 시절에는 치명적 감염병에 걸리면 태반이 죽었다. 생존해도 불임이 되는 경우가 많았고, 그렇지 않더라도 불구나 기형이 되면 배우자를 찾기 어려웠다. 자칫하면 모든 것을 잃을 수 있는 도박이다. 수백만 년 동안 과도하게 신중한 선조들만 유전자를 남겼고, 과도하게 신중한 무리만 자신의 문화를 유지할 수 있었다. 우리는 바로 그런 이들의 후손이다.[64]

최근 빈발하는 중대 재해 안전사고와 그 대응과정에서 이런 문제가 없는지 살펴볼 일이다.

위험 사다리라는 막대 도표가 있다. 연간 사망 위험율을 기준으로 연령 등을 가지고 매년 100,000명 당 몇 명이 사망하느냐를 나타내는 도표인데, 1일 1갑 이상을 피우는 흡연자의 경우 300명이다. 이에 따르면 번개에 맞아 사망할 위험은 100,000명 당 1명인데, 결국 단순 대비를 하면 일생에 담배를 1번 피워서 사망할 위험이나 번개를 맞아 죽을 확률이 동일하다. 이런 식으로 위험 사다리는 다른 위험을 등급화 한다. 염두에 두어야 할 것은 규제론자들이 논의하는 많은 규제위험들이 이 사다리를 '확대해서 표시한' 낮은 위험에 해당한다는 것이다.[65]

---

63) Stephen Breyer, 각주 55)의 책, 46면.
64) KAIST 문술미래전략대학원 미래전략연구센터, 각주 28)의 책, 84면.

사실 우리나라의 펀드 사고의 경우, 펀드 회사의 고객에 대한 정보제공 의무 불이행을 문제 삼는다. 그러나 위험정보전달이 위험규제의 문제를 완화시키기에 충분하지 못할 수 있다는 관점에서 보면, 대중의 위험에 대한 인식은 냉정한 전문가의 판단과 다를 수 있다.

어느 정도까지는 이러한 차이점은 대중이 동일한 정도의 위해 가능성을 가지는 다른 것들보다 특정한 위험을 두려워 한다는 점을 반영할 수 있다. 앞서 지적한 바와 같이 두 가지 동등한 위험 중에서 사람은 부지불식간에 처하거나, 새롭거나, 관찰할 수 없거나, 통제할 수 없거나, 파국적이거나, 지연되거나, 미래 세대에 위험을 주거나, 고통이나 공포에 수반되는 것과 같은 위험을 합리적으로 선호하지 않거나 더 두려워할 수 있다. 그럼에도 불구하고, 위험의 원천이나 질이나 성질에 관한 이러한 차이점에 대해 대중과 전문가들에 의하여 매겨진 다른 순위가 반영되지 않을 수 있다. 전형적인 대중의 일원은 그 자신, 그의 가족, 그의 이웃에 대한 사망의 위험을 최소화하려고 한다. 즉, 일반적으로 그들은 일정한 비용으로 더 많은 안전을 제공하는 규제나 같은 수준의 안전을 더 낮은 비용으로 제공하는 규제를 선호할 것이다. 우리들 중 많은 사람들이 질병으로 인한 사망보다 자전거를 타거나 화재에서 발생하는 사망의 가능성을 높이기 위하여, 전반적인 사망 위험을 크게 증가시키는 쪽으로 자원을 옮기려고 하지는 않을 것이다. 유독성 폐기물 더미에 대한 대중의 혐오에 관한 설명으로서 과도한 안전에 대한 엄청난 기대나 극히 작은 위해에 대한 강한 반감보다 한층 단순한 설명이 있는바 즉 대중은 그러한 위험이 극소하다고 믿지 않는다는 것이다. 대중의 "비전문가적" 반응은 근원적인 위험 관련 사실에 대한 상이한 가치가 아니라 상이한 이해를 반영한다.[66]

규제의 비일관성도 심각하다. 장기적으로 분석할 경우, 규제영향 평가

---

65) Stephen Breyer, 각주 55)의 책, 19면.
66) Stephen Breyer, 각주 55)의 책, 68면.

방식은 그때마다 상이할 수밖에 없다. 산정방식과는 별개로 개별 규제기관의 평가 결과에 따른 규제 만족도 또한 달라진다.

다른 분야에서는 이러한 신종 위험에 대하여 어느 정도 신속한 대응을 하고 있지만, 법률 분야의 경우 제대로 대응하지 못하고 있다. 특히 대부분의 법 분야 규제는 선제적이 아닌 사후 대응이라는 한계를 가지고 있다.[67]

비즈니스 분야의 포괄적 위험관리 프레임

비즈니스 세계를 비롯하여 어떤 분야든 현대가 직면한 새로운 복잡성을 탐색하는 데 능한 리더를 요구하고 있다. 전술한 바처럼 위험을 감수하여야 기회가 오는 데, 위험을 감수할 수 있고, 기회로 반전시키는 리더의 역량은 확실한 차별화 요소가 된다. 인공지능 알고리듬을 비롯한 각종 최신 기술과 도구를 선택하여 잘 활용한다면, 재무 위험 등 비즈니스에 수반되는 각종 위험을 예측하고 모니터링 할 수 있다. 경쟁자가 이러한 위험 예측과 관리에 어려움을 겪고 있다면 상대적 우위를 점할 수 있는 것이다.

가장 큰 공급업체가 사정으로 인해 제대로 공급을 할 수 없거나, 가장 큰 고객이 갑자기 거래를 중단하거나, 제조 센터가 있는 국가의 정부가 전복되는 등의 사태는 명백한 위험 상황이다.

이런 상황을 미리 시뮬레이션 해보지 않았다면 포괄적인 위험 관리 프레임워크가 없는 것이다.

잠재적인 혼란을 수용하는 열쇠는 포괄적인 위험 프레임워크를 개발하는 것이다. 위험은 예측하는 것은 어렵지만, 상세하고 포괄적인 위험 평가는 직원, 공급업체, 파트너 및 고객에 대한 신뢰를 강화하는 등 긍정적 결과로 이어진다.

---

67) Adam Dodek & Emily Alderson, "Risk Regulation for the Legal Profession", 55 Alta. L. Rev. 621(2018), p.623.

성공적인 위험 전략을 세울 때 고려해야 할 몇 가지 구성 요소가 있다. 첫째, 계획을 감독할 책임자를 지정하고 직원이 위험 관리에서 자신의 역할을 이해하도록 해야 한다. 다음으로, 모든 중요한 비즈니스 프로세스를 문서화하고 자연 재해, 재정적 어려움, 주요 경쟁업체와 같은 잠재적 위험을 식별한다. 발생 가능성과 비즈니스에 미치는 영향을 기준으로 위험의 우선순위를 지정하는 것이 이상적이다. 마지막으로 계획을 정기적으로 검토하여 새로운 위험을 식별하고 계획의 효과를 모니터링 할 필요가 있다. 이러한 포괄적 위험 전략이 마련되어 있다면 공급업체의 갑작스런 공급 불능이나 최대 고객의 이탈 등의 상황에서도 비즈니스가 신속하게 회복될 수 있을 것이다.

위험의 예측분석은 쉽지 않다고 했지만, 위험 예측을 해야 한다. 기업이나 조직은 머신러닝을 사용하여 예측 분석에 참여하여 위험을 예측한다면, 위험이 초래할 부정적 상황을 피하거나 그 영향을 줄일 수 있고, 비즈니스 위험에 대한 선제적 대응이 가능하다. 예를 들어 은행은 머신러닝 및 위험의 예측·분석이 제공하는 이점을 제대로 누리고 있다. McKinsey의 분석에 따르면, 위험 분석이 전성기를 맞이했고, 금융기관 전체에 걸친 위험 변환을 지원하기 위해 빠르고 정확한 의사 결정을 지원하는 분석 알고리즘을 만들었는데, 그로 인해 일반 은행은 대출 10억 달러당 연간 1천만 달러를 절약할 수 있다고 한다.

위험의 예측·분석이 새로운 것은 아니지만 많은 조직에서 여전히 이를 사용하는 방법을 잘 모르고, 가끔 오해하기도 한다. 예측·분석은 어떤 일이 일어날 것인지가 아니라 일어날 가능성이 있는지 즉 확률을 알려준다.

3. 법적 위험

2013년 국제 법률 회사 Berwin Leighton Paisner와 2016년 글로벌 전문 서비스 회사 Ernst & Young에서 실시한 설문 조사는 법적 위험의 이해가 현저히 부족하다는 것을 보여준다. 이렇다 보니 기업이 법적 손실을 방지할 수 있느냐는 의문일 수밖에 없다. 어떤 법적 위험이 법적 손실로 연결되는 태양은 다양하며, 법적 손실은 흔히 소송으로 인한 막대한 소송비용과 규제기관에 의하여 부과된 과징금을 통해 구체화된다. 이런 방식으로 측정해보면 미국의 금융 서비스 부문으로 국한하더라도 법적 손실이 연간 1,000억 달러 이상으로 추산된다. 금융 서비스 외에 영국, 미국, 브라질, 독일, 스위스, 호주의 기업과 에너지 및 제조, 은행 및 보험 분야의 기업은 법적 위험으로 인해 수십억 달러의 손실이 발생했다. 물론 법적 위험은 법률관계에서 필수적인 부분이며, 이러한 위험을 무조건 회피하여서는 곤란하다. 어떤 경우 위험을 감수하여야 하는 경우도 있다. 물론 그런 법적 위험으로 인해 심각한 재정적 손해나 평판 상실을 초래하여서도 곤란하다. 따라서 위험이 발생할 수 있다는 전제하여 다양한 법적 위험의 식별과 관리가 필요하다.

법적 위험은 법률관계 전반에서 발생하는 다양한 위험과 손실 요인이라 해도 무방할 것이다. 또 다른 접근으로는 법률에 대한 지식 부족이나 오해로 인해 재정적 또는 평판 상실 가능성을 법적 위험으로 파악할 수도 있다. 이러한 법적 위험은 내부 및 외부적 요인으로 구분되고, 기능적 측면에서 다양한 위험 요인이 존재한다. 따라서 이러한 위험 유형의 구분에 따라 위험 관리 전략은 달라져야 한다. 법적 위험도 인위적 요인뿐만 아니라 자연재해로 인하여 발생하기도 한다. 이러한 위험의 예방이나 최소화가 법적 위험관리의 중요 부분을 차지한다고 보아야 하겠다. 법적 위험 관리는 비즈니스에 손실이나 중단을 초래할 수 있는 가능한 위협을 식별하는 것으로 시작하여 이를 최소화하거나 무효화하는 프로세스로 구현된다. 효율적인 법적 위험관리를 위해서는 프레임구축이 꼭 필요하다. 그러한 프레임워크는 위험의 유형, 발생요인을 규정한 후, 원인을 해소하기 위해 위험 확인, 평가, 분석, 처리, 모니터링으로 구성된다. 즉 잠재적인 법적 위험 목록을 작성하여야 한다. 일단 식별되면 각 위험을 분석하여 비즈니스에 영향을 미칠 가능성과 영향이 얼마나 심각한 지 결정하여야 한다. 영향은 일반적으로 재정적 영향에 의해 측정되고 우선순위가 지정되며 가장 잠재적으로 비용이 많이 드는 위험에 우선순위가 부여된다. 그러나 평판 손상 및 문화적 영향과 같은 다른 요소도 무시할 수는 없다.

법적 위험의 유형

과거에 종종 법적 위험을 고유한 범주로 간주하지 않았으며 운영 위험, 규정 준수 또는 내부 감사에서 관리하는 위험 관리 프레임워크에서 명시적으로 식별되지 않고 다른 위험에 포함되었었다.

이것은 Basel II가 법적 위험을 운영 위험의 일부로 정의했기 때문에 금융 서비스 분야에만 국한되는 이야기일 수 있지만, 법적 위험을 자체적으로 식별하지 못하는 또 다른 이유는 조직의 생존 가능성 또는 자본 적합성에 영향을 미치는 금융 범죄, 행위 및 주의 의무, IT 및 사이버 보안에서 발생하는 다른 위험에 비해 상대적으로 낮은 프로필 때문일 수 있다. 그러나 최근 몇 년 동안 많은 기업에 부과된 벌금 수준으로 인해 해당 조직 및 동종 기업의 법적 위험의 프로필이 크게 변경되고 있다.[68]

동서를 불문하고, 법학자는 무엇이든 정의하는 것으로 출발한다. 법적 위험을 정의하는 데에는 두 가지 지배적인 접근 방식이 있다.

---

68) Luis Fernando Guerra, "Legal Risk Management-A heightened focus for the General Counsel", Deloitte Legal, p.5.

- 하나는 법적 결과를 초래하는 모든 비즈니스 위험에 대한 광의의 정의로 서, "법적" 위험을 비즈니스에 귀속되는 행동에서 발생하는 중대한 법적 결과로 정의한다.
- 다른 하나는 협의의 정의로, 법적 위험을 법적 작업 산출물 또는 법적 불 확실성에서 비롯된 위험으로 정의한다(이는 결과적으로 중대한 비즈니스 결과를 가져오는 위험으로 국한).[69]

그러다보니 자원 조달 결정(사내 제공 대 로펌 이용), 법적 조언의 품질 및 해당 변호사의 행동과 같은 법적 업무 운영 과정에서 발생하는 법적 위 험만 포섭한다. 그러한 정의는 금융 범죄, 행위 및 계약상 지적 재산권 분 쟁에 이르기까지 조직의 운영에서 발생하는 법적 위험과 같이 법적 구성 요소가 있는 조직이 직면한 다른 많은 위험을 고려하지 않는다.[70]

일부 견해는 법적 위험의 정의를 엄격한 법적 결과(예: 기소 위험, 규제 조치, 청구 또는 계약 또는 지적 재산권 상실) 이상으로 확장하는데 평판 위험도 포함시킨다. 법적 의무에 대한 회사의 접근 방식이 대중에게 공격 적인 조세 회피와 같은 부정적 인상을 준다면, 이는 일종의 평판 위험이다.

이러한 법적 위험의 더 넓은 틀은 법 준수를 넘어 더 광범위한 '윤리적 또는 상업적 의무'를 바라보는 것이다. 다양한 이해관계자들에게 '올바른 일을 하고 있다'는 평가를 받는 것이다.

위험과 관련된 문화 및 평판에 대한 이해는 법적 의무에 대한 접근 방식 에서 회사가 '날카롭다', '공격적이다', '까다롭다' 또는 '소극적이다'로 보 이는 것을 방지하기 위한 것이다.

유사하게, 법적 위험의 정의는 실제적 중요성(모든 법적 위험 관리 시스 템의 기초를 형성함)과 문화적 중요성(법과 윤리를 중심으로 기업 문화를

---

69) Richard Moorhead/Steven Vaughan, "Legal Risk: Definition, Management and Ethics", SSRN Electronic Journal. 10.2139/ssrn.2594228, p.5.
70) Luis Fernando Guerra, supra note 68, at 5.

구성하는 데 도움이 됨)을 모두 갖는다.

이는 기업 지배구조의 보다 광범위한 계획을 복잡한 방식을 구체화한 것이다.

법적 위험 정의 및 관리는 다양한 방식으로 기업 지배구조에 기여하려고한다.

하나는 이사회(및 회사의 다른 사람들)에게 이러한 위험에 대한 높은 수준의 정보를 정의하고 제공함으로써 이사회가 직면한 가장 중요한 법적 위험을 이해하고 대응할 수 있도록 하는 것이다. 그렇게 함으로써 기업은 수익과 위험의 균형을 맞춰 상업적 계산을 수행하고, 상황에 따라 기업이 위험을 더 감수하거나, 또는 위험을 감소 또는 회피할 수 있게 된다. 전략적 수준에서 이 프로세스는 큰 그림이므로 축소될 가능성이 높다. 대부분의 변호사에게는 다소 생소한 그래픽 및 양적 이해를 사용할 수도 있다.[71]

두 번째 의미에서 법적 위험 관리는 위험을 통제하고, 위험이 발생하는 것을 방지하거나, 평가, 의사 결정 및 통제 프로세스를 통해 영향을 완화하는 것이다. 따라서 프로세스 기반 위험 평가는 중요한 위험을 정의한 다음 어느 정도 명확하게 그 위험을 측정해야 한다. 그렇게 하면 이러한 위험은 허용 가능한 것으로 받아들여질 수 있다. 합리적이고 적절한 경우 위험의 감소나 완화 또는 제거, 회피 등을 선택할 수 있다.

일부 규제 기관 및 기업 지배 구조 표준은 직·간접적으로 법적 위험 관리를 권장하지만 법적 위험이 무엇을 의미하는지에 대한 지침을 제공하는 경우는 드물다. 그런 상황에서 기업은 각자 비즈니스 상황에 맞는 방식으로 법적 위험을 자유롭게 정의하고 관리할 수 있다. 그러다보면 규제 기관이 법적 위험으로 생각하는 것(규제 기관이 공개적으로 정의를 제시하지는 않았지만)과 회사가 법적 위험으로 생각하는 것 사이에 불일치가 있을 가

---

71) Richard Moorhead/Steven Vaughan, supra note 69, at 5-6.

능성이 생긴다.

또 다른 주요 문제는 기업의 위험 프로세스가 충분히 포괄적이고 견고하냐는 것이다. 회사 전체가 법률 및 법적 작업 산출물에서 비롯된 법적 위험과 법적 결과를 초래하는 '비즈니스 위험'을 제대로 관리하고 법적 위험으로 인한 평판 및 문화적 측면도 고려해야 한다.

법적 위험에 대한 좁고 넓은 정의 사이의 논쟁은 책임에 관한 위험 정의의 세 번째 요소를 부각시킨다. 비즈니스의 어느 부분 때문에 해당 위험이 발생하는지, 비즈니스의 어느 부분이 해당 유형의 위험 관리에 대한 책임을 지는지를 지정하여야 한다.

법적 위험을 평가하는 권한과 이를 관리하고 통제하는 권한을 분할하는 것이 가능하며 종종 합리적일 수 있다. 비즈니스의 비합법적인 부분으로 인해 발생하는 법적 결과로 초래되는 위험은 해당 비즈니스 부분에서 주된 책임을 지는 것이 보통이지만, 경우에 따라 합법적인 업무 수행 결과에서 발생하는 위험에 대하여도 마찬가지로 법적 책임을 져야 하는 상황이 발생할 수 있다.

따라서 두 가지 유형의 위험 모두가 법적 결과로 이어질 수 있다는 것을 명심하고, 법무 팀은 해당 위험의 일상적인 관리에 책임이 있는지 여부에 관계없이 해당 결과에 대한 이해와 완화 그리고 관리를 책임져야 할 가능성이 높다.

결과 차원에서 정의된 법적 위험과 출처 차원에서 정의된 법적 위험 사이의 이러한 분할은 정의의 문제가 아니라 조직의 문제로 봐야 한다. 법적 위험을 정의하려는 규제 차원의 시도에서 얻을 수 있는 몇 가지 단서는 두 가지 접근 방식의 혼합이다. 이해 관계자나 규제 기관이 법적 위험을 지나치게 좁게 정의할 경우, 법적 결과를 수반하는 광범위한 위험에 대하여 제대로 대처하지 못할 가능성이 농후하다.

보다 광범위한 접근법에서 보면 법적 결과를 수반하는 위험에 대한 일차적인 책임이 이사회와 같은 법적 기능과 무관한 부서에 있을 수 있지만 법률 자체가 어떤 의사결정을 조언하거나 지원 또는 그 의사결정이 가지는 위험을 모니터링 하는 근거이더라도 정작 이러한 위험을 이해하고, 예방하거나 완화할 책임은 법무 팀 외의 회사 전체에 배분될 가능성이 높다. 이렇게 되면 특정 위험에 대한 책임이 조직 어디에도 속하지 않는 문제가 생긴다. 회사 내의 법률 기능은 법률 업무에서 발생하는 좁은 의미에서의 법적 위험을 초래할 가능성이 더 높을 수 있지만, 그런 의미의 법적 위험뿐만 아니라, 회사에서 나타나는 보다 광범위한 의미에서의 법적 위험을 식별하고, 모니터링하고 조언해야 한다.

위험 관리의 선도적 책임이 누구에게 있는가 하는 것은 중요하지만, 법적 위험에 국한하여 보면 그 책임을 법무 팀에게 할당하는 것이 타당하다.

감사, 규정 준수 및 법률 간의 보고 및 책임 구분이 잘못되면, 사내 변호사가 잘못된 법률 문서를 작성하거나 법적 불확실성을 제대로 탐색하지 못하거나 예상하지 못하는 유형의 잘못보다 더 광범위한 방식으로 법적 위험을 악화시킬 수 있다.

좋은 예는 최근의 General Motors는 조사를 거쳐 사내 변호사가 매우 위험한 점화 결함 문제에 대한 정보를 회사 내에서 공유하지 않은 사실을 밝혀내고, 해고했다는 사례다.[72]

규제 위험

사업 또는 시장에 중대한 영향을 미치는 법률 및 규정의 역동적인 행동으로 인해 발생하는 위험을 규제 위험이라고 한다. 예를 들어, 특정 회사에 적용되는 과세 제도가 변경된 사실을 간과하고 제대로 준수하지 못하면 소득세 당국이나 관련 당국에서 벌금을 부과할 수 있다. 규제 환경은 끊임없

---

72) id at 6-8.

이 변화하고 있다. 기업의 비즈니스에 영향을 미치는 법률이 변경된 시기를 식별할 수 있는 시스템과 프로세스가 제대로 마련하지 아니하는 경우 규제 준수 위험이 발생할 수 있다. 따라서 기업의 임직원이 새로운 규제 환경에서 요구하는 각종 사항에 대하여 교육을 받고, 새로운 규제 법률이 시행되기 전에 이를 숙지하여야 하는 데 그렇지 못한 경우에도 규제 위험이 발생할 수 있다.

법률 준수 위험

법률 준수 위험은 모든 비즈니스 조직에 적용되는 법규, 내부 정책 및 모범 사례를 준수하지 않아 발생하는 위험이다. 법률 준수가 잘못되면 재정적으로뿐만 아니라 규제 당국의 조치 또는 조사에 대응하기 위해서 막대한 비용이 소요될 수 있고, 또한 평판 손상도 일어날 수 있다.

계약 위험

계약상 책임의 이행에 약간의 실패가 있을 때 계약상 위험이 발생한다. 계약 조건이 제대로 충족되지 아니하거나, 계약에 따른 서비스 제공 실패, 계약에 위험 완화 조항을 포함하지 않는 등이 계약 위험을 초래한다.

계약을 제대로 검토하지 않아 계약 조건의 집행에 영향을 미칠 수 있는 실수(예: 잘못된 준거법 참조)도 계약 위험이고, 부주의하게 무제한 배상금 약정을 하는 등으로 인해 예상치 못한 책임을 지는 경우나, 제품 또는 서비스에 대하여 명확하게 약정하지 아니하여, 분쟁이 발생하거나 클레임을 제기할 수 없는 상황도 계약 위험의 범주에 속한다. 또 기한을 지키지 아니하여 계약을 위반하거나, 또는 중요한 거래 성사 실패로 이어질 수 있는 상황, 법률 및 규정의 변경 사항을 식별하지 못하고(계약을 최신 상태로 유지) 계약이 무효화될 수 있는 상황도 마찬가지로 계약 위험이라 할 것이다.

이러한 계약위험에 포함할 수 없는 비계약적 의무가 있는데, 이러한 위험에는 저작권 또는 상표권을 침해하여 경쟁업체에 발생한 특정 손해가 포함된다.

또한 국외 비즈니스 활동 중의 과실, 허위진술, 부당한 이익청구로 인해 발생하는 불법적 청구와 같은 기타 손해도 비 계약 의무의 범주에 속한다.[73]

분쟁 위험

분쟁 위험은 이해 관계자, 고객 및 파트너가 비즈니스에 혼란을 야기할 때 발생한다. 이러한 분쟁은 종종 소송으로 이어지며 사업을 가시밭길에 빠뜨리게 된다. 막대한 비용이 발생하기 때문에 소송으로 번지기 전에 분쟁을 해결하는 것이 좋다.

평판 위험

부정한 행위나 범죄로 인해 조직의 명예나 위상이 훼손되는 것을 평판 위험이라고 한다. 평판 위험은 직원 또는 공급업체와 같은 기타 주변 당사자의 참여로 인해 발생한다. 좋은 거버넌스와 투명성을 갖추는 것 외에도 기업은 사회적 책임에 중점을 두어야 한다.

금융기관의 평판 위험Reputational Risk은 고객, 거래상대방, 주주, 투자자 또는 규제 기관의 금융 기관 이미지에 대한 부정적인 인식으로 인해 발생하는 수익 및 자본에 대한 현재 또는 미래의 위험이라고 정의된다.

다른 유형의 모든 위험, 예를 들면 시장 위험, 신용위험, 운영 위험 등은 평판에 영향을 미칠 수 있다.

이러한 이유로 일부 기업에서는 별도의 평판 위험 활동으로 관리하기보다 위험 관리 프로그램의 다른 측면에서 평판의 영향을 고려하기도 한다.

그렇지만 대부분의 기업은 평판 위험을 자체 범주로 간주하고 운영 및

---

73) https://blog.ipleaders.in/legal-risks/(2021. 4. 16. 최종방문).

전략적 위험에 사용할 수 있는 것과 동일한 도구를 사용하여 관리한다.[74]

비 법적 위험

시장 위험은 투자, 거래 및 일반적으로 금융 시장에 대한 노출로 인해 발생하는 위험이다.

신용위험은 거래상대방이 계약상 의무를 이행하지 않거나(예: 이자 또는 원금의 적시 지급) 거래 기간 동안 채무 불이행 위험이 증가하여 발생하는 경제적 손실이다.[75] 금융과 관련하여 보면 신용위험은 대출 거래와 파생상품 거래의 상대방이 지급불능 상태에 빠지게 될 위험이다. 이것은 전통적으로 은행이 직면하는 가장 큰 위험이었으며 가장 많은 규제자본이 요구되는 위험인데, 특히 신용사회의 인프라가 충분치 않은 나라에서는 심각한 기업 위험이라고 할 수 있다.[76]

시장위험은 앞서 설명한 것처럼 은행의 트레이딩 영업으로부터 발생한다.[77]

유동성 위험은 투자자산의 유동성이 낮아 발생할 수 있는 위험으로 유동성위기는 일단 발생하면 도저히 손을 쓸 수 없을 정도로 심각하게 밀려온다. 금융기관의 뱅크런bank run 또는 펀드런fund run이 무서운 사례인데, 이는 일반기업에도 마찬가지로 적용된다. 평소에 호의적이던 금융기관들도 일단 유동성위기에 대한 소문이라도 나면 냉철하게 태도를 바꿀 수밖에 없다.[78]

운영 위험은 은행의 내부 시스템이 예상한 대로 작동하지 못하거나 외부

---

74) Philippa Girling, 『Operational Risk Management』, Wiley, 2013, p.255.

75) Aziz, Saqib et al., "AI and Machine Learning for Risk Management", 2018. 7. 14, Palgrave, https://ssrn.com/abstract=3201337(2021. 4. 15. 최종방문).

76) 김중구, 각주 23)의 책, 24면.

77) John C. Hull, 각주 24)의 책, 41면.

78) 김중구, 각주 23)의 책, 25면

의 사건으로 말미암아 손실이 발생할 위험이다. 과거에는 운영 위험은 시장 및 신용 위험 관리 차원에서 포착하지 못한 모든 위험으로 정의되었다. 따라서 과거에는 시장 위험도 아니고 신용 위험도 아니라면 운영 위험이어야 한다는 견해를 취했다.

그러나 오늘날에는 보다 구체적인 정의가 확립되었으며 가장 일반적으로 사용되는 정의는 Basel II 규정인데, 부적절하거나 실패한 프로세스, 사람 및 시스템 또는 외부 이벤트로 인한 손실 위험을 의미한다. 따라서 이 정의에 따르면 법적 위험은 포함되지만 전략적 및 평판 위험은 제외된다.

신용 위험과 운영 위험으로부터 발생하는 손실을 고려하는 기간은 1년이다. 이에 반해 시장 위험으로부터 발생할 수 있는 손실을 고려하는 기간은 열흘이다. 규제당국의 목적은 은행이 충분히 많은 자본을 계속 유지하도록 함으로써 미래 은행 파산의 가능성을 낮추는 데 있다. 가령 신용 위험과 운영 위험의 경우 어떤 해에 예기치 못한 손실의 양이 자본의 양을 초과하여 나타날 확률이 0.1%가 되도록 자본이 선택된다.

개인정보 보호 준수 및 데이터 침해 위험

기업은 지속적으로 발생하고 진화하는 법적 위험에 직면해 있다. 계약 위험 영역과 법률 준수 위험 영역이 겹치는 영역 중 하나가 데이터 침해 위험이다.

기업은 여러 가지 이유로 개인 정보를 비롯한 많은 양의 데이터를 보유하게 된다. 따라서 기업은 해커의 표적이 되기 쉽다. 개인 정보 유출 즉 데이터 침해는 심각한 소송 위험과 직결되며, 데이터 침해를 방지하기 위한 조치가 제대로 취해지지 않으면, 관할당국의 각종 제제의 위험에 노출된다. 우리나라에서도 해킹 또는 업무 담당자의 실수로 개인정보가 유출된 사업자에 과징금 및 과태료 처분이 내려진 사례는 많다. 비교적 최근인 2021. 10. 26. 쿠팡 앱에서 회원들의 이름과 주소 등 최대 31만 명의 개인정보가

노출된 사건이 제재대상이 되었다.[79]

사이버 보안은 데이터 침해의 영향에 대한 조직 방어의 한 부분일 뿐이다. 강력한 개인정보 보호 거버넌스는 조직의 정보 처리 관행이 더 큰 침해 위험에 노출되지 않도록 하고 발생하는 모든 침해에 신속하게 대응할 수 있도록 하는 데 중요하다.

종종 데이터 유출이 발생하는 경우 가장 중요한 요소 중 하나는 유출 사태에 대한 대응이다. 이런 사태에 대하여 대응 계획이 수립되어 있지 않은 경우, 그로 인하여 기업이 입을 피해, 즉 위험이 확대될 수 있다. 개인 정보 보호와 같은 규정 준수 내부 절차 및 명확한 개인 정보 보호 고지와 같은 효과적인 내부 개인 정보 관리 및 거버넌스가 확립되지 않은 것은 언제든 데이터 침해 위험으로 현재화될 수 있다.

이러한 위험은 제3자에게 개인 정보를 처리하는 서비스를 아웃소싱한 경우에도 여전하다. 따라서 아웃소싱 업체가 해당 서비스를 책임 있는 방식으로 처리하지 않고 있다면, 여전히 데이터 침해 위험을 질 수 있다.

법적 위험과 관련된 실제 사례

○ London whale 사건

London whale로 알려진 Bruno Iksil이 일으킨 이 사건은 평판이 좋은 회사인 JP Morgan Chase and co에 약 62억 달러의 손실을 입혔다. 최고 투자 책임자의 주요 기능은 은행의 위험 수준을 유지하는 것이다. Iksil은 위험 수준을 유지하기보다는 돈 버는 데 집중했다. 이를 위해 3,500억 달러 이상이 사용되었다. Iksil은 2011년에 4억 달러를 벌어들였고 이는 큰 게임의 시작에 불과했다. 은행이 두 당사자가 종종 "포트폴리오 교환"으로 알려진

---

79) https://biz.sbs.co.kr/article/20000058075(2022. 5. 3. 최종방문).

금융 상품을 교환하는 파생 상품 계약을 체결하여 런던에서 위험을 줄이려고 생각했을 때. 미국 검찰은 두 당사자가 은행 경영진에게 진위를 숨김으로써 증권사기를 저질렀다고 주장했다. 은행은 2013년 첫 분기 손실을 보고했다.

○ Satyam 컴퓨터 케이스

Satyam 컴퓨터는 회사 설립자이자 전 회장인 Ramalingam Raju가 소유한 회사였다. 2009년에 기업 지배구조 및 부정 감사 사건이 발생하여 인도 경제에 큰 충격을 가했다. 회사는 모든 이해 관계자, 이사회, 심지어 증권 거래소로부터 자신의 진정한 위치를 숨길 수 있었다. 사기는 시장과 이해 관계자 모두를 오도할 의도로 저질러졌다. 공인 회계사와 감사조차도 스캔들의 일부였다. 많은 회사들이 Satyam에서 자금을 전용하는 데 탐닉했다. 여기서 언급할 가치가 있는 재미있는 사실은 이 350개 회사 중 하나가 납입 자본금이 500000 Rs.이고 약 90.25만 Rs에 대해 투자했다는 것이다. 같은 회사는 약 600만 Rs의 무담보 대출을 받았다.

○ 페이스북 분석 데이터 유출 사건

Aleksandr Kogan은 2014년도에 퀴즈 앱을 개발했는데, 무려 270,000명의 사용자가 설치한 이 앱은 사용자의 데이터를 무단으로 수집하여 Cambridge Analytica에 제공함으로써, 데이터 유출 문제로 가뜩이나 데이터 유출 전력이 있는 Facebook을 깊은 곤경에 빠뜨렸다.

○ Cadbury 사건

2017년 1월, 미국 시장 규제 기관인 증권 거래 위원회(SEC)는 Mondelez를 해외 부패 관행 위반 혐의로 기소했다. 회사는 혐의를 인정하거나 부인하지 않고, 9000만 달러를 지불하기로 동의했다. 2010년에 미국에 기반을 둔 Kraft Foods는 영국에 기반을 둔 Cadbury를 인수한다. 인수 후 2년 뒤 Kraft Foods는 Cadbury India에서 Mondelez로 변경되었다. 몬델레즈 인디아는 정부 관리들에게 뇌물을 주고 회사가 히마찰프라데시 주에 있는 유령 공장에 대한 면허를 취득하는 것을 도운 컨설턴트에게 돈을 지불한 것으로 알려졌다. 소비세 부서에서 수행한 별도의 조사에서 회사와 많은 다른 구성원들이 범죄에 대해 유죄를 선고받았고 그들 모두에게 엄청난 벌금을 부과했다.

4. 법적 위험 관리 방안

법률 서비스 분야의 특성으로서 위험 관리

법률 서비스가 다양한 특성을 지니고 있지만, 간과하기 쉬운 중요 특성의 하나는 위험 관리라는 측면이다. 법률서비스에서 위험의 예측과 관리라는 측면의 중요성은 간과하기 어렵다. 변호인은 단순히 의뢰인의 사건 상황을 파악하고, 법리를 적용하여 결론을 내는 데 그쳐서는 아니 된다. 법원이 그러한 사실관계에 어떤 법리를 적용하여 어떤 결론을 낼 지 예측까지 하여야 한다. 이런 예측이 빗나가는 경우, 의뢰인의 신뢰 상실을 비롯한 여러 가지 문제에 휩싸인다. 법원은 그 결정의 일관성 유지를 통하여 법원의 분쟁 해결 방식에 대한 일반의 신뢰를 확보하려 하는데, 이 때문에 소송 결과에 대한 예측이 어느 정도 가능하게 된다. 변호사은 의뢰인의 일상적인 비즈니스가 초래할 법적 효과와 소송 가능성 및 그 비용에 대해 진단을 하고 조언하여야 하는데, 미국의 경우, 이러한 업무를 지원하는 인공지능 알고리즘을 활용한 다양한 형태의 상용 서비스가 활용되고 있다.

그러나 법의 집행 과정에서 아무리 명료성과 예측가능성을 위해 노력해도 법의 현실에서 불확실성이 없을 수는 없다. 변호사는 판결 등 법원의 결정을 예측하여야 할 뿐만 아니라, 예측이 빗나갔을 때 초래될 수 있는 법적 위험도 관리하여야 한다. 또한 변호사는 일상적인 계약 등에서 불확실성 때문에 발생할 수 있는 법적 위험을 최소화할 수 있도록 의뢰인을 조력하여야 한다. 소송 단계에서도 변호사는 의뢰인에게 소송의 승패에 대한 단순한 결론보다는 소송의 수행 방법, 해결 시기 및 예상 승소 금액 등에 대하여 조언하여야 한다. 이런 면을 보면 변호사는 전문교육을 통해 특정 범주의 위험의 파악과 관리를 하는 위험의 관리자이기도 하다.[80]

회사가 소송을 당하거나 일종의 규제 제재를 받으면 모든 법률 고문이나 준법 감시인은 어떻게 그런 일이 일어났는지에 대한 질문부터 받게 될 것이다. 사실 대답은 조직이 다른 위험을 관리하는 것처럼 법적 위험을 체계적으로 관리하지 않는다는 것인데, 법적 위험은 관리하기 가장 어렵고 가장 이해하기 어려운 위험 중 하나다.[81]

사고방식의 변화-법적 위험관리의 시작

규율로서의 법적 위험 관리는 많은 사내 법률 팀에게 비교적 새로운 사고방식이다. 다른 부서와 규제 기관의 금융 서비스 산업에 대한 기대가 커지고 있다. 법무팀이 공식 위험 관리 프로세스에 명시적으로 참여하게 될 것이다.

평판 영향, 운영 또는 재정적 손실 및 조직의 비즈니스 수행 능력에 영향을 미치는 문제로 구성된 법적 위험을 정의할 때 법무팀은 법적 위험을 식별, 관리 및 완화하기 위해 "일상 업무" 이상을 수행해야 한다는 것이 분명하다.[82]

---

80) Jonathan T. Molot, "A Market in Litigation Risk", 76 U. Chi. L. Rev. 367(2009), p.368.
81) https://www.berkmansolutions.com/articles/risk/6-steps-to-legal-risk-management(2021. 3. 5. 최종방문).

많은 회사가 직면한 문제는 잠재적인 법적 위험의 전부 또는 대부분을 다루지 않는다는 것이다. 많은 기업들이 법률적 위험을 식별하고 관리하기 위해 법률부문에게 의존하고 있어, 주된 책임은 회사의 법무담당부서 몫이다. 대부분의 사내 변호사는 보험이나 배상 조항과 같은 계약을 통해 위험을 전가하는 관점에서만 생각한다. 그들은 대부분의 사업 유형에서의 관련 위험이 결국 법적 위험이 된다는 것을 이해하지 못한다. 또한 그들은 눈에 보이는 위험을 피하려고 노력하지도 않는다는 게 문제다. 그들은 진행 중인 소송에 몰두하느라 너무 바쁘고 선제적으로 위험을 다루려고 생각하지 않는다. 과거와 싸우고 있을 뿐, 미래의 위험은 전부 보험부서 등에서 처리할 것이라고 미뤄버린다.[83] 변호사는 변호사가 되기 위한 교육과 훈련, 그리고 경험을 통해 법적 위험이 발생한 후에야 사후 대응책으로 법적 위험 상황을 관리하는 데 익숙하다. 법률 회사 입장에서는 수입 때문이라도 굳이 고객이 큰 비용을 지불해야 하는 문제를 피할 수 있도록 도울 인센티브가 없다. 기업의 사내 법률 팀은 문제가 이미 발생한 후 발생하는 법적 위기를 관리하는 데 사용되는 돈을 지출하느니 애초에 해당 문제가 발생하지 않도록 방지하는 데 지출한 편이 낫다고 경영진을 설득하지 못한다. 법률 전문가가 오늘날 비즈니스가 직면한 가장 큰 위험 문제 중 하나를 해결하는 데 제대로 된 역할을 하려면 교육자, 개인 변호사 및 사내 변호사가 비즈니스에서 법적 위험을 인식하는 방식을 바꿔야 한다. 그런데 이를 가로막는 장애가 있다. 로펌은 위기에 처한 고객으로부터 상당한 수수료를 받는다. 변호사는 곤경에 처하거나 비즈니스 거래를 마무리할 법적인 도움이 필요할 때는 의심할 여지없는, 가치 있는 서비스를 제공한다. 그러나 고객이 미래의 문제를 피하는 데 도움이 되는 사전 예방적 조언을 제공하는 것이 가치가 있다는 사실을 선뜻 인정하지 않는다. 대체로 변호사들은 다음

82) Luis Fernando Guerra, supra note 68, at 5.
83) Bryan E. Hopkins, 『The Art of Legal Risk Management』, Partridge, 2019, p.11.

소송을 어떻게 막을 것인가 보다는 어떻게 승소하느냐에 초점을 맞춰서 생각한다.

현재의 변호사 업계 관행으로는 대규모 소송을 방지하는 방법을 조언하는 것보다는 그러한 소송을 수행해야 로펌이든 개인 사무실이든 유지할 수 있는 수입이 생긴다. 놀랍게도 의뢰인인 회사의 고위 임직원조차 분쟁을 방지하기 위해 계약을 수정하는 데 2만 달러를 쓰는 것보다 소송비용 2백만 달러를 쓰려한다는 것이 문제다.[84]

뿐만 아니라 회사의 주된 관리자들도 직면한 법적 위험을 잘 이해하지 못한다. 가시적인 조치를 취하지 아니하면 회사에 좋지 않은 일이 발생할 가능성, 즉 법적 위험이 높더라도 경영자는 발생하지 않은 모든 나쁜 일에 대해 미리 조치하는 경우가 거의 없다. 자동차 사고가 발생하지 않을 때, 보험료를 낸 것을 아까워하는 것은 대부분의 사람이 흔히 하는 생각이다. 그러나 정작 큰 위험이 가시화되었을 때 그때서야 위험에 대한 예방적인 대처를 취하지 않은 것을 후회한다. 그런 관점에서 보면 미래의 위험의 발생 확률이 높지 않다고 전망하더라도 어떤 예방 조치를 취해 놓는 것은 위험에 대한 불안감 해소 등 정신적 부담을 경감시켜준다. 위험은 어떤 사건이 일어날 확률이고, 이러한 미래의 사건이 회사 사업 목표에 부정적 또는 긍정적 영향을 미칠 것인데, 법적 위험의 경우는 부정적일 수밖에 없다. 회사의 법적 위험, 즉 회사에 부정적인 영향을 미칠 위험 발생 원인의 가능성은 많은 종류가 있다. 회사의 운영, 재정, 환경 등에서의 문제는 대부분은 법적 위험으로 직결된다. 왜냐하면 결국 모든 위험 사건은 소송으로 가거나, 정부 조사, 벌금이나 처벌 등으로 귀결되고, 이로 인하여 회사가 입을 손해는 크다.

위험은 하나의 원인으로부터 비롯되는 단발의 사건이 아닌 작은 연결고

---

84) Matthew Whalley/Chris Guzelian, 『The Legal Risk Management Handbook』, KoganPage, 2017, p.7.

리들의 연쇄작용으로 나타나는 동시다발적 사건으로 나타난다. 따라서 잠재적 이익이 아무리 크더라도 잠재적 손실, 감수하기로 한 위험은 신중하게 판단해야 한다. 그러나 위험의 감수 없이는 잠재적 이익을 실현할 수 없다. 그렇기 때문에 높은 위험의 시도를 감수하되 이를 통제하고 손실을 최소화할 수 있는 대책이 계획 단계부터 고려되어야 하며 계획대로 위험을 관리할 수 있는 위험 관리 체계를 평소부터 갖추고 운용해야 한다.[85]

법적 위험은 일반적인 정의가 없고, 이를 제대로 이해하는 경우도 드물다. 실제 2013년 국제 법률 회사 Berwin Leighton Paisner와 2016년 글로벌 전문 서비스 회사 Ernst & Young에서 실시한 설문 조사 결과를 보면 법적 위험의 이해가 현저히 부족하다는 것을 보여준다. 기업의 경우 법적 위험으로 인한 손실을 방지할 수 있는 역량을 갖추지 못하고 있다. 법적 위험이 법적 손실로 연결되는 양상은 다양하며, 법적 위험으로 인한 법적 손실은 소송비용이나 규제기관이 부과하는 과징금 등을 통해 구체화되는 경우가 많다. 이런 비용 측면에서 살펴보면 미국의 금융 서비스 부문에서만 법적 위험으로 인한 손실이 연간 1,000억 달러 이상일 것으로 추정된다. 구체적으로 세계 최대 은행 중 10곳이 5년 간 법적 위험으로 인한 법적 손실이 연간 400억 달러의 손실을 보았고, 특히 2014년 리보 금리 고정[86]과 관련한 단일 사건에서 관련 은행들의 누적 벌금만 30억 달러 이상이었다. 금융 서비스 부문 외에도 영국, 미국, 브라질, 독일, 스위스, 호주의 에너지 및 제조, 은행 및 보험 분야의 기업은 법적 위험으로 인해 수십억 달러의 손실을 입었다고 알려져 있다. 경우에 따라 이러한 금전적 손실보다 더 심각한 것은 법적 위험으로 인해 초래되는 기업의 평판에 대한 부정적 영향이다. 법

---

85) 남보람, "위험관리(Risk Management)에 대해 다시 한 번 생각해 보기", 『국방과 기술』, 제490호(한국방위산업진흥회, 2019), 130쪽.

86) 금융 시장에서 은행 간 대출 금리를 설정하는 데 사용되는 야간 금리다. 거래자가 요금이 얼마인지에 대한 사전 지식을 통해 유리한 입장을 취하는 경우 잠재적으로 형사 범죄가 될 수 있다.

적 위험을 잘못 이해하면 그로 인해 초래되는 비용이 너무 크기 때문에 모든 부문의 기업이 법적 위험을 제대로 이해할 필요가 강조된다.[87]

법무 팀의 역할이 바뀌고 있다. 더 이상 회사가 법률을 이해하도록 돕고, 법률 문서를 작성하거나 소송을 수행하는 것만이 아니다.

법무 팀은 회사와 주주의 이익을 보호하기 위해 위험을 사전에 관리해야 한다. 법적 위험을 선제적으로 관리하고, 기업을 법적 손실로부터 보호하는 비결은 법적 위험이 어디에서 발생하는지 이해하는 것이다. 그러나 이러한 역할을 수행하려면 법적 데이터를 수집하여 이러한 위험을 식별, 추적 및 보고하는 구조화된 방법이 필요하다.

데이터가 하드 드라이브의 계약서, 이메일로 전송된 정책 문서 또는 수동으로 업데이트된 스프레드시트에 숨겨져 있으면 위험을 효과적으로 평가하고 완화하는 것이 불가능하다.[88]

법적 손실의 근본 원인인 위험을 식별하고 완화하고, 또 이를 수량화하여 인공지능 알고리듬으로 위험을 예측하는 방안 마련이 필요하다. 인공지능 알고리듬과 관련된 논의는 추후에 할 예정이다.

위험 관리는 일련의 단계 또는 프로세스다.

위험 관리를 여섯 단계로 나누어 설명하는 입장부터 먼저 보자.

우선 프레임워크를 먼저 정한다. 위험 관리는 연속체다.

법적 위험 관리 프레임 워크

법적 위험 및 규정 준수를 위한 위험 관리 프레임워크는 간단하지만 단순하지 않고, 확장 가능하지만 부담스럽지 않으며, 유연하지만 명확한 지침이 있어야 하고, 실용적이지만 엄격하지 않다는 네 가지 상충되는 목표를 충족해야 한다.

---

87) Matthew Whalley/Chris Guzelian, supra note 84, at 3-4
88) https://www.wolterskluwer.com/en/solutions/legisway/legal-risk(2022. 1. 23. 최종방문).

이러한 목표를 가장 잘 충족시키는 위험 관리 프레임워크는 ISO 31000 이다. ISO 31000은 위험을 "… 목표에 대한 불확실성의 영향"으로 정의하는데, 이 포괄적인 정의에는 일반적으로 "위험"으로 간주되는 예상치 못한 비용과 기회에 대한 위험을 초래하는 이벤트가 포함된다.

위험 관리 이니셔티브는 조직이 전체 기업을 위한 제대로 된 위험 관리 프레임워크 구현을 바라기 때문에 바로 이루어지지 않는다. 전사적 위험관리Enterprise Risk Management도 매우 중요하지만, 반드시 위험관리가 전사적으로 이루어져야 하는 것은 아니다. 전사적 위험관리는 기업 또는 조직 전체의 관점에서 위험 관리를 전략적으로 바라보는 방법론으로, 조직의 운영 및 목표를 방해하거나 손실을 초래할 수 있는 잠재적 손실, 위험 기타 잠재적 피해를 식별, 평가 및 준비하는 것을 목표로 하는 하향식 전략이다. 따라서 전체론적 접근 방식을 취하고 개별 사업부 또는 부문에 반드시 의미가 없을 수도 있는 경영진 수준의 의사 결정 시 요구된다.

법률 고문, 규정 준수 책임자, 계약 관리자, 기타 법률 전문가는 자신의 영역 내에서 각자 법적 위험 관리체계를 구현할 수 있다. 법적 위험에 초점을 맞추면 두 가지 이점이 있다. 첫째, 이전에 불투명했던 위험을 명확하게 측정함으로써 이익을 얻는다. 둘째, 시스템이 단순하고 사용 분야가 제한적이기 때문에 소프트웨어 및 프로세스 승인의 기준이 전사적 위험 관리보다 낮다.

조직의 동참으로 끌어내기 위해서는 1) 법적 위험 관리 계획의 범위가 정해져야 하고, 2) 법적 위험 유형(계약, 규정, 소송 등)이 파악되고, 규정되어야 하며, 3) 법적 위험의 보고 대상이 명확해야 하고, 3) 법적 위험을 추적하고 처리하는 데 사용할 수 있는 시간, 비용 및 직원과 관련한 가용 예산이 정해져야 한다.

법적 위험의 식별

다음은. 법적 위험을 식별하는 과정이다. 위험 식별은 광범위한 위험 목록을 작성하기 위한 문제 발견 프로세스로서 위험의 존재 위치를 설정한다. 법적 위험 식별 단계는 다음의 세 가지 단계로 나뉜다.

1단계: 법적 위험의 원인(출처)를 찾는 것인데 주된 출처는 계약, 규정, 소송 및 구조적 변경이다.

2단계: 잠재적 위험과 실제적 위험을 인식하는 것이다. 법적 결과를 초래하는 불확실성은 위험(신체적 상해), 사건(일회 발생), 상황(새로운 국제 시장 진입) 및 시나리오(상대방이 X, Y 또는 Z를 수행함)에서 발생할 수 있다.

3단계: 위험 등록부risk register에 위험을 기록한다. 위험 등록부를 사용하여 법적 위험을 문서화하는 것은 위험을 식별하고, 처음 발생한 위치에서 최종적으로 해결한 위치까지의 기록을 기록하는 것을 가능케 한다. 위험 태그 지정뿐만 아니라, 위험 로그에서 위험 점수와 위험이 프로젝트 등에 영향을 미칠 가능성을 기록할 수 있다. 위험 등록부는 위험 관리 및 프로젝트 관리의 도구로서, 프로젝트 또는 조직의 잠재적 위험을 식별하는 데 사용되며, 때로는 규정을 준수하는 것처럼 보이지만, 실제에서 애초 의도를 벗어나 위험을 초래할 수 있는 잠재적인 문제를 파악하는 데도 유용하다.[89] 잠재적인 위험의 파악은 통상의 절차로는 파악하기 어려운 유형의 위험을 완화하고 이러한 위험이 현실화될 때, 프로젝트를 정상 궤도에 올릴 수 있는 경로를 계획할 수 있는 위험 분석 메커니즘의 기반이 된다. 위험 등록부는 기본적으로 각 위험의 일부 속성도 캡처한다. 위험 등록부는 위험의 이름, 추정치로서의 단순 척도의 가능성, 추정치로서의 단순 척도의 결과 등급, 단순 척도로서의 결합된 위험 등급으로 이루어진다. 또한 위험

---

89) https://www.projectmanager.com/blog/guide-using-risk-register(2022. 4. 15. 최종방문).

의 긴급성 수준, 해당 위험에 대한 대응 우선순위, 대응해야 하는 내용을 포함하는 세부 정보가 포함되어야 한다. 위험 등록부는 조직에 대한 일종의 위험 로드맵 역할을 해야 한다. 위험의 가능성은 높음, 중간 또는 낮음을 지정하고, 위험 관리자는 그에 따라 대응계획을 개발하고, 특정 위험의 우선순위를 지정하는 데 도움이 되어야 한다.

이 단계를 거치면, 그때는 위험을 분석하여 법적 위험을 관리하는 방법에 대한 결정을 내릴 수 있게 된다.

법적 위험 분석

법적 위험 분석은 위험 등록부의 위험을 이해하는 것이다. 법적 위험을 분석하려면 통제 평가부터 시작한다. 위험 통제 평가는 위험, 산업 및 조직에 따라 다양한 형태를 취할 수 있다. 예를 들어, 계약 위험을 관리하기 위해 조직은 요구 사항 추적 시스템을 사용하여 개별 의무가 충족되었는지 확인할 수 있다.

위험 통제의 효과를 측정한 후에는 각 위험의 가능성과 결과를 분석한다. 법적 위험의 가능성은 발견 가능성(청구자 또는 규제 기관이 문제를 식별할 수 있음)과 불리한 결정 가능성의 조합이다. 위험의 우선순위도 정할 수 있다. 위험의 우선순위는 위험의 영향과 확률값을 곱하여 얻은 각 위험에 대한 점수로 결정한다.[90] 이는 정량적 요소뿐만 아니라, 정성적 요소에도 마찬가지이며, 그럴 경우 영향이 가장 크고, 가능성이 있는 위험을 우선순위에 놓아야 한다. 마찬가지로 위험으로 인한 결과치는 손해(보통 재정적 측면)와 빈도(사고 수)의 곱이다.

위험에는 불확실성이 내포되기 때문에 법적 위험의 가능성과 결과에 대하여 정확한 측정은 거의 불가능할 뿐만 아니라, 정확한 측정을 하려고 과

---

90) id.

도한 노력을 하는 것 또한 그리 바람직하지 않다. 법적 위험의 분석은 식별된 위험을 개선하는 것이 아니라 해결하는 것이 목표다. 위험 분석의 마지막 부분은 요소에 대한 매개변수 또는 변수를 구축하는 것이다. 예를 들어, 청구에 대한 손해액의 범위는 $X에서 $2X다.[91]

위험 분석을 통해 보다 명확한 범위로 위험 등록부를 세분화할 수 있다. 위험 분석은 반복적인 프로세스다. 일부 위험은 목록에서 제외되기도 하고, 일부는 다른 것과 병합되며, 분석 후에 새로운 위험이 나타날 것이다.

법적 위험 평가

다음은 법적 위험 평가다. 법적 위험 평가는 위험 분석과 아주 다르다. 법적 위험 평가의 목적은 법적 위험 노출에 대한 정보 및 추세를 보고하여 전사적 위험 우선순위를 정하는 것이다. 법적 위험 평가는 위험에 대한 대응을 우선시한다. 위험을 식별하고 분석했으면, 잠재적 영향을 대조·비교하여 우선순위를 정해야 한다. 이는 상호 배타적이고 포괄적인 분류 체계다. 법적 위험 범주 전반에 걸친 위험 노출을 평가하는 것인데, 예를 들면 모든 부문에 걸친 계약 위험의 총합을 식별하고, 이것을 분쟁 위험과 연결하여 확인할 수 있어야 한다. 이렇게 하여야만 고위 경영진이 법적 위험에 대한 부담을 줄이기 위해 처리해야 하는 문제를 정확히 찾아낼 수 있다. 이때 고위경영진이 할 수 있는 추가적 질문을 예상하여 미리 답변을 할 수 있도록 준비하여야 한다. 예를 들면 어떤 계약 때문에 위험한지, 입법이나 규제 위험에 대한 노출을 줄이기 위해서는 무엇을 해야 하는지, 그 위험 노출은 다른 위험유형과는 어떻게 다른지와 같은 것들이다.[92]

보다 중요한 것은 어떤 회사나 조직의 위험 허용 범위를 정하는 것 즉

---

91) https://www.berkmansolutions.com/articles/risk/6-steps-to-legal-risk-management(2021. 3. 5. 최종방문).

92) Matthew Whalley/Chris Guzelian, supra note 84, at 68.

위험의 감내 수준을 파악하는 것이다. 회사 또는 어떤 부서가 감내할 수 있다고 여기는 위험의 정도가 있을 것이다. 이를 위험 허용 범위라고 한다. 이는 어떤 결정을 할 때 처리 가능하여 감내할 수 있다고 생각하는 손실의 양이다. 어떤 의사결정에서 얼마나 많은 위험을 감수할 있는지에 따라 그 의사결정이 공격적인지, 온건한지, 보수적인지가 결정된다.

이러한 위험 허용 범위에 영향을 미치는 요소로는 타임라인, 목표, 의사결정자의 연령, 포트폴리오 규모 등이 있다. 예를 들어 투자 결정을 하는 경우, 시장의 상승국면이 계속된 추세라면, 일반적으로 투자 기간이 길면 더 많은 위험을 감수한다. 15년이 끝날 때 일정 금액이 필요한 개인은 5년이 끝날 때까지 같은 금액이 필요한 개인보다 더 많은 위험을 감수할 수 있다.

의사결정을 하는 목표는 상황마다 다르다. 가능한 한 많은 돈을 모으는 것이 재무 계획의 유일한 목적은 아니다. 일반적으로 특정 목표를 달성하는 데 필요한 금액을 계산하고 이러한 수익을 제공하기 위한 투자 전략을 추구한다. 따라서 의사결정 주체의 목표에 따라 다른 위험 허용 범위를 갖게 된다.

의사결정을 하는 사람의 나이도 허용 범위와 관련을 맺는다. 일반적으로 젊은 사람들은 나이든 사람들보다 더 많은 위험을 감수할 수 있다. 젊은 사람은 더 많은 돈을 벌 수 있는 기회가 있고 시장 변동에 대처하는 보다 더 많은 시간이 있기 때문이다.

포트폴리오의 규모가 클수록 위험에 대한 내성이 커진다. 5천만 달러의 포트폴리오를 가진 투자자는 5백만 달러의 포트폴리오를 가진 투자자보다 더 많은 위험을 감수할 수 있다. 가치가 하락하면 더 작은 포트폴리오와 비교할 때 더 큰 포트폴리오에서 백분율 손실이 훨씬 적다.[93]

---

93) https://corporatefinanceinstitute.com/resources/knowledge/trading-investing/risk-tolerance/ (2022. 2. 17. 최종방문).

공격적인 위험 투자자는 시장에 정통하고 큰 위험을 감수한다. 이러한 유형의 투자자는 포트폴리오에서 큰 상승 및 하락 움직임을 보는 데 익숙하다. 공격적인 투자자는 부유하고 경험이 풍부하며 일반적으로 광범위한 포트폴리오를 보유하고 있다. 그들은 주식과 같이 가격 변동이 역동적인 자산 군을 선호한다. 그들이 감내하는 위험의 양으로 인해 시장이 좋을 때 더 나은 수익을 거두고 시장이 좋지 않을 때 자연스럽게 큰 손실에 직면하게 된다. 그러나 그들은 그날그날의 변동에 익숙하기 때문에 시장의 위기 상황에서 패닉 매도를 하지 않는다.

보통 수준의 위험 투자자는 공격적 위험 투자자에 비해 상대적으로 위험에 덜 강하다. 그들은 약간의 위험을 감수하고 일반적으로 처리할 수 있는 손실의 비율 한계를 정해둔다. 그들은 위험 자산 클래스와 안전한 자산 클래스 사이에서 투자 균형을 유지하려고 한다. 온건한 접근 방식을 사용하면 시장이 좋을 때 공격적인 투자자보다 덜 벌지만 시장이 하락할 때 큰 손실을 겪지 않는다.

보수적인 투자자는 시장에서 가능한 한 적은 위험을 감수하려고 한다. 그들은 위험한 투자에는 눈길을 돌리지 않고, 가장 안전하다고 느끼는 옵션을 선호한다. 이들은 이익을 얻는 것보다 손실을 피하는 것을 우선시한다.

위험 내성을 고려하지 않고 의사결정을 하는 것은 치명적일 수 있다. 투자의 예를 들면, 투자자는 투자 가치가 떨어졌을 때 즉 시장 하락의 경우 어떻게 대처해야 하는지 알아야 하고, 대비를 해야한다. 대개의 많은 투자자들이 상품을 싸게 팔고 시장을 떠난다. 그러나 이런 시장 하락은 역으로 매수하기에 좋은 시기가 될 수 있다. 따라서 위험 허용 범위를 확인하는 것은 성급하고 잘못된 결정을 내리지 않고 정보에 입각한 결정을 내리는 데 도움이 된다.

허용할 수 없는 선을 넘는 법적 위험에 대하여는 위험 처리가 필요하다.

법적 위험의 처리

위험 처리의 기본 개념은 간단한데, 위험을 최소화하거나 위험을 완전히 제거하는 통제방안을 강구하는 것이다. 경우에 따라 위험을 바꾸어 허용 가능하도록 만드는 것도 필요한데, 위험을 아주 제거하려고 하는 것이 아니라, 단지 허용 가능한 수준으로 만드는 것이다.

위험 처리 기술은 관리해야 하는 위험만큼 다양하다. 그러나 몇 가지 정형적인 옵션이 있다.

우선 불확실성을 유발할 수 있는 활동을 하지 않거나, 중단하여 위험을 피하여 한다. 위험이 예상되더라도 결과가 유익한 경우에는 활동을 오히려 늘려야 한다. 위험의 원인을 미리 제거하고, 위험의 가능성을 줄이며, 제휴 계약이나 보험이나 헷지 상품에 가입하거나 아웃소싱을 통해 아예 외부로 위험을 전가하는 방안도 있다.[94]

이러한 기술들은 법적 위험의 특성을 변경할 수 있다. 이러한 기술을 법적 위험에 적용하면 법률 전문가가 조직 운영에 더 가까이 다가가 비용과 불확실성의 영향을 줄일 수 있다.

법적 위험의 식별, 분석, 평가 후에는 조직 내에서의 의사소통이 필요하고, 필요 부서에 구체적으로 조언해줄 필요가 있다.

법적 위험이 목록화 되고 위험 등록부에서 분석되면 그러한 결과를 조직 내부에 전달하는 것이 중요하다. 그러나 많은 경우 위험 전문가들은 각자가 파악한 위험을 각각의 경로로 달리 제시함으로써 메시지의 힘과 의사소통의 효율성을 떨어뜨린다.

조직에 지속적인 영향을 미치려면 총체적으로 생각하고 명확하게 의사소통할 필요가 있다.

기업의 비즈니스는 항상 진화한다. 이는 성장과 혁신에 좋지만 항상 위

---

94) 김중구, 각주 23)의 책, 22면.

험을 재평가해야 한다는 것을 의미한다. 위험 관리자가 새로운 프로그램이나 프로젝트가 조직에 초래하는 새로운 형태의 위험에 대하여 주기적으로 점검하고, 위험을 완화하는 데 필요한 위험 평가 프로토콜을 사용하여야 한다.

최고의 위험 관리 계획에도 때때로 문제가 발생한다. 위험 관리자는 위험 관리 프로토콜 및 대응 시나리오에 대한 일관된 평가를 통해 개선할 수 있는 부분을 결정해야한다. 위험 관리자는 다양한 프로젝트 팀과 상의하여 사고 결과와 변경 여부를 결정해야 한다.

위험 관리 영역은 변호사, 규정 준수 담당자 및 계약 관리자가 조직에 가치를 더할 수 있는 최전선이다.[95)]

또 다른 입장에서는 법적 위험 관리를 평가, 식별, 수량화, 관리로 구분하는 데, 어떻든 이러한 프로세스를 이해하고, 해당 업계의 특성만 알면 위험 관리 체계를 구현하는 것은 그리 어렵지 않다. 위험 관리 측면에서는 능동적인 접근이 중요하다.

위험 평가 계획 수립

위험 평가 계획을 수립하는 것은 위험 관리 프로세스의 첫 번째 단계다. 이 단계는 때로는 위험 식별과 결합되기도 한다.

위험 식별에는 위험 인식이 포함되며 기업 목표 및 핵심 프로세스 및 이벤트를 이해하는 것이 필요하다. 위험 평가 계획 또는 프로세스의 목적은 주요 위험을 분석하고 평가하여 식별하는 것이고, 전체 법적 위험 관리 프로세스의 시작점이기도 하다. 위험의 출처는 다양하다. 즉 조직 내 개인의 질병, 사망, 부상 또는 기타 인적 손실과 같은 인적 위험, 공급 및 운영 중단, 필수 자산 확보나 배포 실패와 같은 운영 위험, 고객 또는 직원의 신뢰

---

95) supra note 89.

상실 또는 시장 평판을 손상시킬 수 있는 평판 위험, 내부 시스템 또는 통제의 실패 또는 사기로 인한 절차적 위험, 예산 초과, 주요 작업의 지체, 제품 또는 서비스 품질 문제와 같은 프로젝트 위험, 사업 실패, 주식 시장 변동, 금리 변동 또는 자금 조달 불가능과 같은 재정적 위험, 기술의 발전 또는 실패로 인한 기술적 위험, 날씨, 자연 재해 또는 질병과 같은 자연적 위험, 세금, 여론, 정부 정책 또는 외국의 영향 변화와 같은 정치적 위험, 위험한 화학물질, 열악한 조명, 적재물 낙하 사고 등 구조적 위험 등이 모두 포함된다.

이것이 부적절하게 수행되면 위험 평가 계획이나 결과 프로세스에 결함이 생길 수 있으며, 이로 인해 위험 식별 프로세스를 왜곡할 수 있고 그 때문에 실행이 완벽하더라도 회사는 실패로 갈 위험이 크다. 위험 평가 프로세스가 무슨 이유로 위험을 제대로 발견하지 못하는지, 재정적이든 아니든 간에 회사 내에 내부적 통제 시스템이 있는 경우, 그 시스템을 고려하여 위험을 평가하여야 한다. 물론 회사의 자체적 통제를 고려하지 않고 위험을 평가할 때 외부에 있는 위험의 진면목을 더 잘 이해할 수 있을 수도 있다. 그것은 회사 내부의 통제 시스템이 현실에서 설계된 대로 작동하지 않을 수 있기 때문이다. 이러한 통제 시스템을 들여다보지 않고, 외부 시각에서 위험을 평가할 경우, 통제 시스템이 제대로 작동하는지 여부를 확인할 수 있다. 예를 들어 이사회나 CEO는 외부 위험에 대한 것만큼 내부 위험에 대해서는 그다지 관심을 두지 않을 수 있다. 회사가 개인이든 부서든 상향식 접근 방식을 사용한다면 외부 위험보다는 내부 위험과 프로세스를 제대로 파악할 수 있다. 이를 통해 알 수 있는 것은 위험 평가는 사용된 위험 평가 프로세스의 영향을 받는다는 것이다. 따라서 특정 종류의 위험 평가를 수행하려면 그것에 최적화된 관리자가 필요할 수 있다. 적절한 위험 평가를 하려면 회사 내부 프로세스에 대해 관심이 있거나 지식이 있는 사람이 위험 평가를 담당하거나 그렇지 아니하더라도 최소한 참여는 해야 한다.

여러 면에서 여전히 아날로그적인 기술 중심 회사의 경우 종이 보고서가 일반적이지만, 그와 성격이 다른 하이테크 회사는 전자 보고가 더 적절할 수 있다. 예를 들어, 트럭 회사나 운송 회사는 컴퓨터 소프트웨어 회사보다 더 아날로그적일 수 있다. 따라서 상향식 위험 평가는 규정 준수 및 기본적인 내부 위험에 초점을 맞출 것이지만 하향식 위험 평가는 전략 및 전술 관련 위험에 중점을 둘 것이다. 따라서 규정 준수 또는 내부 위험 또는 프로세스가 더 우려되면 하향식 접근 방식이 아닌 상향식 접근 방식이 필요하다. 사람들은 연공서열이나 우려 사항과 같은 여러 요인에 따라 법적 위험에 대한 인식이 다를 수 있다. 혹자는 발생할 확률이 작은 낮은 수준의 위험대신 발생 가능성이 큰 높은 수준의 위험에 더 관심을 가질 것이다. 회사의 법적 위험을 잘 파악하기 위해 회사는 여러 직급의 경영진을 위험 평가를 끌어들일 필요가 있다. 회사는 위험 선호도, 규모와 복잡성 또는 산업의 특성에 따라 위험에 대한 자체 정의를 제시하기를 원할 수 있다. 예를 들어 원자력 회사는 제지 회사나 연하장을 디자인하는 회사와 다른 위험 인식을 가질 것이다. 위험에 대한 경영진의 인식과 평사원의 인식이 다를 것이다. 실제로 일부 기관에서는 위험도 평가, 위험 평가 기법, 기본 위험 평가 프로그램 등 위험 평가에 대한 정보를 제공하기 위해 위험 평가 기법을 제시하기도 했다.

위험을 평가하는 것은 실제로 위험의 맥락과 상황을 평가하는 것이다. 맥락과 상황을 이해하면 위험 환경을 평가할 수 있다는 것이다. 그런 다음 회사가 직면한 중요한 법적 위험을 식별, 분석 및 평가할 수 있다. 따라서 위험 평가 계획 또는 프로세스를 마련하는 것이 중요하다. 물론 집중하고 싶은 만큼 많은 위험을 포함하도록 확장할 수 있다.

회사는 주요 법적 위험이 직면한 상황을 명확하게 식별하기 위해 위험에 대한 자체 정의가 필요하다.

법적 위험의 자체 정의

회사의 다양한 수준의 경영진은 위험에 대해서도 각기 다른 인식을 가지고 있다. 사내 변호사로서 모든 부서, 다양한 부서장, 중간 관리자 등과 이야기하여 위험에 대한 인식이나 최소한 직면한 법적 문제에 대한 인식을 파악해야 한다. 일단 그렇게 하면 법적 위험 환경 평가가 이루어지고, 그 후에야 비로소 다음 위험 분석을 진행할 수 있다.[96)

위험을 평가하기 위해서는 위험을 식별하여야 한다. 위험 식별은 회사가 노출된 공동의 위험을 결정하는 데 도움이 된다. 물론 이를 위해서는 회사의 제품 또는 서비스와 목표 및 관련 시장에 대하여 분석하여야 한다. 따라서 초기 위험 평가의 일부로 모든 위험 관리 계획의 첫 번째 또는 두 번째 단계는 위험 식별일 수밖에 없다. 위험을 식별하면 비즈니스에 영향을 미칠 수 있는 위험을 분류하는 데 도움이 된다. 최대한 많은 소스에서 가능한 많은 잠재적 위험을 식별하여야 한다. 그런 다음에야 이를 평가하고 분석할 수 있다. 소스는 설문조사, 직원에 대한 질문, 포커스 그룹 인터뷰,[97) 벤치마킹, 체크리스트, 감사 등 다양하다. 비즈니스 프로세스 검토도 포함된다. 소스가 다양하고, 많을수록 더 많은 위험을 식별할 수 있다. 위험 분석과 평가는 실제로 위험이 발생할 가능성과 그러한 사건의 결과를 판단하는 데 도움이 된다.

회사 내 부서에 대한 위험 평가를 수행할 때 위험 관리부서 또는 법무부서는 위험을 식별하려고 노력할 뿐만 아니라 위험이 존재하는 이유와 위험을 완화 또는 해결하는 방법도 알아내야 한다. 법적 위험을 식별하고 해결

---

96) Bryan E. Hopkins, supra note 83, at 14-19.
97) 포커스 그룹 인터뷰Focus Group Interview는 다양한 수집하기 위하여 4-8명 규모의 참여자와 함께 수행하는 인터뷰로 밀도 있게 진행하는 소규모 논의 방식이다. https://www.statisticssolutions.com/what-are-focus-group-interviews-and-why-should-i-c onduct-them/(2022. 6. 8. 최종방문).

하려면 직원의 피드백이 필수적이다.

위험의 식별뿐만 아니라 대응도 마찬가지로 다양한 경로가 필요하다.

법적 위험의 대응

위험의 대응에는 워크숍, 설문조사, 문서 검토, 산업 정보 또는 포커스 그룹 인터뷰까지 포함된다. 법적 위험이 식별되면 교육, 워크숍 등을 통해 그러한 위험을 해결하는 방법을 더 쉽게 결정할 수 있다. 분명히 법적 위험은 위험 모델링 도구, 인터뷰 및 몇 가지 설문 조사를 통해서도 해결될 수 있다. 잠재적 위험 또는 위험 요소가 식별되면 실행 계획을 함께 작성할 수 있다.

위험 평가에는 현재 드러난 프로세스의 약점에 대한 평가뿐만 아니라, 모든 중요한 기업 프로세스 및 절차에 대한 검토가 포함되어야 한다. 이러한 평가에는 보험, 제조물 책임 문제, PR 자료 검토, 손실 통제 등과 같은 영역이 포함될 수 있다. 그러나 식별한 위험을 적절하게 평가하려면 위험 평가의 목적 또는 목표가 필요하다. 이러한 목표는 회사의 법적 위험 노출 또는 그로 인한 비용 발생을 방지 또는 최소화하는 것일 수도 있고, 강력한 감사 프로그램을 구현하거나 제품 관련 불만 사항을 검토하거나 제품 리콜을 방지하기 위한 시스템 구축일 수도 있다.

법적 위험 분석

법적 위험 분석이 중점을 두는 것은 식별한 위험의 잠재적 영향과 그것이 본질적으로 재정적인지 여부를 추정하는 것이다. 위험 평가는 식별하고 평가한 법적 위험의 우선순위로 구성된다. 문제는 위험 평가가 데이터에 지나치게 의존하는 것이다. 데이터의 신뢰성이 높을수록 평가의 신뢰성이 높아진다. 위험을 평가할 때 위험 발생의 가능성과 그 발생 결과를 추정해야 한다. 위험의 영향과 심각성을 보여줄 수 있는 매트릭스와 같은 도구가 필요할 수 있다. 위험 차트를 확장하여 모든 종류의 법적 위험을 포괄하고 과거에 발생한 이벤트를 사용하여 회사의 관련 데이터를 연결한다.

위험 분석은 물론 적절하게 수행되면 비즈니스가 직면한 위험에 대한 결정을 내리는 데 도움이 되는 위험 점수도구를 생성할 수 있다. 이러한 위험 점수도구는 위험 히트맵 또는 위험 지도일 수 있다. 위험 히트맵은 회사가 직면한 위험을 색상으로 표시하는 적-황-녹색 색상 코딩 프로세스를 사용하여 식별된 위험을 정량적으로 분석하는 것을 말한다. 가장 높은 우선순위 또는 가장 심각한 위험은 빨간색으로 표시된다. 위험 등록부는 식별된 위험 히트 맵, 각 위험의 계획된 관리, 알려진 경우 위험 계획의 결과를 포함하는 위험에 대한 자세한 차트 또는 개요 역할을 한다. 다른 방법은 위험 점수를 산출하는 것이다. 위험 점수risk score는 위험 확률, 위험 허용 범위, 위험 비용 등을 숫자로 나타낸 것인데, 가중 평균을 사용할 수 있다. 본질적으로 위험 점수는 위험을 평가할 때 파악한 위험의 정도를 판단하는 수단이다. 위험 점수와 별개로 위험 가치라는 개념도 있는데 이는 (위험) 사건의 확률에 사건의 비용을 곱한 것이다.

신제품 개발의 예를 들어보자. 제약회사가 신약이나 치료제 개발에 대한 결정이 어려울 때 위험 평가를 사용할 수 있다. 발생확률에 손실 규모를 곱한 값, 즉 위험가치를 살펴보자. 약물 시험에서 실패할 확률이 10%인 신약을 개발하는 데 100만 달러가 든다면 위험가치는 10만 달러이다. 따라서 실패 위험에 대한 대응 비용은 10만 달러를 넘지 않아야 한다. 위험 전문가는 위험의 심각도, 확률 및 평가 값의 세 가지 주요 구성 요소를 반영하는 점수와 함께 위험 매트릭스를 사용한다. 결국 위험점수화risk scoring는 제대로 된 위험 평가 수치나 값을 제공함으로써 위험의 심각성과 확률을 평가하는 귀중한 도구가 될 수 있다. 신뢰할 수 있는 데이터가 없거나 업계 또는 회사가 오래되지 않아 기존 데이터가 존재하지 않는 경우 현실적인 위험 점수 또는 수치를 산출하는 것이 쉽지 않다. 보험 중개인의 입장에서

는 시장에서 견적을 받기 전에 데이터의 존재에 대해 묻는 것은 당연한 일
인지 모른다.

위험 분석의 방법은 다양하다. 히트 맵, 위험 모듈, 손실 빈도 차트 또는
기업이 현재 성과를 원하는 예상 성과와 비교하는 데 사용하는 GAP 분석
을 사용하여 점수를 매긴 위험을 확인하여 위험의 중요도, 발생확률을 결
정할 수 있다. 또 다른 방법은 가지고 있는 데이터 또는 사실을 고려한 사
실 기반 시나리오 모델을 사용할 수 있다. 시나리오 모델은 위험 및 위험이
발생할 수 있는 환경에 대한 잠재성에 대한 분석을 제공한다. 법적 위험 관
리자는 이를 토대로 위험을 완화하거나 관리할 계획을 세워야 한다.

일반적인 손실 시나리오는 정상적인 위험 이벤트가 1회 이상 발생하는
경우나 회사가 겪을 기본 손실과 같은 회사의 일반적인 손실 빈도 차트를
기반으로 한다. 다른 모형은 치명적인 손실 시나리오로서, 환경 재앙이나
주요 제품 고장, 또는 정부 조사로 인한 중대위험으로 인한 심각한 손실을
고려한 중손重損모델이다. 회사에 대한 데이터에 기초한 사실 기반 시나리
오를 실행하여 당면한 매일의 평균적인 법적 위험을 기준선으로 결정하는
동시에 심각하거나 치명적인 손실 시나리오를 사용하여 위험의 성격에 대
한 이해를 도모한다. 회사는 최악의 상황에 직면할 가능성이 없지 않지만,
그런 경우는 드물기 때문에 이를 수량화한다는 것은 어렵다. 따라서 데이
터가 아무리 정확하더라도 치명적 손실 시나리오를 계산하는 것은 어렵다.
일반적인 손실 시나리오는 반면 일상적이고, 일반적인 위험을 다룬다.

법적 위험에는 대체로 재정적 요소가 있고, 재정적 위험은 법적 위험으
로 귀결될 수 있다. 위험 점수, 나아가 궁극적으로 위험 시나리오를 확인하
기 위해서 모델이나 히트 맵 또는 GAP 분석을 사용하는 경우가 많다.

정부 조사나 감사와 같은 일상적인 위험 사건은 전형적이며, 그 자체로
서 대상 회사에 시간과 비용의 발생이라는 일상적 손실을 초래한다. 물론
그러한 일상적인 정부의 감사 또는 조사에서 중대한 범죄 행위가 발견되어

관련 임원 등이 형사소추를 당할 수도 있고, 회사의 중대한 과실이 적발되어 회사에 매우 큰 금액의 과징금이 부과되는 수도 있다. 우리나라 독점규제 및 공정거래에 관한 법률에서는 일정한 거래 분야의 공급자나 수요자로서 단독으로 또는 다른 사업자와 함께 상품이나 용역의 가격, 수량, 품질, 그 밖의 거래조건을 결정·유지 또는 변경할 수 있는 시장지위를 가진 사업자를 "시장지배적 사업자"로 보고 이런 사업자가 상품의 가격이나 용역의 대가(이하 "가격"이라 한다)를 부당하게 결정·유지 또는 변경하는 행위 등 남용행위를 금지하고 있고, 공정거래위원회는 시장지배적 사업자가 남용행위를 한 경우에는 그 사업자에게 대통령령으로 정하는 매출액(대통령령으로 정하는 사업자의 경우에는 영업수익을 말한다. 이하 같다)에 100분의 6을 곱한 금액을 초과하지 아니하는 범위에서 과징금을 부과할 수 있다. 공정거래위원회는 필요한 때에는 소속 공무원(제122조에 따른 위임을 받은 기관의 소속 공무원을 포함한다)으로 하여금 사업자 또는 사업자단체의 사무소 또는 사업장에 출입하여 업무 및 경영상황, 장부·서류, 전산자료·음성녹음자료·화상자료, 그 밖에 대통령령으로 정하는 자료나 물건을 조사하게 할 수 있다. 이러한 조사 과정에서 해당 회사의 사내 변호사 등은 이해관계인의 의견 진술 기회 시 적절한 의견과 필요 자료를 준비하고, 필요한 경우, 공정거래위원회에 처분과 관련된 자료의 열람 등을 요구할 수 있으며, 공정거래위원회의 처분에 불복할 필요가 있는 경우, 이의신청 절차 등을 진행하여야 한다. 시정조치로 인해 회사가 회복하기 어려운 손해를 입는 등의 경우에는 시정조치의 집행정지도 신청하여야 한다. 법무법인의 경우 이와 같은 분야의 전문 변호사가 있다지만, 법에서 정하는 불공정거래행위나 부당공동행위, 부당내부거래 행위 등과 관련한 각종 규제 준수나 전략 기획 등에 대하여 충분히 인식하고 특히 이를 위험 관리 차원에서 통제할 수 있는 역량을 갖추기가 어렵다. 나아가 위험예측까지 기대하는 것은 현 단계로서는 지나친 일이다. 통상의 정부의 조사나 감사에서 거액의 과징금 부과나 형사소추 등을 당하지 않는다면 이런 감사나 조사 과정을 대비하는 것은 일상 시나리오의 범주에 속하는 일일 것이다. 일상적인 시나리오 상황은 정량화하기가 비교적 쉽지만, 임원의 형사소추나 거액의 과징금 부과라는 상황은 정량화하기가 쉽지 않다.[98]

법적 위험의 완화

위험 식별, 평가가 끝나면 위험을 완화하거나 관리하기 위한 계획 및 제안이 필요하다. 법적 위험 모델의 경우 일반적인 기준으로 계약 위험을 살펴보고 대략적인 비용에 대한 법적 위험 노출을 정량화할 수 있다. 위험 모델은 극단적으로 어떤 것에 50만 달러의 재정적 위험비용을 할당하는가 하면 정반대로는 10,000달러에 불과한 위험비용을 할당할 수 있다. 이런 위험비용 할당은 위험의 중요도 평가를 기반으로 한다. 그런 다음 위험 노출을 완화하거나 관리할 계획을 제안하는 위험 처리가 필요한데, 위험처리는 위험을 수정하기 위해 위험 회피, 최적화, 위험의 제거, 이전 등으로 위험을 처리하는 통제 절차로 정의된다. 위험 처리는 위험 분석 이후의 단계로 적절한 대안 조치를 식별하고, 결과 또는 영향의 평가, 처리 계획의 구체적 구현이 포함된다. 위험을 수용할 것인지 여부의 결정, 위험의 축소, 공유 또는 회피하는 것과 같이 위험에 대응하여 무엇을 할 것인지가 결정하여야 한다. 위험 범주를 살펴보고 주요 위험 영역을 식별하면 위험을 관리하고 해결 방안을 마련하는 것이 더 쉽다. 아마도 위험은 약한 내부 통제에 기인할 수도 있고, 업무 프로토콜이나 시스템의 부재, 심지어 정부 규제에 대한 준수나 대비 실패에서 초래될 수 있다. 위험 평가 후의 위험을 완화하는 대책의 핵심은 실행계획의 구현이다. 이는 교육, 감사, 기존 프로세스 시행, 새로운 프로세스 및 도구 개발, 기타 절차로 구성될 수 있다. 기업이 직면

---

98) Bryan E. Hopkins, supra note 83, at 21-34.

하는 법적 위험을 완화하는 것은 프로세스 가 아니라 계획에 중점이 있다.

다시 예제를 하나 사용하자. 회사에서 미투 운동이 다수 발생했을 때, 이런 위험을 완화할 수 있을지는 고용 이슈와 관련된 관리 방안이 있는가와 관련 있다. 그 관리방안에서 출발하여 위험 완화책을 찾아내야 한다. 고용과 같은 문제에서는 절차가 유효한 수단이 된다. 누가 그러한 절차에서 위험을 통제하고 있는지 확인하고 그와 긴밀히 협력해 대처방안을 찾아내는 것이 중요하다.

물론 위험의 처리에서 비용의 문제를 무시하기 어렵다. 경영진은 식별한 위험의 수와 위험의 잠재적 심각성에 놀라지만, 한편 그들은 또한 아무 것도 하지 않을 때 발생할 수 있는 결과뿐만 아니라, 위험을 처리하면서 드는 비용도 우려한다. 위험에 대처하는 것과 반대로 아무 것도 하지 않는 것의 비용을 저울질하면서 위험 대처에 지나친 비용이 들 때에는 위험 대처에 선뜻 나서려 하지 않을 것이다.

따라서 위험 완화 계획을 실행하는 데는 경영진이 위험 관리에 동의해야 하고, 계획을 실행하는 데 필요한 적절한 리소스가 제공되어야 하며, 나아가 계획의 우선순위가 회사 전체의 모든 경영진에게 알려질 수 있도록 모든 사람이 계획 수립 또는 적어도 계획의 실행에는 참여해야 한다. 위험 또는 잠재적 위험을 수량화하는 것 이상으로 중요한 것은 시기적절하고, 비용 효율적인 대응방안을 제시하는 것이다. 잠재적 위험 비용보다 위험 완화 구현 비용이 더 많이 드는 위험 관리 프로세스는 소용이 없다고 봐도 무방하다.

위험 관리 프로세스 계획의 모니터링도 필요하다. 그렇지 않으면 위험 이벤트가 현실화되기 전까지는 제안된 위험 관리 프로세스가 얼마나 효과적인지 계산할 방법이 없을 것이기 때문이다. 구현된 위험 관리 프로세스가 실제로 작동하는지 여부를 보여주기 위해 관련된 데이터 및 프로세스에 대한 현실적인 검토를 제공할 수 있도록 기업 또는 관련 부서 또는 부서 전체에 걸쳐 충분한 의사소통을 해야 한다. 대부분의 위험은 수량화할 수 있으며 사전 예방적 위험 관리를 통해 해결할 수 있다. 그러나 일부 위험은 수량화가 불가능하다. 이러한 위험은 회사의 존재를 위협할 수 있는 주요 위기로 이어지는 경향이 있다.

그 예로 집단소송으로 곤란을 겪고 있는 회사의 위험 관리 성공 사례를 소개한다. 그 회사 경영자는 집단 소송 문제가 해결되지 않으면 회사가 망할 것이라는 것을 알고 있었는데, 회사의 프로세스에 대한 철저한 검토와 집단소송에 관련된 부서에 대한 감사를 거친 후, 설계 초기부터 여러 가지 예방 조치나 프로세스가 마련된다면 대부분의 집단소송 소송을 예방할 수 있다는 것을 깨달았다. 제품의 생산 단계는 사후 서비스 단계를 포함한 모두 스물다섯 단계의 과정이었다. 위험 관리 프로세스를 거치고 사용 가능한 모든 도구와 식별한 프로세스를 사용하여 집단 소송을 완화하고 예방하기 위한 올바른 위험 관리 원칙을 고안해냈다. 그러한 위험 관리 원칙을 사용하여 집단 소송의 위험을 줄일 수 있을 뿐만 아니라 회사 전체에서 모든 형태의 법적 위험을 줄이는 데 사용할 수 있었다.

물론 이러한 위험 관리 계획을 실행하는 데 저항이 없는 것은 아니다. 회사 내부의 다양한 부서의 사람들은 나름대로 그동안 봉착한 문제를 해결할 고유의 프로세스가 있고, 자신의 주관과 경험이 있기 때문에 새로운 계획에 대한 반발을 당연한지도 모른다.

이러한 일상적인 위험 관리 방안과는 달리 큰 위기에 대처하는 문제는 다르다. 큰 위기의 관리에서 실패하면 회사가 망할 수 있다. 큰 위기는 예측 가능하든 아니든 중대한 사건이다. 예측 여부를 떠나 대처에 실패하면 끔찍한 결과를 초래하는 재앙이 될 것이다. 큰 위기에 봉착하고도 제대로 대처하지 못하여 무너지거나 곤란을 겪은 기업으로 Enron, WorldCom 및 Toyota가 있다. 큰 위기를 불러일으킬 수 있는 사건은 금융, 환경, 제품 관련 등 다양하다. 그리고 국제적 상황에서 그런 일이 일어난다면 그 복잡성이 가중된다. 요즘은 인터넷 때문에 기업들이 위기를 직시하고 신속한 대처에 실패하면, 부정적 기업 이미지로 치명상을 입을 수 있다. 인터넷 이전에는 기업들이 이런 문제에 대응하고 유리한 위치를 선점할 시간적 여유가 있었다. 그러나 지금 은 상황이 달라져, 기업이 적절한 타이밍에 신속하게 위기에 대처할 전략이 없으면 어렵다. 실제로 대부분의 사안에서 기업은 이러한 큰 위기의 대처·관리 전략을 수립하는 데 24시간 정도가 주어질 뿐이고, 이 24시간의 기간은 때때로 '골든아워'라고 불린다. 회사가 준비가 되어 있지 않다면 24시간은 충분한 시간이 아니다. 물론 이런 위기상황에서 사내변호사나 법무법인도 자신의 역할을 이해해야 한다. 단순한 법적 책임 관리에 그쳐서는 아니 되고, 비즈니스 고려사항과 균형을 맞추어야 한다. 홍보팀은 해당 사건에 대해 충분히 해명하고 여론을 좋은 쪽으로 이끌도록 노력해야 한다.[99]

적절한 대응보다 더 중요한 것은 신속한 대응이다. 대부분의 기업은 위기 존재 인정이 너무 늦다. 위기는 일련의 단계로 전개되는데, 초기의 조짐 단계가 지나면 위기에 대한 실제 경고가 뒤따르고, 다음은 폭발 단계로 전개된다. 위기가 폭발 단계로 접어들어서 위기를 해결하려고 시도하면 그때는 늦다. 위기관리의 관건은 초기에 위기의 존재를 빨리 인지하고 위기관리계획을 세우는 것이다.

위기관리 계획의 세부절차는 위기 계획, 위기 관리자 지정, 위기관리 팀 구성, 위기 의사소통 계획 작성이 일반적이고, 경우에 따라 국제 위기 관리자 임명을 포함하는 단계도 포함한다.

제약회사의 주요 제조 라인에서 의약품 제조 공정의 결함을 찾는 데 사용되는 기계 중 하나가 고장이 난 경우를 상정하고, 위기관리 계획을 생각해보자.

---

99) Bryan E. Hopkins,supra note 83, at 50.

다시 정상화 상태가 되는 데 소요되는 시간은 얼마인가? 또한 대체 공급원을 찾을 수 있을 때 그렇게 하는 데 얼마나 걸리는가? 손실을 보상하기 위해 얼마나 걸리는가? 생산을 제대로 못해 제때 약품을 고객에게 공급할 수 없으면 모든 것을 잃게 되거나 최소한 주요 계약을 잃을 수 있다. 라인 가동이 한 달 동안 중단되면 한 달 동안의 수익뿐만 아니라 시장도 잃게 된다. 따라서 시나리오를 실행하고 어떤 일이 발생하는지 확인할 필요가 있다. 위기를 처리하는 데 시간이 오래 걸릴수록 회사에 유리한 옵션이 줄어든다.

제약회사의 경우, 의약품으로 인한 약화 사고의 경우는 큰 위기상황이다. 그러나 제약회사는 처방 의사에게 정확하고 적절한 경고를 제공하면 족하고, 제약회사가 소비자에게 직접 경고할 법적 의무가 없다는 특성이 있다. 제약회사가 책임져야 하는 위험이 처방 의사에게 전가되는 독특한 책임구조다.[100]

위기의 경우 관련 보험 정책과 적절한 통지 기한을 모두 알고 있어야 하고 그에 따라 필요한 조치를 해야 한다. 또한 위기와 관련된 규제 기관이 있는 경우 규제 기관에 통보하거나 관련 조치를 취해야 하는 기본적 프레임이 존재해야 한다. 약사법에 따르면 제약회사의 경우 의약품등의 생산실적 등을 식품의약품안전처장에게 보고하는 등 여러 가지 규제가 있다.

또한 회사 내부 관점에서 민사 책임의 관점에서 생각하는 것이 필요하다. 결국에는 위기 상황과 관련하여, 많은 민사소송이 있을 것인데, 민사 책임뿐만 아니라 혹시 모를 형사 책임을 최소화하는 방법도 미리 강구되어 있어야 한다. 이런 상황을 통제할 위기 관리인도 필요한 데, 위기관리인은 위기를 유발한 기존 관리팀의 일원이어서는 아니 된다.

위의 예제 상황과 관련하여 하나 부가하자면, 라인의 어떤 부품이 고장

---

100) https://sites.law.duq.edu/juris/2019/03/21/should-pharmaceutical-companies-be-liable-for-deaths-caused-by-their-drugs/(2022. 5. 1. 최종방문).

이 났는가와 고장 이유를 파악할 수 있을 만큼 충분한 정보가 포함되어 있었는지를 살피는 것이다.

의사소통

위험 또는 위기관리 모두 의사소통이 중요하다. 회사의 내부 의사소통이 많이 이루어지는 회사는 그렇지 않은 회사보다 위험을 처리하거나 위험을 관리하는 업무를 더 잘 처리하는 경향이 있다. 법적 위험 관리나 위기관리는 데이터에 의존한다. 또한 데이터가 사용되거나 처리되는 방식은 각기 다른데, 그 방식은 회사 내부 의사소통 구조에 따라 어느 정도 결정된다. 부서 간 의사소통이든, 손익 부서와 비용부서 간의 의사소통이든, 모든 프로세스에는 의사소통이 반드시 필요하다. 물론 하향식 의사소통과 상향식 의사소통 모두 필요하고, 의사소통이 많을수록 좋다.

특히 위기 상황에서는 의사소통이 매우 중요하다. 위기 상황에서 성공적인 결과를 얻으려면 여러 가지 의사소통 단계가 필요하다. 위기 상황에서 위기관리 부서가 이해 관계자와 소통하고, 주주와 소통하고, 규제 기관과 소통하고, 비즈니스 파트너 및 채권자와 소통하고, 일반 대중과 소통해야 한다는 사실을 깨닫는 것이 매우 중요하다. 대중의 마음을 얻는 것이 무엇보다 중요하다.

이와 같이 중요한 의사소통 과정을 개선시킬 필요가 있다. 회사 내부에 의사소통 담당 부서나 홍보 부서가 있는 경우, 함께 브레인스토밍을 할 필요가 있다. 의사소통 과정에서 생성되는 데이터는 적정성뿐만 아니라, 데이터가 조직 전체에 전달되는 방식과 시기가 중요하다.[101]

---

101) Bryan E. Hopkins, supra note 83, at 47-61.

3장

예 측

1. 예측 일반론

미래 예측

미래 예측을 위한 전통적 방법론으로 우선 '천재적 예측genius prophecy'
을 들 수 있다. 예측가 개인의 고도의 통찰력, 탁월한 식견에 기한 미래예
측으로, 다니엘 벨, 피터 드러커, 엘빈 토플러, 조지 오웰 등을 예로 들 수
있다. 광의적으로는 신탁神託·점성술·계시록 등 직관과 영감에 의한 예언
또한 이에 포함된다고 볼 수 있다.

그러나 천재적 예측은 창의력·직관력·분석력 간 상호작용의 결과로 천
재적인 선험성先驗性과 행운, 통찰력에 대한 의존도가 과도하여 재생산
replication이 어렵고, 주관적인 요소가 강해서 객관적 설득력이 미흡하다는
단점을 가지고 있다. '역사적 유추conjecture' 또한 미래예측을 위한 전통적
방법론이다. 1943년 독일의 정치사회학자인 플레히트하임Ossip K. Flechtheim
이 논문 '역사의 미래로의 확장'에서 미래의 변화를 과학적으로 예측하고
대응방안을 연구하는 학문으로써 미래학을 역사학의 한 분야로 도입하였
는데, 연속의 원리 및 유추의 원리에 미래예측의 근거를 두고 있다. 과거에
나타났던 현상·법칙이 미래에도 지속되어 예측의 기반이 될 수 있다는 단
순한 가정은 단기 예측에는 적합하다고 볼 수 있으나, 모든 상황이 급변할
수 있는 장기예측의 기반으로는 부적합할 수 있으며, 역사라는 학문의 특
성상 과거지향성이 미래지향성보다 크다는 점이 예측을 제한하는 단점으
로 작용할 가능성이 있다. 천재적 예측과 역사적 유추 외에 전통적 예측 방
법론으로 '계량분석forecasting'[102]을 들 수 있다. 회귀분석을 통한 인과관계
의 발견, 추세외삽법extrapolation[103]을 통한 시계열 분석[104]은 과거 주요 요

인들이 미래에도 지속적으로 작용한다는 가정을 전제하고 있다.

그러나 장기변화의 예측에 중요한 비계량적인 질적 요소들이 배제됨에 따라 일정 상황single context이 지속된다는 가정의 한계가 심화될 수 있어 장기예측용으로는 부적합하다. 계량모형을 장기예측의 기반으로 사용할 경우에는 미도입 변수omitted variables로 인한 한계를 명시할 필요가 있다.

전통적 미래예측 방법론은 과도한 자의성으로 인하여 설득력이 미약할 수 있는데, 객관성을 제고함으로써 설득력을 강화할 경우에는 자발적 협력을 유발함으로써 전략을 원활히 추진하는 데는 도움이 될 수 있다. 전통적인 방법론을 보강하기 위한 대표적 개선방안으로 델파이 기법과 시나리오 기법을 들 수 있으며, 특히 시나리오 기법의 활용이 증가하고 있는 추세이다. 델파이 기법은 델파이 방법은 전문가 패널에게 보낸 여러 차례의 설문지 결과를 기반으로 하는 예측 프로세스 프레임워크로, 1950년 RAND에서 기술이 전쟁에 미치는 영향을 예측하기 위하여 개발되었는데, 전문가 합의 도출과정을 통해 객관성 및 설득력을 제고할 수 있다.[105] 시나리오 분석 기법은 미래에 발생할 수 있는 가능한 사건이나 시나리오를 조사하고 평가

---

102) 계량분석은 과거 데이터를 입력으로 사용하여 미래 추세의 방향을 결정하려는 것으로, 정보에 입각한 추정치를 만드는 기법이다. https://www.investopedia.com/ terms/f/forecasting.asp#:~:text=Forecasting%20is%20a%20techniqueng%20tha20upcomit,an%%20period%20of%20time(2022. 3. 27. 최종방문).

103) 외삽은 알려진 값이나 사실의 시퀀스를 확장하여 알 수 없는 값을 추정하는 것을 말하는데, 추세외삽법은 추세의 연속성과 선형성을 이용하여 어떤 특별한 위기 상황 등의 우발적인 변인 없이 과거에서 현재를 거쳐 미래로 진행된다는 전제 하에 미래 또는 추세를 예측하려는 기법이다. https://www.techtarget.com/whatis/definition/extrapolation-and-interpolation(2022. 3. 27. 최종방문).

104) 시계열 분석이란, 과거부터 현재까지의 일정한 기간 동안 수집된 일련의 데이터를 바탕으로 미래를 예측하는 방법이다. 시간 경과에 따른 추세 또는 시스템 패턴의 근본 원인을 이해하는 데 도움이 된다. https://www.tableau.com/learn/articles/time-series-analysis#:~:text=What%20is%20time%20series%20analysis,data%20points%20intermittently%20or%20randomly(2022. 3. 27. 최종방문).

105) https://www.rand.org/topics/delphi-method.html(2022. 3. 27. 최종방문).

하여 다양한 실행 가능한 결과를 예측하는 프로세스로서,[106] 다양한 불확
실성 요소에 대비한 전략 수립의 기반으로 유용하다고 볼 수 있다. 옵션거
래에서 시나리오 분석은 다양한 상황(즉 시나리오)에서 일정 목표 기간 동
안 포트폴리오의 이득과 손실을 계산하는 방법이다. 목표 기간은 금융상품
의 유동성에 의해 결정된다. 시나리오는 경영자가 직접 설정할 수도 있고,
또는 모델에 의해 자동으로 생성되기도 한다.[107]

　샤먼이 예측을 담당하는 시대의 미래 예측은 모든 나무와 폭포, 바위와
산봉우리에 사는 영들의 도움을 받아야만 가능한 일이었다. 이런 영들은
눈에 보이지 않을지는 몰라도 그들이 어디에나존재하며 사람들의 운명을
바꿀 힘이 있다는 것은 엄연한 사실이었다. 영과 접촉한다는 것은 곧 평범
한 세계를 떠나 변성의식상태로 들어감을 의미한다. 변성의식상태는 정신
기능에 대한 주관적 경험이, 의식이 명확하게 깨어 있을 때의 일반적인 기
준에서 크게 벗어났다고 본인이(또는 그를 지켜보는 객관적 관찰자가) 주
관적으로 인식하는 정신 상태로 정의할 수 있다. 잘 알려진 사례로는 중독
희열 가수상태, 최면 간질 등이 있다. 형태가 무엇이든 간에 변성의식 상태
의 공통점은 이 상태에 빠진 사람을 완전히 다른 사람으로 바꾸는 듯 보인
다는 것이다. 또한 이것은 주위 환경에 대한 샤먼의 인식 능력을 일시적으
로 떨어뜨린다. 동시에 그 외의 다양한 것들을 인식하는 능력을 강화한다.
미래에 관해 사람들이 샤먼에게 묻는 질문은 구체적이고 나날의 일상과 밀
접한 관련이 있었기에, 먼 미래를 내다보거나 지금과 확연히 다른 세상을
상상하려는 노력은 필요 없었다. 고대 그리스 신화 속에는 예언자 테이레
시아스가 나오는데, 통상의 샤먼이 일상적인 환경을 떠나 미스터리한 여행
에 나서 새로운 영토나 영역에 들어서는데, 그 새로운 장소에서는 과거와

---

106) https://corporatefinanceinstitute.com/resources/knowledge/modeling/scenario-analysis/
　　　(2022. 3. 27. 최종방문).
107) John C. Hull, 각주 24)의 책, 140면.

현재, 미래의 차이가 사라지고 미래가 눈앞에 활짝 펼쳐 치면서 예언을 하는 것과는 달리 테이레시아스는 그 미스터리한 장소는 지리적으로 먼 곳이나 하늘이 아니라, 이성의 몸이었다는 점이 다르다. 테이레시아스는 맹인이 되어, 외부의 어둠에 휩싸인 이후 정신에 통찰력이란 환한 불이 켜졌다. 이런 통찰력은 보상이기도 하고 처벌이기도 하다. 하지만 두 경우 모두 이 인물들은 그 통찰력 덕분에 평범한 사람보다 명확하게 상황을 판단하고 앞일을 먼저 내다볼 수 있게 되고, 미래에 대한 예측도 하게 된다.

기독교에서는 예언자가 등장한다. 예언자는 미래에 일어날 일을 예측하는 능력이 있다고 자타가 믿는 사람이었다. 샤먼과 마찬가지로 예언자들은 미래를 내다보기 위해 온갖 기이한 일들을 보고 겪게 될 미스터리한 장소와 지역으로 여행을 떠났다. 샤머니즘과 예언은 세부적으로도 유사한 점이 많다. 기원전 745년부터 695년까지 50년 간 활동한 예언자 이사야는 벗은 몸으로 예언을 전했다. 많은 예언자들이 신과의 관련성을 증명하기 위해 사람들의 병을 고쳤고 엘리야가 그랬듯 초자연적인 인내력을 보여주었다. 주요한 차이점은, 예언자는 샤먼과 달리 글이 있는 사회에 살았을 뿐만 아니라 직접 글을 쓸 수 있었다는 점이다. 이사야는 이사야서의 저자다. 예언자가 자기 입지를 다지고 사람들에게 받아들여지는 것은 늘 쉽지만은 않았다. 이를 위해 예언자는 종종 기적을 행하거나, 다른 예언자와 대적해야 했다. 초기 예언자였던 모세와 사무엘은 힘 있는 정치 지도자의 역할까지 겸했다.[108] 마치 고조선의 단군이 샤먼과 정치 지도자를 겸했던 것과 비교된다. 이런 예언자들의 묘한 특징이 발견된다. 개혁가라는 점이다. 거의 모든 예언자가 저마다의 방법으로 신의 시각에서 볼 때 현재 관행이 무척 사악하다며 강력하게 비난했고 신이 징벌을 내릴 것이라 장담했다.[109]

널리 알려진 델포이 신탁은 고대 그리스 도시인 델포이의 아폴론의 성소

---

108) 마틴 반 크레벨드, 김하현(역), 『예측의 역사』, 초판((주)현암사, 2021), 28-41면.
109) 마틴 반 크레벨드, 각주 108)의 책, 42면.

에서 행해지던 예언을 말하는데, 이러한 신탁은 고대 그리스와 로마에서 무척이나 흔한 일이었다.[110]

고대 그리스인들은 앞날을 예측할 수 있다는 이유로 수많은 신탁 사제들을 떠받들었다. 하지만 그들의 입에서 나오는 말은 듣기에 따라 이렇게도 저렇게도 해석할 수 있는 알쏭달쏭한 표현들뿐이었다.[111]

이들이 말한 신탁 중 일부는 실제로 해당 사건을 계획하던 때에 일어났을 것이다. 하지만 대부분의 것들은 사건 발생 이후에 지어낸 것이 분명하다. 중요한 신탁 대부분은 델피(델포이)에서 내려졌다. 델피(델포이)에 있는 신전 한가운데에는 피티아Pythia가 서 있거나 앉아 있었다. 피티아라는 단어는 델피에 있는 여성 예언자를 지칭하기도 하고 다른 곳에서 신탁을 내리는 여성 예언자 일반을 칭하기도 했다. 에틸렌 가스가 몸으로 들어와 가수 상태가 되어, 신의 음성으로 말을 했다. 그렇기에 델피의 신탁이 언제나 3인칭이 아닌 1인칭의 형태를 띠는 것이다. 피티아가 하는 대부분의 신탁은 내용이 분명하지 않고 횡설수설했기에 신관들이 피티아의 말을 해석했는데 그렇게 따지면, 결국 미래를 내다보고 미래에 있을 사건을 알아내는 임무는 두 단계로 나뉘어 있었고, 각 단계는 각기 다른 사람 또는 사람들이 책임진 셈인데, 이러한 절차 때문에 신관들은 상당한 자유와 권력을 누렸다.

꿈을 통한 예언도 주요 이슈다. 현실과 꿈이 어떤 관계인지, 꿈을 통해 현실에 관해 배울 수 있거나 없는 것이 무엇인지는 아마 인간이 이 땅 위를 처음 걷기 시작한 이후 계속 논란의 대상이었을 것이다. 아리스토텔레스는 꿈은 깨어 있을 때 받은 인상의 잔여물이며, 그러한 인상은 좋은 거울을 통해 본 것처럼 예리하고 선명할 수 있지만, 꿈과 미래 사이에 유사성이 있다면 그건 순전한 우연이라고 말했다. 꿈꾸는 뇌에 직접 가닿을 수 없는 상황에서 우리가 할 수 있는 것은 사람들이 기억하는, 또는 기억한다고 말

---

110) 마틴 반 크레벨드, 각주 108)의 책, 69면.
111) 어제이 애그러월 외, 각주 30)의 책, 41면.

하는 꿈 내용을 들여다보는 것이다. 이스라엘인은 꿈을 신께서 내린 지극히 받아들일 만한 미래 예측 방식으로 여겼는데, 이는 점술을 금기시하는 태도와 차이가 있다.112)

　재난을 예견할 수 있다면 우리의 삶에서 황당함을 크게 덜어낼 수 있을 것이다. 수 세기 동안 사람들은 다양한(종교적, 인구학적, 세대적, 화폐적) 순환이론들을 통해 역사적 과정으로부터 재난에 대한 예측 가능성을 끌어내려 노력해왔다. 이런 노력의 결과가 과연 다가오는 재앙을 예견하였는지, 재앙을 완전히 피하는 것까진 아니라 해도 최소한 완화시키는 데 도움이 되었을까? '사실 그 대답은 별로 도움이 되지 못했다'인데 문제는 이런 이론들, 또 그 외 잘 알려지지 않은 다른 형태의 지혜들이라 하는 것들도 언제나 카산드라(그리스 신화에 나오는 프리아모스왕의 딸. 아폴론으로부터 예언의 능력을 받았으나 그의 사랑을 거절한 대가로 설득력을 빼앗겼다. 트로이의 목마를 본 그녀는 그것을 성 안에 들여놓으면 트로이가 몰락할 것이라 예언했으나 사람들은 그 말을 귀담아듣지 않았고, 트로이는 결국 멸망했다.)의 예언과 매한가지라는 것이다. 이들은 자신이 미래를 내다보았거나 혹은 그랬다고 생각했지만 주변 사람들에게 확신을 주는 데는 모두 실패했다. 이런 점에서 볼 때 수많은 재난들은 고전적 의미에서의 '비극'이었다. 파멸의 도래를 예언하는 이들이 있었지만 사람들은 그러한 예언에 회의와 의심으로 대응했고, 예언자들은 그들을 설득하지 못했다. 심지어 왕들조차도 자신에게 다가오는 운명의 복수nemesis를 피할 길이 없었다. 하지만 이런 수많은 카산드라들이 주변인들을 설득하지 못한 데는 그럴 만한 이유가 있었다. 이들에겐 자신들의 예언에 정밀함을 더할 능력이 없었던 것이다. 이들 대부분은 재난이 닥치는 시점이 정확히 언제인지를 말하지 못했다. 물론 저 멀리에서부터 씩씩거리며 달려오는 '회색 코뿔소gray

---

112) 마틴 반 크레벨드, 각주 108)의 책, 69-79면.

rhino'처럼 '예측 가능한 습격'의 모습을 띤 재난들도 없지는 않다. 회색 코뿔소라는 표현은 우리가 볼 수 있고, 인정하지만, 아무 조치도 취하지 위협에 대한 은유적 표현이다.[113] 하지만 막상 우리를 덮치는 순간에 이 회색 코뿔소들은 불현듯 '검은 백조black swan'로 돌변해 '누구도 예측할 수 없었던 황당한 사건의 모습을 띠게 된다. 그 부분적인 이유는 팬데믹, 지진, 전쟁 금융위기 등의 여러 검은 백조 사건들은 멱 법칙power laws[114])의 지배를 받는 것들이며, 우리가 머리로 보다 쉽게 이해할 수 있는 확률적 정규 분포 같은 형태로는 나타나지 않는다는 데 있다. 평균적인 팬데믹이나 평균적인 지진 따위는 없다. 아주 큰 것들은 소수로, 자잘한 것들은 아주 많은 숫자로 일어나기 마련이며 그 큰 놈들이 언제 나타날지 예견할 수 있는 믿음직한 방법은 존재하지 않는다. 검은 백조가 나타나는 경우는 우리가 어느 정도 예측할 수 있는 정규분포의 사건들보다 훨씬 더 많다는 게 역사에서 나타나는 분명한 특징이며, 심지어 멱함수 분포마저 넘어서는 큰 규모의 사건인 '드래건 킹dragon king' 들은 말할 것도 없다. 이런 사건들은 모두 계산 가능한 위험이 아닌 불확실성 영역에 있다. 게다가 우리가 건설한 현대 세계는 오만 가지의 무작위 확률 추론적stochastic 형태의 비선형적 관계들, 팻 테일fat-tailed 분포들에 지배되는 복잡계의 성격을 갈수록 더 크게 띠어간다. 팬데믹과 같은 재난은 분리가 가능한 단일의 사건이 아니며 경제, 사회, 정치 등 다른 형태의 재난으로 반드시 이어지게 되어 있다. 재난들이 연쇄 반응을 일으키면서 줄줄이 발생하는 일은 얼마든지 기능하며

---

113) https://www.stranberg.com/post/what-is-a-gray-rhino(2022. 4. 3. 최종방문).

114) 멱법칙冪法則은 한 수(數)가 다른 수의 거듭제곱으로 표현되는 두 수의 함수적 관계를 의미하며, 거듭제곱의 법칙이라고 한다. 차원이 −1인 역관계의 예로는 지진의 빈도는 강도에 반비례하고, 특정 인구가 있는 도시의 수는 해당 인구의 함수에 반비례하며, 특정 소득을 가진 사람들의 수는 또한 그 소득과 대략 반비례한다는 것 등이 있다. https://necsi.edu/power-law#:~:text=A%20power%20law%20is%20a, the%20length %20of%20its%20side(2022. 4. 3. 최종방문).

또 실제로 그렇게 될 때가 많다. 이 세계가 네트워크로 긴밀히 연결될수록 우리는 이러한 모습을 더 많이 보게 될 것이다. 불행하게도 우리 인간의 두 뇌는 검은 백조, 드래건 킹, 복잡계 이론, 카오스 이론 등이 지배하는 세상을 이해하거나 참아낼 수 있는 구조로 진화하지 않았다. 과학의 발전이 우리를 최소한 고대 및 중세 세계의 특징이었던 비합리적 사고방식("우리는 죄인이고, 따라서 이는 하나님의 심판이다.")으로부터 해방시켜줬더라면 얼마나 좋았을까. 하지만 종교적 신앙의 영향은 줄어든 대신 다른 각종 형태의 마술적 사유가 그 자리를 메꿨다. 대중이 "이 재난 뒤에는 무언가 음모가 있고 그게 드러난 거야!"라는 반응을 보이는 일은 갈수록 늘어나고 있다. 또한 막연하게 과학을 존중하는 듯한 태도를 취하지만 자세히 보면 새로운 형태의 미신을 믿는 것에 불과한 경우들도 있다. 최근 우리를 덮쳤던 몇몇 재난들 속에선 "우리에겐 이와 관련된 모델이 있고, 그래서 우리는 이 위험을 이해하고 있다."와 같은 말들이 돌아다녔다. 적당히 꾸며낸 변수들 몇 개에 데이터를 때려 넣고서 허접한 컴퓨터 시뮬레이션을 돌리면 마치 그것이 과학이라도 되는 양 옥스퍼드대학교의 역사학자 키스 토머스Keith Thomas가 쓴 흥미로운 저서 『종교와 마술, 그리고 마술의 쇠퇴 Religion and the Decline of Magic』의 후편으로 우리는 과학과 마술 그리고 마술의 부활이라는 제목의 책을 준비해야 할지도 모르겠다. 재난사태의 위기관리를 더욱 어렵게 만드는 요인이 있다. 몇몇 정치인들의 주도적 역할이 점점 더 커지는 쪽으로 현재 우리의 정치 시스템이 향해 가고 있다는 점, 게다가 그들은 방금 설명한 바의 어려움들을 완전히 망각하고 초정밀 예측 장치가 아닌 3류 예측가들에게 휘둘리는 경향이 있다는 점이 그것이다. 전쟁에서 군 수뇌부가 왜 무능력함을 드러내는지에 대해서는 뛰어난 심리학적 연구가 이뤄진 바 있다. 하지만 정치인들이 왜 그러한가에 대한 일반적 차원의 심리학적 연구는 그보다 드물다. 정치인들이 아무런 속셈도 없이 순수하게 전문가들에게 자문을 구하는 일은 거의 없다는 점, 또 전문적인 지식 중 자신들에게 불편한 것들은 아주 가볍게 옆으로 제쳐버린다는 점은 잘 알려져 있다. 그러나 재난에 대한 준비 및 대응의 영역에서도 정치인들이 이렇게 엉망인 행태를 보이는 것은 역사에서 교훈을 얻지 못하고, 상상력이 결핍되기 때문이다. 또 전쟁이나 위기와 끝까지 싸우려는 경향이 있고, 위협을 과소평가하며, 행동하는 데 꾸물거리는가 하면 결코 오지 않을 확실성 따위를 한없이 기다리기 때문이기도 하다. 헨리 키신저가 핵전략이란 맥락에서 만든 개념인 억측의 문제는 바로 불확실성하에서의 의사결정이 갖는 비대칭성의 문제를 잘 포착했다.115)

지금까지는 주로 서양 역사에서 살필 수 있는 예측 문제였지만, 동양에서도 예측은 커다란 문제였다. 필자는 오래 전부터 주역이 미래 예측과 연관이 있음을 알고, 결실을 보지 못했지만, 예측에 주역을 활용할 나름대로의 방안을 개인적으로 연구하기도 했다. 실제 우리나라의 주역의 대가들이 일반인들이 깜짝 놀랄 선견지명을 발휘한 경우가 많다. 야산 이달은 1945년 8월 15일의 광복을 미리 예견하고, 하루 전날 십 수 명의 제자들과 함께 경상북도 문경으로 가, 그곳에서 주민들에게 술과 닭고기를 대접하면서 흥겹게 놀고 다음날 8월 15일 광복을 그곳에서 맞았다. 문경은 한자로 聞慶이라고 쓰는데, 경사스러운 일을 듣는다는 뜻이니 광복을 맞이하는 데 더할 나위 없는 장소였을 것이고, 닭고기를 먹으며 닭 춤을 춘 것은 닭이 새벽을 알리는 메신저로 생각했기 때문이다. 이달은 그 외에도 6.25동란을 예측하여 제자들과 함께 안면도로 피신한 일부터 소소하게는 실물 투자에 이르기까지 주역을 이용한 예측에서 탁월했다.116) 주역은 예로부터 운명 예측 체계로 손꼽혔다. 주역에 나오는 지래知來라는 말은 미래를 안다는 의미고, 수리적 조작에 의하여 미래를 예측한다는 것이다.117) 효를 보면 양효陽爻

---

115) 니얼 퍼거슨, 홍기빈(역), 각주 35)의 책, 39-43면.
116) 조용헌, 『조용헌의 사주명리학 이야기』, 초판((주)생각의 나무, 2002), 278-284면.
117) 이기훈, "주역과 미래 예측에 관한 일고』, 철학논총, 제105집(새한철학회, 2021), 229면.

와 음효陰爻로 나뉘며, 이것은 0과 1이란 숫자로 표기가 가능하다. 괘는 이러한 양효와 음효, 즉 2진 코드로 구성되며, 현재의 컴퓨터 알고리듬이 쓰는 이진법과 무관하겠지만, 숫자의 중시 등에서 현대의 예측 알고리듬과 뭔가 연관이 있을 듯하다.

예측에 있어서 확률이론

위험과 예측에 있어서 수학적 중심부를 이루는 것은 확률이론이다. 인공지능을 구성하는 축도 확률이론과 통계이론이다. 이런 확률이론의 시발점이 된 것은 루카 파치올리라는 수도승이 제기한 퍼즐로 운에 맡기는 승부 game of chance에서 만약 한 사람이 상대방보다 앞서 있는 상황에서 게임을 중단한다면 그 판돈은 어떻게 분배해야 공평한가를 묻는 것이었다. 이 퍼즐에 대한 파스칼과 페르마의 해결책이 숫자의 도움으로 사람들이 결정을 내리고, 미래 예견을 가능케 한 최초의 계기가 되었다.[118]

운은 변덕스럽기에 많은 경우 운을 기피한다. 결과가 불확실할 때 위험을 감수하기보다는 안정되고 예측가능한 단계를 밟아가는 것을 선호한다. 결정론적 기계인 컴퓨터가 불규칙하게 행동하리라고는 기대하지 않는다. 실제로 같은 질문에 대해 다른 대답을 하기 시작하면 어딘가에 오류가 숨어 있을 거라고 의심하기 시작한다.[119]

위험이나 의사결정의 본질에 대한 진정한 이해는 파스칼과 페르마의 확률이론이 나오고 나서야 비로소 가능했던 것이다. 현대인들이 미신이나 전통에 덜 의존하는 이유는 단순히 옛날 사람들보다 훨씬 더 이성적이라서가 아니다. 위험에 대한 이해를 통해 이성적 방식으로 결정하기 때문이다. 도박사들의 장난에 불과했던 초기 확률이론은 수학자들에 의해 정보의 조직

---

118) 피터 L. 번스타인, 각주 41)의 책, 12면.
119) 파노스 루리다스, 황영숙(역), 『리얼월드 알고리듬』, 초판((주)도서출판 길벗, 2019), 453면.

造織과 해석, 그리고 이를 적용하는 강력한 도구로 발전했다. 그리고 계속해서 독창적이고 정교한 이론이 하나하나 추가되어 위험 관리의 정량定量 기술도 발달해 현대의 태동에 촉진제가 되었다.[120]

첫째, 대부분의 재난들은 예측은커녕 발생할 확률을 가늠하는 것조차 불가능하다. 지진에서 전쟁을 거쳐 금융위기에 이르기까지, 역사상 있었던 대규모 혼란 사태는 확률적으로 무작위적 분포 혹은 멱함수 분포를 그 특징으로 삼는다. 이런 사건들은 불확실성의 영역이지 계산 가능한 위험의 영역이 아니다. 둘째 재난은 너무나 다양한 형태로 나타나기 때문에 위험을 완화하는 종래의 접근법으로는 더 이상 처리할 수가 없다. 이슬람 극단주의자들의 성전聖戰이 갖는 위협 때문에 우리의 관심이 그쪽으로 쏠리는가 싶었으나 그 즉시 서브프라임 금융위기가 터졌다. 또 경제적 충격은 그 반동으로 정치적 포퓰리즘을 불러올 때가 많다는 예전의 교훈을 다시금 새기자마자 새로운 코로나 바이러스가 세상을 뒤흔들고 있다. 그 다음엔 뭐가 등장할까? 알 수 없다.

또한 운과 확률의 중요한 속성은 이를 예측할 수 없다는 것이다. 공정한 동전은 앞면이나 뒷면이 나올 확률이 50 대 50이다. 동전이 어느 쪽으로도 무게가 조작되지 않았다면 동전 던지기의 결과가 한쪽으로 편향되지 않을 것이며, 따라서 어느 쪽 면이 나올지 예측할 수 없다.

예측불가능성은 무작위성randomness 뒤에 숨어 있다. 무작위성은 일련의 사건이나 데이터에서 규칙성이 없다는 것이다. 아무리 찾아봐도 아무런 패턴이 없는 경우를 무작위적random이라 한다. 일례로 라디오의 정적 잡음인 백색 소음white noise이 이에 해당한다. 공정한 주사위를 굴려 나오는 일련의 숫자 역시 무작위적이다. 브라운 운동Brownian motion은 유체(기체 또는 액체)에 떠 있는 입자의 움직임인데, 입자가 유체의 원자 또는 분자와

---

120) 피터 L. 번스타인, 각주 41)의 책, 12-13면

충돌하며 이로 인해 입자의 경로가 바뀌게 된다. 이러한 충돌과 경로의 변화 역시 무작위적이다.[121] 이러한 무작위성에 의존하는 데는 대가가 따른다. 바로 알고리듬을 완벽히 예측할 수 없다는 것이다. 예측 불가능성은 여러 가지 영향을 줄 수 있다. 때때로 알고리듬이 올바른 결과를 산출하지 못하거나 실행하는 데 시간이 오래 걸릴 수 있다. 성공적인 무작위 알고리듬의 핵심은 '때때로'를 정량화하는 것이다. 알고리듬이 올바른 답을 생성하지 못하는 경우가 얼마나 자주 발생하는지, 평균 및 최악의 처리 성능은 어느 정도인지 파악해야 한다. 또한 요구에 따라 알고리듬의 정확성 정도가 조정되거나 생성한 답이 옳을 확률이 어느 정도인지 제시해 줄 수 있어야 한다.

무작위 알고리듬은 지난 수십 년 동안 컴퓨터 과학 분야에서 일궈낸 가장 중요한 연구 결과의 하나다.

역사상 가장 위대한 수학자인 라플라스는 뉴턴의 결정론에 대해 그가 지녔던 꿈으로 잘 알려져 있다.

> 자연을 움직이는 모든 힘과 사물이 만들어 낸 각각의 상황을 모두 이해하는 지성이 충분히 거대하여 이 모든 데이터를 분석할 수 있다면 우주의 가장 커다란 천체들과 가장 가벼운 원자들의 운동을 같은 공식으로 파악할 것이다. 그러한 지성에게는 불확실한 것이 없으며, 과거와 마찬가지로 미래도 명확히 드러날 것이다.[122]

우리가 대응을 준비해야 할 위협에 기후변화만이 있는 것은 아니다. 우리 눈앞에 직면한 위협의 종류가 매우 많다는 것 또 그런 것들이 극단적 불확실성의 영역에 있음을 인정한다면 재난에 대해 좀 더 유연히 대응할

---

121) 파노스 루리다스, 각주 119)의 책, 446면.
122) 페드로 도밍고스, 강형진(역), 『마스터 알고리듬』, 초판(비즈니스 북스, 2016), 242면.

수 있을 것이다. 2020년에 가장 뛰어난 대응을 보인 국가들 중에는 대만과 한국(그리고 초반의 이스라엘)처럼 그전부터 다양한 위협들, 특히 인접국들로부터 생존과 연관된 위협을 받아온 나라들이 있다는 점은 우연으로 치부할 수 없다.

재난이란 흔히들 생각하는 것과 달리 수량으로 포착하기 어렵고, 이는 현대와 같은 통계학의 시대에서도 마찬가지다. 사망자 수는 정확하지 않을 때가 많다. 재난의 중대성을 이해하고자 한다면 단순히 시체의 수만이 아니라 초과사망률, 즉 지난 몇 년간의 사망자 평균치로 계산된 기초 수치와 비교했을 때 다른 요인으로 설명할 수 없는 사망자의 수를 알아내야만 한다.

우리가 정말로 두려워해야 할 것은 우리 모두를 전멸시킬 대규모 재난이 아니라 우리 중 많은 이들을 죽게 만드는 재난이다. 문제는 다가올 여러 재난이 일어날 가능성은 어느 정도인지, 그리고 그 잠재적 규모가 어떻게 될지를 개념화하기가 어렵다는 점이다. 한 사람의 죽음은 비극이지만, 100만 명의 죽음은 통계 수치일 뿐이다. 재난의 규모가 너무나 크기 때문에 사람들의 사고방식이 아예 완전히 다른 양식으로 바뀌어버린다는 게 그것이다. 그래서 인간들의 죽음이라는 건 어느새 더 이상 나쁜 것으로 여겨지지 않으며, 아무런 전문성을 갖추지 못한 이들도 제멋대로 세세한 사항들까지 예언을 하게 된다.[123]

경제 데이터에서 얻을 수 있는 정보와 지식에는 분명한 한계가 있다. 가장 강력한 위기가 덮치는 시점은 대개 경제 관련 통계 자료의 수집이 중지되거나, 설령 수집한다 해도 아주 어지럽게 이루어지는 시점이기 때문이다. 1960년 이후로 세계은행은 전 세계 거의 모든 국가에서 1인당 GDP를 포함한 포괄적인 데이터를 수집해왔다. 하지만 아프가니스탄, 캄보디아, 에리트레아, 이라크, 레바논, 소말리아, 시리아, 베네수엘라, 예멘 등 지난 60년간

---

123) 니얼 퍼거슨, 각주 35)의 책, 82면.

가장 심각한 정치적·경제적 혼란을 겪었던 나라들의 자료를 보면 최악의 혼란이 발생했던 기간의 데이터에는 여러 간극이 있다. 사실 이는 놀라운 일도 아니다. 이 나라들의 경제적 재난이 얼마나 심각했는지를 정확히 말할 수 있는 이가 있을까? 우리가 알고 있는 것은 오직 이 똑같은 나라들의 거의 모두가 소위 취약국가 지표Fragile States Index, 즉 이전에는 실패한 국가들의 서열에서 가장 윗자리를 차지하고 있다는 것뿐이다. 심지어 더욱 설명하기 힘든 데다 얼핏 보면 모순적으로까지 느껴지는 사실이 있다. 양차 세계대전, 대공황, 세계화의 붕괴 등이 일어났던 1914년부터 1950년까지는 기대수명, 교육, 국민소득 중 사회 정책에 쓰인 비중, 민주주의 수준 등의 기준으로 측정한 인류 발전이란 것이 광범위한 지역에서 크게 향상된 시기란 사실이다.

예측이 의미 있기 위해서는 시간의 선형적 특징이 전제되어야 한다. 세상이 반복되고, 어제와 오늘이 같고, 올해와 내년이 동일하다면, 예측은 딱히 어렵지 않다. 일정한 사이클로 반복되면, 언제쯤 무슨 일이 일어난다고 하는 예측은 별반 어렵지도 그것에 가치를 부여하기도 어렵다.

어느 순간엔가 시간에 선형적 특성이 있고, 미래를 향해 달려가지만, 그 미래의 모습을 알 수 없다는 전제가 섰을 때 비로소 미래 예측의 가치가 커진다. 시간의 선형적 특성 부여에 기여한 것은 변화였다. 산업혁명으로 초래된 변화는 그 이전과 구별이 된다. 산업혁명 전에는 변화가 워낙 느리게 진행되어 대부분의 사람들은 그날그날의 삶에 몰두하느라 변화를 거의 눈치 채지 못하였다. 변화라고 해도 주기적이고, 현격한 변화는 없었다. 그러나 산업혁명으로 인해 일과 기술, 인구, 사회제도, 생활양식 등에서 막대한 변화가 일어났다. 이런 급속한 변화는 역사는 순환한다는 생각에서 과거에서 미래로 선형으로 나아간다는 생각을 갖게 하기에 충분했다. 제국주의로 인해 전 세계인구가 이런 변화에 휘둘리게 되었고, 역사에는 변화의 개념이 도입되었다. 자연스럽게 미래를 예측하는 방법을 찾기 시작했고, 트렌드 파악은 그 첫 번째 방법이었다. 트렌드는 시간의 흐름에 따른 사회의 변화를 의미하는데, 트렌드 파악과 트렌드에 외삽법을 적용해 출산과 사망, 이민, 소득, 수요, 판매, 교통, 에너지 소비 등 다양하고, 수많은 미래를 예측하기 시작했다.124)

트렌드는 한 분야 내에서도 같은 방향을 가리키지 않고, 전 세계적 규모를 갖기도, 작고 사소할 수 있으며, 특정장소에서도 유의미할 수 있다. 어떤 트렌드는 산술식이고, 어떤 트렌드는 기하학적이거나, 로그식이기도 하다. 사람들은 트렌드에서 나올지 모르는 이익을 얻고자 트렌드에 합류한다. 그렇게 해서 트렌드는 가속화하며, 외삽법은 발전 중인 분야에 초점을 맞추는 것이다.

경제학과 예측

경제학은 불확실성, 그리고 불확실성이 의사결정에 어떤 의미를 갖는지 이해할 수 있는 확실한 기반을 제공한다. 예측이 정확해지면 불확실성이 줄어들기 때문에 경제학을 이용하면 사업상의 의사결정에 인공지능이 어떤 의미를 갖는지 알 수 있다. 이것은 차례로 어떤 인공지능 도구가 기업의 워크플로workflow에 대한 가장 높은 투자수익을 가져다줄지 예측하게 해준다. 그렇게 되면 새로운 사업 전략을 세우는 데 필요한 틀을 짤 수 있다. 예를 들면 비용이 적게 드는 예측을 근거로 새로운 경제 현실을 활용해 사업의 규모와 범위를 어떻게 조정할지 생각해 볼 수 있다.125)

머신러닝은 주로 예측에 중점을 두는 반면 대부분의 경제학은 인과 관계 또는 평형과 관계가 있다. 두 분야는 예측이라는 공통 관심사가 있지만 종종 다른 목표와 선호점을 갖고 있다. 경제학 분야는 설명이 가능하고 간결하며 안정적인 예측 모델을 선호하는 경향이 있는 반면 머신러닝은 경험적

---

124) 마틴 반 크레벨드, 각주 108)의 책, 217-221면.
125) 어제이 애그러월 외, 각주 30)의 책, 16면

프로세스를 사용해 모델에 포함된 항목을 결정하고 직관보다 특징 선택, 정규화, 테스트에 우선순위를 둔다.

이러한 차이 때문에 경제학 분야에서 머신러닝 방법을 채택하는데 시간이 걸렸다. 이후 머신러닝의 모델 방법과 규칙을 통합함으로써 경제학이 도움을 받을 수 있다는 것이 분명해지면서 도입이 가속화되었다.[126]

경제학적 관점에서 보면 인공지능의 편재현상은 비용 때문이고, 나아가 예측 정책 문제다.

즉 인과 추론 평가보다 정확한 예측 생성이 더 중요하다는 '예측 정책 문제'때문에 인공지능의 사용이 경제학에서도 본격화된다. 일부 연구자들은 정확한 예측 생성을 위해 구성된 머신러닝이 기존 계량경제학 방법보다 이점이 있다고 주장한다. Kleinberg 등은 두 가지 유형의 정책 문제를 예시적으로 비교한다. 정책 입안자는 가뭄에 직면해 강우를 늘리기 위해 구름 씨 뿌리기cloud seeding 같은 기술을 사용할지 여부를 결정한다. 비가 내릴 경우 출근길에 비에 젖지 않도록 우산을 가져갈지 여부는 개인이 결정한다. 정책 입안자의 입장에서 정책효과는 구름 씨 뿌리기가 강우를 유발하는지 여부에 따라 달라지므로 인과 관계에 관심을 가질 것이다. 개인의 경우 비가 내릴 가능성을 예측하는 데만 관심이 있고 그 인과적 추론에는 관심이 없다. 두 경우 모두 강우의 강도는 관심 정책의 결과에 영향을 미친다. 아래 식을 보자.

$$\frac{d\pi(X_0, Y)}{dX_0} = \frac{\partial \pi}{\partial X_0} Y + \frac{\partial \pi}{\partial Y} \frac{\partial Y}{\partial X_0}$$

---

126) 아사야 헐, 이병욱(역), 『텐서플로2로 배우는 금융머신러닝』, 초판(에이콘출판(주), 2022), 73면.

여기서 π는 보수payoff 함수, X0은 채택된 정책, Y는 결과 변수다. 우산 선택의 예에서 π는 출근 후 사람이 비에 젖은 정도, Y는 비가 내린 강도, X0은 채택된 정책(우산 선택 여부)이다. 가뭄의 예에서 π는 가뭄의 영향을 측정하고 Y는 비가 내린 강도이며 X0은 채택된 정책이다.

우산을 정책 옵션으로 선택하면 비가 내리는 것을 우산이 막을 수는 없으므로 σπ/σX0=0이라는 것을 알 수 있다. 이것은 σπ/σX0과 Y의 계산 즉 보상함수와 강우의 강도에 대한 우산의 영향으로 문제를 축소시킨다. 우산의 역할이 있으므로 Y만 예측하면 된다. 따라서 정책 문제 자체가 예측 문제로 축소된다. 그러나 이 전제는 구름 씨 뿌리기를 사용해 강우량을 증가시키려는 경우에는 통하지 않는다. 그 경우는 강우σπ/σX0에 대한 방법 자체의 효과를 추정해야 한다. 두 경우의 차이는 그림 2-2의 인과 관계 다이어그램에 나와 있다.

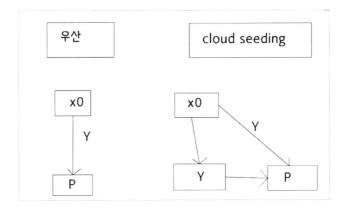

중요한 정책 문제가 때로는 인과적 추론을 수행하는 대신 Y 자체를 예측해 해결될 수 있다는 것을 알 수 있다. 이것은 머신러닝이 해결하는 데 적합한 경제학의 하위 분야다. 또한 이것은 순전히 예측을 통해 정책을 결정할 수 있는 문제를 식별하면 추가 수정 없이도 기존의 머신러닝 기술을 사용할 수 있는 공공 부문 및 민간 부문의 경제학자를 포함한 실무자에게 유용할 것이라는 것을 시사한다.

경제학은 인과적 추론뿐만 아니라 예측 자체에도 관심이 있다. 그 정확성이 변수 간 인과적 관계의 결과로 얻은 것이 아니더라도 정확한 경제 예측 모델은 기획 등의 목적에는 유용하다. Kleinberg 등이 연구한 것처럼 이러한 개념은 다른 정책 문제에도 적용될 수 있다. 정부와 조직은 두 가지 다른 상황에서 특정 조치를 취할지 여부를 결정할 때 종종 그렇게 한다. 첫 번째 상황은 채택할 정책의 효과가 불확실한 경우다. 두 번째는 불확실성과 외부 요인에 의한 것일 때다.

소규모 은행이 금융위기에 대비해 자본 축적의 규모를 늘릴 것인지 여부를 결정하는 경우를 생각해보자. 그들은 현재의 경제 상태에 따라 축적할 자본의 크기를 알아낼 수 있는 모델을 구상하려할 수 있다. 이러한 목적을 위해서는 정책 예측을 생성할 수 있는 모델을 구성하고 추정해야 한다. 중요한 것은 소규모 은행은 금융 생태계에 미치는 영향이 미미하므로 이러한 모델에서는 인과 관계와 관련이 없다는 점이다. 오히려 위기를 미리 예측할 수 있어야 올바른 결정을 할 수 있다.

아래와 같이 경제학과 머신러닝을 개괄적으로 비교해보았다.

1. 모델 해석성: 경제 모델은 단순하고 해석 가능한 경향이 있으므로 해당 정책을 결정한 근거를 이해할 수 있다. 하지만 많은 머신러닝 모델은 그렇지 않다.

2. 공공성과 비차별성: 머신러닝 모델의 복잡성 때문에 종종 불공정하거나 차별적인 정책이 결정된 원인을 파악하기 어렵다. 따라서 머신러닝 모델로 전환하기 위해서는 공정성과 비차별성을 어떻게 보장할 것인지 평가하는 것이 필수적이다.

3. 안정성: 머신러닝 모델의 복잡성을 감안할 때 한 집단에 대해 추정된 관계가 다른 집단에도 유지되는지 여부는 불분명하다. 결과가 일반화될 수

있는지를 평가하기 위해서는 추가 작업이 필요하다.

4. 조작가능성: 머신러닝 모델의 크기와 복잡성, 저수준의 해석 가능성은 조작가능성을 열어준다. 이것은 이미 경제 모델에서의 문제이기도 하지만 많은 머신러닝 모델의 복잡성과 블랙박스 특성 때문에 더 복잡해진다.[127]

컴퓨터와 연산 비용이 크게 떨어지자 사람들은 그동안 꿈도 꾸지 못했던 갖가지 방식으로 컴퓨터의 연산을 활용하기 시작했다. 연산은 아주 많은 작업에 입력되는 중요한 데이터였기 때문에, 전구의 빛처럼 값이 싸진 연산은 세상을 근저에서부터 변화시키기 시작했다. 어떤 대상을 순전히 비용의 관점으로 환원하면 덧씌워진 과대포장을 걷어 낼 수 있다는 점에서 경제학적 분석은 매력적이다. 물론 그렇게 하면 최신 기술에 대한 흥미는 반감될 수도 있다. 스티브 잡스Steve Jobs의 새로운 계산기는 여러 주요 분야에서 비용을 줄임으로써 세상의 모습을 크게 바꿨다. 이런 비용 감소 덕에 인공지능으로 통하는 길이 크게 단축되었다. 인공지능도 마찬가지로 비용을 크게 줄일 수 있기 때문에 경제적으로 의미가 크다. 지력이나 논리나 사고에서도 마찬가지다. 생각할 필요를 없애 주는 〈스타트렉〉의 친절한 컴퓨터처럼 어디에나 있거나 형체가 없는 로봇을 생각할 수도 있다. 러브레이스도 같은 생각이었지만 그는 곧 그런 생각을 버렸다. 적어도 컴퓨터는 무엇을 독창적으로 해내지는 못한다. 우리가 제대로 된 방식으로 명령하면 무엇이든 해낸다. 그뿐이다. 컴퓨터는 분석을 잘 하지만 어떤 분석적 관계나 진실을 예상하는 능력은 없다.

인공지능이라는 개념은 갖가지 과장과 논리로 뒤덮여 있지만 나중에 앨런 튜링이 언급한 러브레이스 백작 부인의 반론Lovelace's Objection은 여전히 유효하다. 컴퓨터는 여전히 생각할 줄 모르고 따라서 생각의 값은 금방 내려가지 않을 것이다. 그러나 값이 내려가면 흔해지기 때문에, 사람들

---

127) 아사야 헐, 각주 126)의 책, 77-84면.

은 아마도 연산처럼 인공지능이 얼마나 흔하게 될지, 그리고 인공지능의 가격 하락이 삶과 경제에 얼마나 많은 영향을 미치게 될지 상상도 하지 못할 것이다. 새로운 인공지능 기술은 무엇의 가격을 그렇게 떨어뜨릴까? 바로 예측이다. 따라서 경제학자들의 말대로, 우리는 훨씬 더 많은 예측을 사용하게 될 뿐 아니라, 전혀 짐작하지 못한 곳에서 예측이 이루어지는 세상을 보게 될 것이다.128)

예측 기술

예측은 정보를 채우는 과정이다. 예측은 '데이터'라고도 불리는 정보를 활용해 존재하지 않는 새로운 정보를 만들어 낸다.

예측은 현실 세계의 여러 부문에서 위력을 발휘하고 있다. 현재의 신용카드 거래 내역이 적법한지 불법인지, 의료용 영상에 나타난 종양이 악성인지 양성인지, 아이폰 카메라를 응시하는 사람이 주인인지 아닌지를 예측할 수 있다. 예측하다predict'라는 말은 라틴어로 미리 알려준다는 뜻의 'praedicere'가 그 어원이지만, 예측에 대한 우리의 문화적 이해는 과거든 현재든 미래든 감추어진 정보를 알아내는 능력임을 간파한다.

인공지능에 관한 논의는 다양한 예측 기술을 강조하는데 그런 기술에는 알 듯 말 듯 한 명칭이 붙는다. 분류classification, 군집clustering, 회귀regression, 의사결정 트리decision trees, 베이즈 추론Bayesian estimation, 신경망neural networks, 위상 수학적 데이터 분석 topological data an1alysis, 딥러닝deep learning, 강화학습reinforcement learning, 심층 강화학습deep reinforcement learning, 캡슐 네트워크capsule networks 등이다.129)

노스이스턴 대학교의 물리학자 알베르트 라슬로 바라바시Albert-Laszlo Barabasi가 이끄는 연구팀은 몇몇 거대 전화 회사와 함께 사람들이 휴대전

---

128) 어제이 애그러월 외, 각주 30)의 책, 27-28면.
129) 어제이 애그러월 외, 각주 30)의 책, 28-42면.

화로 남긴 다량의 디지털 흔적을 분석하여 수백만 명의 이동경로를 추적했다. 그 결과 도시 전체를 대상으로 보통 사람들의 이동을 다룬 참신한 수학적 분석 모델이 생성되었다. 그 모델은 이동의 역사에 관한 분석에 대단히 뛰어나서 종종 어떤 사람이 다음에 어디로 갈지를 예측하기까지 했다. 소프트웨어 엔지니어인 제러미 긴스버그Jeremy Ginsberg가 이끄는 구글의 한 연구팀은 인플루엔자가 유행할 때 사람들이 인플루엔자의 증상과 합병증, 치료약 등에 대해 더 많이 검색하는 경향이 있다는 것을 알게 됐다. 그들은 별로 놀라울 것이 없는 이 사실을 매우 중요한 일을 하는 데 사용했다. 특정 지역에 있는 사람들이 무엇을 구글링Googling하는지를 들여다보고 다가오는 독감 유행을 예측하는 시스템을 개발한 것이다. 그들의 조기 경보 시스템은 질병의 조기 경보를 위해 고비용의 방대한 인프라를 유지하고 있는 미국 질병통제예방센터보다 훨씬 더 신속하게 새로운 독감 유행을 예측할 수 있었다.130)

　예측이 가치를 창출하는 상황을 찾아내고 그 예측으로부터 가능한 한 많은 혜택을 얻어 내는 방법에 초점을 맞출 필요가 있다. 예측의 비용이 내려가면 예측의 횟수도 자연스럽게 늘어날 것이다. 이는 아주 단순한 경제학이다. 가격 하락으로 수요가 증가한다. 사람들은 사진처럼 애당초 연산과 관련이 없는 분야에서도 값이 싸진 연산을 사용하기 시작했다. 원래 사진은 화학의 영역이었지만, 연산 비용이 크게 떨어지면서 연산 기반의 솔루션인 디지털 카메라로 옮겨갔다. 디지털 이미지는 0과 1의 조합으로 연산을 이용해 눈으로 볼 수 있도록 재조립한 이미지다.131) 이로 인하여 세계 5대 기업의 하나이던 코닥이 2012년 파산보호신청을 하기에 이르렀다.

　예측도 마찬가지다. 예측은 재고 관리나 수요 예측 같은 기존의 업무에

---

130) 에레즈 에이든/장바티스트 미셸, 김재중(역),『빅데이터 인문학: 진격의 서막』, 초판 ((주)사계절출판사, 2015), 23면-24면.

131) 어제이 애그러월 외, 각주 30)의 책, 29면.

활용된다. 무엇보다도 예측의 비용이 계속 내려가기 때문에 원래 예측의 영역이 아니었던 곳에서도 예측이 활용된다는 점이 중요하다. 어떤 문제를 예측 문제로 재구성하는 능력을 인공지능 통찰력Insight[132]이라고 부르는데, 요즘 웬만한 엔지니어들은 대부분 인공지능 통찰력을 갖추고 있다.

차량도 예측의 영역으로 진입했다. 지난 20년 동안 자율주행 자동차는 엄격하게 통제된 환경에서만 운행이 가능했다. 공장이나 창고 등 세부 평면도가 확보된 장소에서만 운용되었다. 평면도가 있어야 기본적인 if-then 논리 지능으로 조종되는 자율주행자동차 등 로봇을 설계할 수 있었다. 차량 앞으로 사람이 지나가면 자동차는 멈춰 섰고, 진열대가 비어 있으면 다음 진열대로 이동했다. 그러나 일반적인 시내 도로에서는 이런 자율주행 자동차를 사용할 수 없었다. 일어날 수 있는 일이 너무 많았고, if가 너무 많아 코드화할 수 없기 때문이었다. 자율주행 자동차가 엄격하게 통제되고, 예측이 가능한 환경이 아닌 다른 곳에서도 기능을 발휘할 수 있게 된 것은 엔지니어들이 자율주행 자동차의 운행을 예측 문제로 재구성하게 된 이후였다. 엔지니어들은 자율주행 자동차에게 어떤 환경에서 어떤 일을 하라고 말하는 대신 한 가지 예측 즉 '인간이라면 어떻게 할까?'에만 초점을 맞출 수 있다는 사실을 알아냈다. 이제 기업들은 시내와 고속도로 등 통제되지 않은 환경에서도 자율운행이 가능하도록 기계를 훈련시키는 데 수십억 달러를 쏟아 붓고 있다. 국내 법학 연구에서 인공지능은 물론 자율주행자동차에 대하여 수없는 논의가 있었지만, 누가 이런 측면을 들여다보기나 했

---

132) 통찰력이라는 말은 insight를 번역한 것인데, 이 말은 기존에 생각하지 못하였던 것들을 새롭게 연결하고, 다른 맥락에서 해석해, 새로운 틀을 제시하는 것으로 재해석된다. 좀 더 구체적으로는 문제 해결을 위해 사물과 행동 사이에 새로운 관계와 연관성을 새롭게 발견하는 것이다. 여기서 중요한 것은 문제를 재구조화하는 것이다. 그래야 새로운 시각에서 바라볼 수 있고, 기존에 볼 수 없었던 현상의 숨겨진 본질을 알아낼 수 있다. 이를 데이터 분석의 관점에서 보면 발견한 데이터의 점들을 잇는 것이다(김태원, 『데이터 브랜딩』, 초판(유엑스리뷰, 2021), 101면-102면).

을까? 엔지니어들은 자동차에 카메라나 레이더나 레이저 등 센서를 장착해 인공지능에게 눈과 귀를 달아 준다. 그래서 인공지능은 인간이 운전하는 동안 보내 주는 데이터를 꼼꼼히 살피는 동시에 운전자의 행동을 유심히 관찰한다. 어떤 환경 데이터가 들어올 때 인간은 우회전을 하고 브레이크를 밟고 액셀러레이터를 밟는가? 인간의 행동을 유심히, 많이 관찰할수록 인공지능은 들어오는 데이터를 바탕으로 운전자가 다음에 취할 행동을 더 잘 예측하게 된다. 인공지능은 운전자가 주어진 도로의 특정한 조건에서 어떻게 행동할지 예측해 운전하는 법을 배운다.

예측의 값이 싸지면 예측이 더 많아지고 예측에 대한 보완재도 더 많아진다. 이런 두 가지 간단한 경제적 요인을 바탕으로 예측 알고리듬은 새로운 기회를 만들어 낸다. 기본적으로 예측 알고리듬은 예측하는 인간의 업무를 덜어 주어 비용을 절약한다. 예측 알고리듬의 가동률이 높아질수록 의사결정의 질은 꾸준히 향상된다. 그러다 예측의 정확도가 높아지고 신뢰할 만한 수준이 되는 순간 예측 알고리듬은 조직의 일 처리 방식을 통째로 바꾼다. 일부 인공지능은 기업 경제에 매우 극적인 영향을 주기 때문에 당초 전략과 달리 더 이상 생산성을 높이는 용도로만 사용되지는 않을 것이다. 즉 인공지능은 아예 전략 자체를 바꿀 것이다.[133)]

예측으로 인하여 사업 모델 자체가 변하기도 한다. 예측배송 시스템을 살펴보자. 아마존의 현재 판매 형태는 주문을 받으면 그에 따라 배송이 이루어지지만, 2014년 예측 배송 시스템 특허를 취득한 바 있다. 이 예측 배송 시스템은 고객이 어떤 물건을 구매하기 전, 구매가 예상되는 물품을 예측하여 미리 물품을 포장해 고객과 가까운 물류 창고에 배송해놓고, 고객이 그 물품을 주문하면 바로 배송하는 시스템이다. 우리나라와 달리 미국은 워낙 땅이 넓어 물류센터와 고객의 집까지의 거리가 멀어, 배송 시간 단

---

133) 어제이 애그러월 외, 각주 30)의 책, 30-31면.

축을 위해 이러한 예측 배송 시스템의 필요성이 더 중요하게 떠오르고 있는데, 그 핵심은 이런 배송의 현실화 여부가 아니다. 아마존이 고객의 구매 성향을 예측할 수 있는 능력을 지녔다는 점이다.

엄청난 양의 데이터를 사용하고, 빅데이터와 인공지능을 이용해 예측했더라도, 결국 구매를 결정하는 것은 사람이기 때문에 100% 일치할 수는 없다. 이에 아마존은 빅데이터 예측이 실패한 경우, 미리 배송된 물건을 할인 가격으로 제공하거나, 선물로 증정하는 등 다방면의 보완책으로 고객 관리에서 차질이 생기지 않도록 갖가지 노력을 하고 있다.[134] 이러한 시스템이 가능한 이유는 그것을 모든 품목에 적용하지 않기 때문이다. 물, 우유, 설탕, 계란, 아기 기저귀, 야채처럼 소비성 생활물품들은 일정 기간 동안 소비하고 반드시 재구매를 하는 물품들이기 때문에 고객들에 대하여 축적된 데이터만 제대로 활용한다면 그들의 물품 구매 시기를 파악할 수 있게 된다. 아마존은 이런 점에 착안하여 기존 구매 데이터뿐만 아니라 아마존 대시Amazon Dash[135]나 아마존 에코Amazon Echo[136]를 통해 얻은 데이터를 분석해 고객들의 더욱 정확한 구매 시기를 파악할 수 있게 되었다. 이러한 예측 배송 시스템은 구매가 예상되는 물건들을 미리 근처 지역에 배송해 놓고, 고객들이 구매주문을 내자마자 바로 물품을 배송할 수 있기 때문에

---

134) 우종필, "빅데이터의 선두주자, 아마존의 예측배송 시스템", Mirae Asset Security Magazine, 2019, https://magazine.securities.miraeasset.com/contents.php?idx=44(2022. 3. 5. 최종방문).

135) 아마존 대시는 아마존닷컴이 개발한 것으로, 복잡한 이커머스 과정을 최대한 단순화하고, 상품 구매 필요가 발생하는 순간 단지 버튼 한번만 누르면 주문이 완료될 수 있도록 만든 굉장히 간단한 버튼 기능을 구현한 디바이스다. 현재는 단종되었다.

136) 아마존닷컴이 개발한 스마트 스피커로 음성 통제 가상 비서 서비스인 알렉사(Alexa)와 연동된다. 이 장치는 음성 상호작용, 음악 재생, 할 일 목록 만들기, 알람 설정, 스트리밍 팟캐스트, 오디오북 재생, 날씨, 트래픽 및 기타 실시간 정보 제공을 할 수 있을 뿐만 아니라, 스마트 홈 허브 역할을 하면서 자신이 직접 여러 스마트 장치를 통제할 수 있다.

배송시간 단축을 물론이고, 고객들에게 물품들의 할인 정보를 때맞춰 제공하여 고객들의 충성도를 제고시킨다.[137]

만일 아마존의 인공지능이 고객에 대한 정보를 더 많이 수집하고, 그 데이터를 사용하여 예측능력을 끌어올려 예측의 정확도가 임계치를 초과하는 순간, 이런 사업 모델과는 다른 새로운 변화를 도모할 가능성이 생긴다. 즉 아마존은 사람들이 주문할 때까지 기다리지 않고 고객이 원할 것이라고 예측한 상품을 미리 배송하는 것이 바로 그것이다. 고객의 입장에서는 필요한 물품을 미리 배송해주니 군이 쇼핑을 위해 웹사이트를 기웃거릴 필요가 아예 없다. 아마존의 이익뿐만 아니라 고객의 번거로움을 제거하기도 하므로, 아마존과 고객 모두에게 유익하다. 이 모델이 정착되면 종국엔 쇼핑이라는 번거로운 절차를 없앨 것이다. 예측 능력의 향상으로 인해 아마존의 사업모델이 쇼핑 후 배송에서 배송 후 쇼핑으로 바뀌는 것이다. 물론 반송비용이라는 선결과제가 있다. 현재까지는 반송 제품을 수거하고 처리하는 비용이 수익의 증가분보다 더 많은 것이 분명하다. 현재의 예측 수준에서 아마존이 지금 이런 방식을 쓴다면 사람들은 아마존이 배송한 품목의 95퍼센트를 반송할 것이다. 예측능력이 아직까지는 떨어지기 때문일 것이다. 고객이 성가신 것은 물론이고 아마존의 반송비용 지출도 커진다. 그러나 중요한 사실은 아마존이 새 모델을 채택하지 못하는 것은 사업 모델이 이상해서라기보다는 예측의 정확성에 문제가 있기 때문인데, 이 예측 능력이 향상되면, 이런 사업 모델을 채택하지 않을 이유가 없다. 인공지능 예측의 힘은 이런 것이다. 단순히 기존 사업 모델을 유지하면서, 그 효율성을 증가시키는 정도에 머무는 것이 아니라, 아예 사업모델을 바꾸는 잠재력을 가지고 있다. 이것이 바로 파괴적 혁신의 특징이다. 이런 점은 법 분야에서도 마찬가지일 것이다.

---

137) 우종필, 『빅데이터 분석대로 미래는 이루어진다』, 초판(매경출판(주), 2017), 283면.

예측능력이 임계치를 돌파하는 단계 이전에도 이런 모델을 채택하는 것을 고려해야 한다는 것이다. 그 이유는 인공지능에 의한 예측능력 향상은 저절로 되거나 획기적 알고리듬의 문제가 아니기 때문이다. 인공지능 예측은 제대로 된 데이터의 공급과 학습 또는 훈련에 달려있다. 이런 사업 모델을 빨리 채택한다면 더 많은 양질의 데이터를 확보할 수 있고, 더 많은 데이터로 인해 예측력이 높아지는 선순환 고리가 만들어지면서,138) 경쟁자들과 차별화되는 상황이 벌어지고, 승자 독식으로 연결될 가능성이 크다.

예측코드

인류학에서는 인류의 뇌가 커지면서 예측하는 기능이 생겨났다고 주장한다. 뇌의 핵심 기능 중 하나로 예측 코드predictive coding라는 것이 있고, 이는 과거의 경험을 바탕으로 앞으로의 일을 효율적으로 처리하는 뇌의 기능 중 하나로 해석된다. 원시 인류가 뛰어다니거나 사냥을 할 때 '실시간 프로세싱'이 불가능하다. 뇌가 실시간보다 느리게 반응하기 때문인데, 이런 문제점을 해결한 것이 바로 예측이다. 인류는 예측을 통해 상황을 미리 판단한 다음 행동에 옮겼다. 인간이면 누구에게나 가능한 뇌의 예측 코드는 인공 뇌인 인공지능에게는 어렵다. 인공지능도 예측기계이긴 하지만, 인간처럼 효율적이지는 못하다.

이와 같이 인류가 예측을 하게 된 이유는 예측을 통해 생존 확률이 높아졌기 때문이다. 세상에서 일어나는 온갖 일들을 그냥 우연으로 받아들일 때와 예측을 한 뒤 행동할 때를 비교하면, 그 차이가 극명하다. 우연으로 받아들이는 경우 인간은 다음날 비가 올지 사냥을 할 수 있을지 아무것도 알지 못하고, 따라서 당연히 내일 상황에 대한 준비도 할 수 없다. 반면 예측이 가능하면 날씨와 상황에 대비해 적절한 준비를 할 수 있다. 따라서 사

---

138) 어제이 애그러월 외, 각주 30)의 책, 33-34면.

냥을 더 많이 하고 원할 때 먹이를 구할 수 있게 되면서, 아무런 준비를 하지 않는 인간과 예측을 통해 준비를 하는 사람의 생존 확률은 달라질 수 밖에 없다. 예측 능력이 커질수록 생존 확률 역시 높아진다. 이런 관점으로 보면 예측 코드가 있는 뇌 피질이 인간에게 얼마나 중요한 역할을 하는 지 알 수 있다.[139]

뇌가 예측할 수 있는 시간과 공간의 한계가 '나'라고 생각하는 것, 즉 자아가 만들어지는 과정이다. 인간은 수십 년 동안 훈련해온 덕에 이미 예측 코드가 다 만들어져 있다. 내 엉덩이의 한계가 어디인지를 아니까 의자에 앉을 수 있다. 문제는 예측 코드를 자신이 만든 것이 아니라 주변에서 만들어주었다는 것이다. 우리가 늘 독립적으로 생각하고 행동하지 않는 이유가 바로 이것 때문이다. 이렇게 '나+DNA+ 환경'이 만들어놓은 한계 안에서 계속 살면 편하다. 하지만 독립적인 자아가 되기는 어렵다. 이런 한계를 극복하고, 독립적인 자아를 만기 위해서는 예측 가능한 세상에 잡음을 집어넣음으로써, 예측 코드로는 더 이상 예측할 수 없는 상황을 만들어야 한다. 예측이 불가능한 상황에 직면하면, 미리 배워두었던 툴 박스로는 분석할 수 없으니 새로운 툴박스들을 만드는데, 이 새로운 툴 박스가 바로 독립된 자아다.[140]

카오스

카오스는 혼돈이라는 뜻이고, chaotic system은 혼돈계다. 혼돈계란 역동적으로 진화하는 물리계나 그런 물리계에 대한 수학적 시뮬레이션을 가리킬 수도 있고, 또는 그 자체로서 연구 대상이 되는 여러 수학적 모델을 뜻하기도 한다. 어쨌거나 혼돈계에서는 초기 상태가 아주 미세하게 달라지더라도 해당 계의 미래 행동에 극단적으로 큰 차이가 나타나곤 한다. 보통의

139) 김대식, 『인간을 읽어내는 과학』, 초판((주)북이십일, 2017), 138면.
140) 김대식, 각주 139)의 책, 330면.

혼돈계는 원리상으로는 온전히 결정론적이고 계산적이지만, 실제로는 전혀 결정론적이지 않은 행동을 보이기도 한다. 해당계의 미래 행동을 결정론적으로 예측하려면 초기 상태를 알아야 하는데, 이때 상상을 초월할 정도로 높은 정확도가 요구될 뿐만 아니라 복잡도가 커진다. 그런 점을 이야기하고자 할 때 흔히들 인용하는 사례가 바로 장기간에 걸친 상세한 일기예보다. 현 단계에서 공기 분자의 운동을 지배하는 법칙은 물론이고 그 밖에 날씨를 계산해내는 데 관련 있다고 여겨지는 여러 물리량을 지배하는 법칙들까지도 완벽히 알려져 있다. 하지만 초기 조건이 아주 미세하게만 달라져도 고작 며칠 뒤의 실제 날씨 패턴은 초기계산과 아주 크게 달라진다. 그리고 믿을 만한 기상예측을 하는 데 필요한 초기 조건을 정확히 측정해내는 일 또한 불가능하다. 물론 그런 컴퓨팅을 수행할 때 주어져야 할 매개변수의 개수 또한 어마어마할 테니, 예측이 실제로 거의 불가능하다고 해서 그다지 놀랄 일은 아니다.141)

시나리오 계획

미래가 어떻게 전개될지 예측하기 위해 시나리오 계획scenario planning을 사용한다. 인류의 미래가 어떻게 변할지 정확히 알 수는 없지만 서너 가지 시나리오를 생각해볼 수 있는데, 이에 기초해 주요 방향을 가늠해볼 수 있을 것이다. 시나리오 계획은 네덜란드의 석유 기업 셸에서 처음으로 개발했다. 셸은 북해 유전 같은 새로운 유전을 개발하면서 위험과 비용을 고려해 접근 가능한 시나리오를 작성했다. 그리고 그중 가장 유리한 시나리오를 토대로 북해 유전 개발이 성공하면서 시나리오 계획의 가치가 입증되었다. 이후 시나리오 계획은 많은 기업과 군사 작전에서 사용되고 있다.142)

---

141) 로저 펜로즈, 노태복(역), 『마음의 그림자: 과학이 놓치고 있는 의식에 대한 탐구』, 초판(도서출판 승산, 2014), 60-62면.
142) 제임스 마틴, 류현(역), 『제임스 마틴의 미래학 강의』, 초판(김영사, 2009), 469면.

간단히 말해서 시나리오 계획은 조직이 전략, 운영 및 재무 계획을 지원하기 위해 미래에 일어날 수 있는 일에 대한 대안적 관점을 평가할 수 있는 구조화된 방법을 제공한다.

시나리오는 예측을 개발하거나 전략, 계획 또는 결정을 테스트하는 데 사용되는 미래의 관점을 설명하는 응집력 있는 가정 세트다. 시나리오 계획은 크게 두 가지 질문에 답하는 데 중점을 둔다. 시나리오 계획은 관리자가 미래를 시각화하고 다양한 상황에서 어떻게 대응할지 평가하는 수단이다. 민첩성, 유연성 및 응답성이 더욱 중요한 기능이 됨에 따라 시나리오 계획은 많은 조직에서 전체 계획 및 위험 관리 프로세스의 필수적인 부분이 되었다.

시나리오 계획 기술은 조직이 비즈니스 전략, 투자 우선순위 지정 및 운영에 영향을 미치는 광범위한 결정에 미치는 영향을 더 잘 이해할 수 있도록 하는 데 사용된다. 위험 관리자가 특히 주의해야 할 점은 많은 조직이 시나리오 계획의 측면을 위험 관리, 비즈니스 사례 개발, 예산 책정, 예측 및 경쟁 분석과 같은 단기 관리 프로세스에 통합하려고 한다는 것이다. 그 예는 다음과 같다.

- 신규 공장 건설, 신규 소매점 개설 및 장비 업그레이드와 같은 자본 투자 결정
- 시장 진입 및 퇴출, 부문별 마케팅 지출, 채널 전략에 대한 시장 전략 결정
- 신용 품질/가용성, 이자율 및 주식 평가를 둘러싼 시나리오를 기반으로 한 자금 조달 결정
- 위치, 소싱, 급여 관행 및 복리후생 비용에 관한 인적 자원 결정

시나리오는 미래를 형성할 오늘날의 힘(예: 인구 통계, 세계화, 기술 변화, 환경 관리 및 생명 공학)을 이해하는 방법이다. 시나리오는 크게 4가지 범주로 구성할 수 있다.

1. 사회적 - 비만 증가 또는 비만 퇴치를 위한 광범위한 노력의 의미는?
2. 경제 - 중국 경제의 성장 둔화가 세계 시장에 미치는 영향은?
3. 정치 - 불균등한 경제 회복을 개선하기 위한 유럽 중앙은행 조치의 가능성과 영향은?
4. 기술 - "사물 인터넷이 산업" 또는 특정 비즈니스의 변화율에 미치는 영향은?

대부분의 다른 관리 기술과 마찬가지로 시나리오 계획은 연습에서 발생하는 결과의 품질에 관한 것만이 아니다. 시나리오 계획은 불확실성의 영향에 대한 인식을 높이고 다양한 조건에서 자신의 행동과 의사 결정이 어떻게 변할지 상상할 수 있도록 함으로써 프로세스에 참여하는 관리자를 위한 강력한 교육 도구 역할을 할 수 있다.

시나리오 계획 연습을 구성하기 위한 두 가지 기본 모델이 있다.

1. 전문가 - 소규모 그룹이 시나리오 계획 프로세스를 완료하며, 종종 외부 컨설턴트 및 기타 주제 전문가의 지원을 받을 수 있는 전략 계획 팀이 주도한다.

2. 협업 - 소규모 핵심 팀이 연습을 주도하지만 조직은 조직 내부와 외부의 광범위한 사람들의 의견과 참여를 구한다.

전문가 접근 방식은 일반적으로 협력적 접근 방식보다 더 빠르고 집중할 수 있다는 장점이 있지만 조직의 학습 및 개인 개발 기회의 대부분이 희생된다. 협력적 접근 방식은 보다 생산적인 프로세스를 보장하고 더 널리 이해되는 결과를 제공할 가능성이 높지만 신중한 계획, 규율 있는 관리 및 고위 경영진의 지원이 필요하다.

채택된 접근 방식에 무엇이든 시나리오 계획을 작성하는 데 필요한 단계는 간단하다. 시나리오 계획을 작성하기 위해 생성된 방법론이 많이 있지만 모두 동일한 기본 접근 방식을 따르는 데, 다음과 같다.

첫 번째 단계는 우선 평가해야 하는 문제, 결정이나 주요 변수를 정의하는 과정이다.

두 번째 단계는 미래 시나리오에 영향을 미칠 수 있는 주요 내부 및 외부 동인을 식별하고, 중요한 관계를 설정하는 것이다.

세 번째 단계는 시나리오 정의 프로세스에 대한 입력으로 사용할 정량적 또는 정성적 데이터와 전문가 의견의 수집이다. 뿐만 아니라 주요 동인의 중요성 및 변동성을 평가하고, 미래에 영향을 미칠 주요 관계를 분석해야 한다.

네 번째 단계는 일련의 응집력 있고 논리적인 시나리오를 구성하고 각 시나리오에 대한 내러티브 설명을 개발하는 단계다. 양적, 질적 데이터와 전문가 의견에 대한 시나리오 테스트와 적절한 시나리오 업데이트도 포함한다.

다섯 번째 단계는 각 시나리오에서 전략, 계획, 예측 및 결정을 적절하게 테스트하는 것이다. 필요한 경우 각 시나리오에 대한 조치나 비상 계획도 함께 개발하며, 모든 지원 그룹과의 소통도 필요하다.

마지막 단계는 선행 지표 및 핵심 성과 지표를 정의하고, 이를 성과 보고 프로세스에 통합하는 일이다. 그리고 시간 경과에 따라 적절하게 시나리오를 업데이트해야 하고, 필요에 따라 이와 같은 과정을 반복한다.[143]

예측의 오류

문제는 예측이 어렵고, 터무니없이 빗나가는 상황이 자주 벌어진다는 것이다. 군 역사를 보면 너무 터무니없는 예측 오류 사례가 많다.

---

143) CGMA, Scenario planning: Providing insight for impact, pp.5-6, https://www.cgma.org/resources/tools/scenario-planning.html(2022. 6. 3. 최종방문).

1941년 8월 미국 해군정보국 국장이었던 윌리엄 풀스턴은 이렇게 말했다. "하와이 제도는 과잉 방어 상태입니다. 일본군 함대와 공군 전부가 몰려와도 오아후Oahu(주도 호놀룰루가 있는 섬)에 심각한 위협이 되지 않습니다." 1941년 12월 4일 해군 장관 프랭크 녹스는 이렇게 말했다. "어떤 일이 있어도 미국 해군은 방심하다가 허를 찔리지는 않을 것입니다", 사흘 뒤 진주만 레이더 책임자는 부하로부터 보고를 받았다. 50대가 훨씬 넘는 비행기들이 시속 약 290킬로미터로 오아후에 접근하고 있다는 내용이었다.

예술분야도 마찬가지다. 유명한 영국 작가 새뮤얼 피프스는 셰익스피어의 〈한여름 밤의 꿈〉을 관람한 뒤, "내가 평생 본 중 가장 재미없고 우스꽝스러운 연극"이라고 평했다. 1970년 4월 한 출판사는 스릴러《자칼의 날 The Day of the Jackal》을 거절하면서, 저자 프레더릭 포사이스Frederick Forsyth에게 "독자들은 당신 책에 관심이 없습니다."라고 썼지만, 1983년이 되자 이 책은 관심 없다던 독자들에게 800만 부나 팔렸다.

할리우드에서도 전문가들은 마찬가지였다. MGM의 공동설립자 루이스 메이어는 한 고위 임원으로부터 〈바람과 함께 사라지다〉 판권 입찰에 참여하지 말라는 조언을 들었다. 그 고위 임원은 "루이스, 잊어버리게. 남북전쟁 영화는 지금껏 한 푼도 못 벌었다네."라고 말했다. 마릴린 먼로는 신참 시절에 "당신은 비서 일을 배우거나 결혼을 하는 편이 낫겠소."라는 말을 들었다.

음악과 미술에서도 그다지 다르지 않다. 〈그랜드 올 오프리 Grand Ole Opry〉(미국 최장수 라디오 음악 프로그램) 관리자는 젊은 가수에게 말했다. "자네는 성공할 수 없어. 돌아가서 트럭 운전이나 하게." 이 가수가 엘비스 프레슬리였다. 1907년 〈뉴욕타임스〉에 인상파 화가 에드가 드가EdgarDegas에 대한 평이 실렸다. "드가는 혐오스럽다." 드가의 걸작들은 오늘날 1,000만 달러 이상에 거래된다.

기술에 대한 전문가의 예측 오류도 크게 다를 바 없다. 포드자동차 주식을 매입하려던 투자자에게 은행가는 이렇게 조언했다. "말은 계속 이용되겠지만 자동차는 진기한 장난감에 불과합니다. 일시적 유행일 뿐이죠." 그래도 이 투자자는 포드 자동차 주식에 5,000달러를 투자했고, 몇 년 뒤 주식을 팔아 1,250만 달러를 벌었다. IBM 설립자 토머스 왓슨ThomasJ. Watson은 1943년에 이렇게 말했다. "컴퓨터에 대한 세계 전체의 시장 수요는 다섯 대 정도로 보인다." 디지털 이큅먼트Digital Equipment의 설립자 켄 올슨Ken Olson은 PC혁명이 시작되기 직전인 1977년에 이렇게 말했다. "개인이 컴퓨터를 집에 보유할 이유가 없다."

경제 및 금융 분야에서 전문가 예측도 크게 다르지 않아, 오류로 가득 찼다. 명성 있는 하버드 경제학회는 1929년 주가 대폭락이 일어난 뒤, 1929년 11월 16일 주보에 이렇게 썼다. "1920년과 1921년과 같은 심각한 경기침체는 발생 가능성이 희박해졌다." 1930년 9월 20일에는 이렇게 썼다. "곧 회복세가 확연히 드러날 것이다." 1930년 11월 15일에는 이렇게 덧붙였다. "1931년 초에 경기하락세가 끝날 것으로 보이며, 연말까지 꾸준히 회복세를 유지할 것이다." 이 학회는 1931년 대공황으로 인한 자금 압박 때문에 발간을 중단할 수밖에 없었다.

경제 예측은 결코 정밀과학이 아닌 것으로 입증되었다. 1973년 12월 주요경제 예측가 32명을 대상으로 조사했을 때 1974년 경제가 침체한다고 예측한 사람은 단 한 명뿐이었지만, 실제로는 전후 최악의 경기침체가 발생했다. 1973년 말에 다가오는 경기 침체를 정확하게 예측한 사람은 그 후 계속해서 예측이 크게 빗나간 뒤, 여러 해 전에 주식시장 예측을 중단했다. 1947년 유명한 예측가 집단은 미국 경계가 6% 정도 하락한다고 예측했다. 그해 경제활동은 역사상 최고 수준의 강세를 보여 11% 정도 상승했다. 미국에서 가장 중요한 경제 연구소 52개로부터 GNP 예측치를 수집했다. 이들 가운데는 고객으로부터 연 5만 달러를 받는 연구소도 있었다. 1982년까지 6년 동안 분석한 결과. 평균 예측치가 무려 43%나 빗나갔다. 최근 자료를 보면 지금도 경제예측은 어김없이 크게 빗나가고 있다.

유감스럽게도 연방 준비제도 이사회의 경제 예측조차 의심스러운 수준이다. 경기침체가 이미 진행 중이던 1990년 7월 연방 준비제도 이사회 의장 앨런 그린스펀Alan Greenspan은 국회에서 "가까운 장래에 경기 침체가 올 가능성은 낮다."고 말했다. 연방 준비제도 이사회는 그해 12월이 되어서야 경기를 부양하기 위해 금리를 인하했다.

이와 같이 예측이 실패하는 이유는 상식선에서 찾을 수 있다. 수만 명의 배우, 가수, 예술가 중에서 재능 있는 사람을 가려내는 일은 주관적 판단이다. 배역담당 책임자가 다른 사람들보다 나은 유일한 강점은 이 분야에서 쌓은 경험뿐이다. 한 사람이 탁월한 성공을 거둘 때마다 유망한 후보 수천 명이 실패할 수밖에 없는 구조에서 성공할 사람을 예측한다는 것은 어렵다. 혁명적 신기술 또한 즉각적으로 인정받지 못한다. 신기술은 초기 단계에서는 기존 기술보다 나을 게 없거나 오히려 못할 수 있기 때문이다.

고객에게 포드자동차에 투자하지 말라고 조언한 은행가는 현명한 충고를 한 셈이다. 당시만 해도 자동차는 신뢰할 수 없는 값비싼 기계였다. 이미 수백 개의 제조업체에서 대중을 위한 자동차를 도입하려고 시도했으나 모두 실패했다. 실패한 사례에는 1900년 디트로이트 자동차와 1901년 헨리 포드 자동차로 이미 두 번 파산했던 헨리 포드도 포함된다. 과거를 돌아보는 호사스러운 입장에서는 경제 및 금융 예측이 쉬워 보이지만, 당시에는 그런 결과물조차 예측하기가 무척 힘들었다. 경제, 투자, 정치, 군사와 같은 복잡한 분야에서 예측을 하려면 방대한 정보처리 프로세스와 엄청난 데이터가 동원되어야 한다.

전문가들이 실수를 저지르는 이유는 결국 인간의 정보처리 능력이 취약하기 때문이다. 사람이 효과적으로 다룰 수 있는 정보의 양에 대해 최근 몇 년 동안 정밀한 조사가 이루어졌는데, 충격적인 결과가 나왔다. 그중 하나는 투자자가 현행 투자기법이 제공하는 기업, 산업, 경제에 관한 방대한 정보를 이해한다 해도 특별한 강점을 확보하기 힘들다는 사실이다. 실제로는 방대한 투자정보를 습득하면 오히려 더 나쁜 결정을 내리게 된다는 것이다. 전문 투자가 집단이 선호하는 주식과 산업이 지난 60년 동안 평균에 뒤처졌는데, 주된 이유가 방대한 투자정보를 습득하면 오히려 더 나쁜 결정을 내리게 되기 때문이다.[144]

토르스텐 데니의 투기의 세계사[145]는 제목을 예측 실패의 역사라고 바꿔도 좋을 정도가 예측 실패 사례가 가득하다. 1600년대 네덜란드의 튤립 파동은 역사상 최초로 기록된 시장 붕괴 사건이다.[146] 튤립 공급이 수요를 따라가지 못하면서 가격이 치솟았고, 튤립은 무역업자들에게 수익성 좋은 틈새시장이 되었다. 1630년대에 이르러 튤립 거래는 투기성 사업으로 변질되었고, 실제 튤립이 어떻게 생겼는지 모르는 사람까지 거래에 뛰어들게 되었다. 튤립 가격은 1634년에서 1637년까지 3년 사이에 50배나 뛰었다. 셈페르 아우구스투스 Semper Augustus(영원한 황제) 품종은 구근 하나가 1만 길더에 거래되었다. 1만 길더는 당시 공예가 1년 수입의 약 20배에 해당하는 금액이었다. 1637년 1월에만 가격이 순식간에 두 배로 뛰어 튤립 구근 셋이면 암스테르담의 집 한 채를 살 수 있었다.

이와 같은 투기성 버블은 1637년 2월 5일에 절정에 다다랐다. 모든 거래자가 알크마르에 모였고 99개의 튤립 구근은 9만 길더에 거래되었다. 오늘날의 가치로 환산하면 100만 달러에 달했다. 과열현상을 인지하였다면 튤립 가격의 하락의 씨앗이 이미 싹텄다는 것을 예측할 수 있었을 것이다. 갑자기 모든 시장 참가자가 매도에 나섰고, 며칠 사이 네덜란드 튤립 시장전체가 붕괴되기에 이르렀다. 1637년 2월 7일 튤립 거래는 완전히 중단되었

---

144) 데이비드 드레먼, 이건 외(역), 『데이비드 드레먼의 역발상 투자』, 초판(흐름출판, 2009), 102-112면.
145) 토르스텐 데닌, 『42가지 사건으로 보는 투기의 세계사』, 초판(웅진지식하우스, 2022).
146) 토르스텐 데닌, 각주 145)의 책, 21면-23면.

다. 가격은 95퍼센트까지 떨어졌고, 튤립 구근에 대한 미결제 계약 수가 기존의 구근 공급량을 크게 초과했고, 결국 튤립 선물거래는 금지되었다.

1972년 스물세 살의 데니스는 농업 시장의 새로운 트렌드를 파악했다. 밀 가격 상승에 베팅해 성공한 것이었다. 1년 후인 1973년에 데니스의 초기 자본은 10만 달러까지 늘었다. 경향을 분석하고 포지션을 공격적으로 늘리고 투자를 계속 유지한 덕분이었다. 1974년 그는 콩 거래로만 50만 달러의 수익을 올렸고 그해 말에는 스물다섯 살의 나이에 백만장자가 되었다. 날씨는 늘 농산물 가격에 영향을 미치는 주요 변수다. 날씨가 나빠지면서 미국, 캐나다, 오스트레일리아, 소련 같은 주요 생산 국가의 곡물 수확량이 줄어들었다. 1977년 소련 서기장 레오니트 일리치 브레즈네프Leonid Ilich Brezhnev는 소련의 밀 수확량이 2억 톤에 미치지 못한다고 발표했다. 하지만 미국농무부와 정보위원회는 풍년을 예상하고 있었기 때문에 이 소식은 시장을 발칵 뒤집어놓았다. 대부분의 밀은 생산국에서 소비했기 때문에 세계 시장가격은 국제 거래의 비교적 작은 변화에도 크게 요동칠 수 있었다.[147]

예측의 유용성

예측이 의미를 갖는 것은 그것을 활용할 수 있어야 한다. 모든 예측이 활용 가치가 있는 것은 아니다. 지구의 인구성장은 예측할 수 있고, 이러한 예측을 토대로 식량 물, 그리고 다른 필수품의 수요를 조사할 수는 있지만, 그와 같은 거대한 추세는 엄청난 결과를 초래할 뿐 아니라, 피할 수 없거나 혹은 바꾸기가 매우 어려워 보인다. 인류의 미래가 어떤 양상을 띨지 가늠해볼 수 있는 거대한 흐름은 대략 100가지 정도라고 한다. 개중에는 인구증가나 어족자원의 고갈처럼 일반인도 쉽게 이해하고 확인할 수 있는 분명

---

147) 토르스텐 데닌, 각주 145)의 책, 73면

한 흐름도 있지만 관련 분야의 전문가들만이 분명하게 인식할 수 있는 흐름도 있다. 온실가스의 확산 같은 장기적인 흐름도 있고, 온라인 쇼핑처럼 인터넷이 개인과 기업의 물품 구매 방식, 즉 기존의 행동방식에 획기적인 변화를 가져온 상대적으로 단기적인 변화도 있다. 이 거대한 흐름들이 합쳐져 미래의 골격을 형성한다. 이때 우리가 할 수 있는 것은 거대한 골격에 살을 붙이는 정도이다. 온실가스로 인한 여파는 예측이 가능하다. 현실은 지구의 정교한 조절 시스템의 일부분인 여러 기제機制를 방해하고 있다. 인류는 열대우림을 베어내고, 산업과 고도로 기계화된 농업으로 지구의 표면을 바꾸고 있다. 지구의 자기 조절 시스템을 방해하는 몇 가지 요인들이 스스로 증폭된다. 열대우림은 대기 중의 이산화탄소를 흡수하고 산소를 배출하는 중요한 역할을 한다. 그러나 산림 전문가들은 우림을 둘러싼 기온이 4°C 정도 상승하면 우림이 파괴되어 고사할 것이라고 경고한다. 우림이 고사해 부패하면 이산화탄소를 흡수하는 대신 막대한 양의 이산화탄소를 방출할 것이다. 기후 예측 프로그램에 의하면 금세기 동안 기온이 4°C 이상 상승할 것이라고 한다. 그러면 우림은 이산화탄소를 흡수하는 기능의 일부를 상실하고, 그 결과 기온은 더욱 상승할 것이다. 그리고 인류는 심각한 상황을 맞을 것이다.[148] 이런 상황은 명확히 예측되는 데도 그 심각성에 비해 어떤 실효적인 조치가 가능할 것으로 보이지 않는다.

단 하나의 유전자 결함에서 야기되는 헌팅턴 무도병은 후대에 유전되는데, 시간이 흐를수록 신경 질환, 손발 떨림, 근육 수축, 심각한 우울증으로 진행된다. 그것은 열성돌연변이가 아닌 우성돌연변이로 그 병에 걸린 부모를 둔 자식들이 100퍼센트 같은 병에 걸린다. 오늘날 유전자 기술의 발달에 힘입어 사람들이 어릴 때 헌팅턴 무도병 유전자를 가졌는지 쉽게 검사할 수 있고, 유전자 암호를 해독해 언제 처음 정신 착란 증세가 나타날지

---

148) 제임스 마틴, 각주 142)의 책, 23-40면.

놀라울 정도로 정확하게 예측할 수 있다. 그러한 증세는 보통 40세에서 50세 사이에 나타나는데, 증세가 나타난 뒤에 알게 되면 이미 유전자를 자식들에게 전해준 뒤일 것이다. 헌팅턴 무도병을 일으키는 세포는 뇌에 있다. 그런데 우리는 다른 세포와 달리 뇌세포는 교체할 수 없다. 왜냐하면 뇌세포는 세분하거나 교환할 수 없기 때문이다.149) 따라서 예측과는 별개로 현 단계로서 할 수 있는 조치가 없다. 그저 신경 질환, 손발 떨림, 근육 수축, 심각한 우울증이 유전자 결함으로 인하여 발생했다는 것을 알려줄 뿐이다.

예측은 기회?

미래는 예측하는 것이 아니라 만드는 것이라는 말이 흔히 인용된다. 운명적 패러다임에 갇히지 않고 나아갈 수 있는 동기부여 요소가 되어주기 때문이다.150) 매우 타당한 이야기지만, 역으로 미래의 위험이 예측이 되어야 바람직한 미래를 만들 수 있다. 그런 차원에서 미래 예측의 중요성이 강조되는 것이다.

사실 위험과 위기 개념은 구분할 필요가 있다. 위험은 바람직한 면이 없다. 위험은 감당하여야 하지만, 그것은 줄이고, 피할 수 있는 방안을 모색하여야 한다. 그런 면에서 위험이 가져다주는 긍정적인 면은 없다. 반면 위기는 위험의 부정적 요소 외에, 뭔가 기회도 동반하는, 그래서 무조건 회피해서는 안 되는 면이 있다. 위기상황은 반드시 부정적으로만 볼 것이 아니다. 기회의 측면이 없지 않다. 앞서 살펴본 바와 같이 레이 달리오는 부채를 지는 것이 반드시 나쁜, 위험상황으로만 볼 수 없다고 했다. 그래서 무조건을 빚을 져서는 아니 된다는 말만 추종해서는 발전이 없다. 코로나! 물론 이런 상황에서 사람들 간의 접촉을 피하여야 한다는 전제 하에 대면접촉 금지, 심지어 도시 봉쇄 등의 황당한 대책들을 각국 정부가 시행하였다.

---

149) 제임스 마틴, 각주 142)의 책, 251면
150) KAIST 문술미래전략대학원 미래전략연구센터, 각주 28)의 책, 5면.

그러나 이러한 정책은 근본에 있어서 틀렸다. 초연결 시대와 감염병이 만나 일으킨 결과는 참혹하지만 그렇다고 해서 연결의 중요성을 무시할 수는 없는 것이다. 대면접촉의 위험을 피한다는 명분으로 무조건 연결을 차단해서는 아니 된다. 연결은 되면서, 대면은 피하는 새로운 대책, 언택트untact(비대면)가 전제되면 비대면도 감당할 수 있다. 이러한 언택트 상황은 한계가 있기 때문에 뭔가 다른 모색이 필요한데, 코로나바이러스도 감기나 독감처럼 우리의 일상 속에서 함께 하는 소위 With Corona 시대가 바로 그것이다. 이런 데까지 생각이 미치면, 코로나 사태 초기에 각국 정부가 시행한 봉쇄정책에 의문이 생긴다. 백신 접종 위주의 방역 정책도 실효성에 의문을 표하는 사람들이 많다.

① 위기(재난)의 확장적 특성: 코로나19가 타인에게 전염될수록 감염률이 가속적으로 증가하는 것처럼 기후 위기 또한 지구온난화를 증폭시키는 되먹임 작용feedback loop에 의해 임계점을 초과할 가능성이 있다.

② 생활양식의 변화 요구: 코로나19와 기후 위기는 생활양식의 근본적 변화를 요구한다는 공통점이 있다. 사회적 거리 두기의 주요 내용인 불필요한 이동 자제와 비대면 활동 권장 등은 탄소를 적게 배출하는 생활양식이기도 하다.

③ 집합적 대응의 불가피성: 개인의 노력만으로는 문제를 해결할 수 없다는 점도 비슷하다. 코로나19와 기후 위기 대응은 사회 구성원들의 집합적인 노력이 함께하지 않는 한 위험을 완화하기 위해 아무것도 달성하지 못한다.

④ 행동의 긴급성 인정: 두 경우 모두 정부가 행동의 긴급성을 인정한다. 대부분의 각국 정부는 코로나19가 확산된 이후 이동 제한 조치를 신속하게 내렸으며, 경제회복을 위한 대규모 재정 투입도 매우 빠르게 결정했다. 2020년 6월 기준 30개국 1,734개의 지방정부가 기후 비상

사태를 선포했다.[151]

예측 오류의 이유

인간 정보 처리 능력을 수십 년 동안 연구한 허버트 사이먼에 의하면 인간은 접하는 정보의 극히 일부분에 대해서만 반응하는데, 이런 여과처리는 결코 세상을 합리적으로 표현하려는 의미의 수동적 활동이 아니라는 사실을 밝혀냈다. '관심 범위 밖에 있는' 정보를 적극적으로 제외하는 여과처리 때문에 세상을 위험스러울 정도로 부정확하게 인식할 가능성이 생긴다. 사이먼에 따르면 인간은 복잡한 문제를 공식화해서 풀어내는 능력이 그 문제의 규모에 비해 매우 미약하다. 정보의 홍수에 빠지면 전체 데이터 가운데 일부만 선택하므로, 전체 데이터가 뜻하는 바와는 전혀 다른 결론을 내리기도 한다.

최근 연구는 다른 시각에서 오류의 원인을 찾는다. 인간은 데이터를 차례대로 처리하므로 선형적 방법 즉 한 지점에서 다음 지점으로 논리적 순서에 따라 이동하는 방식에 능하므로 이런 방식일 때는 정보를 신뢰도 높게 다룰 수 있다. 선박이나 우주왕복선을 건조하는 경우에는 절차가 순서대로 정해져 있다. 기술이 아무리 복잡하더라도 한 단계는 이전의 단계로부터 넘어와서 다음 단계로 이어지며, 마침내 작업이 완료되는 일은 선형적 방식인데, 이런 경우는 실수 없이 잘 처리한다. 반면 쌍방향 추론이 필요한 문제에 봉착하면 그렇지 못하다. 쌍방향 문제에서는 의사결정자가 내리는 하나의 정보에 대한 해석이 다른 입력 요소에 대한 평가에 따라 달라진다.

증권 분석의 경우, 두 회사의 이익 추세가 동일하다면 성장률을 평가하는 비중은 산업 매출성장 이익률, 자기자본이익률 기타 다양한 분석 기준에 따라 크게 달라질 것이고, 또한 경제상태 이자율 수준 기업의 경쟁 환경

---

151) KAIST 문술미래전략대학원 미래전략연구센터, 각주 28)의 책, 94면.

변화에 따라서도 평가가 달라질 수 있다. 따라서 증권 분석을 성공적으로 하려면 다양한 요소를 통합하고, 한 요소가 변경되면 전체 평가 과정을 다시 진행하는 평가 프로세스에 능숙해져야한다.

위궤양이 악성인지 판별하는 문제도 고도의 쌍방향적인 특징을 가지는데, 정확한 진단을 위해서는 방사선과 의사는 엑스레이에 나타나든 나타나지 아니하든지 간에 일곱 가지 주요 단서를 활용해서 분석해야만 한다. 이런 단서들을 결합하면 57가지 조합이 나오는 데, 완벽하고, 정확한 진단을 위해서는 원래의 일곱 가지 단서로부터 나오는 조합들을 쌍방향으로 조사해야 한다. 실제 현장에서는 쌍방향 처리가 전체 결정에서 차지하는 비중이 3% 정도에 불과했고, 결정의 90% 이상은 순차적으로 개별 증상을 더하는 방식으로 진행되었다.

한 연구에서 주식중개인 13명과 재무관리 전공 대학원생 5명에게 기업 분석에서 중요하다고 생각되는 데이터인 주당 순이익 추세, 이익률, 단기 이익 전망 등 여덟 가지 주요 재무 데이터를 제공했다. 이들은 최적 해법을 찾으려면 쌍방향으로 생각해야만했지만, 쌍방향적 추론이 전체 결정에서 차지하는 비중은 평균적으로 겨우 4%에 불과했고, 이는 위 방사선과 의사 실험과 비슷한 결과였다.

심지어 주식중개인의 경우는 자신이 분석했다고 말한 내용과 실제로 분석한 내용이 크게 달랐다. 예를 들면 한 중개인은 주당 순이익 추세가 가장 중요하다고 말했지만, 실제로는 단기 전망에 더 큰 비중을 두었다. 또한 경험이 많은 중개인일수록 자신이 비중을 두었다고 평가한 내용이 부정확했다. 전체적으로 보면 대부분의 사람들은 시장 안에서든 시장 밖에서든 쌍방향적 처리에 취약한 것으로 드러났다.

또 다른 문제는 불확실한 상황에 처한 사람들은 자신이 사용할 수 있는 정보를 근거로 과신하는 자기 과신의 경향으로, 정보가 증가하면 실제로 나타난 수치는 변화가 거의 없지만 자신의 판단이 훨씬 더 정확해졌다고 믿는다. 문제가 비교적 진단하기 쉬울 경우에는 자신의 문제해결 능력에 대해 현실적인 인식을 갖는다. 그러나 문제가 더 복잡해지고 해결책이 계량화하기 힘든 여러 요소에 의해 좌우되면, 사람들은 해결책을 찾아내는 자신의 능력을 과신하게 된다.

전문가와 초보자를 비교하는 경우에는 더욱 흥미로운 결과가 나온다. 여러 연구에 따르면 문제의 예측 가능성이 비교적 높은 경우에는 전문가들이 초보자들보다 일반적으로 더 정확하다. 예를 들어 브리지게임 전문가는 평범한 사람보다 어떤 패의 승산을 훨씬 정확하게 평가했다. 그러나 예측 가능성이 낮은 경우에는 전문가들이 초보자들보다 자기 과신에 빠지는 경향이 더 강했다. 전문가들이 동유럽권 경제의 미래, 종교적 근본주의자들이 중동 외교정책에 미치는 영향, 주식시장의 움직임 등 매우 복잡한 상황에 대해 예측할 때는 대개 과신하는 모습을 보였다. 이들은 자신이 사용할 수 있는 정보가 풍부하므로 전문 분야에서 훨씬 유리하다고 믿는 반면 이런 주제에 대해 제대로 이해하지 못하는 초보자들은 판단을 내릴 때 대체로 보수적인 태도를 보였다. 사람들은 지식수준이 상세할수록 전문가가 더 정확하다고 간주한다. 그러나 사용 가능한 정보량은 예측 결과의 정확성과는 거의 관계가 없다.152)

추가적 사실 몇 가지만 더 파악하면 문제 해결이 가능하다는 확신은 정보 과부하를 초래하고, 이것은 문제 해결에 도움이 되기는커녕 과신에 빠지게 하고 그로 인해 더 심각한 오류가 생긴다. 과신은 인지적 편향으로 연결되면서, 현재의 정보가 정확한 예측에 필요한 전체 정보의 극히 일부에 불과하다는 사실을 깨닫지 못하고, 자신이 보고자 하는 패턴만 발견하고, 심지어 존재하지도 않는 패턴을 발견하는 착각상관153)에 빠지기도 한다.

---

152) 데이비드 드레먼, 각주 144)의 책, 113-124면.
153) 착각 상관Illusory Correlation은 데이터 간의 연결성을 과대평가해 두 변수(사건, 행동, 아이디어 등)가 실제로 연관되지 않는데도 상관성이 있다고 생각하는 인지편견 중

투자자들은 간혹 도저히 이해하기 힘든 복잡한 현상을 단순화하고 합리화하려고 시도한다. 이들은 단지 우연한 사건을 발견하고는 상관관계를 찾았다고 생각할 때가 많다. 투자자들이 '상관관계'를 보고 투자했는데 그 변수가 올라가면 막대한 손실을 입는 경우에도 끝까지 주식을 보유한다. 따라서 시장은 착각상관이 발생하는 탁월한 영역이다.[154] 모든 상관관계는 그것이 실제로 존재하든 착각이든, 변화하다가 곧 사라진다는 말은 인공지능 알고리듬으로 예측을 하려는 입장에서는 참으로 뼈아픈 일침이다. 인공지능으로 가능한 것은 상관관계 발견인데, 그 상관관계가 이렇게 허망할 수 있단 말인가?

2. 법 분야의 예측

법 분야 위험 예측의 필요성

미국에서도 로펌은 지난 20년 동안 이례적인 변화에 휘말렸다. 2008년 이후 변호사 공급 과잉과 서비스 수요 정체가 있었다. 고객은 그 어느 때보다 까다롭고 따지는 게 많아졌고, 법률 서비스 시장의 경쟁은 더욱 치열해졌다.

기술은 변호사가 업무를 수행하고, 협력하고, 상호 작용하는 방식을 변화시켰다. 게다가, 붐 세대 변호사가 은퇴하고 X세대와 밀레니얼 세대가 그 자리를 차지함에 따라 엄청난 세대 변화가 진행되고 있다.

오늘날의 급변하는 법률 환경에서 이러한 변화에 순응하지 못하는 로펌은 점차 입지를 잃고 있다. 모든 로펌은 업무 구성, 고객 구성, 회사 규모 및 지리적 위치 측면에서 향후 5년을 내다보는 계획을 수립해야 한다.

의 하나다. https://thedecisionlab.com/biases/illusory-correlation(2022. 4. 10. 최종방문).
154) 데이비드 드레먼, 각주 144)의 책, 125-126면.

중요한 것은 규모에 관계없이 모든 로펌은 계획이 필요하다는 것이다. 대부분의 로펌 경영자는 오늘날의 급변하는 시장에서 생존과 경쟁력을 유지하기 위해 로펌을 기업처럼 운영해야 한다는 점을 인식하고 있다. 그리고 모든 기업 운영과 마찬가지로 계획은 로펌(및 로펌에 속한 사람들)을 원하는 지점으로 데려가는 데 필수적이다.

로펌의 전략 계획은 더 이상 선택이 아니다. 전략이 없다면 로펌은 조수에 휩쓸려 움직이는 방향타 없는 배, 더 심하게 표현하면, 변호사를 위한 호텔에 불과하다. 로펌의 목적부터 설정해야 한다. 확고한 로펌 경영자는 파트너, 동료 및 주요 지원 부서 직원의 의견을 구하는 것이 중요하다. 이러한 채널을 통해 경영자는 미래에 대한 비전을 공유하고, 공통의 목표를 식별할 수 있다. 또한 그러한 참여는 구성원 모두에게 전략적 계획에 대한 주인의식을 갖게 한다.

전략 차원에서 로펌 경영자는 5년 후를 내다봐야 한다. 변호사들은 변화와 위험한 도전을 기피하기 때문에 로펌 경영자가 전략적 계획을 수립하는 것은 쉽지 않은 일이 될 수 있다. 로펌 구성원들은 사실을 수집하고 우선순위를 추구하며 과거 경험을 중시하는 경향이 있다. 또한 그들은 본질적으로 회의적이며 자율성을 중시하고, 단기적인 전망에 치우치는 경향이 있다.

그러나 전략적 계획이 성과에 가장 긍정적인 영향을 미치는 로펌은 그렇지 못한 로펌과 확연히 다른 접근 방식을 취한다. 성공적인 로펌은 동료들의 작업 성취도를 조사하고, 경쟁적 분석을 수행하며, 고객 의견을 수집하는 등 외부적 상황에 훨씬 더 초점을 맞춘다. 로펌의 전략 계획은 단순하고 현실적이며 달성 가능해야 한다. 한 번에 3~4개의 의미 있는 우선순위에만 주의를 집중해야 한다. 또 기한을 정하고 책임을 지는 것이 중요하다. 로펌이 정해진 기한이나 명확한 이정표가 없는 식으로 운영이 되면 많은 전략 계획이 궤도에서 벗어난다.

구성원에게 필요한 사항과 기한을 명확하게 이해시킨 후 가능한 한 그들을 지원하는데 주력해야 한다. 또한 진행 상황과 시장의 지속적인 발전에 따라 한 발 물러서서 계획을 수시로 업데이트하는 것이 중요하다.

아마도 가장 중요한 것은 대부분의 로펌에서 전략적 계획 프로세스를 시작하고 유지하는 것이므로, 이를 주도할 수 있는 용기와 리더십이 필요하다. 변호사는 이끌어야 하는 도전적인 무리이다. 그들은 일반적으로 변화에 저항하고, 자율성을 중시한다. 실제로 MPF 교수인 Dr. Larry Richards는 종종 최고의 로펌 경영을 "고양이를 몰고 다니는" 일에 비유한다.

전략 계획을 구현하는 데 가장 큰 성공을 거둔 로펌은 이러한 로펌 수준의 계획을 구성원 개인의 목표와 일치시키고, 구성원 개인의 목표 달성에 대한 보상을 확실히 할 가능성이 더 높다.[155]

법 분야 또한 점점 더 복잡해지는 위험 환경에서 자유로울 수가 없다. 새롭게 대두된 위험 환경에서 생존 경쟁을 하기 위해서는 위험 관리라는 프레임을 도입하여야 한다. 특히 위험 예측은 법 분야에서 중추적 역할을 하고 있다. 전통적으로 법률 서비스 분야는 고객과의 밀접한 유대관계가 중요시되었다. 그런 유대 관계에서 핵심은 신뢰이며, 그 신뢰는 인간적인 요소와는 무관하다. 물론 문제시되는 전관예우에서 어떤 변호사의 경력 등 인간적 요소가 작용하는 것은 분명하지만, 그것을 법률전문가들의 서비스 전부에 일반화할 수 있는 것은 결코 아니다. 일반적으로 신뢰관계를 결정짓는 요소는 결국 어떤 변호사의 예측이 얼마나 정확했느냐이다. 의뢰 단계에서 제시한 향후 전개될 여러 가지 상황에 대한 예측이 실제 상황과 맞아떨어지면 의뢰인은 변호사를 신뢰할 수밖에 없다. 안개 속에서 헤매는 것과 같은 불안감이 해소되는 순간, 의뢰인의 변호사에 대한 믿음은 절대적이 된다. 반대의 상황은 굳이 설명할 필요도 없다. 따라서 법률서비스의 질을 결정하는 데 있어 이와 같은 변호사의 예측 능력이 크게 작용한다.

---

155) John Sterling et al., "Strategic Planning", https://www.sternekessler.com/sites/default/files/2017-11/Strategic_Planning___Legal_Management.pdf(2022. 2. 9. 최종방문).

통상 이러한 변호사의 예측 능력은 전문지식과 그 분야에 대한 풍부한 경험 등에 좌우될 수 있다고 보는 게 일반적이다. 전관예우에 대하여는 비난일색이지만, 그러나 전관예우를 결정짓는 것이 반드시 그 변호사와 법관 또는 검사 등과의 유대 등이 아니라는 점에서 재고해볼 필요가 있다. 엄밀한 의미에서 전관예우 변호사들이 가지고 있는 큰 장점 중의 하나가 당해 사건에 대한 예측 능력이 다른 변호사에 비해 상대적으로 우월하다는 점이다. 대체로 전관예우 변호사들은 개업 직전까지 그 업무를 처리하던 법관 또는 검사다. 그러다보니 당해 사건의 처리 과정을 누구보다 잘 알고 사건의 향방에 대하여 정확한 예측이 가능하다. 따라서 의뢰인의 입장에서는 그와 같은 이유 때문에 고액의 수임료에도 불구하고 그 전관예우 변호사를 선임하려 하는지도 모른다. 물론 고액 수임료 등의 문제점이 있긴 하지만, 전관예우 변호사라는 부정적 프레임을 씌워서 비난하여서는 아니 된다. 전관예우 변호사와 그렇지 못한 변호사와의 예측 능력과 관련된 차이는 어찌 보면 무기 대등의 입장에서는 불공평할 수 있다. 법관이나 검사로서의 경험이 없는 일반 변호사와 전관예우 변호사와의 이와 같은 예측 능력의 차이는 분명 차별적 요소다. 누구나 전관으로서의 경험을 쌓을 수 없는 구조라면, 전관으로서의 경험이 없는 경우에도 예측능력을 제고하는 방안이 필요하다. 법률 분야의 일은 엄밀히 이야기하면 위험 관리라고 할 수 있다.

법적 위험관리 개념을 본격적으로 도입한 미국 등 선진 제국의 경우, 법적 위험 관리는 모든 법률 부서의 최우선 과제로 여겨진다. 예를 들어 기업의 재정 및 평판 손실을 방지하려면 그 기업의 사내 변호사 등을 중심으로 구성된 법률 부서는 초기 단계부터 법적 위험을 식별하고 관리해야한다. 사실 법적 분야는 선제적으로 어떤 문제를 예방하는 것보다는 사후적으로 이미 발생한 문제를 해결하는 사후 대응 방식이 전형적이다. 이와 같이 사후 대응방식으로 문제를 해결하도록 훈련받은 법률 부서는 사전에 위험을 완화하기 위한 전략을 개발하고 구현해야하는 법적 위험 관리라는 개념이

익숙하지 않다. 확실히 법적 위험 관리는 방대하고 복잡하다. 흔히 법학자들은 법적 분야가 다른 분야와 구별되는 고유의 뭔가가 있어야 한다는 생각에서 자유롭지 못하다. 그러나 법이라는 것은 그 자체의 고유영역이 존재하기 어렵다. 세상의 일 중에 법과 무관한 영역이 있는가? 따라서 기업에 관여하는 법률 부서는 기업의 존망을 결정짓는 여러 가지 위험에 대하여 대처하여야 하고, 그런 대처가 체계적이고, 명확한 결과 예측이 가능하도록 장기적인 플랜을 가져야 한다. 흔히 법률 부서가 어떤 기업의 법적 위험 관리를 얼마나 제대로 수행해내는가 하는 성숙도를 평가함에 있어, 다음과 같은 표지에 주목해야한다. 어떤 기업에서 공식적인 법적 위험 보고 시스템이 있는지 아니면, 주로 개인적인 판단에 따라 위험 예측이나 결정이 이루어지는지가 첫 번째 표지다. 두 번째 어떤 기업의 법률 부서가 기본적인 법적 위험 관리 방침을 가지고, 기업의 실행 부서와 사전 논의를 통해 위험을 예측하고 관리하며, 위험을 완화할 방안을 모색할 수 있는 체계가 있는지도 중요하다. 기업의 경영 목표 달성을 위한 자원의 분배와 할당 과정에서 위험의 예측과 배분도 고려하는 지, 법률 부서 내 전담 위험 관리자를 두고 있는지, 기업의 위험 완화나 분산을 위한 위험 보증 시스템이 있는지, 나아가 자동화된 위험 보고 체계를 갖추었는지가 역시 체크 포인트가 될 것이다. 이러한 여러 가지 표지를 중심으로 어떤 기업이 법적 위험 관리 프레임 워크를 가지고 있는지가 중요한 데, 이러한 프레임 워크는 기업의 경영과 관련된 거버넌스 구조가 고려되어야 하고, 특히 기업의 계약 등의 실행 과정에서의 위험 관리 구조가 명확하여야 한다. 기업의 비즈니스 프로세스 및 관련 위험 관리 정책이 존재하여야 한다. 단순히 경영에 좋은 판단이라는 표지만으로 기업의 중요 의사결정을 하는 것은 위험하다. 법률 부서는 기업의 의사 결정을 위한 구조화된 프로세스를 구축하여, 증가하는 기업의 법적 위험을 분석하고, 해결하며, 이러한 프레임워크를 전체 경영 위험 관리 프레임 워크와 통합하여야 한다. 따라서 비즈니스 프로세스는 법적 위험 관리 차원에서 보다 구체적일 필요가 있다. 기업의 전체 위험 관리 프레임 워크는 법적 맥락의 법적 위험 관리에 부합하도록 조정되어야한다. 법적 위험 관리는 법률 부서 내에서만 논의되고, 해결 방안이 모색되어서는 곤란하다. 법적 위험의 식별 및 정량화, 관리를 위한 이사회 차원의 개입이 필요하다. 뿐만 아니라 지식, 인적 자원 및 기술에 대한 충분한 예산 투자가 수반되어야 한다. 위험 관리라는 차원에서 구조화된 교육이 필요하고, 발생한 법적 위험에 대한 효과적인 보고 체계는 글로벌 비즈니스 환경이 빠른 속도로 변화하고 있는 상황에서 필수적이다. 법률 부서는 기업 비즈니스 환경의 위험을 평가하는 데 적극적으로 참여할 뿐만 아니라, 이를 완화하는데 선제적인 역할을 수행하여야 한다.

그런데 이런 생각은 법조계에서 일반적이지 않다. 실상 결과 예측이 항상 법 분야에서의 법적 업무 수행에서 매우 중요한 부분이었음에도 불구하고 그것의 중요성이 간과되었다. 클라이언트는 중요한 결정(예: 유죄협상 plea bargain[156])을 수락할지, 재판에서 훨씬 더 심각한 범죄로 유죄 판결을 받을지 여부)을 결정할 때 직면하게 되는 잠재적인 법적 결과에 대한 정확한 평가를 제공받기 위해 변호사에게 크게 의존한다. 이와 같이 예측의 엄청난 중요성에도 불구하고(그리고 그것이 실패했을 때 초래되는 상당한 손실에도 불구하고) 법의 결과 예측은 여전히 경시되고, 결과 예측을 위한 노력이 경주되지도 않았다. 그러다보니 법적 결과 예측의 품질은 낮아서 부정확하기 짝이 없었는데, 이러한 부정확성의 이유의 상당부분은 변호사들이 결과 예측에 있어 전통적으로 의존하는 세 가지 주요 도구 즉 법률 분석, 변호사 경험, 특정 유형의 사건에 대한 경험적 정보가 모두 심각한 오

---

156) 사전형량조정 제도라고도 하는데, 미국에서 수사 편의상 피의자에 대해 유죄를 인정하거나 증언을 하는 대가로 형량을 경감하는 제도다. 우리나라에도 도입 필요성을 주장하는 견해가 있지만, 도입 가능성은 크지 않다.

류의 원인이 되고, 그 자체로 한계가 있기 때문이다. 법적 결과 예측의 전통적인 도구 자체가 잠재적인 법적 결과에 대한 일관되고 정확한 평가를 가능하게 할 수 있다는 희망은 거의 없다면 대안은 무엇인가? 그것은 데이터 과학 또는 인공지능이다. 위험관리에서 분명 인공 지능 알고리듬이 도움을 줄 수 있다. 필자는 예전부터 인공지능 알고리듬에 의한 예측의 도입을 제안해온 바 있다. 인공지능 알고리듬의 고급 분석 기능을 사용하면, 확실히 인간 주도의 위험 관리보다는 훨씬 더 빠르고, 정확한 결과를 도출 할 수 있다. 인공지능이 인간을 대신하여 의사결정을 하도록 하는 데는 이러한 인공지능 알고리듬이 더 나은 의사 결정과 개선된 위험 관리를 할 수 있고, 그로 인해 막대한 이익을 창출하여 주기 때문이다.

데이터 과학은 데이터 분석이라고도 하는데, 분석가가 대규모 데이터 세트에서 정보를 도출하는 데 사용하는 다양한 기술을 포함하는 상당히 모호한 용어다. 한 저명한 분석가는 "[데이터]과학은 수학 및 통계를 사용하여 귀중한 통찰력, 결정 및 제품으로 데이터를 변환하는 것"이라고 정의한다. 데이터 과학에는 데이터 마이닝, 인공 지능 클러스터링, 기계 학습 및 이상 값 감지와 같은 최신 혁신과 함께 최적화, 예측 및 시뮬레이션과 같은 기존 분석 기술이 포함된다. 이러한 도구를 사용하여 예측하는 것을 종종 "예측 분석" 또는 "결과 분석"이라고 한다. 예를 들어 정치 영역에서 Nate Silver 와 같은 분석가는 선거 결과를 예측하기 위해 어느 정도 성공을 거둔 예측 분석을 사용했고, 의학 분야에서 예측 분석은 질병 발병을 예측하고 의사가 질병을 진단하는 데 도움이 되며 유전체학 연구를 발전시키는 가능성을 보여주었다. 스포츠 분야에서 예측 분석은 게임과 토너먼트의 결과를 예측하는 도박 목적과 팀에서 예측(예: 자유 계약 선수에게 얼마를 지출할지 또는 어떤 신인 선수를 드래프트할 것인지 결정하기 위한 목적), 선수의 역량에 대한 추이를 예측하는 데 사용되었다. 기상학 분야에서 예측 분석은 일기 예보를 개선하는 데 사용되었다. 그리고 비즈니스 세계에서 예측 분석은 다양한 목적으로 성공적으로 사용되었다. 가장 주목할 만한 점은 특정 제품을 구매할 가능성이 가장 높은 소비자를 표적 방식으로 식별하기 위한 마케팅 및 광고 목적으로 사용된다는 것이다. 그 이외에도 소비자 사기 탐지 알고리듬의 소비자 부채 위험 평가, 유망한 상대를 찾도록 지원하는 데이트 서비스, 자율주행 자동차 작동을 가능하게 하는 알고리듬, 청취자 개인을 위한 음악 "방송국" 자동 맞춤화 알고리듬에 이르기까지 예측 분석을 위한 많은 다른 비즈니스 용도가 있다. 예측 분석은 다양한 맥락에서 성공적으로 사용되고 있다. 이는 주로 인공 지능 분야의 발전으로 인해 예측 분석이 초기에 예측을 용이하게 하는 데 사용되었던 기존 예측 모델보다 더 정확한 예측을 할 수 있기 때문이다. 전통적인 예측 모델은 연구자가 예측을 위해 중요하다고 믿는 변수를 일일이 지정해야 했다. 예를 들어, 법 분야에서는 관련된 법원 및 특정 판사, 재판의 장소, 당사자를 대표하는 특정 변호사나 관련된 소송 원인의 특성 등이 가장 중요한 예측 변수라고 생각할 수 있다. 통상 변호사는 판례의 사실과 장래의 사건의 사실을 비교할 때 이러한 변수에 초점을 맞출 수 있다. 인공 지능을 사용하는 보다 정교한 도구는 알고리듬을 사용하여 자체 예측 변수를 식별함으로써 예측분석 능력을 더욱 더 제고할 수 있다. 따라서 어떤 요인이 예측적 의미를 갖는지에 대해 연구자의 직관에만 의존하는 대신 일부 인공 지능 도구는 패턴을 식별하고 연구자가 고려하지 않았을 수 있는 예측 변수를 자동으로 식별할 수 있다. 이 도구는 훈련 데이터 세트에서 패턴을 자동으로 식별한 다음 이러한 패턴을 기반으로 예측 모델을 생성하여 이를 수행한다. 또한 일부 최신 도구는 기계 학습 기술을 사용한다는 점에서 이전의 보다 기본적인 분석 도구와 다르다. 특정 변수가 원래 가정한 것보다 덜 유망한 예측 변수로 판명되면 정교한 예측 분석 모델은 모델의 정확도를 개선하기 위해 자동으로 가중치를 조정하여 해당변수에 부여한다.

　이와 같이 데이터 과학은 법적 분야에서도 정확한 결과 예측의 가능성을 제시한다. 물론 인공지능이 만병통치약은 아니다. 인공지능에 의한 정확한 결과 예측이 가능하기 위해서는 여러 가지 과제가 있고, 그것 때문에 기존의 결과 예측 도구를 대체할 수 있을 것인지에 의문을 표하기도 한다. 그런 관점에서는 인공지능 또는 데이터과학이 기존의 예측 도구를 대체하기보다는 기존도구를 보완할 가능성을 제시한다.[157] 물론 그와 같은 보완으로 인하여 기존도구만을 사용할 때보다도 예측의 정확도가 향상된다면 그 또한 법률전문가에게 호재인 것은 분명하다.

법 분야 예측의 중요성

미국 대법원 판사를 역임한 저명한 법학자 올리버 웬델 홈즈(Oliver Wendell Holmes Jr.)는 "법은 법원이 실제로 무엇을 할 것인지에 대한 일종의 예언"이라고 했다. 홈즈는 보스턴 시내에서 행한 강연에서 변호사의 역할을 판사가 무엇을 할 것인지 예측하는 것이라고 규정지으면서, 또한 예측 자체가 법칙을 구성한다는 견해를 밝혔다.[158]

군이 그의 말을 빌리지 않더라도, 법적 업무는 본질적으로 예측하는 일과 연관될 수밖에 없다. 변호사의 임무는 의뢰인의 상황에 대한 사실과 관련 법률 자료를 조사하고 법원이 어떤 법률을 사실에 적용하여 어떤 결론을 낼 것인지를 예측하는 것이다. 예로부터 로스쿨이 학생들에게 "변호사처럼 생각하도록" 교육한다지만, 너무 막연하여 찬동하기 어렵다. 학생들에게 판사처럼 생각하고 사법적 결정을 예상하도록 가르쳐야 한다. 변호사가 해야 하는 중요한 역할, 즉 법적 예측은 판사의 결정을 예측하는 것이기

---

157) Mark K. Osbeck, "Lawyer as Soothsayer: Exploring the Important Role of Outcome Prediction in the Practice of Law",

158) Anthony D'Amato, "A New (and Better) Interpretation of Holmes's Prediction Theory of Law"(2008), faculty Working Papers. Paper 163, http://scholarlycommons. law.northwestern.edu/facultyworkingpapers/163(2021. 12. 10. 최종방문).

때문이다. 판사처럼 사고해야 판사가 하는 사법적 결정을 예측할 수 있고, 그래야 성공적인 변호사가 될 수 있다.

문제는 사법적 결정 예측이 중요하더라도, 어떻게 이를 예측할 것인가 하는 방법론이다.

법적 확실성은 시간이 지남에 따라 감소한다. 법의 규칙과 원칙은 그 내용과 적용 면에서 점점 더 불확실해지는데, 법체계가 그러한 규칙과 원칙을 밝히기에는 편향되어 있다.159) 판사가 아무리 명확성과 예측 가능성을 위해 노력하더라도 실제 법은 항상 불확실성으로 가득 차 있다.

사법적 관점을 내재화하고 사법적 대응을 예측하는 것은 물론, 법이 불명확하고 판결을 예측하기 어려운 상황에서 법적 위험을 관리하는 것은 변호사의 몫이다. 거래 변호사는 거래에 대해 "예" 또는 "아니오"라고 말하는 경우가 거의 없으며 불확실성에 직면하여 법적 위험을 관리하기 위해 고객의 행동을 구조화하도록 돕는 경우가 더 많다.

마찬가지로 소송 당사자에게 소송의 승패에 대해 흑백 답변을 제공하는 경우가 적고 소송을 처리하는 방법, 합의 시기 및 금액에 대해 조언하는 경우가 더 많다.

변호사는 전문 교육을 통해 특정 위험 범주에 대한 고유한 이해를 제공하는 위험 관리자다.160)

변호사는 법률대리인으로서의 역할로 가장 잘 알려져 있으며, 법정이나 법정 밖에서 고객의 이익을 증진하기 위해 노력한다. 그러나 변호사는 "이 사건이 소송으로 가도 괜찮은가?"와 같은 질문을 받았을 때 자문(고문)으로서 똑같이 중요한 역할을 한다. "당사자가 분쟁을 해결하기 위해 어떤 결과를 받아들일 것 같은가?" "유죄협상이 바람직한가?"와 같은 질문은 변호사의 예측을 요구하는데, 이러한 예측능력은 변호사로서 매우 중요할 뿐만

---

159) Anthony D'Amato, " Legal Uncertainty", 71 California Law Review 1-55 (1983), p.1.
160) Jonathan T. Molot, supra note 80 at 368.

아니라 필수적인 기술(역량)이다.161) 예를 들어 빌려준 돈을 받지 못한 단순한 금전채무 불이행이나, 타인의 불법행위로 인해 손해를 입은 사안의 경우, 자의적인 변제나 피해 변상 등이 없으면 그 구제방법으로서 소송을 고려할 수 있다. 그러나 이와 같은 경우, 무조건 소송을 제기할 수는 없다. 소송을 제기하려면 변호사 선임비용 등 경비가 소요되기 때문에 소송을 제기하였다가 패소라도 하게 되면 최소한 소송비용만큼의 손해는 불가피하다. 따라서 이런 상황에 처한 당사자는 법률전문가인 변호사 등과 상담을 하게 되는데, 그들이 가장 큰 관심사는 소송의 승패다. 변호사가 이런 당사자의 의문을 제대로 해소시켜 주지 못할 경우, 사건을 수임하기 어렵지만, 소송의 승패는 여러 가지 복합적인 요인에 따라 달라지고, 심지어 승소하더라도 상대방이 충분한 자력이 없으면 소송을 해서 승소한 실익이 없는 상황도 벌어지므로, 쉽게 답할 수 있는 문제는 아니다. 소송은 그 당시의 여러 가지 상황뿐만 아니라 제기한 후의 상황에 따라 달라지고, 그러한 상황 또한 수시로 변하기 때문에, 소송을 제기하려면 발생 가능한 모든 상황들의 확률의 계산하여 보아야 한다.162)

민사사건의 피고의 경우라고 크게 달라질 바 없다. 훌륭한 변호사의 덕목은 이와 같은 소송의 승소 가능성 예측이다. 이러한 예측력은 변호사에게 요구되는 필수역량이고, 무기나 다름없다. 소송에 관한 예측이 빗나가면 그로 인한 후유증이 크다. 형사사건의 경우, 집행유예로 석방될 것이라고 예측하여 사건을 맡았는데, 실형이 선고되는 경우, 당사자가 부리는 행패를 감수하여야 하는 경우가 허다하다.

이러한 소송결과의 예측은 결코 만만한 문제가 아니다. 소송결과와 법적

---

161) Mark K. Osbeck/Michael Gilland, "Outcome Prediction in the Practice of Law", The World of Forecasting, https://repository.law.umich.edu/cgi/viewcontent.cgi?article=3348&context=articless://(2022. 4. 14. 최종방문).

162) Robert D. Cooter/Thomas Ulen, 각주 6)의 l 책, 496면.

결과 예측이 비즈니스 예측보다 더 쉬울 것으로 생각하기 쉽다. 변호사는 관련 법령, 판례, 사실 등을 숙지하고 있고, 법률적 예측의 경우 비즈니스 예측을 혼란스럽게 하는 유행, 예측할 수 없는 사건 또는 기타 고객 요구의 변이 등의 영향을 받지 않기 때문이다.

그러나 전통적인 방법으로는 법적 결과에 대한 정확한 평가를 보장할 수 없는, 변호사에게는 다루기 힘든 문제가 있다.

사건 선택에서 변호사는 허위 행위의 추구를 피해야 하는 윤리적 의무와 고객 및 자신의 회사에 대한 수탁 의무가 있다. 그들은 예상 사례의 장점, 성공 가능성 및 성공으로 이끌 수단의 존재 여부를 평가해야 한다. 미국의 경우, 대부분의 형사 및 민사 사건은 재판이 아닌 협상을 통해 해결된다. 형사 사건에서 변호사는 유죄협상과 재판에서 패소함으로써 초래될 더 불리한 결과(예: 장기 징역)의 가능성 사이에서 저울질해야 한다. 민사 소송에서는 재판에서 승소할 확률과 패소로 인한 재정적 영향을 저울질해봐야 한다. 이러한 경우, 선택의 원동력은 소송 결과에 대한 각 당사자의 예측력에 달려있다.163)

어떤 범죄로 체포되어 공소제기 된 피고인이 의뢰인이라고 가정해보자. 어떤 변호인을 선택하는 것이 좋을까? 놀랍게도 훌륭한 송무 변호사가 최선의 선택이 아닐 수도 있다. 미국의 경우, 대부분의 사건은 재판이 아닌 유죄협상을 통해 해결된다. 따라서 검사의 유죄협상을 수락하는 것이 바람직한지에 대해 조언할 수 있는 숙련된 협상가와 함께 하는 것이 더 나을 수 있다. 그러한 조언을 제공하기 위해 변호사는 유죄협상으로 받아들여야 하는 결과(예: 징역 1년)의 전망과 정식 재판으로 가서 패할 경우 감수해야 할 더 나쁜 결과(예: 징역 6년) 사이를 저울질하여 최선의 결과를 선택하도록 조언할 수 있어야 한다. 이를 위해서는 정식재판에서 질 가능성과 그때

---

163) Mark K. Osbeck/Michael Gilland, supra note 161.

받을 수 있는 형량(예: 6년)을 예측해야 한다.

우리나라 형사사건의 경우도 그렇다. 필자는 학생들에게 강의시간에 나쁜 변호사의 유형 중에 최악은 구속된 상태에서 재판받다가 판결 선고 시에 무죄를 받고, 석방되는 경우라고 했다. 도대체 결론이 무죄가 난 사건에서 어떻게 대처를 했기에 피고인의 변명이 받아들여지지 않고, 공소제기가 되었으며, 나아가 공판단계에서 드러난 여러 사실관계를 바탕으로 보석허가 청구 등을 통해 피고인을 석방시키지 못한 무능함 등을 이유로 삼았다. 그러나 이에 못지않은 경우로 무죄주장을 고수하다가 끝내 실형이 선고되는 경우도 나쁜 변호사의 예로 들었다. 재판부에서 유죄선고를 할 수밖에 없는 사건에서 당사자의 주장만 받아들여 무죄주장을 고수한 것도 문제거니와 유죄라는 결과 예측을 하지 못하여, 정상변론에 집중할 기회를 놓쳤다는 것도 문제. 유죄라고 예측을 하고, 무죄 주장을 하는 피고인을 설득하여, 피해자와의 합의 등 정상에서 유리한 여러 가지 전략적 판단을 당사자에게 제공하는 것이 진정 역량 있고, 피고인을 위하는 변호사의 자세라고 생각된다.

민사사건의 경우에도 소송을 잘 하는 변호사만이 뛰어난 변호사는 아니다. 계약 단계나 세금 신고와 같은 문제에 대해 조언을 제공하는 역할도 중요하다. 그들은 계획된 거래가 소송(또는 감사)으로 이어질 경우, 위험(및 잠재적 비용)을 포함하여 다양한 조치 과정의 예상되는 잠재적 결과를 평가할 수 있어야 한다. 이와 같이 변호사에게 결과 예측은 매우 중요한 구성 요소다.

예를 들어 의뢰인이 개발을 위해 토지를 구입하기를 원하지만 해당 토지가 소유권 분쟁 중이며 계류 중인 소송의 대상인데, 잠재 구매자인 의뢰인과 판매자 모두 의뢰인이 보류 중인 무소유 소유권 소송quiet title action이 성공할 가능성이 있다고 믿고 있는 상황이라고 가정해보자. 무소유 소유권 소송은 여기서 승소하면 다른 사람들은 더 이상 이에 대하여 대항할 수 없는 제도다.

이럴 경우 의뢰인의 투자결정이 합리적인지 여부는 확률에 달려있다. 무소유 소유권 소송이 성공하지 못할 가능성이 5%인 것과 20%인 것 사이의 차이는 의뢰인이 그 부동산에 대해 지불할 의사가 있는 금액에 상당한 차이를 가져올 것이다. 따라서 부동산 거래에 있어서 중요한 가격 결정이 무소유 소유권 소송의 가능한 결과 예측에 달려있다. 의뢰인의 결정은 구역 승인, 제안된 법안 또는 규제 조치에 대한 전망, 필요한 라이선스 및 허가 획득 가능 여부와 같은 다른 유형의 절차에 관한 결과 예측에 달려 있을 수도 있다. 164)이처럼 변호사들이 처리하는 각종 업무는 결과 예측이라는 문제와 직결되어 있다. 그런데 필자를 제외한 국내의 어느 연구도 이런 점을 인식하고 다루지 않는다.

전통적으로 변호사는 소송 결과 예측을 위해서 경험적 정보, 법적(요소 중심) 분석 및 변호사 경험이라는 세 가지 주요 도구에 의존해 왔다.

경험적 정보

분석에 사용할 데이터가 늘고, 분석 기술의 발전으로 법적 사건에 대한 경험적 정보가 법적 결과를 예측하는 중요한 기반이 되고 있다.

미국의 경우, 현 시점에 사용 가능한 데이터에 배심원 평결 보고서가 포함되어 있어 변호사가 유사한 사례가 어떻게 해결되었는지 알 수 있다. 일반적으로 보험 회사 또는 수많은 소송 문제와 관련된 기타 기관과 협력하는 변호사에게만 제공되는 또 다른 정보 출처는 기밀인 합의 데이터다. 대부분의 사건은 재판 전에 합의되기 때문에 합의 정보는 변호사에게 가능한 결과에 대한 보다 포괄적인 그림을 제공할 수 있다.

경험적 정보로 비용이 가장 많이 들지만 가장 적게 사용되는 출처는 주

---

164) Mark K. Osbeck/Michael Gilland, supra note 161.

장과 전략을 테스트하기 위해 모의 배심원단을 구성하는 것과 같은 배심원 연구다.[165]

법률(요소 중심) 분석

변호사는 사건의 각 구성요건이 결과 예측하는 데 적용 가능한지 여부를 결정하기 위해 판단을 사용한다.

예를 들어, 감정적 고통을 의도적으로 가했다는 것을 입증하려면 일반적으로 원고가 다음 네 가지 요소를 입증해야 한다.

(1) 가해자의 행위가 고의적이거나 무모한 행위였다.

(2) 그 행위가 터무니없었다.

(3) 그 행위가 피해자의 감정적 고통을 일으켰다.

(4) 그로 인한 피해자의 정서적 고통이 심각했다.

요소 중심 분석은 판례에 비추어 각 요소를 평가하므로 법률 조사에 크게 의존한다. 변호사가 각 요소를 개별적으로 입증할 수 있는 확률을 평가하면 사건 전체를 평가할 수 있다.

실증적 정보

결과 예측에 유용한 경험적 정보의 대부분은 단순히 사용할 수 없다. 예를 들어, 배심원 평결 보고서는 피상적인 사실 요약만 제공하므로 관련 사실에 대한 사례를 밀접하게 비교하기 어렵다. 또한 재판결과만을 다루고 있어 기각신청 등 중요한 재판 전 활동을 평가하는데 별 도움이 되지 않는다.

또한 합의 정보는 민사 재판 협상에 중요하지만 일반적으로 기밀이다. 소송이 잦은 보험사나 기타 기관의 변호사만 이용할 수 있다.

---

165) id.

요소 중심 분석

아마도 요소 중심 분석의 주요 약점은 법률 분석이 작동하는 방식에 대해 지나치게 단순화된 관점에 의존한다는 것이다. 예측을 하는 변호사는 알려진 사실에 대한 법적 규칙의 일관된 적용 가능성에 의존하며 이러한 규칙이 미래의 경우에도 일관되게 적용될 것이라고 가정한다.(이는 미래가 과거의 패턴을 따를 것이라는 시계열 모델의 가정과 유사하다.) 그러나 요소 중심 분석의 신뢰성에 영향을 미치는 몇 가지 고유한 문제가 있다.

○ 사실적 불확실성

사례 간에 정확한 사실 비교를 하는 것은 불가능할 수 있다. 처음에 변호사는 주로 의뢰인의 사실적 설명에 의존해야 한다. 그런데 이러한 설명은 편향되거나 불완전하고 심지어 재판과정에서 허위로 판명되거나, 모순되기도 한다. 또한 증인의 호감도와 신뢰성은 배심원단이 사실을 평가하는 데 중요한 요소다. 판사는 변호사가 예상한 방식대로 증거를 평가하지 않거나 심지어 신뢰성이 충분하다고 판단한 증거를 배제할 수도 있다.

따라서 사실에 법적 규칙을 적용하는 것은 생각보다 어렵다.

○ 법적 규칙의 불확실성

효과적인 예측은 법적 규칙의 불확실성으로 인해 복잡해진다. 주어진 경우에 규칙이 정확히 어떻게 적용되는지와 마찬가지로 규칙의 정확한 매개변수는 종종 불분명하다. 판례를 조사할 때 이질적인 사례에서 설득력 있는 법적 규칙을 추출하거나, 합성하는 것은 쉽지 않다. 규칙 자체가 막연하거나 모호할 수 있다.

마지막으로, 법적 규칙은 완전히 고정되어 있지 않으므로 해석은 시간이 지남에 따라 변화할 수 있다.

"법"이 무엇인지 그리고 주어진 사실적 시나리오에 어떻게 적용되는지 결정하는 것은 간단하지 않은 일이다.

○ 사실의 법적 중요성 평가

법원 판결에서 법적으로 중요한 사실은 무엇인가? 지식은 관련 판례를 결정할 때 필요하지만 판사가 결정을 내리는 데 사용한 모든 사실적 고려 사항이 사법적 견해에 나타나지 않을 수 있다.

○ 비법적 고려 사항의 중요성 평가

변호사는 법적 결과에 큰 영향을 미칠 수 있는 수많은 요소를 어떻게 설명하는가? 상당한 비용 부담을 기꺼이 감수하는 부유한 고객을 변호할 때와 같이 경제적 또는 심리적 요인에 의해 분석이 왜곡될 수 있다. 부당한 낙관주의와 재정적 인센티브 때문에 변호사는 화해를 통한 조기 해결이 고객에게 가장 좋은 선택일지라도 소송을 연장하도록 유혹할 수 있다.

다른 고려 사항으로는 판사 또는 배심원의 개인적인 편견, 당사자의 호감도, 변호사의 평판, 심지어 판결이 내려지는 시간이 포함된다(이스라엘의 판사에 대한 연구에 따르면 수감자들은 이른 시간이나 또는 점심과 같은 휴식 후에 가석방될 가능성이 더 높았다.).

요소 중심의 결과 예측에서 모든 것이 저울질되어야 하지만 그렇게 하는 것은 매우 어렵다.

○ 이용 가능한 정보의 제한

공개된 사법적 의견은 소송의 원인이 타당한지 여부 또는 사건의 진행이 허용되는지 여부를 판단하는 데 유용하지만 이러한 의견은 재판에서 성공할 확률이나 회복 가능성에 대한 통찰력을 제공하지 못한다.

○ 확률 평가의 어려움

앞서 기술한 바와 같이, 정서적 고통을 의도적으로 가하는 것은 4가지 요소가 확립되어야 한다. 각 요소에 대해 합리적인 확률이 결정될 수 있다고 가정하면 네 가지 모두가 충족될 확률은 얼마일까?

각 요소가 독립적인 것으로 간주되면 개별 확률을 단순히 곱할 수 있다. (따라서 각 요소의 성공 확률이 80%라면 4개를 모두 설정할 확률은 (0.8)∧4 또는 41%가 된다.)

그러나 사법적 의사결정의 성격은 개별 요소에 대한 엄격한 분석과 어느 당사자가 승소해야 하는지에 대한 직관적인 관점의 균형을 맞추는 총체적인 경향이 있다. 법원의 한 요소에 대한 결정에 영향을 미치는 요소가 다른 요소에 대한 평가에도 영향을 미칠 수 있으므로 개별 요소 간에 상관관계가 있다.

따라서 각 개별 요소에 대한 확률의 단순한 조합으로 전체 성공 가능성을 평가하는 것은 적절하지 않다. 그리고 현재 이 문제를 해결할 데이터가 없다.

변호사 경험

노련한 변호사는 자신의 경험을 바탕으로 요소 중심 분석을 완화할 수 있다. 요인에는 개별 판사에 대한 지식, 당사자의 호의적(또는 비호감적) 성격, 반대 측 변호인의 평판 및 기타 일화적 요인이 포함될 수 있다.

이는 결과 예측에 대한 보다 전체적인 접근 방식으로 이어진다. 판사와 배심원단은 개별 요소를 분석하는 것만으로 사건을 결정하지 않는다는 증거가 있다. 오히려 그들은 그 분석과 정의가 요구하는 것에 대한 직관적인 감각의 균형을 유지한다.

법 분야의 결과 예측의 정확성은 아직 많이 부족하다. 다음은 전통적인 접근 방식의 근본적인 한계 중 일부다.

경험을 통해 변호사는 분석 범위를 넓히고 결과 예측에 대해 보다 전체적인 접근 방식을 취할 수 있다. 소송결과 예측을 위한 분석은 판례, 법령, 법관의 성향, 해당 사건의 특수성 등 여러 가지 요소를 고려해야 하는 복잡하고 고도화된 영역이다. 따라서 분석능력뿐만 아니라 변호사로서의 경험 등이 중요한 역할을 한다. 흔히 전관예우 변호사 문제가 마치 사회적 문제인양 생각하면서 비난 일색이지만, 앞서 언급한 것처럼, 한편으로는 이런 전관예우 변호사는 경험과 경험적 정보에서 다른 변호사와 차별화되고, 나아가 그 사건을 잘 처리할 수 있는 분석 역량도 갖추고 있는 경우가 많다.

예를 들어, 판사의 성향이나 의뢰인의 호감도에 대한 지식은 경험적 정보 및 법적 분석만으로 제안된 것과 다른 예측을 초래할 수 있다.

그러나 노련한 변호사의 경험은 상대적으로 적은 수의 의뢰인과 그들이 처리한 사건에 한정되어 있다. 그리고 그 경험은 변호사 자신의 신념, 편견, 기억(더 최근의 사건이 더 큰 영향을 미치는 경우)에 의해 영향을 받을 수 있는 과거 사건에 대한 여과된 해석이다.

근본적인 문제는 항상 존재한다. 법적으로 중요한 사실과 법원이 법률과 판례를 해석하는 방법은 구별된다.

사례의 세부 사항에 지나치게 초점을 맞추고 주어진 결과의 기본 경험적 확률에 대한 기초한 외부 관점을 무시하는 소위 '내부관점'의 위험도 있다.[166]

3. 인공지능 예측

인공지능에 대한 논의는 다양한 방향에서 전개되고 있다. 국내 법학 분야에서는 그 논의가 활용과는 무관하게 이루어지고 있어 아쉽다. 인공지능

---

166) Mark K. Osbeck/Michael Gilland, supra note 161.

이 곳곳에서 활용되는 양상을 지켜보면 이런 인공지능 기술이 경제나 사회
등에 미치는 영향이 분명하다.

　인공지능은 예측 기술이고, 예측은 의사결정에 필요한 입력 데이터이다.
인공지능이라는 새로운 물결이 가져다준 것은 지능이 아니라 지능의 중요
한 요소인 예측이다. 아이가 질문을 했을 때 아마존의 알렉사가 했던 것은
소리를 듣고 아이가 한 말을 예측한 다음 그 말이 찾고 있는 정보가 무엇
인지 예측하는 행위였다. 사실 알렉사는 델라웨어의 주도州都를 '알지'못한
다. 그러나 알렉사는 사람들이 그런 질문을 할 때 그들이 특정한 대답, 즉
'도버'를 찾는다는 사실을 예측할 줄 안다. 이것은 놀라운 통찰이다. 그동
안 법 분야의 인공지능을 논하는 상당수의 학자들이 인공지능을 과대포장
하고, 심지어 인공지능을 인격화하기까지 했다. 마치 인공으로 만든 것이지
만, 지능적이라고 평가했다. 그러나 인공지능을 그렇게 파악한 후, 후속 논
의를 이어가는 것은 너무 비현실적이어서 매우 위험한 접근이다. 필자는
이런 논의가 가지는 문제점에 대하여 누차 지적한 바 있다. 또한 과대포장
을 벗겨내는 것도 꼭 필요한 인공지능 논의의 전제라고 할 것이다.

　인공지능이 현실에 도움이 되는 것은 분명하다. 딥지노믹스Deep Genomics
는 DNA가 바뀔 때 세포 안에서 일어나는 일을 예측함으로써 의료 관행을
개선한다. 치즐Chisel은 증거 자료에서 편집할 부분을 예측함으로써 법률
업무의 관행을 개선한다. 발리데어Validere는 수입 원유에 함유된 수분 함
량을 예측함으로써 원유 거래의 효율성을 개선한다. 그러나 인공지능에서
상충관계trade-off를 생각하지 않을 수 없다. 데이터가 많다는 것은 사생활
보호영역이 줄어든다는 뜻이고, 속도가 빠르다는 것은 정확도가 떨어진다
는 것을 의미한다. 자동화된다는 것은 인간에 의한 통제가 줄어든다는 뜻
이다.[167]

---

167) 어제이 애그러월 외, 각주 30)의 책, 15-17면

기업가는 경영과 의사결정에 미치는 인공지능의 영향을 알아야 한다. 학생이나 갓 졸업한 사람들은 좀 더 나은 일자리를 구하고 앞으로의 경력을 발전시키는 문제에 대해 좀 더 체계적인 사고의 틀을 갖는 것이 필요한 데, 이때 인공지능이라는 요소는 간과해서는 안 된다. 인공지능은 금융 분석가나 벤처 자본가에게 투자 포인트를 개발할 수 있는 구조를 제시한다. 이런 사례는 뒤에서 금융투자가 퀀트에서 많이 볼 수 있을 것이다. 정책 입안자는 인공지능이 사회를 어떻게 변화시킬지, 또 그런 변화를 정책적으로 어떻게 좋은 방향으로 유도할지에 대하여 심각히 고민해야 한다.

인공지능 알고리듬의 등장

인공지능 알고리듬은 인공지능과 구별할 수 없는 개념이다. 즉 인공지능은 컴퓨터 알고리듬이라는 이야기다.

알고리듬

알고리듬은 알 콰리즈미Al Kwarizmi라는 사람을 기려 만든 용어다. 이 사람은 십진법의 전파에 큰 영향을 준 교과서를 집필한 사람으로, 그 교과서에는 덧셈과 뺄셈, 곱셈, 나눗셈뿐만 아니라 제곱근과 원주율을 구하는 방법까지 기록되어 있다고 한다. 알고리듬이란 말 자체는 어떤 문제의 해결을 위하여, 입력된 자료를 토대로 하여 원하는 출력을 유도하여 내는 규칙의 집합으로 여러 단계의 유한 집합으로 구성되는데, 각 단계는 하나 또는 그 이상의 연산을 필요로 한다.[168] 따라서 알고리듬은 컴퓨터와 무관한 개념이다. 알고리듬은 고대부터 존재하였으며, 컴퓨터 과학에만 국한되는 것은 아니지만, 세상의 모든 문제의 해결에는 알고리듬이 개입되고, 알고리듬으로 변환할 수 없는 분야는 없다고 해도 과언이 아니다. 인간은 부지불

---

168) 네이버 국어사전

식간에 알고리듬을 접하고 있으며, 꼭 컴퓨터 관련이 아니더라도 알고리듬은 각 분야 문제 해결에서 중요한 역할을 한다.

가장 기본적인 형태의 컴퓨터 알고리듬은 특정 요리를 만드는 방법을 설명하는 레시피와 유사하게 컴퓨터에 수행할 작업을 지시하는 일련의 지침으로, 경우에 따라 프로그램 명령어의 집합을 의미하기도 한다.

알고리듬 자체에 대하여 별도로 연구가 있을 정도로 다양한 방법론이 등장한다.

위와 같은 고식적인 정의는 차치하고 알고리듬은 도대체 뭔가? 인생의 모든 문제는 알고리듬을 통해 해결할 수 있다. 진짜로?

우선 집을 구하기가 어려운 도시에서 아파트를 구한다고 가정하자. 공급이 제한되어 집값도 비싸고, 몇 분 사이로 새로운 매물이 올라왔다가 사라지고, 오픈하우스는 사람들로 미어터지며, 집주인의 손에 먼저 수표를 쥐어주는 사람이 집 열쇠를 넘겨받는다고 가정하자. 이렇게 급박하게 돌아가는 시장에서는 합리적인 소비자의 행동을 특징짓는다고 보는 이론상의 사실 검토나 심사숙고를 할 겨를이 거의 없다. 구매를 결정하기 전에 여러 대안들을 비교·검토할 수 있는 쇼핑 몰 고객이나 온라인 쇼핑객과 달리, 이 도시에서 살고자 하는 사람은 매순간 즉시 양자택일을 해야 한다. 다른 모든 집들을 제쳐 두고 지금 둘러보는 아파트를 당장 구매하든지, 그냥 나가서 다시는 돌아오지 말든지 하는 식이다. 논의를 단순화하기 위해 당신이 매물로 나와 있는 아파트 중에서 가장 좋은 것을 구할 기회를 최대화하는 데에만 관심이 있다고 가정하자. 당신의 목표는 '그때 잡아야 했는데'와 '더 살펴봐야 했는데'라는 양쪽의 후회를 최소한으로 줄이는 것이다. 당신은 즉각 진퇴양난에 빠진다. 비교 판단할 기준이 없다면, 어느 아파트가 가장 좋은지를 어떻게 알 수 있겠는가? 그리고 여러 아파트를 둘러보지 않는다면 선택의 기준을 어떻게 정할 수 있겠는가? 정보를 더 모을수록 가장 좋은 기회가 왔음을 더 잘 알아차릴 수 있을 것이다. 하지만 그러는 사이에 좋은 기회를 이미 놓칠 가능성도 함께 더 높아진다.

그렇다면 정보를 얻는 활동 자체가 성공에 위협이 될 때 어떻게 하면 정보에 근거한 결정을 내릴 수 있을까? 거의 진퇴양난이라고 할 만한 잔인한 상황이다.

이런 종류의 문제에 직면했을 때, 대다수는 '둘러보기'와 '뛰어들기' 사이에 어떤 균형이 필요하다는 식의 말을 할 것이다. 다시 말해 기준을 정할 수 있을 만큼 아파트들을 충분히 둘러본 다음에, 자신이 정한 기준을 충족하는 집이 나오면 사야 한다는 것이다. 사실상 이 균형 개념은 아주 타당하다. 그러나 대다수가 확실하게 말하지 못하는 부분은, 그 균형점이 어디냐 하는 것이다. 다행히도 답이 나와 있다. 바로 37%다.

가장 좋은 아파트를 구할 확률을 최대로 높이고 싶다면 아파트를 구하는 데 드는 시간의 37%(1개월을 둘러본다면 11일째까지)는 막연하게 돌아다니면서 대안들을 살펴보는 것이다. 이때 매입자금은 집에 놔두고 다니도록 한다. 그저 둘러볼 뿐이니까. 하지만 37%를 둘러본 후에는 이미 본 집들보다 나은 집을 보기만 하면, 그 즉시 매입할 준비를 하라. 곧바로 매매대금을 건넬 수 있도록. 이것이 단순히 둘러보기와 뛰어들기 사이의 직관적으로 흡족한 타협안을 의미하는 것은 아니다. 이 값은 입증할 수 있는 '최적해optimal solution'일 뿐이다. 그것을 아는 이유는 아파트 구하기가 '최적멈춤optimal stopping' 문제라고 하는 수학문제의 일종이기 때문이다. 37% 법칙은 이런 문제들을 풀기 위한 단순한 일련의 단계들을 가리키는데, 이것이 바로 '알고리듬'이다.[169)]

---

169) 브라이언 크리스천/톰 그리피스, 이한음(역), 『알고리듬, 인생을 계산하다』, 초판(청림출판(주), 2018), 5면-7면.

문제의 분할 전략

이러한 알고리듬을 통한 문제 해결 전략의 핵심은 문제의 분할이다. 문제 해결 과정으로 여러 단계로 나눈다는 아이디어는 별 것 아닌 것 같지만 굉장히 강력하다. 문제를 해결하기 위해 거쳐 가야 하는 과정들을 세분화함으로써, 어디가 부족하고 어디를 개선해야 하는지 판단할 수 있게 된다. 이 과정에서 문제의 추상화라는 개념이 등장한다. 추상화란 현실 세계의 개념을 다루기 쉬운 수학적/전산학적 개념으로 옮겨 표현하는 과정을 이야기하는데, 현실 세계의 개념들은 너무 복잡하기 때문에, 현실세계를 다루기 위해서는 어느 정도 현실의 본질만을 남겨두고 축약하여 다루기 쉽게 표현해야 한다. 이런 추상화 과정을 통해 직면한 여러 현실 문제에 알고리듬이란 해결 도구를 적용할 수 있다. 문제의 본질을 어떤 방식으로 재구성하느냐에 따라 같은 일을 하는 프로그램이라도 전혀 다른 문제로 받아들여질 수 있다. 어려운 문제를 쉽게 만들 수도 있고, 쉽게 해결할 수 있는 문제를 오히려 어렵게 풀 수도 있고, 반대의 경우도 있으므로, 실질적으로는 추상화 과정이 프로그래밍이 나아갈 방향을 결정한다고 볼 수 있다.[170]

이것이 초기 인공지능 발전에서 꽤 의미 있는 역할을 한다. 물론 그로 인하여 오판도 있었지만, 어떻든 인공지능 발전에 대한 자신감을 불러일으켰다. 아무리 복잡한 문제라도 이를 작은 문제로 나눈 후, 그 작은 문제를 해결하고, 그러한 해결책을 모으면 복잡한 문제가 해결되는 이런 과정에 대한 깨달음은 알고리듬 문제 해결 전략에서 아주 중요한 아이디어다.

인공지능은 예측

그러나 이러한 인공지능에 대하여 학계에서 나름대로 정의를 한다. 그러한 정의 중에 나름대로 체계적 시도를 했다고 보이는 것은 사고 과정이나

---

170) 구종만, 『알고리듬 문제 해결 전략』, 초판(인사이트, 2012), 22-24면.

추론에 주목하느냐, 아니면 행동방식에 초점을 나누느냐에 따라 구분한 시도다. 예를 들어 컴퓨터가 생각하게 하는 흥미로운 새로운 시도, 문자 그대로 완전한 의미에서 마음을 가진 기계라든가, 인간의 사고, 그리고 의사결정, 문제 풀기, 학습 등의 활용에 연관시킬 수 있는 활동들(의 자동화), 계산 모형을 이용한 정신 능력 연구, 인지와 추론, 행위를 가능하게 하는 계산의 연구는 모두 사고 과정 또는 추론에 초점을 맞춘 것이다. 반면 사람이 지능적으로 수행해야 하는 기능을 수행하는 기계의 제작 기술, 현재로서는 사람이 더 잘 하는 것들을 컴퓨터가 하게 만드는 방법에 관한 연구, 인공물의 지능적 행동에 관한 것, 지능적 에이전트의 설계에 관한 연구라는 정의는 모두 행동방식에 초점을 맞춘 것이다.171) 이런 정의 중에 적확하게 뭐가 딱 들어맞는다고 하긴 어렵지만, 인공지능이 뭔가를 아는 데는 지장 없다.

　1950년에 태동한 인공지능 개념은 확률과 통계학을 근간으로 세상의 여러 가지 문제를 해결하려는 시도의 하나로 탄생했다. 실제 그 당시의 낙관적 전망대로 흘러가지 않았지만, 현재는 인공지능이 세상의 중심이고, 앞서 본 것처럼 4차 혁명 시대라고 하지만, 딱히 인공지능과 IT 기술을 제외하면 별 것 없다. 인류가 숫자를 발견하지만, 이러한 숫자가 문자와 결합되면서 엄청난 사고의 혁명의 기초가 된다. 즉 수식의 등장은 세상의 모든 일을 수식으로 표현할 수 있다는 믿음으로 연결되었고, 고대부터 현재에 이르기까지 모든 기술과 사회 발전의 계기는 수식과 무관하지 않다. 인공지능 알고리듬도 코드로 구성되는데, 코드를 보면 전형적으로 수식 형태가 뿌리가 된다. 이런 수식은 복잡한 세상을 단순화하는 데도 기여한다. 아무리 복잡해 보이는 현상도 과학자들은 몇 개의 수식으로 압축할 수 있다. 1950년의 학자들도 인공지능 알고리듬을 수식으로 풀어내고, 그것이 인공지능의 탄생으로 이어진다. 그때 세상을 단순화하여 모델로 만드는 작업이 이어지면

---

171) 스튜어드 리셀/피터 노빅, 류광(역), 『인공지능 현대적 접근방식 I』, 초판(제이펍, 2016), 2면.

서 그런 단순 모델을 실제 세상에 응용하면 세상의 일 또한 인공지능에 의하여 해결할 수 있으리라는 믿음을 가졌고, 여러 분야에서 다양한 차원의 도전이 이어졌다. 비록 현실은 틱택토Tic Tac Toe 같은 간단한 게임에서 인간 개입 없이 인간과 대등한 능력을 발휘하는 인공지능이 구현되거나, 좀 더 복잡하게는 이전에 나왔던 과학계나 사회 현상에 대한 가설들을 인공지능에 의하여 실제로 증명하는 등의 시도가 있었고, 대부분의 시도는 성공을 거두었다. 그러다보니 1950년 대 시점으로 1960년 경이면 인간 수준의 지능을 가진 기계가 등장할 것이라는 장담을 하기도 했다. 물론 지금 관점에서 보면 터무니없다. 단순화 모델을 실제 현상에 적용할 수 있다는 가정 자체가 틀렸기 때문이다. 모든 투자에는 그에 상응하는 실적이 따라야 한다. 인공지능 연구는 정부나 기업 등의 투자가 따라야 하는데, 그런 투자가 계속되기 위해서는 투자 시에 기대했던 뭔가 가시적인 성과가 있어야 하는데, 실제는 달랐다. 뭔가 세상에서 활용할 수 있는 구체적 알고리듬을 구현하는 게 어렵다는 것이 판명되면서, 투자 열기는 식어버렸다. 결국 소위 인공지능의 겨울이라는 시기가 한 번도 아니고 반복되게 된다. 실패를 망각한 덕택인지, 아니면 뭔가 돌파구가 마련되었다는 믿음 때문인지 그때마다 인공지능 겨울은 끝나고, 다시 인공지능 연구는 부활한다. 인공지능 침체기마다 사람들은 자각한 것은 1과 0으로 구성된 차갑고 딱딱한 논리 기반의 기계가 미묘하고 모호한 생물학적 두뇌의 사고 체계를 달성하는 것이 쉽지 않다는 것이었지만, 그래도 그때마다 다시 투자가 재개되고, 현재에 이르렀다. 지금과 같은 인공지능 붐은 분명 어떤 계기가 있다. 그 중 하나는 2016년의 알파고의 등장이었다. 또 그 이전의 이벤트는 인간 퀴즈 챔피언을 꺾은 왓슨의 등장이다. 이것들은 분명 하나의 이벤트가 분명하지만, 인공지능을 대하는 사람들의 인식에 엄청난 변화를 불러일으킨 것은 분명하다.

그러나 인공지능의 진정한 위력은 인공지능이 예측이라는 데 있다. 인공지능의 문제 해결과정은 사람의 사고 과정과 전혀 닮지 않았다. 전혀 다른 방식이다. 인간이면 당연히 아는 답을 인공지능은 모른다. 다만 답을 예측할 뿐이다. 인공지능의 본질은 예측이라고 해도 과언이 아니며, 인공지능 알고리듬은 예측기계인 셈이다. 따라서 인공지능으로 미래의 일도 예측하려고 하는 것은 당연할지 모른다.

필자는 인공지능에 의한 미래 예측의 비밀은 과거 분석에 있다고 굳게 믿고 있다. 과거의 사건에서 발생한 어떤 패턴을 발견하여, 미래에 적용함으로써 미래에 일어날 일을 예측하는 것이다. 이러한 기본적 생각은 옳으나 장애가 없지 않다. 우선 과거를 분석할 때 통상적인 일보다 비통상적인 일이 더 관심을 가지게 된다. 즉 과거에 전쟁이 빈번했다고 해도 평화시대가 훨씬 길었다. 그러나 역사 연구에서 평화시대보다는 전쟁 시대를 중심으로 삼는다. 과학 연구의 경우에도 효과가 있고, 긍정적인 결과보다는 효과가 없고, 제대로 작동하지 않은 부정적인 결과가 훨씬 주목을 받기 마련이다. 특히 역사나 외교처럼 본질적으로 비정량적인 분야에서는 편향성이 발생할 가능성이 크다. 역사학자나 외교학자는 정밀과학자가 아니기 때문에 수학적 분석이나 숫자를 연구의 중심에 두지 않는다.[172] 학자들은 또한 어떤 사안을 분석·평가할 때도 긍정적인 면보다 부정적인 면에 주목하기 마련이다. 예를 들면 재범의 위험성 예측 알고리듬에 대하여도 그것이 본래 목표했던 예산 절감 등의 효율성 측면보다는 인종 차별 결과 등 부정적인 면을 평가의 중심에 놓았다. 아주 문제가 많고, 형편없는 알고리듬이라는 평가 일색이었다고 해도 과언이 아니다. 그러나 분명한 것은 이 알고리듬이 달성하고자 하는 애초의 목표를 실제 달성했느냐는 부분이 주목받지 못하였다는 점이다. 교도소 수용 인원을 줄여 교정 예산을 줄이기로 했던 당초의 목표가 달성되었는지, 아니면 실패하였는지에 대한 엄밀한 분석을

---

172) 나심 니콜라스 탈레브, 김원호(역), 『스킨인더게임』, 초판((주)비즈니스북스, 2019), 320면.

바탕으로 이 알고리듬의 성과를 평가하는 일이 필요하다. 사실 알고리듬의
성과는 엄청나다. 신용카드 부정사용 방지 알고리듬의 경우가 흔히 거론된
다. 예전에는 신용카드를 분실하면, 누군가가 분실 신용카드를 사용하는 것
을 방지하기 위해 신용카드 소유자가 카드사에 분실신고를 하는 등 적극적
조치를 해야만 했다. 요즘도 그 점은 마찬가지지만, 실상 위 알고리듬 때문
에 카드사는 정당한 사용자가 아닌 부정사용을 탐지하고, 선제적 조치를
취하는 경우가 많다. 필자도 누군가가 필자의 신용카드 정보를 훔쳐 미국
에서 사용하려는 상황이 벌어져 카드사에서 필자에게 전화하여 피해를 막
아준 적이 있다. 카드가 평소 국내에서 사용되다가 갑자기 미국에서 사용
되는 이상상황異常狀況을 알고리듬이 탐지한 것이다. 신용카드업자는 카드
사용자의 평소 지출 습관과 그 밖의 수많은 데이터를 근거로 그 거래가 불
법이라고 정확하게 추론했을 것이다. 물론 신용카드업자는 마법의 수정구
슬이 없는데도 불구하고 마법과 같은 일을 해내는 것은 그들이 가진 데이
터와 훌륭한 예측 모델 즉 예측 알고리듬이 있기 때문이다.[173]

　예를 들어 지난 몇 년 동안 어떤 신용카드 사용자가 거래한 내역에 관한
데이터가 주어지면, 예측 알고리듬은 매년 비슷한 기간에 특정한 물품을
산다는 사실 등 그만의 고유한 거래 패턴을 읽게 된다. 예측 알고리듬은 그
런 거래를 드문 사건으로 분류하지 않고 특정 개인의 통상적 사건으로 분
류한다. 예측 알고리듬은 고객이 쇼핑하는 간격 등 몇 가지 상호관계를 알
아내 두 건의 쇼핑 거래가 너무 가까이 붙어 있는지 여부를 따지기도 한다.
예측 알고리듬이 거래의 패턴을 파악하는 데 좀 더 정확해지면, 카드사는
좀 더 확신을 가지고 한도를 늘리거나, 심지어 소비자와 연락을 해야 할지
여부를 정할 수 있다. 이 정도는 지금도 이미 시행하고 있다.[174]

　신용카드업자의 예측이 정확했기 때문에 그들은 카드 불법사용을 줄일

---

173) 어제이 애그러월 외, 각주 30)의 책, 43면.
174) 어제이 애그러월 외, 각주 30)의 책, 120면.

수 있었고, 카드 사용 정지 등으로 인한 고객의 불편을 해소해 줄 수 있었다.[175]

인공지능 예측 공식

인공지능의 예측 규칙을 살펴보면 입력과 출력 사이의 패턴을 기술해주는 방정식이 보인다. 즉 예측 규칙은 방정식으로도 표현할 수 있다. 일단의 데이터 집합을 이용해 적절한 예측규칙을 찾아내고 나면, 새로운 입력값을 만날 때마다 그 방정식에 대입해서 출력을 예측한다. 방정식 'MHR=220-나이'에 나이를 대입해 최대 심장박동에 관한 예측 값을 얻는 것과 똑같은 방식이다. 여기서 약간의 용어 설명이 필요하다. 인공지능에서 예측 규칙은 종종 모델이라고 일컫는다. 모델이라는 말의 용법은 하도 다양해서, 이 책에서도 혼용을 하고 있고, 쓰이는 분야에 따라 개념도 달라지는 것은 유의해야 한다. 가령 '얼굴 인식 모델'은 이미지를 입력으로 받아서 사람의 신원을 출력으로 내놓는다. '기계 번역 모델'은 영어 문장을 입력으로 받아서 스페인어 번역 문장을 출력으로 내놓는다. 데이터를 이용해 적절한 예측 규칙을 찾는 과정은 종종 '모형 훈련시키기'라고 부른다. 여기서 훈련시키기'라는 단어 때문에 우리는 운동을 할 때마다 몸이 점점 좋아지는 과정을 떠올릴 수 있는데, 실제로 인공지능 모델도 새로운 데이터가 축적될 때마다 예측이 점점 나아진다. 하지만 많은 의문이 제기되기도 한다. 데이터 집합에서 모델을 훈련시킨다는 것이 무슨 의미인가? 한 모델을 다른 모형보다 낫게 만드는 요인은 무엇인가? 어떻게 그런 것을 컴퓨터한테 설명할 것인가? 즉 알고리듬이 데이터 집합 안에서 올바른 패턴을 찾도록 어떻게 가르칠 것인가? 컴퓨터는 오직 숫자로만 생각하지 않는가? 입력이 사람의 나이처럼 단순한 숫자가 아니라 이미지나 음파처럼 복잡할 때는 그 모든 과

---

175) 어제이 애그러월 외, 각주 30)의 책, 43면.

정이 어떻게 작동하는가? 이런 모델을 데이터로 훈련시킨다는 발상은 도대체 어디에서 생겼는가? 어떻게 이런 발상이, SNS, 암 치료, 오이 농사, 스페인어 번역, 화장실 그리고 전력망에 이르기까지 모든 분야에 깊숙이 자리 잡으면서 우리 삶에서 중심 역할을 하게 됐는가?

1. 인공지능에서 패턴이란 입력을 예상되는 출력에 대응시키는 예측규칙이다.
2. 패턴 학습이란 훌륭한 예측 규칙을 한 데이터 집합에 맞추는 것이다.

인공지능 예측 규칙의 평가

인공지능 분야에서 예측 규칙을 평가하는 기준은 단순하다. 그 규칙이 내는 오류(오차)가 평균적으로 얼마나 큰가를 확인하면 된다. 어떤 예측규칙도 완벽할 수는 없다. 모든 입력을 그 입력과 정확하게 들어맞는 출력에 대응시킬 수는 없기 때문이다. 모든 규칙은 오류를 낸다. 하지만 평균적인 오류가 더 적을수록 더 나은 규칙인 것은 분명하다. 그래서 인공지능 모델의 평가는 모델을 만든 후, 그 모델에 테스트 데이터를 입력하여 산출하는 결과의 정확성을 가지고 평가한다. 좀 더 부연설명하면, 모델을 만든다는 말은 훈련 데이터를 입력변수로 하여 모델을 훈련시킨다는 말이다. 훈련 과정은 훈련 데이터에 대하여 인공지능이 가중치의 변경 등 각 알고리듬의 특징에 맞게 어떤 연산을 하여 결과가 나오도록 한 다음, 그 결과와 실제 테스트 데이터의 결과를 비교하는 방식을 반복하여 훈련 데이터 기준으로 정답을 맞히는 확률을 높여가는 것이다. 지도학습의 머신러닝의 경우, 훈련 데이터는 최소한 여러 특성 데이터와 그 특성 데이터의 결과의 짝으로 구성된다. 예를 들어 10,000개의 훈련 데이터가 있다면, 그 데이터 하나하나는 특성 요소 $(x1, x2, \cdots\cdots xn)$가 있고, 그것과 짝은 이루는 실제 결과 y가 있다. 따라서 데이터 중의 특성요소는 10,000*N개가 되는 셈이고, 결과 y의 크기는 10,000이다. 훈련은 결국 $(x1, x2, \cdots\cdots xn)$을 입력변수로 넣고, 은닉층에서의 연산으로 결과 ý가 나오면 실제 결과 y와 비교를 하여 오차 (=ý-y)가 생기면 이런 오차를 줄여나가는 식이다. 그 훈련 결과 오차가 극히 줄어든 모델이 생성되고, 이 모델을 훈련 데이터가 아닌 테스트 데이터로 테스트하면 정확도가 나온다.

라이프니츠는 베르누이에게 "자연은 사건의 반복에서 생겨나는 패턴을 확립 해왔다(자연은 되풀이되면서 일정한 패턴을 드러낸다). 그러나 단지 대개의 경우 그렇다는 것이다."라는 말을 했다. 베르누이는 라이프니츠의 언급으로 오늘날의 여론조사, 와인 감별, 주식 선택, 새로운 의약실험 등의 다양한 활동을 가능하게 만든 대수의 법칙과 표본통계방법을 창안할 수 있었다.176)

인공지능에서 패턴 인식은 방정식을 데이터에 맞춘다는 의미다. 그리고 이 개념은 벌써 1805년에 나왔다. 그렇다면 혁신적인 발전은 왜 최근에야 일어났을까? 얼굴 인식부터 기계 번역, 나아가 인공지능을 이용한 피임법에 이르기까지 이 모든 패턴 인식 시스템이 왜 고작 지난 몇 년 동안에 생겨났을까?

그 이유는 이미지, 텍스트, 동영상 등의 대용량 데이터에서 나타나는 패턴이 복잡하기 때문이다. 이 패턴들은 직선의 방정식보다는 훨씬 어려운 방정식으로 기술된다. 이런 방정식들을 제대로 이해하려면 고용량의 컴퓨터 연산능력과 아울러 많은 데이터가 필요하다. 기술 수준이 높아진 최근에 와서야 혁신적인 발전이 일어날 수 있었던 이유다.

인공지능의 혁신적인 발전은 데이터로부터 예측 규칙을 뽑아내는 데 신경망neural network을 이용하면서 이루어졌다. '신경망'이라는 용어는 뇌와 아주 밀접하게 관련된 것처럼 들리지만, 그렇게 세상에 알려져서 그럴 뿐이다. 여기서 말하는 신경망은 데이터의 복잡한 패턴을 기술할 수 있는 복

---

176) 피터 L. 번스타인, 각주 41)의 책, 14면.

잡한 방정식, 즉 입력을 출력에 대응시키는 매우 복잡한 시스템일 뿐이다. 우리가 신경망을 이용하는 이유는 그것이 인간의 뇌가 하는 일을 똑같이 해서가 아니라, 언어부터 영상 및 동영상에 이르기까지 광범위한 예측과제들을 매우 잘 수행하기 때문이다.

인공지능은 흑마술black magic이 아니다.

흔히 인공지능은 흑마술이라는 말을 하기도 한다. 이해할 수 없는 성능을 보이는 인공지능의 마술 같은 능력에 뭔가 알 수 없는 두려움이 결합된 말이 흑마술일 터인데, 놀랍게도 이 흑마술이라는 말은 기계 학습 분야에서도 은어로 정착한 표현이다. 어떻게 탄생한 것인지, 혹은 왜 효과가 있는지 알 수 없는 기술을 통틀어 부르는 말이다.

당연하게도, 인공지능을 연구하는 학문 분야인 정보 과학은 원래 논리나 수학이 지배하는 세계였다. 이유와 로직으로 모든 것을 설명할 수 있는 분야였던 것이다. 그러나 오늘날의 정보 과학은 특히 인공지능 분야에서는 이 흑마술의 영향력이 점점 커지고 있는 게 현실이다.

포난자라는 인공지능 장기 프로그램의 개발자 야마모토 잇세이도 인공지능 알고리듬에서 흑마술의 그림자를 느꼈는지 모른다. 그는 포난자를 개발했기 때문에 분명 프로그램의 구석구석에 자신의 생각이 반영돼 있고, 그 자신이 컴퓨터 쇼기(장기의 일본말)라는 좁은 영역에서만큼은 누구보다 잘 이해하고 있다고 생각하고 있었다.

그럼에도 불구하고 그는 자신이 직접 코딩하여 만든 포난자라는 인공지능 장기 프로그램에 많은 흑마술이 심어져 있으며 그 이유나 로직은 이미 많은 부분에서 이해 불능상태가 돼버렸다고 실토한다.

'프로그램에서 이유나 로직을 알 수 없다'는 것은 가령 프로그램에 어떤 수치가 포함돼 있다고 할 때 왜 그 수치여야 하는지 왜 그 조합이 효과적인 것인지 진정으로 이해하지 못하고 있다는 뜻이다. 그저 경험적 혹은 실험적으로 '해봤더니 좋더라.'라는 정도로 끝나고 만다.[177] 확실히 인공지능의 기반인 선형 대수학, 활성화 함수 및 역전파가 어떻게 작동하는지 이해하는 것만으로는 인공지능의 창발적 행동이 어떻게 발생하는지 이해하는데 충분하지 않다. 신경 과학자들이 뇌가 어떻게 작동하는지에 대하여 잘 모르는 것처럼 인공지능에 대한 진정한 이해에는 좀 더 시간이 필요할지 모른다.

긱 파워Geek Power

인공지능과 관련하여 기회는 넘쳐나지만 금전적 인센티브가 유일한 추진력은 아니다. 그것을 가능하게 만드는 원천과 에너지는 바로 페인들의 힘Geek Power이다! 바로 테크놀로지 실무자들practitioners의 열의이다. 그들의 예측분석에 대한 열정도 꼭 기업의 성과를 위한 것만은 아니었다. 그냥 재미있어서 뛰어든 경우도 많다. 기계가 실제로 학습할 수 있다는 아이디어 자체는 너무 멋있다. 예측분석이라는 마술 상자의 유용성보다 그 안에서 무슨 일이 일어나는지가 궁금한 것은 개발에 임하는 많은 사람들의 생각일 것이다.

패러다임의 전환

토마스 쿤Thomas Kuhn은 1962년에 '패러다임의 전환paradigm shift'이라는 용어를 책 〈과학혁명의 구조The Structure of Scientific Revolutions〉에서 처음 소개했다. 패러다임의 전환이란 과학의 역사 속에서 어떤 분야의 기본 가정이 변화하거나, 어떤 이론이 다른 이론으로 대체되는 과정을 가리킨다. 그는 코페르니쿠스 혁명, 산소의 연소 모델로 인한 플로지스톤설의 퇴출 그리고 상대성 이론의 출현을 그 예로 꼽았다.

---

177) 야마모토 잇세이, 남혜림 (역), 『인공지능 개발 이야기』, 초판(처음북스, 2018), 80-81면.

인공지능 이론의 출현으로 인한 사회적 변화도 패러다임 전환의 일환이라고 생각한다. 인공지능의 기술적 측면보다는 사람들이 사회현상을 해석하고, 해결하는 과정에서 인공지능 알고리듬이 유용하게 쓰일 수 있을 것이고, 그 정도는 소위 패러다임의 전환이라고 봐도 될 정도이다.

빅데이터

흔히 인공지능 알고리듬이 오늘처럼 빛을 발하게 만든 두 가지 동력이 있다고 한다. 빅데이터와 컴퓨터 처리성능의 발전이 바로 그것이다. 실상 인공지능 알고리듬의 근본은 인공지능 태동기인 1950년대에 모두 창안되었다고 해도 과언이 아닐 정도로 일찍부터 현재의 알고리듬 얼개는 나왔다. 그런데도 인공지능 발전이 지체된 것은 그런 알고리듬이 활용을 통해 성능을 발휘할 수 있는 데이터가 없었고, 또 그런 알고리듬을 처리해낼 컴퓨터 성능이 뒤따르질 못했다. 발상은 훌륭해도 그것을 구현해낼 두 가지가 없었기 때문에 그것이 가능할 시점을 기다린 셈이다. 인공지능 알고리듬은 여러 조건이 구비되어야 예측이 가능하다. 예측을 가능하게 하는 두 가지 요인 중 하나는 빅데이터인데, 정작 대다수 사람들은 데이터 자체에는 관심이 없다. 데이터라는 것은 기록된 평범한 사실, 숫자들로 이루어진 거대하고 끝없는 덩어리에 불과하며, 각각의 데이터를 살펴보면 신상 운동화 구입 트윗과 같은 지극히 평범한 것들이라며 별반 관심을 갖지 않는다. 그러나 이러한 평범한 데이터가 모여서 빅데이터가 되고, 이것이 바로 머신러닝이 학습해야할 경험의 보고가 된다.[178] 이런 실상을 깨달으면서 자연 데이터 자체에 대하여 관심을 가지는 것은 당연한지도 모른다. 우리나라에서도 2019년 과학기술정보통신부는 2021년까지 금융, 통신 등 10 개

---

178) 에릭 시겔, 고한석(역), 『빅데이터의 다음 단계는 예측분석이다』, 초판(이지스퍼블리싱(주), 2016), 27면.

업종의 데이터 플랫폼과 41개 센터를 구축하겠다고 발표한 바 있다. 이에 따라 대기업, 공기업과 여러 벤처기업이 컨소시엄을 구성하면서 대대적으로 업종별 빅데이터 포털의 문이 열렸다. 그뿐만 아니라 지난 2020년 9월에는 추가경정예산을 통해 데이터를 최대한 모아 활용하는 '데이터 댐' 프로젝트를 본격 추진한다고 밝혔다. '데이터 댐 프로젝트'는 정부의 디지털 뉴딜 대표 과제 중 하나로 미국 대공황 시기의 '후버댐' 건설과 같은 효과를 얻기 위해 기획된 사업이다. 즉, 일자리와 경기 부양 효과에 더해 미래를 위한 투자와 각 분야의 혁신을 동시에 추진하는 것이다. 하지만 많은 양의 데이터가 개방된다고 저절로 다양하게 활용되는 것은 아니다. 앞서 문을 연 여러 빅데이터 거래소도 개소만으로는 즉각적인 수요 증가를 이끌어내지 못했다. 그 이유는 여전히 많은 이들에게 무형의 데이터를 사고판다는 개념이 익숙하지 않을뿐더러 무엇보다 돈을 지불하고 구매한 데이터를 활용했을 때 더 높은 가치가 창출될 것이라는 확신이 들지 않기 때문이다. 실제로 보유한 데이터가 많다고 데이터를 처리하는 과정과 그 결과가 항상 긍정적이진 않다. 데이터를 수집하고 정리하기 위한 대규모 시스템 도입이 비교적 용이한 거대 기업 입장에서는 많은 양의 데이터가 타 경쟁자의 진입을 차단하는 수단이 된다고 판단할 수 있으나 데이터 과학자 입장에서는 많은 데이터가 종종 가치 있는 통찰이 아니라 처리에 상당한 시간과 노력이 필요한 골칫거리로 여겨질 수도 있기 때문이다.

빅데이터의 특성 상 읽기조차 어마어마한 큰 숫자의 빅데이터가 생긴다. 예를 들어 고객 소비 유형에 관한 데이터의 예를 들면 이 숫자의 조합만으로도 개개인의 특성을 서로 다르게 구분 지을 수 있을 뿐만 아니라, 여러 복잡한 상황에 따라 다르게 드러나는 각 개인의 성향을 면밀히 파악할 수 있다. 그것이 가능한 이유는 확보한 데이터의 양 때문이다. 그러나 이러한 빅데이터 분석은 분명 데이터사이언스의 개가이기는 하지만 한계가 분명하다. 양적 데이터를 화려한 차트와 그래프로 제시하면 마치 빅데이터의 활용 가치가 증대되고 통찰력을 얻은 것으로 착각하기 쉽지만, 양적 데이터 분석은 과거를 설명할 뿐이고 사실상 새로운 활용 가능성을 제시하기보다 분석자가 이미 알고 있는 명백한 고객 행동과 생각을 증명하는 데 그치는 경우가 많다. 정작 필요한 고객의 미래 행동과 생각을 예측하는 데는 실패할 수 있다는 말이다.[179]

빅데이터의 규모는 매일 대략 250경 바이트 씩 증가할 정도로 막대하고, 이러한 막대한 데이터의 범람은 인간의 인지능력 범위 밖이며, 오직 컴퓨터만이 그것에서부터 뭔가를 배우고, 의미 파악이 가능하다는 게 현실이다. 인공지능의 머신러닝에 의한 데이터 분석으로 사람들의 행동 방식, 행위 이유 등을 밝혀낸다고 하지만,[180] 나름의 한계가 있고, 그것을 명백히 인식할 필요가 있다.

이런 전제 하에 구체적으로 빅데이터로부터 통찰을 얻는 과정을 살펴보는 것은 흥미로운 일이다. 예를 들어 어떤 지자체 담당자가 지역에 유입되는 외국인의 유동 인구 통신사 데이터와 해당 지역에서 지출하는 건수와 금액, 지출 시점에 대한 카드사 소비 데이터를 확보하고 전국 데이터와 비교·분석하여 그 지역의 '외국인 인기 관광지 Best 10'을 발표하는 경우를 가정해보자. 엄청난 양의 데이터를 수집하고 정제하며 그것을 분석하고 결과를 차트와 그래프로 제시하는 데 상당한 정성과 시간을 쏟기 때문에 결과 도출 후 해당 담당자는 데이터 과학자로서 한층 발전한 듯해 뿌듯할 것이다. 하지만 그 결과가 '외국인 인기 관광지 Best 10'이라는 점을 간과해서는 안 된다. 이 목적을 달성하기 위해서는 단 몇 명의 여행사 담당자가 이미 알고 있던 외국인 인기 관광지 주변의 상인들과 대화를 나누는 편이 훨씬 더 효율적이었을지도 모른다. 오히려 깊이 있는 대화를 통해 외국인 관광객이 왜 그 장소에 방문했는지, 그리고 왜 그 장소에서의 소비가 그 관

---

179) BC카드 빅데이터 센터, 『빅데이터, 생활을 바꾸다』, 초판((주)미래의 창, 2021), 4-6면.
180) 에릭 시겔, 각주 178)의 책, 27면.

광객에게 중요한지와 같은 정보를 더 많이 얻을 수도 있기 때문이다. 이런 사례는 데이터를 수집하고 분석하는 과정에 상당 기간 노력을 기울이지만, 데이터는 상상 이상으로 방대하기 때문에 데이터 활용 효과가 그에 반드시 비례하여 나타나지는 않는다는 것을 알려준다. 데이터를 잘 활용하려면 인간의 근본적인 욕구에 해당하는 '왜'에 초점을 맞춰 필요한 데이터를 찾아내고 사람들에게 도움이 되는 상품과 서비스를 제공해야 한다. 데이터가 필요한 이유에 대한 진지한 고민 없이 그저 가지고 있는 데이터로 분석을 한다고 해서 유용한 서비스를 만들어내기 어렵고, 그 결과 또한 뻔한 방안이 되기 쉽다. 오히려 데이터를 바라보는 관점을 '분석'보다 '활용'에 맞추면 '데이터의 양'에 대한 집착을 버릴 수 있고 비즈니스전문가로서 높은 수준의 통찰력으로 비즈니스에 도움이 되는 데이터를 발견해낼 수 있다. 이러한 통찰력은 어느 날 갑자기 천재적인 영감이 떠오르듯이 얻게 되는 것이 아니다. 대개 시행착오를 반복해가며 경험을 통해 얻는 경우가 많다.[181]

분석보다 활용이라니, 데이터 과학자들의 역할은 분석이 아니던가? 그러나 활용에 중점을 두는 것은 대단한 혜안이다. 예를 들어 상품 출시를 앞두고 있다면 '이 상품이 몇 개 팔릴까'보다는 '어떤 홍보를 해야 효과가 있을까', '어떻게 광고해야 히트상품이 될까'쪽에 더 무게중심을 두어야 한다. 즉 그 인과관계를 찾아내는 것이 중요하다. 의학이나 공중위생학에서도 마찬가지다. 인간의 생활습관과 사망률의 관계를 통계학적으로 명백히 밝혀냈더라도 의학에 종사하는 대다수 사람은 어떤 사람이 몇 살에 죽는지 정확히 예측하는 일에는 별 관심을 두지 않는다. 어떻게 하면 더 건강하게 오래살 수 있는가를 알아내는 것이 의학에 통계학을 활용하는 목적이다.[182]

---

181) BC카드 빅데이터 센터, 각주 179)의 책, 9-10면.
182) 니시우치 히로무, 신현호(역), 『빅데이터를 지배하는 통계의 힘』, 초판((주)비전비엔피·비전코리아, 2015), 14면.

마법의 양탄자

에릭 디시먼이Eric Dishman라는 사람이 개발한 마법의 양탄자의 예도 시사하는 바가 크다. 이 시스템은 환자의 발병 시기를 예측하려는 것이다. 의사가 환자를 진찰하는 과정을 보면 청진기로 뭔가를 체크하지만 질문을 통한 문진의 역할이 크다. 그런데 문진이라는 게 여러 가지 이유 때문에 정확한 의사소통이 이루어지지 않는다. 필자도 병원에서 의사로부터 증상에 관한 질문을 받으면 정확한 답변이 어렵다. 어디가 아픈지를 물으면 정확히 어디가 얼마나 아픈지 답변하기 어렵다. 잠을 잘 자느냐고 하는 질문도 어렵다. 어떻게 자야 잘 자는 것인지, 어떤 경우가 수면 장애인지 판단키 어렵다. 이와 같이 환자와의 대화를 통해 의사의 진료차트에 기재되는 데이터는 에릭 디시먼의 표현에 따르면 '비참한 데이터'다. 이것을 대체하려는 노력이 에릭 디시먼의 '마법의 양탄자'다. 그는 당시 첨단 의료 장비라고 해봐야 사람들의 맥박을 측정하고 알약을 몇 개나 먹는지를 셀 수 있지만 다음 세대의 기계들은 이를 훨씬 뛰어넘어, 궁극적으로는 다양한 감지 센서들이 인간 행동의 거의 모든 측면을 기록하고 이를 바탕으로 통계적 모델을 만들어낼 수 있을 것이며, 감지기sensor를 통해 집안에서 사람들의 동선을 추적하고 걸음을 얼마나 빨리 걷는지, 침대에서는 얼마나 뒤척이는지, 화장실은 얼마나 자주 갔다 오는지, 화장실에 얼마나 오래 머무르는지도 측정하며, 심지어 어떤 장치는 우리가 전화를 받고 나서 어느 정도 시간이 지나야 낯익은 목소리를 인식하는지 여부까지도 측정해낼 것이라고 전망했다. 이렇게 전자감지기가 분단위로 수집하는 데이터는 인간의 불분명하고 불완전한데다가 자산의 소망과 현실을 뒤섞기 일쑤인 인간의 기억을 대체할 수 있을 것이라는 희망도 피력했다.

그때로부터 약 10여년이 흐른 지금 어느 정도의 진척이 있는지 궁금하다. 에릭 디시먼이 개발하려고 했던 기계를 마법의 양탄자라고 부른 것은 실제 양탄자 형상과 비슷하기 때문일 것이다. 양탄자처럼 깔려 있는 베이지색의 바닥 타일 아래에는 체중 감지기가 달려 있다. 관찰 대상자가 부엌에 갈 때마다 체중이 자동으로 측정되어 그 수치가 무선으로 관찰자 대상자의 컴퓨터에 입력되었을 것이고, 컴퓨터에서 의사에게로 전송되었을 것이며, 이를 통하여 의사는 관찰대상자의 체중을 매번 모니터링 할 수 있을 뿐만 아니라 관찰대상자가 부엌에 들어가지 않는 경우에는 경보음을 받을 수도 있을 것이다. 환자가 일어나서 부엌으로 가지 못했다는 사실은 의사가 알아야 할 만한 이상 상황이다. 실상 의료비는 엄청나게 솟은 반면 컴퓨터나 감지기 등의 가격은 많이 낮아졌다. 심장병 약 한 병이면 무선인터넷 설치가 가능하고, MRI를 한 번 촬영할 비용이면 컴퓨터 장비를 최신형으로 교체할 수 있다. 고령 환자에게 지출되기 마련인 간병 비용 한 달 치의 몇 분의 일만 있어도 집에 여러 가지 감지기와 네트워킹 시스템을 설치해서 고령 환자가 내딛는 발걸음, 식사, 호흡, 대화, 심장박동까지 모두 기록하여 의사에게 송신할 수 있을 것이다. 이렇게 전송된 데이터를 처리하는 것은 의사가 아닌 뉴머러티numerati의 몫이다. 숫자를 뜻하는 number와 지식계급을 뜻하는 literati의 합성어인 뉴머러티들은 타고난 수학적 역량으로 대부분 무의미해 보이는 이 데이터의 홍수 속에서 의미 있는 정보를 생성하여 의사들에게 환자에게 필요한 정보를 제공할 수 있을 뿐만 아니라 필요한 경우 특정 경보를 발령할 수도 있다. 이러한 정보 제공이 쉬운 일은 아니다. 오리건 주에서 진행된 어떤 실험에서 연구팀은 사람들의 침대에 감지기를 장착하여 수면 중의 뒤척임과 체중 변화를 모니터하려고 했는데, 놀랍게도 어떤 여성이 하룻밤 새에 체중이 4킬로그램이나 불어난 것을 발견하였다. 이런 상황은 갑자기 체액이 축적되었다고 볼 수 있는데, 그런 상황은 구급차를 불러야 할 위급상황이다. 그런데 실제로는 애완견이 침대에 올라가 함께 잤던 것이었다. 이러한 상황을 구분하고 데이터에서 제거하는 작업이 바로 뉴머러티의 몫이다.

그런데 이러한 일을 처리하는 알고리듬은 아무리 단순한 것이라도 환자 개개인에게 맞춤으로 처리되어야 한다. 예를 들어 어떤 환자의 경우 환자가 침대에 없다는 사실은 적색경보가 될 수 있다. 침대에서 떨어졌을 수도 있고 아니면 복도에서 휘청거리고 있거나 난로에 손을 대고 있을 수도 있다. 좀 더 건강한 환자의 경우에는 일어날 시간이 지났는데도 아직도 침대에 있다면 문제가 발생했을 가능성이 있다.

　마법의 양탄자와 같이 인위적으로 데이터를 생성하려는 경우도 있지만, 데이터는 큰 노력 없이도 생성이 되고, 수집될 수 있다. 사람들이 이메일을 보내고, 웹페이지를 불러내는 일 등을 통해 자신도 모르게 데이터를 생성하고 있다. 이러한 데이터를 분석하여 의미 있는 정보를 분석해내는 것이 뉴머러티의 역할이며, 뉴머러티들은 이런 역량을 갖추고 있고, 그런 일을 수행하는데 도움이 되는 알고리듬이 무수히 존재한다. 물론 이런 분석은 아직 걸음마 단계이다. 1990년대 중반의 인터넷을 돌이켜보라. 이메일을 보내고 웹페이지를 불러내는 일 등을 익혀가면서 우리는 자신도 모르게 데이터를 생성하고 있었다. 그러나 타코다, 움브리아, 구글 같은 회사들이 사람들의 인터넷 검색 패턴을 분석하여 돈벌이를 할 수 있다고 착안한 것은 그로부터 몇 년 뒤의 일이다.

　문제는 많은 사람들이 이렇게 개발된 감지기를 쓰는 일이다. 상용화 여부는 불투명하다. 사람들이 감지기에 연결이 되어야 데이터의 흐름이 생성되고 이러한 데이터가 있어야 뉴머러티들이 이런 데이터 속에서 의미 있는 정보를 찾아내어 제공할 수 있다.[183]

　이런 문제를 접할 때마다 법학에서는 당연히 사생활영역 보호privacy 문제를 떠올린다. 그러나 사생활영역보호는 원하지 않은 침해를 의미한다. 사람들이 더 건강하고 행복하게, 그리고 더 오래 살려고 이러한 감지기를 동원하여 스스로를 감시하려 하는데, 무슨 사생활영역보호 문제가 생기는가?

---

183) 스티븐 베이커, 이창희(역), 『빅데이터로 세상을 지배하는 사람들』, 신판(세종서적(주), 2014), 206-211면.

오히려 여기서 주목할 점은 데이터의 수집 못지않게 데이터를 어떻게 활용할 것인가 하는 문제다. 그것을 간과하면 데이터의 홍수 속에서 허우적대기만 할 뿐, 아무런 성과를 거둘 수가 없다.

프레이밍 연구 프로젝트에서는 성별이나 나이, 혈압, 흡연 경력 등을 인자로 해서 심장병 발병 위험도를 계산하는 방법을 고안했는데, 그것이 프레이밍 위험점수다. 그러나 수명이 얼마일 것인지, 발병률을 정확히 예측하는 일 자체가 중요한 것이 아니라 위험성 인지를 통해 건강을 해치는 생활습관을 바로잡는 일에 더 큰 의미를 두었다는 게 중요하다.[184] 의욕적인 연구자 입장에서는 수명 자체를 예측하거나, 발병률 예측 자체가 중요할 수 있지만, 그런 연구는 활용의 관점은 빠져있다. 그런 일에 매달린다고 해서 누가 알아줄 것도, 그 일이 후일 가치 있게 평가되지도 않을 것이다.

빅데이터와 인공지능 알고리듬의 차이

흔히 빅데이터와 관련하여 일반인들을 놀라게 한 유명한 사례가 있다. 미국에서 미성년인 고등학생 딸과 함께 사는 어떤 사람이 유아용품 쿠폰이 우편으로 딸 앞으로 배달되자 항의 차 쿠폰을 보낸 업체Target을 찾았고, 매니저로부터 사과를 받아내었는데, 다음날 매니저가 다시금 사과를 위해 그 사람에게 전화를 했더니 실상은 그 딸이 임신 중이었다는 알게 되었고, 오히려 그 사람이 사과를 해야겠다는 답변을 들었다.[185] 그러나 원리적으로 임신 여부를 확인한 알고리듬은 그리 대단치 않다. 함께 구매했을 때 여성이 임신했을 가능성이 있음을 나타내는 25개의 제품이 핵심이다. 놀라운 것은 미성년자인 고등학생이 구입한 제품 리스트를 데이터로 보관 중이라

---

184) 니시우치 히로무, 각주 182)의 책, 14면.
185) Gus Lubin, "The Incredible Story Of How Target Exposed A Teen Girl's Pregnancy", INSIDER, 2012. 2. 17.자 기사; https://www.businessinsider.com/the-incredible-story-of-how-target-exposed-a-teen-girls-pregnancy-2012-2(2022. 4. 27. 최종방문).

는 것이다. 수많은 고객들의 엄청난 데이터를 업체가 보관하고 있다는 사실, 즉 빅데이터의 일상화를 보여주는 예다. 이런 일을 가능케 한 것은 빅데이터이지, 그것을 분석하는 인공지능 알고리듬의 역할은 미미하다. 이와 유사한 사례로 백화점의 폐쇄회로 TV의 영상을 분석하여 고객들의 눈길이 특정 상품에 머무는 시간을 확인하여 고객 선호도를 분석하는 것도 마찬가지다. 특별한 알고리듬이 개입했다기보다는 고객이 어떤 상품을 주목하는가를 일일이 추적하고, 데이터로 축적하는 시스템 자체가 놀랍다. 이런 빅데이터의 축적과 관련된 논쟁은 자연 사생활영역 보호가 아닐까? 물론 개인정보를 불법으로 취득한 것은 아니다. 또한 단순히 데이터를 잘못 다루었다거나, 누설했다거나, 훔친 것도 아니다. 그것은 차라리 새로운 데이터를 생성한 것이라 할 수 있는바, 사람들이 자의로 제공하지 않은 진실을 간접적으로 발견해 낸 것이다. 기업들은 마치 투명한 공기로부터 무언가를 만들어내듯이 현존하는 무해한 데이터로부터 강력한 통찰력을 끄집어내어 예측을 한다. 하지만 이러한 통찰력이 끼칠 사회적 영향도 무시하지 못한다.[186]

앞서의 Target이나 백화점 폐쇄회로 TV의 예는 그 모델이 어느 정도 상식과도 부합하는 면이 있다. 그러나 어떤 모델로 설명할 수 없는 통찰력을 인공지능이 발견하는 경우도 있다. 사람의 생각으로는 도저히 나올 수 없는 상관관계가 바로 그것이다. 예를 들어 조기 은퇴는 오히려 기대수명을 단축시킨다든지 누구에게나 매력적이라고 평가받은 온라인 데이트 상대일수록 사람의 관심을 더 적게 받는다는 게 인공지능이 발견한 통찰인데, 사람의 상식과는 차이가 있다. 또 채식주의자는 비행기를 놓치는 일이 다른 사람들보다 더 적다는 발견도 엉뚱하다. 인공지능 또는 머신러닝은 통계학과 컴퓨터 과학에 뿌리를 두고 숫자 파헤치기, 시행착오 과정을 거치면서

---

186) 에릭 시겔, 각주 178)의 책, 78면.

그와 같은 통찰력을 얻는다. 머신러닝을 통한 데이터 분석은 사람의 소비 활동 예측, 출산이나 불륜이나 이혼확률, 투표성향, 이직이나 전직, 자동차 사고 고위험자 예측, 발병률과 사망률, 기망행위, 거짓말 분석, 살인 예측 등에도 활용 가능하다. 이런 예측은 앞서 논의한 예언가들의 예언과 차이가 있다. 이러한 예측은 기계학습의 산물이며, 예측의 정확도가 낮다는 현실적인 벽이 존재하기도 해도 예언과는 질적 차이가 있다. 물론 사람과 관련된 예측은 정확도가 떨어지는데, 군이 예측이 매우 정확할 필요는 없다. 활용의 관점에서 생각하면 그렇다는 이야기다. 홍보물 발송 대상자를 선정하는 작업의 경우, 홍보물에 대한 반응이 긍정적인 고객들에게 보내야 하는 전제를 충족시켜야 한다. 이때 다소 정확도가 떨어져도 발송 대상자 명단에서 비반응자로 분류되는 사람을 제거하는 것은 비용 절감의 효과가 크다.[187) 희미한 불빛이라도 암흑보다는 낫다고? 멋진 표현이다. 에릭 시걸은 활용의 관점을 강조하지 않았지만, 이 표현 하나로 그것을 잘 표현하고 있다. 예측분석은 더 나은 의사결정을 위해 미래행위를 예측하고자 경험(데이터)으로부터 배우는 테크놀로지로서 전망과는 구별해야 한다. 전망이 거시적인 반면 예측은 미시적인 면이 있다. 어떤 제품이 얼마나 팔릴 것인지 추산하는 것은 전망인 반면, 특정 지역 주민이 어떤 제품을 살 것인지를 결정하는 것은 예측이다. 그러면서도 예측분석은 철저히 집단적 특성을 반영한다. 따라서 법 분야에서의 예측분석이 가지는 약점으로 지적되는 것이 개인적 특성이 중요한 의사결정에서 집단적 속성에 의존한다는 것인데, 이 때문에 많은 비판을 불러일으키기도 한다. 법 분야에서 가장 가치 있는 분야라면 바로 이러한 예측의 영역이다.

---

187) 에릭 시걸, 각주 178)의 책, 28-37면.

통계학

빅데이터이든 인공지능 알고리듬이든 인간을 둘러싼 여러 현상을 통찰할 수 있도록 하는 것은 통계학이다. 즉 통계학은 구체적으로 인간 행동의 인과관계를 통찰하려고 한다. 나아가 현상 파악과 미래 예측도 가능케 한다. 사실 현상 파악의 매력은 조금 떨어진다. 현상파악의 예는 마케팅 조사에서 현재 특정 제품을 사용하는 사람이 몇 명인지를 정확하게 추정하는 것 등이다. 이러한 현상 파악 기술은 비즈니스 현장에서 이미 자유자재로 쓰는 수준이다. 조사를 통해 추정되는 평균과 비율을 그래프에 정리하는 작업은 대다수 비즈니스 종사자들이 어렵지 않게 하고 있으며 리서치 회사의 발전 덕택으로 수천 명을 대상으로 조사하는 일도 어렵지 않다.

미래 예측은 앞으로 주가나 원자재 가격이 상승할지 혹은 재고가 어떻게 변할지 같은 것을 정확히 예측하기 위해 쓰인다. 그러나 이러한 예측이 어렵다는 것은 긴 설명을 요하지 않는다. 앞으로 소개할 내용이지만, 주가 등의 예측에만 매달려 이를 사업화하여 크게 성공한 사람들도 항상 예측의 어려움 때문에 매번 고통을 겪는다. 경제학자가 쓴 통계학 입문서 중에 '시계열분석 (시간의 흐름에 따라 일정 간격으로 기록한 통계 숫자를 분석하는 것)을 활용하여 주가를 예측'하자는 내용이 담긴 책도 있는데 그렇게 해서 이익 예측을 할 수 있다면 한가하게 책이나 쓰고 있을 이유가 없을 것이다(또 그런 분석방법으로 이익을 냈더라도 따라하는 사람들이 늘면서 시장 환경이 변하여 점차 이익이 줄어들게 마련이다. 게다가 행여 거품현상이라도 일어난다면 큰 피해를 입을 수도 있다). 실제로 투자 분석방법을 잘아는 전문가보다 아무거나 찍은 원숭이의 수익률이 높았던 적도 있었다고한다.[188]

통계학과 관련하여 이를 제대로 이해하지 않으면 엉뚱한 결론을 낸다.

---

188) 니시우치 히로무, 각주 182)의 책, 12-13면.

다음의 가설은 어떠한가?

    ㉠ 집 근처에서 운전하는 것이 고속도로에서 운전하는 것보다 위험하다. 교통사고 위치 통계 자료에 따르면 자동차 사고의 대부분이 운전자의 집 근처에서 일어났다. 그에 비해 고속도로에서 일어나는 사고는 전체 사고에서 차지하는 비율이 상대적으로 낮았다. 따라서 집 근처보다는 고속도로가 더 안전하다.

    ㉡ 어떤 조사에 따르면 자동차 사고로 죽은 운전자 10명 중 6명이 안전띠를 매고 있었고 4명은 그렇지 않았다. 그러므로 운전 중에 안전띠를 매지 않는 것이 더 안전하다.

    ㉢ 살해당한 모든 여성의 절반 이상이 자신의 남편이나 애인에게 당했다. 사랑의 반대는 미움이 아니라 무관심이다. 무관심한 사람보다 사랑하는 사람의 살해 가능성이 더 높다. 그들을 조심하라.

    ㉣ 여자는 남자보다 운전을 더 잘한다. 통계 자료에 따르면 교통사고는 대부분 남성 운전자가 일으킨다. 그러므로 여자는 남자보다 운전에 더 소질이 있다.

    ㉤ 통계에 따르면 어떤 지역의 우유 소비량이 늘어나면서 범죄와 암환자의 수도 같은 속도로 늘어났다. 몇 개 지역을 추가로 조사한 결과 우유 소비량이 늘어난 지역은 범죄와 암환자의 수도 같은 속도로 늘어났다. 우유 소비는 범죄 증가와 암 환자 발생에 영향을 주는 것 같다.

   빅데이터를 활용하는 세상에 많은 데이터를 확보하는 일보다 더 중요한 것은 그것에 대한 현명한 해석이 아닐까. 논리적인 확인 없이 데이터를 사용하다 보면 위와 같은 엉뚱한 결론에 이르게 된다. 집 근처에서 교통사고가 더 많이 일어나는 이유는 그곳을 더 자주 다니기 때문이다. 대부분의 사람이 안전띠를 매고 있기 때문에 교통사고를 당한 사람 중에 안전띠를 매지 않은 사람보다 안전띠를 맨 사람의 숫자가 더 많다. 집 근처나 낮 시간에 교통사고가 더 많이 일어나는 것처럼 대부분의 여성이 남편이나 애인 이외의 사람들과는 관계를 적게 맺기 때문에 모르는 사람에게 목숨을 잃는 확률이 줄어들고, 가까운 사람에게 목숨을 잃을 가능성이 높은 것이다. 또 면허가 있어도 차를 운전하지 않는 여성이 많기 때문에 여성의 교통사고율은 낮다. 우유 소비와 범죄가 같이 늘어났다면 그 지역에 사람들이 더 많이 들어와 인구가 늘어났을 가능성이 높다.

이렇게 원인과 결과를 올바르게 연결하지 못하고 단순히 숫자만 보며 판단하면 종종 엉뚱하고 잘못된 결론을 내리게 된다.

심프슨의 역설은 작은 부분의 대소 관계가 부분을 합한 전체에서 역전이 되는 현상을 말하는 데, 선거에서 모든 지역에서 우세를 보인 후보가 전체를 합쳤을 때 오히려 지지율이 떨어지는 경우가 바로 그렇다.

통계를 잘못 인용해 '2쌍 중 1쌍이 이혼하고 있다'라는 잘못된 판단을 내리는 일도 있다. 물론 통계청에서 조사한 숫자는 거짓이 아니었다. 2013년 혼인 건수는 32만 2,800건이고 이혼 건수는 11만 5,300건이다. 이 수치를 보고 우리나라 이혼율은 35.7%라고 성급한 판단을 내리면 안 된다. 여기서 혼인 건수는 2013년에 혼인 신고한 신혼부부를 뜻하며 이혼 건수는 이들이 아닌 2013년 한 해 동안 이혼한 부부 이야기이다. 즉 결혼과 이혼이 각각 다른 대상을 조사한 결과였다. 예를 들어 결혼할 연령대의 사람이 100명인 반면에 이혼할 가능성이 있는 연령대의 사람이 1,000명이라면 단순히 숫자만으로 비율을 낼 수 없다. 결혼과 이혼에 대한 올바른 판단은 국제 통계 기준인 조粗이혼율이다. 한 쌍의 부부가 결혼해서 실제로 이혼하는지 안 하는지 따져보는 것이다.

2013년 기준 인구 1,000명 당 우리나라의 이혼건수는 2.3건이다. 안타깝게도 조이혼율로 따져보아도 다른 나라와 비교할 때 높은 수준이다. 이렇게 자신의 생각을 확인하는 과정은 매우중요하다. 때로는 의도적으로 다른 사람을 혼란에 빠뜨리는 사람들도 있기 때문이다.[189]

---

189) 박종하, 『수학, 생각의 기술』, 초판(김영사, 2019), 17-20면.

블랙박스 또는 설명 가능성의 문제

인공지능의 정의가 어떻든 인공지능은 컴퓨터 프로그램이며, 알고리듬이란 점이다. 알고리듬은 AND, OR 및 NOT의 세 가지 간단한 연산으로 축소될 수 있다. 이것이 알고리듬의 기본 전제다. 물론 이러한 기본 작동 명령으로 인해 복잡성이 극적으로 증가하기도 한다. 어떤 식으로든 이러한 시스템의 대부분은 기계 학습의 부분을 구성한다. 기계학습 시스템은 안정적인 명령의 집합을 반복하지 않는다. 그들은 작동할 때 자신을 다시 작성하고 소프트웨어에 따라 추가 알고리듬을 생성하는 특징이 있다. 최종 사용자가 확인할 수 있는 것은 이러한 "자체 제작" 프로그램의 최종 출력일 뿐이고, 중간 과정을 들여다 볼 수 없다. 예를 들어 Google 지도를 사용하여 쇼핑을 위해 약 20분 거리에 있는 상점에 가고 싶다고 가정해 보자. Google 지도는 (1) 자가용 (2) 도보 (3) 자전거 (4) 대중교통의 네 가지 알고리듬을 사용하여 예상 결과를 알려주지만 각 알고리듬은 완전히 다른 방식으로 수행되고, 알고리듬마다 비용과 이동 시간도 다르다. 보다 정교한 알고리듬 응용 프로그램에서도 마찬가지다. 사용되는 정확한 알고리듬은 개발자(블랙박스 뒤에 있는 사람)가 고유하기 때문에 분리하기 어려울 것이며, 따라서 모든 알고리듬의 구조와 접근 방식은 개발자마다 고유하고, 이로 인해 알고리듬과 기계 학습의 악명 높은 불투명도가 가중된다. [190] 이와 관련하여 꽤 흥미로운 논의가 있다. 이러한 블랙박스 문제를 활용의 관점에서 예측곤란성으로 풀고, 통제 가능성 관점에서 자율성의 문제로 풀었다.

우선 예측곤란성Unforeseeability 문제는 머신러닝 알고리듬의 특성 상 알고리듬 작동과정을 잘 이해한다고 해서 머신러닝이 실제 상황에서 어떻게 문제를 해결하는지는 예측하기 어렵다는 것에 초점을 맞춘 관찰이다.

---

190) Jessica Gabel Cino, "Deploying the Secret Police: The Use of Algorithms in the Criminal Justice System", 34 Ga. St. U. L. Rev. 1073 (2018), p.1079.

머신러닝 시스템의 동작을 살펴보면 결론을 좌우하는 것은 데이터 세트의 패턴과 상관관계인데, 이는 관념적으로 이해한다 하더라도 실제 작동 결과인 결론만 가질 뿐, 그것이 어떤 패턴과 상관관계에 의해서 그런 결론을 내는지에 대하여는 이해하기 어렵다. 이러한 이해 부족은 가끔 인공지능이 뭔가 사람과는 다른 어떤 창의적 방식으로 해결을 하는 게 아닐까 착각할 수도 있다. 어떤 이는 이와 같이 인공지능의 설계과정에서 인공지능 시스템이 창의적으로 비춰지거나 고정관념을 뛰어넘는 자유로운 생각을 하는 것처럼 동작하도록 설계되었기 때문이라고 하지만, 꼭 그런 것은 아니다. 이러한 생각은 인공지능을 지나치게 과대평가하는 데서 비롯된 것으로, 인공지능은 어떤 문제의 해결 과정에서 철저히 상관관계에 주목할 뿐 인간이라면 당연히 중시할 인과관계에 대한 고려는 없기 때문에 뭔가 색다르게 보이는 것일 뿐이다. 물론 인공지능의 해결방식은 사람과 달리 독특한 방식으로 이루어지며, 사람이라면 도저히 착안할 수 없는 특이한 결론을 도출하기도 하고, 그러한 결론은 실제 가치가 클 수 있다. 그런 점을 침소봉대하여 인공지능이 인간보다 더 우월하다는 식의 생각은 잘못되어도 한참 잘못된 것이다. 또한 이런 상관관계와 인과관계의 차이는 실제 인공지능의 설명 가능성에 상당한 장애를 유발한다. 인간의 경우 인지적 한계와 시간적 제약 때문에 가용한 모든 정보를 분석할 수 없기 때문에 최적의 결과보다는 만족할 수 있는 해법을 강구하는 경향이 있다. 반면 인공지능은 그런 제약 없이 가능한 모든 해결책을 모색할 수 있기 때문에 더 신뢰할 수 있는 결론을 내는 것 아니냐는 생각을 할 수도 있다. 그럴 가능성을 완전히 배제하기는 어렵지만, 인간과 다른 의사결정 과정은 결국 설명가능성이나 수용 가능성에서 문제가 되었고, 이에 대하여 상당한 노력을 기울이고 있지만, 현재까지 만족할 만한 성과는 없는 듯 보인다.

자율성Autonomy

인공지능을 기존 컴퓨터 기술과 구별하는 잣대 중 하나는 자율성이다. 자율성은 스스로 어떤 결정을 할지 선택하고, 그 결정을 실행할 수 있는 능력을 의미한다.[191] 단순히 정의하면 자율성은 로봇 등이 어떻게 행동해야 할지와 같은 주요한 결정을 할 수 있는 능력을 의미한다.[192] 인간의 직접적 지시 없이 기계가 획득하고 분석한 정보를 바탕으로 독립적으로 행동한다는 점도 자율성의 속성이다.[193] 당연히 부분적인 또는 부정확한 사전 지식만 가지고도 학습을 통해 보완을 해야 한다. 예를 들어 진공청소기가 추가적인 먼지가 언제, 어디에 나타날지 예측하는 방법을 배우는 진공청소기 알고리듬이 있다면 그것은 그렇지 않은 알고리듬보다 더 나은 성과를 낼 것이다. 물론 알고리듬이 처음부터 완전한 자율성을 가질 수 없다. 알고리듬이 어떤 분야든 해결에 필요한 경험이나 지식이 없을 때, 설계자의 도움 없이는 무작위로 행동할 수밖에 없다. 인간이나 동물에게 스스로 배우기에 충분할 정도로 오래 살아남는데 필요한 반사작용들이 진화에 의해 인간이나 동물의 본능에 각인된 것처럼 설계자가 인공지능에게 몇 가지 초기 지식과 학습능력을 주입하여야 한다. 이렇게 주입된 지식과 능력을 바탕으로 주위 환경을 충분히 경험하고 학습하면 그때부터 인공지능은 설계자가 주입한 사전 지식과는 달리, 즉 독립적으로 결정을 할 수 있게 된다.[194] 이러한 학습능력은 인공지능의 성공에 있어 결정적 요소다. 그래서 성공한 인공

---

191) J.P. Gunderson/L.F. Gunderson, "Intelligence ≠ Autonomy≠ Capability", http://citeseerx. ist.psu.edu/viewdoc/download?doi=10.1.1.78.8279&rep=rep1&type=pdf(2016. 12. 3. 최종방문).

192) John P. Sullins, "When Is a Robot a Moral Agent?", International Review of Information Ethics vol.6(2006), p.26.

193) David C. Vladeck, "Machine Without Principal: Liability Rules And Artificial Intelligence", 89 Wash. L. Rev. 117(2014), p.121.

194) 스튜어드 러셀/피터 노빅, 각주 171)의 책, 50면.

지능은 모두 머신러닝 유파에 속하고, 현재 딥러닝이란 용어는 자연스럽다.

자율성을 자신의 행동을 규제하는 개인적 자율성의 개념으로 받아들일 때, 인간의 자율성 즉 스스로 세운 도덕률에 따르는 일에 비견될 수 있는 인공지능 개념은 무엇인가? 인간의 도덕률에 해당하는 것이 결국 개발자가 인공지능을 설계하면서 행동의 지침으로 기능하도록 정한 규칙이다. 다른 사람의 통제를 받지 않는다는 개념으로서의 자율성은 인공지능이 사람의 제어나 감독 없이 자동차를 운전하는 등의 복잡한 일을 수행하고 있다는 사실로 설명될 수 있지만, 그것은 인간 행동의 자율성과는 거리가 있다. 필자는 오래 전부터 인공지능 윤리를 인간의 윤리에 빗대어 설명하려는 여러 논의가 쓸데없다고 비판하여 왔다. 그럼에도 불구하고, 꽤 방대한 분량의 연구가 인공지능 윤리를 인간의 윤리와 흡사한 각도에서 분석하고 있다. 그 점은 분명 잘못이다. 인공지능 윤리는 개발자의 윤리다.

이렇게 복잡한 업무를 인간의 개입 없이 인공지능이 온전히 수행하는 일이 점차 늘어나고 있고, 그 때문에 이미 노동시장에서 인공지능으로 인한 일자리 축소 등이 거론되기 시작했으며, 인간 고유의 영역이라 간주되는 영역까지 인공지능이 수행할 수 있게 되었다.[195] 법조 직역에서의 인공지능 활용 가능성과 그로 인한 변호사 직역에 미칠 영향을 연구한 보고서[196]에서도 변호사가 업무상 인공지능을 사용할 경우 얻을 수 있는 가장 매력적인 유인은 업무처리의 효율성 확보와 그에 따른 비용 절감을 들었다. 이 보고서에서 인공지능을 사용할 경우 사람에 의한 업무처리에 비해 보다 적은 비용으로, 보다 효율적인 법률 서비스를 제공할 수 있는 가능성이 생기

---

195) Matthew U. Scherer, "Regulating Artificial Intelligence Systems: Risks, Challenges, Competencies, and Strategies", Harvard Journal of Law & Technology, Vol. 29, No. 2, Spring 2016, p.363.

196) 박가열 외, 『법률 전문직의 미래 직업 세계 연구』, 한국고용정보원, 2020, https://keis. or.kr/user/extra/main/3874/publication/publicationList/jsp/LayOutPage.do?categoryIdx =131&pubIdx=7412&spage2=2(2022. 6. 3. 최종방문).

고, 인공지능은 변호사에게 필요한 정확한 정보를 변호사가 필요한 시점에 바로 찾아줌으로써, 조사에 소요되는 시간을 줄여 변호사의 역량을 고양시킬 수 있는데, 예를 들어 지속적인 법제현황 모니터링을 통해 최신 법률과 판례의 변화와 동향 등을 반영하며, 쉬지 않고 지식을 축적함으로써 최선의 상태를 계속 유지할 수 있어 인공지능을 사용하는 변호사는 그렇지 않은 경우보다 법률사무를 훨씬 더 효율적으로 수행할 수 있게 되고, 이는 곧 법률 서비스의 질도 높아질 수 있다고 전망한다. 또한 빅데이터 시대의 도래와 함께 변호사가 검토하고 처리해야 할 정보가 점차로 방대해지고 있는 현실을 감안할 때, 변호사의 업무수행에 있어 효율성 확보는 선택사항이 아닌 필수요건이라 할 수 있고, 기술 발전으로 인공지능의 신뢰성이 높아지면 그 사용 역시 증가할 가능성이 크며, 인공지능 사용에 따른 업무 효율성 증대로 법률 서비스 제공에 소요되는 비용이 줄어들면, 법률 서비스를 필요로 하는 저소득층이나 중산층 역시 비교적 쉽게 법률 서비스를 받는 가능성을 높이게 된다는 점도 긍정적 요인으로 소개하고 있다.

형사 사법 분야에서 알고리듬 소프트웨어를 사용하여 범죄자를 조사하고 기소하고 형을 선고할 때의 장점은 그렇지 아니할 경우 개입될 주관적인 절차를 객관화할 수 있는 능력이다. 소프트웨어의 출력 결과는 판사, 배심원 또는 법 집행 공무원보다 더 객관적이다. 그 결과, 공공의 안전을 극대화하고 절차의 공정성을 충족한다는 두 가지 목표가 충족된 것처럼 보일 것이다. 이것들은 확실히 긍정적이지만 문제는 여전히 남아 있다.

데이터의 질

알고리듬은 예측 방법을 개발하기 위해 특정 입력을 사용하는 소프트웨어 프로그램으로 정의할 수 있다. 소프트웨어 개발의 잘 알려진 사실은 "쓰레기가 들어가면, 쓰레기가 나온다."이다. 이는 결과의 품질은 투입된 데이터의 질에 좌우된다는 것을 의미한다. 소프트웨어에 적용되는 이 원칙은 형사 사법 목적으로 사용되는 소프트웨어에서도 마찬가지여서 편향된 입력이 필연적으로 편향된 결과로 이어진다는 사실은 변함없다.

예를 들어, 형사사법 소프트웨어에서 인종차별 문제를 해소하도록 알고리듬이 최적화되지 않을 경우, 흑인 피고인에게 지나치게 높은 형량이 선고되도록 하는 양형 소프트웨어가 나올 수 있다. 이와 비슷하게, 교도소에 있는 거의 모든 범죄자가 남성이기 때문에 동일한 알고리듬이 성별에 대해 과도하게 차별 결과를 보일 수 있다. 알고리듬 소프트웨어가 자랑스럽게 추구하는 중립성은 그 실현이 말처럼 그렇게 쉽지 않다.[197]

알고리듬 복잡도의 지수적 증가

알고리듬의 성능은 어떤 과제를 차질 없이 수행하는 능력뿐만 아니라, 얼마나 신속하게 처리하느냐에 달려있다. 복잡한 현실 세계의 문제를 해결하기 위한 알고리듬에서 수행 속도는 매우 중요하다. 알고리듬 구현을 시작하기 전에 계획을 검증하는 과정을 거쳐야한다. 이 과정에서는 설계한 알고리듬이 모든 경우에 요구 조건을 정확히 수행하는지를 증명하고, 수행에 걸리는 시간과 사용하는 메모리가 문제의 제한 내에 들어가는지 확인해야 한다.[198]

대체로 문제 해결을 위해 모든 답을 탐색하는 경우, 걸리는 전체 시간은 만들 수 있는 답의 수에 비례하게 된다. M가지의 음식마다 만드느냐, 만들지 않느냐 하는 문제가 있다고 하자. 선택지가 두 개가 있으니, 가능한 답은 2M 가지이다. 답 하나를 만들 때 드는 시간에 2^M을 곱하면 전체 수행 시간이 나오는데, 복잡도가 증가하여 M이 커지는 경우 상상 못 할 수행 시간이 소요된다. 이와 같이 M이 하나 증가할 때마다 걸리는 시간이 두 배로 증가하는 알고리듬들은 지수적 증가를 보인다고 할 수 있다. 지수함수는

---

197) Jessica Gabel Cino, supra note 190, at 1079.
198) 구종만, 각주 170)의 책, 25면.

인구증가 시나리오 등을 모델링하는 데 사용할 수 있는데, 지수적 증가는 시간이 지남에 따라 더 크게 증가하여 지수 함수의 곡선을 생성하는 패턴이다. 예를 들어 박테리아 개체 수가 첫 번째 달에 2로 시작한 다음, 다음 달에 4, 세 번째 달에 16, 네 번째 달에 256으로 개체 수가 기하급수적으로 증가함을 의미한다. 지수 성장의 패턴은 $y=a(1+r)^x$라는 함수로 설명 가능하다. a는 초기값이고, r은 성장률, x는 시간 간격이다. 개체군, 박테리아 등과 같이 자연적으로 발생하는 지속적 성장을 모델링하기 위해서는 지수 e를 사용한다. 지속적인 지수적 성장은 $A=A_0e^{kt}$라는 공식으로 나타낼 수 있는데, A는 최종 값이고, A_0는 초기 값, 그리고 e는 지수이며, k는 지속적인 성장률로 비례상수라고도 한다. t는 경과 시간이다.[199]

사실 알고리듬 해결 전략을 들여다보면 이런 복잡도를 해결하는 전략들이 존재함을 알 수 있다. 다른 책에서 나오는 예를 그대로 옮긴다. N(N≤30)개의 사탕을 세 명의 어린이에게 가능한 한 공평하게 나눠 주려고 한다. 공평함의 기준은 받는 사탕의 총무게가 가장 무거운 어린이와 가장 가벼운 어린이 간의 차이로 하고, 사탕의 무게는 모두 20 이하의 정수를 가정한다. 가능한 최소 차이는 얼마일까?

이 문제를 푸는 가장 단순한 방법은 사탕을 나눠 주는 모든 방법을 하나씩 만들어 보는 것이다. 각 사탕마다 셋 중 어느 어린이에게 줄지를 결정한다고 하면 최대 205조 개의 경우의 수가 있다. 이는 죽기 전에 다 세어볼 수 있을까 하는 의문이 들 정도의 엄두가 나지 않는 큰 수이지만, 사실 이때 우리는 엄청나게 많은 수를 중복으로 세고 있다. 모든 사탕의 무게가 같은 단순한 입력이 있다고 가정해보면 이를 쉽게 실감할 수 있다. 무게가 같은 두 개의 사탕을 두 어린이가 서로 바꾼다고 해도 더 공평해지는 것은 아니다. 이것이 특별한 고려나 지침이 없는 인공지능 알고리듬의 해결 전

---

199) https://www.mechamath.com/algebra/examples-of-exponential-growth/(2021. 12. 14. 최종방문).

략이다. 그런데도 성과를 내는 것은 오로지 엄청난 컴퓨팅 파워 덕분이라고 할 수 있다.

좀 더 생각해 보면 중요한 것은 사탕이 어떻게 분배되었느냐가 아니라 각 어린이가 받은 사탕 무게의 총합임을 알 수 있다. 205조 개의 경우의 수 중 각 어린이의 사탕 총량이 같은 경우를 하나로 합치면 경우의 수는 $(N×20)^3$=6003으로 최댓값은 대략 2억이 된다. 이 상태 공간을 너비 우선 탐색으로 찾아보면 답을 구할 수 있지만, 경우의 수가 여전히 크고, 2억 개의 수를 메모리에 저장할 수도 없다. 보다 나은 최적화 방법이 있는데 이 문제의 답이 최대 얼마일지를 생각하는 것이다. 사탕 총량의 최대치와 최소치가 20 이상 차이 난다고 가정하고, 사탕의 최대 무게는 20이므로, 이때 사탕을 가장 많이 받은 어린이가 가장 적게 받은 어린이에게 사탕을 하나 준다고 해도 사탕의 총량이 역전되지 않고, 최대치와 최소치의 차이만 항상 감소하며, 따라서 차이가 20이상인 경우는 최적의 답이 될 수 없다는 것을 알 수 있다. 따라서 넉넉잡아도 사탕을 가장 많이 받은 어린이가 220이 넘게 사탕을 받는 경우는 무시해도 된다. 이렇게 하면 경우의 수는 220^3, 1064만 8,000으로 줄어든다. 그러나 이것보다 더 빠른 방법이 존재한다. 세 어린이 중 누가 가장 사탕을 적게 받고, 누가 가장 많이 받는지는 중요하지 않기 때문에 세 어린이의 사탕의 총량이 (180, 190, 200)이건 (200, 190, 180)이건 정답은 변하지 않으므로, 세 어린이의 사탕의 총량이 항상 오름차순으로 정렬되어 있는 경우만을 탐색하면 되는데, 서로 다른 세 수를 여섯 가지의 방법으로 나열할 수 있으므로, 이렇게 하면 경우의 수는 다시 대략 $\frac{1}{6}$로 줄어든다. 결과적으로 대략 200만 개 이하의 경우의 수만을 탐색해 문제를 해결할 수 있다. 처음에 생각했던 방법에 비해 검사해야 할 상태의 수가 1억분의 1로 줄어들었음을 알 수 있다.[200]

---

200) 구종만, 각주 170)의 책, 31면.

 필자가 들여다본 머신러닝의 경우, 컴퓨터 성능과 엄청난 데이터를 믿고 날뛰는 무식한 알고리듬이라는 느낌이 들지만, 그래도 머신러닝 알고리듬을 좀 더 현명하게 만드는 인간의 몫이 남아있다는 느낌은 과한 것인가? 사실 최근 각광을 받고 있는 양자컴퓨팅은 컴퓨팅 파워와 관련된 개념이다. 양자컴퓨터는 고전 물리학 원리에 따라 작동하는 일반적인 컴퓨터와 달리 양자물리학에 기반하고 있으며, 그 성능이 기하급수적이라는 점에서 차별화된다. 양자컴퓨터가 본격화되면 현재의 RSA 암호체계는 더 이상 안전하지 않게 되리라는 예측도 하고 있다. 양자컴퓨터는 중첩 현상이 바탕이 되는 큐비트라는 정보의 기본 단위를 사용하는 등 매우 복잡한 설명을 요하지만 이 책에서는 자세한 설명을 생략한다. 이러한 양자컴퓨터의 등장도 결국 복잡도와 그로 인하여 기하급수적으로 늘어나는 경우의 수를 해결하기 위한 것이며, 현재 IBM 등 굴지의 기업 등이 개발에 가세하고 있다.

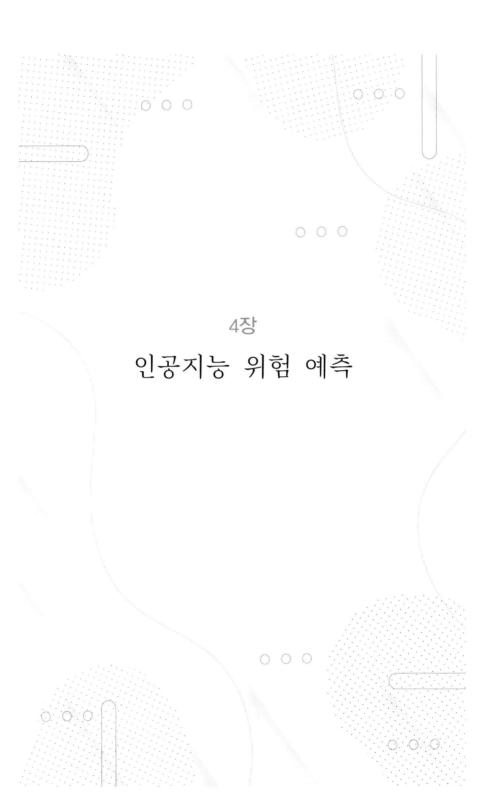

4장

인공지능 위험 예측

1. 위험 예측에 인공지능 알고리듬 도입

인공지능 개념이 낯설지는 않을 것이다. 그러나 위기관리를 위해서 인공지능 알고리듬의 도움을 받아야 한다는 것에 대하여는 막연할 것이다. 인공지능은 더 나은 맞춤형 위험 관리를 포함한 전략적 위험관리 혁신 프로그램으로 위험 관리 및 비용 효율성 측면에서 상당한 성과를 거둘 수 있다. 물론 인공지능의 예측 정확도라든가 양질의 데이터 부족으로 인한 제한된 가용성, 인공지능 고유의 위험에 대한 불충분한 이해 등과 기업의 기존 문화와의 상이로 인한 저항 등은 인공지능 알고리듬에 의한 위험 관리 시스템 도입에 장애가 될 것이다.

그러나 EU 및 기타 국제 규제 기관들이 규제 관리에 인공지능의 도입을 적극 검토하고 있으므로, 인공지능이 금융 시장, 소비자 보호 등에서 가져올 수 있는 이점을 인식하고 적극 도입할 필요가 있다.[201]

일반 기업이 직면한 가장 큰 문제는 완전히 새로운 유형의 위험의 예측과 처리가 아니다. 낯선 방식으로 존재를 드러내기에 효과적이고 시기적절한 방식으로 식별하기 어려운 기존 위험의 예측과 처리가 더 큰 문제다. 인공지능에 의한 위험 예측·관리 시스템을 도입한다고 해서 완전히 새로운 틀을 짜려고 하는 것은 무리일 수 있다. 기존의 위험관리 프레임 워크를 잘 분석해서, 그 틀과 인공지능 알고리듬을 어떻게 조화할지 고민해야 할 것이다. 또한 인공지능 알고리듬을 도입하여 이를 운용하기 위해서는 그에

---

201) Centre for Regulatory Strategy EMEA, "AI and risk management Innovating with confidence", Deloitte, https://www2.deloitte.com/content/dam/Deloitte/global/Documents/Financial-Services/deloitte-gx-ai-and-risk-management.pdf(2021. 12. 11. 최종방문).

걸맞는 인재가 필요하다. 뿐만 아니라, 인공지능 위험 예측관리 시스템 구축 과정에서도 기존의 위험 관리 경험이 풍부한 인력의 조력이 필요하다. 특정 기업과 전혀 별개의 위험예측관리 시스템을 만드는 것이 아니기 때문에, 기존의 위험관리의 경험이 시스템 개발에 반영이 되어야 한다. 또한 새로운 알고리듬을 제대로 이해하는 인력도 채용할 필요가 있는데, 이는 인공지능 알고리듬 도입 이전과는 완전히 다른 인재 채용 관행과 채널이 필요하다는 이야기다.

인공지능은 효율성 및 비용 절감을 촉진하고, 클라이언트 인터페이스를 재구성하고, 예측 정확도를 높이고, 위험 관리 및 규정 준수를 개선할 수 있다. 인공지능 시스템은 또한 건전성 감독을 강화하고 중앙은행이 통화 및 거시건전성 권한을 추구할 수 있는 새로운 도구를 제공할 수 있는 잠재력이 있다.

COVID-19 대유행은 금융 부문에서 인공지능 채택에 대한 욕구를 더욱 증가시켰다. 은행은 대유행 기간 동안 많은 양의 대출 신청 처리 절차 및 사기 탐지 과정 개선과 COVID-19 규제 요구 사항 준수를 위해 인공지능 시스템에 점점 더 의존하게 되었다.

멀지 않은 미래에 신용 및 기타 금융 서비스의 확장, 레그테크RegTech를 통한 위험 관리 및 규정 준수, 섭테크SupTech[202])를 통한 위험 기반 감독 프로세스가 모두 이루어지는 인공지능 기반의 폐쇄 루프형 금융 생태계가 나타날 것으로 전망된다.

그러나 이러한 금융 부문의 발전은 기술 및 응용 프로그램에 내재된 위험에서 발생하는 새로운 우려를 낳고 있다. 그러한 우려에는 사이버 위협 및 개인 정보 보호 문제뿐만 아니라 인공지능 알고리듬에 내재된 편견, 결과의 불투명성 및 오류와 같은 문제가 포함된다.

---

202) SupTech는 금융감독(Supervision)과 기술(Technology)의 합성어로 최신기술을 활용해 금융 감독 업무를 효율적으로 수행하기 위한 기법을 의미한다.

국제통화기금IMF과 세계은행그룹World Bank Group은 2018년 10월 11 일 회원국들이 은행 서비스 제공을 변화시키고 있는 금융 기술의 급속한 발전의 혜택과 기회를 활용할 수 있도록 돕는 12가지 정책 요소로 구성된 발리 핀테크 의제Bali Fintech Agenda를 발표했는데,[203] 여기에는 각국이 핀테크 혁명을 수용하라는 요청을 하면서도 핀테크가 미치는 중대한 사회 적, 경제적 영향을 고려하여 핀테크의 위험을 완화하는 노력을 할 것을 회 원국에게 요구하고 있다. 이에 따라 규제 기관은 금융 분야에서 핀테크와 인공지능의 발전을 광범위하게 수용하고, 잠재적 이점을 포착하여 그로 인 한 위험을 완화하기 위한 노력을 다해야 한다. 이를 위한 국가적, 지역적, 국제적 수준에서 협력과 지식 공유가 점점 더 중요해지고 있다. 금융 부문 에서 인공지능 시스템의 안전한 배포를 지원하기 위한 제도적 장치 마련을 위한 법적 조치가 필요하다.

인공지능은 분명 금융 부문의 건전성과 무결성을 개선할 수 있는 상당한 잠재력이 있다. 인공지능의 발전으로, 금융 부문에 산재한 광범위한 데이터 세트를 실시간으로 활용하고 규정 준수 결정을 자동화함으로써 위험 및 규 정 준수 관리를 재편하여야 한다. 이렇게 한다면 분명 규정 준수 품질을 향 상시키고 비용절감을 도모할 수 있다.

RegTech에서의 인공지능의 알고리듬 채택은 은행, 증권, 보험 및 기타 금융 서비스 전반에 걸쳐 신원 확인, 자금세탁 방지/테러 자금 차단, 사기 탐지, 위험 관리, 스트레스 테스트, 미세 건전성 보고, 거시 건전성 보고 및 COVID-19 구제 요구 사항 준수 등의 형태로 이루어지고 있다.

특히 비정형 데이터 및 소비자 행동 분석을 비롯한 인공지능 기반 기술 은 사기 탐지 및 자금세탁 방지/테러 자금 차단 규정 준수에 광범위하게 사 용된다. 자금세탁 방지/테러 자금 차단 규정 준수와 관련하여 인공지능은

---

203) https://www.imf.org/en/News/Articles/2018/10/11/pr18388-the-bali-fintech-agenda(2022. 4. 22. 최종방문).

관련 경보의 대다수를 구성하는 오탐지율을 줄이는데 큰 기여를 하고 있다. 많은 글로벌 은행은 인공지능 데이터 분석을 사용하여 스트레스 테스트 규제 요구 사항을 충족하기 위해 복잡한 대차 대조표 및 스트레스 테스트 모델의 분석을 개선하고 있기도 하다. 새롭고 유망한 RegTech 응용 프로그램에는 규제 의무 매핑 및 업데이트, 비용 절감 및 규제 준수 개선, 금융 기관 직원의 판매 요청 모니터링을 위한 위험 관리 수행이 포함된다.

규제 기관은 일반적으로 규제 대상 금융 기관의 RegTech 채택을 독려해 왔다. 홍콩 특별 행정구와 같은 다양한 규제 기관은 RegTech 생태계 내에서의 인식 제고, 혁신 촉진 및 규제 참여 강화를 포함하여 RegTech 채택을 촉진하는 전략을 추진했다. 구체적으로 홍콩 통화청Hong Kong Monetary Authority은 2022년 5월 핀테크 관련 분야의 규정 준수에 대한 인식을 높이고 전문 지식 공유를 장려하기 위해 RegTech Knowledge Hub를 마련했다. 싱가포르 통화청Monetary Authority of Singapore 또한 2021년에 디지털 채택 및 등록 기술을 촉진하기 위해 4,200만 싱가포르 달러(약 3,550만 달러)의 보조금을 배정했다.[204]

많은 감독 당국은 위험 기반의 감독을 위한 인공지능 활용을 적극적으로 모색하고 있다. 미세건전성 감독을 위한 인공지능은 신용 및 유동성 위험, 금융 기관의 거버넌스와 위험 평가를 개선하여 감독자가 위험 분석 및 미래 예측 평가에 집중할 수 있도록 도와준다.

인공지능 시스템은 또한 증권 시장에서의 담합 행위나 가격 조작을 탐지하기 위한 시장 감시 목적으로도 사용된다. 증권 시장에서 담합 행위 및 가격 조작은 기존 방법으로는 탐지하기 어려운 잠재적 위법 행위다.

금융기관에서 인공지능을 사용하는 여러 가지 사례를 소개한다.

유럽중앙은행은 인공지능 지원 기계 판독 시스템을 사용하는데 "적합하

---

204) https://law.asia/hong-kong-singapore-RegTech-adoption/(2022. 7. 5. 최종방문).

고 적절한" 설문지를 사용하여 문제를 표시하도록 한 후, 기계판독 시스템을 사용하여 정보를 검색하고, 새로운 추세와 위험 클러스터를 쉽게 식별할 수 있도록 하여 감독 검토 결정을 지원하고 있다. 마찬가지로, Bank of Thailand는 금융 기관의 이사회 회의록 분석에 인공지능을 사용하고 있다. 이 도구는 토론 주제를 자동으로 식별하고 각 게시판의 참여 수준과 참여 '모드'(문의하기, 보고하기, 댓글 달기 및 조치 요청하기)를 정량화할 수 있다. 이 시스템은 19개 금융 기관에서 스캔한 PDF 파일로 30,000페이지가 넘는 분량의 600분 이상의 회의록을 분석할 수 있다.[205]

De Nederlandsche Bank는 고객에게 제품의 가치를 가르치는 과정인 고객 온보딩에서의 고객 신원 확인, 거래 데이터 분석, 청구 관리의 사기 탐지, 채권 거래의 가격 책정, 법률 문서의 자동 분석, 고객 관계 관리 및 위험 관리에 인공시능을 사용하고 있다.[206] Banca d'Italia는 대출 채무 불이행 예측에 인공지능 사용을 모색하고 있다.[207] 마찬가지로 싱가포르 통화청은 은행 및 기술회사들과 협업으로 고객들의 신용 위험 평가를 위해 인공지능 알고리듬을 사용하는 프로젝트를 진행하고 있다.[208]

주요 은행들은 RegTech 솔루션을 효과적으로 채택하고 규제 요구 사항을 충족하기 위해 데이터 기반 접근 방식 채택에 주력할 것으로 전망된다. 또한 COVID-19가 가져온 새로운 현실에서 훨씬 더 디지털화된 실행과 전달 모델을 적용하려 할 것이다. 아직 RegTech를 구현하지 않은 은행들도

---

205) https://www.centralbanking.com/awards/7671396/artificial-intelligence-initiative-bank-of-thailand(2022. 4. 24. 최종방문).

206) https://www.regulationtomorrow.com/the-netherlands/dnb-publishes-general-principles-for-the-use-of-ai-in-the-financial-sector/(2022. 4. 24. 최종방문).

207) Giuseppe Cascarino et al., "Explainable Artificial Intelligence: interpreting default forecasting models based on Machine Learning", https://www.bancaditalia.it/pubblicazioni/qef/2022-0674/QEF_674_22.pdf(2022. 4. 24. 최종방문).

208) https://iotbusiness-platform.com/insights/mas-banks-creating-framework-for-ai-use-in-assessing- credit-risk-the-straits-times/(2022. 4. 24. 최종방문).

이러한 기술의 도입을 검토하기 시작할 것이며, 이미 솔루션을 채택한 은행은 더 많은 응용 분야에서의 사용을 도모할 것이다. 전통적인 RegTech가 자금세탁 방지와 고객 분석에 중점을 두었다면 향후에는 금융기관이 중간 및 프론트 오피스에 더 중점을 둔 RegTech 솔루션 도입을 탐색할 것이다.[209]

사실 섭테크에서 인공지능을 사용하는 것은 비교적 새로운 시도로 아직까지 많은 경험이 축적되어 있지 않고, 고려해야 할 과제가 많으며, 위험도 수반된다.

인공지능 기반의 규제 감독의 효율성은 데이터 표준화, 품질 및 완전성에 따라 달라지지만 특히 비전통적인 데이터 자원을 활용하여야 하는 상황은 규제당국과 금융기관 모두에게 난관이다.

사실 각기 다른 국가 상황도 문제된다. 각 국가 간의 자원 및 기술 격차는 각국의 규제 당국이 인공지능을 채택하는 데 있어 효율성이나 안전성 면에서 문제가 된다.

인공지능 시스템 배포로 인한 개인 정보 보호, 사이버 위험, 결과 설명 가능성 및 내재된 편향 위험을 포함한 여러 가지 문제는 감독 대상인 금융기관뿐만 아니라, 규제 기관에게도 피할 수 없는 문제다.

RegTech 및 섭테크의 발전과 금융 부문의 건전성 및 무결성에 대한 이점에도 불구하고 인공지능 시스템에는 여전히 넘어야 할 과제가 많다. 민감하고 규제가 심한 금융 부문에서는 RegTech 및 섭테크 응용 프로그램에 영향을 미치는 인공지능 알고리듬의 취약성을 해결할 필요성이 크다. 인공지능 기반 금융 시스템에 대한 대중의 신뢰를 유지하는 것은 금융기관의 안정성을 담보하는 조건이다. 인공지능 알고리듬에 대한 신뢰가 전제되지 않고서는 금융 부분의 인공지능 시스템 도입은 좋은 성과로 이어지기 어렵다.[210]

---

209) https://www.linkedin.com/pulse/RegTech-adoption-aspiration-2021-necessity-james-ocallaghan/(2022. 4. 24. 최종방문).
210) https://www.imf.org/en/News/Articles/2021/10/29/sp102921-ai-and-RegTech.(2022. 4. 24.

인공지능에 고유한 것은 아니지만, 어떻든 인공지능 도입은 새로운 사이버 위험 및 개인 정보 문제를 야기한다. 인간 또는 소프트웨어 오류로 인한 기존 사이버 위험 외에도 인공지능 시스템은 공격자가 탐지를 회피하고 인공지능이 잘못된 결정을 내리거나 불법적으로 정보를 추출하도록 유도하는 데이터 조작에 초점을 맞춘 새로운 위협에 취약하다.

빅데이터에 대한 개인 정보 보호 문제는 오늘내일의 일은 아니지만, 훈련 데이터 세트에서의 데이터 유출 우려는 새로운 개인 정보 보호 문제를 야기한다. 예를 들어, 인공지능은 익명화된 데이터의 마스킹을 해제하거나 데이터가 사용된 후 훈련 세트의 개인에 대한 정보를 기억하거나, 인공지능 알고리듬으로 민감한 데이터를 직접 또는 추론에 의해 추출하고, 유출할 가능성이 생긴다.

인공지능 성능의 건고성에 대한 우려도 불식되고 있지 않다. 인공지능의 편파적 결정을 비난하는 목소리가 크지만 인공지능 알고리듬이 의도적인 차별을 하도록 프로그래밍 되는 경우는 드물다. 오히려 그런 결과를 초래하는 것처럼 보이는 것은 인공지능 알고리듬의 오류다. 이런 오류를 줄이기 위해서는 인공지능 알고리듬의 오작동을 최소화하고 인공지능 개발 프로세스에 대한 적절한 거버넌스를 마련하여 신중한 감독을 강화하고 의도하지 않은 결과를 방지하여야 한다.

이를 위해서는 RegTech 및 섭테크 응용 프로그램의 배포를 훨씬 능가하는 광범위한 규제 및 협력이 필요하다. 적절한 정책 대응을 위해서는 해당 부문에 대한 명확한 최소 기준 및 지침을 개발하고 필요한 기술 기술을 확보하는 데 더욱 집중해야 한다. 금융 부문에서 인공지능 시스템 배포와 관련된 문제의 고유한 상호 연결성을 감안할 때 금융 기관, 중앙은행, 금융 감독자 및 기타 이해 관계자 간의 협력은 잠재적 위험에 대처하는 데 있어

최종방문).

매우 중요하다.

인공지능 기술의 진화하는 특성과 금융에서의 응용 프로그램이 사용자, 기술 제공자 및 개발자, 규제 기관 모두 현재로서는 기술의 강점과 약점을 완전히 이해하지 못한다는 점은 큰 문제다. 아직 실현되지 않은 예상치 못한 많은 위험 등 곳곳에 함정이 존재하며, 이로 인한 위험을 줄이기 위해서는 규제 당국은 모니터링과 신중한 감독을 강화해야 할 것이다.211)

RegTech는 규정 준수 통제와 같은 인간 활동의 자동화를 허용하는 동시에 상관관계를 발견하여 금융범죄에 대하여 더 강력하고 효과적인 대처가 가능할 수 있게 한다. RegTech는 생산성의 극대화뿐만 아니라 잠재적 금융범죄 평가에서 주관 개입을 감소시키고, 객관화를 도모한다. 사기 행위를 방지하기 위해 실시간 모니터링 뿐만 아니라 거래의 다차원 분석을 가능하게 한다. 이를 통해 고객 만족도를 향상시키고, 위험을 최소화한다.

RegTech는 상호 참조 트랜잭션 및 고객 데이터에 대한 귀납적 접근방식(머신러닝 및 딥러닝)이나 연역적(추론) 접근 방식을 기반으로 하는 인공지능 기술을 사용 하여 행동을 프로파일링 한다. 특히 프로파일링 기술 및 연결 규칙은 고객에 대한 보다 깊고 심층적인 이해에 사용된다.

머신러닝의 분류 및 상관관계 알고리듬을 통해 트랜잭션을 보다 심층적으로 제어하고 그동안 수동으로 확인해야 했던 비정상적인 시나리오를 자동으로 식별할 수 있다.

자연어 분석 및 프로세스 마이닝 기술을 통해 규정과 관련하여 구현된 프로세스의 준수 여부를 확인할 수 있다.212)

기존의 시스템을 사용하면 시간이 지난다고 해서 비용이 줄어들지는 않을 것이다. 예를 들어, 과거의 일부 추정에 따르면 2020년까지 3억 페이지 이상의 규제 관련 문서가 생산될 예정이라고 했다. 중소 규모의 판매 기관

---

211) supra note 210.
212) https://www.revelis.eu/en/RegTech-en/(2022. 5. 4. 최종방문).

만 해도 600개 이상의 입법 이니셔티브를 목록화해야 규칙집을 전체적으로 볼 수 있다고 한다.

확실히 규정 준수로 인한 비용은 크지만, 규정을 준수하지 않아서 생기는 손실에 비하면 아무것도 아니다. 예를 들어, 미국의 금융 기관은 규정 미준수로 인해 1,600억 달러 이상의 벌금을 납부한 것으로 보고되었다.

결론은 출혈을 피하고 품질을 희생하지 않으면서 규제 요구 사항을 따르기 위해 산업 전반에 걸쳐 보다 효율적이고 비용 효율적인 솔루션이 절실히 필요하다는 것이다. 다행히 2016년에 이르러 완전히 새로운 산업을 실질적으로 발명한 진취적인 기업가들이 개발한 다양한 옵션이 제공되기 시작했다. RegTech는 혁신적인 기술을 통해 산업 전반의 규제 문제를 해결하는 일련의 회사 및 솔루션을 의미한다. 현재로서는 규제, 규정 준수 및 거버넌스 소프트웨어에 대한 글로벌 수요가 2020년까지 1,187억 달러에 이를 것으로 예상되기 때문에 레그테크 업계의 밝은 미래가 기대된다.[213]

그러나 다른 산업과 마찬가지로 RegTech는 기술 발전의 속도가 가속화되는 상황에 맞추어 블록체인, 클라우드 컴퓨팅, 인공지능 등과 같은 기술에서 상당한 변화를 겪을 것으로 예상된다. 특히 인공지능은 기존의 정적 솔루션을 대체하기 위해 머신러닝이 적용되고 있기 때문에 RegTech 회사에 가장 큰 위협이자 기회의 원천 중 하나다.

국제금융연구소(Institute of International Finance)가 금융 서비스의 RegTech에 대한 최근 보고서에서 제안한 바와 같이 머신러닝은 대규모 데이터 세트에서 복잡한 비선형 패턴을 식별하여 보다 정확한 위험 모델을 생성할 수 있다. 또한 새로 획득한 정보를 기반으로 가중치 조정등의 방법으로 알고리듬의 모델을 향상시키기 때문에 머신러닝 시스템을 사용하면 할수록 예측력의 정확도가 높아진다. 규정 준수를 위한 인공지능 솔루션의 경우

---

213) https://www.prove.com/blog/application-of-ai-in-RegTech(2022. 5. 4. 최종 방문).

스트레스 테스트 및 위험 관리에서 모델 정의, 스트레스 시나리오(Ayasdi)
의 계산 및 시뮬레이션에 도움이 되며 통계 분석의 정확성과 세분성을 향
상시킬 수 있다.

또한 위 보고서는 기계 학습을 통해 개발된 새로운 모델이 이전에 가능
했던 것보다 데이터에 대한 더 깊은 통찰력을 제공한다고 주장한다. 보고
서에서 언급된 머신러닝의 주요 응용 프로그램은 비정형 데이터를 분석하
는 것이다. 이메일, 구어, PDF 및 메타데이터와 같은 비정형 데이터 입력의
분석 및 해석은 고객 보호 및 불만 처리, 조직의 행동 및 내부 문화 모니터
링, 고객식별[214], 규제 요구 사항 발행 및 수정에 대한 실시간 모니터링 등
과 같은 규정 준수 영역에 도움이 된다.

2010년에 MIT의 전문가들은 기계 학습 기술을 적용하여 소비자 신용 위
험의 비선형 비모수 예측 모델을 구성했다. 예를 들어, Khandani 등 연구자
들은 주요 상업 은행 고객의 표본에 대해 2005년 1월부터 2009년 4월까지
의 고객 거래 및 신용 조사 기관 데이터를 결합하여 신용 카드 보유자의
연체 및 불이행의 분류 비율을 크게 향상시키는 표본 외 예측 시스템을 구축
했는데, 머신러닝의 기계 학습 예측을 기반으로 한 신용 한도 축소로 기존보
다 총 손실의 6%에서 25% 범위의 비용 절감을 가져올 것으로 추정했다.

규제 기술 솔루션을 제공하기 위해 인공지능을 적용하는 회사의 현대적
인 예로는 기계 학습 및 인공 지능 기술을 사용하여 금융 기관이 고객의
사기로 손실을 입을 수 있는 가능성을 식별하면서도 고객에게 미치는 영향
을 최소화하는 솔루션을 제공하는 ComplyAdvantage가 있다. 머신러닝 및
자연어처리를 적용하여 컨텍스트를 이해하고 위험 신호를 식별하는데, 의

---

214) Know Your Customer(KYC라고 약칭)를 번역한 용어인데, 고객의 신원을 식별하고
확인하는 필수 프로세스로 고객이라고 주장하는 사람이 진짜 그 사람인지 확인하는
것이다. 고객이 KYC 요구사항을 충족하지 못하면, 계좌개설이 거부되는 등 거래가
중단될 수 있다.

심스러운 위치, 통화(currency), 행동의 편차, 계정의 특성 등으로 거래의 위험을 감지한다. 이 솔루션은 의심스런 행동을 감지하기 위해 고객 거래에서 잘 알려진 100가지 유형 및 추세를 모니터링 하여 위험이 현실화되기 전에 식별하고, 거래를 중지하도록 한다. 자금 세탁 거래 의심이 있는 인물과 개체를 식별하고, 그들이 누구이며 무엇을 하고 있는지를 식별하고, 방대한 데이터 등을 정렬하여 정교한 '탄력적 검색'을 수행한다.[215]

또 다른 회사인 Neurensic은 시카고에 본사를 두고 있는 스타트업인데, 2016년 클라우드 기반 기계 학습 아키텍처로 구동되는 거래 업계 최초의 규정 준수 도구를 출시했다. SCORE라고 명명된 감시 플랫폼은 여러 시장에서 방대한 규모의 거래 행동의 복잡한 패턴을 식별할 수 있다.[216] 이 감시 플랫폼은 기계 학습을 기반으로 하는 패턴 인식을 사용하여 각 회사에 가장 큰 규제 위험을 초래할 수 있는 행동을 식별한다. 탐지 시스템은 실제 규제 사례 및 조사에서 고위험 활동을 인식하도록 자체적으로 훈련된다. 이 자가 적응 방법론을 통해 이 플랫폼은 새로운 데이터에 노출될 때 스스로 학습하여 진화할 수 있다. 이러한 방식 때문에 이 시스템은 시장과 규제 추세가 변하더라도 정확성을 향상시킬 수 있다는 장점이 있다.[217]

IBM Watson은 미래의 AI 기반 RegTech 솔루션의 또 다른 사례다. 9월 말, IBM은 Watson으로 알려진 인지컴퓨팅 시스템을 강화하기 위해 직원 600명의 Promontory를 인수했다. 공식 성명에 따르면 Promontory 인수로 IBM의 위험 및 규정 준수를 위한 인지 솔루션 개발 및 기계 교육이 가속화될 것이라고 한다. 여기에는 지속적으로 변화하는 규제 의무, 기대 및 제어 요구 사항을 추적하기 위한 솔루션(Sybenetix)과 금융 위험 모델링, 감

---

215) https://complyadvantage.com/(2022. 5. 3. 최종방문).

216) https://www.businesswire.com/news/home/20161019005423/en/Neurensic-Releases-SCORE-The-Trading-Industry%E2%80%99s-First-Cloud-Based-AI-Powered-Surveillance-Solution(2022. 5. 4. 최종방문).

217) supra note 213.

시, 자금 세탁 방지(AML) 및 고객 식별과 같은 특정 규정 준수 요구 사항을 해결하는 솔루션이 포함된다. 또한 Promontory 전문가는 IBM의 컨설팅 및 서비스 제공을 확장하여 고객의 규정 준수 비용을 크게 줄일 수 있도록 지원할 것이라고 밝혔다.

지속적으로 변화하는 규제 의무를 추적하는 것과 관련하여 국제금융협회The Institute of International Finance는 모든 규제의무가 수록되어 있는 단일 데이터베이스에서 새로운 규정의 흐름을 포착할 수 있으므로 회사에 대한 규정의 적용 가능성을 평가하고 보다 면밀한 조사를 위해 해석 문제를 표시할 수 있는 규제 레이더로서의 인공지능의 역할을 제안하였다.

또한 인공지능 알고리듬은 회사의 현재 규정 준수 프로세스에 필요한 규정과 중복되는 기존 규정을 비교하여 잠재적인 변경이 필요한지 식별할 수 있다. 새로운 규정으로 인해 발생하는 의무가 관련 조직 단위에 할당되도록 해야 하는데, 국제금융협회는 그러한 알고리듬이 제대로 역할하려면, 텍스트를 이해하여야 하는데, 그러기 위해서는 인지 컴퓨팅이 필요하다고 했다. 이러한 인지컴퓨팅에 특화된 알고리듬이 IBM Watson이다.

비정형 형식의 규제 간행물을 해석하기 위해서는 인지 컴퓨팅의 개입이 필요한 데, 이러한 비정형 형식의 규제를 탈피하고, 기계 판독이 가능하도록 규제 지침의 발행 및 소비를 표준화하면 해석의 문제가 사라진다. 이런 표준화된 규칙 세트를 사용하면, 모호성과 해석 오류도 줄일 수 있다.

RegTech 산업의 규모는 방대하고, 그로 인한 기회 또한 크다. HSBC, Deutsche Bank 및 JPMorgan과 같은 대형 은행은 규정 준수 및 통제에 연간 10억 달러 이상을 지출한다고 알려져 있다. 스페인 은행 BBVA는 최근 평균적으로 금융 기관 직원의 10-15%가 이 분야에 투입되어 있는 것으로 추정했다. 구식의 규제 시스템을 인공지능 알고리듬으로 대체함으로써 금융 기관은 자금 절약뿐만 아니라, 규제 준수의 정확성을 높이고 적절한 위험 평가와 관련된 잠재적인 재정적 피해를 줄일 수 있다.[218)

인공지능 도입에 따른 위험 예측·관리의 과제

인공지능은 본래 새로운 데이터가 주어지면 그것을 가지고 지속적인 학습을 통해, 사전 정의된 규칙이 아닌 복잡한 통계 방법에 따라 예측을 하는데, 이런 예측 결과는 설명 불가능성의 문제로 인해 그것에 의존하여 어떤 의사결정을 하는 것이 어려울 수 있다. 특히 학습에 따라 계속 진화하는 인공지능 솔루션은 감사 가능성과 추적 가능성을 낮추며, 매우 짧은 시간에 대규모로 나타나는 진화로 인해 오류를 초래할 수 있다.

인공지능 알고리듬과 다른 기존의 기술 솔루션의 주요 차이점 중 하나는 후자가 사전에 정의된 명확한 규칙을 따라 수행할 수 있는 작업으로 제한되지만 인공지능은 그러한 제한 없이 데이터를 분석하고 패턴을 식별하여 의사 결정을 내릴 수 있다는 것이다. 또한 인공지능 알고리듬은 설계 시점이나 또는 그 이후에 지속적으로 제공된 데이터로 학습을 진행하여 시간 경과에 따라 예측을 하는 방식이 점차 개선되도록 되어 있다. 따라서 인공지능 솔루션이 내리는 모든 예측의 품질은 사용된 데이터의 품질과 양에 크게 의존한다는 것은 상식에 가깝다. 따라서 인공지능에 의한 위험예측 관리 시스템을 구축하고자 하는 기업이 다량의 고품질 데이터가 가지고 있지 않다면 그러한 시스템의 구축은 어렵다. 일반적으로 많은 금융 기업들은 데이터의 품질이나 관리에 있어 구식이고, 데이터의 흐름도 원활하지 못하다는 문제점을 가지고 있다.

인공지능은 비전문가의 눈에는 통제하기 어려운 것으로 보일 수 있는 복잡하고 빠르게 진화하는 분야다.

또한 인공지능 사용으로, 기존 기업의 위험을 높이고 위험을 나타내는 방식을 변경하거나 조직에 새로운 위험을 초래할 수도 있다.

금융 산업은 광범위하고 복잡한 다양한 비즈니스 라인과 제품으로 구성

---

218) id.

된 고도 규제의 산업이며 금융기업은 비즈니스를 수행할 때 규제를 염두에 둘 수밖에 없다.

특히 금융 산업이 규제를 제대로 지키지 않거나, 어떤 위법행위로 인하여 혹독한 처벌을 받은 경우가 허다하므로, 규제 활동에 연관된 위험의 예측관리 분야에 잘 알려지지 않은 기술을 채택하는 데 있어 보수적으로 접근할 수밖에 없고, 이는 인공지능 시스템의 도입에 부정적 영향을 초래한다. 또한 위험 관리자나 규정 준수 책임자, 이사회 구성원 및 임원과 같은 주요 이해 관계자는 기술에 충분한 이해를 하지 않고서는 조직의 규제 활동에 인공지능을 사용하고, 그에 대한 책임을 지는 것을 꺼려할 수도 있다.

위험의 예측·관리에 인공지능 알고리듬을 채택하는 혁신을 위해서는 기업이 학습을 하여야 한다. 그 학습 과정은 모든 위험을 피하는 것이 아니라 기업의 위험 문화와 성향이 설정한 한계 내에서 그러한 위험을 효과적으로 식별하고 관리할 수 있다는 확신을 기업에 제공하는 프로세스와 도구를 개발하는 것이다. 따라서 일반적인 오해에도 불구하고 효과적인 위험의 예측·관리는 기업의 혁신 동력에서 중추적인 역할을 한다.

그러나 인공지능 자체가 가지는 여러 가지 위험 요소를 생각할 때 인공지능에 의한 위험의 예측·관리에도 위험이 존재할 수 있다. 따라서 인공지능 알고리듬의 진화에 따른 위험의 평가·관리에도 신경을 써야 한다. 또한 인공지능 솔루션과 관련된 한계 및 목표(예: 핵심 성과 지표)는 적절성, 관련성 및 정확성을 위해 보다 정기적인 모니터링이 필요하다. 모니터링 및 보고는 모델의 기술적 성능과 모델이 달성한 비즈니스 및 운영 결과를 모두 포함해야 한다.[219]

---

219) supra note 201.

인공지능에 의한 위험 관리 실태

인공지능이 위험 관리에 동원된 실제 사례를 중심으로 살펴본다. ZestFinance의 예는 위험 관리에서 인공지능 및 기계 학습의 잠재력을 보여준다. ZestFinance는 Google의 전 CIO가 설립했으며 2016년 중국 시장에서 Baidu의 대출 결정을 개선하기 위해 중국의 지배적인 검색 엔진인 Baidu와 제휴했다. Baidu는 특히 플랫폼에서 제품을 구매하는 소매 고객에게 소액 대출 제안을 하는 데 관심이 있었다. 대부분의 선진국과 달리 중국 시장의 대출 위험 문제는 20% 미만의 사람만이 신용 프로필이나 신용 등급을 갖고 있다는 것에서 비롯된다. 신용 프로필이 부실하거나 없는 사람에게 대출을 하는 것은 차용인의 신뢰성을 확인하기 위해 참고할 내역이 없기 때문에 본질적으로 위험하다. ZestFinance는 Baidu가 대출 여부를 결정하는 데 도움이 되도록 검색 또는 구매 내역과 같이 Baidu가 보유한 방대한 양의 회원 정보를 합법적으로 활용한다. 그들은 고객 당 수천 개의 데이터 포인트를 사용하며 몇 초 만에 새로운 신청에 대한 대출 결정을 내릴 수 있다. 2017년 보고된 시스템 시험에 따르면 Baidu의 총 소액 대출은 신용 손실 없이 단 두 달 만에 150% 증가했다.

ZestFinance가 이러한 결정을 내리는 방식의 정확한 특성은 광범위한 기계 학습 및 인공지능을 제외하고는 공개되지 않지만 기본적으로 기반으로 사용되는 것은 클러스터링 및 의사 결정 트리를 중심으로 하는 핵심 기계 학습 기술 세트이며 심층적일 수 있다. 따라서 도박 웹사이트에 액세스한 기록, 가상 사설망 사용 여부, 또는 사용된 검색어 유형을 나타내는 검색 기록은 대출신청자를 고위험 그룹으로 분류할 수 있을 것이다. 반면에 대출 신청에서 신청자가 보고한 소득을 뒷받침하는 온라인 지출 기록이나 보다 나은 직장으로의 이직을 위한 검색 기록은 그를 낮은 위험 그룹으로 분류할 것이다. 물론 실제 클러스터는 위에서 본 것보다는 훨씬 더 정교할 것이다.

ZestFinance의 예는 인공지능과 기계 학습이 위험 관리를 개선할 수 있는 방법의 본질을 보여준다. 표준 신용 점수는 대체로 개인에 대한 소수(약 50개)의 긍정적이거나 부정적인 수치적 특성을 선형 계산하므로 부정적인 위험을 줄이거나 긍정적인 위험을 수용하는 데 도움이 될 수 있는 엄청난 양의 추가 개인 정보를 놓칠 수 있다. 이 새로운 정보는 종종 비정형적이며 숫자가 아닌데, 이러한 유형의 정보는 머신러닝의 분석에 본질적으로 적합한 데이터 유형이다.

구체적으로 신용위험과 관련한 인공지능의 활용을 살펴보기로 한다. 전통적으로 금융 회사는 신용 위험을 모델링하기 위해 고전적 선형, 로짓logit 및 프로빗probit 회귀를 사용했다. 그러나 이제 부분적으로는 전통적인 기술의 불완전성에 대한 증거로 인해 신용 위험 관리 관행을 향상시키기 위해 인공지능 및 기계 학습 기술 채택에 대한 관심이 증가하고 있다.

증거에 따르면 비정형 데이터에 대한 의미론적 이해 능력으로 인해 인공지능 및 기계 학습 기술을 활용하여 신용 위험 관리 기능을 크게 향상시킬 수 있다는 것이 입증되었다.

인공지능 및 기계 학습 기술을 사용하여 신용 위험을 모델링하는 것은 새로운 현상이 아니지만 증가하고 있다. 1994년에 Altman 등은 파산 예측의 전통적인 통계적 방법과 대안적인 신경망 알고리듬 간의 첫 번째 비교 분석을 수행했으며 두 가지를 결합한 접근 방식이 정확도를 크게 향상시켰다고 결론지었다. Altman은 1968년에 어떤 회사가 향후 2년 내에 파산할 확률을 예측하는 방법인 Z-Score 모델을 개발하기도 했다.[220]

이 부문에서 기계 학습의 문을 열게 한 것은 신용 위험 평가의 복잡성 증가다. 이러한 추세는 채무 불이행(신용 사건)의 가능성을 결정하고 채무 불이행이 발생할 경우 채무 불이행 비용을 추정하는 것과 관련된 많은 불

---

220) https://corporatefinanceinstitute.com/resources/knowledge/credit/altmans-z-score-model/ (2022. 6. 12. 최종방문).

확실한 요소가 있는 확장일로의 신용 부도 스왑(CDS) 시장에서 분명하다. Son 등 연구자등은 2001년 1월부터 2014년 2월까지 다양한 만기와 다양한 등급 그룹의 일일 CDS를 사용하여 딥러닝을 포함하는 비모수적 머신러닝 모델이 예측 정확도와 실용적인 헤지 조치 제안 측면에서 기존 벤치마크 모델보다 성능이 우수함을 보여주었다.

소비자 대출 및 SME 대출 분야에는 많은 양의 잠재적 데이터가 포함되며 더 나은 대출 결정을 내리기 위해 머신러닝에 점점 더 의존하고 있다. 앞서 본 ZestFinance가 좋은 예이지만 동일하게 운영되는 유사한 회사가 매우 많다. 소비자 대출에서 Khandani 등 연구자들은 실제 대출 데이터에서 테스트할 때 최대 25%의 비용 절감으로 이어지는 결정 트리 및 SVM을 기반으로 하는 기계 학습 기술을 제안했다. 보다 최근에 Figini 등 연구자들은 다변량의 이상값 탐지 기계 학습 기술과 UniCredit Bank의 데이터를 사용하여 중·소상공인(SME, Small and Medium Enterprise) 대출에 대한 신용 위험 추정을 개선할 수 있다는 것을 보여주었다.[221]

Kumar 등 연구자들은 데이터 준비에서 모델링, 스트레스 테스트에 이르기까지 각 단계의 이점을 언급하고 모델 설명을 위한 검증 추적을 제공하면서 기계 학습이 시장 위험 관리에 어떻게 도움이 될 수 있는지에 대한 구조적 개요를 제공했다.

금융 시장에서의 거래는 본질적으로 거래에 사용되는 모델이 거짓이거나 불완전하거나 더 이상 유효하지 않을 위험에 노출되어있다. 이 영역이 일반적으로 모델 위험 관리로 알려져 있는 이유다.

머신러닝은 거래 행동에서 우발적이거나 새로운 위험을 결정하기 위해 시장 모델을 테스트하는 데 특히 적합하다. Woodall은 자산과 자산 간의 새로운 연결 패턴을 설정하기 위해 비지도 학습을 사용하여 하룻밤에만

---

221) Aziz, Saqib et al., supra note 75, at 8.

300만 개 이상의 시뮬레이션을 실행한 프랑스 투자 회사 Nataxis를 포함하여 모델 검증을 위한 머신러닝의 다양한 사용 사례를 설명한 바 있다. 평균 추정치와 비교하여 '잘못된' 패턴을 나타내는 테스트에서 나온 시뮬레이션을 추가로 조사했다.

Woodall은 또한 Nomura가 기계 학습을 사용하여 회사 내 거래를 모니터링 하여 부적절한 자산이 거래 모델에 사용되지 않는지 확인하는 방법에 주목했다. 모델 위험 관리의 흥미로운 응용 프로그램의 예로는 실시간 모델 모니터링, 편차에 대한 모델 테스트 및 모델 검증을 제공하는 회사 yields.io를 들 수 있는데, 모두 인공지능 및 기계 학습 기술에 의해 구동된다.222)

2. 위험 예측 도구로서의 인공지능

오늘날과 같은 글로벌 거시경제 환경에서는 경제 주체들은 각종 위험에 노출될 수밖에 없다. 오늘날 의사 결정자들이 해야 하는 의사결정 속에는 위험이 내포되어 있다. 어떤 조직이든 급변하는 주위 여건에 맞춰 엄청난 속도와 복잡성이 속성인 디지털 에코시스템에 편입될 수밖에 없고, 이러한 시스템을 구동하는 데이터는 혁신적이고 파괴적이며 궁극적으로 비즈니스 이해나 가치 부여와 대응 방식을 변화시킨다. 그런 변화는 관련 위험을 더욱 더 증가시킨다. 그러나 그런 위험에 전전긍긍할 필요는 없다. 이러한 위험에는 기회가 따른다. 인공 지능, 블록체인 및 기계 학습을 포함한 기술을 활용해서 위험을 예측하고 통제할 수 있는 기회가 있다. 그것이 바로 인공지능 예측분석이다.

---

222) id at 9.

근래의 위험성 예측 도구는 모두 인공지능 알고리듬을 사용하고 있고, 그 중에서도 머신러닝 알고리듬을 사용하는 경우가 많다. 머신러닝은 명칭에서 알 수 있듯이 막대한 데이터를 이용하여 학습하고, 보다 향상된 성능으로 부여된 임무를 수행한다. 사용자의 사용 과정에서도 학습 기능이 작동되기 때문에 머신러닝 알고리듬을 사용하면 할수록 점차 성능이 개선된다는 특징이 있다.

인공지능 예측 분석은 이런 머신러닝, 그리고 머신러닝의 기반이 되는 통계 모델링, 데이터 마이닝 기술로 과거 데이터를 분석하여 미래 결과에 대해 예측하는 고급 분석의 한 분야라고 할 수 있다. 기업은 위험과 기회를 식별하기 위해 데이터에서 패턴을 찾기 위해 예측 분석을 사용한다.[223]

예측 분석은 종종 빅데이터 및 데이터 과학과 연결된다고 하는데, 그 이유는 오늘날 기업이 거래 데이터베이스, 장비 로그 파일, 이미지, 비디오, 감지기 또는 기타 데이터 소스 전반에 걸쳐 상주하는 데이터의 물결 속에서 허우적대고 있기 때문이다. 이 데이터에서 통찰력을 얻기 위해 데이터 과학자는 딥러닝 및 머신러닝 알고리듬을 사용하여 패턴을 찾고 미래 이벤트에 대해 예측한다. 알고리듬에는 선형 및 비선형 회귀, 신경망, 지원 벡터 기계 및 의사 결정 트리 등 다양한 형태가 있다.

인공지능 예측분석의 개요를 살펴보자.

예측 분석을 위하여 데이터의 더미에 뛰어들기 전에 먼저 문제를 정의하고, 얻고자 하는 결과, 기대치, 범위, 비즈니스 목표 및 정보를 가져올 데이터 소스를 확실히 해야 한다.

그 다음 단계는 데이터 마이닝 프로세스에 대비하여 다양한 출처의 데이터를 확보하는 일이다. 예를 들어 그 데이터가 거래 데이터라면 거래 시간, 거래 발생 장소, 구매 항목의 가격, 사용된 지불방법, 거래 수량, 품질 등

---

223) https://blog.datagran.io/posts/predict-future-outcomes-uncover-risks-opportunities-for-your
-business-with-predictive-analytics(2022. 1. 25. 최종방문).

다양한 유형의 데이터가 포함된다. 이러한 데이터는 종종 읽기 어렵거나 문자, 기호 또는 숫자와 같은 불필요한 추가 요소를 포함할 수도 있다. 어떤 회사가 예측분석에 사용할 데이터를 수집하는 데 있어, 수집되는 데이터의 속성을 이해하기 위해 데이터를 연구할 필요가 있다.

예측 모델 배포는 기업이 매일 직면하는 문제다. 최근 연구에서 Gartner는 거의 85%의 기업이 통상적인 지식, 전문 지식 및 도구의 부족으로 인해 예측 모델을 제대로 활용하지 못한다고 밝혔다.

예측 모델은 머신러닝 모델이며, 머신러닝 모델의 경우, 정답지가 있는 데이터 세트를 사용하여 모델을 학습시키는 데, 그 방법은 입력 데이터를 모델에 넣고 어떤 결과를 산출한 뒤, 정답과 비교하는 식이다. 이런 훈련을 거치고, 테스트를 통해 검증된 모델은 훈련에 사용된 데이터와는 전혀 다른, 새로운 데이터를 입력하게 되면 어떤 예측 결과를 산출한다. 예측 결과는 수익과 같은 변수의 확률 형태로 제공된다.

인공지능 위험 예측 분석 알고리듬

인공지능을 이용한 위험 예측·분석 알고리듬을 사용하면 데이터 마이닝, 통계, 모델링, 기계 학습 및 인공 지능을 비롯한 다양한 기술을 통해 현재의 데이터를 분석하고 알려지지 않은 미래 발생 가능성에 대해 예측할 수 있다. 과거 및 현재와 관련된 각종 데이터를 사용하여 미래의 위험을 예측할 수 있다. 해당 데이터를 사용하면 조직이 어떤 상황 변수에 대응하는 방법을 알려주고 궁극적으로 비즈니스의 성장 또는 쇠퇴 가능성을 결정하는 데 도움이 될 뿐만 아니라 회사의 위험 프로필 변화를 평가하는 데 도움이 될 수 있다. 머신러닝 알고리듬 덕분에 일어날 가능성이 더 높은 상황을 더 빠르고 신속하게 예측하고 가장 비용 효율적인 방식으로 대비할 수 있다.

위험의 예측·분석 알고리듬을 사용하면 조직은 보다 진화하고 더 민첩해져서 더 빠른 실행과 지속적인 조직 변화로 이어진다. 우선 비즈니스에 영향을 미치는 소수의 중요한 측정값을 선택하는 데 초점을 맞춰야 한다. 둘째, 조직 전체에 분석 기술과 전문 지식을 채택하여야 한다. 다음으로, 의사 결정 프로세스를 조정하는 데 중점을 둔다. 최종적으로는 활성화가 필요한 데, 이 활성화를 통해 조직이 예측 분석에 적극 참여하면, 조직은 학습과 적응을 통해 위기 대응 능력이 급증한다.

기업이나 조직 등은 몇 번의 위기상황을 겪으면서 나름대로 위험관리 필요성을 느끼고 갖가지 방안을 마련한다. 그러나 별로 중요하지 않은 수준 이하의 위험 관리에 골몰하느라 엄청난 노력과 비용을 들이기도 한다. 위험의 예측·분석에는 당연히 위험의 중요도를 결정하여야 하고, 이는 조직 내의 각종 정보 내지는 데이터를 정확히 파악할 뿐만 아니라, 인공지능 알고리듬을 통해 그 중요도를 연산을 통해 밝혀내어야 한다. 보다 치명적인, 기업의 생사에 연결되는 위험을 식별하고, 그것을 미리 예측해야 기업이나 조직의 안전이 보장된다. 대부분의 연구에 따르면, 대부분의 기업이 쓸데없는 데이터를 수집·관리하고 관리하는 데이터 중 20%만이 기업의 위험과 직결된다고 했다.

물론 정확하고 깨끗한 소스 데이터를 수집하고 집계하는 것보다 더 중요한 것은 데이터를 올바르게 관리하고, 추출·공유하여 그것을 통해 예측되는 위험을 제거하고 비효율성을 줄이며 요구 사항을 발전시키고 고객 기반 내에서 성장을 촉진해야 하는 것이다. 조직은 예측할 수 없는 사건과 추세에 무방비로 당할 수 있으며 이로 인해 막대한 비용이 소요되는 불행한 사태가 발생할 수 있다. 이것을 방지하기 위해서는 조직이나 기업이 표준화된 방식으로 연결된 데이터 구조를 통해 잠재적인 위험을 예측하고, 제거하여야 한다. 연결된 데이터 구조를 사용하면 중요한 정보에 더 쉽게 액세스하고 직원이 위험을 피하는 데 필요한 가장 현명한 결정을 내릴 수 있다.

인간 의사결정의 취약성

사실 인간의 의사 결정에는 여러 가지 결함이 있다. 인간은 현재의 위험한 의사결정 문제를 평가하면서 과거의 결과를 고려한다. 요컨대 이익을 얻은 경험이 있으면 위험을 보다 많이 감수하려 들고, 손실을 본 경험이 있으면 위험을 보다 적게 감수하려 한다.

자기 과신은 과거의 성공을 통해 학습된다. 어떤 의사결정이 좋은 결과를 얻으면 그것을 자신의 기술과 능력 덕분이라 생각한다. 반대로 의사결정이 좋지 않은 결과로 끝나면 그것은 운이 나쁜 탓으로 치부한다. 성공을 많이 경험할수록 자신의 능력이 출중하다고 생각한다. 운이 좋아 성공한 경우에도 마찬가지다.

주식시장의 호황기에 투자자들은 성공적인 투자를 자신의 능력 탓으로 생각하며 자기과신 성향을 갖게 된다. 결국 자기 과신 행태, 예컨대 너무 잦은 거래나 높은 위험 감수 등의 투자 행태는 침체기 시장보다는 호황기 시장에서 더욱 두드러지게 나타난다.

1990년대 후반의 호황기 및 뒤이은 침체기 시장에서 투자자들이 보여준 행태는 이러한 사실을 여실히 입증했다. 호황 장세가 고조되면서 개인투자자들의 거래량은 그 어느 때보다도 많았다. 더욱이 투자자들은 주식투자 비중을 높이고, 보다 위험한 종목에도 기꺼이 투자했으며 자금을 차입하면서까지 주식투자 비중을 늘렸다. 호황기 시장의 자기 과신이 퇴조하고 불황 장세가 드리워지면서 이러한 행태는 서서히 반전되었다.

기억은 사건을 사실대로 기록한 것이 아니라 신체적 및 감정적 경험에 대한 인식이다. 이러한 인식은 사건이 전개되는 양상에 따라 달라진다. 사건을 두뇌에 기록하는 프로세스는 경험마다 다른 특성을 저장하기도 한다. 이렇게 저장된 특성은 그 이후에 다시 생각해낼 수 있는 기초가 된다.

기억은 적응기능을 가진다. 즉, 기억은 과거에 경험했던 특정 상황이 바람직한 것인지 혹은 앞으로 피해야 할 것인지를 결정한다. 예를 들어 어떤 경험을 실제보다 나쁜 것으로 기억했다면, 유사한 사건을 피하고 싶은 마음이 든다. 반대로 어떤 경험을 실제보다 좋은 것으로 기억하고 있다면, 유사한 경험을 갖기 위해 많은 노력을 기울이게 된다. 그러므로 과거의 경험에 대한 부정확한 인식은 그릇된 의사결정을 초래하기도 한다.

또 자신이 생각하는 이미지와 모순되는 증거는 두 가지 상반된 생각을 불러일으킨다. 예를 들면 자신을 좋은 사람으로 간주하고 싶은데, 과거의 한 가지 행동에 대한 기억이 그런 이미지를 부정한다고 하자. 인간의 두뇌는 이런 모순에 불안감을 느낀다. 심리학자들은 이러한 감정을 인지부조화라 부른다. 간단히 말하면 두뇌가 두 가지 상반된 생각, '나는 좋은 사람이다. 하지만 나는 좋은 사람이 아니다.'라는 생각들 사이에서 이율배반적 갈등을 하고 있다는 뜻이다. 이러한 심리적 고통을 모면하기 위해 사람들은 긍정적 이미지를 부정하는 정보를 무시하고, 거부하며 최소화하려는 경향이 있다. 부인하기 어려운 증거는 믿음을 바꿔서 받아들인다.

사람들은 과거의 의사결정을 합리화하기 위해 믿음을 바꾸기도 한다. 올바른 결정을 했다는 느낌을 갖고 싶어 하기 때문이다.

이런 인지부조화는 투자결정과 같은 엄밀한 상황에도 적용된다.

투자자들은 자신이 선택한 투자대상의 성공에 대해 믿음을 조정함으로써 심리적 고통을 완화하려 한다. 예를 들어 어떤 투자자가 일정 시점에 뮤추얼펀드에 가입하기로 결정했다고 하자. 얼마 후 펀드의 실적 정보가 나오면 당해 뮤추얼펀드를 선택한 자신의 결정이 탁월했는지 혹은 의문스러운지가 입증된다.

인지부조화를 제거하기 위해 투자자의 두뇌는 부정적 정보를 제거하거나 완화하고, 긍정적 정보에만 집착한다. 따라서 과거 성과에 대한 투자자의 기억은 실제보다 부풀려지게 마련이다. 다시 말하면 우리는 자신을 탁월한 투자자로 생각하고, 그러한 자아 이미지에 부합되도록 과거의 투자실적에 대한 기억을 조정한다. 우리는 실제성과와 관계없이 훌륭한 투자를 했다고 기억한다. 미국 개인투자자협회 (American Association of Individual Investors: AAII)의 회원들과 같이 전문적인 투자교육을 받은 사람들조차 평균적으로 자신의 과거수익률을 3.4퍼센트, 시장수익률과 대비한 자신의 성과를 5.11 퍼센트 정도 과대평가했다.224)

위와 같은 약점만 있는 것은 아니다. 자동화 편향은 개인이 기술에 결함이 있다고 믿을 만한 상당한 이유가 있는데도 자동화된 의사결정의 판단이 자기의 판단보다 우월하다고 믿고 의존하는 경향을 의미한다. 예를 들어, 어떤 자동화 의사결정 시스템이 차별적 결과를 내는 등 문제가 많은데도 불구하고, 인간이 개입하지 않는 이상 공정하고, 중립적인 결정을 하리라 믿고 맡긴다. 시스템의 작동 과정에서 검증하면 분명히 신뢰성이 의심되는 지점이 있는데도 그 시스템을 운용하는 쪽에서는 그 시스템이 공정하고 신뢰성이 있다는 완전성의 믿음 하에 전적으로 의존하는 경향을 보인다. 이런 점을 감안하면 인간이 해야 할 의사결정을 자동화된 알고리듬으로 온전하게 대체하는 일은 경계해야 하는 것은 명백하고, 그 해결책은 인간이 어느 단계이건 자동화된 의사결정 과정에 개입하는 것이다.

인공지능이 예측에서 실패하는 이유

인공지능이 제 실력을 발휘하지 못하는, 즉 예측의 정확성·신뢰성이 떨어지는 또 다른 이유를 파악해보자.

인공지능이 해결해야 할 문제를 제대로 아느냐가 첫째 의문이다. 안다는 것은 데이터를 풍족하게 확보한 경우다. 그래서 우리는 예측을 잘할 수 있다는 것을 알고 있다. 둘째, 모른다는 것을 아는 것은 데이터가 턱없이 부족한 경우다. 그래서 우리는 예측하기가 쉽지 않다는 것을 안다. 셋째. 모

---

224) 존 R. 노프싱어, 이주형/신현경, 『사람의 마음을 읽으면 주식투자가 즐겁다』, 초판(스마트비즈니스, 2009), 53-99면.

른다는 것조차 모르는 것은 과거의 경험이나 데이터에 있는 자료로는 포착되지 않지만 그래도 일어날 수 있는 사건으로, 그래서 예측하기가 어렵다. 게다가 예측이 어렵다는 사실조차 깨닫지 못할 수도 있다. 안다는 사실을 모르는 unknown knowns도 있다. 안다는 사실을 모르는 것은 과거에 확실해보였던 연관성이 시간이 가면서 변하고 그래서 우리가 정확하게 할 수 있다고 여겼던 예측을 신뢰할 수 없게 만드는 미지의 요인에서 비롯된 경우다. 익히 알고 있는 통계상의 한계를 기반으로 삼아 예측하기가 어려운 바로 그곳에서 예측 알고리듬은 실패한다.

안다는 것을 아는 것

예측 알고리듬은 데이터가 풍족해야 제 기능을 발휘한다. 기계는 그런 상황을 안다. 그리고 그런 상황이 정확한 예측을 제공한다는 의미도 안다. 그리고 우리는 그때의 예측이 더 정확하다는 것을 안다. 요즘 세대의 기계 지능에게 이런 상황은 더할 나위 없는 스위트스폿이다. 거짓말탐지기나 의료 진단이나 야구 선수, 보석 결정 등은 모두 이 범주에 속한다.

모른다는 것을 아는 것

현재, 그리고 가까운 장래에 나타날 최선의 예측 모델도 엄청난 양의 데이터를 필요로 한다. 다시 말해 데이터가 많지 않은 상황에서는 예측이 상대적으로 허술할 수밖에 없다는 사실을 우리는 알고 있다. 우리는 우리가 모른다는 것을 알고 있다. 그것이 '알려진 미지의 것'이다. 사건이 드물어 데이터를 충분히 확보하지 못하는 경우도 있다. 그래서 데이터가 부족한 것은 예측하기가 어렵다 미국 대통령 선거는 4년에 한 번만 치러진다. 4년이 지나야 후보와 정치적 환경이 바뀐다. 때문에 몇 년 뒤의 대통령 선거 결과를 예측하란 거의 불가능하다. 2016년 선거는 심지어 며칠 전까지, 아니 선거 당일에도 결과를 예측할 수 없었다. 큰 지진은 고마울 정도로 아주 드물어서 언제 어디서 얼마나 큰 지진이 일어날지 정확히 예측하는 일을 아주 어렵게 만든다(지진학 자들은 지금도 이 문제를 해결해 보려 안간힘을 쓰고 있다).

기계와 달리 인간은 데이터가 많지 않아도 예측을 아주 잘할 때가 있다. 우리는 어떤 사람의 얼굴을 한두 번만 보고도, 그 사람을 금방 알아본다. 보는 각도가 달라도 마찬가지다. 초등학교 4학년 때 같은 반 친구가 40년이 지나 얼굴이 딴판이 되었어도 용케 그를 알아본다. 아주 어린 나이에도 우리는 공의 궤적을 정확히 추측해 낸다(물론 그 공을 확실히 잡을 만큼 근육을 정확하게 조절하는 것은 아니지만). 우리는 또한 유추에 능해 어떤 새로운 상황을 만나면 그런 상황을 잘 이용해 그와 비슷한 다른 환경에 적용한다. 예를 들어 과학자들은 수십 년 동안 원자가 태양계의 축소판일 것이라고 여겼고, 지금도 많은 학교에서는 그런 식으로 가르친다.

컴퓨터과학자들은 기계가 요구하는 데이터의 양을 줄이기 위해 기계가 어떤 대상을 단 한 번만 보고 예측하는 원샷러닝one-shot learning 같은 기법을 개발하고 있지만, 현재로서는 결과가 시원치 않다. 이처럼 모른다는 것을 아는 상황에서는 인간이 기계보다 낫기 때문에, 기계를 다루는 사람들은 이런 상황에서 기계가 인간에게 도움을 청할 수 있도록 프로그램을 작성한다.

모른다는 것조차 모르는 것

기계에게 예측을 맡기려면 누군가가 기계에게 예측할 만하다고 알려 주어야 한다. 한 번도 일어난 적이 없는 일은 기계도 예측할 수 없다. 그래도 기계에게 맡기려면 인간이 신중하게 판단해 하다못해 그와 비슷한 상황이라도 제시해야 한다. 그래야 기계는 그런 비슷한 정보를 사용해 예측할 수 있다.

과거의 데이터로는 새로운 사건을 예측할 수 없다. 18세기 유럽인들에게 백조는 언제나 하얀 색이었다. 호주에 도착했을 때 그들은 새롭고 전혀 예측하지 못했던 것을 보았다. 검은 백조였다. 그들은 검은 백조를 본 적이 없었고 따라서 그런 백조가 존재한다고 예측할 수 있는 어떤 정보도 갖고 있지 않았다. 검은 백조는 유럽이나 호주사회에 별다른 영향을 주지 않았지만, 검은 백조의 경우와는 달리 모른다는 것조차 모르는 것의 출현으로 중대한 결과가 초래될 수 있다고 탈레브는 주장한다.

예를 들어 1990년대는 두 번 다시 보기 힘든 음악 산업의 호시절이었다. 판매는 계속 증가했고 수익도 꾸준히 늘었다. 미래는 밝아보였다. 그러다 1999년에 18세였던 숀 패닝 Shawn Fanning이 인터넷에서 음악 파일을 무료로 공유할 수 있게 해주는 프로그램인 냅스터Napster를 개발했다. 사람들은 순식간에 음악 파일을 수없이 내려 받았고 음악 산업의 수익은 떨어져 지금까지도 그때의 수준을 회복하지 못하고 있다. 패닝의 출현은 모른다는 것조차 모르는 것이었다. 기계 예측은 그의 출현을 예측하지 못했다. 탈레브도 강조했지만, 인간도 모르고 있다는 것조차 모르는 것을 예측하는 데는 서툴다. 모른다는 것조차 모르는 것 앞에서는 인간도 기계도 실패한다.

안다는 사실을 모르는 것

예측 알고리듬의 가장 큰 문제점은 오답을 자신 있게 내놓는 것이다. 앞서 설명한 대로 모른다는 것을 알 때 인간은 예측이 부정확하다는 것을 이해한다. 예측에는 항상 신뢰 구간이 따라붙는데 이는 예측이 부정확하다는 반증이다. 모른다는 것조차 모를 때 인간은 답을 가지고 있다고 생각하지 않는다. 그렇다면 안다는 사실을 모를 때는 어떤가? 그럴 때도 예측 알고리듬은 답을 내놓는다. 그 답은 정확해 보여도 실제로는 크게 빗나간 답일 수 있다.

어떻게 그런 일이 일어나는가? 데이터는 결정을 내리는 데 필요한 정보를 주지만, 그 데이터는 결정으로부터 나온 것일 수도 있기 때문이다. 결정하는 과정에서 데이터가 생성된다는 사실을 기계가 이해하지 못하면, 기계의 예측은 빗나갈 수 있다.

경제학자와 통계학자들이 말하는 '반사실적 추리counterfactual reasoning'를 해 봐야 한다. 즉 달리 행동했을 경우 어떤 일이 일어났는지 따져 보아야한다. 어떤 행위가 어떤 결과를 야기했는지 여부를 판단하려면 두 가지 예측이 필요하다. 첫째 그 행위를 한 뒤에 어떤 결과가 나타날 것인가. 그리고 둘째, 달리 행동했다면 어떤 결과가 나왔을까. 그러나 두 번째는 추리를 할 수 없다. 당신은 하지 않은 행동에 대한 데이터를 절대 확보하지 못할 것이다.

예측 알고리듬에서는 이런 문제가 늘 반복된다. 그러다보니 예측 알고리듬은 엉뚱한 짓을 벌인다. 기계는 원인과 결과의 순서를 뒤집었다. 기계는 그랜드마스터가 결정적으로 게임을 끝낼 수 있는 짧고 확실한 경로를 찾아낼 때만 퀸을 희생시킨다는 사실을 모른 채, 퀸을 희생시키면 승리한다는 사실만 배웠다. 그렇게 퀸을 어이없이 희생해도 그것이 승리의 지름길인 것처럼 보인다. 기계 예측은 이런 특별한 이슈를 해결해 왔지만, 역인과성은 여전히 예측 알고리듬에겐 해결하기 힘든 난제다.

이런 문제는 사업을 할 때도 자주 나타난다. 대부분의 경우 낮은 가격은 저조한 판매와 연관이 있다. 호텔도 비수기에는 가격이 낮고, 성수기에는 가격이 높다. 그런 데이터를 받아들고 순진하게 예측하면 가격을 올려야 객실이 더 잘 나갈 것이라는 엉뚱한 결론이 나온다. 인간은 적어도 경제학을 좀 배웠기 때문에 수요의 크기가 가격 변화를 야기하지만 그 역은 성립하지 않는다는 사실을 이해한다. 따라서 가격을 올려도 판매는 증가하지 않는다. 이때 인간은 올바른 데이터(가격을 토대로 호텔 객실을 선택하는 문제)와 적절한 모델(계절적 요인과 수요 공급 요인 등을 고려한 모델)을 확인해, 어떤 가격으로 판매해야 할지 더 잘 예측하기 위해 기계와 손을 잡을 수 있다. 기계에게 이것은 안다는 사실을 모르는 것이지만, 가격이 어떤 식으로 결정되는지 아는 인간은 이 문제를 모른다는 것을 아는 것으로 보거나 혹시 인간이 가격 결정 과정을 적절히 설계할 수 있다면 심지어 안다는 것을 아는 것으로 볼 수도 있다.

안다는 것을 모르는 것과 인과 추론의 문제는 다른 사람들이 전략적으로 행동할 때 훨씬 더 중요해진다. 구글의 검색 결과는 그들만 아는 알고리듬에서 나온다. 그 알고리듬을 정하는 것은 주로 예측기계이다. 예측 알고리듬은 검색자가 어떤 링크를 클릭할지를 예측한다. 웹사이트를 관리하는 사람 쪽에서 볼 때 검색 순위가 높다는 것은 그 웹사이트를 방문하는 사람이 많고 판매가 많다는 의미다. 웹사이트 관리자들은 대부분 이 같은 사실을 알기 때문에 검색엔진에 최적화되도록 웹사이트를 구성한다. 즉 구글의 검색 결과에서 그들의 순위가 올라갈 수 있도록 웹사이트를 조정한다. 그러다 보면 종종 엉뚱한 사람들이 그 알고리듬만이 갖고 있는 특징을 악용할 때가 있다. 따라서 시간이 가면서 검색엔진은 스팸으로 채워진다. 스팸은 검색하는 사람이 실제로 원하는 것이 아니라 알고리듬의 특이한 성격을 특정 웹사이트 관리자들이 악용한 결과다.

구글의 예측 알고리듬은 사람들이 어떤 것을 클릭할지 예측하는 문제를 다루면서 짧은 기간에 대단한 성과를 내놓는다. 그러나 몇 주나 몇 달이 지나면 웹사이트 관리자들이 너도나도 시스템을 악용할 방법을 찾기 때문에 구글은 예측 모델을 바꿔야 한다. 검색엔진과 검색엔진 스패머 간의 밀고 밀리는 이런 힘겨루기는 예측 알고리듬의 악용이 가능하기 때문에 생기는 일이다. 구글은 그런 식으로 시스템을 악용해서는 이윤이 나지 않도록 해보려 애쓰지만, 예측 알고리듬에만 전적으로 의지할 경우 취약점을 드러낼 수밖에 없다는 사실을 인정하고 결국 인간의 판단력을 동원해 스팸에 대항하도록 기계를 다시 최적화시킨다. 인스타그램Instagram도 스팸의 공격적인 요소를 잡아내기 위해 알고리듬을 수시로 업데이트해 가며 스패머들과 끊임없이 싸움을 벌인다. 일반적으로 말해 일단 인간이 그러한 문제를 찾아내면, 그것은 더 이상 안다는 사실을 모르는 것이 아니다. 그들은 정확한 예측을 위한 솔루션을 찾아내, 문제를 인간과 기계가 손을 잡아야 하는, 안다는 것을 아는 것으로 바꾼다. 솔루션을 찾아내지 못하면 그 문제는 모른다는 것을 아는 것으로 바뀐다.

기계 예측은 그 위력이 대단하지만 분명 한계는 있다. 데이터가 한정되어 있으면 기계는 제대로 예측하지 못한다. 드문 사건에 대하여도 예측이 어렵다. 예를 들어 러시아와 우크라이나 전쟁의 승자를 예측한다든가, 여당 대표의 징계가 다음 총선에 미칠 영향과 같은 것은 매우 중요하지만, 이러한 사건은 드물고, 각각 고유하며, 특별해서 이에 대한 예측을 하는 것은 불가능하다. 훈련이 잘된 인간은 이런 한계를 잘 안다. 사건이 드문 탓이든 인과 추론 때문이든 인간은 한계를 인정하고 기계 예측에서의 문제점을 파악하여 개선하고 향상시킬 수 있다. 그러기 위해서는 인간이 기계를 이해해야 한다.

함께 할 때 더 잘하는 예측

때로 인간과 기계가 손을 잡고 서로의 약점을 보완할 때 최고의 예측이 나오는 경우가 있다. 2016년에 하버드·MIT의 인공지능 연구팀은 조직검사 슬라이드를 보고 전이성 유방암을 컴퓨터로 검출해 내는 경연대회인 카멜리온 그랜드 챌린지Camelyon Grand Challenge에서 우승했다. 이 팀에게 승리를 안겨 준 딥러닝 알고리듬은 92.5퍼센트의 적중률을 보였다. 96.6퍼센트를 적중시킨 인간 병리학자에 조금 못 미치는 꽤 정확한 예측이었다. 결국 인간의 승리처럼 보였지만 연구진은 이에 그치지 않고 한 걸음 더 나아가 그들의 알고리듬의 예측과 그 병리학자의 예측을 결합했다. 결과는 99.5퍼센트의 적중률로 나타났다. 즉 3.4퍼센트였던 인간의 오류율이 0.5퍼센트로 떨어진 것이다. 오류는 85퍼센트 줄어들었다. 이는 일종의 인식적 분업이다. 기계적·정신적 처리과정에서의 분업이 미치는 영향은 그로 인해 그

일을 하는 데 필요한 기술과 지식의 양을 정확하게 습득해 적용할 수 있다는 점이다.[225] 인간과 기계는 예측을 잘하는 분야가 서로 다르다. 병리학자가 암이 있다고 말하면 대체로 틀림이 없었다. 인간이 암이 있다고 판정했는데 암이 아닌 경우는 드물었다. 반대로 인공지능은 암이 없다고 말할 때 훨씬 더 정확했다. 인간과 기계는 실수하는 유형이 달랐다. 이렇게 인간과 기계는 서로 다른 능력을 인정하고 손을 잡음으로써 각자의 약점을 극복했고 그래서 오류율을 크게 줄였다. 이 점은 필자도 일찌감치 깨닫고 이런 내용을 소개하는 논문을 쓴 바 있다.[226] 인간은 자신이 만든 기술에 의해 재규정되는 세상에 살고 있는 사이보그와 같은 존재로, 인간은 일상생활에서 기술에 의존하지 않는 부분이 없으며, 특히 스마트폰이란 인공물에 의지하지 않으면 일상적 생활 영위가 불가능하다시피 한 상황에서 인간이 어떤 결정을 하는 데 있어 오로지 자신의 지식과 경험에만 의존하지 않고 어떤 인공적 존재, 즉 인공지능 알고리듬의 조력을 받으려 하는 것은 당연하며, 인공지능은 탁월한 예측능력, 분석능력으로 인간과의 협업을 통해 어떤 의사결정을 한다면 그러한 의사결정 시스템을 일컬어 사이보그 형 의사결정 시스템이라고 못 볼 바 없다는 게 주된 내용이다. 그 논문에서도 인간과 알고리듬의 협업 모델의 우월성의 예를 들었다. 2005년에 행해진 체스 대회에서 두 명의 아마추어 체스 선수가 슈퍼컴퓨터와 여러 그랜드마스터 팀을 연달아 격파한 일이 벌어졌다. 그 아마추어들은 그랜드마스터에 비하여 체스 실력은 떨어졌지만 숙련된 컴퓨터 사용자였다. 그 경기 결과 '약한 인간+기계+향상된 프로세스' 조합이 강한 컴퓨터 시스템이나 심지어 '강한 인간+기계+열악한 프로세스' 조합보다 더 우월하다는 것이 밝혀졌다. 인간과 인공지능의 시너지 효과를 활용하는 솔루션이 얼마나 절실한지를 보여주

---

225) 어제이 애그러월 외, 각주 30)의 책, 88-97면.
226) 양종모, "인공지능에 의한 사이보그형 자동화 의사결정에 대한 고찰", 『과학기술과 법』, 통권 22호(충북대학교 법학연구소, 2021).

는 예로 소개했다.227)

협업의 방법론도 함께 살펴본다. 기계 예측은 두 가지 경로를 거쳐 인간
의 예측 생산성을 향상시킬 수 있다. 첫째는 기계가 먼저 예측을 내놓는 방
법이다. 그러면 인간은 이를 이용해 자신의 평가와 종합한다. 둘째는 기계
가 사후에 다른 의견을 제시하는 방법이다. 즉 기계가 인간의 작업을 감시
하는 식이다. 상사도 이 방법을 써서 부하직원이 예측 작업에 적극적으로
노력하게 만들 수 있다. 그런 감시가 없으면 인간은 필요한 만큼 열심히 하
지 않을지도 모른다. 이론적으로 볼 때 인간의 예측이 객관적인 알고리듬
과 다를 경우 인간은 그 이유를 설명해야 하기 때문에 인간은 웬만큼 자신
있다고 확신할 수 있을 만큼 각별한 노력을 기울일 경우에만 기계를 제압
할 수 있을 것이다.

인간과 예측 알고리듬이 짝을 지어 예측의 정확도를 높이려면 인간과 기
계의 한계를 알아야 한다. 인간은 편향된 예측을 하거나 필요한 만큼 노력
을 안 할지 모른다. 기계는 중요한 정보가 부족할지 모른다. 인간끼리 서로
협업할 때는 보통 팀워크와 협조정신을 강조하지만, 인간과 기계의 조합은
팀으로 여기지 않을 수 있다. 인간이 기계가 예측을 더 잘할 수 있도록 만
들고 기계도 인간이 예측을 잘하도록 만들기 위해서는 인간과 기계가 가진
각각의 약점을 파악해 결함을 극복할 수 있는 쪽으로 그 둘을 결합하는 것
이 중요하다.228)

예측 알고리듬은 판단을 해 주지 않는다. 판단은 인간만이 한다. 인간만
이 달리 행동했을 때의 상대적 보상을 계산하고 이해득실을 평가할 수 있
기 때문이다. 인공지능이 예측을 떠맡게 되면 인간은 의사결정에서 예측-
판단을 결합하던 정해진 방식을 지양하고 판단하는 역할에만 좀 더 집중할
것이다. 이렇게 되면 예측 알고리듬의 예측과 인간의 판단사이에 대화식

---

227) 양종모, 각주 226)의 논문, 105면.
228) 어제이 애그러월 외, 각주 30)의 책, 99면.

인터페이스가 가능해지는데, 이는 스프레드시트나 데이터베이스로 작업할 때 양자택일 질문을 던지는 것과 같은 방식이다. 예측이 더 정확하면 다양한 행동에 대한 보상을 생각할 기회 즉 판단의 기회가 많아진다. 다시 말해 예측이 더 정확하고 더 빠르며, 값싸다면 인간은 더 많은 판단 또는 결정을 쉽게 내릴 수 있다.

예외 예측

인공지능 예측 알고리듬의 주요 강점은 인간이 할 수 없는 방식으로 측정할 수 있다는 점이다. 반대로 인공지능 예측 알고리듬의 약점은 과거의 데이터가 많지 않은 이례적인 사안까지 예측하려 한다는 점이다. 그래서 인간과 기계의 협업은 '예외 예측prediction by exception'의 형태를 띠어야 한다.

인공지능 예측 알고리듬은 데이터가 풍부해야 배운다. 즉 예측기계는 상투적이고 자주 일어나는 시나리오를 다루면서 배운다. 이런 상황에서는 인간이 관심을 갖지 않아도 인공지능 예측 알고리듬은 자기가 할 일을 제대로 할 수 있다. 하지만 예외가 생겼을 때, 즉 상투적이지 않은 시나리오가 전개되면 인공지능 예측 알고리듬은 인간과 소통해야한다. 그러면 인간은 예측 알고리듬의 정확도를 개선하고 예측을 검증하기 위해 많은 노력을 기울일 수 있다. 이것이 바로 '예외 예측'이다.

예외 예측은 치즐의 초기 제품에서 매우 중요한 부분을 차지하는 개념이다. 앞서 설명한 치즐의 문서 편집기는 다양한 법률서류를 검토해 비밀 정보를 편집한다. 사람이 직접 하면 매우 힘겨운 절차겠지만, 법정에서 상대방이나 일반에게 주요 정보를 감춘 채 서류를 공개해야 하는 경우에는 기계의 힘을 빌려 처리할 수 있다. 치즐편집기는 그런 1차적 분류과제를 예외 예측에 의존해 처리했다. 특히 사용자는 필요에 따라 편집기의 강도를 조정할 수 있었다. 공격적으로 편집할 때는 지워야 할 정보의 역치[229]가

가볍게 손을 볼 때의 편집본보다 높을 것이다. 예를 들어 비밀 정보를 수정하지 않고 놔두는 것이 걱정된다면 편집기를 공격적으로 세팅하면 된다. 반면에 너무 조금만 공개하는 것이 불만이라면 가볍게 세팅하면 된다. 치즐은 편집 결과를 검토한 다음 그것을 승인하거나 거부할 수 있는 간편한 인터페이스를 제공했다. 다시 말해 편집 내용은 최종결정이라기 보다 추천에 가까웠다. 최종 권한은 여전히 인간이 가지고 있었다.[230]

인공지능 예측의 과정 해부

의사 결정, 즉 예측에는 여섯 가지 핵심요소가 있다. 누군가가(또는 어떤 것이) 의사결정을 할 때 그들은 예측을 할 수 있게 해 주는 입력 데이터를 세상으로부터 얻는다. 예측이 가능한 것은 유형이 다양한 데이터들의 관계와 어떤 데이터가 어떤 상황과 가장 밀접하게 연관되어 있는지 훈련을 하였기 때문이다. 의사결정권자는 주요 관심사에 대한 예측과 판단을 종합한 다음 어떤 행동을 선택할 수 있다. 그 행동은 하나의 결과(보상이나 득실과 관련이 있다)를 낳는다. 그 결과는 결정의 결과다. 결과는 또한 다음 예측을 향상시키는 데 필요한 피드백을 제공할 수도 있다.

다리에 통증을 느껴 병원에 갔다고 하자. 의사는 당신의 다리를 살핀 후 엑스레이를 찍고 혈액 검사를 한 다음 몇 가지를 물을 것이다. 그 결과가 입력이다. 의사는 이런 입력 데이터를 가지고 의과대학에서 몇 해 동안 배운 내용(트레이닝)과 당신과 비슷한 경우의 다른 많은 환자(피드백)를 토대로 하나의 예측을 한다. "혈전일 확률이 아주 없지는 않지만 십중팔구 근육 경련일 겁니다." 혈전은 혈액 응고를 말하는 데, 출혈을 빨리 멈추게 하는 역할을 하며, 역할을 마치면 분해가 되어야 하는 데, 분해가 되지 않으면

---

229) 역치 또는 문턱값은 원래 생물학 용어로, 생물체가 자극에 대한 반응을 일으키는 데 필요한 최소한도의 자극의 세기를 나타내는 수치를 말한다.

230) 어제이 애그러월 외, 각주 30)의 책, 100-118면.

건강을 위협한다. 팔이나 다리의 혈전은 쥐나 근육통으로 나타나기 때문에 근육 경련과 구별이 어렵지만, 다리 부위의 혈전이 심장이나 폐로 이동하면 위험해진다.

따라서 의사가 혈전인지 아니면 근육통에 불과한지 평가하는 데에는 판단이 따른다. 의사는 판단을 내릴 때 직관과 경험 등 다른 데이터도 고려한다. 그 판단은 분석의 결과라고 하지만, 다분히 예측적 요소를 포함한다. 예측을 전면에 내세운 것이 예측의학Predictive Medicine이다. 예측의학은 질병이 발병할 위험이 있는 환자를 식별하여 질병의 예방 또는 조기 치료를 가능하게 하는 것을 목표로 하는 의학의 한 분야다. 단일 분석이나 다중 분석을 사용하여 질병에 대한 향후 소인의 마커를 식별하여 예측을 하려는 것이다.[231]

다시 예로 돌아가 근육 경련에는 쉬는 게 약이라고 하자. 혈전이라면 약을 먹어야 하는데 장기 복용해도 부작용은 없지만 불편을 호소하는 사람이 많다. 의사가 근육 경련을 혈전으로 잘못 판단해 약을 처방하면 잠시나마 불편을 느낄 것이다 의사가 혈전을 근육 경련으로 잘못 판단해 휴식하라고만 하면, 심각한 합병증에 시달리거나 심지어 잘못되면 죽을지도 모른다. 판단은 잘못 판단했을 때의 결과(여기서는 휴식이나 약간의 불편함이나 심각한 합병증과 관련된 득실)뿐 아니라 정확하게 판단했을 때의 결과 등 각각의 가능한 결과에 따른 상대적 득실을 정하는 것을 포함한다. 모든 가능한 결과에 대한 득실을 정하는 것은 휴식을 취하도록 할지 아니면 약간 불편하더라도 약 처방을 내려 심각한 합병증의 위험을 줄일지를 결정하는 데 필요한 단계다.

그래서 어떤 예측을 위한 판단을 내릴 때, 의사는 환자의 나이와 위험에 대한 태도를 감안해 혈전일 가능성이 약간 있어도 근육 경련에 대한 처방

---

231) https://www.nature.com/subjects/predictive-medicine(2022. 5. 13. 최종방문).

을 내릴 가능성이 크다.

마지막은 처방을 한 후 결과를 관찰하는 행동이다. 이러한 관찰은 처방 시의 판단이 예측적 요소를 포함하기 때문이다. 처방 결과에 따라 변하는 상황으로 예측이 맞는지, 아니면 잘못 되었는지를 판단하고, 다시 처방을 한다. 그때 하는 처방도 또 다른 예측이다. 관찰한 결과 다리의 통증이 사라졌는가? 다른 합병증이 나타났는가? 의사는 이렇게 관찰한 결과를 피드백으로 활용해 다음 예측에 필요한 정보를 보탠다.

하나의 결정을 여러 요소로 분해하면, 인간이 하는 행동의 어떤 부분이 예측의 가치를 떨어뜨리고 또 어떤 부분이 예측 능력을 향상시켜 가치를 높이는지 확실하게 파악할 수 있다. 일반적으로 인공지능 예측 알고리듬은 인간의 예측을 대신할 수 있는 가장 좋은 대안이다. 인공지능에 의한 기계 예측이 인간의 예측을 대신하는 비율이 늘어날수록 인간이 하는 예측의 가치는 줄어들 것이다. 예측은 결정의 핵심 요소이지만 유일한 요소는 아니다. 판단과 데이터와 행동 등 결정을 내리는 데 필요한 다른 요소들은 아직까지도 여전한 인간의 영역이다. 이런 요소들은 예측에 대한 보완재여서, 인공지능으로 인해 예측의 비용이 내려가면 그 가치가 올라간다. 예를 들어 인공지능 예측 알고리듬이 이제는 더 좋고 더 빠르고 더 값싼 예측을 내놓기 때문에, 우리는 예전에 결정하지 않기로 결정했던 결정(예를 들어 원래 그런 것으로 인정되던 것)에 대해 판단을 내림으로써 기꺼운 마음으로 더욱 더 열심히 예측하려들지도 모른다. 그럴 경우 인간의 판단에 대한 수요는 증가할 것이다.[232]

인공지능 알고리듬은 진정으로 알지 못한다.

인공지능은 예측에는 강하지만, 판단에서 취약하다. 판단을 잘 하지 못

---

232) 어제이 애그러월 외, 각주 30)의 책, 106-109면.

하는 것은 인공지능이 이해력이 부족하거나 아니면 이해력이 아예 없기 때문일 수도 있다. 단순한 수치로 변환이 불가능한 지식 영역은 여전히 인간에게 남아있다. 그 좋은 레가 구글검색에 의한 예측이다. 구글 트렌드는 전세계 사용자들의 검색어 동향을 제공하는 데, 2012년에 시작되었으며 그 이후로 계속 업데이트되고 있다. 구글 트렌드를 통해 다양한 검색어의 인기도를 확인할 수 있으며, 어떤 검색어를 입력하면 구글 트렌드는 시간 경과에 따른 이 검색어에 대한 관심도를 표시하는 그래프를 표시한다. 사용자는 관심 기간을 따로 지정할 수 있고, 지역이나 언어도 선택할 수 있으며, 하나의 그래프에서 최대 5개의 다른 검색어를 함께 비교할 수 있다. 이 사이트에서 제공하는 다양한 기능을 제대로 사용하면 사용자에게 잠재적인 경쟁 우위를 제공한다.

2021년의 우리나라 인기검색어 1위는 로블록스, 2위는 코로나 백신 예약, 3위는 오징어 게임이다. 뉴스/사회 분야의 경우, 1위가 요소수, 2위가 도쿄 올림픽, 3위가 학교폭력 실태조사다.[233] 이러한 검색 순위만 봐도 2021년에 발생한 주요 관심사를 알 수 있다.

구글 트렌드에서 제공하는 검색량만 가지고도 유권자들의 표심을 읽는 것도 가능하다. 만약 어떤 유권자가 특정 후보에 관심이 있다면 자연스럽게 인터넷이나 모바일 폰으로 그 후보를 먼저 검색할 것이고, 그 후보에 대한 정보들을 통해 호감이나 비호감을 형성한 후 호감 가는 후보에게 투표할 확률이 높다. 구글 트렌드에서는 아쉽게도 호감이나 비호감에 대한 정보까지는 제공하고 있지 않기 때문에 이들에 대한 정확한 비율까지는 알 수 없지만, 일반적으로 본인이 관심 있는 후보를 더 많이 검색한다는 점을 감안한다면 검색 량이 많다는 것은 곧 호감의 비율이 높다는 것으로 생각할 수 있다. 구글 검색에서 후보에 대한 호감과 비 호감을 판단하는 기준은

---

233) https://trends.google.com/trends/yis/2021/KR/(2022. 7. 3. 최종방문).

긍정적인 단어와 부정적인 단어를 개별적으로 분석하면 가능하다.

여기서 반전은 긍정적 단어와 부정적 단어를 개별적으로 분석하지 않더라도 검색 패턴만으로도 예측할 수 있다는 것이다. 비 호감의 경우 검색 패턴은 대체로 검색 량이 전혀 없다가 특정 시간동안 급격히 증가한 후 바로 사라지는 피크를 보인다. 처음부터 비 호감이었기에 나쁜 이슈가 발생했을 경우만 갑자기 피크가 발생하고 사라지는 패턴이 생긴다. 웬만해서는 비 호감 후보를 꾸준히 검색하는 유권자들이 많지 않기 때문이다. 사실 선거에서 비호감보다 더 안 좋은 경우는 후보에 대한 관심 자체를 보이지 않는 것으로, 좋은 이슈나 나쁜 이슈에 관계없이 검색 자체가 없기 때문에 유권자들로부터 표를 얻을 확률은 현저히 떨어지게 된다.[234]

재범 위험성 예측 알고리듬의 경우, 정확성을 떨어뜨리는 요소는 그 알고리듬은 범죄 전력 점수를 미래의 행동(재범)을 예측하는 핵심 요소로 삼는다는 점이다. 이를 들어 자신의 (재구성된) 과거가 자신의 미래를 좌우하는 'Back to the Future'라고 하기도 했다.[235] 그러나 이것이 문제다. 미래가 반드시 과거를 재구성하는 형태로 되지는 않을 것이기 때문이다. 과거가 미래를 결정하는 데 어느 정도까지 영향을 끼칠 수 있느냐에 대한 시각의 차이에서 비롯된다. 물론 미래를 양으로 측정하기란 불가능하다. 미래는 미지의 세계이기 때문이다. 그러나 수치를 이용해 과거에 일어난 일을 세밀하게 파악할 수는 있다.

그렇다면 과연 어느 정도까지 과거의 패턴으로 미래의 양상을 가늠할 수 있을까? 위험에 직면한 상황에서는 보이는 그대로의 사실과, 시간의 공허 속에 숨겨진 주관적인 믿음 가운데 어떤 것이 더 중요할까? 위험 관리는 과연 과학일까, 아니면 기법일까? 과연 그 두 가지 접근방법의 다른 점을

---

234) 우종필, 각주 137)의 책, 28면-29면.

235) Melissa Hamilton, "Back to the Future: The Influence of Criminal History on Risk Assessments", 20 Berkeley J. Crim. L. 75 2015, p.79.

명확하게 제시할 수 있을까?

가장 훌륭한 결정은 과거의 패턴에 따라 결정된 양과 수치에 기초해야 한다는 사람들과, 불확실한 미래에 대해 좀 더 주관적인 기준을 근거로 결정해야 한다는 사람들 사이에 고집스런 긴장감이 논쟁의 곳곳에 드러난다는 점이다. 이는 과거에도 그랬던 것처럼 현재에도 전혀 해결책을 찾을 수 없는 논쟁이다.[236]

미래의 결과를 모델링하기 위해 과거에 사용했던 도구가 그 당시의 상태와 환경을 기반으로 한다는 점을 인식해야 한다. 기하급수적인 변화의 미래 상황에서의 어떤 결과를 예측하려는 그 미래 상황을 반영할 역동적인 도구가 필요하다. 미래의 세계가 오늘날의 세계와 극적으로 다를 것이라는 전제 하에 예측에 임해야 한다.[237]

딥러닝이 잘 하는 일

딥러닝이 잘 하는 일 중 하나가 이미지 분류와 예측이다. 피부암이나 유방암 같은 병을 진단하기 위해서는 해당 부위에 대한 영상이 필요한데, 더 많은 영상을 학습한 쪽일수록 더 정확한 판단을 내릴 가능성이 높다. 그런데 인공지능은 인간에 비해 더 많은 양의 데이터를 더 빠르게 학습할 수 있기 때문에 영상 판독을 통해 병을 진단하는 일에 있어서 인간 의사와 대등하거나 인간 의사를 능가할 수 있을 것으로 전망된다. 병을 진단하는 일과 예측이 무슨 관계가 있을까? 병의 진단은 기본적으로 분석적이다. 분석은 예측과 다르다고 생각할 수도 있을 것이다. 그러나 인공지능에게 분석과 예측은 동일하다는 게 필자의 소신이다. 인공지능에게 주어진 책무가

---

236) 피터 L. 번스타인, 각주 41)의 책, 17면.

237) Igor Tulchinsky, "The age of prediction: How data and technology are driving exponential change", World Economic Forum Annual Meeting, 2022. 3. 18, https://www.weforum.org/agenda/2022/05/age-of-prediction/(2022. 4. 2. 최종방문).

분석이면 분석을 하고, 예측을 하라면 예측을 하는 것일 뿐 방법이나 알고리듬의 동작 원리는 동일하기 때문이다. 이러한 점은 뒤에 살펴보는 바와 같이 인공지능 예측의 한계로 연결된다. 인공지능은 과거의 데이터에서 미래를 읽는다.

또한 이들은 미래의 유방암 발병 가능성을 예측하는 인공지능도 개발하고 있다. 지금까지 유방암의 진단은 현재 상황에서의 병의 유무를 판독하는 것이었다.

그러나 이들이 개발한 인공지능은 현재의 상태뿐만 아니라, 2년 후, 3년 후, 10년 후의 발병 가능성에 대해서도 예측해 준다.

인공지능의 예측이 신뢰할 수 있는 수준이라면 유방암에 대비할 수 있는 길이 열리는 것이다.[238] 이러한 일이 가능한 이유는 앞서 이야기한 것처럼 분석과 예측이 다르지 않기 때문이다.

어떤 분야의 인공지능 알고리듬 적용 경험은 타 분야의 알고리듬 개발과 활용에 상당한 도움을 줄 것이다. 예를 들면, 병을 예방하는 방법 중에는 인공지능을 사용한 추천 시스템도 있다. 이 시스템은 유튜브나 넷플릭스와 같은 콘텐츠 서비스, 아마존과 같은 쇼핑 서비스에서도 사용된다. 예를 들어 A 음악을 자주 듣는 사용자가 B 음악도 자주 듣는 경향이 발견된다면, A 음악을 들은 사용자에게 B 음악을 추천할 수 있다. 마찬가지로 A와 B라는 상품을 동시에 구매하는 사용자가 많다면, A 상품만 구매하려는 소비자에게 B 상품도 추천할 수 있다. 이런 원리를 병의 예측에도 적용할 수 있다. 예를 들어 A라는 병에 걸린 사람이 나중에 B라는 병에 걸릴 확률이 높다고 한다면 이를 토대로 A라는 병에 걸린 사람이 B라는 병에 걸리지 않도록 미리 예방 활동을 할 수 있다.

물론 인공지능을 통한 자동화가 만능열쇠는 아니다. 인공지능은 인간과

---

238) 이재박, 『괴물신입 인공지능 쫄지 말고 길들여라』, 초판(엠아이디, 2020), 49-60면.

는 달리 기계가 분석할 수 있는 형태의 데이터가 주어지지 않으면 바보나 다름없기 때문이다. 인공지능에게 분석을 맡기려면 숫자의 형태로 기록되거나 변환 가능한 데이터가 필요한데, 아직은 이런 방식으로 기록된 데이터를 구하는 것이 쉽지 않다. 아직까지는 의사나 병원마다 기록 체계가 달라서 여러 곳에서 모은 데이터를 표준화하는 일 자체도 커다란 숙제이다.

컴퓨터 비전과 딥러닝을 통해 특정 영역에서 사람이 쓰러졌는지 여부를 자동 검출하는 인공지능 알고리듬도 흥미롭다. 한국전자통신연구원ETRI은 2018년부터 딥뷰DeepView라고 명명한 고성능 비주얼 디스커버리 플랫폼을 개발하기 시작했는데 사람과 같이 이미지 데이터를 인식하고 분석하는 것이 목표다. 2021년 6월 대전시와 협력하여 딥뷰로 쓰러진 사람을 실시간으로 탐지해 관제센터에 알리는 시스템을 실험 중에 있다. 이 기술 핵심은 폐쇄회로 TV 영상과 딥뷰의 시각 지능을 이용해 사람의 인체 영역과 세부 관절 위치, 자세 데이터를 실시간으로 처리해 사람의 어떤 행동을 인식하는 것이다. 이 모델은 단계별 행동 인식이 아니라 여러 판단 요소를 동시에 고려하기 때문에 특정 영역에서 사람이 쓰러졌는지 여부를 자동 검출할 수 있다. ETRI의 홈페이지239)를 보면, 위의 응용 사례 외에도 쓰레기를 버리는 사람의 행동 패턴을 학습해서 미리 알아두었다가 이와 비슷한 움직임이 포착될 경우 이를 예측하여 경고를 보내는 시스템의 예도 있다. 세종시 일부 지역과 서울 은평구 도심에서 가동되어 쓰레기 불법 투기 행위를 감시하고 있다. 기존 폐쇄회로 TV가 단순히 사람을 인식하던 것과는 달리 사람이 물건을 던지거나 내려놓는 등 투기하는 행동을 인식하고 경고 메시지를 내보내 예방한다. 딥뷰가 탑재된 폐쇄회로 TV는 사람의 관절 위치와 물체를 탐지하고 사람과 물체의 관계를 모델링하는 방법으로 투기 행위를 탐지한다. 아울러 쓰레기 더미를 검출하고 투기 시의 행동을 인식해 관계를 추

---

239) https://www.etri.re.kr/45th/sub05_44.html(2022. 4. 25. 최종방문).

적하고 추론도 한다. 또한 일정 거리 이상 떨어져 있는지, 쓰레기를 던졌는지, 완전히 버렸는지 등의 다양한 쓰레기 투기 행동의 패턴을 검출한다.

이런 시스템이 아직은 시험단계를 완전히 벗어난 것은 아니라고 할지라도 인간의 행동 패턴에 따라 결과를 예측할 수 있다는 점에서 적용 범위는 무궁무진하다. 이런 기술이 상용화되면 국가 사회안전망 고도화를 위한 기반 기술 확보는 물론이고, 기존의 폐쇄회로 TV를 활용해 도심의 안전을 지키는 역할로 시민 안전, 국방 및 각종 편의성 증대에 도움을 줄 수 있다.

인공지능이 적용된 스마트 공장의 경우, 인공신경망Artificial Neural Network을 통해 스스로 학습하는 인공지능이 각 부품의 이상 동작을 감지하고 수명을 예측해 고장이 일어나기 전에 미리 진단하고 대처하게 한다. 삼성 SDS는 넥스플랜트Nexplant라는 스마트 팩토리 플랫폼을 발표했는데, 이 플랫폼은 설비에 장착된 센서를 통해 수집된 데이터를 인공지능으로 분석해 실시간으로 이상 신호를 감지해서 고장이나 불량이 발생할 것으로 예상되는 시점을 예측하여 생산 공정을 최적화하는 것을 목표로 한다.

마케팅에 있어서도 인공지능의 활용 가능성은 크다. 마케팅에 있어, 고객이 다른 브랜드로 갈아탈 가능성이 얼마나 높을지, 고객이 재구매를 할 가능성은 언제일지, 고객이 어느 가격대의 상품을 가장 선호할지 등을 끊임없이 예측해야 한다. 그런데 인공지능이 가장 잘하는 것 중 하나가 예측이라는 점에서 인공지능이 마케팅에서 보여줄 잠재력은 무궁무진할 것으로 기대된다.[240]

인공지능 예측에 있어서 특성공학의 중요성

성공적인 인공지능 예측의 핵심은 특성공학feature engineering이라는 것이 머신러닝에서 상식이다.[241] 즉 머신러닝 알고리듬은 학습을 통해 경험

---

240) 이재박, 각주 238)의 책, 175면.
241) 스테판 젠슨, 홍창수 외(역), 『퀀트 투자를 위한 머신러닝·딥러닝 알고리듬 트레이

으로부터 배우는 것이다. 따라서 결과값을 예측하는 데 유관한 특성feature
이 제공될 때 잘 작동한다. 따라서 입력 변수의 질이 예측 성능과 직결된다
는 점이다.

특성을 잘 선택하게 되면 계산 시간을 줄고 예측 성능이 개선되며 기계
학습 등에서 데이터를 더 잘 이해할 수 있는 방법을 얻는다.[242]

모델을 단순화할 때 모델이 작용하는 공간의 차원을 줄일 필요가 있다.
그러할 때 특성 선택이라고 보이는 공정은 무관한 것으로 보이는 특성들을
폐기하는 식으로 진행된다. 일종의 가지치기다.[243]

아주 큰 자질 벡터에 대해 알고리듬을 실행하는 것은 비용부담이 크기
때문에, 오로지 스팸과 햄을 가장 잘 구분하는 자질들만 남기려는 목적으
로 자질 선택feature selection 공정을 적용하는 경우가 많다. 예를 들어 영
어 텍스트에 자주 나오는 "of the"라는 2-gram의 도수는 스팸과 햄에서 같
은 것이므로, 스팸 검출을 위해 그 2-gram의 개수를 세는 것은 무의미하다.
최상위 100여 개의 특성이면 텍스트의 부류를 잘 구분할 수 있다. 자질들
의 집합을 선택했다면 비로소 임의의 감독 학습 기법을 적용할 수 있다. 스
팸 검출의 경우, 텍스트 범주화에 흔히 쓰이는 모델은 k-nearest neighbor,
Support Vecotr Machine, 의사 결정 트리, Naive Bayes 분류기, Logistic
Regression 등이고, 정확도는 흔히 98%~99% 정도이다. 즉 특성 집합만 세
심하게 설계해도, 99.9%를 넘는 정확도를 달성할 수 있다.[244]

k평균 군집화를 이용해서 고객 군집을 찾으려면 정량화할 수 있는 특성
이 필요하다. 일반적인 변수 중 하나가 수입인데, 수입이 많은 사람이 수입

　　딩』, 초판(에이콘출판주식회사, 2021년), 159면.
242) https://www.sciencedirect.com/science/article/abs/pii/S0045790613003066(2022. 7. 1.
　　최종방문).
243) 스튜어드 러셀/피터 노빅, 류광(역), 『인공지능 현대적 접근방식Ⅱ』, 제3판(제이펍,
　　2016), 285면.
244) 스튜어드 러셀/피터 노빅, 각주 243)의 책, 465면.

이 적은 사람보다 유명 브랜드를 선호하기 때문이다. 상점에서는 이런 특성을 이용해 고소득자에게 고가의 상품에 대한 직접적인 광고를 할 수 있다.

성격이란 특성도 고객을 그룹화 하는 좋은 방법이다. 페이스북 사용자를 대상으로 한 설문조사를 예로 들 수 있는데, 사용자에게 성격 특성을 나타내는 다음과 같은 네 가지 테스트를 요구한다. 그것은 외향성(사회적 관계를 얼마나 즐기는지), 근면성(얼마나 열심히 일하는지), 감성(얼마나 자주 스트레스를 받는지), 개방성(새로운 것을 얼마나 잘 수용하는지)이다.

조사 결과 이러한 성격 특성 사이에는 양의 상관관계positive associations가 있었다. 매우 근면한 사람들은 외향적인 경우가 많고, 매우 감성적인 사람은 개방성이 높은 경향이 있다. 따라서 이러한 성격 특성을 더 잘 시각화하기 위해 각각을 묶는다. 이렇게 합쳐진 각 사용자의 성격 점수에 해당 사용자가 페이스북에서 '좋아요'한 영화를 매칭 한다. 즉, 영화팬을 각자의 성격에 따라 그룹화 하는 것이다. 그 결과 나타난 군집은 다음과 같다. 액션과 로맨스 장르를 좋아하는 사람은 근면하고 외향적인 사람이고, 아방가르드와 판타지 장르를 좋아하는 사람은 감성적이고 개방적인 사람이다. 이런 정보를 이용하면 타겟팅된 광고를 설계할 수 있다.[245]

이는 특성처리가 모델의 성능을 크게 좌우한다는 것을 알려주는 예다.[246]

특성 공학feature engineering

따라서 어떤 변수가 입력되어야 하는가를 결정하는 특성선택feature selection 또는 특성공학이 중요하고, 이는 예측 개발 모델의 성공 여부와

---

245) 애널린 웅/케네스 수, 『수학 없이 배우는 데이터 과학과 알고리즘-모두를 위한 데이터 사이언스』, 초판(에이콘 출판주식회사, 2018), 40면.
246) 김정헌, "머신러닝을 통한 예측시 특징처리(features engineering)에 따른 모델성능 차이분석", 『한국관광학회 국제학술발표대회집』, 제91권(한국관광학회, 2022), 113-114면.

직결된다. 특성선택은 데이터 과학자가 결과를 예측하기 위해 변수를 선택하는 과정을 의미한다. 자연어 처리Natural Language Processing에 국한하면, 특성공학은 원시 데이터, 또는 코퍼스로부터 자연어처리 애플리케이션을 개발하거나 자연어 처리 관련 문제를 해결하는 데 도움이 되는 특성 또는 속성을 생성, 유도하는 과정이다.[247]

이미 기계 학습 또는 패턴 인식 응용 프로그램에서 특성공학은 이러한 응용 프로그램에 사용되는 수십에서 수백 개의 변수 또는 기능으로 확장되었다. 예측 작업에 부담이 되는 관련성이 없고 중복되는 변수를 줄이는 문제를 해결하기 위해 여러 기술이 개발되었다. 특성선택(변수 제거)은 데이터를 이해하고 계산 요구 사항을 줄이며 차원이 증가하면서 학습데이터 수가 차원 수보다 적어져서 성능이 저하되는 현상인 소위 차원의 저주 효과를 줄이고, 예측의 성능을 향상시키는 데 도움이 된다. 특성선택의 초점은 입력 데이터를 효율적으로 설명하면서 노이즈 또는 관련 없는 변수의 영향을 줄이고 좋은 예측 결과를 제공할 수 있도록 입력에서 변수의 하위 집합을 선택하는 것이다.[248]

법률 관련 알고리듬의 설계에서도 복잡다단한 사건의 여러 특징 중 무엇을 입력 변수로 하느냐에 따라 예측 모델의 성능이 결정될 것이다.

다른 분야의 예로 부연 설명해 보기로 한다. 기업의 주식 변동을 예측할 때 환율, 유가, 소비자 물가, 동종업계 동향 등 여러 가지 변수를 생각할 수 있지만, 그 회사가 속한 산업 분야가 내수 중심인지 수출 위주인지에 따라 예측을 위한 특성도 달라져야 한다. 기업이 아니라 역 앞의 음식점이 환율이나 유가에 어떤 영향을 받을까? 식자재의 수입 의존 여부나 전기 요금 등에 의하여 수지 타산이 달라질 수 있다. 최근 우크라이나 사태에서 보듯

---

247) 잘라지 트하나키, 이승준(역), 『파이썬 자연어 처리의 이론과 실제』, 초판(에이콘 출판(주), 2017), 149면
248) supra note 242.

전쟁도 영향을 미친다. 일본의 경우 야구팀 주니치 드래곤즈가 우승하면 지역 경기가 나빠진다는 속설이 있는데, 이것도 인공지능 알고리듬으로 분석하면 어떤 패턴이 나올 수 있는 문제라고 생각된다.[249] 현대의 노동은 육체노동이 아닌 지식노동이다. 육체노동에 대한 지시는 명료한 반면, 지식노동에 대한 지시는 모호하다. 이익 최대화, 손실 최소화, 최상의 영업 방법 찾기와 같은 지시는 변환이 필요하다. 수많은 원시 데이터를 그대로 사용하는 것보다 그런 데이터를 변환하고 그 속에서 가치 있는 정보를 추출하는 머신러닝이 데이터마이닝이라 불리는 것도 의미심장하다.[250]

어떤 분야든 그 작동방식과 여러 현상을 설명하고, 예측하는 데 있어 다른 특성보다 더 잘 작동하는 특성을 찾아내려는 치열한 노력이 존재한다. 통상 인공지능이 놀라운 것은 무수한 데이터의 홍수 속에서 결정적인 신호를 포착하는 성능이다.

3. 금융 부문의 위험 예측

이 책에서는 금융의 위험과 관리·예측에 대한 이야기가 상당한 분량을 차지할 것인데 나름의 이유가 있다. 현대의 금융체제가 사회에 미치는 영향이 지대하고, 그 위험은 사회 전체에 파급효과를 가진다. 뿐만 아니라, 오래 전부터 금융을 중심으로 위험 관리방안을 모색하여 왔다는 점은 다른 어떤 분야보다도 위험의 예측에서 선도적 입장에 있으리라는 믿음을 갖게 한다. 뒤에서 좀 더 상술하겠지만, 위험을 예측하는 시스템의 시초는 보험이고, 보험은 금융 시스템의 위험 예측의 근간이 되는 여러 관념과 제도적

---

249) 이노우에 켄이치, 마창수/김남근(역), 『왓슨을 이용한 인공지능 서비스 입문』, 초판(책만, 2017), 50-51면.
250) 양종모, 『인공지능과 법률서비스 분야의 혁신』, 초판(한국학술정보, 2021), 82-83면.

장치의 초석을 만들었다. 위험 예측과 관리라는 측면에서는 이런 경험이 소중하다. 그래서 법적 위험의 예측을 논의함에 있어 금융 위험 예측 관리 시스템, 보험 등에서 아이디어를 빌리는 당위성은 분명 있다. 법적 위험 예측을 활용의 대표적 사례로 거론되는 재범의 위험성 예측 시스템의 원리가 보험 수리적 방식에 뿌리를 두고 있는 것도 좋은 변명거리가 될 것이다.

조지 소로스는 2008년에 발생했던 금융 위기 10주년을 맞아 투자자로서 금융 위기에 대처하는 관점을 알려주기 위해 금융의 연금술251)이라는 책을 저술했다. 당시 투자자로서 무사히 위기를 헤쳐 나갈 수 있었던 것은 템플릿을 미리 개발해두었기 때문이라면서 그 템플릿은 각종 부채 위기가 어떤 양상으로 전개되는지를 이해하기 위해 개발하였다고도 했다. 그 템플릿은 부채 위기가 발생할 가능성이 낮아지고, 위기가 발생하더라도 적절히 관리할 수 있기를 바라는 마음에서 그 템플릿을 공유하려 하며, 투자자로서 그는 시장을 통해 표출되는 경제적 변화에 돈을 투자한다는 점에서 경제학자나 정책 입안자와는 다른 관점으로 시장을 본다고 했다. 그는 그 덕분에 자본 움직임의 원동력이 되는 상대적 가치나 흐름 같은 것들에 집중할 수 있었으며, 결국 상대적 가치나 시장의 흐름이 원인이 되어 자본의 움직임이 발생하는 것처럼 어떤 원인이 어떤 결과를 낳는 과정에서 사이클이 만들어지는 것을 간파했다. 금융위기를 헤쳐 나가는 과정에서 그가 깨달은 것은 실질적인 경제적 지식은 경제학 교과서가 아니라, 글로벌 투자자로서의 경험에서 우러나온다는 사실이었다. 글로벌 투자자들은 경제적 변화에 돈을 투자하므로 그 결과에 따라 천당과 지옥을 오가는 경험을 하고, 이전에 경험해 본적 없는 위기를 반복해서 경험하게 되는데, 조지 소로스는 글로벌 투자자로서 직접 겪어본 금융위기만이 아니라 역사적으로 중요한 의미를 지니는 금융위기 사례들을 가상으로라도 간접 경험해 보자는 데까지 생각

---

251) 조지 소로스, 김국우(역), 『금융의 연금술』, 초판(국일증권연구소, 1995).

이 미쳤고, 그 결과 그러한 금융 위기 사례들을 분석했다.252)

금융투자가 위험하다는 사실을 모르는 사람은 없다. 어떤 투자도 결과가 확실하지 않고 확률적이기 때문에 위험하다. 따라서 잘못되고 손해를 볼 가능성은 늘 존재한다. 투자에서 투자 위험 감수는 필수적이다. 위험한 활동을 하면서 위험을 감수하지 않을 수 없기 때문이다. 어떤 투자자라도 그렇게 생각해야 하고, 또 실제로 대부분의 투자자들이 그렇게 생각한다. 대부분의 투자자들은 자신을 '위험 감수자'로 여길 것이다. 이런 상황에서 위험의 예측은 금융 투자에서 매우 중요하다. 금융투자의 성공은 예측의 정확도에 달려있는 셈이다. 주식에 투자하려는 경우, 미래 특정 시점의 주가만 예측할 수 있으면 땅 집고 헤엄치기다.

따라서 금융 투자를 좀 더 살펴보면 예측의 방법론 같은 것을 어렴풋이 엿볼 수 있지 않을까 해서 금융투자 관련 저술들을 살펴보았다.

주가를 예측하기 위한 방법론으로서 기본 분석fundamental analysis은 어떤 특정한 주식, 상품, 혹은 금융시장의 수급 사이에서 생기는 불균형에 영향을 줄 수 있는 모든 변수들을 감안해서 분석하려는 시도이다. 기본 분석가는 금리, 재무제표, 날씨 패턴 등 온갖 변수들을 수학적 모델을 사용해서 가중치를 따져 분석한 후, 순전히 논리적이거나 합리적인 차원에서 미래의 특정 시점에 주가가 어떻게 될지를 예측한다. 이 같은 기본 분석의 문제는 투자자들을 변수로 간주하는 일이 아주 드물거나 아예 없다는데 있다. 투자자들이 미래에 대한 믿음과 기대감에 따라 투자를 하면서 주가를 움직이는 데 톡톡히 한몫을 하는데도 말이다. 또한 어떤 분석·모델이건 모든 변수들을 감안해서 논리적이면서 합리적인 미래 예측을 내놓는다고 해도 투자자들이 그 모델을 아예 모르고 있거나 믿지 않는다면 모델의 예측은 큰 가치를 갖지 못할 것이다. 실제로 현장에서 활동 중인 많은 투자자들, 특히

---

252) 레이 달리오, 송이루 외(역), 『레이 달리오의 금융위기 템플릿 1』, 초판(한빛비즈(주), 2020), 6면.

어떤 한 방향으로 주가를 크게 쏠리게 만들 수 있는 능력을 갖고 있는 많은 투자자들은 주가에 영향을 미칠 근본적fundamental 수급요인이라는 개념에 대해서 전혀 신경을 쓰지 않는다. 아울러 어떤 특정 순간에 그들이 내리는 투자 결정은 기본 모델이 아니라 감정에 따라 좌우된다. 그래서 투자자들과 그들에 의한 주가의 변동은 일반적으로 늘 합리적인 방향으로만 움직이지는 않는다.

반면 기술적 분석은 투자자들이 투자과정에서 지속적으로 서로 상호작용하면서 만드는 집단적인 행동 패턴을 분석하는 방법이다. 즉, 왜 A라는 일이 생기면 그 다음에는 B라는 일이 벌어질 확률이 아주 높은지를 이해하기 쉽게 설명한다. 기술적 분석을 통해 시장의 움직임을 읽어서 앞으로 시장에서 어떤 일이 벌어질지 예상할 수 있다. 그런데 바로 이러한 예측의 기초가 되는 것은 시장보다는 특정 순간에 나타난 사람들의 행동 패턴이다. 논리적이거나 합리적인 차원에서 시장의 움직임을 예상하는 기본 분석은 당위와 실재 사이에 일종의 현실적인 괴리를 불러일으킨다. 이러한 괴리 때문에 기본 분석은 먼 미래의 장기적인 예측에나 적합하고, 그 자리를 시장의 과거 움직임에 기초해서 미래 시장의 움직임을 예측하는 기술적 분석이 차지하게 되었다. 기술적 분석은 언제든지(매 순간, 매일, 매주, 매년 상관없이) 똑같이 반복적인 패턴을 찾아주기 때문에 활용의 폭이 넓다.[253] 인공지능 알고리듬과 결합 가능성이 높은 분석 방법이라고 하겠다.

대체로 상환 의무를 지는 사람은 많은 부채를 탐탁지 않게 생각한다. 사람들은 살면서 돈이 없을 때도 빚을 지기보다는 저축하는 것을 더 선호했다. 이런 성향은 조상대대로 물려받은 것인데, 빚이 장점보다 단점이 더 많다고 생각하기 때문이다. 사람은 빚은 많이 지는 것보다 적게 지는 게 낫다고 생각하는 사람을 보면 동질감을 느끼게 마련이다. 경험과 연구를 통해

---

253) 마크 더글라스, 이진원(역), 『투자, 심리학에서 길을 찾다』, 초판((주)위즈덤 하우스, 2009), 19-28면.

밝혀진 사실은 신용과 부채의 성장이 지나치게 더디면 지나치게 빠를 때와 마찬가지로 부정적인, 때에 따라서는 기회비용의 형태로 비용을 발생시킨다. 즉 신용과 부채가 없다는 것이 항상 바람직하지 않고 경우에 따라 더 부정적인 경제적 효과를 초래한다. 이를 사회 전체의 관점에서 평가해보면 일차적이고 직접적인 경제효과 뿐만 아니라, 이차적이고 간접적인 경제효과도 고려해야 한다. 예를 들어 설명해보자. 효율성이 떨어지는 인프라를 교체하는 사업이나 아이들에게 양질의 교육 서비스를 제공하는 사업은 분명히 비용대비 효과가 크다. 양질의 교육서비스는 범죄를 줄이고, 범죄인 교정을 위해 투입되는 비용을 아낄 수 있다는 점을 고려하면 더욱 큰 효과를 기대할 수 있다. 그런데도 자금이 부족한 상황에서 부채를 통해 이런 사업에 재원을 투입하는 것이 사회 전체로 볼 때 바람직하지 않다는 재정 보수주의자들의 말도 안 되는 주장에 막혀, 명백히 효과적임에도 불구하고 이런 사업에 충분한 재원과 신용이 투입되지 못하는 상황이 벌어지기도 한다.254)

미래에 다시 금융위기가 닥쳤을 때 살아남기 위해서는 금융위기가 어떤 양상으로 전개되는지 알아야 한다. 그러기 위해서는 금융위기 이면에 숨겨진 인과관계를 파악할 필요가 있다. 이런 인과관계 파악을 위해서는 경기순환과 디레버리징을 비롯하여 다양한 유형별 경제 현상을 살펴보고 각각의 평균을 구하고, 그 유형별 인과관계를 시각적으로 그려내 분석할 수 있게 만들 필요가 있다. 더 나아가 전형적인 경기순환과 대형 부채 사이클, 전형적인 디플레이션 유발형 디레버리징과 인플레이션 유발형 디레버리징 등 다양한 유형의 위기를 이해할 수 있는 모형과 템플릿 개발이 필요하다. 그것이 갖춰지면 전형적인 경기 사이클과 각각의 경기 사이클을 비교하고 유형별 차이점을 들여다보면서 무엇이 그러한 차이를 만들었는지 파악할 수 있다. 이와 같은 템플릿을 서로 연결함으로써 위기를 유형별로 단순화

---

254) 레이 달리오, 각주 252)의 책, 13면.

하고, 심층적으로 이해할 수 있다. 노련한 의사는 환자의 증상이 저마다 달라도 특정한 질병의 또 다른 형태임을 아는 것처럼 위기에 대처하는 첩경은 위기에 나타나는 각각의 수많은 요소를 점차 몇 가지로 단순화하여 바라보는 것이다.

이익과 손실에 직접 노출되는 경험을 통해 배우려는 사람들에게 돈을 관리하는 문제는 매우 중요하다. 우위를 갖는 것과 살이 남는 것은 별개이다. 일단 살아남아야 우위도 가질 수 있다. 워런 버핏 역시 "성공하려면 먼저 반드시 살아남아야 한다."고 강조했다. 무슨 수를 쓰더라도 절대로 완전히 파산해서는 안 된다. 이익과 손실 사이에는 변증법이 작동한다. 처음에는 작게 (초기자본 가운데 일부를) 베팅한다. 위험을 제한하면(적정 규모로 베팅하면) 우위도 제한될 수밖에 없다. 시행착오를 거치듯 자신의 위험 선호도의 승률에 대한 평가를 한 번에 한 단계씩 수성해 나가야 한다.[255] 위험과 수익 사이의 교환관계를 알고 정확히 다루는 것은 모든 도박사와 투자자들이 직면한 근본적이면서도 이해가 부족한 과제다.[256] 도박은 단순한 형태의 투자다. 도박과 투자의 상당한 유사성은 일부 도박 게임을 이길 수 있는 것처럼 투자에서도 시장 평균을 넘어서는 성과가 가능하다는 것을 시사했다. 둘 다 수학과 통계, 컴퓨터를 이용해 분석이 가능하다. 둘 다 위험과 수익 사이에서 적절한 균형을 취하는 자금 관리가 필요하다. 개별적으로는 유리한 베팅이라고 하더라도 과도한 베팅은 파멸로 이어질 수 있다. 대형 헤지 펀드 롱텀 캐피탈 매니지먼트(이하 LTCM)를 운영하던 노벨상 수상자들은 이러한 과오를 저질렀고 1998년 LTCM이 붕괴되면서 미국 금융 시스템도 거의 초토화되다시피 했다. 안전하게 게임을 하며 지나치게 적게 베팅하는 것 역시 돈을 버리는 것과 마찬가지이다. 투자에 성공하는

---

255) 에드 O. 소프, 김인정(역), 『나는 어떻게 시장을 이겼나』, 초판(이레미디어, 2019), 17면,
256) 에드 O. 소프, 각주 255)의 책, 112면.

데 필요한 심리적 기질도 도박과 유사하다. 위대한 투자자는 대개 도박과 투자에 모두 능숙하다. 신주인수권은 복권과 비슷하다. 주식 가격이 아무리 낮더라도 주가가 올라 행사가격을 넘어서 신주인수권이 행사될 가능성이 있는 한 만기 전까지는 항상 얼마간의 가치를 지니기 때문이다. 만기일이 멀고 주가가 높을수록 신주인수권의 가치는 더욱 높아진다. 기초자산이 되는 기업의 재무제표나 사업의 복잡성과는 무관하게 주식과 신주인수권의 상관관계는 단순하다. 에드 O. 소프는 이것을 생각하며 신주인수권 가격을 주가와 관련짓는 규칙을 대략적으로 구상했다. 두 증권의 가격이 함께 움직이는 경향은 내재가치와 시장가치 사이에 괴리가 발생한 신주인수권을 활용하는 동시에 가격괴리 위험을 줄일 수 있는 '헤지hedge'라는 중요한 아이디어를 떠올렸다. 헤지 포지션을 구축하기 위해서는, 신주인수권 및 신주인수권을 이용해 인수할 수 있는 보통주처럼 가격이 함께 움직이는 경향이 있으며 실제 가치 대비 가격괴리가 발생한 두 종류의 증권이 필요하다. 상대적으로 저평가된 증권을 매수하고 상대적으로 고평가된 증권을 공매도 한다. 포지션의 비중을 잘 설정하면 가격이 급변동하더라도 양쪽에서 발생하는 이익과 손실이 대체로 상쇄, 즉 헤지될 것이다. 상대적 가격괴리가 예상대로 해소될 경우 양쪽 포지션을 정리하고 이익을 실현한다.[257]

사람들은 은행 예금이나 채권을 확정된 수익으로 보는 우를 종종 범한다. 국가의 통회정책에 따른 화폐가치 하락의 폭력성을 실질적으로 인식하지 못하기 때문이다. 즉 은행의 내 돈이 무조건 안전하다고 생각하는 것이다. 1억 원을 10년 동안 예금해두면 매년 이자까지 받을 수 있다고 말이다.

그러나 이는 내 통장에 든 돈, 내가 산 10년 만기 채권의 실질가치가 계속 떨어질 수도 있다는 사실을 간과한 것이다. 화폐의 액면가나 내 통장에 든 예금액, 채권의 원금 등 명목가치는 어느 정도 고정되어 있으므로 이런

---

257) 에드 O. 소프, 각주 255)의 책, 245-254면.

착각에 빠지기 쉽다. 하지만 흔히 쓰는 화폐는 물가상승률에 따라 실질가치가 끊임없이 하락하고 있으며, 반면 상품이나 부동산 등의 명목가치는 증가하고 있다.

화폐가치를 둘러싼 각국 정부들의 조치들에 대해 더 생각해보자. 먼저 국가의 부채가 100이라고 가정해보자. 국가가 통화량을 급격하게 늘려서 인플레이션을 일으키면 자산의 명목가치가 오른다. 5억 원이었던 아파트가 10억 원으로 오르게 되며, 이러한 자산가치의 상승은 화폐가치의 하락으로 나타난다. 결국 화폐가치는 각국 정부의 통화정책에 달려있는 것이다.

2008년의 금융위기나 2020년 코로나19 사태 같은 극심한 경기침체가 닥치면, 정부는 기업과 개인에게 돈을 마구 풀어 경기 방어에 나선다. 이것이 반복되면 화폐의 실질가치는 계속 떨어질 수밖에 없다. 중요한 것은 통화량 증가를 통한 화폐가치 하락은 결국 채권가격 하락으로 이어진다는 점이다.

현재 국가 채무가 100인데 통화량을 늘려버리면 화폐가치가 떨어져 그 채무의 실질가치는 80으로 떨어질 수도 있다. 국가의 의사결정으로 그렇게 할 수 있다면 국가 채무도 변동부채라고 할 수 있을 것이다. 그리고 국가의 이러한 합의, 즉 통화량을 늘리는 합의는 긍정적이든 부정적이든 '부의 대반전'을 가져오는 계기가 되기도 한다.[258) 은행예금조차 위험의 씨앗이 될 수 있다는 사실은 소름 돋는다.

해결 가능한 위험이라야 위기라고 부르고, 예측을 하고, 또 해결책을 강구함으로써 위기를 기회로 바꿀 수 있다. 천재지변과 같은 경우는 예측도 어렵지만, 할 수 있는 것은 피해 규모의 축소밖에 없다. 그러나 대형 사고는 대부분 인재(人災)라는 표현을 많이 쓰고, 외형은 자연 재해 같아 보이는 경우도 사람의 과실이 피해규모를 늘리거나 더 중요한 기여를 한 경우에 인재라는 표현을 쓴다. 충분히 검토하고, 폐해를 예상하였다면 방지할

258) 장진현, 『세계사 속의 부의 대반전』, 초판((주)스마트북스, 2021), 20-21면.

수 있는 역사적 사건도 많다.

일본의 부동산 버블

일본 경제에 심각한 타격을 입힌 현상으로 부동산 버블 붕괴가 있다. 일본의 부동산 버블로 인해 일본 6대 도시의 토지 가격지수는 1985년 35.1에서 1990년 105.1까지 5년 동안 대략 3배 폭등한다. 일본 황궁 주변의 부동산 가격으로 미국 캘리포니아 전체를 살 수 있을 정도였고, 심지어 도쿄 도심 3개구의 땅을 팔면 미국 전체 토지를 살 수 있다는 말이 나돌 정도였고, 일본은 록펠러센터를 인수하는 등 미국에서만 530억 달러의 부동산을 인수했다.[259] 이러한 부동산 폭등 원인으로는 일본이 불황을 막기 위해 취한 경기 부양용 저금리 정책을 꼽는 경우가 많다. 당시 일본은 부동산뿐만 아니라 주식가격도 급등했다.

환율 하락(화폐 강세)은 두 가지를 동반한다. 먼저 그 나라의 기업과 가계가 가진 자산 가격이 상승하게 된다. A라는 사람이 일본 국채와 미국 국채를 각각 보유하고 있다고 가정해보자. 엔/달러 환율이 50% 떨어지면(엔화가 50% 강세가 되면), 예전에 2천만 엔으로 10만 달러를 바꾸던 것이 이제는 1천만 엔으로 10만 달러를 바꿀 수 있게 된다. 글로벌 시각으로 바라보면, 가계와 기업이 자산 재평가로 대박을 맞은 것과 다름없다. 자산은 그대로인데, 평가의 잣대가 바뀌니 주식과 토지의 가격이 상승하는 현상으로 나타나는 것이다.

또한 환율 하락(화폐 강세)은 경기상승을 가속화한다. 인구가 약 1억 3천만 명인 일본은 내수시장이 경제에서 큰 비중을 차지하는 편이다. 주식이나 부동산 등 자산 가격이 급등하면, 기업의 투자가 늘어나고 개인의 소비

---

259) https://hbr.org/1990/05/power-from-the-ground-up-japans-land-bubble(2022. 4. 13. 최종방문).

성향이 높아지며 소비지출이 커진다. 당시의 일본도 마찬가지였다. 1985년
에 309만 대였던 신규 등록 승용차는 1990년대에 500만 대를 넘어섰으며,
가전·가구 등 내구 소비재에서도 대형 고가제품의 수요가 크게 증가했고,
편의점이 대폭 늘어나고 택배사업도 급속하게 발전한다.

　일본 사람들은 소비가 살아나자 환호성을 질렀다. 소비는 경제의 핵심지
표이자, 경제주체들의 걱정과 근심의 영역을 축소시키는 일등공신이다. 은
행 거래를 하는 사람들도 신이 났다. 예금통장의 명목가치는 동일했지만
엔화의 실질가치가 상승했기 때문이다. 예전에는 해외여행을 하는 데 50만
엔이 필요했다면, 엔화 가치 상승으로 이제는 30만 엔으로도 충분했다. 한
주당 100달러짜리 미국주식도, 캘리포니아 해변 가의 10만 달러짜리 미국
주택도 더 적은 엔화로 살 수 있었다.

　기업들은 기업 가치를 자산 가격 상승에 따른 이익의 증가로 포장했다.
각종 재무비율과 수익률이 동일하더라도, 기업이 가진 부동산이나 주식 등
자산 가격이 상승함으로써 이익의 절대 값은 증가한 것으로 나타났던 것이
다. 이것은 기업들이 가진 문제의 본질을 희석시키고 눈을 가려, 기업의 가
치와 성장성에 대한 날카로운 해석을 가로막았다.

　한편 엔화 강세(환율 하락)가 되면 수입가격은 낮아지고 수출가격은 높
아지는 '환율 전환 효과'가 발생하여 수출경쟁력이 떨어지게 된다. 따라서
수출기업은 상품의 품질을 높이든지, 또는 원가를 획기적으로 낮출 수 있
는 방법을 모색하는 등 경쟁력을 강화하는 방법을 찾아야 한다. 그러한 경
쟁력 신장이 동반되지 않는다면 수출가격의 상승은 수출 감소로 이어져 큰
타격을 가져온다. 그럼에도 일본정부와 기업들은 환율과 관련된 세밀한 대
책을 수립하지 않았다. 오히려 기업들은 자산 가격이 오르자 재테크에 혈
안이 되어버렸다. 장기적 이득을 도모하기보다는 단기적 수익성에 매몰되
어 경쟁력 신장을 도외시한 것이다. 당시 일본기업들은 부동산 투자에 본
격적으로 뛰어들었다. 지가 상승은 토지의 투기적 매매를 불러왔고, 투기의

성행은 도시의 토지가격을 폭등시켰다. 도쿄의 경우 지가가 10배 이상 상승하는 지역도 속출했다.

금융기관에서 대출을 받아 토지와 집을 구입한 뒤 이를 되팔아 차익을 취하는 이른바 '토지 굴리기' 행위도 빈발했다. 은행 입장에서 보면, 지가가 상승하면 담보가치가 올라서 추가 대출의 여지가 증가하며, 대출금액이 증가하면 다시 지가가 상승하는 악순환이 반복된다. 그런데도 일본의 고위 공무원들은 "드디어 미국의 항복을 받아냈다"라며 호들갑을 떨었다.

일본 정부도 그저 앵무새 노릇만 했다. '환율의 저주', 다시 말해 엔화 강세가 가져온 주식·부동산 가격 급등과 이에 따른 우려를 경고하는 기록물은 보이지 않는다. 일본의 잃어버린 20년은 여기에서부터 비롯된 것이다. 섬뜩하지 않은가? 우리나라의 부동산 폭등 패턴과는 어떤 차이점이 있는가?

일본정부와 중앙은행은 주식 및 부동산 등 자산 가격이 끝없이 오르고 경기가 과열되자, 1989년 기준금리를 6%까지 빠르게 인상했다. 사실 팬데믹으로 인해 미국도 현재 부동산 버블현상을 보이고 있다. 미국은 인플레와 부동산 버블 등을 잡기 위해 금리 인상을 단행하고 있고, 부동산 공급 확대 등에 나서고 있다. 우리나라도 폭등한 부동산 가격을 잡기 위해서 금리 인상 등 정책을 펴리라고 전망된다.

일본은 1990년 거품이 꺼지면서 일본 부동산과 주식시장은 급격히 추락하기 시작했다. 6개 도시 가격지수(6개 도시 시가지의 3월 말 가격지수)는 1985년 35.1에서 1990년 105.1로 폭등했지만, 1995년에는 다시 51.4로 순식간에 폭락했다. 니케이225 주가지수도 1985년 12,556에서 1990년 29,474로 급등했다가 1995년에는 17,355로 폭락했다. 대출을 일으켜 주식과 부동산의 '상투'를 잡은 투자자들은 버블 붕괴로 지독한 아픔을 겪었다. 이런 좋은 선례에서 뭔가를 배울 필요는 없을까? 그리고 이런 위기 상황에서 예측을 통해 위기를 기회로 바꿀 수는 없는가?

일본의 경우, 엔화강세 시기에 사람들이 주식시장과 부동산 시장에 미친듯이 달러가 거품을 키우고 있었을 때, 세계경제 및 일본 경제의 흐름, 환율의 특성을 알고 투자 기회를 포착한 극소수의 사람들은 '엔고(엔화 강세)'를 지렛대 삼아 해외 부동산과 기업에 투자하여 이른바 '대박'을 맞았다. 이들은 엔화 강세기에 뉴욕의 빌딩을 더 적은 엔화로 살 수 있었는데, 일본 국내 부동산 가격은 폭락한 반면, 해외 부동산 가격은 그대로였으므로, 상대적으로 엄청난 이익을 본 셈이다. 당시 일부 일본 기업들은 미국 등 해외로 몰려가 주식이나 부동산을 사들였다. 일본의 Sony는 1989년 미 컬럼비아 픽처스를 50억 달러에 인수했고,[260] 일본 최대 가전업체인 마스시타는 1990년 말에 유니버설 스튜디어의 소유 회사인 MCA Corp를 66억 달러에 인수했다.[261] 뉴욕의 엠파이어 스테이트 빌딩 등 세계적으로 유명한 부동산들도 일본 기업의 손아귀에 들어갔다.

환율은 그야말로 요술 방망이 같았다. 고작 3년 정도 만에 2배나 오른 엔화 강세로 일본의 입장에서는 뉴욕 빌딩의 가격이 반 토막이 된 셈이었기 때문이다.[262]

투자 위험의 예측

자연현상에 대한 인간의 반응은 처음부터 계산에 따라 결정된다고 봐야한다. 그러나 실제로 그렇지 않다. 자연현상에 대한 인간의 반응은 각각의 목적에 적합한 방식의 훈련을 통해 만들어진다.

야구 선수들의 경우도 마찬가지다. 어떻게 해야 공을 잡을 수 있는가는 캐치볼을 해 보기도 전에 알 수 있는 것이 아니다. 직접 훈련이나 체험을

---

260) 인수 후 대부분 영화가 흥행에서 참패하는 등 큰 투자 손실을 입었다. https://www. icmrindia.org/casestudies/catalogue/Business%20strategy2/Sony-Columbia%20Pictures %20Cross%20Border%20Acquisition.htm(2022. 4. 13. 최종방문).
261) https://apnews.com/article/0a3b82c3c508b4c98e74993e47d52eb2(2022. 4. 13. 최종방문).
262) 장진현, 각주 258)의 책, 25-28면.

함으로써 알게 되는 것이다. 직접적인 훈련이 아니라 상상을 하거나 계산만 하는 선수들은 다른 선수들과의 경쟁에서 밀려나게 된다. 종교적 믿음 역시 인생의 여러 문제를 해결하는 과정에서 체험적으로 갖게 된다. 신앙은 누가 알려 줄 수 있는 성격의 것이 아니다. 어떤 판단을 내리기 위해 사전에 계산식을 푸는 방식으로 가질 수 있는 성격의 능력이 아니다. 이는 처음부터 불가능한 일이다. 우리가 할 수 있는 것은 훈련이나 체험을 통해 위험을 인지하고 그에 대해 필요한 조치를 미리 취하는 것 정도다. 자신이 감당해야 할 합당한 위험이나 책임을 회피하려는 사람들은 항상 복잡하고 중앙화된 해법을 추구한다. 반면에 자신이 직접 위험을 감수하고 책임을 지는 사람들은 단순한 해법을 추구한다.263)

새로운 테크놀로지를 현실에 적용할 때마다 두려움의 순간이 있게 마련이다. 하지만 거대한 도전으로부터 거대한 성취가 나온다. 인류는 이미 달 표면을 산책하였다. 이제 사람들은 우주를 향해서가 아니라 미래 예측이라는 새로운 미지의 영토로 과감하게 나아가고 있다. 이미지의 영토는 우주와 마찬가지로 흥분되는 탐험으로 가득하다. 실제로 다양한 기관들이 학생들로 하여금 계속 학교에 다니게 하고, 정전사태 없이 전깃불이 계속 들어오게 하고, 범죄발생률을 낮추기 위해서 예측 분석을 사용한다. 금융기관의 투자 포트폴리오 관리도 그 한 분야다.

기계를 이용해 금융거래 의사결정을 자동화하는 블랙박스 거래는 데이터 기반의 의사결정에 있어서 누구나 추구하는 성배라고 할 수 있다. 원래 블랙박스 거래는 사전 프로그래밍된 논리를 사용하여 구매 및 판매 시스템을 생성하는 독점 거래 시스템을 의미하는 데, 기계적 알고리즘에 의한 예측이란 요소가 가미되면서 더욱 블랙박스 성격이 심화되었다. 이 상자의 입구로는 현재의 금융환경 조건들이 입력되고, 출구로는 매입/보유/매도라

---

263) 나심 니콜라스 탈레브, 각주 172)의 책, 267면.

는 의사결정이 나온다. 이 블랙박스가 제대로 작동한다면 어떠한 사업계획
서보다도 더 쉽게 돈을 벌 수 있다. 컴퓨터가 이제는 전기를 돈으로 바꾸는
(마법)상자가 되는 것이다.

엄청난 양의 데이터에 숨어 있는 공통 패턴을 찾아내는 일을 딥러닝 알
고리듬보다 더 잘하기는 점점 어려워지고 있다.

예측 분석은 본질상 개방적이기 때문에 응용할 수 있는 범위가 매우 넓
다. 주가, 리스크, 비행非行, 사고, 세일즈, 기부, 마우스 클릭, 주문 취소, 건
강 문제, 병원 입원, 사기, 탈세, 범죄, 오작동, 송유관, 정전, 정부복지 보조
금 승인, 생각, 의도, 대답, 의견, 거짓말, 평점 , 중퇴, 우정, 사랑, 임신, 이
혼, 일자리, 사직, 승리, 투표 등등 열거하기 어려울 정도다. 게다가 그 응용
분야는 눈부신 속도로 확장되고 있고, 무한히 긴 목록 중에서 비즈니스 측
면에서의 본질적인 응용은 대량 마케팅mass marketing일 것이다. 대량 마케
팅은 하나의 타겟 그룹이 아닌 전체 시장에 어필하는 프로세스다. 이 대량
마케팅 기법은 대중 매체를 사용하여 최대한 많은 청중에게 다가가는 전략
이다. 대량 마케팅을 할 때 사용하는 다양한 채널(예: 인쇄 매체, 소셜 미디
어 및 방송)을 통해 광고가 전송되며 이러한 광고는 수천 또는 수백만 명
의 고객에게 도달할 가능성이 있다. 모든 사람을 대상으로 하는 대량 마케
팅 시장은 일반적으로 더 많은 판매를 달성하고 브랜드 노출을 극대화하기
위해 필수품을 더 낮은 가격에 판매하는 데 중점을 둔다. 따라서 대량 마케
팅에서 마케팅 홍보물에 대하여 어떤 고객이 반응할 것인가를 예측하고,
더 적극적 반응을 보일 것으로 예측되는 고객을 선별하여 접촉하는 일은
필수적이다.[264] 이러한 대량 마케팅은 개인화의 도전을 받고 있다. 기업들
은 온라인 개인화online personalization를 최우선 과제로 삼고 있다. Amazon
과 같은 소매업체의 경우 소비자에게 무슨 일이 일어나고 있는지 확실히

---

264) 에릭 시겔, 각주 178)의 책, 50면.

파악하고 있다. 물론 온라인 개인화는 그렇게 명백하지 않으며 소비자 시장에 국한되지 않는다. B2B 디지털 마케팅도 점점 개인화되고 있다. 개인화를 통해 가장 우선순위가 높은 대상에게 집중하면서 폭넓은 네트워크를 구축할 수 있다.[265] 개인화online personalization는 현대 알고리즘 장치의 초석으로, 사람들이 구매하는 것, 읽는 뉴스, 듣는 음악 등 일상생활의 훨씬 더 많은 구성 요소가 개인의 관심사에 맞게 조정된 알고리즘 제안에 점점 더 의존한다.[266]

금융기관의 대출 신용 평가

끊임없는 혁신과 역동성을 발휘하여 새로운 시장을 개척하고 적극적인 해외 진출을 꾀하는 금융 선진국과는 달리 국내 금융부문은 내수시장 위주의 전통적인 영업방식에만 의존하며 손쉽게 자산을 축적해 왔다. 이처럼 금융부문이 경제성장의 견인차 역할을 수행하지 못하고 또한 실물지원 기능도 과거에 비해 저하되고 있다고 여겨지는 것은 금융의 보신주의 때문이다. 은행의 보수적 금융행태를 비판하고 있는 측에서는 국내 은행이 최적의 위험추구 수준보다는 낮은 수준의 위험을 추구하고 있기 때문에 은행자산이 적절하게 배분되지 못하여 경제성장을 저해하고 있다고 주장하고 있다.

은행의 보수적 금융행태로 제시되고 있는 논거로는 가계대출 중심의 자산운영, 담보·보증 위주의 소극적인 중소·벤처 기업 대출, 이자 및 국내 시장 중심의 단순한 수익구조가 제시되고 있다.[267]

---

265) https://www.business2community.com/marketing/mass-marketing-is-dead-its-all-about-personalization-02133759(2022. 7. 1. 최종방문).
266) https://journals.sagepub.com/doi/10.1177/2053951720951581(2022. 7. 1. 최종방문).
267) 구자현, 『은행의 보수적 금융행태가 기업성과에 미치는 영향』, (KDI, 2014), 6-8면, https://www.kdi.re.kr/research/reportView?&pub_no=13921(2022. 1. 21. 최종방문).

　금융기관은 대출에 보수적인 태도를 취하는데, 그 이유는 대출자가 성실하게 이자와 원금을 갚을 것인지를 판단할 수 있는 데이터가 마땅치 않았기 때문이다. 그러나 최근에는 SNS 친구 수, SNS 포스팅 내용, 동호회 가입 여부, 운전습관, 사고 경력 등에 이르기까지 개인의 성향이나 신용을 좀 더 종합적으로 판단할 수 있는 비금융 데이터 분석을 통해서 담보 여력이 높지 않은 사람일지라도 대출을 승인해 주는 사례가 생겨나고 있다. 이러한 변화는 자연어처리 기술과 감성분석sentiment analysis 기술의 발전 덕분이다. 소비자가 남긴 글을 통해 심리상태나 감정 상태를 분석하여 그 사람의 성향을 판단하는 데 사용할 수 있다. 정형화된 금융 데이터뿐만 아니라 비정형 상태로 존재하는 비금융 데이터를 통해서도 점점 의미 있는 결과를 도출하고 있다. 이를 통해 소비자의 신용도나 채무불이행 가능성을 예측하고 소비자의 신용등급을 좀 더 세밀하게 관리하여 그동안 금융 서비스에서 소외되었던 고객들에게도 대출을 승인할 수 있게 된 것이다.

　금융이 발달한 선진국에서도 금융거래 정보가 부족한 소외계층을 위해 비금융 데이터를 이용한 신용평가가 이루어지고 있다. 일본의 J.Score와 미국의 PBRC Score가 대표적인 사례라 할 수 있다. J.Score는 일본 미즈호은행과 소프트뱅크가 공동 출자해 설립한 인공지능 대출 서비스 업체로, 인공지능이 개인의 대출 상환 능력을 평가하고 6등급 체계의 신용등급을 관련 협력 기업에 제공한다. 대출 상환 능력 평가 질문은 총 160개로, 답변에 따라 상환 능력을 평가하고 신용등급에 따라 연 이자율 0.9~12%의 무담보 대출 서비스를 제공한다. 평가 질문은 금융거래 및 연봉, 고용 형태, 근속연수, 주택 소유 여부, 주택 위치뿐만 아니라 소유 컴퓨터의 종류, 자주 가는 카페, 여행 경험, 외식 빈도 등도 반영한다. 또한 업체와 제휴된 인터넷 포털 사이트의 고객 쇼핑 이용 실적과 대금 지불 기록 등도 반영한다. PBRC Score는 개인의 동의하에 개인이 거래 중인 기업이나 공공기관의 웹사이트로부터 다양한 금융·비금융 정보를 수집해서 개인 신용평점을 산출한다. 개인으로부터 기본 정보, 소득 정보, 예·적금 거래 정보, 신용카드 거래정보 등 금융거래 정보와 통신·전기·수도 등의 요금납부 정보, 주거 정보, 구독정보, SNS 이용 정보 등 비금융 정보를 수집해서 신용평가에 반영한다.[268]

이처럼 인공지능이 보이지 않는 곳에서 바삐 움직여 준 덕분에 만나지 못할 뻔했던 사람들이 만나서 서로의 이득을 창출했다. 앞으로 인공지능이 우리를 대신해서 우리가 할 수 없었던 엄청난 양의 데이터 분석을 쉬지 않고 수행해 준다면 그동안 소외되었던 사람들을 포함한 더 많은 사회 구성원의 이기심의 최적 값을 찾아가는 데 기여할 수 있지 않을까?

초인간적 위기 감지팀

기업이 예측·분석 시스템을 도입하는 것은 기업을 위한 초인간적 위기 감지팀을 구성하는 것과 같다. 기업이 내리는 모든 의사결정과 모든 조치들은 위험을 동반한다. 각종 범죄, 주식 가치 하락, 병원 입원, 불량채권, 교통 혼잡, 고등학교 중퇴, 발송되지만 무시되는 마케팅 브로셔 등 모든 함정을 미리 발견하고 그것을 피해감으로써 얻는 예방적 이익의 중요성은 크다. 전통적인 기업 리스크 관리는 비행기 추락이나 경제의 추락과 같은 거대한 사고를 예방하는 차원이었지만, 이제는 세세한 위험 요소를 해결하는 것으로 확대되고 있다.

물론 예측분석이 항상 나쁜 소식에 대처하기 위한 것만은 아니다. 우리는 좋은 행위도 예견함으로써 이득을 얻을 수 있다. 이러한 종류의 게임을 알고 덤벼들기Predict and Pounce라고 부르는데, 제품을 살 가능성이 높은 고객, 올라갈 가능성이 높은 주식 종목, 우리 쪽으로 넘어올 가능성이 높은

---

268) 임홍순 외, 『인공지능 인사이트-로보어드바이저 사례를 중심으로』, 초판(한국금융연수원 출판미디어사업부, 2020), 37-38면.

유권자, 온라인 데이트에서 마음을 줄 가능성이 높은 사람을 레이더로 포착하는 것이다. 미래를 살짝 엿볼 수 있다는 것은 의사결정자에게 선택권이 주어진다는 뜻으로, 의사결정 과정에서 강력한 힘을 제공한다. 때로는 범죄, 손실, 질병 등 불가피해 보이는 일들을 회피하고자 무슨 조치를 취할 것인지에 대한 의사결정을 분명하게 내려야 한다. 긍정적 측면에서 보면 수요를 미리 예견할 경우 그런 상황을 이용하기 위해 어떤 조치를 취할 수 있다. 어느 쪽이든 예측은 의사결정을 내리는 데 도움을 준다.

예측을 가능하게 하려면 각 개인에 대해서 알고 있는 다양한 사실들을 통합하는 방법을 배워야한다. 이를 위해서 수백만 개의 표본을 활용하여야 한다. 이러한 요구가 터무니없이 무리하게 들릴 수도 있다. 그러나 이러한 요구를 몇 부분으로 작게 나누면 훨씬 용이하게 수행할 수 있다. 이 모든 요소들을 고려할 줄 알고 이들을 모두 종합하여 개인별로 예측을 하나씩 만들어낼 줄 아는 예측을 하는 기계장치, 즉 예측 모델은 통계기법의 일종이고, 데이터 마이닝 기술을 하나다. 예측 모델은 예측을 하기 위해 한 개인의 특성들을 종합적으로 고려하는 도구로서 예를 들면 위험모델을 생성하여 복잡한 방식으로 회원 정보를 외부 소스의 인구통계 및 라이프 스타일 정보와 결합하여 정확도를 향상시키는 것과 같은 것이다.[269] 이러한 예측 모델링에는 여러 가지 방법이 있다. 그중 한 가지는 각 특성별로 가중치를 부여한 후 그것들을 다 더하는 것이다. 예를 들어 여성일 경우 점수가 남자보다 33.4 점 더 높아질 수 있으며, 핫메일 사용자들은 다른 이메일 서비스를 사용하는 사람들보다 15.7점이 더 낮아질 수 있다는 식이다. 각 요소들은 그 개인의 최종점수를 높이거나 낮추는 역할을 한다. 이것은 선형 모델이라고 하며 일반적으로 매우 간단하고 제한적인 모델이지만, 아무런 모델이 없는 것보다는 훨씬 나은 결과를 보여준다.[270]

---

269) https://www.gartner.com/en/information-technology/glossary/predictive-modeling(2022. 4. 15. 최종방문).

다른 모델은 규칙으로 구성되는 모델이다. 예를 들어 어떤 사람이 1) 아직 고등학교 재학 중이고, 2) 3년 안에 대학을 졸업하고자 하며, 3) 군에 관심이 있고, 4) 아직 이 광고에 노출된 바가 없다면, 어떤 기관의 광고를 클릭할 확률이 13.5 퍼센트라는 식이다. 이 규칙은 해당 광고에 클릭할 일반 확률이 2.7퍼센트에 불과하다면 대단히 값진 것이다. 군대에 관심을 표명한 사람들이 그 기관에 관심을 보일 가능성이 높다는 점은 흥미롭다. 추측할 수 있지만 인과 관계가 있다고 가정하지 않는 것이 중요하다. 다양한 유형의 모델이 가장 정확한 예측을 위해 경쟁한다. 방금 예시한 것과 같은 많은 규칙을 결합한 모델은 상대적으로 말해서 더 단순한 측면에 있다. 더 효과적으로 예측하지만 인간의 눈으로는 거의 이해할 수 없는 복잡한 수학 공식을 사용할 수 있다. 그러나 모든 예측 모델은 동일한 목표를 공유한다. 그들은 개인에 대한 단일 예측 점수를 도출하기 위해 개인의 다양한 요인을 고려한다. 그런 다음 이 점수는 조직이 취해야 조치에 대한 결정으로 이끈다.271)

인공지능 퀀트

인공지능이 도입되기 전에는 수학에 뛰어난 재능을 보이는 금융공학자들이 퀀트Quant라는 이름으로 금융계를 이끌었다. Quant는 Quantitative Analyst의 약칭으로 수학적 기술을 금융 투자에 적용하는 사람이란 뜻이다. 워렌 버핏과 함께 투자가로 세계적 명성을 떨친 조지 소로스George Soros와 짐 로저스Jim Rogers가 바로 퀀트의 대표적 인물이다. 이들은 1980 년대 퀀트 방식으로 무려 4,000%가 넘는 수익률을 기록했다. 퀀트가 주로 하는 일은 데이터 간 상관관계를 통계적으로 검증하여 미래의 시장을 예측하

---

270) 에릭 시겔, 각주 178)의 책, 52-61면.
271) Eric Siegel, 『The Power To Predict Who Will Click, Buy, Lie, Or Die』, Wiley, 2016, pp.35-36.

는 것이다. 즉 금융 데이터들 사이에 존재하는 공통적 특징이나 패턴을 찾아내고 그것을 바탕으로 앞으로 일어날 일을 예측하는 일을 담당했다. 인공지능은 바로 여기서 빛을 발하게 될 것이다.[272) 인공지능이 금융 투자에 도입되면서, 퀀트들의 세계도 달라지기 시작했다. 주식 거래의 85%는 이미 인공지능이 차지하고 있고, 세계 최고의 투자가 자리는 어느새 워렌 버핏이 아닌 르네상스 테크놀로지스Renaissance Technologies의 제임스 사이먼스James H. Simons[273)가 차지했다. 일반 사람들이 투자 타이밍과 감각에 대해 논할 때 그들은 양자역학, 인공위성, 음성인식, 암호해독 혹은 머신러닝 기술을 이용해 금융시장을 지배하기 시작했다. 이런 퀀트의 배경은 다양했다. 심리와 확률에 능통한 도박가도 있었고 우주를 연구하던 천문학자도 있었다. 해킹에 도가 튼 프로그래머도 있었고 통신 사업을 하던 전자회로 전문가도 있었다. 이렇듯 퀀트의 개념이 인공지능을 이용해 투자하는 사람들로 바뀌었다. 퀀트는 모든 것을 숫자로 바꿔서 생각한다. 퀀트는 발생 가능한 사건을 확률적으로 계산하고. 상황을 데이터와 숫자로 표현한다. 브랜드의 가치, 셰프의 능력, 뉴스의 영향, 태풍으로 인한 공포심, 심지어 CEO의 신뢰도까지도 숫자로 표현한다. 그리고 추출한 데이터를 토대로 투자를 행하는 인공지능을 설계하였다. 특히 투자 인공지능의 두뇌 역할을 하는 알고리듬은 퀀트에게 가장 중요한 부분이다.[274) 세계 10대 헤지펀드 중 9개가 어느새 퀀트와 알고리듬으로 이루어지게 되었고 주식, 환율, 채권, 금속 그리고 농작물까지 그들의 손이 닿지 않은 곳이 없었다. 퀀트들은

---

272) 이재박, 각주 238)의 책, 49면.
273) 그는 30년 동안 연 평균 66%의 수익을 올린 것으로 알려졌는데, 그도 초기에는 일반 투자자처럼 감으로 투자하다가 머신러닝을 이용하여, 모델을 만들면서 대단한 성공을 거두었다. 그는 인터뷰에서 통계의 중요성을 강조하고 있다.(https://youtu.be/6aYmsp4nxuc).
274) 권용진, 『인공지능 투자가 퀀트- 알고리듬, 세계 금융시장을 침공하다』, 초판(카멜북스, 2017), 13-14면.

고수익의 강력한 인공지능을 만들기 위해 치열하게 경쟁하고 있다. 경쟁사의 알고리듬 설계도를 알아내기 위해 스파이를 보내거나 기존 직원을 매수해서 코드를 알아내려고도 했다. 미국의 다국적 헤지펀드이자 금융서비스 회사인 시타델CitadelLLC 사무실은 웬만한 국방시설보다 보안이 심해서 보안장치를 5번이나 통과해야 메인 서버실에 도달할 수 있다고 한다. 물론 주식시장은 외관상 10년 전과 다를 것이 없어 보였다. 그러나 인공 지능 도입으로 인한 핀테크 때문에 금융이 더 저렴하고, 신속하며, 효율적이고, 수익성이 높아지는 괄목할 만한 진전이 이루어지고, 주식 등 금융 투자에 영향을 끼치면서, 인공 지능을 현대 금융의 실존적 구성 요소라고 평가하기도 한다.275)

물론 이 세계에 불법이 동원되기도 한다. 초고속 인공지능들과 사설로 설치한 광통신망을 이용해서 다른 사람의 거래를 미리 파악한 뒤 가격을 바로 올려버리는 불법 행위인 선행 매매가 바로 그것이다. 물론 실제 시장에서는 합법적인 인공지능들이 대부분이었지만, 금융시장을 지배한 불법적인 초고속 인공지능에 대한 이야기는 사람들의 공포심을 자극하기에 충분했다.276)

퀀트의 성공은 알고리듬이 좌우

모든 퀀트의 성공은 알고리듬에 달려있다. 알고리듬이란 말의 유래에 대하여 앞서 소개한 바 있다.

우리는 알고리듬을 만든 사람에 주목하여야 하고, 그 알고리듬으로 거둔 성공에 초점을 맞춰야 한다. 앞으로 개발될 알고리듬의 가능성을 전망하고, 그야말로 세상에 유용한 알고리듬의 아이디어를 얻는 것이 필요하다. 후대

---

275) Tom C. W. Lin, "Artificial Intelligence, Finance, and the Law", 88 FORDHAM L. REV. 531(2019), p.531.
276) 권용진, 각주 274의 책, 14-15면.

의 퀀트에게 지대한 영향을 끼친 투자 알고리듬의 창안자이자 1900년대 중반의 최고 투자가는 에드워드 소프Edward O. Thorp다. 물리학도로서, 카지노에선 절대 돈을 딸 수 없다는 생각에 반감을 품은 소프는 룰렛 게임의 경우 공의 움직임을 계산해서 떨어질 확률이 높은 숫자에 건다면 이길 수 있으리라 생각하였고, 라스베이거스에 있는 대형 카지노 룰렛은 워낙 정교하기 때문에 모든 숫자가 무작위로 나와 어떤 숫자가 나올지 예측하는 일은 거의 불가능에 가깝다는 현실의 벽을 넘어, 정교한 원판 위에서 돌아가는 공의 움직임을 계산할 수 있다고 믿었다. 공의 움직임의 계산은 공의 초기 위치와 속도만 있으면 고등학교 수준의 물리학으로도 계산 가능한 일이다. 룰렛 같은 경우에는 딜러가 공을 굴린 뒤에 어느 정도 시간이 지나도 베팅할 수 있기 때문에 초기 위치와 속도를 알아내고 나서 돈을 거는 것이 가능하므로 공의 초기 위치와 속도, 룰렛 마찰 계수 등을 모델화해 공식으로 나타낼 수 있다는 아이디어를 생각했고, 실험했다. 그러나 카지노에서 사용되는 정교한 룰렛을 구할 수 없고, 공의 위치 등을 계산하기 위한 소형 컴퓨터, 인식 장치를 구할 수 없어 좌절했다. 그러나 우연히 블랙잭 전략에 관한 논문을 보고, 카지노에서 직접 실험하기까지 했다. 다양한 블랙잭 상황에서 승리 확률이 어떤지 계산해내려 하였지만, 52장의 카드로 나올 수 있는 상황만도 몇 백만 가지가 넘었고, 이미 카드가 몇 장 나누어진 상황까지 고려하면 수십억 가지가 넘어 모든 확률을 계산할 수는 없었다. 그러나 여러 가지 확률패턴을 유심히 살펴보던 소프는 카드 5가 승부에 가장 큰 영향을 미친다는 것을 깨달았다. 카드 5가 많을수록 딜러에게 유리했고 카드 5가 적을수록 플레이어는 우위를 점할 수 있었다. 그리고 마침내 이 사실을 이용해서 카지노를 격파할 전략, 에드 소프의 알고리듬을 완성하게 된다. 에드워드 소프의 첫 알고리듬인 카드 5 카운팅 알고리듬은 간단하다. 덱에 남은 카드의 숫자를 카드 5가 나온 숫자로 나누어서 13보다 크면 소액베팅을, 13보다 작으면 거액 베팅을 하는 것이다. 카드 5가 덱에 하나도 없을 경우 플레이어의 승률은 53.6%까지 오르기 때문에 거액 베팅을 한다면 플레이어가 승리하는 구조인 것이다. 에드 소프 알고리듬이 특별했던 점은 '단순히 게임이 유리하다거나 불리하다는 판단 하에 베팅하는 것이 아닌 매 순간 정확하게 확률을 측정하고 어느 정도 유리한지 확인한 후에 베팅했다는 데에 있다. 13보다 작으면 작을수록 유리한 정도가 커졌고, 베팅 금액도 그만큼 늘릴 수 있었다. 또한 상황이 변화했을 때 새로운 경우에 대한 확률을 재빠르게 판단하는 방법을 개발해 적용하였다. 사실 카드 카운팅이나 블랙잭 확률에 대한 이론은 이전에도 굉장히 많았지만, 속도가 빠르고 기계의 사용이 금지된 카지노에서 적용하기엔 무리가 있었다. 그렇기에 간편하게 우위를 계산할 수 있는 소프의 아이디어는 획기적인 것이었다. 그의 알고리듬을 이용하면 짧은 시간 내에 우위를 계산할 수 있고 덱에 남은 카드에 따라 어떤 게임은 20%까지 우위가 생길 수 있다. 이는 카지노에 비해 평균 1.2% 정도의 우위를 지니는 것이다. 더욱이 그는 새넌 교수를 찾아가 캘리 공식을 배운다. 캘리 공식은 '최대 수익률은 정보의 확실성과 비례한다.'는 이론이었다. 투자나 도박에 적용하면 게임에서 유리한 위치에 있을 때 얼마를 베팅해야 최적화된 수익을 얻는지 알려주는 마법의 공식이었다. 이 공식은 현재 가지고 있는 재산의 일정 비율만 베팅하는 방법인데, 절대 파산하지 않고, 승리했을 시에는 베팅의 양을 늘려 수익률을 증가시켰으며 총액이 줄었을 시에는 베팅의 양을 줄여 위험을 축소시키는 방법이었다. 실제 위 연구의 참가자들이 캘리 공식을 이용해 게임마다 전 재산의 20%를 베팅했다면 대략 13번의 게임 만에 파산 없이 250달러를 가져갈 수 있었을 것이다. 새넌이 제시한 캘리 공식의 요체는 게임에서 유리할수록 그리고 배당률이 좋을수록 높은 비율로 베팅해야 최고의 수익을 올릴 수 있다는 것이다. 캘리 공식은 소프의 알고리듬을 완성시키는 마지막 조각이었다.[277]

특이한 주가 예측 모델

구글트렌드에서 검색량 추이로 특정 기업의 주가 예측이 가능하다. 월마트라는 오프라인 유통기업과 아마존이라는 온라인 유통 IT 기업의 주가 추이를 예측하는 게 가능할까? 2004년부터 2011년까지 두 회사는 거의 비슷한 검색량을 보이다가, 2011년부터 아마존은 급격하게 우상향하면서 꾸준히 증가하는 패턴을 보이지만, 월마트는 제자리걸음을 하고 있는 패턴이다. 이는 인터넷 사용자들이 아마존에 꾸준한 관심을 보이고 있다는 반증인데 양사 그래프에서 모두 12월경에 강한 피크를 보이는데 이는 블랙 프라이데이Black Friday, 크리스마스 시즌 및 새해 선물구매로 인한 소비자들의 상품 검색이 많기 때문으로 추정된다. 그렇다면 양사의 매출성장률은 어떨까? 자료에 의하면 매출액 성장은 미국의 금융위기 Sub-prime Mortgage crisis 당시 양사 모두 저조한 성장률을 보였으나, 2010년부터 아마존은 꾸준한 성장률을 보이는 반면 월마트의 성장률은 거의 변동이 없었다. 이는 소비자의 기업에 대한 검색량과 기업의 매출은 상당히 높은 연관성이 있음을 나타낸다. 그렇다면, 시가총액은 어떨까? 월마트의 시가 총액은 거의 변동이 없는 반면 아마존은 꾸준한 성장세를 보여 2015년부터 아마존의 시가총액이 월마트를 끝내 추월하고 있음을 알 수 있다. 시가총액의 경우 대내외적으로 수많은 변수들이 영향을 미치기 때문에 매출액처럼 정확한 예측이 힘들지만, 두 기업의 경우에서는 구글에서 검색량의 증가가 매출액의 상승을 일으키고, 이것이 주가에 반영되고 있음을 보여준다.[278] 짐 사이먼스의 전기를 보면, 주식이나 상품에 영향을 미치는 변수를 찾기 위해서 엄청난 노력을 하고 있는 것을 볼 수 있는데, 이와 같이 공개되는 구글트렌드와 주가와의 상관관계는 흥미롭다.

---

277) 권용진, 각주 274)의 책, 34-38면.
278) 우종필, 각주 137)의 책, 148-149면.

4. 금융규제와 레그테크

금융시장과 규제의 양상 변화는 금융시스템에 상당한 부담으로 다가온다. 2008년 글로벌 금융위기 이후에 규제당국에 보고해야 하는 데이터의 양과 유형이 엄청나게 증가하고, 규제 과정에서의 벌금이 2,000억 달러를 초과한다는 사실은 레그테크에 의한 효율적 규제와 규정 준수 프로세스를 자동화할 수 있는 강력한 인센티브가 아닐 수 없다. 이는 위험의 규제가 단순한 법률 준수의 문제와는 다른, 금융 산업의 생존과 직결되는 문제라 할 것이다.

레그테크RegTech는 규제Regulation 및 기술Technique이라는 용어의 축약형으로 금융 규제 모니터링, 보고 및 규정 준수의 맥락에서의 기술, 특히 정보 기술을 사용하는 것을 지칭한다. 금융에 대한 전통적 규제는 주로 규제기관에 의한 금융기관의 내부적인 자본 적정성 평가·점검, 규제자본 비율 충족 여부 확인과 규제가 중심이 되고, 나아가 금리위험, 신용 위험, 운영 위험 등의 모니터링으로 이루어진다. 금융기관 등도 내부적으로 위험평가 절차를 구비하고, 자본의 적정성에 대한 정보공개 강화 등의 자체적 규율을 시행하고 있다. 금융 위기를 겪으면서 생존을 위해 빠르게 변화하는 것이 금융시스템인데, 이러한 금융시스템의 규제는 위에서 본 전통적 규제로는 한계가 있다. 결국 규제 프로세스를 표준화하여 모호한 규정에 대한 명확한 해석을 제공하고 투명성과 일관성을 제고함으로써 기업들이 규제에 대해 저렴하고 효율적으로 대응할 수 있도록 하는 레그테크의 사용과 의존도를 높여야 금융 시스템에 대한 제대로 된 규제가 이루어질 수 있다. 모든 규제의 중심은 위험의 파악과 관리에 있는데, 이를 금융 위험에서 법적 위험 전체로 확대하더라도 그 규제는 레그테크가 중심이 되어야 된다. 현재까지 추진된 레그테크의 중점은 수동으로 이루어지는 보고를 자동화하고, 각종 규제 프로세스를 디지털화하는 데 있었다. 이를 통해서도 금융 산업은 물론 규제 기관은 엄청난 비용 절감을 가져왔다. 이런 측면에서 보면 레그테크는 기존 기능보다 더 효율적이고, 규제 요구 사항을 효과적으로 전달할 수 있는 기술에 중점을 둔 핀테크의 하위 집합이라는 정의가 맞을 수 있다. 그러나 이러한 디지털화를 넘어서는 혁신이 있어야 진정한 레그테크라 할 수 있다. 그것은 규제 준수의 효율화는 물론, 위험의 식별과 해결이 실시간으로 이루어진다는 것을 의미한다. 레그테크는 데이터에 대한 접근 및 관리에 있어 규제기관이 시장 및 시장 참가자에 대한 보다 세분화되고 효과적인 감독을 가능하게 하는 비례 위험 기반 접근 방식으로 이동할 수 있는 수단이 된다. 나아가 레그테크는 단순한 효율성 도구를 넘어, 규제의 패러다임 전환으로 이어지는 중추적인 변화의 중심에 서야 한다. 레그테크는 금융 시스템의 논리적 진화이며, 금융 서비스 자체의 기초 기반이 되어야 한다.

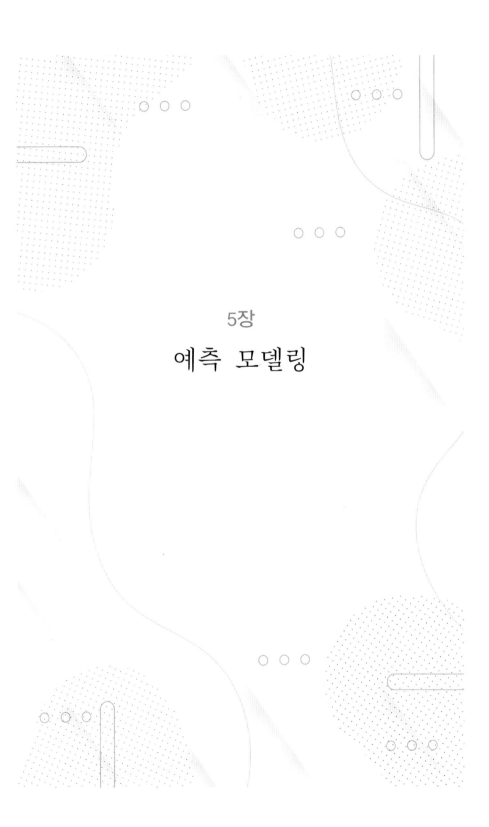

5장

예측 모델링

예측 모델의 구체적 구현

예측 모델의 양상을 설명하였고, 그 과정에서 봉착할 수 있는 어려움도 설명하였다. 그러나 구체적으로 이러한 예측 모델은 어떻게 구현하여야 할까? 물론 이런 논의는 인공지능 공학 쪽에 맡겨둘 일이고, 법학 논의의 범위를 벗어난다고 할 수도 있다. 그러나 계속 예측모델을 언급하면서 그것이 어떻게 구현될 수 있을까라는 의문을 가져보는 것은 자연스러운 것이다. 법률전문가는 구체적 사건 해결을 위해 과거에 구축된 사례를 떠올리고, 그 사례와 당면 사건의 동일성이나 유사성을 검토한 다음, 과거 사례와 현재 사례가 동일하면, 과거 사례의 결정 방향대로 사건을 해결하려 할 것이고, 유사한 경우 같은 부분은 최대한 사건 해결에 반영하고, 차이 부분에 대하여만 새로운 해법을 모색하는 식으로 처리하려든다. 따라서 선결 사건에 대한 데이터의 효과적인 비교를 위한 데이터베이스를 구축하는 것이 필요하다. 이런 과정에서 필요한 것이 바로 제대로 된 사례 분류다. 구체적으로는 텍스트로 구성되어 있는 사례를 어떤 기준에 따라 분류하여야 한다. 이것은 자동적인 예측모델이 지향하는 바가 사례 텍스트를 자동적으로 분류하고, 법률가가 이해할 수 있는 방식으로 결과를 도출하는 것이라는 점과 일맥상통한다. 이럴 때 사례를 자동으로 분류하는 알고리듬은 매우 유용할 것이다. 이러한 목표를 달성하기 위해서는 연구자들은 컴퓨터에게 법률과 법적 논증 등에 관한 다양한 종류의 지식을 풍성하게 입력하여야 한다. 현재 시스템은 비유로 추론을 지원하고 합리적인 대체 논증을 제시하며, 검증 가능한 법률적 예측도 할 수 있다. 그러나 기존의 텍스트로 표현된 사례로는 그것의 실현이 불가능하며, 예측과 논증을 법률가가 이해할 수 있는 그럴듯한 설명으로 버무려내는 것도 불가능하다. 따라서 텍스트

처리 과정과 인공지능 법률 모델을 통합하는 것은 절실하다. 현대의 텍스트 기반 법률정보 검색 시스템은 텍스트가 의미하는 것에 대한 정보가 현저하게 제한되어 있음에도 관련 사례 텍스트를 검색하는 꽤 괜찮은 기능을 갖추고 있다. 미국 법원은 텍스트로 된 사례를 양산하고 있지만 법률정보 검색 제공 업체는 이를 신속하고 효율적으로 처리하여 수일 내에 고객들이 그 새로운 자료에 액세스할 수 있게 해준다. 온라인 검색 서비스 업체가 전자 형식으로 된 법원의 의견을 역 색인inverted index에 추가하는 과정은 간단하며 별도의 텍스트 해석 과정이 필요하지 않다. 역 색인은 데이터베이스에서 효율적인 전체 텍스트 검색을 허용하는 데이터 구조로서, 데이터베이스 테이블이나 문서의 해당 위치에 대한 단어(또는 모든 유형의 검색 용어) 매핑을 저장하는 정보 검색 시스템 및 검색 엔진의 매우 중요한 부분이다. 컴퓨터 알고리듬은 이를 자동적으로 처리한다. 단어에서 복수형 또는 과거 시제와 같은 부분을 제거하여 어간만 남긴다. 사례 의견case opinion에 대한 검색은 색인에 있는 용어와 검색어를 일치시키고, 색인된 문서를 검색하고, 용어가 특정 문서에서 얼마나 고유한지에 대한 정보를 수집하는 통계 기준에 따라 순위를 정하여 역 색인에서 검색하는 방식으로 이루어진다. 사건의 법적 중요성을 요약한 개념 체계에 따라 새로운 사례를 분류할 때 상황은 판이하게 달라진다. 웨스트 키 번호 시스템West Key Number System은 법적 분류를 위한 개념 체계 패러다임의 전형이다. 그것은 사건을 400개 이상의 주제와 98,000개 이상의 법적 문제로 색인화 하는 Westlaw의 미국 법률 분류 시스템이다. Westlaw는 사건 내의 각 법적 문제에 주제와 핵심 번호를 할당한다. 이 시스템을 사용하면 그것에 포함된 모든 연방 및 주 사례가 동일한 주제와 동일한 법률 원칙에 따라 구성되기 때문에 모든 관할권에서 법적 문제를 해결하는 다른 사례를 효율적으로 찾을 수 있다. 키 번호는 주제 번호와 해당 주제 내에서 문제를 식별하는 숫자로 구성된다. 예를 들어, 349k28은 수색 및 압수(349) 주제와 포기, 양도 또는 부인된

품목(k28) 문제를 나타낸다.[279)]

그것은 화제 또는 분류학적 관계를 명백하게 한다. 법률정보검색프로그램
은 찾을 때 관련 키 번호에 의할 수도 있고, 자연 언어로 된 질의 방식에 의
할 수도 있다. 자연어 질의 시 질의 용어를 추출하는 과정을 거쳐야 한다.[280)]

미래연구

미래 연구자는 실증주의적 태도보다는 다양한 가능성을 탐색하려는 태
도를 중시하며, 예측의 결과보다는 예측의 과정에서 새로운 지식과 견해가
창출되기를 원한다. 미래 예측은 예측의 목적, 사회적 맥락과 문화, 가용할
수 있는 물리적, 인적자원, 예측에 참여하는 사람들의 멘탈 모델(mental
model: 현상 인식의 틀)에 따라 방법론을 조합해야 한다. 데이터로 과거와
현재의 객관적 수준을 파악하는 정량적 방법론과 그 수준의 구체적 내용과
의미를 파악하는 정성적 방법론을 결합해야 한다. 전문가 그룹과 일반 시
민의 시각도 적절하게 반영해야 한다. 엄밀한 숫자의 흐름을 분석하는 작
업도 중요하지만, 과거에 없던 새로운 현상을 알아보는 안목과 창의적 상
상도 필요하다. 복잡한 사회변화 속에서 우리 사회의 각 개인은 어떤 역량
과 활동으로 자신의 미래를 전망하며 생존의 전략을 세우고 있는지 연구할
필요가 있다. 미래가 사람들의 상호작용에서 의하여 변화되고 창조되는 것
이라면 사람들이 어떤 동기와 의도를 갖고 행동하는지 파악해야 한다. 예
측기법은 다양해서 어느 기법이 좋다고 단정할 수 없다. 예측의 때와 시계
(視界), 지역과 문화적 특수성, 실행에 필요한 물리적 조건, 전망의 목적에
따라 예측방법론은 달라진다. 대부분 미래 연구에는 하나의 방법론만 쓰지

---

279) https://guides.law.stanford.edu/cases/keynumbersystem#:~:text=What%20Is%20the%20
West% 20Key,legal%20issue%20within%0a%20case(2022. 5. 3. 최종방문).

280) Kevin D. Ashley/Sefanie Bruninghaus, "Automatically classifying case text and
predicting outcomes", Artif Intell Law(2009), p.126.

않고 여러 개의 방법을 조합한다. 그렇다면, 어떤 원칙에 따라 방법론을 조합할 수 있는지 면밀하게 따져봐야 한다.

전망의 방법론을 수립할 때는 과거의 경험을 적절하게 반영하고 있는지도 조사해야 한다. 서울의 미래를 예측하는 방법론을 확정했다면 그 방법론에 따라 서울의 과거 데이터를 넣어보고 결과적으로 현재의 서울을 잘 설명하고 있는지 확인해야 한다.

물론, 서울의 변화를 추동하는 요인이 시대를 불문하고 같을 수는 없다. 과거에는 인구와 정치, 경제적 요인이 서울의 변화에 중요했다면 미래에는 과학기술과 문화가 더 큰 파급력을 가질 수 있다. 이런 경우 요인별로 가중치를 적용해볼 수 있다. 이렇게 해서 예측의 방법론이 과거와 현재를 잘 설명할 수 있다면 전망의 타당성을 갖췄다고 평가할 수 있다.[281]

모델

인공지능 알고리듬을 이야기할 때 모델이라는 표현을 많이 사용한다. 예를 들어 분석을 위한 인공지능 시스템이 있다고 가정하고, 그러한 시스템이 제대로 작동하기 위해서는, 우선 시스템에 사용할 데이터가 준비되어야 하고, 해당 임무의 요구사항을 반영하는 적당한 알고리듬을 선정하여야 한다. 알고리듬이 바로 모델이다. 이 용어는 혼용된다. 모델 선정 후 다음 절차는 결과를 최적화하기 위해 인공지능 알고리듬의 파라미터를 튜닝하고, 이렇게 만들어진 모델들을 비교해 가장 최량의 모델을 선택하여야 한다. 최량의 모델을 선정하기 위해서는 검증을 하여야 하는데, 모델 또는 알고리듬이 새로운 데이터를 얼마나 잘 예측하는지를 시험하는 과정이다.[282] 신경망으로 예측 모델링을 하는 경우를 상정하자. 입력층에 설명 변수를

---

281) 박성원, "미래전망의 프레임과 개선안", 『국가미래전략 Insight』, vol. 45(국회미래연구원, 2022), 6-9면.
282) 애널린 응/케네스 수, 각주 245)의 책, 35면.

두고, 출력층에는 목표 변수를 둔다. 중간 처리를 맡는 은닉층은 숨겨진 부분으로 그것을 관측하지는 않는다. 은닉층에서 일어나는 일은 각 입력층으로부터 전달되는 신호를 모아 선형결합을 하는데, 가중치를 임의로 변화시킨다. 입력변수에 가중치를 곱하여 나온 결과가 크면 크게 활성화되고, 작으면 조금 활성화된다. 출력층은 은닉층으로부터 오는 신호를 전달받아 결합하여 최종 결과를 내보내는데, 목표 변수 값이 연속형인 선형회귀의 경우는 값을 숫자로 받고, 범주형일 경우는 변화 과정을 거쳐 범주형 데이터를 반환한다. 이렇게 복잡한 신경망의 평가에서 모델의 평가는 가능도 likelihood[283]를 가지고 하는데, 좋은 모델은 가능도가 최대가 되는 가중치 파라미터를 찾는 과정이 최적화된 것일 수밖에 없다.

실제 머신러닝의 알고리듬의 코딩에 있어 대개 데이터 셋을 준비하고, 그 데이터 셋을 학습용 데이터와 테스트 데이터 셋을 나누어 준비한다. 이렇게 하는 이유는 검증을 위해서다. 즉 학습용 데이터를 사용하여 모델을 형성하고, 그러한 모델의 예측의 정확성을 측정하기 위하여 학습 데이터와 분리한 데이터 셋을 사용하여 그 모델로 하여금 연산 결과를 내놓게 한 다음, 실제 그 예측의 정확성을 검증한다. 인공지능 프로그래머라면 상식적이지만, 100퍼센트의 정확도는 기대하지 않는다. 오히려 학습 데이터의 조건에 따라서 지나치게 과적합된 경우, 검증 과정에서 정확도가 현저히 떨어지는 수도 생긴다. 어떻게 파라미터 튜닝을 거쳐 만들어진 모델의 정확도로 결국 인공지능 시스템의 성패가 좌우된다. 여기서 모델이란 말이 자주 등장한다. 이런 모델은 의외로 중요한데, 금융 투자에 있어 성공을 좌우하는 것은 복잡한 인공지능 코드가 아니라, 바로 경제적 모델이라는 것은 대체로 인정한다. 앞서 언급한 르네상스 테크놀로지의 사이먼스는 산더미처

---

283) 어떤 시행(trial, experiment)을 충분히 수행한 뒤 그 결과(sample)를 토대로 도출한 경우의 수의 가능성으로 추론에 기반하기 때문에 확률과 달리 가능성의 합이 1이 되지 않는다.

럼 쌓인 데이터를 파헤치고 고급 수학 기법을 적용하며 최첨단 컴퓨터 모델을 개발하기로 결정한 반면, 다른 사람들은 시장 예측을 위해 여전히 본능적인 직감과 예전 연구 방식에 의존했다. 사이먼스가 트레이딩 방식에 혁명을 일으키며 투자 세계를 휩쓴 것은 최첨단 컴퓨터 모델 때문이라는 것은 분명했다. 그가 교수를 그만 둔 후, 초기 직감으로 하던 투자에서 실패를 거듭했으니까 그의 성공은 직감과 예전의 차트 분석 등 연구방식과 결별하고 컴퓨터 모델을 본격 도입했기 때문이 아니겠는가? 사이먼스는 초기 투자 실패를 경험한 후 게임 이론가인 엘윈 벌캄프와 함께 쏟아져 나오는 데이터를 소화하고 이상적인 거래를 선정할 수 있으며, 부분적으로 투자 과정에서 감정을 배제하는 데 목적을 둔 과학적이고 시스템화 된 컴퓨터 트레이딩 모델을 구축했다.[284] 그는 데이터만 충분히 확보하면 예측할 수 있다는 믿음이 있었다. 데이터기반의 상관관계 분석이 주는 통찰이 인과관계에 의한 미래예측을 압도해 가는 시대에[285] 어울리는 신념이라고 하겠다.

사이먼스는 스물셋에 박사 학위를 받았고 이후 인정받는 정부 소속 암호해독전문가, 명성 높은 수학자, 획기적인 성과를 이룬 대학교 행정가로 활약했다. 새로운 도전과 보다 큰 무대가 필요했던 사이먼스는 한 친구에게 금융 시장에서 오래전부터 전해 내려오는 난제를 풀고 투자 세계를 정복하면 놀랄 만큼 비범한 일이 될 것이라고 말하며, 수학을 활용해 시장에서 앞서 나가는 사람이 되고 싶어 했다. 그렇게만 되면 수백만 달러를 벌 수 있고 어쩌면 전 세계에 월스트리트보다 더 많은 영향을 미칠 만큼 많은 돈을 벌 수 있다고 생각했으며, 이것이 사이먼스의 진정한 목표일지 모른다고 생각한 사람들이 있었다.[286]

---

284) 그레고리 주커만, 문직섭(역), 『시장을 풀어낸 수학자』, 초판((주)로코미디어, 2021), 17-24면.
285) 윤두희, 각주 9)의 책, 13면.

사이먼스는 암호해독 업무를 맡았던 국방분석연구소(IDA) 근무 시절에
도 주식 시장을 조사하는 데 자신의 시간을 쓸 수 있었다.

이때 바움을 비롯한 두 동료와 함께 최신식 주식 거래 시스템을 개발했
다. 이들 4인조는 최소 50퍼센트의 연간 수익을 올릴 수 있다고 주장하는
거래 방법이 담긴 〈주식 시장 행태의 예측을 위한 확률적 모델Probabilistic
Mlodels for and Prediction of Stock Market Behavior〉이라는 제목의 IDA 내
부용 기밀 논문을 발표하기도 했다. 사이먼스와 동료들은 암호 해독전문가
답게 대부분의 투자자가 시장의 기본적인 경제 통계로 여기고 집중하는 수
익과 배당금, 기업 관련 뉴스라는 기본 정보를 무시했다. 대신 시장의 단기
적 행태를 예측할 수 있는 소수의 '거시적 변수macroscopic variables'를 탐
색할 것을 제안했다. 그들은 주식이 평균 이상으로 이동하는 높은 변동성
과 주가가 대체적으로 오르는 '좋음' 같은 최대 8개의 근본적인 상태가 시
장에 존재한다고 단정했다. 이 논문에서 제시한 독특한 방식은 경제 이론
이나 다른 전통적인 방법을 활용해 이런 상태들을 확인하거나 예측하려고
하지 않으며, 시장이 특정 상태에 진입한 이유를 찾아내려 하지 않는다. 사
이먼스와 동료들은 관측한 가격 데이터에서 가장 적합한 상태를 결정하기
위해 수학적 계산을 활용했다. 그런 뒤에 결정된 상태에 따라 투자했다.
'이유'는 중요하지 않았다.

대다수 투자자는 이런 접근 방식을 들어본 적조차 없었지만, 도박꾼들은
충분히 이해할 수 있는 방식이었다. 포커 게임을 하는 사람들은 상대방의
행동을 판단하고 그에 따라 자신의 전략을 조정하며 상대의 기분상태를 추
정한다. 우울한 기분에 빠져 있는 사람과 대결을 펼칠 때는 특정 전술이 필
요하다. 경쟁자가 너무 들떠 있거나 지나치게 자신만만하다면 나머지 사람
들에게는 최상의 상황이다. 게임에 참가한 사람들은 이익을 얻기 위해 상

---

286) 그레고리 주커만, 각주 284)의 책, 24면.

대가 침울하거나 활기 넘치는'이유'를 알 필요가 없다. 그저 기분을 파악하기만 하면 된다. 사이먼스와 동료 암호 해독가들은 주가 예측을 위해 이와 비슷한 방식을 제안했다. 이는 은닉 마르코프 모델hidden Markov model이라는 정교한 수학적 도구에 바탕을 두고 있었다. 은닉 마르코프 모델은 기계 학습에서도 사용되는 통계 모델로 직접 관찰할 수 없는 내부 요인에 의존하는 관찰 가능한 이벤트의 진화를 설명하는 데 사용할 수 있다. 이것은 관찰된 변수 세트에서 알려지지 않은 변수의 시퀀스를 예측할 수 있게 해 주는 확률론적 그래픽 모델이다.[287]도박꾼이 상대의 의사 결정 방식에 따라 기분 상태를 추측할 수 있는 것처럼 투자자도 시장 가격의 움직임에 따라 시장 상태를 추정할 수 있다.

그 이전 투자자들이 주식의 움직임을 설명하고 예측하는 데 필요한 근본적인 경제 논리를 구하거나 반복 가능한 패턴을 발견하기 위해 과거의 주가 움직임을 나타내는 그래프나 다른 형태의 도표를 활용하는 간단한 기술적 분석을 사용했다면, 사이먼스와 동료들은 그 이전의 기술적 분석과 유사하지만 훨씬 더 정교하고 수학과 과학적 도구에 더 많이 의존하는 제3의 접근 방식을 제시했다. 그들은 이 방식을 통해 예상되는 시장의 움직임에 관한 정보를 전달해 주는 '신호'를 포착할 수 있다고 주장했다. 사이먼스와 동료들은 시장을 움직이는 근본적인 수단 모두를 이해하는 것이 아니라 수익을 지속적으로 창출하기에 충분할 정도로 이들 수단에 잘 어울리는 수학적 시스템을 찾는 것이 중요하다고 주장했으며, 이런 관점은 몇 년 후 사이먼스의 거래 방식에도 영향을 미쳤다. 그들이 제시한 모델은 관찰 불가능한 상태에 바탕을 둔 모델을 활용하는 팩터 투자factor investing와 또 다른 형태의 계량투자quantitative investing를 포함해 수십 년 후 투자시장을 휩쓸어 버리는 금융혁명의 전조였다.[288] 팩터 투자는 더 높은 수익과 관련된

---

287) https://analyticsindiamag.com/a-guide-to-hidden-markov-model-and-its-applications-in-nlp/(2022. 1. 27. 최종방문).

속성에 주목하는 전략이다. 주식, 채권 및 기타 요인의 수익률을 주도한 요인에는 거시경제적 요인과 스타일 요인의 두 가지 주요 유형이 있는데, 전자는 자산군 전반에 걸쳐 광범위한 위험을 포착하는 반면 후자는 자산군 내에서 수익과 위험을 설명하는 것을 목표로 한다. 거시경제적 요인으로는 인플레이션율, GDP 성장, 실업률이 있고, 미시경제적 요인에는 주식의 유동성, 주가 변동성이 있다.[289]

2019년 초에 이르러 헤지펀드와 '퀀트 투자자quant'로 불리기도 하는 계량적 투자자들이 주식 트레이딩의 약 30퍼센트를 장악하고 개인 투자자와 전통적인 투자 기업들을 능가하며 시장의 큰손으로 부상했다.[290]

일부 투자자와 학자들은 시장의 오르내림이 무작위로 이뤄진다고 생각하고, 확보 가능한 모든 정보는 이미 주가에 반영돼 있으며, 시장 가격을 더 올리거나 내릴 수 있는 것은 예측 불가능한 뉴스뿐이라고 주장했다. 또 다른 이들은 가격 변동에 경제와 기업 관련 뉴스를 예측하고 이에 반응하려는 투자자들의 노력이 반영되었다고 믿었고, 때로는 이런 노력이 결과를 만들기도 했다. 사이먼스는 다른 세계에서 온 터라 특이한 관점을 지니고 있었다. 즉 많은 양의 데이터 집합을 면밀히 검토하고 다른 사람들이 무작위라고 생각하는 곳에서 이치와 질서를 감지하는 데 익숙했다. 과학자와 수학자는 예상치 못한 단순함과 구조와 심지어 아름다움까지 찾아내기 위해 혼란스러운 자연계의 내면을 파고들도록 훈련돼있다. 드러나는 패턴과 규칙성은 과학의 법칙을 구성하는 요소다. 사이먼스는 시장이 뉴스나 다른 사안들에 언제나 설명 가능하거나 합리적인 방식으로 반응하는 것이 아니므로 전통적인 조사와 상식, 통찰에 의존하기 어렵다고 결론 내렸다. 하지만 무작위인 것처럼 보이는 날씨 패턴의 확인이 가능한 것과 유사하게, 시

---

288) 그레고리 주커만, 각주 284)의 책, 62-64면.
289) https://www.investopedia.com/terms/f/factor-investing.asp(2020. 5. 14. 최종방문).
290) 그레고리 주커만, 각주 284)의 책, 17면.

장이 아무리 혼란스러워 보여도 금융 가격은 최소한 어느 정도 뚜렷한 패턴을 포함하고 있는 것처럼 보였다. 사이먼스는 금융 시장을 다른 혼란스러운 시스템과 동일하게 다루기로 결정했다. 물리학자가 방대한 양의 데이터를 자세히 조사해 자연계 속에 존재하는 법칙을 찾는 멋진 모델을 구축하는 것처럼 사이먼스는 금융 시장 속 질서를 찾는 수학적 모델을 만들기로 했다. 사이먼스는 수학을 활용해 금융 데이터를 분석하고 수익을 얻는다는 뜻을 나타내기 위해 자신의 새로운 투자 기업 이름을 '돈money'과 '계량 경제학econometrics'의 영문 단어를 합쳐 모네메트릭스Monemetrics로 지었다. 사이먼스와 그의 동료들은 마치 수학 문제를 제시하듯 여러 주요 통화의 일별 종가를 자세히 표기한 차트의 데이터를 세심히 살펴보다가 특히 일본 엔화를 비롯한 일부 통화들이 상당 기간 동안 일정한 직선 형태로 움직인다는 사실을 곧바로 파악했다. 시장에는 정말 어느 정도 내재된 구조가 있는 것처럼 보였기 때문이다. 엔화의 꾸준한 상승이 다른 국가들의 압박에 놓인 일본 정부가 자국의 수출 경쟁력을 약간 낮추려고 엔화 매입에 정확하게 일본다운 방식으로 개입한 탓일지도 모른다고 추측했다. 어쨌든 다양한 통화들에서 나타나는 트렌드를 파악하고 거기에 편승하기 위한 수학적 모델이 개발될 수 있다는 결론에 도달했다. 외환시장에서 이 수학적 모델이 성공하면 밀과 대두, 원유와 같은 상품 거래 시장을 대상으로 비슷한 모델이 개발될 수 있을 것이라 보았다.[291]

모델은 복잡한 것도 있겠지만, 어떤 것은 단순할 수도 있다. 모델에 대해 좀 더 살펴보기로 한다.

모델이란 시뮬레이션 또는 분석에 사용하는 시스템 또는 알고리듬을 간단히 표현한 것이다. 값싸면서도 빠른 계산력을 이용하기 위해 설계하는 것이 계산 모델computational model이다.[292]

---

291) 그레고리 주커만, 각주 284)의 책, 93면.
292) Allen B. Downey, 이제원(역), 『복잡계와 데이터 과학』, 초판(홍릉과학출판사, 2016),

경제학에서는 변수 집합과 변수 간의 논리적 및 양적 관계 집합으로 경제적 과정을 나타내는 이론적 구성을 경제 모델이라 말한다. 일반적으로 경제 모델은 두 가지 기능이 있다. 첫 번째는 관찰된 데이터의 단순화 및 추상화이고 두 번째는 계량 경제학의 패러다임을 기반으로 한 데이터 선택이다. 경제 모델은 다양하게 사용되지만, 결론이 가정과 논리적으로 관련되는 방식으로 경제 활동을 예측하고, 미래 경제 활동을 수정하기 위한 경제 정책 제안에 쓰이며, 금융에서 예측 모델은 1980년대부터 거래(투자 및 투기)에 사용되었는데, 예를 들어, 이머징마켓 채권은 종종 발행하는 개발도상국의 성장을 예측하는 경제 모델을 기반으로 거래되었다. 1990년대 이후로 많은 장기 위험 관리 모델은 고노출 미래 시나리오(종종 몬테카를로 방법을 통함)를 감지하기 위해 시뮬레이션 된 변수 간의 경제적 관계를 통합하기 했다.

경제는 날씨, 인간의 건강 등의 예측에 쓰이는 것과 유사한 수학적 모델을 사용한다. 대기 시스템, 인체 시스템, 경제 시스템은 모두 높은 수준의 복잡성을 가지고 있다. 이런 복잡한 모델은 작은 변화에 민감하게 반응하고, 서로 상반되는 요소의 균형과 상충관계에 있어 약간의 불균형도 큰 영향을 미치기 때문에 예측이 쉽지 않다. 아무리 빠른 컴퓨터를 사용하여 거대한 모델을 구축·사용하더라도 경기 침체와 같은 경제 상황에 대한 예측은 여전히 부정확하다.[293]

Bajari 등 연구자들은 수요 추정에 몇 가지 인기 있는 머신러닝 모델을 사용했다. 그들은 이러한 방법이 표준 선형 회귀 또는 로짓 모델에 비해 더 높은 예측 정확도를 생성할 수 있음을 증명했다.

머신러닝이 경제 정책 결정에 중요한 변수를 예측하는 데 사용되는 다른 많은 예도 있다. 국제 경제학에서 Amat 등 연구자들은 주요 국제 통화의

2면.
293) https://en.wikipedia.org/wiki/Economic_model(2021. 12. 1. 최종방문).

환율을 예측하기 위해 순차 능선 회귀를 사용했다. 능선 회귀는 선형 독립 변수가 높은 상관관계가 있는 시나리오에서 다중 회귀 모델의 계수를 추정하는 방법으로 계량경제학, 화학, 공학 등 다양한 분야에서 활용되고 있다. 머신러닝 모델이 예측을 개선하고 RMSE(제곱 평균 제곱근)를 낮춘다는 결론을 내리기 때문에 정책 결정을 위한 머신러닝의 실용적인 예라고 할 것이다.294)

또한 연구자들은 경제학의 다양한 문제에 대하여 자연어처리의 한 분야인 감정 분석sentiment analysis을 사용하게 되었다. 텍스트의 각 부분에 대한 레이블이 있는 감정 데이터 세트(예: 1은 긍정적, 0은 부정적이라는 2진 분류와 1부터 25까지의 숫자를 배정하고, 가장 부정적인 경우를 1로 가장 긍정적인 경우를 25로 하는 등)는 연구자가 자신이 가진 데이터세트에 사용할 수 있는 분류기를 만드는 데 도움이 된다.

머신러닝과 감정분석을 이용하여 터키의 경제 성장을 예측하려한 연구도 있었다.295) 구체적으로는 어휘적 접근Lexical Approach과 머신러닝 모델이다. 모두 131,601개의 금융 및 경제 뉴스(중앙과 지역 언론 모두 포함)가 데이터인데, 이런 데이터를 기본적인 전 처리 과정을 거쳐 랜덤포레스트, Support vector machine, Naive Bayes 분류기, KNN, XGBoost 등의 모델을 적용하였다.

2010년대에 자연어처리와 언어 모델링이 크게 발전하면서 경제적 모델링에도 자연어처리가 사용되기 시작했다. Algaba 등 연구자들은 경제 분석

---

294) Petr Korab, "Use of Machine Learning in Economic Research: What the Literature Tells Us", Towards Data Science, 2021. 6. 27, https://towards datascience.com/use-of-machine-learning-in-economic-research-what-the-literature-tells-us-28b473f26043(2022. 1. 15. 최종방문).

295) Berkay Akisoglu, "Predicting Economic Growth Using Machine Learning Techniques and Sentiment Analysis", 2019. 8. 16, https://www.bis.org/ifc/events/ifcbnm_ecb/3_akusoglu.pdf(2022. 4. 6. 최종방문).

에 텍스트, 오디오 및 시각적 데이터를 사용하는 의미론적 분석 방법을 적용했고, Gentzkow 등 연구자들은 순전히 텍스트 데이터에 초점을 맞추고 적절한 통계 방법과 경제 문제에 대한 다양한 응용을 검토했다.

화폐 경제학에서는 Hansen 등 연구자가 중앙 은행가의 의사소통 패턴을 발견하기 위해 컴퓨터 언어학, 즉 자연어 처리 기법을 사용했다. 텍스트 데이터의 정량화를 통해 중앙은행의 명세서의 영향을 측정하고 풍부한 의사소통 수단을 쉽게 구축할 수 있었다.

자연어처리 기술에 대하여는 뒤에 상세히 살펴보겠지만, 표준 통계 방법의 정확도를 개선하는 데도 도움이 될 수 있다. 텍스트 기반 측정은 불리한 경제 충격에 따른 투자 축소를 예측하는 데 있어 다른 방법으로 측정한 값보다 정확도가 뛰어나다.

자연어처리 기법은 우수한 성능 외에도 데이터의 차원 축소에 기여하는데,[296] 데이터의 차원 축소는 모델 구현에 중요하다.

이런 모델 개념을 보다 일반화하면, 사람이 살아가면서 나타날 수 있는 다양한 현상은 사람, 사물, 개념, 사건 등에 의해 발생하는데, 이런 다양한 현상을 일정 표기법에 의해 표현해 놓은 것이 모델이다. 이런 모델을 만드는 것은 모델링이라 한다.[297]

쉘링의 도시 모델은 일련의 셀cell로 구성되며 각 셀은 하나의 집을 나타낸다. 빨간색과 파란색으로 표시된 행위자agent들이 각 집에 살고 있는데, 그 수는 대략 비슷하다. 10% 정도의 집은 비어있다. 어떤 시점에서든 행위자는 이웃 때문에 행복하거나 불행한 상태일 수 있다. 이 모델의 한 버전에서는 행위자가 자신과 동일한 이웃이 적어도 두 명 이상이면 행복하고, 동일한 이웃이 한 명이거나 하나도 없다면 불행하다. 무작위로 행위자를 선택해 그 사람이 행복한지를 확인하면서 시뮬레이션이 진행된다. 행복하다

---

296) supra note 295.
297) 윤두희, 각주 9)의 책, 120면.

면 아무 일도 일어나지 않지만, 불행하다면 그 행위자는 주인이 없는 셀을 무작위로 선택해 이사한다.

쉘링의 모델은 굉장히 단순화되어 있어서 그다지 현실적이지는 않다. 인간은 행성보다 복잡하다고 믿고 싶지만, 곰곰이 생각해 보면 행성 또한 사람만큼이나 복잡하다(특히 사람을 포함하고 있는 행성이라면 말이다).

두 시스템 모두 복잡하며, 두 모델은 단순화를 통해 도출된 것이다. 예를 들어 행성 운동에 대한 모델에서 우리는 행성과 태양 사이에 작용하는 힘은 고려하지만, 행성 간의 상호작용은 무시하는 것처럼 말이다.

하지만 큰 차이점은, 행성 운동의 경우 우리가 무시하는 힘이 우리가 모델에 포함시키는 힘보다 작다는 것을 보여줌으로써 그 모델이 옳다고 주장할 수 있다는 것이다. 그리고 모델을 확장해서 다른 상호작용들을 집어넣고, 그 효과가 미미하다는 것도 보여줄 수 있다. 하지만 쉘링의 분리모델에서는 단순화시키는 것을 정당화하기가 어렵다.

설상가상으로 쉘링의 분리모델은 어떠한 물리 법칙에도 해당되지 않고, 수학적 유도가 아닌 단순 계산만 사용한다. 그 때문에 쉘링 같은 모델들은 고전 과학같이 보이지 않아 사람들이 흥미로워하지 않는다. 적어도 처음 볼 때는 말이다. 하지만 앞으로 설명을 덧붙이겠지만, 이러한 모델들은 예측, 설명 그리고 설계를 포함한 여러 작업에 유용하게 사용할 수 있다.

쉘링의 분리 모델은 복잡한 사회적 현상을 밝혀줄 수 있지만 예측에는 적합하지 않다. 반면에 단순한 천체 역학 모델은 몇 년 뒤 일어날 일식을 초 단위까지 예측할 수가 있다.

고전 모델들은 실재론적인 해석에 적합하다. 예를 들어 대부분의 사람들은 전자electron가 실제로 존재한다는 사실을 받아들인다. 도구주의 관점에서는 모델에서 상정하고자 하는 존재가 실존하지 않는다고 하더라도 그 모델이 유용할 수 있다고 본다.[298] 통계학자 조지 박스George Box는 도구주의의 모토는 "모든 모델은 틀리다. 하지만 일부는 유용하다."가 되어야 한다고 한다는 유명한 말로 이 상황을 묘사했다. 추정에 필요한 충분한 데이터를 확보할 수 있는 과도하게 단순한 모형은 추정에 필요한 데이터를 충분히 확보할 수 없는 완벽한 모형보다 낫다. 매우 틀리지만 동시에 매우 유용하기도 한 모형도 있다는 사실이 놀랍다.[299]

환원주의는 시스템의 행동은 그것의 요소를 이해함으로써 설명된다는 견해이다. 예를 들면 원소들로 이루어진 주기율표가 환원주의의 대승리라고 볼 수 있는데, 원소들의 화학적인 행동을 원자에 들어있는 전자로 설명하는 단순한 모델이기 때문이다.[300] 이런 환원주의 모델은 시스템을 그것의 요소들과 요소들 간의 상호작용에 대한 기술로 모델을 설명하는 방법이다.[301] 전체론은 시스템 수준에서 일어나는 어떤 현상들은 요소의 수준에서는 존재하지 않으며, 그렇기 때문에 요소 수준에서는 설명될 수 없다고 보는 견해다.[302] 전체주의 모델은 시스템 전체의 유사성에 초점을 두며 세부요소들 간에는 중점을 두지 않는다. 그러다보니 전체주의 모델링 방법은 일반적으로 순서와 관계없이 다양한 시스템에서 공통적으로 나타나는 현상을 찾아내고, 그 현상을 재현하는 가장 쉬운 모델을 찾아내는 식이다.

모델에 내재하는 가정과 추정들이 합리적이라는 것이 그 모델의 방식이 매력적인 이유 중 하나다. 세상 현상에 대한 모델과 그것이 하는 설명은 덜 만족스러워 보인다. 첫째, 모델이 추상적이라서 현실과는 꽤 거리가 있다. 둘째, 결과가 수학적인 분석이 아닌, 시뮬레이션에 의해 생성된다. 마지막으로, 결과가 증명이라기보다는 예시에 가까워 보인다.

- 이러한 모델들이 할 수 있는 일은 어떤 것들이 있는가? 예측인가, 설명인가, 둘 다 인가?

---

298) Allen B. Downey, 각주 292)의 책, 2-10면.
299) 페드로 도밍고스, 각주 122)의 책, 250면.
300) Allen B. Downey, 각주 292)의 책, 10면.
301) Allen B. Downey, 각주 292)의 책, 149면.
302) Allen B. Downey, 각주 292)의 책, 10면.

- 이러한 모델들이 제시하는 설명이 전통적인 모델의 설명보다 덜 만족스
  러운가? 왜 인가?
- 이러한 모델들과 전통적인 모델들의 차이를 어떻게 특징지어야 하는가?
  종류가 다른 것인가, 아니면 정도의 차이만 있는가?303)

모델의 유용성은 적용의 결과가 어떠하냐에 달려 있는 것이다. 어떤 과
학적 모델들이 과학적으로 괜찮다고 간주되는지, 어떤 것들이 조잡 한지,
사이비 과학인지, 아예 과학이 아닌지에 대해서는 과학자들 간의 대략적인
의견 일치가 있는 것도 이와 무관치 않을 것이다. 과학적 모델의 경우, 기
존의 수식 기반에서 시뮬레이션 기반으로, 분석에서 계산 모델로 변화되고
있다. 또한 고전모델들이 연속수학인 반면 현재는 이산수학에 기초하고 있
으며, 선형에서 비선형으로, 결정적 모델에서 확률적 모델로의 변화가 뚜렷
하다.

일부 사람들은 법칙, 이론, 모델을 구분하지만 이를 모두 동일한 것이라
생각하는 견해도 있다.

대체로 '법칙'이란 단어를 사용하는 사람들은 그것이 객관적으로 참이며
불변한다고 믿는 경향이 있고, '이론'이라는 단어를 쓰는 사람들은 수정의
가능성을 인정한다. 반면 '모델'의 용법은 그것이 단순화와 추정에 기반으
로 한다는 전제에서 출발한다.304)

빅데이터에서도 데이터 모델이 중요하다. 데이터 모델링은 데이터베이스
를 설계한다는 것이고 설계는 건물을 지을 때 설계도를 그리는 것과 같다.
건축 설계도는 무엇을 어떻게 할 것인지 알려주어 계획한 건물을 신속하고
안전하게 지을 수 있도록 도와주고, 최종 건축물에 대한 막연한 생각을 구
체화하는 것처럼 데이터 모델링은 데이터베이스 시스템을 구축하는 과정

---

303) Allen B. Downey, 각주 292)의 책, 71-72면.
304) Allen B. Downey, 각주 292)의 책, 7-14면.

에서 필수적이고, 중요한 단계다.[305]

법학에서의 논의가 지나치게 추상적이고 관념적이라는 점이 지적되고 있는데, 이는 고전모델에 집착하기 때문이며, 단순화된 추상적 모델보다는 세부적인 계산모델이 현실적 결과를 내는 데 도움이 된다. 현실에서는 불완전 정보나 제한된 합리성이 문제되는데, 지나치게 단순화되고, 완전한 정보와 합리성을 전제한 추상적 모델의 단점을 뚜렷한 데, 바로 비현실적이라는 점이다. 이러한 비현실적이라는 평가는 현실에서는 전혀 쓸모가 없다는 것을 의미한다. 결국 추상적인 이론 모델은 그들끼리의 리그에서 난장을 만드는 것과 크게 다를 바 없다.

위험 예측을 위한 컴퓨터 모델

미래의 위험을 예측하기 위한 컴퓨터 모델로는 머신러닝 모델이 대표적이다. 모델이라는 표현도 쓰지만 알고리듬이라는 말도 익숙하다. 머신러닝은 통계, 알고리듬 및 지식 추출에 사용되는 유사한 과학적 방법을 다루는 영역인 데이터 과학의 일부다. 머신러닝 모델을 사용하면 데이터에서 자동화된 방식으로 학습된, 동등하거나 유사한 절차를 통하면 되고, 복잡한 의사 결정 프로세스를 직접 코딩할 필요가 없다. 머신러닝은 너무 복잡하여 수동으로 코딩할 수 없는 의사 결정 프로세스를 구현하려고 할 때 최상의 선택이다.

예측 분석 모델 중 대표적인 것은 다음과 같다.

분류 모델Classification Model은 가장 단순한 모델로 간주되며 단순하고 직접적인 질의응답을 위해 데이터를 분류한다. 예를 들면 "이것이 사기 거래입니까?"라는 질문에 대답하는 것이다.

클러스터링 모델Clustering Model은 데이터를 유사한 속성을 기반으로

---

305) 윤두희, 각주 9)의 책, 119면.

데이터를 중첩된 그룹으로 정렬한다. 공통된 특성이나 행동을 가진 사물이나 사람을 그룹화 하여 각 그룹별로 맞는 전략을 더 큰 규모로 계획하는데 도움이 된다. 예를 들어 동일하거나 유사한 상황에 있는 다른 사람들이 과거에 한 일을 기반으로 대출 신청자의 신용 위험을 결정하거나 범죄가 발생할 우려가 높은 도시의 지역을 식별하고 선정하는 범죄예측 알고리듬은 이 모델을 사용한다.

예측 모델Forecast Model은 매우 인기 있는 모델로 널리 사용되며, 과거 데이터에서 학습한 내용을 기반으로 새 데이터의 숫자 값을 추정하는 메트릭metric 값 예측 모델이다. 이 모델은 과거 데이터가 수치 데이터여야 하는 제약은 있다. 예를 들어, 레스토랑에서 다음 주에 얼마나 많은 상추를 주문해야 하는지 또는 고객 지원 담당자가 하루 또는 일주일에 얼마나 많은 전화를 처리할 수 있는지, 신발 가게가 특정 판매 기간 동안 수요를 충족하기 위해 보유해야 할 신발 재고량 계산을 위해 과거 데이터를 분석한다. 식당 주인이 다음 주에 내방할 고객 수를 예측하려 할 때와 같은 경우는 여러 입력 매개변수가 있다. 근처에 특별한 행사가 있는지, 일기예보는 어떠한지, 코로나와 같은 질병의 유행은 어떠한가와 같은 변수가 고려되어야 한다.

이상치 모델Outliers Model은 데이터 세트 내의 비정상적인 데이터 항목을 가려내는 것이 주된 역할이다. 예를 들어, 은행은 거래가 고객의 정상적인 구매 습관을 벗어나는지 또는 특정 범주의 비용이 정상인지 여부를 묻는 이상값 모델을 사용하여 사기를 식별할 수 있다. 예를 들어, 카드 소지자가 선호하는 대형 매장에서 세탁기 및 건조기에 대해 신용 카드 비용으로 1,000달러를 청구하는 것은 놀라운 일이 아니지만 고객이 다른 품목에 대해 청구한 적이 없는 위치에서 디자이너 의류에 1,000달러를 지출하면 계정이 유출되었음을 나타낼 수 있다. 이상치 모델은 소매 및 금융 분야의 예측 분석에 특히 유용하다. 사기 거래 식별의 경우, 금액뿐만 아니라 위치,

시간, 구매내역, 구매성격도 평가에 포함된다.

시계열 모델Time Series Model은 시간을 입력 매개변수로 사용하여 포착된 데이터 포인트 시퀀스로 예측한다. 예를 들어, 지난 4개월 동안 병원에 입원한 뇌졸중 환자의 수는 병원에서 다음 주, 다음 달 또는 나머지 연도에 입원할 것으로 예상되는 환자 수를 예측하는 데 사용된다. 따라서 시간이 지남에 따라 측정되고 비교되는 단일 메트릭은 단순한 평균을 넘어 정확도 수준으로 발전하는 방식을 이해하는 강력한 수단이다. 식당 소유자가 자신의 업소를 방문할 가능성이 있는 사람의 수를 예측하려면 지난 90일 동안의 총 방문자 수를 평균화하는 조잡한 방법을 사용할 수 있다. 그러나 성장이 항상 정적이거나 선형인 것은 아니며 시계열 모델은 기하급수적 성장을 더 잘 모델링하고 모델을 업소의 추세에 더 잘 맞출 수 있다. 또한 한 번에 하나씩이 아니라 여러 프로젝트 또는 여러 지역을 동시에 예측할 수는 장점도 있다.

예측 알고리듬은 머신러닝 또는 딥러닝을 사용한다. 둘 다 인공 지능의 하위 집합이다. 머신러닝에서 처리하는 데이터 종류는 스프레드시트 또는 머신 데이터와 같은 구조화된 데이터다. 딥러닝은 비디오, 오디오, 텍스트, 소셜 미디어 게시물 및 이미지와 같은 구조화되지 않은 데이터를 처리한다고 소개하기도 하지만, 본질적으로 숫자나 메트릭 읽기가 아닌 인간이 통신하는 항목을 처리하는 것이고, 딥러닝이 머신러닝과 다른 것으로 분류하는 것에는 반대다.

일반적으로 예측에 쓰이는 머신러닝 알고리듬은 다음과 같다.

Random Forest는 분류와 회귀를 모두 사용하여 방대한 양의 데이터를 분류할 수 있는 모델이다.[306] 이 알고리듬은 과적합문제를 해결하려는 의사결정 트리의 변형이다. Random Forest라는 이름은 알고리듬이 의사 결정

---

306) https://www.netsuite.com/portal/resource/articles/financial-management/predictive-modeling.shtml(2021. 3. 24. 최종방문).

트리의 조합이라는 사실에서 나왔다. Random Forest는 배깅bagging[307]을
사용한다. 샘플 데이터가 많은 경우 모든 데이터를 사용하는 대신 하위 집
합을 가져와서 학습하고, 다시 다른 하위 집합을 가져와서 학습할 수 있다.
물론 이런 작업은 동시에 이루어질 수 있다. 데이터에서 여러 샘플을 가져
와 이런 작업을 통해 평균을 만든다. 개별 트리 차원에서는 "약한 학습자"
일 수 있지만 Random Forest의 강점은 이런 개별 트리를 함께하면 단일한
"강한 학습자"로 변할 수 있다는 것이다. 따라서 대규모 데이터베이스에
실행할 때 정확성이나 효율성에서 강점이 있다. 다중 트리이기 때문에 단
일 트리의 편향 등에서 자유롭다. 과적합의 문제가 적으며, 분류에서 어떤
변수가 중요한지 추정이 가능하고, 결측 데이터 즉 데이터가 일부 누락되
더라도 정확도가 유지되는 장점이 있다. 이런 Random Forest 모델의 경우,
이미 scikit-learn이라는 python 라이브러리에 구현되어 있다. 따라서 이 모
델의 훈련 코드는 아래와 같이 세 줄이면 족하다.

```
① from sklearn.ensemble import RandomForestRegressor
② rf = RandomForestRegressor(n_estimators = 1000,
       random_state = 42)
③ rf.fit(train_features, train_labels);
```

첫 줄은 Random Forest 모델을 불러온다. 그걸로 끝이다. 복잡하게 렌덤
포레스트의 작동 과정을 알지 못해도 그것을 사용하는 데는 지장이 없다.

---

307) bagging은 boosting과 aggregation을 합쳐서 만든 용어로, 각각 원본 데이터 세트의
임의 하위 집합에 맞춘 다음 개별 예측을 집계하여(투표 또는 평균을 통해) 최종 예
측을 형성하는 앙상블 메타 추정기다. boosting은 머신러닝의 훈련에서 초래되는 편
향과 분산을 줄이기 위한 앙상블 메타 알고리듬으로 약한 학습자를 여러 개 사용하
여 강한 학습자로 변환하는 머신러닝 알고리듬이다.

다음 줄은 1,000개의 의사결정 트리로 모델을 인스턴스화 한다. 셋째 줄은 트레이닝 데이터를 사용하여 모델을 훈련한다. 물론 이 훈련 과정 이전에 데이터(train_features와 train_labels로 구성되어 있는데, 앞의 것이 입력 변수이고, 뒤의 것이 그것에 대한 실측값이다.) 준비 작업을 하여야 하는데, 그것은 생략했다. 대체로 이 책에서 소개하는 모든 머신러닝 모델의 작동 구조는 동일하다.

위와 같이 모델을 훈련하고 나면, 이제 그 훈련 모델로 테스트 데이터를 대상으로 예측을 해본다. 그 코드도 간단하다.

```
predictions = rf.predict(test_features)
```

test_features라는 입력 변수를 함수에 넣기만 하면 predictions이라는 결과가 나온다. 그러고는 다음과 같이 오류를 계산한다.

```
errors = abs(predictions - test_labels)
```

본래 데이터를 80대 20 정도로 양분하여, 하나는 훈련에 쓰고, 하나는 테스트에 쓰는데, 각각은 features와 label로 구성된다. test_features는 입력변수이니 그것을 입력하여 나온 예측 결과 predictions과 그것의 실측값인 test_labels과 비교하면 얼마만큼의 오류가 있는지 나온다. 모델 설명은 복잡한 데 코드는 단순하기 짝이 없다. 이 단순한 코드가 실제 연산을 담당하니, 프로그래머가 할 일이 많이 줄었다.

두 값에 대한 일반화 선형 모델Generalized Linear Model for Two Values은 일단 선형 모델을 좀 더 복합하게 만들었다. "최적합"을 찾기 위해 변수

목록을 좁히고, 티핑 포인트를 계산하고 데이터 캡처 및 범주형 예측 변수
와 같은 기타 영향을 변경하여 "가장 적합한" 결과를 결정함으로써 일반
선형 회귀와 같은 다른 모델의 단점을 극복하려 한다. 예를 들어 고객의 겨
울 코트에 대한 구매행동을 예측하려 한다고 가정하자. 정규 선형 회귀는
영하의 온도 1도 차이에 추가로 300개의 겨울 코트를 구매한다고 예측할
수 있다. 기온이 9도에서 3도로 내려가면 2,100벌이 더 팔릴 수 있다는 것
은 논리적으로 보이지만, -20도까지 내려가더라도 온도 차이와 같은 정도
로 구매하지는 않을 것이다. 일반화 선형 회귀는 변수 목록의 범위를 좁혀
특정 온도를 초과하면 매출이 증가하고, 어떤 온도에 도달하면 매출이 감
소하거나 감소할 수 있음을 예측할 수 있다.

　일반화 선형 모델은 범주형 예측 변수도 처리할 수 있지만 비교적 해석
하기 쉽다는 장점이 있다. 또한 각 예측 변수가 결과에 어떻게 영향을 미치
는지 명확하게 이해하고 과적합의 문제를 일으키지 않는다. 그러나 상대적
으로 큰 데이터 세트가 필요하고 이상 값에 취약하다는 약점도 있다.

　그래디언트 부스트 모델Gradient Boosted Model은 일반화하기 전의 의사
결정 트리의 앙상블로 구성된 예측 모델을 생성한다. 한 번에 하나의 트리
를 구축하므로 다음 트리가 이전 트리의 결함을 수정할 수 있다. 트리끼리
아무런 관련이 없는 Random Forest 모델과 다르다. 이 모델은 Yahoo 등 검
색 엔진의 결과 출력과 같은 순위를 정하여야 하는 작업에 자주 사용된다.

　그러나 각 트리를 순차적으로 구축하기 때문에 시간도 오래 걸린다는 약
점이 있다.

　K-평균K-Means모델은 인기 있고 처리 속도가 빠른 알고리듬으로 레이
블이 지정되지 않은 데이터 포인트를 유사도별로 별도의 그룹에 배치하는
것으로 클러스터링 모델에 자주 사용된다. 안감이 있는 빨간 양모 코트를
좋아하는 백만 명 이상의 고객과 같이 거대한 그룹 내의 개인에게 개인 맞
춤형 구매 제안과 같은 작업을 빠르게 처리할 수 있다. 또 의료를 위한 예

측 분석의 맥락에서 환자의 샘플을 가지고, 이 알고리듬을 사용하여 개별 클러스터에 배치할 수 있다. 한 특정 그룹은 여러 특성을 공유하기 때문이다. 운동을 하지 않고, 병원 방문 횟수가 증가하는 상황(1년에 3번, 다음 해에 10번)은 당뇨병의 위험이 있다. 이 알고리듬은 이러한 유사성을 기반으로 당뇨병 예방을 위해, 이 그룹에 대한 식단 및 운동 계획을 능동적으로 추천할 수 있다.

Prophet 알고리듬은 재고 요구, 판매 할당량 및 리소스 할당과 같은 용량 계획을 위한 시계열 또는 예측 모델에서 사용된다. Facebook에서 개발한 오픈소스 알고리듬으로 Facebook 내부에서 예측용으로 사용하고 있다. 이 알고리듬은 완전 자동은 아니지만, 그것은 매우 유연하며 발견적 방법과 유용한 가정의 배열을 쉽게 수용할 수 있다. 지저분한 데이터를 처리할 때 알고리듬의 속도, 안정성 및 견고성은 시계열 및 예측 분석 모델을 위한 인기 있는 대안 알고리듬이다. 전문 분석가뿐만 아니라 예측 경험이 적은 사람에게도 이 모델이 유용하다.[308]

위와 같이 현재 위력을 발휘하는 모델의 기초는 역시 의사결정 트리와 선형회귀 또는 로지스틱 회귀다.

의사 결정 트리 모델은 단순하지만 강력한 다중 변수 분석 형태다. 데이터를 분기와 같은 세그먼트로 분할하는 다양한 방법을 식별하는 알고리듬에 의해 생성된다. 쉽게 이야기하면 이 모델은 어떤 결정을 내릴 수 있는 트리 구조를 제공한다. 로지스틱 회귀가 이진 분류에 사용되지만, 의사결정 트리는 3개 이상의 클래스에도 사용 가능하다. 의사 결정 트리 모델은 입력 변수 범주에 따라 데이터를 하위 집합으로 분할하여 누군가의 의사 결정 경로를 이해하는 데 도움이 된다. 의사결정 트리는 간단하고 개발하기 쉬울 뿐만 아니라 쉽게 해석이 가능하며, 다양한 시나리오에 대한 최악의

---

308) https://insightsoftware.com/blog/top-5-predictive-analytics-models-and-algorithms/(2022, 4, 17. 방문).

값, 최선의 값, 기댓값을 결정하는 데 도움이 된다는 장점이 있지만, 많은
속성이 있으면 과대적합의 문제 등 단점도 있다.[309]

　의사결정 트리의 예를 들어보자. 어떤 사람이 윈드서핑을 좋아하지만,
선호하는 날이 따로 있다. 날씨가 좋고 바람 부는 날을 좋아하며 비오는 날
이나 흐린 날, 또는 바람이 덜 부는 날에는 서핑을 하지 않는다. 이와 같은
경우는 선형으로 분리되지 않으므로, 소위 선형회귀는 제대로 분류를 해내
지 못한다. 이런 경우에 의사결정 트리를 사용하면 된다. 간단히 그림으로
나타내면 다음과 같다. 처음 그림은 선형회귀로 분류하려 하였을 때인데
태양과 바람이라는 변수로 윈드서핑에 좋은 날과 나쁜 날을 구분할 수 있
는 선을 그을 수 없다.

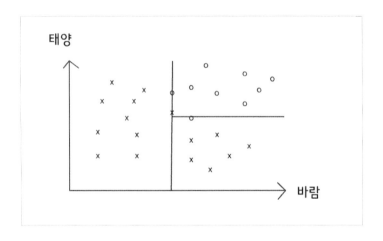

　반면 다음 그림처럼 의사결정 트리를 사용하면, 하나하나 단계를 밟아
긍정과 부정의 구분으로 의미 있는 결정에 이를 수 있다.

---

309) 잘라지 트하나키, 각주 247)의 책, 396면

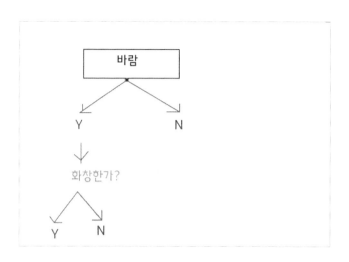

선형회귀 및 로지스틱 회귀는 통계학에서 가장 널리 사용되는 방법 중 하나다. 선형 회귀란 독립 변수x를 사용해 종속변수y의 움직임을 예측하고 설명하는 작업을 말한다. 원래 회귀regression는 변수 간의 관계를 평가하는 통계 프로세스로 변수가 여러 개 있고, 변수 간의 관계를 찾는다고 할 때 쓰이는 기법이다. 사람의 키에 대한 데이터가 있을 때, 그것을 기준으로 체중을 결정해야 하는 데이터세트가 있다면 이것은 지도학습이며, height와 weight라고 하는 2개의 속성을 갖는다. 주어진 높이 당 무게를 예측해야 하는 경우, weight는 변수 height에 종속되는 종속 데이터 속성 또는 변수다. 반면 height는 독립 변수다. 독립 변수는 예측자predictor[s]라고도 불린다. 따라서 종속 변수와 독립 변수 간의 특정 매핑 또는 관계가 있으면 주어진 높이에 대한 체중도 예측할 수 있다. 회귀 기법을 쓰기 위해서는 독립 또는 종속 변수가 연속 값을 가져야 한다.[310]

독립 변수가 x 하나뿐이어서 이것만으로는 정확히 설명할 수 없을 때에

---

310) 잘라지 트하나키, 각주 247)의 책, 363면.

는 x1, x2, x3 등 x 값을 여러 개 준비할 수 있다. 하나의 x 값만으로도 y 값을 설명할 수 있을 때 이를 단순 선형 회귀simple linear regression라고 하고, x 값이 여러 개 필요할 때는 다중 선형 회귀 multiple linear regression 라고 한다. 쉬운 예로 성적을 결정하는 요소가 여러 개 있지만, 공부한 시간 한 가지만 놓고 성적과 비교하면 $y=ax+b$와 같은 방정식이 생기고, 공부한 시간 x와 y를 찍은 좌표를 연결하면 직선(완전한 직선은 아니지만)이 그려진다. 이와 같은 방정식에 공부시간이라는 임의의 데이터를 넣으면, 위 방정식에 따라 성적이 나온다. 물론 근사치고, 예측치다.

회귀 분석은 변수 간의 관계를 추정하고 크고 다양한 데이터 세트에서 주요 패턴을 찾고 이들이 서로 관련되는 방식을 찾는 것이다.

인간의 뇌의 뉴런의 작동을 본뜬 신경망(인공 신경망이라고도 함)은 다양한 딥러닝 기술이다. 일반적으로 복잡한 패턴 인식 문제를 해결하는 데 사용되며 대규모 데이터 세트를 분석하는 데 매우 유용하다. 데이터의 비선형 관계를 처리하는 데 탁월하며 특정 변수를 알 수 없을 때 잘 작동한다.

그 외에도 다양한 분류기가 있다.

시계열 알고리듬, 클러스터링 알고리듬, 이상치 탐지 알고리듬은 이미 설명한 바 있다. 그 외에도 앙상블 모델, Naive Bayes 분류기, Support vector machine 등이 있는데 다음과 같다.

앙상블 모델은 여러 기계 학습 알고리듬을 사용하여 하나의 알고리듬만으로 얻을 수 있는 것보다 더 나은 예측 성능을 얻으려고 한다.

요인 분석은 변동성을 설명하는 데 사용되는 방법이며 독립적인 잠재 변수를 찾는 것을 목표로 한다.

Naive Bayes 분류기를 사용하면 확률을 사용하여 주어진 기능 세트를 기반으로 클래스나 카테고리를 예측할 수 있다.

Support Vector Machine(SVM)은 관련 학습 알고리듬을 사용하여 데이터를 분석하고 패턴을 인식하는 지도 머신러닝 기술의 일종이다.

예측 모델링은 기계 학습 및 데이터 마이닝을 사용하여 과거 및 기존 데이터의 도움으로 가능한 미래 결과를 예측하고 예측하는 통계 기법이다. 현재 및 과거 데이터를 분석하고 가능한 결과를 예측하기 위해 생성된 모델에서 학습한 내용을 투영하여 작동한다. 예측 모델링은 TV 시청률 및 고객의 다음 구매부터 신용 위험 및 기업 수익에 이르기까지 거의 모든 것을 예측하는 데 사용할 수 있다.

예측 모델은 고정되어 있지 않다. 기본 데이터의 변경 사항을 통합하기 위해 정기적으로 검증 또는 수정된다. 다시 말해서, 그것은 일회성 예측이 아니다. 예측 모델은 과거에 일어난 일과 현재 일어나고 있는 일을 기반으로 가정한다. 들어오는 새로운 데이터가 현재 일어나고 있는 변화를 보여주고 있다면, 가능한 미래 결과에 대한 영향도 다시 계산해야 한다. 예를 들어, 소프트웨어 회사는 마케팅 지출의 영향을 기반으로 미래 수익에 대한 모델을 생성하기 위해 여러 지역의 마케팅 지출에 대한 과거 판매 데이터를 모델링할 수 있다.

대부분의 예측 모델은 빠르게 작동하며 종종 실시간으로 계산을 완료한다. 따라서 은행과 소매업체는 온라인 모기지 또는 신용 카드 신청의 위험을 계산하고 해당 예측을 기반으로 신청 즉시 그 요청을 수락하거나 거부할 수 있다.

일부 예측 모델은 계산 생물학 및 양자 컴퓨팅에 사용되는 것과 같이 더 복잡하다. 결과 출력은 신용 카드 응용 프로그램보다 계산하는 데 시간이 더 오래 걸리지만 컴퓨팅 성능을 포함한 기술 기능의 발전 덕분에 과거에 가능했던 것보다 훨씬 빠르게 완료된다.

다행히도 모든 애플리케이션에 대해 예측 모델을 처음부터 새로 만들 필요는 없다. 예측 분석 도구로 광범위한 사용 사례에 적용할 수 있는 다양한 검증된 모델과 알고리듬이 있기 때문이다.

예측 모델링 기술은 시간이 지남에 따라 완벽해지고 있다. 더 많은 데이터, 더 강력한 컴퓨팅, 인공지능 및 기계 학습의 발전과 분석기법의 전반적인 향상으로 예측모델은 더 많은 작업을 수행할 수 있게 되었다.[311]

예측 모델링의 과제

예측 분석기술이 생성하고, 발굴한 모든 것이 유용한 것은 아니기 때문에 예측 분석을 유용한 비즈니스 통찰력을 생성하는 데 집중시키는 것이 중요하다. 일부 예측 결과는 호기심을 충족시키는 데만 가치가 있을 뿐 비즈니스에 전혀 도움이 되지 않는 것도 있다.

또한 예측 모델링에서 더 많은 데이터를 사용할 수 있다는 것은 어느 정도 장점이 되지만, 데이터가 너무 많으면 계산이 왜곡되어 무의미하거나 잘못된 결과를 초래할 수 있다는 문제를 간과해서는 안 된다. 앞서 살펴본 바와 같이 외부온도가 떨어지면 더 많은 코트가 판매된다. 하지만 사람들은 영하 20도 이하라고 해서 영하 5도 이하일 때와 비교하여 코트를 더 많이 사지는 않는다. 특정 시점에서 날씨가 코트 구매를 촉진할 만큼 충분히 추우면 더 춥다는 온도 패턴 변화는 더 이상 의미가 없다.

그리고 예측 모델링과 관련된 방대한 양의 데이터로 인해 보안 및 개인정보를 유지 관리하는 것도 어려운 일이 될 것이다. 머신러닝의 한계로 인해 더 많은 도전 과제에 직면한다.

또한 어떤 임무에 적합한 예측 모델링 기술이 각기 다를 수 있다. 따라서 어떤 과제를 수행하는 데 적합한 예측 모델링 기술을 결정하는 것이 통찰력 있는 미래 위험 예측에서 중요하다.

---

311) supra note 308.

6장

법 분야 인공지능
위험 예측 관리

법적 분야의 인공지능 활용

법 분야는 인공지능 관점에서 규칙과 알고리듬과 유사한 체계가 지배하는 세계로 인공지능의 적용 대상으로 최적화되어 있다는 것이 인공지능 초기부터 인공지능 공학자들이 가진 생각이었다. 그러다보니 법률 분야의 업무를 인공지능 알고리듬에 의하여 해결하려는 여러 가지 시도도 많았다. 초기의 의욕은 대단했지만, 일부 실용화된 인공지능 알고리듬을 제외하고는 대개의 경우 연구 차원에서 더 나아가지 못했다는 아쉬움이 크다. 단순히 업무능률을 제고시키는 알고리듬이라면 몰라도, 인공지능이 내세우는 인간의 지적 작업을 알고리듬이 대신한다는 이상적 목표에는 법적 업무, 특히 변호사의 판단 과정을 알고리듬으로 대체하고자 하는 시도가 꽤 잘 들어맞는다. 그러나 초기의 생각 즉 법률 등 규칙을 실제 사건에 대입하면 바라는 결과가 나올 수 있다는 전제는 커다란 착각이었고, 법률 세계의 복잡함 앞에 수많은 노력들은 좌절로 끝났으며, 수십 년 노력의 성과라고 할 만 한 것은 대단치 않은 법률 정보 검색 프로그램 정도다. 언론에서 인공지능 변호사라고 극찬한 ROSS는 IBM의 인지컴퓨팅 플랫폼인 왓슨을 기반으로 한 파산분야에 특화된 법률 정보 검색 프로그램에 불과하다.

그러나 관점을 법률전문가가 하는 일을 인공지능으로 대체하는 것이 아니라, 인공지능이 법률전문가를 지원하거나 법적 도움이 필요한 일반인을 돕는 것으로 바꾸면 상황이 달라진다.

일반인을 도우는 방안으로서의 변호사의 업무를 대체하는 방식, 즉 변호사가 해야 할 일을 인공지능이 대체하는 것은 여러 가지 논란이 있을 수 있다.

그런 부분에 대한 자세한 논의는 생략하고, 변호사를 선택하는 일과 같은 예를 들어보자. 어떤 변호사를 선택해야 좋을지 하는 문제는 당사자 입장에서는 굉장히 중요하지만 당사자 입장에서도 불확실성이 동반되는 일종의 위험 상황이다. 필자가 대학에서 교수로 재직 중인데도 옛날에 알던 지인들이 변호사 선임 관계에 대한 조언을 구하기도 하고, 심지어 변호사를 선임한 상태에서도 사건의 향방 등에 대하여 질문하기도 한다. 그만큼 변호사 선임도 어렵고, 어렵사리 변호사를 선임했다고 해도 전적으로 신뢰하기 어려운 모양이다. 현재 통상적으로는 알음알음으로 변호사를 선임하기는 하지만, 제대로 된 변호사 선임인지는 의문이 많다. 누구에게 조언을 구했다면, 조언자의 친구, 친인척, 심지어 단순한 지인인 변호사를 추천할 수 있다. 해당 사건에 적합한지, 역량이 어떠한지에 대한 고려는 없다. 심지어 요즘 포털의 광고에 의존하는 경우도 많고, 그로 인한 피해사례도 많다. 방송에 자주 출연하는 변호사가 유명세를 얻고는 있지만, 유명세와 일을 처리할 능력은 무관하다. 예능감각이 있거나, 방송 패널로 출연할 만큼 말을 잘 한다고 해서 사건 해결에 도움이 되는 것도 아니다. 로톡 등 사설 변호사 소개 플랫폼에 대한 전면전에 나선 대한변협이 대안으로 '공공 플랫폼' 도입 검토에 나서기도 했다. 이와 같이 변호사 선택의 문제는 단순하지 않다.

　사실 법률 업무가 너무 전문화되어 단 한 명의 변호사도, 심지어 어떤 로펌 전체를 동원해도 숙련되고 유능한 방식으로 법률문제의 전체 스펙트럼을 커버할 수 없다.312) 해당 분야에서 경험과 전문성을 갖춘 변호사를 수임하는 것이 중요한 데, 이런 변호사 선택 과정에 예측기법을 사용한 Lawyer Metrics LLC는 사건에 적합한 변호사를 식별, 선택 및 개발하기 위한 증거 기반 방법을 제공한다.313)

---

312) https://www.bizjournals.com/tampabay/stories/2002/12/23/focus7.html(2022. 7. 1. 최종 방문).
313) https://www.aurigininc.com/c/Lawyer-Metrics-LLC/United-States-of-America/oVk7Tp

이와 같은 변호사의 역량 파악은 의뢰인의 입장에서만 중요한 것은 아니다. 로펌에서도 마찬가지로 소속 변호사들의 역량 파악이 필요하다. 로펌이 규모가 커서 분 사무소까지 있다면, 누가 성과를 내고, 누가 노력하는지, 무엇을 성취하고 있는지 파악하는 것이 중요하다. 또한 어떤 변호사가 고객의 요구 사항을 잘 충족하는 방향으로 일을 하고 있는지 확인하고, 변호사나 직원 중 누가 가장 생산적인지 파악하는 것 또한 로펌 경영에서 중요할 것이다. 이런 부분도 기존 방식에 의한 인사고과로는 부족하고, 역시 과학적 방식의 도입이 필요하다. 이런 요구에 부응하여, 데이터를 사용하여 근무하는 위치에 관계없이 회사 및 개인 수준에서 법률 보조원 및 변호사 생산성을 추적하고 측정하는 알고리듬을 제품화한 사례도 있다. 이 시스템은 수행 중인 작업을 추적하여, 어디가 부족한 지, 그 부족한 이유는 무엇인지와 같은 로펌의 전반적인 건전성과 워크플로를 추적하고, 직원의 생산성을 분석할 수 있다고 한다.[314]

법률 분야에서 불확실성을 해소하는 것은 매우 중요한 과제지만, 법률전문가들이 이러한 불확실성 또는 위험에 대처하는 능력은 상대적으로 떨어진다. 이러한 불확실성 또는 위험의 해소에 인공지능 알고리듬을 사용하면 상황이 완전히 달라질 것이다. 예를 들면 배심원단을 선택하는 것은 재판의 성패를 좌우하는 중요한 일일 수 있지만, 불확실성이 가득하다. 미국의 재판 관련 드라마를 보면 재판 과정에서 쌍방 당사자가 배심원 선정에 얼마나 심혈을 기울이는지 알 수 있다. 정확히 기억나지는 않지만, 어떤 형사사건을 다룬 영화에서 배심원 선정과 관련하여 변호사와 검사가 신경전을 벌이는 장면이 나온다. 법으로 허용되는지는 모르지만, 변호사는 예비 배심원 명단이 나오자, 이를 원격으로 분석시킨 다음, 예비 배심원의 여러 가지

(2022. 7. 1. 최종방문).

314) https://growpath.com/how-to-track-paralegal-productivity-in-your-law-firm/(2022. 7. 1. 최종방문).

속성을 가지고, 배심원으로 선정하거나 배제하였다.

배심원 선정에 대하여 좀 더 살펴보자. 우리나라의 경우 배심원이란 법에 따라 형사재판에 참여하도록 선정된 사람이다(국민의 형사재판 참여에 관한 법률 제2조). 미국의 경우, 형사사건뿐만 아니라 민사사건에서도 배심원을 선정한다.

우리나라의 경우 형사사건이 국민 참여 재판에 의하는 것으로 결정되면, 관할구역 내에 거주하는 만 20세 이상의 국민 중에서 정한 배심원 후보자 예정자 명부에서 필요한 수의 배심원 후보자(미국에서는 venire라고 함)를 무작위 추출방식으로 정한다. 미국의 경우도 비슷하다. 법원은 배심원후보자에게 그들이 법적으로 배심원으로 봉사할 자격이 있는지, 배심원 서비스가 과도한 어려움을 일으키지 않는지 확인하기 위해 질문을 하는 것으로 시작한다. 예를 들어, 미국 대부분의 주에서는 중요한 시험을 놓칠 수 있는 학생, 곧 수술이 예정되어 있는 사람 또는 아프거나 노인 등 가족을 단독으로 돌봐야 하는 사람은 배심원 선정에서 면제되는 것을 허용한다. 우리나라도 법원은 배심원후보자가 배심원으로 결격사유가 있는지 여부, 법관이나 검사, 대통령, 국회의원 등 직업에 의한 제외 사유 해당 여부, 피해자 등 제척사유에 해당하는 자인지 여부, 만 70세 이상 등 면제사유 여부 등과 불공평한 판단을 할 우려가 있는지 여부 등을 판단하기 위하여 배심원후보자에게 질문을 할 수 있고, 검사·피고인 또는 변호인은 법원으로 하여금 필요한 질문을 하도록 요청할 수 있고, 법원은 검사 또는 변호인으로 하여금 직접 질문하게 할 수 있다(국민의 형사재판 참여에 관한 법률 제28조).

다음으로, 각 측의 변호사는 배심원 후보자에게 자신의 편견과 배경, 그리고 사건에 대해 알고 있을 수 있는 기존 지식에 대해 질문한다. 변호사는 또한 배심원 후보자로 하여금 검찰이나 변호인에게 유리하게 작용할 수 있는 특성이나 경험을 밝히기 위해 질문을 할 수 있다. 그러나 변호사는 지나치게 개인적인 질문을 할 수 없으며 배심원에게 사전에 사건을 어떻게 결

정할 것인지 묻는 것도 허용되지 않는다.[315]

배심원을 선정하는 데 있어 중요한 것은 배심원 후보가 좋아하는 것, 싫어하는 것, 그들의 습관, 편견 및 사회적 배경이 무엇인지 이해하는 것이다. 과거 데이터를 가져와 특정 유형의 사건에 연결하고 해당 정보를 적용하여 변호사가 이러한 배심원을 선택하는 데 도움이 된다면 대단히 유용할 것이다. 이런 일은 머신러닝 또는 인공 지능의 도움으로 예측 가능한 영역이다. 특정 배심원이 재판에 어떠한 영향을 가져올지와 같은 배심원 관련 위험 예측은 배심원 선택과 사건 결과에 매우 중요한 영향을 미칠 수 있다.[316]

법적 위험 예측 알고리듬

법 분야의 위험은 다른 분야의 위험과 마찬가지로 불확실성에 기인한 것이다. 입법이나 법원의 해석을 통해 법 분야의 명료성과 예측가능성을 제고하기 위해 아무리 노력해도 법 현실은 항상 불확실성으로 가득 차있다. 이로 인해 법 분야가 지향하는 이상, 즉 예측 가능성은 공염불이 될 수 있다. 그러다보니 의뢰인이 어떤 법적 사안의 잠재적 결과에 대한 정확한 평가를 위해 변호사에게 의존하는 게 일반적이지만, 변호사가 의뢰인에게 명확한 결론을 제시하는 것은 위험을 수반하는 일일 뿐만 아니라, 그 결과 예측은 정확하지만은 않다. 변호사들이 결과 예측을 위하여 사용하여온 전통적 도구는 법률 분석, 변호사의 일반적 경험, 특정 유형의 사건에 대한 경험적 정보 등인데, 이러한 제한적 도구만으로는 일관되고 정확한 평가가 어렵다. 변호사를 비롯한 법률관계 종사자의 공통된 과제는 법의 불확실성 해소, 즉 법적 위험의 예측과 판단에 있다고 해도 과언이 아니다. 그래서

---

315) Sherilyn Streicker, "Jury Selection in Criminal Cases", Nolo, https://www.nolo.com/legal-encyclopedia/jury-selection-criminal-cases.html(2022. 7. 1. 최종방문).

316) Dena DaSilva, "Artificial Intelligence in the Courtroom", 2015, Jury Analyst, https://juryanalyst.com/blog/artificial-intelligence-in-the-courtroom/(2022. 7. 2. 최종방문).

일부 논자는 현대의 법률가는 법적 공급망의 관리자일 뿐만 아니라 법적 위험이라는 포트폴리오의 관리자가 되어야 한다고 주장한다.317) 예를 들어 특정 법적 문제를 아웃소싱하든, 특정 소송의 결과를 예측하든, 문제된 계약 조항의 장기적 영향을 예측하든, 그 핵심은 예측이다.

이러한 위험의 예측·관리는 그 중요성조차 인식하지 못한 채, 인간 주도의 직감에 의존하여 비체계적으로 이루어진 것도 사실이다. 따라서 법적 위험에 처한 사람들은 그들의 위험 관리를 하는 법률전문가의 수준에 따라 천차만별의 결과를 감수해야 했다. 마치 병에 걸린 사람이 제대로 된 의사를 만나지 못해 건강이 악화되거나, 사망에 이르는 것과 마찬가지로 법적 위험을 제대로 인식하여 대처할 수 있는 전문가를 만나지 못한 경우, 낭패를 당하기 십상이다. 더욱이 과거에 비해 현대의 법률 분야는 훨씬 더 복잡하고 예측하기 어려운 불확실성을 안고 있으며, 법률이 적용되는 각종 영역이 한층 더 복합적인 구조를 띠고 있기 때문에 그와 관련한 위험의 판단은 인간 전문가의 제한된 인지능력으로는 불감당이다. 이와 같은 상황에서 최근 데이터 과학과 인공지능 알고리듬의 발전으로 이러한 위험 관리의 잠재적인 판도를 바꿀 것으로 보이는 새로운 예측 도구의 등장이 가능해졌다. 즉 인공지능 알고리듬에 의한 예측도구가 도입되면서 법적 위험관리 방식에 뚜렷한 변화가 예상된다. 물론 이와 같은 인공지능에 의한 예측 알고리듬이 기존의 인간 중심의 예측 체계를 완전히 대체할 것이라고는 보이지 않는다. 이런 예측도구의 등장에도 불구하고, 인간 전문가의 역할은 여전하고, 예측분석 알고리듬은 인간이 수행하는 결과 예측을 지원하고, 보완하는 역할을 할 가능성이 높다. 실상 법 분야 외의 경우, 예를 들면 은행, 보험회사나 핀테크 스타트업 등에 의하여 인공지능 기반의 재무위험 관리

---

317) Daniel Martin Katz, "Quantitative Legal Prediction—Or—How I Learned To Stop Worrying And Start Preparing For The Data-Driven Future Of The Legal Services Industry", p.948.

도구가 등장하여 사용되고 있다.

예측 알고리듬이 도입될 경우, 변호사 등 법률전문가가 법률 업무를 수행하는 방식에는 상당한 변화가 예상되며, 사건 의뢰인 등 법률수요자의 입장에서는 긍정적인 변화가 분명하다. 기존의 법적 분야의 의사결정의 경우는 결정 대상자의 납득이 필요하므로, 설명 가능 여부가 중요한 이슈가 되었다. 그러나 위험 예측의 경우는 설명을 위한 인과 관계 요인 파악 없이도 상관관계 식별 즉 예측 패턴을 찾기만 해도 된다. 따라서 법적 위험의 예측 분석은 머신러닝 등 새롭게 등장한 인공지능 알고리듬이 가진 불투명성이나 설명 불가능성의 문제와 충돌 없이 잘 활용될 것으로 보인다.

법률실무에서의 데이터 과학

법률 실무에서 데이터 과학은 지난 몇 년 동안 점점 더 중요한 역할을 담당해왔다. 이것은 데이터 과학을 통해 법률 회사와 기업의 법무부서가 자동 분류 및 예측 코딩과 같은 기술을 사용하여 훨씬 더 비용 효율적이고 시기적절한 방식으로 여러 업무를 수행할 수 있는 전자 개시 영역에서 시작되었다.

그러나 데이터 과학 기술은 사례 관리, 청구 및 예산 책정과 같은 다른 업무에서도 점점 더 많이 사용되고 있다. 기록 관리 및 기타 유형의 정보 거버넌스, 계약 검토 및 관리, 외부 고문의 선택, 그리고 결과 예측까지 사용될 것으로 보인다. 또한 법률 검색 서비스는 검색 응답성을 개선하기 위해 몇 가지 중요한 데이터 과학 발전을 도입했다. 이러한 용도 외에도 일부 소규모 벤처는 법률 실무에서 예측 분석에 대한 다른 가능한 용도를 모색하고 있다.

앞서 본 바와 같이 예측 분석은 배심원 선정 과정에서 변호사를 지원하는 데 사용할 수 있다.

또한 형사 분야에서는 예측 분석은 이제 법관들에게 양형 결정의 일상적인 부분으로 피고인 간의 재범 가능성을 평가할 수 있는 강력한 새 도구를 제공한다.

따라서 데이터 과학은 의심할 여지없이 미래의 법률 실무에서 점점 더 중요한 역할을 할 것이다.

그동안 법 분야 인공지능 알고리듬과 관련된 논의에서 흔히 등장하는 주제가 자동화된 법적 의사결정이었다. 궁극적으로 자동화된 의사결정 알고리듬이 성공한다면, 소송 예측 알고리듬은 자동화된 의사결정 알고리듬의 모델을 그대로 사용하면 된다. 왜냐하면 자동화된 의사결정 알고리듬이나 그 모델을 그대로 사용한 예측 알고리듬이나 모두 입력변수가 동일하면 같은 결과를 산출할 것이기 때문이다.

인공지능 알고리듬에 의한 법적 위험 관리 가능성

법에 있어서 의사결정이란 어떤 법적 사건의 발생이 불확실할 때 무엇을 해야 하느냐에 대해 결정하는 것이라 할 수 있다. 법 분야에서도 의사결정이 법적 위험 관리에서 가장 중요한 첫 단계다. 앞서 전관예우 변호사 이야기를 한 바 있지만, 법적 의사 결정에서 과거 경험을 기초로 의사를 결정하곤 한다. 이는 마치 인생이란 실험실에서 시도했던 실험을 기초로 삼는 것으로 다름없다. 형사 사건의 당사자 입장에서는 구속 여부가 걸린 불확실 상황에서 선택지는 신에게 의존하면서 구속되지 않기를 갈구하거나, 아니면 초래되는 미래의 결과를 객관적 사실에 근거하여, 예측하는 것뿐일 수 있다. 법에 있어서 의사결정이란 어떤 법적 사건의 발생이 불확실할 때 무엇을 해야 하느냐에 대해 결정하는 것이라 할 수 있다.

파스칼은, 신을 믿는 것은 의사결정사항이 아니라고 설명했다. 위험에 처한 인간이 불확실성이라는 도전에 직면하여 어떤 해결 방도를 구하려고 했던 시도는 인류 삶의 진전에 큰 역할을 했다. 인류 역사에서 위험을 무릅쓰지 않고서 어떤 획기적 발전이 이루어진 적이 있던가?

인공지능에 의한 법 분야 위험 예측 변화

데이터 과학은 전자증거 개시e-discovery 영역에서 시작하여 법률 실무에서 점점 더 중요한 역할을 담당해 왔다. 변호사는 이제 보다 비용 효율적이고 시기적절한 방식으로 증거 조사(모든 관련 사실 및 문서를 재판 전에 양 당사자에게 공개)를 수행할 수 있다.

한 가지 예는 큰 데이터 세트에 적용하여 수동으로 검토해야 하는 관련 없는 문서의 수를 줄이는 기계 학습 프로세스인 예측 코딩이다. 검색 응답성을 향상시키기 위한 과학의 발전과 이러한 발전에 대한 수요가 빠르게 증가하고 있다. 예측 분석 알고리듬은 아직 데이터 과학 응용 프로그램의 최전선에 있지는 않지만 결과 예측을 개선하기 위한 보완 도구로 사용될 가능성은 크다.[318]

따라서 소송예측에 인공지능 알고리듬의 사용하는 것은 수십만 건에 이르는 법령, 판례, 논문 등을 검색하고, 분석하는 것을 넘어 최근 판결의 추이 등까지 고려해야 하는 소송예측의 속성과 부합한다. 인공지능에 의한 예측 방식은 인공지능 알고리듬을 사용하여 많은 양의 데이터에서 패턴을 찾아내고, 찾아낸 패턴을 미래에 관한 예측에 사용한다는 특징이 있다. 사용되는 알고리듬이나 입력 데이터를 보면 고개를 갸웃거릴 것이다.

최근 인공지능과 법학 연구에서 인공지능을 이용한 법률검색이나 법적 논증에 대한 연구는 활발했지만, 인공지능을 이용한 예측은 그리 큰 진전을 보이고 있지 않다.

법적 예측을 위한 경험적 방법은 여러 가지 잠재적인 문제를 제기하며 실제로 예측의 제약 요소들은 여전히 미해결의 문제로 남아 있다.

소송 결과를 예측하기 위한 고전적인 접근 방식은 과거 사례를 일반화하기 위해 통계적 또는 귀납적 모델을 사용하는 것이다. 이 예측은 경험적 관

---

318) Mark K. Osbeck/Michael Gilland, supra note 161.

점에서 맞을 수 있지만 규범적 관점에서는 완전히 틀릴 수 있다. 새로운 사건의 새로운 사실적 상황은 (과거 사례를 기반으로) 예측한 것과 다른 결과를 요구할 수 있다. 또한 일반적인 사회적, 경제적 또는 기술적 변화로 인해 과거의 모든 선례의 타당성이 문제가 된다. 게다가 통계적·경험적 일반화에는 종종 예외가 있는 법이다.

과거 사례의 통계적·경험적 일반화에 기초한 예측은 또한 설득력 있는 규범적 논증에 의해 뒷받침될 수 있는 명백히 변칙적인 선례 또는 반대 사례에 대한 유추를 놓칠 수 있다.

예측은 (통계적 관점에서도) 다양한 다른 문제를 제기한다. 사례 결과 또는 특징 가중치의 통계적 예측은 작거나 편향된 샘플의 문제를 처리해야 한다. 방대한 온라인 법률 데이터베이스에서도 균등하게 균형을 이루는 상충되는 강점과 약점 중에서 어려운 선택과 관련된 소송 사건만 보고될 수 있다. 많은 경우가 화해 등으로 종결되어 판결에 이르지 않기 때문에 예측의 입력으로 사용될 수 있는 판례 데이터베이스에 수록되지 않는다. 따라서 판례 데이터베이스의 사례도 완전성이 떨어지며, 그러한 일부 편향된 표본을 기반으로 한 예측이 법률 전문가에게 유용한지 여부는 의문이다.

게다가, 양적 특성 가중치 할당에만 의존하는 알고리듬은 문제의 특정 맥락에 둔감하거나 예측의 이유에 대한 합리적인 법적 설명을 지원하지 않는 문제가 있다.

마지막으로, 통계 알고리듬은 충분히 큰 데이터 세트를 필요로 하며, 경험상 작업이 어려울수록 더 많은 사례가 필요하다. 이것은 법적 사건의 결과를 예측하기 위한 추가적인 문제를 야기한다. 사건은 텍스트로 표현되는데, 그 속성은 머신러닝에 적합한 형식으로 표현되어야 한다. 그러나 지금까지 표현은 그렇지 못하기 때문에 일일이 수작업으로 머신러닝에 적합한 형식으로 변환하여야 한다.[319]

법 분야의 인공지능 위험 예측의 함의

이러한 위험 관리의 필요성 추세와 더불어 인공지능에 의한 정량적 예측 알고리듬의 사용까지 가세하면서 미국의 경우, 법률서비스 분야에서 예측은 법률 서비스의 핵심적 구성 요소로 자리 잡기 시작했다.

사실 일반 고객들은 법률문제로 인하여 직면하는 다양한 위험에 대처하기 위해 해당 분야에 전문성이 있는 변호사에게 의존한다. 변호사법은 변호사 직무의 공공성과 윤리성을 강조하면서 정작 전문성 요구는 소홀할 면이 있다. 변호사의 직업윤리는 전형적인 전문직업인에게 요청되는 윤리의 일종으로, 변호사의 직업윤리는 변호사의 직업적 책임인데,[320] 전문직업인으로서의 전문성 구비를 변호사법에서 제대로 규정하고 있지 않은 것은 문제다. 전문직업인으로서의 일반적인 역량구비의무의 근거마련도 되지 않아, 변호사의 역량구비의무를 규범화하자는 주장[321]이 있을 정도로 이 부분에 대한 진지한 고민이 없는 편이다. 변호사에게 요구되는 전문성이라 하면 법률 서비스를 제공하기에 족한 법률 지식과 요령, 충분한 경험 등이 떠오르지만, 현대와 같은 위험사회에서는 위험의 평가와 대처라는 측면이 실질적으로 더 중요하다. 법 분야에도 갖가지 위험이 도사리고 있는 만큼 사건 의뢰인이 처한 위험을 정확히 분석하고 예측하는 일방, 그것을 해결할 묘책을 제시하는 것은 변호사의 전문성 지표의 하나일 것이다.

전문가에게 있어서 위험 평가는 어떤 분야나 마찬가지로 요구된다. 자연재해 전문가는 허리케인이나 지진과 같은 자연재해의 위험을 평가하고, 시장경제 전문가는 시장 위험을 진단한다. 세계 경제 전체를 위협하는 광범

---

319) Stefanie Bruninghaus/ Kevin D. Ashley, "Predicting outcomes of case based legal arguments." ICAIL (2003), pp.233-234.

320) 정형근, "변호사의 직업윤리에 관한 고찰", 『법조』, 제58권 제6호(법조협회, 2009), 285면.

321) 김도훈, "미국 전자증거개시절차상 변호사의 기술역량구비의무에 관한 소고", 『이화여자대학교 법학논집』, 제21권 제1호(이화여자대학교 법학연구소, 2016), 89면.

위한 위험을 예측하기도 하고, 컴퓨터 소프트웨어, 석유 또는 옥수수 등 특정 산업 부문이나 특정 상품에 영향을 미치는 국지적 위험을 전문적으로 다루기도 한다. 법 분야, 시장경제, 자연재해의 전문가들은 예측을 위해 각기 다른 도구와 서로 다른 기술을 사용하지만, 모두 불확실성 앞에서 위험을 관리하는 데 종사한다는 점에서 일맥상통한다.322) 그런데 문제는 법률 전문가가 이런 점에 대한 인식을 제대로 하지 못한다는 것이다.

소송을 수행하는 법률전문가는 소송에서 성공하거나 실패할 가능성을 확률의 문제로 환원하는 생각 자체를 싫어할 수 있다. 소송의 승패를 확률로 생각하는 것은 소송의 도박화를 연상케 하고, 그것은 변호사 윤리에 정면으로 반하는 느낌을 갖게 한다. 그러나 소송에 승패가 있고, 불확실성이 개재되는 한 확률의 법칙에서 벗어나기 어렵다. 의뢰인은 항상 자신의 사건에서 승소할 가능성이 얼마인지 알고 싶어 한다. 변호사의 입장에서 참으로 난감한 문제이지만, 의뢰인의 입장에서는 형사사건이든 민사사건이든 그 소송의 결과가 어떠할지에 대해 궁금해 하고, 그런 궁금함이 제대로 해소되지 않는 한 변호사를 신뢰하고 사건을 의뢰하지 않을 것이다. 사건의 승패에 대한 예측과 관련하여 실제 문제가 되는 것은 성공보수 약정이다. 우리나라의 경우, 형사사건에서 성공보수 약정이 금지되었지만, 이런 성공보수 문제도 모두 사건의 승패에 관한 예측과 무관하지 않다. 예측 문제는 성공 보수가 합리적인지 여부를 평가할 때 고려 요소가 된다. 변호인의 입장에서나 의뢰인의 입장에서나 성공 보수는 손실 위험과 관련되어 있다. 사건의 승패가 불확실한 가운데, 사건 성공을 조건으로 성공 보수를 약정하였다면, 변호사의 입장에서는 승패 예측을 잘못하면 손실 위험에 처할 수밖에 없다. 이러한 소송 과정에서의 위험은 통계학에서 확률로 나타낼 수 있고, 기회라고 표현 가능하다.

---

322) Jonathan T. Molot, supra note 80, at 368-369.

의미가 있고 타인에게 전달될 수 있는 방식으로 우연을 다루려면 어느 정도 축소가 되어야 한다. 그 척도는 좋든 싫든 숫자 0 또는 1이다. 1은 사건이 일어날 것이라는 확신을 나타내고, 0은 사건이 불가능하고 일어나지 않을 것임을 나타낸다. 조작이 안 된 동전을 던졌을 때 앞면이 나올 확률은 0.5이고, 이를 확률로 표시하면 50%다. 동전을 던질 때 앞면이 나올 가능성이 있다고 말하는 것은 별 도움이 되지 않는다. 마찬가지로 의뢰인이 지는 것보다 이길 확률이 더 높다고 말하는 것은 유용하지 않다. 의뢰인은 그 확률이 정확히 얼마인지 알려고 할 것이고, 그런 기회가 부여되어야 한다. 돈이 걸린 소송이라면 의뢰인은 자신이 이길 수 있는 기회가 금액으로 표시될 것을 원할 것이다. 이런 부분은 의뢰인의 입장에서는 소송에서의 위험 결정에서 중요하다. 민사소송이나 형사재판과 같은 독특하고 인간적인 사건에 확률의 법칙을 적용하는 데에 분명 반대가 있고, 나름 근거가 있을 수 있다는 점은 인정한다. 성공보수와 관련한 재판에서 법원은 적정한 성공보수의 결정에 확률의 법칙을 적용한다.[323]

또한 법 분야의 소송 위험 관리는 법적 업무 수행이 가지고 있는 속성 때문에 시장경제 등 다른 분야에서의 위험 관리와 차이가 있다. 다른 분야의 전문가들은 위험의 성격과 정도에 대한 조언뿐만 아니라 위험 회피나 분산 방안을 통해 의뢰인을 위험에서 벗어나게 할 수 있다.[324] 연간 이익이 유가 변동에 좌우되는 항공사에 고용된 전문가는 유가 급등 위험을 예측할 뿐만 아니라 위험회피 계약이나 선물 시장 거래를 통하여 위험을 줄여나간다. 일반 기업의 위험 관리자도 시장 위험에 대처하기 위해 다양한 헤지 계약이나 보험 정책 등을 활용한다.

반면, 법적 위험과 관련하여 대부분의 경우, 변호사들은 설사 이러한 위

---

323) David Higham, "Does Justice Play Dice-Can Lawyers Predict the Chances of Success in Litigation", 12 Nottingham L.J. 20 (2003), pp.20-21.
324) Jonathan T. Molot, supra note 80, at 369.

험이 예상되더라도 구체적 위험 관리나 대처를 조언하지는 않는데, 그 이유는 변호사는 고객이 이용할 수 있는 위험 감소나 회피 등 위험 관리 전략에 무지할 뿐만 아니라, 그것을 자신의 책무라고 생각하지 않기 때문이다. 소송 위험의 회피에는 소송 손실의 위험을 분산하고, 위험을 인수할 제3의 서비스 제공자가 필요한 데, 법률 분야에 이러한 서비스 제공자가 없다. 특히 전통적 법률 서비스 형태에 안주하는 변호사들은 단순한 당사자의 대리인 역할에 충실할 뿐, 소송 위험의 회피와 같은 전략적 판단을 할 수도 없고, 하려고 하지도 않는다. 그러나 미국의 경우 법률행위에서 파생될 수 있는 위험관리의 중요성을 깨닫고, 위험관리 방안을 모색하려 하고 있다.325)

법 분야 인공지능 위험 예측 도구 개발 연혁

인공지능 예측·분석 도구를 사용하면 결과 예측을 위한 경험적 정보의 확장 적용을 도모할 수 있다.

예를 들어, 예측 프로세스는 유사한 사례는 유사하게 결정될 것이라는 가정 하에 과거 사례에 대한 정보를 예상 사례와 비교한다.

텍스트 분석 방법은 유사성에 대한 변호사의 주관적인 평가에 의존하기보다는 판결 등 법원 문서의 언어에서 객관적인 패턴을 감지하려고 한다.

이러한 전략은 이미 50년 전에 초보적인 형태로 등장했다. 법리는 판례를 통해 확립된 프레임워크 또는 일련의 규칙이라고 할 수 있다.

20년 전 Shauer는 두 가지 접근 방식을 대조하면서 결과 예측에서 법리 또는 법적 원칙의 역할을 조사했다. 첫 번째 방식은 변호사들이 법원이 전통적인 법리에 따라 사건을 어떻게 해결했는지 평가함으로써 결과를 예측했다. 두 번째의 대안적 접근 방식은 법리에만 의존하는 것을 거부하고 예

---

325) Jonathan T. Molot, supra note 80, at. 370.

측에 가치가 있는 경험적 규칙성 등을 적용하는 것이다. 예를 들어 대법관을 임명한 대통령의 정당 소속이라는 요소가 판결을 가장 잘 예측할 수 있는 변수가 된다는 것이다.[326]

법적 추론의 자동화와 예측 알고리듬의 차이

새로운 사례에 대한 법적 추론을 자동화하는 것과 어떤 사례의 결과를 예측하는 것은 둘 다 생산적인 것으로 여겨지지만 서로 불안한 긴장감 속에 공존한다.

법적 추론은 기본적으로 규범적이다. 따라서 사례 기반의 법적 추론인공지능 모델의 목표는 경험적 가능성에 관계없이 선례에 따라 합리적인 주장과 반론을 생성하는 것이다.

변호인이 과거의 유사한 사례에 관한 판례를 인용할 때에도 그 판례를 남긴 법원이 옳다고 가정하고 그것의 규범적 추론이 새로운 사건에 어떻게 대응되는지 또는 어떻게 결과를 결정하는 데 기여할 수 있는지 보여줄 수 있다고 가정한다. 물론 변호인은 그 판례가 잘못되었다고 주장할 수 있으며, 선례구속의 원칙 하에서도 판례 변경의 필요성을 제기할 수도 있다.

그러나 위와 같은 방법론에 대한 반론은 새로운 법적 사건의 결과를 예측하는 것은 근본적으로 역사적이며 경험적일 뿐 규범적이지 않다는 것이다. 분류를 강화하거나 약화시키는 기능으로 표현되는 예측 알고리듬은 분류된 사례로 구성된 데이터베이스가 주어지면 통계적 또는 기호적 기계 학습 기술을 적용하여 새로운 사례를 분류하고 결과를 예측하기 위한 일반적인 규칙을 유도할 수 있다.

그러나 이러한 일반화는 규칙이라 하더라도 규범적 규칙이 아니라 규범적 결정에 대한 경험적 규칙일 뿐이다.[327]

---

326) Mark K. Osbeck/Michael Gilland, supra note 161.
327) Stefanie Bruninghaus/ Kevin D. Ashley, supra note 287, at 233.

법 분야 위험의 양적예측의 원리

법적 절차와 처리과정을 이해하고 이를 연산 단계로 변환하여 변호사의 지적 사고 프로세스를 포착하는 것이 양적 법적 예측의 기본 원리다. 이는 법적 규칙과 그러한 규칙을 일련의 상황에 적용하는 기제를 알고리듬에게 가르치려는 것을 의미하며, 그 결과 알고리듬은 특정 상황이 어떻게 규제되어야하는지에 대한 합리적인 결론을 출력할 수 있다. 이것은 변호사가 생각하는 방식을 효과적으로 모방한 것이라 할 수 있다. 논리 기반 시스템은 간단한 문제를 해결하는 데 효율적일 수 있지만 사례 결과를 예측하는 데 사용하는 데는 덜 유용하다. 인간의 삶이 법과 얽히면서 생겨나는 복잡 상황으로 인해 모든 법적 갈등을 미리 예견하고 사전에 규제하는 것은 불가능에 가깝다.328)

법의 핵심은 언어이기 때문에 연구자들은 인공지능을 법적 도메인과 판사와 변호사의 인지적 도메인에 적용하는 방법을 오랫동안 탐구해 왔다.

인공지능에 대한 초기의 논리 기반 접근 방식은 이미 1960-70년대에 법률 데이터베이스를 검색하기 위한 시스템을 개발하는 데 사용되었고, 법률 전문가 시스템Legal Expert System의 출현으로 1970-80년대에는 인간 변호사와 판사의 업무 일부를 보완하거나, 확장 또는 잠재적인 대체를 도모하려 했다. 연결주의 모델의 성공과 데이터의 가용성 덕분에 최근 몇 년 동안 이 분야에 대한 관심이 커졌으며, 많은 스타트업들이 법의 전체 영역에 인공지능의 첨단 기술을 적용하기 위해 경쟁하고 있다.329)

법에서 추상성은 불가피하며, 특정 상황에서만 완전히 실재화될 수 있

---

328) Henrik Trasberg, "Quantitative Legal Prediction And The Rule Of Law", Master's Thesis, p.9. http://arno.uvt.nl/show.cgi?fid=149307(2020. 1. 15. 최종방문).

329) Christopher Markou/Simon Deakin, "Ex Machina Lex: The Limits of Legal Computability", p.3, https://www.academia.edu/39761958/Ex_Machina_Lex_The_Limits_of_Legal_Computability(2022. 3. 20. 최종방문).

다. 이것은 법의 조문을 가지고, 어떤 문제에 대한 정답을 논리적으로 추론하는 것이 매우 어렵다는 것을 의미한다. 동시에 법을 적용한다는 것은 규약에 기초하여 만들어진 단순한 공식화된 추론으로는 어렵다. 법은 전체적이고 잘 구조화된 규칙 시스템이어야하지만 실제 그렇지 않다. 오히려, 필요한 모든 관련 상황에 대응하는 데 필요한 유연성을 제공하기 위해 법적 규칙을 모호하고, 추상적으로 만든다.330)

사건의 의미 또는 법령에 있는 단어의 의미는 기본 법률 자료의 본문이 변경되거나, 시간 경과에 따라 변경 될 수 있다. 근본적인 법적 원천 자료를 해석하고 끊임없이 재해석할 필요가 있다. 낡은 판례법과 관련법을 구별하기 위해서는 법적인 변천에 대한 더 깊은 이해가 필요하다. 변호사들은 이런 상황에서 법률 지식을 보다 더 잘 이해하고 추론하는 데 도움이 되는 비공식적인 지식을 많이 개발했다. 법률 시스템에 필연적으로 지식 표현 병목 현상이 있을 수밖에 없다. 다양한 유형의 법률 소스가 있으며, 관련성과 우월성은 종종 모호하고 시간이 지남에 따라 변경되므로, 일관된 법률 규칙 시스템을 구축하기 어렵다.

또한 법적 문제는 실제로 법적 분쟁이 제한된 지식과 유한한 자원의 조건에서 논의되어야한다는 사실로 인해 더욱 복잡해진다. 판결 결과는 판사가 받아들이는 특정 사실과 증거, 그리고 그것이 사실로 간주되는 특정 상황에서 법의 해석 방법론에 크게 영향을 받는다. 법을 적용하는 것은 법의 조문에서 관련 법적 규칙을 식별하는 단순한 기계적 과정이 아니다. 20세기의 법적 사실주의 운동 이후 판사의 행동에 영향을 미치는 것은 실증적 규범뿐만 아니라 심리학과 신경 과학에 뿌리를 둔 도덕적 동기라는 게 일반적인 인식이다. 이것은 이데올로기, 태도, 감정, 휴리스틱 및 기타 관련 없는 요소라도 판사의 의사 결정 과정에서 핵심적인 역할을 하게 되며, 또

---

330) Henrik Trasberg, supra note 328.

한 판결 과정에서 발생하는 적대적 논증의 영향을 더 많이 받는다.[331]

뿐만 아니라 법적 문제와 관련된 데이터는 모두 텍스트 데이터다. 이러한 텍스트 데이터는 구조화되지 않은 데이터로 구조화된 데이터나 수치 데이터에 비해 분석하기가 어렵다. 이런 문제를 해결하기 위하여 자연어 처리 알고리듬의 발전과 함께 텍스트 데이터의 분석에는 언어분석의 다양한 기법들이 사용되었다. 법적 영역에서는 방대한 텍스트 데이터가 존재할 뿐만 아니라 매일 쌓인다. 법률전문가들은 이런 텍스트 데이터에 대하여 반복적인 분석 작업을 할 수밖에 없다. 이런 분석 작업을 자연어 처리 알고리듬으로 부담을 줄이거나 자동화를 모색하는 것은 의미가 크다. 텍스트 데이터의 분석에서 그 문서를 어떻게 분류할 것인지와 레이블링labeling[332]이 중요하다. 이를 위해서는 개체명 인식, 품사 태깅 등의 작업이 선행되는 게 일반적이다. 개체명 인식에는 Long Short-Term Memory[333]와 같은 딥러닝 기반 알고리듬이 널리 활용되고 있다.[334]

특히 실제 사건의 처리 과정이나 예측 과정에서 과거 비슷한 유형의 판례를 찾는 것은 중요하다. 우리나라에서도 어떤 사건의 재판 과정에서 판례 변경이 있지 않고서는 종전 판례에 기속되고, 그 판례의 방향과 일치하는 판결을 할 수밖에 없다. 그래서 사건을 처리하는 과정에서 사건의 결론

---

331) Henrik Trasberg, supra note 328.

332) 인공지능이 스스로 학습할 수 있는 형태로 데이터를 분류하고 가공하는 작업을 의미하는데, 예를 들어 강아지 이미지 데이터가 있으면, 'dog'이라고 분류하는 게 레이블링이다. 적절한 우리 말을 찾기 어려워, 그대로 쓴다. 라벨링으로 쓰지 않고, 레이블링으로 쓴다.

333) LSTM 네트워크는 시계열 데이터의 시간 단계 간의 장기 종속성을 학습할 수 있는 일종의 순환 신경망(RNN)이다. 순환신경망이 시계열 데이터와 같이 시간의 흐름에 따라 변화하는 데이터를 학습하기 위한 인공신경망이므로, 그 차이는 장기간의 메모리다. 순환신경망의 약점은 입력데이터가 순차적인 연산을 통해 데이터가 변환되는 과정에서 일부 정보가 사라지기 때문에 이를 해결하기 위한 방법으로 장기간의 메모리를 가지게 한 것이 바로 LSTM이다.

334) 임홍순 외, 각주 268)의 책, 69면.

을 예측할 때 과거 사건의 판결을 분석하는 것은 당연하다. 이런 과정을 일일이 하는 대신, 기계적 알고리듬에 검색을 맡기고자 했고, 그 결과 각종 검색 알고리듬이 등장하였으며, 법률 서비스 시장에서 법률검색 알고리듬이 매출에서 차지하는 비중이 매우 크다. 검색 알고리듬의 핵심은 매칭과 랭킹이다. 딥러닝 기술의 발전으로 텍스트 데이터의 벡터화 기술이 발전하고, 검색 연관어가 확장되었으며, 검색의 질도 높아졌다. 텍스트 데이터의 벡터화는 뒤에서 좀 더 살펴보기로 한다.

법 분야 위험 예측·분석의 현실

Westlaw 및 Lexis/Nexis와 같은 온라인 법률 검색 서비스는 배심원 평결 보고서 및 관련 출판물에서 데이터를 집계하는 도구를 제공하여 사용자가 유사한 사례를 찾기 위해 결과를 검색하고 필터링할 수 있도록 한다. 이는 유사성에 대한 사례 요약을 수동으로 하는 것보다 훨씬 효율적이다. 보다 정교한 도구는 인공 지능 및 기계 학습 기술을 사용한다. Lex Machina의 소프트웨어는 다양한 변수와 사례 결과를 추적하고 가장 성공적인 주장을 식별하여 변호사가 초안을 작성하는 데 도움이 되고 있다.

Ravel Law는 결과 예측과 설득력 있는 주장을 위한 인공지능 예측 도구를 제공한다.

그리고 Ross Intelligence의 경우, 변호사가 자연어로 질문을 하면, Ross Intelligence는 제기된 문제에 가장 적합한 솔루션을 예측하여 그 변호사에게 답변한다.

이러한 도구는 아직 정확한 결과 예측을 보장하는 것은 아니지만 변호사의 기존 도구를 대체하고 보완하는 데 점점 더 많이 사용되고 있다.[335]

---

335) Mark K. Osbeck/Michael Gilland, supra note 161.

법 분야 인공지능 위험 예측의 장애물

법 분야의 의미 있는 데이터 부족은 일반적으로 법 분야 예측·분석의 성공을 가로막는 주요 요인이다. 예를 들어, 공개된 법원의 의견에는 그 결정에 영향을 미친 모든 사실이 명시적으로 기록되어 있지 않을 가능성이 크다. 이로 인해 사례 간에 의미 있는 사실적 유사성을 발견하거나 법적으로 관련이 있는지 결정하기가 어렵다. 증인신문조서와 같이 판결에 영향을 미치는, 의미 있는 데이터가 포함된 문서는 일반적으로 공개되지 않는다.

진짜 어려움은 주석이 달린 데이터 세트를 얻는 데 있다. 레이블이 지정된 데이터 세트는 특정 작업에 대한 모델을 훈련하는 데 필수적이다. 주석이 달린 데이터 세트의 생성은 객체 인식, 기계 번역 또는 음성 인식과 같은 일반 작업의 개선을 지원하기 위해 번창하고 있다. 그러나 이러한 데이터 세트에는 여러 영역에 걸친 샘플이 포함되어 있으며 법적 영역과 같은 특수 영역에서 허용 가능할 정도의 정확도에는 미치지 못하는 경우가 많다.

법 분야에서 사용할 수 있는 엄청난 양의 텍스트에 비해 공개적으로 사용 가능하고 적절하게 레이블링이 된 텍스트는 극히 적다. 주석이 달린 법적 데이터 세트는 희귀하거나, 존재하지 않는다. 명명된 개체 인식, 명명된 개체 명확화, 질의응답, 텍스트 요약, 문서 분류, 품사 태깅, 의미 분석 및 분류 생성을 포함한 많은 법적 작업은 사전 처리된 데이터 세트가 절실히 필요하다.

이러한 데이터 세트 부족에 대한 유일한 예외는 여러 개의 거대한 데이터 세트와 함께 제공되는 법적 번역 작업일 뿐이다.

개별 당사자의 신뢰성 및 호감도와 같이 재판 결과에 영향을 미치는 것으로 인식되는 중요한 외부적 고려 사항과 관련된, 신뢰할 수 있는 데이터는 없다.

예측의 성공을 방해하는 또 다른 주요 요인은 사용 가능한 데이터에 일반적으로 존재하는 노이즈다. 따라서 노이즈와 신호를 식별하는 것이 필요한데 이것이 쉽지 않다.

관련성과 통찰력을 무작위성 및 변칙성과 구별하는 근본적인 도전은 항상 존재해왔다. 따라서 예측에 필요한 정보가 제공되지 않는 우연한 상관관계에도 불구하고 의미 있는 패턴을 식별하기 위한 노력이 계속되어야 한다.

7장

공공영역에서의 법적 위험 예측

공공영역에서의 법적 위험관리는 민간 영역에서의 위험 관리와는 접근 법이나 철학이 다르다. 뿐만 아니라 정부기관 등에서 위험관리의 중요성은 간과되어온 것이 실상이다.

대체로 정부 부처의 경우 정책 방향을 설정하고, 그것의 달성을 위해 매진한다. 예를 들어 기획재정부의 경우, 저성장 극복과 성장이라는 목표 아래 민간 중심의 역동 경제, 체질 개선 도약 경제, 미래대비 선도경제, 함께 하는 행복 경제라는 4대 정책 방향을 설정하고 있는데, 이러한 정책 추진 속에 위험의 관리라는 측면은 매몰되기 쉽고, 정책 목표와 어긋나는 위험 관리의 경우는 무시당한다.

위험 관리가 실패하여 큰 문제가 생기면 주목거리가 되지만, 일상적으로 이루어지는 위험 관리의 성공은 제대로 된 평가를 받지 못하며, 위험관리 자의 위상도 그 역할의 중요성에 상응하지 못하는 경우가 많다. 큰 위기를 겪고 나서야 비로소 위기 대응의 중요성을 강조하면서 위기 대응책을 강구 하니 뭐니 하면서 야단법석을 피우다가, 시간이 지나면 어느새 위기 상황 이 다시 초래되는 악순환의 고리를 끊지 못하는 것이 우리나라만의 문제는 아닐 것이다.

공공부문의 위험 관리 강화의 이점으로는 예산 낭비 방지, 사기나 남용 방지, 부실관리의 최소화이지만 그 구체적 방안은 민간 영역에서의 위험관 리와 딱히 차이나는 부분이 없다.

다만 공공부분 위험 관리의 대응방식은 사후적이 될 수밖에 없는데, 이 는 정책의 결정 과정이나 실행 과정에서 위험에 대한 평가부터 완화나 회 피 방안 등의 강구를 염두에 두기보다는 위험 발생 후에 사후적인 피해회 복으로 문제를 해결하는 프로세스를 당연시 여기기 때문일지도 모른다. 이와 같은 일반적인 공공영역의 위험예측이나 관리방안에 대하여는 자세한 언급은 하지 않는데, 민간 영역의 위험관리 방안이 그대로 적용될 수 있기 때문이다. 오히려 공공영역에서의 위험의 예측 자체를 들여다보기로 한다.

공공영역에서의 위험 평가의 대표적 사례는 재범위험성 평가와 예측 치안인데, 모두 형사사법과 연관이 있다. 공공영역에서의 위험 평가가 이와 같은 형사 분야에 국한되는 것은 아니겠지만, 이러한 위험성 평가로 인한 차별 문제 등 여러 가지 이슈가 있는 분야이므로, 이러한 유형의 위험 평가 도구를 살펴볼 필요가 있다.

1. 재범의 위험성 예측 알고리즘

재범 위험성 예측 알고리즘은 형사사법과 관련된 예측을 하기 위해 숫자 입력을 사용하는 통계적 방법의 자동화를 의미한다. 즉 재범의 위험성 예측 알고리즘은 알고리즘에 의한 위험평가도구를 재범의 예측에 사용하는 것이다.[336) 인공지능 알고리즘으로 누군가가 미래에 범죄를 저지를 가능성을 예측하고자 하는 위험 평가 도구의 개발은 미국 형사 사법 시스템에서 중심 과제였다.[337)

증거 기반 형사사법은 과학적, 정량적 방법을 통합하여 형사사법의 의사 결정 과정을 개선하기 위한 노력의 일환으로, 통계학적 방법을 사용하여 당해 피고인의 재범의 위험을 평가하는 보험 수리적 방식actuarial approach을 취한다.[338) 본래 "위험평가"의 정의가 미래의 범죄나 부정행위의 가능

---

336) Melissa Hamilton, "Adventures In Risk: Predicting Violent and Sexual Recidivism in Sentencing Law", 47 Ariz. St. L.J. 1 2015, p.2.

337) The Royal Society, Explainable AI: the basics, Policy briefing, https://royalsociety.org/AI-interpretability(2020. 6. 5. 최종방문),

338) Kehl, Danielle et al., "Algorithms in the Criminal Justice System: Assessing the Use

성을 예측하기 위한 공식, 보험 수리적, 알고리듬적 방법을 사용하는 것인데, 증거기반 형사사법의 핵심은 바로 이러한 위험예측이고, 그러한 위험예측의 엔진은 바로 보험 수리적 방식actuarial risk assessment이다. 보험 수리적 방식은 개인이 주어진 기간 내에 다른 사람에게 위협을 가하거나 특정 행동(예: 폭력)에 가담할 가능성에 대하여 통계적으로 계산된 예측이다. 임상 위험 평가와 달리 보험 수리적 위험 평가는 예측 변수로 검증된 구체적이고 측정 가능한 변수(예: 연령, 성별, 이전 범죄 활동)의 데이터에 의존하고 수학적 분석 및 공식을 사용하여 재범의 위험 또는 가능성이나 폭력적인 행동의 가능성을 계산한다. 반면 판사들은 재범 가능성 등의 판단에서 위험 이외의 요소들도 고려한다. 설령 어떤 피고인이 재범을 할 통계적 확률이 상대적으로 높다하더라도 그 피고인에 대한 현재의 범죄 혐의가 사소한 것이라면 구속을 유지하는 것이 부당하다고 판단할 수 있다. 이러한 판사들의 직관적인 판단과는 달리 위험 예측 도구는 구금된 피고의 재범 위험의 확률에 전적으로 의존한다.[339] 따라서 알고리듬을 활용한 위험평가 도구는 피고인의 재범 가능성에 대하여 인간의 편견이나 사회적 영향으로부터 자유로운 보다 공정한 시스템으로, 이러한 재범의 위험성 예측 알고리듬을 제대로 사용하면 재범률에 대한 보다 정확하고, 일관성 있는 예측을 할 수 있으리라 기대했던 것이다.

재범의 위험성 예측에서의 보험 수리적 방식은 보험에 기초하고 있다. 따라서 보험이 위험 평가와 어떤 관련이 있는지 좀 더 살펴보기로 한다.

---

of Risk Assessments in Sentencing", Responsive Communities Initiative, Berkman Klein Center for Internet & Society, Harvard Law School, p.7.

339) Megan Stevenson, "Assessing Risk Assessment in Action", 103 Minn. L. Rev. 303 (2018), p.314.

보험과 위험 파악

보험은 외부 세계에 존재하는 객관적인 위험에 대한 단순하고도 실용적인 대응이다. 위험은 특정 사건의 인지된 결과와 이러한 사건에 중요성을 부여하는 사회적 관계 및 관행 간의 관계로 볼 수도 있다. 위험은 어떤 사회, 어떤 문화의 특정한 형태의 삶과 필수적인 연관을 맺는다. 위험 대응은 첫째, 미래를 계산하고 알 수 있도록 하여 피험자들이 미래에 대해 통제 불능이라고 느끼지 않도록 하려는 것이다. 위험 계산은 안정성과 예측 가능성이라는 비전과 불안정하고 불확실한 세계 사이의 긴장을 관리하는 방법이다. 통계적으로 설명 가능한 위험으로 무언가를 구성하면 수학적 확률 계산을 사용하여 미래의 순서를 지정할 수 있다. 위험은 역사를 넘나들며 직관적으로 찾아낼 수 있는 범주가 아니다. 그것은 구체적으로 측정하고 계산할 수 있는 영역의 것이다. 그것은 특정 집단이나 그들이 소유하는 자본과 관련하여 발생하는 특정 사건을 처리하는 방법과 관련된다. 어떻게 분석하느냐에 따라 소송이나 아이의 탄생에서 네스호 괴물의 출현까지 모든 것을 위험이라고 말할 수 있다. 이벤트를 보고 분석하는 보험 상의 방법은 현실의 특정 요소를 분해, 재구성 및 재배열하는 것이다. 보험에 딱 들어맞는 사건이라는 게 없다. 문제의 유형이 보험 원칙에 따라 처리될 수 있는 한 모든 사건은 보험 상의 위험으로 간주할 수 있고 보험에 가입할 수 있다. 그러나 핵전쟁과 같은 일부 사건은 이러한 원칙에 부합하지 않는다. 형사 기소와 같은 부류의 위험은 법이나 공공 정책에 근거하여 보험에 들지는 못할 수가 있다.[340]

보험은 오래전부터 존재해 왔다. 기원전 200년 정도에 고대 그리스에서 생명보험의 한 형태라고 부를 만한 것이 존재했는데, 개인은 자신의 나이에 따라 일시금을 납입한 다음, 매달 정기적인 수입을 평생 얻을 수 있었

---

340) D. Knights/T. Vurdubakis, supra note 32, at 404-405.

다. 로마에서는 다른 형태의 생명보험이 존재했는데 보험 계약자가 사망할 경우 그의 친척에게 보험금을 제공하는 것이었다. 고대 중국에서도 상인들 간에 손해보험과 유사한 것이 존재했는데, 만약 한 상인의 배가 침몰할 경우 나머지 상인들이 거기에 대해 보상을 해주는 방식이었다.[341]

재범의 위험성 예측 알고리듬

재범의 위험성 예측 알고리듬은 특정 범죄자가 가지고 있는 특성 중 미래의 재범에 기여하는 특성 요인을 입력변수로 그 범죄자의 재범률을 산정한다고 한다.[342] 그러나 엄밀한 의미에서 이런 표현을 틀렸다. 재범률이라는 표현은 이미 발생한 재범을 전제하는 표현으로 들린다. 실제 재범 위험성 예측 알고리듬으로 산정 가능한 것은 재범 가능성이고, 예측 알고리듬이 할 수 있는 것은 가능성, 즉 확률이며, 실제 COMPAS 같은 시스템은 이 가능성을 위험 점수로 나타낸다.

국내에도 의사결정 트리 분석기법을 사용하여 청소년의 재산범죄와 폭력범죄의 재범과 관련된 요인들을 확인하고자 하는 연구가 있었는데, 재산범죄의 경우 비행친구가 있으면서 학교에 다니지 않는 청소년의 재범률이 높은 것으로 나타났는데,[343] 비행친구가 학교를 다니지 않는다는 특성이 재범에 기여하는 것으로 볼 수 있다.

범죄 혐의로 기소된 후 대부분의 피고인은 실제 재판을 받을 때까지 석방이 되는데, 석방 결정은 주로 인공지능 알고리듬을 적용한 COMPAS 등의 재범 위험성 예측에 근거해서 행하여진다. 이러한 재범의 위험성 예측 알고리듬을 이용하는 것을 증거 기반의 형사사법이라고도 하는 데, 빅데이

---

341) John C. Hull, 각주 24)의 책, 45면.
342) Melissa Hamilton, supra note 336, at 2.
343) 김태완, "데이터 마이닝 기법을 활용한 청소년 재범 관련 요인 연구", 『교정복지연구』, 제35호(한국교정복지학회, 2014).

터, 과학, 신기술 사용 등을 통해 교도소 수용률과 범죄율의 감소를 도모하기 위한 것이 주목적이다. 증거 기반 형사사법의 최전선에는 인공지능 알고리듬에 의한 위험 평가 도구가 있을 수밖에 없다. 재범의 위험성 예측 알고리듬은 미래의 재범 가능성과 나이, 성별, 전과, 고용 상태, 교육 수준 등과 같은 요인들 사이에 어떤 상관관계가 있는지를 파악하기 위해 빅데이터를 통계적으로 분석한다.344) 재범의 위험성 예측 알고리듬은 아니지만, 한국에서 개발된 일반 위험성 평가도구(Korean Offender Risk Assessment - General, KORAS-G)는 나이, 교육수준, 혼인 상태, 최초 입건 나이, 동종전과 여부 등 17개의 문항으로 구성되어 있는데,345) 재범의 위험성 예측 알고리듬에 사용하는 인자도 이와 대동소이할 것으로 보인다. 이러한 재범의 위험성 예측 알고리듬에 의한 예측은 재판 전 구금 여부, 선고 형량, 보호관찰 감독 수준, 가석방 등 개인의 자유와 관련된 주요 결정에 활용된다.346)

아무리 경험이 많고 권한이 막강한 전문가라 해도 인간의 예측은 믿을 것이 못 된다는 사실을 확실하게 보여 주는 분야가 바로 미국 판사들이 내리는 보석 결정이다. 미국에서 내려지는 보석 허가 결정은 매년 1,000만 건 정도다. 보석으로 풀려나느냐 아니냐는 가족뿐 아니라 직업 유지 등 개인의 신상에 상당한 영향을 미치는 중요한 문제다. 정부가 부담해야 할 교도소 운영비용도 무시할 수 없다.

미국의 경우 판사는 피고가 최종적으로 유죄 판결을 받을지 여부에 따라 보석을 결정하는 것이 아니라 보석을 허가할 경우 피고가 도주하거나 다른 범죄를 저지를지 여부를 따져 결정을 내려야 한다.347) 이 점은 우리나라도 마찬가지다. 형사소송법 제95조의 보석사유를 보면, 피고인이 범한 죄가 법

---

344) Megan Stevenson, supra note 339, at 304.
345) 이수정 등, 『재범방지를 위한 범죄자처우의 과학화에 관한 연구(II)』, 초판(한국형사정책연구원, 2011), 51면.
346) Megan Stevenson, supra note 339, at 304.
347) 어제이 애그러월 외, 각주 30)의 책, 84면.

정형이 중하거나, 피고인이 누범에 해당하거나 상습범인 죄를 범한 때, 피고인이 죄증을 인멸하거나 인멸할 염려가 있다고 믿을 만한 충분한 이유가 있을 때, 피고인이 도망하거나 도망할 염려가 있다고 믿을 만한 충분한 이유가 있을 때나 피고인이 피해자, 당해 사건의 재판에 필요한 사실을 알고 있다고 인정되는 자 또는 그 친족의 생명·신체나 재산에 해를 가하거나 가할 염려가 있다고 믿을만한 충분한 이유가 있는 때를 제외하고는 피고인의 보석 청구가 있는 경우, 법원은 필요적으로 보석을 허가하도록 규정하고 있다.

재범의 위험성 예측 알고리즘은 보호관찰과 가석방, 보석 결정, 심지어 형량 결정에 사용하기 위해 고안된 통계적 방법으로, 피고인에 대한 범죄 이력, 법정에의 출두 여부, 폭력 성향 범죄, 또는 사회·인구학적 특성(연령, 성별, 고용 상태, 마약 이력 등) 등의 변수에 기초하여, 범인의 재범 위험이나 보석 시 법정에 출두하지 않을 위험의 추정치를 "낮음"에서 "높음"까지의 여러 단계로 나누어 수치로 제공한다.

이와 같은 재범 위험성 예측 알고리듬은, 인간의 뇌보다 더 효율적인 방법으로 모든 관련 정보를 요약함으로써 의사결정 과정을 합리화하고, 그 원리에 해당하는 보험 수리적 평가는 위험을 예측하는 해당 분야 종사자나 전문가의 개별화된 판단보다 더 정확한 예측을 한다는 평가를 받고 있다. 미국은 재소자 수를 줄여, 형사사법의 비용을 절감하고, 범죄 발생으로 인해 사회적 피해를 줄여 사회를 보호하는 두 가지 효과를 거두기 위해 이러한 재범 위험성 예측 알고리듬을 도입하여 널리 이용하고 있다.

재범 위험성 예측 알고리듬의 구축

재범 위험성 예측 알고리듬은 대규모의 과거 데이터 세트를 이용하여 알고리듬을 훈련하여 예측 모델을 만드는 방식으로 구축된다.

대규모의 과거 데이터 세트는 판결 상의 자료, 재범 자료, 인구통계 자료를 포함한 과거 형사사건의 데이터를 취합한 것이다. 이런 과거 데이터 세트를 분석하여 관련 사건에서 가장 많이 나타나는 변수를 파악하고, 재범 위험성 예측을 위해 새로운 사건에서 같은 변수를 검색한 후, 역의 과정을 거친다. 전형적인 인공지능 알고리듬으로 머신러닝의 기계 학습 방식을 사용하고 있다.

이러한 모델의 예측이 검증을 위한 통제된 테스트에서 소기의 정확도를 달성하면, 모델의 예측력이 높다고 보고, 실제 재범 위험성 예측에 활용하게 된다. 모델의 평가에 대하여는 앞에서 언급한 바 있다. 물론 일반 머신러닝을 이용한 다른 모든 유형의 통계분석에서와 마찬가지로, 표본의 크기가 작거나, 피고인의 이전 범죄기록과 같은 주요 데이터 누락의 경우 모델의 정확도가 떨어지는 것은 불가피하다고 해야겠다. 모델의 정확도를 높이기 위해서 다양한 머신러닝 기법을 적용한 새로운 모델의 개발이 필요하다고 할 것이다.

미국은 이러한 재범 위험성 예측 알고리듬에 의한 의사결정 지원으로 판사, 검사 등 형사사법 종사자들이 이용할 수 있는 정보의 해석 차이를 줄임으로써 형사 사법 시스템에 내재된 인종차별 등의 문제를 해결할 것으로 예상되면서, 이러한 증거 기반 이니셔티브는 실무자, 비영리 단체, 정부 기관 사이에서 초당적 지지를 끌었지만 실제에서는 이러한 알고리듬에 대한 대대적 비판에서 나타났듯 정반대의 결과를 보이고 있는 것 아닌가 하는 우려를 낳고 있다. 또한 이러한 위험 평가 도구에 대한 비판 중 하나는 사법적 업무에 속하는 권한을 공공의 영역에서 독점적인 민간 기업에 이양한다는 바람직하지 못한 모양새에 대한 것이다. 또 다른 비판의 중점은 이러한 재범의 위험성 예측 알고리듬이 사회 경제적 변수, 데이터의 편견 및 부정확한 예측으로 인해 그 결과가 왜곡될 수 있다는 점이다. 실제 Propublica의 실증적 조사에 의하면, 미국에서 널리 사용되는 COMPAS는 인종 차별적 결과를 보이는 것으로 드러나기도 했다.

비판의 비판

그러나 이런 비판은 재범의 위험성 예측 시스템의 도입 계기에 비추어보면 조금 억울하다. 어차피 인간이 만든 시스템이 완벽할 수는 없지만, 재범의 위험성 예측 시스템은 가장 어려운 예측을 하려는 것이다. 알고리듬에 의한 예측이 쉬워지고 있다고는 하나, 아직 많이 부족하다. 그런데도 이런 예측 시스템을 쓰는 것은 나름대로의 상충관계trade off가 있기 때문이다. 엄청난 교도소 수용 인원 증가는 미국으로서는 막대한 교정 예산을 비롯해 여러 가지 문제를 야기했다. 이것을 완벽하게 잡은 비책은 없었다. 교도소 수용 인원을 줄이기 위해서 수용 인원의 일정 비율을 무작위로 내보낼 수는 없었다. 그렇게 내보내는 자에 중범죄를 저지를 가능성이 있는 자도 포함되어 있을 수 있고, 그럴 경우, 사회는 심각한 위험에 시달릴 수 있다. 그래서 나온 차선책이 바로 완벽하지는 않지만, 그래도 인간 전문가보다는 나은 예측력을 보이는 재범의 위험 예측 시스템이다. 본래 불완전할 수밖에 없는 예측을 하는 이 컴퓨터 모델에게 너무 큰 기대를 하는 것은 문제가 아닐까? 이러한 시스템의 개발에 들인 예산이라고 해봐야 이런 시스템 도입으로 줄어든 교도소 수용 인원으로 인한 교정 예산 절감에 비하면 아무것도 아니다. 이것이 사기업의 제품이라는 것을 문제 삼는다는 것도 문제다. 정부에서 쓰는 모든 물건을 정부가 직접 제조하여야 하는 것도 아니고, 정부에게 사용하는 모든 소프트웨어의 저작권이 있어야 하는 것도 아니다. 마이크로소프트의 오피스 제품을 구매하여 사용하는 것은 문제가 되지 않고, Equivant의 제품 쓰는 것은 문제라고? 오피스는 마이크로소프트의 영업비밀로 보호되는 컴퓨터 소프트웨어다. 그런데 오피스의 소스코드는 영업비밀로 보호되고, COMPAS는 소스코드를 공개해야 한다는 것은 명백한 차별이고, 시비다.

COMPAS

COMPAS는 어떻게 개발되었을까? 사실 이 알고리즘이 가진 각종 문제점에도 불구하고, 이러한 알고리즘의 등장은 대단히 흥미롭고, 획기적 이벤트다. 물론 유사 알고리즘들이 존재하고, 그런 알고리즘 중 일부는 비상업용임에도 COMPAS와 비교하여 더 낫다는 주장도 없지 않지만, COMPAS의 등장은 형사사법 분야의 인공지능 알고리즘이라는 측면에서 큰 의의가 있다. 이러한 알고리즘이 어떻게 만들어졌는지 구체적인 내용을 알 수 없지만, 알고리즘 자체로서 분석을 해보는 것은 분명 의미가 있을 것이다.

Northpointe Institute for Public Management(현재 Equivant로 개명)의 교정 범죄자 관리 프로파일링(COMPAS로 더 잘 알려져 있음)은 1998년에 개발되어 2000년부터 사용되기 시작하였으며 2005년에 마지막으로 업데이트되었다. 정식 명칭은 Correctional Offender Management Profiling for Alternative Sections이다. COMPAS는 현재 California, Michigan, New 멕시코, 뉴욕, 사우스캐롤라이나, 위스콘신, 와이오밍 등에서 사용되고 있다. 현재 이 시스템이 산출하는 위험점수는 최근 논란이 된 Loomis 사건에서처럼 형량 결정에 사용되는 등 단순한 석방 결정 도구를 넘어 판사를 위한 의사 결정 도구로서 자리매김하고 있다.

COMPAS는 인공지능 알고리즘을 이용하여 위험점수 산정을 위해 137개의 질문에 대한 답변을 분석한다. 설문지는 과거 범죄 연루, 관계, 생활 방식, 성격, 가족 배경 및 교육 수준에 대한 정보를 수집한다. 위험 수준별로 그룹화 된 점수를 생성하고 점수가 1-4이면 낮은 위험, 5-7이면 중간 위험, 8-10이면 높은 위험으로 분류한다. 이 알고리즘이 미국 전역의 법정에서 널리 사용됨에도 불구하고 작동 구조를 알 수 없는 블랙박스다. 기본 입력 정보는 알 수 있지만 알고리즘 내에서의 가중치는 독점의 영역이므로 일반 대중이 알 수 없다.[348]

이 회사의 홈페이지에서는 이 회사가 사법 종사자의 활동을 지원하여 종국에는 지역 사회에 공헌하는 것을 목표로 하며, 사법 기관을 보다 효과적이고 효율적으로 지원하고, 데이터 기반 의사 결정을 할 수 있게 해줄 뿐만 아니라, 일반 국민에게는 필요한 정보에 쉽게 액세스할 수 있도록 지원한다는 것을 내세우고 있다. 재범의 위험성 예측을 위한 COMPAS가 대표적인 제품이지만, 이 회사는 그 외에도 법원이나 법률전문직을 위한 다양한 제품을 서비스하고 있다. 예를 들면 Jworks라는 제품은 법원 워크플로우 관리를 위한 것으로, 효율적인 비즈니스 프로세스를 방해하는 하드코딩 된 기능 없이 모든 법원 서기 및 법원 운영을 자동화하는 매우 현대적이고 고도로 구성 가능한 솔루션으로, 사례와 워크플로를 기반으로 작업, 이벤트 알림을 자동으로 설정하고 법원의 고유한 프로세스 및 요구 사항에 맞는 화면과 논리를 디자인할 수도 있다. 반응형 디자인은 모든 장치에서 똑같이 잘 작동하므로 이해 관계자가 언제 어디서나 필요한 정보에 액세스하고 관리할 수 있다. JWorks는 다양한 심급의 법원을 지원한다.

Northpointe Suite Pretrial은 법원에서 재판 전에 피고인을 석방할지 아니면 구금할지와 같은 문제를 해결하기 위한 COMPAS의 구체적 제품인데, Equivant는 이 제품이 피고인이 법원에 출석할 가능성을 예측하고, 보다 더 중요하게는 공공 안전에 대한 고려를 하며, 그러면서도 적법 절차에 대한 피고인의 기본 권리를 존중하고, 법의 정신인 평등과 형평을 훼손하지 않기 위해 최선을 다하고 있음을 천명하고 있다. 구체적으로 North pointe Suite Pretrial 모듈은 법원의 석방 결정을 지원하고, 필요한 보고서 생성을 지원할 뿐만 아니라, 석방 조건 및 감독 준수를 추적하기 위한 사전 평가 라이브러리를 제공한다.

---

348) Alexandra M. Taylor, "AI Prediction Tools Claim to Alleviate and Overcrowded American Justice System … But Shoud they be Used?", Stanford Politics, https://stanfordpolitics.org/2020/09/13/AI-prediction-tools-claim-to-alleviate-an-overcrowded-american-justice-system-but-should-they-be-used/(2022. 6. 30. 최종방문).

이 알고리즘에 대한 평가는 뒤에서 보는 바와 같이 비판 일색이다. 그러나 이 알고리즘이 기여한 바가 분명 크다. COMPAS와 같은 위험 평가 알고리즘은 미국 형사 사법 시스템에 유익한 도구로 널리 쓰이고 있고, 효율성 측면에서는 역할을 제대로 하고 있다고 보아야 한다. 이러한 장점의 대부분은 기술 및 데이터 기반 때문이다. 많은 학자들은 공식, 보험 수리 및 알고리즘 방식의 예측 방법이 판사나 다른 전문가가 사용하는 직관적인 방법보다 훨씬 더 효율적이고 정확하다고 주장한다. 한 연구진은 머신러닝을 사용해 피고가 보석 기간 중 다시 범죄를 저지르거나 도주할 확률을 예측하는 알고리즘을 개발했다. 이 알고리즘의 트레이닝 데이터는 충분했다. 연구진은 2008년부터 2013년까지 뉴욕 시에서 보석 허가를 받은 사람 100만 명 중 4분의 3에 해당하는 사람들의 데이터를 확보했다. 전과 기록, 기소된 죄목 인구통계 정보가 포함된 데이터였다.[349] 기계는 피고의 1퍼센트를 위험인물로 분류한 다음, 그중 62퍼센트가 보석 중에 범죄를 저지를 것이라고 예측했다. 하지만 이 도구의 예측을 이용하지 않았던 판사는 그들 중 거의 절반을 석방시켰다. 이 도구의 예측은 꽤 정확해 기계가 위험하다고 분류한 범법자들 중 63퍼센트가 실제로 보석 중에 범죄를 저질렀고 절반 이상이 다음 공판에 출두하지 않았다. 알고리즘이 위험인물이라고 분류한 사람들 중 5퍼센트는 보석 중에 성폭행 범죄나 살인을 저질렀음이 드러났다. 어떻게 된 일인가? 왜 판사의 결정은 예측 알고리즘과 딴판인가? 한 가지 가능성은 피고의 출두나 법정에서의 행실 같은, 알고리즘이 이용할 수 없는 정보를 판사가 사용한다는 점이다. 이런 정보는 유용하지만 속기도 쉽다. 석방된 사람들의 재범률이 높다는 점을 감안할 때 속기 쉬울 가능성이 더 높다고 결론짓는 것도 무리는 아니다. 즉 판사의 예측은 문제가 아주 많다. 관련 연구는 이런 쓸쓸한 결론을 뒷받침하는 증거를 적지 않게 제시한

---

349) 어제이 애그러월 외, 각주 30)의 책, 84면.

다. 재범율을 설명할 수 있는 요인은 매우 복잡하기 때문에 인간의 예측은
부정확할 수밖에 없다. 반면 머신러닝에 의한 예측은 다양한 지표들 간의
복잡한 상호관계를 몇 가지 인수로 분해하는 과제에서 인간보다 훨씬 뛰어
난 능력을 보인다. 그래서 사람들은 과거의 범죄 기록을 바탕으로 피고의
도주위험이 높다고 판단하지만, 기계는 피고가 특정 기간에 실직했을 때만
도주위험이 높을 것이라 예측한다. 다시 말해 이런 종류의 예측에서 상호
효과가 중요한 요인일 수 있고, 또 그런 상호효과의 비중이 커질수록 정확
한 예측을 할 수 있는 인간의 능력은 줄어든다고 봐야한다.[350]

　어떻든 이 알고리듬에 의한 위험 평가는 효율적이고 효과적이어서, 형사
사법 시스템의 비용을 절감하고 범죄를 줄이고 있는 것은 분명하다는 것이
다. Prison Policy Initiative의 데이터에 따르면 낮은 위험의 피고인을 보석
으로 석방하면 재범률을 낮출 수 있는 반면, 이러한 개인이나 유사한 프로
필을 가진 개인을 구금하면 미결 구금 시 연간 137억 달러의 교정비용의
지출이 예상된다. Georgetown Law's Institute for Technology Policy and
Law의 선임 연구원인 Adam Neufeld는 보석으로 석방된 모든 개별 범죄자
는 그렇지 않은 경우, 상실할 여러 가지 기회를 살릴 수 있고, 재판을 기다
리며 쓸데없이 교도소에서 시간을 허비하는 것을 막아 피고인을 미래에 다
시 교도소로 돌아가게 하는 재범 주기를 줄일 수 있다고 한다. 구체적으로
한 연구에 따르면 뉴욕 주가 보석 결정을 돕는 알고리듬을 사용한다면, "재
판에 출석하지 않거나 재판 전 범죄를 저지르는 사람들이 증가하지 않고도
구금자의 약 42%가 석방될 수 있다"고 결론지었다. 이 연구는 뉴욕에서 위
험 평가를 사용하면 실제로 비용을 절감하고 범죄를 줄이며 판결 선고 과정
의 의사 결정에서도 비용 효율적인 지원을 할 수 있다는 결론을 제시한다.

　의사결정이 지니는 심각함을 생각하면 비인간적인 알고리듬에 전적으로

---

350) 어제이 애그러월 외, 각주 30)의 책, 84-86면.

의존하는 것을 이상하게 여길지 모르지만, 비용 절감, 범죄 감소, 수감으로 인한 인간 잠재력 상실 등을 생각하면 재범의 위험성 예측 알고리듬을 사용하는 것이 타당하다고 할 것이다.[351]

이 부분을 인간 전문가에게 맡기는 상황과 대비해보아도 장점을 뚜렷하다. 전문가의 지식 축적 과정은 누구이 설명하지 않아도 여러 힘든 과정을 거쳐야 한다. 전문가 자격시험에 통과하려면 지망자는 상당한 점수를 얻어야 하므로, 상당한 기간이 소요될 것이다. 나아가 전문가가 되기 위해서는 관련 분야에서 경험도 쌓아야 한다. 책에서 보고 배운 지식만으로는 실제 전문 영역의 일을 제대로 처리할 수 없기 때문이다. 이런 전문가의 지식 때문에 이들은 경쟁 우위를 누렸다. 자격이란 보호책도 있지만, 전문가는 그가 속한 사회에서 상응하는 대우를 받는 이유는 그런 수준의 일처리를 할 수 있는 사람들이 그들을 제외하고는 없기 때문이다. 그들의 영역에 속하는 일에 대하여는 사람들이 함부로 판단하지 않고, 그들에게 결정을 의뢰하는 경우가 많다. 형사사건이든 민사사건이든 사건이 발생하면, 변호사 등 법률전문가에게 문의하는 경우가 보통이다. 스스로 알아서 결정하는 일은 드물다. 그러나 예측 알고리듬이 본격화되면 현재까지와 다른 상황이 벌어질 것이다. 마치 종전이면 모르는 지점에 가기 위해서 자가용을 두고 택시를 타고 갔던 상황에서 내비게이션 앱의 발달로 본인 스스로 운전하여 찾아가는 상황으로 변한 것처럼 바뀔 가능성이 크다. 네비게이션 앱으로 인해 길치라고 하더라도 노련한 택시 기사 이상으로 쉽게 목적지를 찾아갈 수 있게 된 것처럼 사람들은 그들이 처한 법률문제에서도 가장 빠른 해결책을 다른 방법으로 찾아낼지 모른다. 마찬가지로 재범의 위험성 예측과 관련하여 그 분야 종사자는 예측 알고리듬과 경쟁하는 날이 오리라는 것을 예측하지 못했을 것이다. 이러한 예측 알고리듬과 예측 훈련을 결합하는

---

351) Alexandra M. Taylor, supra note 349.

방식을 사용하면 전문지식이 없더라도 재범의 위험성 예측 업무를 능숙하게 처리할 수 있을지 모른다. 택시 운전자의 운명을 좌우하는 것은 '그 지식'을 대체하는 내비게이션 앱의 능력뿐만이 아니었다. A 지점에서 B 지점까지 가장 좋은 경로를 택하는 데 필요한 다른 중요한 요소도 택시기사의 경쟁 우위를 보장해 주었고, 내비게이션 앱이 나왔다고 해서 택시 기사 일의 질이 낮아진 것은 아니지만, 문제는 택시 기사가 아닌 다른 많은 사람들이 운전을 더 잘하게 된 것이다. 택시 기사의 지식과 역량은 더 이상 그들만의 특허품이 아니라는 것이 핵심이다. 결국 법률전문가도 예측 알고리즘으로 인해 그와 비슷한 상황에 놓이지 않을까 하는 우려는 당연한지 모른다.

이와 같은 범죄자에 대한 위험성평가도구는 미국 외에도 여러 나라에서 재범 위험성이 높은 범죄자의 관리를 위해 매우 유용하게 활용된다.

그 예로 영국의 더럼 시는 용의자의 석방 시스템 개선을 위해 인공지능 알고리즘이 적용된 해머평가 위험도구HART를 사용하고 있는데, 이 시스템은 5년 동안의 범죄 자료 데이터를 제공받아 분석하는데 예측 결과는 비교적 정확한 것으로 평가받고 있다.

HART 모델은 범죄자를 3개의 서로 다른 예측 위험 그룹으로 구분하는데, 향후 2년 동안 새로운 중대한 범죄를 저지를 것으로 예상되는 범죄자는 높은 위험군에 배치된다. 더럼에서 중범죄는 살인, 살인미수, 심각한 신체 상해, 강도, 성범죄 및 총기 범죄와 같은 가중 폭력 범죄를 의미한다. 같은 기간 동안 범할 가능성이 있는 범죄가 심각하지 않을 것으로 예상되는 사람들은 보통 위험으로 지정된다. 마지막으로, 향후 2년 동안 새로운 범죄를 저지르지 않을 것으로 예상되는 사람들은 낮은 위험군으로 분류한다.[352]

우리나라의 경우 법무부는 2019년 2월부터 범죄로 이어질 수 있는 전자발찌 피부착자의 이상 징후를 시스템이 스스로 감지해 알려주는 '범죄 징

---

352) https://www.tandfonline.com/doi/full/10.1080/13600834.2018.1458455(2021. 3. 5. 최종방문).

후 예측시스템'을 도입하였다. 성폭력 전자발찌 대상자의 재범에 영향을 미치는 요인들(과거 범죄수법, 이동경로, 정서 상태, 생활환경 변화 등)을 종합 분석해서 이상 징후가 있을 경우, 이를 탐지하여 보호관찰관에게 알려주는 시스템이다. 법무부에서는 사후 대응 중심의 전자감독을 탈피한 선제적 재범 방지 기반 구축의 일환이라고 홍보하고 있다.[353] 전자발찌 피부착자가 현재 위치하는 지역의 특성을 실시간으로 파악할 수 있는 지리정보시스템(GIS)을 개발·탑재하여 이상징후 분석에 활용한다. 지리정보시스템에는 대상자의 이동경로가 누적 저장·분석되어 대상자의 시간대별 정상 생활지역(이동패턴)을 설정하고, 이를 벗어날 경우 바로 탐지할 수 있다. 이 시스템은 기존에 산재되어 있던 비정형데이터(부착명령 청구 전 조사서, 판결문, 이동경로 정보, 보호관찰 일일감독 소견 등)를 최신 정보수집기법 등을 활용하여 컴퓨터가 인식할 수 있는 정형데이터(인적정보, 범죄정보, 생활정보, 위치정보 등)로 자동 추출, 변환할 수 있는 기능을 탑재하고 있다.

그러나 전자발찌를 착용한 성범죄자 등에게만 적용할 수 있을 뿐 일반 범죄자에게 적용할 수 없다는 한계가 있을 뿐만 아니라 아직도 실제 운용을 거쳐 실효성 검증을 해보아야 한다.

증거기반 형사사법의 진정한 가치는 형벌의 본질은 범죄에 대한 정당한 응보에 있다는 응보형주의나 피고인의 재사회화에 중점을 둔 예방주의만을 강조함으로써 생기는 극단적인 결과들 사이에서 건설적인 중간지점을 찾을 수 있는 잠재력이다. 증거 기반의 위험 평가 모델은 응보형주의의 접근법에 의해 제공되는 형의 표준화를 관철하는 동시에 범인의 재사회화를 도모하는 원칙도 수용한다.[354]

---

353) http://moj.go.kr/bbs/moj/182/487716/artclView.do(2021. 1. 15. 최종방문).
354) Kehl, Danielle et al., supra note 338, at 7-8.

이론상 훌륭하다

2014년 기준으로 최소 12개 주가 입법이나 형량 정책 또는 주 대법원 결정을 통해 형 집행 절차에 재범의 위험성 예측 도구를 통합했다.

재범의 위험성 예측 모델들은 각기 자체 알고리듬을 사용하여 범죄자의 위험 요소에 다른 가중치를 부여하지만 모델은 일반적으로 보복 철학의 표준과 예측 가능성을 제공하면서 재활을 수용하려고 한다.

대부분의 재범의 위험성 예측 도구는 risk-needs-responsivity 모델[355]을 기반으로 한다. 아마도 재범의 위험성 예측 도구가 추구하는 목표의 가장 포괄적인 범주는 (1) 사법적 격차 해소 (2) 양형 기준의 일관된 적용 (3) 교정 자원의 우선순위 지정 및 할당 (4) 교도소 과밀 해소 (5) 비구금 제재의 권장일 것이다.

그러나 이러한 목표에도 불구하고, 재범의 위험성 예측 도구가 이런 원칙에 충실한지에 대한 많은 의문이 제기되고 있다. 앞서 언급한 바 있듯이 이런 시스템의 알고리듬이 영업비밀로 보호되는 관계로 이러한 도구가 위험점수를 산정하는 구체적 원칙을 정확히 아는 것이 불가능하기 때문에 검증도 불가능하다.

COMPAS에는 135개의 위험 항목으로 구성된 43개의 개별 척도가 포함되어 있으며, 이 척도로 형사 사법 시스템의 다른 지점에 있는 다양한 범죄자 집단에 대한 맞춤형 위험 평가를 수행한다.

위스콘신 주에서는 법원에서 COMPAS 측으로 하여금 COMPAS가 산출하는 위험 점수를 형사사건 결정에 고려하는 판사에게 다음 5가지 사항이 포함된 서면 경고를 하도록 하고 있다. 즉 COMPAS 위험 점수는 점수가 그룹 데이터에서 파생되기 때문에 특정 고위험 범죄자를 식별할 수 없고,

---

355) 이 모델의 특징은 범죄자에게 제공되는 치료 서비스의 수준이 범죄자의 재범 위험에 비례하면 범죄자의 재범률을 줄일 수 있다는 것이다.

COMPAS는 국가적 단위의 데이터에 의존할 뿐 위스콘신 거주 인구의 고유 데이터를 훈련에 사용하지 않고, 교차 검증도 하지 않았으며, COMPAS는 소수민족 범죄자를 재범 위험이 더 높은 것으로 불균형적으로 분류한다는 것 등이 경고사항이다. 이러한 경고에도 불구하고 위스콘신 주의 법원들은 결정을 내리는 동안 COMPAS가 생성한 위험 점수를 고려하며, 각종 연구에서 제기된 법적 문제 특히 위헌 논의는 이러한 도구의 사용 금지로 귀결되지 못했다.

실행상의 문제

모든 위험성 평가 도구는 본질적인 측정 요소에 대한 근본적이고 만연한 모호성 때문에 효율성에 의문을 제기한다. 위험성 평가 도구의 핵심 평가 요소에 대한 부정확한 측정으로 인해 시스템은 마법사의 장막 뒤에서 보호되는 불량 과학 또는 정크 사이언스로 전락한 것처럼 보인다.

이러한 평가는 무작위 설문조사의 클라우드 소싱 예측이 COMPAS의 예측보다 재범률을 예측하는 데 더 정확하다는 것을 발견한 최근 연구에 의해 뒷받침된다.

그러나 법원은 이러한 시스템이 개인의 재범 가능성을 과학적으로 확실하게 식별할 수 없다고 해서 선고 과정에서 위험성 평가 도구의 사용을 하지 말라는 것은 아니라는 입장을 취하고 있다.

재범의 위험성 예측 알고리듬의 단점 중 하나는 여러 우발적 요인을 제어하는 기능이 부족하다는 점이다. 예를 들어, 다른 범죄자보다 남성 소수자의 위험점수를 과대평가하는 경향이 있다. 일부 연구에서 밝혀진 바와 같이 그러한 경향을 통제할 수 없으며, 그 때문에 이러한 예측 도구를 사용하면 교도소 수용자의 인종적 불균형만 초래할 것이라는 불길한 전망을 내놓고 있다.

사실 재범의 위험성 예측 알고리즘이 아니라도, 인공지능 알고리듬이 인종적 편견을 초래할 수 있다는 실례는 많다. 예를 들어, 트위터에서 이루어지는 실시간 대화를 통해 24시간에 못 미치는 학습을 거친 Microsoft의 @TayTweets가 그 학습 후의 대화에서 인종 차별적 반응을 보이는 것은 언뜻 보기에도 코믹한 실수처럼 보였다.

그러나 일반적으로 동일한 편견을 학습하고 그 결과 유색 피고인에게 불리한 편파적 평가를 내리는 재범의 위험성 예측 알고리듬이 동일한 경향을 보인다면 웃고 넘어갈 수 없는 문제다. 더 가혹한 비평가들은 이전 범죄 기록은 흑인에게 불리한 인종 차별의 프록시일 뿐이며 이를 바탕으로 위험점수를 예측하는 위험성 평가도구는 그러한 문제를 악화시킬 것이라는 견해를 밝히고 있다. Bernard Harcourt 교수는 높은 수감율을 해소할 목적으로 범죄인들에 대하여 보험 수리적 평가를 실시했다. 여기에는 구금 및 투옥에서 흑인 비율이 급격히 증가한 통계가 포함되었다. Harcourt는 위험성 평가 도구가 개발되고 발전함에 따라 고려되는 평가의 주요 요소로 이전 범죄 기록의 중요성이 증가함에 따라 다른 인종에 비해 흑인이 더 불리한 소위 흑인의 불평등 표적화가 더욱 심화되었다고 언급한다.

성별은 인종과는 이유가 다르지만 또 다른 문제 요소다. 일반적으로 검증된 상관관계에서는 무시되지만, 재범률과 재활 가능성에서 상당한 성별 격차가 존재한다.

그러나 법원은 보험 수리학 연구에서 성별을 통계적으로 사용하는 것을 위헌으로 간주하지 않는 경우가 많다. 위험성 평가 도구의 요소로서의 성별은 적절한 통계적 증거가 뒷받침된다면 위헌 문제를 야기하지 않는다.

보석 또는 형을 선고하는 사법적 결정의 주관적인 편향은 분명히 피해야 하지만 그렇다고 이런 문제를 해결하기 위한 어떤 마법의 스위치가 있는 것은 아니다. 위험성 평가 도구는 불완전한 사람들에 의해 만들어지며, 만드는 사람들의 선의에도 불구하고 그들의 편견이 종종 그들의 작업에 영향을 미친다. 일단 만들어지고 배포되면, 같은 알고리듬을 쓰는 모든 곳에서 인종 차별 등 불공정의 가능성이 확산될 것이다.

위험성 평가도구를 도입하면서 인간의 편향된 의사결정에서 객관적인 의사 결정으로의 전환이라고 내세웠지만, 투명성에 대한 면밀한 조사가 필요하며, 현재의 상황 그대로 방관한다면 대중들은 이러한 편향의 위험조차 모를 것이다.

결국 의사 결정 과정에서 알고리듬을 사용하는 당국이나 법관은 알고리듬 제작자가 공공 안전과 공정성을 윤리적 수준으로 균형을 맞춘다는 가정에 의존할 수밖에 없다. 기본적인 머신러닝 기술은 이미 형사 사법 시스템에서 사용되고 있고, 이러한 인공 지능의 역할은 형사 사법 및 법률 커뮤니티에 긍정적인 효과뿐만 아니라 부정적인 영향도 초래할 가능성이 크다.

법조계는 이러한 알고리듬 도입의 의미를 제대로 논의한 적이 없다. 법원은 이러한 알고리듬을 사용하는 방법을 규제해야 한다. 더불어 정책 입안자들도 알고리듬 사용의 표준규칙을 만들고 감독을 위한 기제를 제공하는 데 필요한 조치를 취해야 한다. 또한 변호사들도 이러한 새로운 도구의 실상을 알고, 이러한 도구가 생성한 예측 결과에 대하여 적절히 대응하는 능력을 길러야 한다.

이러한 조치는 법의 지배를 강화하고 개인의 권리를 보호하는 데 중요하다. 기술은 좋지도 나쁘지도 않지만, 그렇다고 중립적이지는 않다. 기술은 매우 인간적인 활동이기 때문이다.

법원에서 재범의 위험성 평가 도구와 같은 알고리듬 기반 기술을 아무런 검증 없이 무작정 받아들이는 것은 사법적 재량 옹호자들을 불편하게 만든다. 기술은 강력한 도구를 제공하지만 법률은 종종 새로운 기술의 발전 속도를 따라잡지 못한다. 생명과 자유를 위협할 수 있는 이러한 기술을 사용하려면 기술이 초래할 가능성이 있는 피해에 대하여 면밀히 조사하고, 새로운 기술이 정확성, 공정성 및 윤리 문제를 충족하는지를 확인하여야 한다.

재범의 위험성 예측 알고리듬에 대한 또 다른 우려

이러한 재범의 위험성 예측 알고리듬에서의 함의는 알고리듬이 인간을 대신하여 재범의 위험성 내지 가능성에 관한 예측과 결정을 하는 것이다. 인간이 그 결정에서 배제되는 문제가 생기는 것이다. 어떤 인간의 운명이 같은 인간이 아닌 기계의 결정에 위임되는 상징적 문제가 생긴다.

또한 인공지능 알고리듬의 의사결정의 대상이 되는 개인으로서는 인공지능 알고리듬의 작동 방식과 특정한 의사결정에 도달한 이유에 대하여 알 수 있어야 하는데, 인공지능 알고리듬의 약점이랄 수 있는 불투명성 때문에 그러한 이유의 설명이 어렵고, 인공지능 알고리듬의 산출 결과의 편향성, 차별적 효과 등의 문제와 결부되면서 결정 과정에 대한 납득할 만한 설명의 필요성이 결정의 수용과 관련하여 대두되었다. 또한 자동화된 알고리듬의 결과를 신뢰하고, 다른 결정에 우선 시키려는 자동화 편향Automation Bias도 문제된다.

이러한 문제에 대한 대책의 일환으로 EU의 일반 개인정보 보호법 General Data Protection Regulation(GDPR로 약칭)은 알고리듬에 의한 자동적 의사 결정에 대해 규제를 시작하면서, 알고리듬 적용 대상이 되는 개인에게 설명요구권을 부여하고, 알고리듬에 의한 자동적 의사결정의 대상이 될지 여부의 동의 등을 규정하고 있다.[356]

그러나 개인 정보에 관한 문제로 환원한 EU의 대처는 물론 너무 관념적으로 접근하려는 자세는 옳지 않다.

인공지능이라는 기계적 결정을 수용할 것인가 하는 문제와 별개로 인공지능 결정의 신뢰라는 문제가 더 선결과제다. 과연 이러한 자동화된 인공지능의 결정은 믿을만한 정도로 정확성·신뢰성이 높은가? 물론 정확성이나 신뢰성의 문제는 효율성과 결부시켜볼 때 현실과 이상 사이에 갈등하게

---

356) Melissa Hamilton, supra note 336 at 2.

하는 부분인데 이 부분은 뒤에서 다시 논의해보기로 한다.

인공지능 결정의 신뢰성, 정확성, 무오류성은 인공지능 자체를 들여다보아야 한다. 따라서 인공지능 알고리듬의 편향성, 불투명성, 설명 가능성의 논의보다 우선되어야 할 심각한 문제는 이 점이다.

오류가능성의 문제

재범의 위험성 예측 알고리듬과 관련하여 문제는 그 존립 자체를 위협하는 잘못된 부정false negative과 잘못된 긍정false positive의 위험에 노출되어 있다는 것이다. 잘못된 부정은 재범의 위험성 예측 알고리듬이 어떤 피고인이 재범할 가능성이 없는 것으로 예측했는데, 정작 석방된 후에 이 피고인이 다시 범행을 한 경우인데, 이러한 예측 실패는 석방된 피고인들이 사회로 돌아가 추가 범죄를 저지를 수 있는 기회를 준다는 점에서 심각한 문제다. 반대의 경우인 잘못된 긍정은 실제는 범죄를 저지를 가능성이 없는 피고인을 재범 가능성이 있는 것으로 예측하는 것인데 그 피고인의 신체적 자유를 부당하게 침해하는 심각한 오류이다. 이럴 경우 그 피고인은 실제로 저지를 의도나 가능성이 없는 범죄 때문에 계속 구속되는 격이다. 재판 전 구속과 관련하여서 이러한 위험평가 도구의 부정적 측면에는 유죄가 입증될 때까지 무죄라는 근본적인 법 원칙을 훼손한다는 점도 한몫을 한다. 재범 가능성이 높은 범죄자와 낮은 범죄자를 구별하는 재범의 위험성 예측 알고리듬의 성능이 떨어져서 부정확한 예측을 하는 것이 아닌가 하는 우려가 없지 않지만 인간의 직관적인 판단에만 의존하는 것보다는 더 정확한 것으로 평가받고 있다.357)

증거기반 형사사법 시스템의 위험 예측의 주요 목표 중 하나는 예측 성능이 높은, 즉 신뢰성 있는 재범의 위험성 예측 알고리듬을 만드는 것이었

---

357) Kehl, Danielle et al., supra note 338, at 5

다. 보다 향상된 위험평가 도구 개발을 위해 연구자들이 강구한 방안은 입력변수에 정적, 동적인 항목을 추가한다든가, 비회귀 방법론(non-regression methodologies) 활용 등 다양했다.[358]

이런 오류의 근본적 이유로 드는 하나는 재범의 위험성 예측 알고리듬은 구금된 피고인의 범죄율이 유사한 성격의 범죄를 저지르고 석방된 피고인의 범죄율과 동일한 것이라고 가정하는데, 이는 실제와 다르다는 점이다. 특히 석방률이 낮은 중범죄의 경우, 석방된 피고인들의 범죄율은 전체를 대변하지 못한다.[359]

인과관계와 상관관계의 차이도 있다. 인과관계는 대체로 납득이 가고, 인간이 그러한 인과관계에 대하여 해석하는데 어려움이 없다. 반면, 상관관계를 중시하는 통계적 모델은 이런 인과관계처럼 해석이 가능한 영역이 아니다.[360]

또한 재범의 위험성을 둘러싼 논쟁 중의 하나는 블랙박스 속성이다.

블랙박스 속성·불투명성

재범의 위험성 예측 알고리듬을 비롯하여 머신러닝 알고리듬을 사용하는 알고리듬에 대한 반복적인 우려는 블랙박스로 작동한다는 점이다. 머신러닝 모델의 노드Node는 스스로 정의되므로 설계자가 선별할 필요가 없고, 또한 연구자가 노드를 살펴보더라도 그것에서 어떤 의미를 찾을 수 없기 때문에 블랙박스라고 한다.[361]

---

358) Zachary Hamilton et al., "Isolating modeling effects in offender risk assessment", Journal of Experimental Criminology 11, 299-318(2015), p.301.

359) Megan Stevenson, supra note 339, at 324.

360) Carmen, Cheung, C., "Making sense of the black box: Algorithms and accountability", Criminal Law Quarterly(2017), 64(3-4), 539-547, p.539.

361) Jonathan Johnson, "Predictive Analytics vs Machine Learning: What's The Difference?", bmc, 2020. 9. 18, https://www.bmc.com/blogs/machine

COMPAS를 둘러싼 비판 중 이 시스템은 입력과 출력만 알 뿐 가중치 설정 등에 대하여 알 수 없다고 하는 것도 있다. 그러나 이런 비판을 머신러닝 시스템과 결부하면 말도 안 되는 공격이라는 느낌이 든다. 머신러닝 알고리듬의 특징이 은닉 레이어에서의 가중치 변경을 통해 적정한 결론을 내도록 하는 것이 학습과정이기 때문이다. 현재의 인공 지능의 물결은 변호사의 사고 과정을 모방한 알고리듬이라는 아이디어를 포기했다. 오히려 데이터의 무차별 대입 처리를 활용하는 양적 접근 방식으로 전환되었다. 예측의 비밀은 인간이 설정한 입력과 그 입력에 상응하는 실제 결론을 주고, 무수한(무차별적인) 가중치 조정이라는 학습 과정을 통해 나온 예측이 실제 결론과 일치하도록 하는 것이기 때문이다. 재범의 위험성 예측 알고리듬이 머신러닝이라는 점은 분명하고, 그렇다면 이와 같은 가중치 조정이 핵심인데, 이런 가중치 조정은 시스템 개발자가 일일이 지시하지 않아도 모델이 알아서 한다. 그리고 실제 그 과정을 추적하는 것이 불가능한 것은 아니라고 해도 별 의미가 없다. 그 과정은 보나마나 수만에서 수백만의 조정을 거칠 것이니까. 그리고 어떤 문제 해결에 필요한 가중치가 나오면 그것을 저장했다가 유사 문제 해결에 동원할 수는 있어도 그 수치를 눈으로 확인한다고 해도 의미 없다. 복잡한 형태의 수치는 봐도 무엇을 의미하고, 어떻게 산출되었는지도 모른다. 다만 훈련 결과 나온 이 가중치를 새로운 입력 데이터에 적용하면 어떤 결과를 예측할 수 있고, 그 예측의 정확도는 모델의 정확도에 따라 다르다.

　머신러닝에 입문하고, 프로그램을 만드는 사람들을 위해 구글은 좋은 환경을 제시하고, 각종 예제도 제공한다. 그 기본 예제 중에는 사람이 손으로 쓴 글자를 인식하는 알고리듬도 있다.

-learning-vs-predictive-analytics/(2021. 12. 1. 최종방문).

```
mnist = tf.keras.datasets.mnist
(x_train, y_train), (x_test, y_test) = mnist.load_data( )
```

위 소스 코드는 문외한의 입장에서 이해할 수 없지만, mnist 변수에 원래 얀 르쿤이 제공하는 데이터[362]를 받아와서 할당한다. 그런 연후에 훈련 데이터와 테스트 데이터로 분할한다. 그런데 훈련 데이터나 테스트 데이터는 또 두 개의 데이터로 구분되어 있는데, 앞의 것이 입력 변수고 뒤의 것이 결과 데이터다. 즉 앞의 데이터에는 필기체로 쓴 숫자 이미지(16X16 사이즈)에 대한 정보가 들어있고, 뒤의 데이터는 그 숫자가 무엇인지(0-9) 하는 정보가 들어있다. 모두 60,000개의 데이터가 있다. 이 데이터로 하는 훈련 또한 학습은 숫자 이미지 정보를 바탕으로 가중치를 계속 조정해가면서 이미지 정보에서 예측한 숫자가 실제 결과 데이터와 일치하는지 여부를 가리는 과정이다. 사람 손으로 쓴 것이지만, 그래도 0과 9까지의 10개의 숫자를 판별하는 간단한 예측을 위해 60,000개의 데이터가 필요하다면, 보다 복잡한 문제의 해결 과정에서 데이터는 얼마나 필요할까? 그런데 재범의 위험성 예측 과정에서의 훈련 과정을 들여다보겠다는 것은 그 목적의 순수성 여부를 떠나 무리다. 필자는 인공지능 알고리듬의 규율과 관련하여 소스 코드 분석 따위의 접근법은 터무니없다는 견해를 피력해왔다. 오히려 실제 작동을 시켜보면서 실제 데이터를 입력하여 나오는 결과가 바람직하다면 제대로 된 알고리듬이라고 평가할 수 있고, 이것을 소스 분석 따위로 대체할 수 없다고 천명해왔다. 그런데, 미국에서 이런 부분을 제대로 모르는 사람들이 여전히 영업비밀로 보호하는 소스 코드 공개에 집착하는 것은 잘못되어도 한참 잘못되었다. 기본적인 이해 부족이 초래한 결과다.

또한 COMPAS의 소스 코드에 뭔가 대단한 것이 있을 것이고, 모든 문제

---

362) http://yann.lecun.com/exdb/mnist/(2022. 4. 7. 최종방문).

는 그것에서부터 비롯된 것이라는 것도 착각이다. COMPAS가 개발된 시점인 1995년부터 2000년 사이의 인공지능 알고리듬은 대단할 것이 없고, 그렇다고 Northpoint가 무슨 특별한 알고리듬을 개발했을 리도 없다. 그 당시 수준에서 존재하는 알고리듬을 썼을 것이고, 그것에 무슨 비결이 숨어있겠는가? 비밀은 오히려 훈련 데이터다. 이것으로 훈련한 것이 COMPAS의 차별점이며, 소스 코드가 문제가 아니란 이야기다.

역공학을 통한 실험적 예측 모델의 구현

역공학을 통해 COMPAS의 정확도를 문제 삼은 연구는 경청할 만하다.[363] 역공학은 백엔지니어링이라고도 불리는 데 소프트웨어, 기계, 항공기, 건축 구조 및 기타 제품을 분해하여 설계 정보를 추출하는 프로세스다. 종종 역공학의 개념에는 더 큰 제품의 개별 구성 요소를 분해하는 작업도 포함된다. 역공학 프로세스를 통해 제품 생산에 필요한 부품이 어떻게 설계되었는지 확인할 수 있다.[364]

이들이 사용한 방법은 엄밀한 의미의 역공학은 아닐지 모른다. 그러나 구체적으로 모델을 만들고, COMPAS에 사용된 데이터를 사용하여 예측을 해보는 과정을 통해서, COMPAS의 작동 과정을 재현하여 봄으로써 COMPAS가 가진 문제점을 분석하려는 점에서 의미 있는 시도라고 하겠다. 이 연구에 사용된 모델은 로지스틱 회귀와 Support Vector Machine인데, 두 개의 클래스 분류에서 재범자와 비재범자를 구별하기 위해 분리 초평면[365]

---

363) Julia Dressel/Hany Farid, "The Dangers of Risk Prediction in the Criminal Justice System." MIT Case Studies in Social and Ethical Responsibilities of Computing, no. Winter 2021(February), https://mit-serc.pubpub.org/pub/risk-prediction-in-cj/release/2 (2022. 6. 7. 최종방문).

364) https://astromachineworks.com/what-is-reverse-engineering/#:~:text=Reverse%20 engineering %2C%20sometimes%20called%20back,individual%20components%20of% 20larger%20products.(2022. 1. 17. 최종방문).

을 계산하는 선형 분류기다. 비선형 지원 벡터 머신은 재범자와 비재범자를 구별하기 위해 선형 초평면이 사용되는 고차원 공간에 초기 7차원 특징 공간을 투영할 목적으로 커널 함수(방사형 기저 커널)를 사용했다. 커널 함수의 사용은 원래의 7차원 특징 공간에서 비선형 분리 표면을 계산하는 것과 같으며, 분류기가 선형 분류기로 가능한 것보다 재범자와 비재범자 간의 더 복잡한 패턴을 포착할 수 있다. 이들은 COMPAS와 동일하게 Broward County 데이터 세트를 사용했다. 알고리듬을 사용하면, 특정 피고인에 대한 속성의 하위 집합을 분석하는 임상적 평가와는 달리, 과거 피고인들 모두에 대한 전체 데이터 세트에 대해 수행된다.

각 분류기에 대한 입력은 7,214명의 피고인의 7가지 특성(나이, 성별, 청소년 경범죄 수, 청소년 중범죄 수, 비청소년 범죄 수, 범죄 정도 및 범죄 혐의)이다. 각 분류기는 이 7가지 특성을 가지고, 재범 가능성을 예측하도록 훈련하였다. 각 분류기 알고리듬으로 훈련하기 전에 데이터는 무작위로 80%와 20%로 나눈 다음, 훈련에 80%를, 나머지는 테스트에 사용하였는데 이는 통상적이다. 그리고 훈련에서 epoch는 1,000으로 지정하여 1,000번 동안 반복적으로 훈련시켰다.[366]

연구자들이 소스코드를 제시하지 않았지만, 소스코드를 추측하여 간략하게 설명한다. 우선 피고인에 대한 7가지 특성이 반영된 데이터를 로드한다. 그런 다음 이 데이터로 80대 20으로 나눈다.

---

365) 본래적 의미도 있지만, 기계 학습 에서 초평면의 일반적인 예는 서포트 벡터 머신에서 이진 분류를 위해 데이터 세트를 두 영역으로 나누는 공간이다. https://deepai.org/machine-learning-glossary-and-terms/hyperplane(2022. 3. 21. 최종 방문). 초평면은 나누려는 차원에서 하나를 뺀 하위 공간이다.

366) Julia Dressel/Hany Farid, supra note 363.

```
(train_data, train_labels), (test_data, test_labels) = *.load_data( )
```

다음은 모델을 지정하고,

```
model = tf.keras.Sequential([
    tf.keras.layers.Flatten(input_shape=(*, *)),
    tf.keras.layers.Dense(*, activation='*'),
    tf.keras.layers.Dense(*)
])
```

다음 모델을 컴파일을 한 후,

```
model.compile(optimizer='*',
        loss=tf.keras.losses.*(from_logits=True),
        metrics=['accuracy'])
```

모델을 학습시킨다.

```
model.fit(train_images, train_labels, epochs=1000)
```

일부 조건은 *로 처리했다. 구체적인 변수는 알 수 없었기 때문이다.
다음은 정확도를 평가한다.

```
test_loss, test_acc = model.evaluate(test_data, test_labels, verbose=2)
```

그런 다음, 구체적으로 실제 데이터에 대하여 예측을 한다.

```
probability_model = tf.keras.Sequential([model,
                        tf.keras.layers.Softmax()])
predictions = probability_model.predict(real_data)
```

이것을 이해하기는 어렵겠지만, 실제 코드는 이렇게 간단하다.

따라서 관건은 데이터이고, 속성이다. 어떤 속성을 가진 데이터를 선택하는가와, 그 데이터의 무결성이 예측의 정확도를 높이는 셈이다. 연구자들에 따르면, 7가지 특성을 사용하는 단순한 선형 예측기인 로지스틱 회귀가 COMPAS의 예측 알고리듬과 유사한 예측 정확도를 보였다. COMPAS의 전체 정확도 65.4%에 비해 기본적인 로지스틱 회귀 분류기는 전체 테스트 정확도가 66.6%로서 상용 시스템을 능가했다. 7개의 특성만 입력으로 사용함에도 불구하고 표준 선형 예측기인 로지스틱 회귀는 COMPAS의 소프트웨어와 유사한 결과를 산출하였다. 이들은 이런 연구 결과를 토대로 COMPAS가 단순한 선형 예측자 또는 이에 유사한 알고리듬보다 더 정교한 시스템이 아니라고 주장한다.

이들은 나아가 분류기 알고리듬에 의해 성능이 달라지는지, 또는 데이터의 특성에 의해 달라지는지 시험하기 위해 동일한 데이터에 대해 보다 강력한 Support Vector Machine 분류기로 훈련했다. 놀랍게도 Support Vector Machine 분류기도 로지스틱 회귀 분류기와 거의 동일한 결과를 산출했다. 로지스틱 회귀 분류기의 낮은 정확도가 데이터를 선형으로 분리할 수 없기 때문이라면 비선형인 Support Vector Machine 분류기가 더 잘 수행될 것으로 예상했었는데 말이다.

　그들은 마지막 실험으로 7가지 속성 중 더 작은 부분 집합을 사용하는 것이 COMPAS만큼 정확할 것인지를 확인하려 했다. 그들은 7가지 속성의 가능한 모든 하위 집합에 대해 로지스틱 회귀 분류기를 훈련하고 테스트를 했는데, 연령과 전과라는 두 가지 속성만을 쓴 분류기가 COMPAS와 거의 동일한 수준의 성능을 보이는 것을 확인했다. 이 두 가지 속성의 중요성은 부분적으로 어떤 기준이 재범을 가장 잘 예측하는지를 결정하기 시작한 두 가지 메타 분석 연구의 결론과도 일치한다.

　이러한 연구는 예측 알고리듬의 내부 작동을 설명하는 것 외에도 비전문가의 예측이 COMPAS의 예측 능력과 비슷한 정확도를 보인 점에 대한 이해에 도움이 된다. 실험에서 비전문가들은 개인의 미래 재범 가능성을 예측할 때 연령, 성별, 청소년 경범죄 수, 청소년 중범죄 수, 이전(비청소년) 범죄 수, 현재 범죄 정도, 현재 범죄 혐의의 7가지 기준을 사용했다. 알고리듬 분류기가 재범의 위험성을 예측을 하기 위해 사람의 나이와 전과에만 의존한다면 비전문가도 이러한 기준에 암시적으로 또는 명시적으로 초점을 맞출 가능성이 있다는 것이 확인되었다. 물론 참가자들에게는 정답과 오답에 대한 피드백이 제공되었으므로 인공지능의 기계 학습과 유사한 학습이 발생했을 가능성도 있다.

　알고리듬 분류기는 어떤 사람의 연령이 적고 전과가 많은 경우 재범의 위험이 더 높지만, 연령이 높고 전과가 없는 경우에는 재범의 위험이 낮다는 것을 보여준다. 이것은 아주 정확한 결과는 아니지만, 어느 정도 합리적인 선택 전략처럼 보인다.

　이런 맥락에서 사람의 연령과 전과를 사용한 재범 예측력은 임상적인 재범 예측과 COMPAS와 같은 기계적 알고리듬의 예측 모두에서 볼 수 있는 인종적 편견을 설명하는 데 도움이 된다. 국가적 규모 차원에서 보면 흑인은 백인보다 전과가 있을 가능성이 더 높다. 예를 들어, 미국의 흑인은 백인의 5.1배에 달하는 비율로 교도소에 수감된다. 위 연구에 사용된 데이터 세트 내에서 백인 피고인은 평균 2.59개의 전과가 있는 반면 흑인 피고인은 평균 4.95개의 전과가 있는 것으로 드러났다. COMPAS의 사용이 승인된 플로리다 주에서는 흑인의 수감율이 백인의 수감율과 비교하여 3.6배 높다. 이처럼 인종적으로 다른 수감율은 인종에 따라 다른 범죄율로 완전히 설명되지 않는다. 미국에서 흑인에 대한 인종적 격차는 경찰의 체포나 판결 선고에도 존재한다. 알고리듬 예측과 임상적 예측 모두에 나타나는 인종 편견은 이러한 불일치의 결과라고 보인다.

전과는 재범 가능성 예측 변수 중 하나이지만 예측력은 그리 강력하지 않다. COMPAS나 위의 실험에 참가한 참가자는 인종적으로 편향된 실수를 했다. 흑인 피고인은 흑인의 체포율, 기소율 및 유죄 판결 비율이 높다는 사실 때문에 COMPAS에 의해 중간 또는 높은 위험으로 분류될 가능성이 더 높다. 반면에 백인 피고인은 전과가 있을 가능성이 낮기 때문에 COMPAS에 의해 위험도가 낮은 것으로 분류될 가능성이 더 높다. 따라서 재범하지 않는 흑인 피고인은 재범하지 않는 백인 피고인보다 더 위험할 것으로 예측된다. 반대로, 재범하는 백인 피고인은 재범하는 흑인 피고인보다 덜 위험할 것으로 예측된다. 그 결과 흑인 피고인의 위양성 비율이 백인 피고인보다 높고 백인 피고인의 위음성 비율이 흑인 피고인보다 높다. 한마디로 이것이 Propulica가 처음으로 폭로한 인종적 편견이다.

이와 동일한 유형의 이질적인 결과는 실험에 참가한 인간의 예측에서도 나타났다. 인간 참가자는 각 피고인에 대하여 고려할 수 있는 사실이 몇 안 되기 때문에 예측에 그 피고인의 전과가 크게 기여한다는 가정은 타당하다. 따라서 인간 예측의 편향은 전과 기록의 차이의 결과이기도 하며, 이는 그 자체로 미국 형사 사법 시스템의 불평등과 관련된다.

참가자와 COMPAS의 예측은 1,000명의 피고 중 692명에 대해 일치했으며, 이는 아마도 알고리듬 위험 예측 도구와 인간 참가자가 생성한 위험 점수의 "결합된 지혜"에 예측력이 있을 수 있음을 시사한다. 그러나 피고인 당 동일한 7개의 데이터와 COMPAS 위험 점수 및 인간이 생성한 평균 위험 점수를 결합한 분류기는 개별 예측보다 더 나은 성능을 발휘하지 못했다. 이는 인간과 COMPAS의 실수가 독립적이지 않음을 의미한다.

코드 차원의 예시367)

코드 분석은 이 책의 저술 의도에 비추어 과도한 것은 분명하다. 그러나 군이 실제 코드를 설명하는 것은 이러한 논의가 더 이상 관념적이고, 인공지능을 제대로 모르면서, 남들의 잘못된 선행 주장을 맹신하여 재생산하는 일을 경계하기 위한 것인지도 모른다. 누군가 인공지능을 코드 차원에서 이해할 정도가 되면, 기존에 인공지능을 바라보는 시각과 다른 차원에서 제대로 된 접근을 할 수 있다는 것을 느낄 것이다.

코드의 출발은 필요한 데이터를 내려 받는 것으로 시작한다. 다행 스럽게도 이런 실험에 사용할 데이터를 제공하는 기관이 있다. 바로 스탠포드 대학이다.

```
r = requests.get("http://web.stanford.edu/class/cs21si/resources/unit3_resources.zip")
z = zipfile.ZipFile(io.BytesIO(r.content))
z.extractall()
data = pd.read_csv("unit3_resources/compas-scores.csv", header = 0)
```

---

367) https://github.com/karan1149/cs21si/blob/master/unit3/Week5_Class_Exercises_Solutions_Final.ipynb(2022. 7. 3. 최종방문).

데이터 중에서 유의미한 필드만 따로 추출한다. 데이터의 모든 필드를
사용하지 않는다는 뜻이다. 사용하는 필도는 성명, 성별, 연령, 인종, 전과,
소추된 혐의 등이다.

```
fields_of_interest = ['name', 'sex', 'age', 'race', 'priors_count', 'c_charge_
desc', 'v_decile_score', 'decile_score', 'is_violent_recid', 'is_ recid']
data = data[fields_of_interest]
```

필드의 컬럼 이름을 좀 더 이해하기 쉽게 바꾼다.

```
data.columns = ['name', 'sex', 'age', 'race', 'num_priors', 'charge',
'violence_score', 'recidivism_score', 'violence_true', 'recidivism_true']
```

폭력 점수 등 결측치가 있는 데이터를 제거한다.

```
data = data.loc[(data.violence_score != -1) & (data.recidivism_
  score != -1)]
data = data.loc[(data.violence_true != -1) & (data.recidivism_true != -1)]
data.head()
```

인종은 흑인, 백인, 히스패닉으로 구분하고, 색깔은 자홍색, 황색, 청색으
로 나뉜다.

```
races = ['African-American', 'Caucasian', 'Hispanic']
colors = ['magenta', 'yellow', 'cyan']
```

문자열을 연산에 사용할 수 있게끔 숫자로 변환한다.

```
sex_classes = {'Male': 0, 'Female' : 1}
processed_data = data.copy( )
processed_data['sex'] = data['sex'].apply(lambda x: sex_classes[x])
```

인종에 대하여 원 핫 인코딩368)을 한다.

```
processed_data = pd.get_dummies(processed_data, columns = ['race'])
columns = processed_data.columns.tolist( )
columns = columns[0:3] + columns[9:] + columns[3:9]
processed_data = processed_data.reindex(columns = columns)
processed_data.head()
```

개별 데이터를 속성 데이터와 결과(정답) 데이터로 나눈다.

```
x = processed_data[:,1:10] # sex, age, race, num_priors
y = processed_data[:,14] # recidivism_true
```

---

368) 표현하고 싶은 단어의 인덱스에 1의 값을 부여하고, 다른 인덱스에는 0을 부여하는 단어의 벡터 표현 방식이다.

훈련 데이터와 테스트 데이터를 구분한다. 비율은 8:2다. 그리고 훈련 데이터의 개별 항목은 속성(X_train)과 결과(y_train)의 짝을 가진다. 이는 테스트 데이터도 마찬가지다.

```
num_train = int(math.ceil(X.shape[0]*0.8))
X_train = X[:num_train]
y_train = y[:num_train]
X_test = X[num_train:]
y_test = y[num_train:]
```

결과에 대하여도 원 핫 인코딩을 한다. 결과 값 도출에도 시그모이드 함수 대신 소프트 맥스를 사용한다. 결과값은 어차피 0과 1의 2가지일 것이다. 그것은 높은 위험과 낮은 위험이거나, 석방과 구금일 수 있다. 정하기 나름이다.

```
num_classes = 2
y_train = keras.utils.to_categorical(y_train, num_classes)
y_test = keras.utils.to_categorical(y_test, num_classes)
batch_size = 64
```

훈련은 데이터 전부에 대하여 25번을 실시하고(epoch=25), 학습률도 정한다.

```
epochs = 25
learning_rate = 1e-5
```

분류기 함수를 정의한다.

```
def baseline_classifier(learning_rate):
```

순차 모델을 쓴다. 이 모델은 레이어를 선형으로 연결한다.

```
model_baseline = Sequential()
model_baseline.add(Dense(50, input_dim = X.shape[1], activation = 'relu'))
model_baseline.add(Dense(100, activation = 'relu'))
model_baseline.add(Dense(50, activation = 'relu'))
model_baseline.add(Dense(num_classes, activation = 'softmax'))
```

학습방식에 대한 환경 설정 과정이다. 최적화 알고리듬, 손실함수, 평가 지표 등을 설정하는 데, 여기서 사용한 최적화 알고리듬은 SGD로 경사하 강법이라 한다. 그 외에 adam, rmsprop, adagrad 등의 최적화 기업이 있다.

```
sgd = keras.optimizers.SGD(lr = learning_rate)
model_baseline.compile(loss = keras.losses.categorical_
crossentropy, optimizer = sgd, metrics=['accuracy'])
return model_baseline
model_baseline = baseline_classifier(learning_rate)
```

주어진 모델에 대하여 학습·훈련을 진행하는 함수를 정의한다.

```
# Trains and evaluates given model. Returns loss and accuracy.
def eval(model, verb = 2):
```

모델 컴파일에 정한 방식으로 학습을 진행한다. 앞서 epochs를 25로 정하였으므로 모두 25번의 학습을 반복한다.

```
model.fit(X_train, y_train,
          epochs = epochs,
          batch_size = batch_size,
          validation_split = 0.1,
          verbose = verb,
          shuffle = False)
```

모델을 평가한다. 테스트 데이터를 이용하여, 예측을 진행하고, 정확도를 측정한다.

```
scores = model.evaluate(X_test, y_test)
return scores
loss, acc = eval(model_baseline)
```

손실율과 정확도를 인쇄한다.

```
print('\n\nTest loss:', loss)
print('Test accuracy:', acc)
```

물론 인공지능에 대하여 웬만한 수준이 되지 않고서는 이해가 쉽지 않을 것이다. 구글 검색을 통하더라도 인공지능 알고리즘에 대하여 코드 수준의 이해 없이는 무슨 말인지 모를 것이다. 그러나 언젠가 법학에서도 인공지능을 제대로 이해하는 누군가를 위해, 굳이 이 설명을 덧붙였다. 그리고 이 코드를 조금만 보충하면, 실제 작동이 된다.

2. 범죄 예측 알고리즘(예측 치안 알고리즘)

마이너리티 리포트

마이너리티 리포트라고 하는 영화에서 미래의 범죄를 미리 예측하여, 범죄 실행 전에 저지하는 이야기는 치안 대책을 강구하는 입장에서는 환상적일 것이다. 물론 영화상에서 범죄 실행을 미연에 방지하는데 그치는 게 아니라, 범죄의 의도만으로 체포하고, 처벌하는 설정 부분은 예비, 음모가 규정되어 있지 않은 법제에서 문제가 된다. 물론 예비, 음모도 단순히 범행을 마음속으로 계획하는 것을 의미하는 것은 아니다. 현실에서 그와 같은 시스템은 존재하지도 않을 뿐만 아니라, 가능하지도 않다.

가끔 논문 심사를 하다보면 연구자들도 이런 지점에서 오인을 하는 경우가 없지 않다. 범죄예측의 태양을 누가 범죄를 행할 가능성이 있는가 하는 범죄인 예측과 어디에서 범죄가 발생할 것인가 하는 범죄 발생 지점 예측으로 나누는 경우가 있는데, 누가 범죄를 행할 것인지를 예측하는 것은 불가능에 가까우므로, 실제 범죄예측이라고 하면 범죄 발생 지점을 예측하는 것이 현실이다. 필자의 인공지능 알고리즘과 관련한 초기 연구가 바로 범죄 예측 알고리즘이었고, 범죄 예측 알고리즘을 둘러싼 각종 논란에도 불구하고, 이와 같은, 현실에서 활용되는 알고리즘에 매료되었다. 실상 법 분야에 제대로 된 인공지능 알고리즘이 있기나 한가?

범죄 발생 지점 예측 알고리듬은 예측적 치안유지활동predictive policing을 위해, 범죄, 범죄 발생 가능성이 있는 장소, 그리고 범죄 기회에 초점을 맞춘 범죄의 규범적 이론에서 유래한 알고리듬이다.

범죄 발생 지점 예측 알고리듬의 기본적인 기본 가정은 범죄가 무작위로 발생하는 것이 아니라, 특정 장소, 사람과 관련된다는 것이다. 즉, 범죄 패턴을 분석하면, 범죄는 특정 시기에 특정 피해자와 취약한 공간이 만들어내는 환경적 요인의 산물이며, 범죄자들이 적은 노력과 위험으로 높은 보상을 제공하는 대상을 체계적으로 선택한다는 점에 착안하여 알고리듬을 설계한 것이다.

범죄는 동기를 가진 잠재적 범죄자가 적절한 대상, 범죄를 방지할 수 있는 보호자의 부재 등 시·공간의 세 가지 요소가 융합되어 발생하는 것이 통상적이다.

이러한 범죄 발생 지점 예측 알고리듬은 빅데이터와 머신러닝을 사용하여 어디에서 범죄가 일어날지 예측하는 알고리듬인데, 과거 범죄에 대한 기존 자료를 분석하여, 어디에서 새로운 범죄가 발생할 가능성이 가장 높은지 예측할 수 있다는 아이디어에 기반하고 있다. 흔히 설명하다보면 범죄가 언제, 어디서 발생할 것인지를 예측한다고 잘못 설명하는 경우가 있는데, 이러한 범죄 발생 지점 예측 알고리듬은 언제 범죄가 발생할지를 예측하지는 못하지만, 가까운 시일 내일 것이다.

이런 범죄 발생 지점 예측 알고리듬은 특정상황에 편향되지 않도록 할 필요가 있다. 그래야 기존의 사건에서 보인 상황과 전혀 다른 상황에서도 예측력을 가질 수 있다. 물론 사람이라면 도저히 파악하지 못할 상관관계를 도출할 수 있다는 인공지능 예측모델의 장점을 최대화하기 위하여 결과 도출에 관련 있는 다양한 인자를 발굴하는 것이 중요하다.

미국의 경우, 범죄 활동이 증가하는 장소와 지역을 식별하기 위해 경찰 범죄 통계Police Crime Statistics를 사용한다. 경찰 범죄 통계는 기록된 범죄의 수, 범죄의 구조 및 증가 추세, 피해자 및 피고인에 대한 정보를 제공한다. 이런 경찰 범죄 통계 시스템과 복잡한 알고리듬과 지리 정보 시스템 Geographic information system을 결합하면 범죄가 균일하게 분포되지 않는다는 사실을 이용하여 미래 범죄의 위치를 예측할 수 있다. 일부 예측은 Microsoft Excel과 같은 프로그램 또는 통계 소프트웨어 패키지 및 SAS, IBM의 SPSS(Statistical Package for Social Sciences) 및 "R"로 알려진 오픈소스 소프트웨어를 사용하여 이루어질 수 있다.

이러한 예측 시스템의 종류로는 IBM의 Crime Information Warehouse, PredPol 및 CheckLab 등이 있다. 그리고 Hunchlab의 알고리듬도 사용되는데, 이 알고리듬은 또 다른 유형의 범죄발생 예측 모델로, 사회적, 행동적, 신체적 위험 요인의 상호작용에 비중을 두는 알고리듬인데, Predpol이 범죄 데이터 중심인 것에 반해, 계절, 집단의 영향, 학교 등 환경적 위험 요소와 같은 광범위한 변수를 사용하고 있다.

어떻든 범죄발생 예측 시스템은 전문가의 선행지식에 의하기 보다는 머신러닝을 사용하여 데이터가 예측을 하며, 어떤 변수가 문제되고, 그 변수가 얼마나 중요한지에 대해 전문가가 일일이 정해줄 필요가 없고 데이터 세트만 공급하면 시스템이 스스로 데이터 속에서 어떤 상관관계를 산출해 낸다는 것이 머신러닝 알고리듬을 사용한 이러한 시스템들의 특징이라 하겠다.

Predpol

널리 알려진 범죄예측 알고리듬이 Predpol이다. PredPol은 UCLA, Santa Clara University 및 UC Irvine의 PhD 수학자, 범죄학자 및 사회 과학자 팀이 로스앤젤레스와 산타크루즈 경찰서의 범죄분석가 및 현장 경찰관과 긴밀히 협력하여 개발한 안전한 클라우드 기반 서비스형 소프트웨어다. 출시 후 불과 6개월 만에 로스앤젤레스와 산타크루즈에서는 전년도에 비해 강도 및 자동차 절도 범죄가 12-25% 감소했다.

그 이후로 로스앤젤레스와 산타크루즈 등 이 기술을 배치한 다른 수많은 기관에서 표적 범죄율이 계속 감소했다.

이러한 성공적인 초기 배치 후 PredPol은 영국뿐만 아니라 미국 전역의 수십 개 도시에 획기적인 기술로 등장했다. 캘리포니아 남부의 알함브라시 경찰은 PredPol을 도입하면서 차량 절도, 차량 내 물품 절도, 차량 강도의 세 가지 주요 범죄 유형을 표적으로 삼았는데, 배치 이후 이러한 범죄는 각각 7%, 20%, 32% 감소했다. 마크 요코야마 알함브라 국장은 글로벌 타임 즈와의 인터뷰에서 "PredPol은 경찰이 순찰 시간을 보다 효율적으로 사용할 수 있도록 하고 적시에 범죄 발생 가능성이 있는 장소에 경찰관이 있도록 하여, 범죄가 발생하기 전에 범죄를 저지하는 데 도움이 되는 귀중한 도구다. 이 기술은 궁극적으로 알함브라시를 더 안전하게 만드는 탁월한 범죄 퇴치 솔루션을 제공한다."라고 말했다.[369]

PredPol의 핵심 기술은 재산 범죄 예측뿐만 아니라 마약 범죄, 갱 범죄, 반사회적 행동 예측 및 최근 출시된 총기 폭력의 예측에도 사용되게 되었다.

영국의 Kent Police는 PredPol을 사용하기 시작한 이후 폭력 범죄가 6% 감소한 것을 나타났고, 미국의 시애틀 경찰국은 PredPol과 협력하여 총기 폭력을 예측하고 억제하려는 시도를 하고 있다.

PredPol의 공동 설립자이자 산타클라라 대학의 수학과 컴퓨터 공학 교수인 Dr. George Mohler는 "단일한 전략으로 총기 폭력을 종식시킬 수는 없지만 예측 치안은 경찰관들이 언제 어디서 테러를 당할지 훨씬 더 나은 아이디어를 제공한다. 범죄를 억제할 수 있다. 총기 범죄를 단 한 건만 예방할 수 있다면 피해자가 되는 이웃, 친구 또는 가족이 한 명 줄어들 것이다."라고 말했다.

---

369) https://www.predpol.com/alhambra-polices-success-with-predpol-featured-in-international -newspaper/(2021. 4. 5. 최종방문).

이 시스템은 범죄 유형, 범죄 장소, 범죄 시간의 세 가지 데이터만 사용할 뿐 개인정보는 사용하지 않으며 범죄 빈발 예상 지역hotspot 지도를 생성하는 데도 인구 통계를 사용하지 않는 특색이 있다. 이 시스템은 개인정보나 인구통계를 배제하고 데이터만으로도 범죄 발생 전에 범죄 발생 가능성이 높은 실시간 지리 공간 정보[370]를 생성한다.[371] 이 예측 알고리듬은 지진 여진의 분포를 예측하는 것이 가능한 것과 마찬가지로 특정 범죄를 예측할 수 있다는 아이디어에서 출발하였기 때문에 여진 시퀀스 범죄 예측이라고도 불린다. 이 시스템의 개발자들은 이 알고리듬이 특정 범죄 유형이 시간과 공간에 군집하는 경향이 있다는 관찰을 기반으로 만들어졌고,[372] 역사적 자료를 분석하고, 최근 범죄가 발생한 곳을 관찰함으로써 미래의 범죄가 어디서 일어날지 예측할 수 있다고 주장한다. 결국 장소, 범죄 유형 및 범죄 시간과 같은 세 가지 유형의 데이터를 바탕으로 인공지능 알고리듬을 이용하여 범죄를 예측하는 셈이다.

전형적인 범죄 핫스팟 맵crime hot spot map은 이전 범죄의 지리 공간적으로 배열된 맵으로 구성되며, 시각적 및 공간적 인식이 용이하도록 '핫스팟'으로 군집화clustering되는데 반해, PredPol은 범죄 핫스팟 지도 제공에 그치는 것이 아니라, 현장 테스트를 거쳐 점차 알고리듬이 개선된다. 물론 이 시스템은 범죄발생이 예상되는 핫스팟을 생성할 뿐, 이 지점을 감시하기 위해 필요한 베테랑 경찰관의 통찰력을 대체할 수는 없다. 통상 범죄 분석가는 또한 범죄의 예측 공간 패턴을 사용하여 해당 기관의 치안 유지 영

---

370) 원문에는 범죄 핫스팟지도라고 되어 있으나, predpol은 핫스팟과는 구별되는 실시간 지리 공간 정보라는 표현을 고집한다. 앞으로 핫스팟지도라고 나오는 부분은 실시간 지리공간 정보라고 여기면 좋겠다.

371) Carmen Cheung, supra note 360, at 542.

372) "이론은 처음부터 그들이 범죄를 저지르지 못하도록 막는다는 것이다... 강도와 도둑은 그들이 알든 모르든 수학적인 방식으로 일한다." Modesto 경찰서장 Galen Carroll (Modesto Bee, 2014년 7월 27일).

역에 대한 핫스팟 치안 예측 영역을 생성하는데, 이런 전문가들이 PredPol 을 사용하면 범죄 발생 가능성이 있는 장소와 시기를 예측하는 데 더 효과 적일 수 있다.[373)

　물론 범죄 사건이 군집화 되는 경향이 있지만, 이러한 클러스터는 정확 한 정사각형을 구성하는 경우가 드물다. 이러한 현실을 설명하기 위해, 범 죄 분석가들은 범죄 사이의 경계와 문턱 거리를 조정한다. 분석가들은 특 정 변수를 선택하여 궁극적으로 범죄 사이의 위치, 크기, 형태 및 특성을 결정한다. 과거 범죄 사건의 집중도와 범죄 관련 환경 특성, 분석에 의해 포착된 시간 간격(예: 범죄 데이터의 1년 대 범죄 데이터의 5년) 및 과거 범죄 사건에 적용된 가중치 체계와 같은 수학적인 "요법"의 집합을 계산하 여 예측한다. 공간 범죄 클러스터를 기반으로 한 그리드 오버레이 또는 공 간 표현은 계층적 클러스터, 분할 클러스터, 퍼지 클러스터, 밀도 매핑 또 는 위험-지형 모델링(RTM) 클러스터의 형태를 취할 수 있다. 클러스터 분 석은 고립되거나 경계된 영역을 만드는 경향이 있으므로 퍼지 클러스터링 을 통해 규칙의 일부를 완화한다. 계층적 또는 부분적 클러스터링으로 인 해 어떤 사건은 하나 이상의 중첩된 클러스터에 존재하는 경우가 생긴다. 밀도 매핑은 개별 범죄 사건에 대해 고저가 표시된 평면을 생성하므로 지 형 지도와 유사하며, 지도에서 고도가 높게 표시된 지역은 범죄 밀도가 더 높다.[374)

　PredPol의 관계자는 이 시스템이 범죄가 발생할 가능성이 가장 높은 장 소와 시기를 정확하게 예측하며, 각종 도구를 사용하여 전담 범죄 분석가 와 비교해 일대일 현장 배치에서 범죄의 양을 두 배 이상 예측할 수 있는

---

373) https://www.predpol.com/hot-spot-policing/(2021. 4. 5. 최종방문).

374) Alexander H. Kipperman, "Frisky Business: Mitigating Predictive Crime Software'S Facilitation Of Unlawful Stop And Frisks", 24 Temp. Pol. & Civ. Rts. L. Rev. 215 2014-2015, p.221.

능력을 반복적으로 입증한 유일한 예측 분석 시스템이라고 자랑한다. 3년 간의 데이터를 토대로 예측을 하며, 보다 최근의 데이터에 가중치를 더 주 어 지도에 500 x 500 평방피트의 예측 상자를 생성하여 특정 범죄가 발생 할 가능성이 가장 높은 영역을 표시하는 방식으로 작동된다.

PredPol은 고유한 수학적 방법을 사용하여 총기 폭력에 대해 상당한 수 준의 예측 정확도를 제공한다. 시카고 데이터에 대한 연구에 따르면 PredPol은 실시간으로 도시 위치의 10.3%에 해당하는 핫스팟을 설정하여 총기 살인 사건의 50%를 성공적으로 예측하였다.

총기 살인이 발생할 가능성이 가장 높은 장소와 시간을 아는 것은 경찰 이 총기 범죄 발생 전에 지식, 기술 및 경험을 사용하여 총기 범죄를 저지 할 수 있는 기회를 갖는다는 것을 의미한다.

2012년에는 시카고에서 권총과 관련된 507건의 살인과 12,137건의 범죄 가 있었는데, 학교 총기 난사를 포함하여 미국 전역에서 발생한 총기 폭력 양상이나 경찰의 예산과 자원 부족을 감안하면, 경찰에게 시카고와 같은 대도시에서의 높은 수준의 폭력 및 총기 관련 범죄를 예방하고, 줄이는 것 은 쉽지 않은 과제일 수밖에 없다.

어떤 방안도 완벽한 해결책Silver Bullet이 될 수는 없지만 PredPol은 제 한된 치안 자원을 효율적으로 분배할 수 있다.

수학적 및 통계적 모델링, 고성능 클라우드 컴퓨팅, GPS 지원 모바일 장 치의 발전으로 현장 경찰관이 실시간으로 범죄를 예측할 수 있게 되었다. PredPol 기술은 경찰관이 적시에 적절한 장소에서 범죄가 발생하기 전에 저지할 수 있는 최상의 기회를 제공한다.

구체적으로 알고리듬 차원의 접근을 해보자.

분석에 따르면 PredPol은 대부분의 범죄 핫스팟 매핑 프로그램의 기초가 되는 커널 밀도 추정과 같은 범죄 예측을 위한 기존 방법을 능가하는 것으 로 평가된다. 통제된 실험 결과에 따르면 PredPol은 훈련된 범죄 분석가보다 2배 이상의 범죄를 예측한다는 것을 보여준다.

PredPol 기술은 감독자와 순찰 경찰관에게 전술적으로 명확한 방식으로 표시되는 미세 규모의 실시간 지리 공간 정보를 제공한다. 모호하고 혼란스럽기 때문에 자주 사용되지 않는 핫스팟 맵과 같은 현재의 모델과는 다르다. 2011년 11월부터 2012년 5월까지 로스앤젤레스 경찰국Los Angeles Police Department에 PredPol 시스템이 배치된 6개월 동안 순찰경찰관의 예측 임무 수행 시간이 주당 48시간에서 주당 88시간으로 거의 두 배로 늘었다. 이는 쓸데없는 순찰을 막는 등 명확한 임무 기대치 설정과 감독자의 임무 우선순위 강화 때문인 걸로 추정된다.

앞서 소개한 바와 같이 범죄율은 PredPol의 사용으로 인해 상당한 감소를 보인다. PredPol은 경찰관이 가장 범죄 발생 가능성이 높은 위치에서 적시에 전문 지식, 기술 및 경험을 사용할 수 있도록 하는 힘의 승수 역할을 한다.

PredPol은 도시 전체의 고정된 위험 이질성과 시간적으로 동적인 위험을 모두 통합하여 핫스팟 지도에서 수년간의 범죄 데이터 및 여러 범죄 유형을 사용할 수 있는 표시점 프로세스 방법론을 기반으로 한다. 만성 핫스팟은 장기간 지속되며 범죄의 근본 원인을 해결하기 위해 문제 중심의 치안전략이 필요한데, 임시 핫스팟은 며칠에서 몇 주까지만 지속된다.

예측 치안 전략은 새로운 핫스팟 형성을 저지하기 위해 새로운 트렌드를 예측할 수 있어야 한다. 범죄 예측 분석 시스템이 없으면 경찰은 과거의 범죄를 추적·분석할 수밖에 없다. 로스앤젤레스 경찰청은 매 8시간 교대로 PredPol 모델을 업데이트하고 그에 따라 순찰을 지시하고 있다.

총기 폭력과 살인을 구분하는 상황과 의도는 차이가 거의 없는 경우가 많다. 심각한 폭력 범죄의 발생은 실제 살인 범죄만큼 살인이 가장 많이 발생하는 장소와 시점에 대한 정보를 제공할 수 있다.

한 연구는 살인·강도를 모델링하기 위해 다음과 같은 주요 프로세스 접

근 방식을 취했다. 살인의 전조로 여겨지는 범죄 유형을 나타내는 표시 M
이 주어지면 살인의 강도는 다음과 같이 모델링된다.

$$\lambda(x, y, t) = \mu(x, y) + \sum_{t > t_i} g(x - x_i, y - y_i, t - t_i, M_i)$$

배경 비율 $\mu(x, y)$는 도시 전체에 걸쳐 고정된 위험을 나타내는 반면 커
널 $g(x, y, t)$는 반복 범죄 패턴이 발생하는 시간 및 공간 규모를 결정한다.
PredPol의 독특한 범죄 예측 방법론은 모든 도시가 이미 가지고 있는 기
존 범죄 데이터, 6년 이상에 걸쳐 개발된 고급 수학, 컴퓨터 학습, 클라우드
컴퓨팅 및 베테랑 경찰의 필수 경험을 활용한다. 범죄 데이터는 총기 폭력
을 포함한 범죄에 대해 입증된 범죄 이론을 적용한 정교한 알고리듬을 통
해 분석된다. 결과는 범죄가 발생할 가능성이 가장 높은 시기와 장소에 대
한 보다 정확하고 실행 가능한 권장 사항을 제공하므로 범죄가 발생하기
전에 경찰이 출동하여 저지할 수 있다.
PredPol은 총기 폭력을 억제하기 위한 이 새로운 접근 방식을 광범위하
게 모델링하여 기존의 핫스팟 지도를 포함한 기존 접근 방식에 비해 더 많
은 수의 총기 살인을 예측했다. 이는 경찰이 PredPol을 사용하여 다른 유형
의 강력 범죄 및 재산 범죄를 예측하고 예방할 수 있었던 것과 거의 일치
하는 결과다.
미국 로스앤젤레스와 켄트에서 과학적으로 통제된 실험에서 PredPol의
예측은 범죄를 감소시켰을 뿐만 아니라 기존의 기법보다 100% 더 향상된
범죄 매핑 및 핫스팟 분석으로 두 배 이상의 예측 정확도를 보인 것으로
나타났다.
예측 분석이 없으면 경찰은 과거 범죄 데이터의 간단한 매핑에 의존하여

과거의 범죄를 추적할 수밖에 없다. 이는 과거의 기상 패턴만 사용할 뿐 기상 레이더를 무시한 채 날씨를 예측하는 것과 같다. 전통적인 범죄 매핑 도구는 보정이 되지 않고, 패턴을 인식하기 위해 인간이 더 개입하여야 하며, 미래 범죄 예측보다는 과거 범죄를 기반으로 리소스를 할당할 수밖에 없는 단점이 있다. 비록 PredPol이 베테랑 경찰관 및 범죄 분석가의 통찰력을 대체하지는 못하겠지만 경찰이 현재의 자원으로 더 많은 성과를 거둘 수 있도록 여러 가지 개선점을 제공하는 것은 분명하다.

이 회사가 내세우는 장점으로 다음과 같은 실용적인 측면도 있다. 즉 경찰관의 경우 PredPol의 정보는 모든 디바이스에서 열람할 수 있을 뿐만 아니라, 출력도 가능하다. 범죄 분석가가 PredPol을 사용할 경우, 며칠이면 사용 설정이 가능하고, 그 후에는 마우스 클릭 한 번으로 실행 가능한 예측이 생성된다. 관리자의 경우 새 하드웨어를 구입하거나, 기술담당 직원을 새로 뽑는 등 시스템 설치에 필요한 별도의 비용이 소요되지 않는다.

이 도구는 안전한 클라우드 기반 SaaS(Software-as-a-Service) 플랫폼에서 실행되고, 모든 데이터 처리 시설은 키 카드 프로토콜, 생체 인식 스캐닝, 24시간 내부 및 외부 감시를 사용하기 때문에 보안문제가 발생하지 않는다.

요즘 문제가 되는 개인정보 보호 정책에 반하지 않는다. 피해자, 범죄자 또는 법 집행기관이 보유한 개인정보는 절대 수집되지 않기 때문이다.

기타 유형의 예측 치안 알고리듬

이와 다른 유형의 예측 치안 알고리듬으로는 안면 인식 소프트웨어가 있는데, 공개된 비디오 감시 영상 시스템이나 개인 비디오 촬영 영상을 통해 용의자 또는 지명 수배자를 식별할 수 있다. 지능형 비디오 감시 소프트웨어 같은 경우 범죄 빈발 예상 지역에 있는 사람들의 행동을 스캔하여 범죄 행위 징후와 관련된 패턴을 식별하고, 범죄의 피해자 또는 가해자일 가능성이 있는 사람들의 목록을 알고리듬에 의해 자동적으로 생성한다.

경찰은 방아쇠가 당겨지기 전에 누가 총기를 발사할지, 혹은 총구가 어디를 향하게 될지 알고 싶을 것이다. 이것이 시카고 경찰국Chicago Police Department이 누가 총격 사건을 저지를지, 누가 피해자가 될지를 예측하는 데 도움이 되는 알고리듬을 사용하는 이유다. 일리노이 공과대학교의 한 교수가 만든 이 알고리듬은 범죄기록, 폭력 조직 가입, 고용상태, 약물복용 이력, 교도소나 범죄 조직에 있는 혹은 살해당한 친구나 가족과의 연관성을 기반으로 사람들에게 점수를 매긴다.

시카고 경찰국에 따르면 이 알고리듬은 2016년에 1,400명의 용의자를 찾아냈다. 도시 전체의 범죄 조직 현장급습으로 체포된 140명 중 117명이 이 알고리듬이 찾아낸 용의자 명단에 있었다. 도시에서 총에 맞은 사람의 70%, 총을 쏜 사람의 80%도 이 알고리듬이 찾아냈다. 경찰은 이 명단을 사람들을 체포하는 데 이용하는 것 말고도 사회복지사와 공동체 대표들에게 배포해서 폭력 행위가 발생하기 전에 그들이 개입할 수 있도록 했다.375)

물론 범죄 예측과는 무관하지만, 발생한 범죄의 수사에 기여하는 인공지능 알고리듬으로 총격음 감지 시스템이 있다. 이 시스템은 수집된 데이터를 인공지능으로 분석해 총성 여부 탐지와 총성 지점 파악이 가능하다. ShotSpotter라 명명된 이 시스템은 총성이 발생해도 약 20%만이 신고 되고, 신고도 부정확해서 후속처리가 곤란한데, 이 시스템은 복수의 센서를 이용하고, 소음 수준, 건물의 반향 등의 데이터를 이용하여 기준이 되는 한 변만 거리를 측정하고 나머지는 각만 측정하여 측점들의 위치를 계산하는 삼각측량의 기법으로 총성 발생 지점을 정확히 예측하는데, 뉴욕, 시카고, 샌디에고, 남아프리카의 케이프타운을 포함한 90개 이상의 도시에서 사용되고 있다.

범죄 발생 방지와 범죄 상황 기록을 위해 폐쇄회로 TV를 사용하는 것은

---

375) 릭 에덜먼, 각주 53)의 책, 218면.

일상적이다. 전 세계 감시 카메라의 절반은 중국에 있는데, 가장 많이 설치된 상위권 도시도 중국 대도시들이다. 도시 면적 기준으로 서울의 감시 카메라 수는 총 7만대가 넘고 1제곱마일 당 332대로 세계 11위 수준이다. 1위는 인도 델리로 카메라 수가 1제곱마일 당 1,827대이고, 런던이 1제곱마일 당 1,138대로 2위다.376) 사생활과 이동의 자유 같은 기본권을 침해하는 부정적 측면을 강조하는 견해도 있지만, 공동체의 안전과 효율을 도모하는 긍정적 측면이 크다. 경찰청이 국회에 제출한 자료에 따르면 경찰이 폐쇄회로 TV를 활용해 실시간으로 범인을 검거한 사건이 2019년 기준 5년간 10만8천여 건에 달하는 것으로 나타났고, 특히 2018년도에만 3만1천여 건으로 급격히 늘어났다. 언론에 보도되는 범인의 검거 상황을 보면 촘촘한 폐쇄회로 TV 덕을 보고 있는 것이 사실이다. 이러한 폐쇄회로 TV에 인공지능 기법을 적용하면 그 효율성이 배가된다.

Hikvision은 범죄 감시를 위해 인공지능의 심층신경망을 탑재한 보안카메라 개발을 계획하고 있는데, 자동차 번호판 스캔은 물론 잠재적인 범죄자나 실종자를 찾기 위한 얼굴 인식, 붐비는 장소에서의 무인 가방과 같은 의심스러운 이상 징후를 자동으로 감지할 수 있을 것으로 전망된다. Hikvision에서는 자신들이 폐쇄회로 TV 등 공공 보안 리소스 위에 인공지능 기능과 애플리케이션을 구현하여 도시의 폐쇄회로 TV 시스템을 지능적으로 변환하여 폐쇄회로 TV 영상을 IoT 데이터로 전환하여 관리함으로써, 이 시스템을 설치한 도시는 순찰 등 법 집행의 효율성을 제고할 수 있다고 강조하고 있다.377)

이상의 시스템들이 지점 중심이라면, 범인 중심의 솔루션도 있다. 중국

376) 한겨레 신문, 2021. 8. 26. 자 기사, https://www.hani.co.kr/arti/science/technology/1009225.html(2022. 7. 3. 최종방문).

377) https://www.hikvision.com/en/solutions/solutions-by-industry/safe-city/(2022. 7. 3. 최종방문).

소재 Cloud Walk는 안면인식 소프트웨어 회사로서, 첨단 인공지능 기술을 이용하여 얼굴 인식과 걸음걸이 분석 기술을 통해 어떤 개인이 범죄를 행하기 전에 범죄를 저지를지 여부를 예측하기 위한 시스템을 개발하였다고 주장하는데, 핵심은 범죄인들의 행동에 의심스러운 변화나 특이한 움직임이 있는지 탐지하여 예측에 사용한다는 것이다.

우리나라 경찰청도 동일범 여죄추적 알고리듬을 도입하여 범죄 수사에 활용하고 있는데, 머신러닝과 언어지능(언어분석, 의미 이해, 텍스트 요약, 생성) 요소가 적용된다. 피의자 검거 후, 피의자가 과거에 추가로 저지른 범죄가 있는지 유사도가 높은 순으로 다른 사건의 데이터를 보여주는 기능이 핵심인데, 이전에는 여죄 추적을 위해 피의자의 범행 수법과 유사한 이전의 임장일지 데이터를 일일이 수작업으로 검토하던 것을 인공지능 알고리듬이 대신한다는 점에서 의미는 있다. 이 모델은 국가정보관리원과 경찰청이 2016년부터 2017년까지의 2년간의 임장일지에 포함된 장소, 시간, 범행 수법과 같은 텍스트 데이터를 기계학습해 구현한 것으로, TF-IDF, Doc2Vec, Binary, 토픽모델링(LDA, LSA) 등 총 4종의 문서 유사도 측정 알고리듬으로 3개월에 거쳐 기계학습 테스트를 진행한 것에서 알 수 있듯이 자연어처리 기법을 중심으로 구현된 것으로, 이 시스템은 범죄발생 예측 시스템이 아니라 문서 데이터 분석 및 검색으로 피의자의 여죄 확인 용도에 그친다는 한계를 가지고 있고, 앞서 살펴본 Predpol 등 본격적 범죄발생 예측 시스템과 비교된다.

데이터의 염결성

데이터는 인공지능 연구의 생명선이자 새로운 애플리케이션 개발의 주요 병목 현상을 일으키는 요소다. 레이블이 지정된 데이터가 부족하지만, 이와 같은 여건에서도 제대로 작동하는 머신러닝 알고리듬은 꽤 있다. 반면 딥러닝의 경우, 데이터 없는 개발에 어려움이 크다. 그러다보니 일부에서는 딥러닝의 장기적인 실행 가능성에 의문을 제기하기도 한다.

여기에는 몇 가지 이유가 있지만 가장 큰 이유는 딥러닝의 데이터 집약적 특성과 유효한 모델을 학습하고 생성하는 데 필요한 데이터의 엄청난 규모 때문이다. 딥러닝과 머신러닝의 관계에 대하여 혼란을 일으킬 법하지만 사실 딥러닝은 머신러닝의 한 종류이고, 머신러닝은 인공지능 알고리듬의 한 종류다. 딥러닝과 머신러닝을 위와 같이 구분하여 구분하는 것은 이상할 수 있지만, 머신러닝에는 딥러닝 알고리즘 외에도 여러 알고리듬이 존재하므로, 딥러닝과 대비되는 머신러닝을 의미하는 것으로 여기면 그만이다.

인공지능 연구자들이 데이터 수집 문제를 극복하고 필요한 데이터를 놓고 경쟁하기 위해 ImageNet Large Scale Visual Recognition Challenge와 같은 대회에 참가하는 것도 이런 이유다.

딥러닝 시스템은 훈련 데이터를 넘어서 솔루션을 일반화해야 하기 때문에(즉, 새로운 단어를 발음하거나 보이지 않는 이미지 식별를 식별해야 하기 때문에) 데이터 가용성 문제는 알고리듬 성능과 결부되며, 그것이 해결되지 않으면 고품질의 솔루션이 나올 수 없다. 378)

다른 인공지능 알고리듬과 마찬가지로 인공지능을 이용한 predpol과 같은 새로운 예측 기술이 성공하기 위한 핵심은 역시 데이터다. 모든 인공지능 예측 기술은 그에 적합한 데이터를 필요로 하며, 예측 시스템의 운용에는 사용 가능하고, 정확하며 오염이 안 된 깨끗한 데이터가 있어야 한다. 그런데 어느 분야와 마찬가지로 범죄 예측 알고리듬의 구현에서 이러한 데이터를 얻는 것은 어렵다. 범죄 예측 알고리듬을 구현하기 위해서는 통합 범죄 데이터, 개인 데이터가 필요하고, 나아가 패턴 매칭 프로그램이 필요하다. 미래 예측 치안 기술은 그에 필요한 데이터를 수집해야 하므로, 그

---

378) Christopher Markou/Simon Deakin, supra note 329.

성공을 위해서는 양질의 데이터 확보에 어떤 어려움이 있는지를 파악하고 해결방안을 모색해야 한다.

불량 데이터의 원인

모든 데이터 기반 시스템은 불량 데이터에 의해 훼손될 위험이 상존한다. 불량 데이터는 결함이 있거나, 단편적이거나 부정확한 경우인데, 이것이 생기는 이유는 충분한 재원 없이 방대한 양의 정보를 끊임없이, 즉각적으로 수집해야 하는 내·외부의 압력 때문인 경우가 많다.

인공지능 알고리듬에 입력되고 사용되는 모든 데이터는 대부분 인간에 의해 수집이 된다. 그런데 인간은 그 과정에서 실수를 범하기 때문에 초기 수집 과정에서 오류가 발생할 수 있다. 예를 들어, 경찰관이 범죄 현장의 주소를 잘못 적을 수 있다. 데이터 입력 중에 오류가 발생할 수도 있다. 경찰관이 번호를 바꾸거나 이름의 철자를 잘못 입력하면 잘못된 주소가 입력될 수 있다.

데이터 통합 과정에서도 오류가 발생한다. 예를 들면, 서로 다른 데이터 세트의 데이터를 결합할 때 중복 항목이 생성될 수 있다. 데이터 정리과정에서도 오류가 발생할 수 있다. 중복을 피하려고 할 때 항목이 잘못 삭제될 수 있다. 이러한 다양한 데이터 오류의 현실은 법 집행기관이 의존하는 정부 운영 데이터베이스도 마찬가지다. 이러한 오류는 법 집행 데이터베이스가 상용 빅데이터 소스와 결합될 때 기하급수적으로 증가한다.

단편화되고 편향된 데이터

범죄 데이터는 불완전하기로 악명이 높다. 살인, 강도, 자동차 절도 같은 특정 범죄는 당국에 지속적으로 신고 되는 경향이 있고, 성폭행, 가정폭력, 사기 등 다른 범죄는 과소신고 되는 경향이 있다. 제대로 치안 유지가 되지 않는 일부 지역사회는 피해를 당해도 범죄 신고를 하지 않는다. 이런 경우

도 과소 신고로 이어진다. 미국 법무부가 파악한 바에 따르면, 범죄 피해자
의 절반이 신고를 하지 않았다. 경찰 내부의 행정적 압력도 때때로 공식적
인 경찰 보고서의 조작을 초래한다. 뉴욕 경찰 범죄 통계에 대한 감사는 범
죄 통계가 상당부분 조작된 사실을 밝혀냈다. 경찰이 보고한 다른 국가에
서의 체포에 관한 자료도 부정확하고, 오해의 소지가 있으며, 때때로 자료
생성에 부정이 개입된 것으로 드러났다. 이와 같이 범죄예측 알고리듬에
입력변수로 들어가는 범죄 관련 데이터는 수집된 범죄 데이터의 유형에 따
라 제한되기도 하고, 수집 과정의 오류에 인해 왜곡되어 있는 경우도 많다.

데이터가 완전하지 않은 경우, 국가와 지역적 차원의 범죄 데이터의 단
편화된 특성은 신뢰도 저하로 이어진다. 지역적 특성을 반영하기 위한 예
측 시스템 구축에는 지역의 특성을 반영한 소규모 데이터 세트를 생성할
필요가 있다.379) 이러한 소규모 데이터 세트는 크기는 작아도 전국적 데이
터와는 달리 지역 특성을 잘 반영하여 제대로 된 예측에 기여할 수 있다.

물론 데이터의 표본 크기가 감소하면 예측 판단이 어려움을 겪는다. 국
가 범죄 통계는 존재하지만, 정보가 현지화되지 않아 지역 범죄 패턴을 예
측하는 데 필요한 관련 데이터베이스를 제공할 수 없는 경우가 많다. 그 결
과 대량의 데이터를 필요로 하는 기존의 인공지능 예측 시스템은 국가 전
체를 대상으로 한 예측에서 효과적이며, 또한 상당한 크기의 범죄 데이터
수집 능력을 가진 대도시에서만 유용할 수 있다. 그러다보니 현실적으로
이런 범죄 예측 알고리듬을 개발하는 회사들은 충분한 데이터 확보가 가능
한 지역과 분야에 집중할 수밖에 없다. 로스엔젤레스, 시카고, 시애틀, 뉴욕
등의 대도시들은 범죄 규모가 클 뿐만 아니라 데이터 수집 시스템이 잘 갖
춰진 지역이다.

---

379) Andrew Guthrie Ferguson, "Policing Predictive Policing", 94 Wash. U. L. REV.
1109(2017), pp.1145-1147.

오손된 데이터

4명의 범죄전문가가 밝힌 바에 따르면 뉴욕에서는 100명 이상의 퇴직한 뉴욕경찰청 지휘관과 고위 간부들이 매년 범죄감소를 해야 한다는 강한 압박으로 인해 일부 감독관과 관할구역 지휘관들이 범죄 통계를 조작하게 되었다고 말했다고 한다. 뉴욕시 경찰국의 총경으로 은퇴한 두 명의 형사법 교수가 출간한 책은 언론보도 등을 통해 알려진 CompStat라는 범죄 통계 보고 프로그램의 문제점을 상세하게 밝히고 있다. 그 저서에는 중대 범죄 통계를 인위적으로 줄이기 위해 범죄 현장으로 가서 피해자들을 설득하는 고위 경찰관이 있는가 하면, 무고한 사람들에게 마약을 심거나 기록을 위조해 체포와 할당량을 달성하는 등의 부패행위를 저지른 경찰관들이 나온다. 이러한 잘못된 업무관행의 논리와 목표는 연방수사국에 보고해야 하는 중대한 범죄 수치를 낮게 유지하는 것과 동시에 지역 범죄에 대한 지역 사회의 통제력을 과장하기 위한 것이다.

경찰 데이터 레코드가 범죄 조작이나 위·변조 증거, 인종 편중 체포 및 기타 부정한 데이터를 생성하는 행위로 인한 경우까지 포함하고 있으므로 이러한 오손 데이터Dirty data로 인해 범죄 예측 시스템은 어떤 영향을 받을 것인지가 논의되어야 한다. 표준화된 데이터 수집 관행이 따로 없는 경우, 경찰 부서 또는 이러한 범죄예측 시스템을 공급하는 기술 업체는 이 시스템의 정확성이나 편향 해소를 위해 경찰 기록을 독립적으로 검증하고는 있는지, 범죄 예측 시스템 전체에 오손된 데이터가 포함될 빈도는 얼마나 되는지를 확인하여야 한다. 범죄예측 시스템에서 어떤 유형의 의심스럽거나 조작된 데이터가 수집될 수 있으므로 그러한 잘못된 데이터로 인해 그 시스템의 결과 예측에 어떤 왜곡을 가져오고, 또 그로 인해 법 집행이 얼마나 왜곡될 수 있는 것인가는 충분히 검증되어야 한다. 이러한 오손된 데이터를 발견하더라도, 그 시스템의 예측 정확성을 손상하지 않도록 오손 데이터를 교정할 수는 없는지, 아니면 경찰의 법 집행 관행과 정책에서 파생된 더 깊고 극복할 수 없는 문제는 없는지를 깊이 있게 논의하여야 한다.

오손 데이터는 데이터 마이닝 연구 커뮤니티에서 "데이터 누락, 잘못된 데이터, 동일한 데이터의 비표준 표현"을 지칭하기 위해 일반적으로 사용되는 용어다. 그러나 경찰 수집 데이터와 관련하여서는 이 오손 데이터의 범주에 의도적으로 조작된 데이터뿐만 아니라 개인 및 사회적 편견에 의해 왜곡된 데이터를 포함하여 부패나 편향 및 불법 관행으로부터 파생되거나 영향을 받는 데이터를 모두 포함시킨다. 이 오손 데이터에는 또한 범죄 행위에 대한 허위 주장을 반영하거나 허위로 작성한 사건 보고서뿐만 아니라 증거를 심었거나 다른 방법으로 누명을 쓴 무고한 사람들의 체포로부터 생성된 데이터도 포함된다. 또한 오손 데이터는 특정 홍보, 자금 또는 정치적 결과를 촉진하기 위해 범죄 통계의 시스템적 조작과 같이 경찰 기록을 왜곡하는 데이터의 후속 조작도 포함한다. 중요한 것은, 하나의 데이터에 대하여 여러 형태의 조작이 있을 수 있을 수 있고, 특히 데이터 생산 과정 자체가 의심되는 경우, 그러한 데이터를 사용하는 범죄 예측 시스템은 좋은 결과를 생성하기 어렵다. 이런 범죄 예측 시스템에 양질의 데이터와 오손 데이터를 식별하고 구분하는 기능을 추가하는 것이 불가능하지는 않겠지만, 한계는 존재한다. 이러한 문제는 일부 저명한 범죄 예측 전문가들이 치안 유지에 있어 오손 데이터의 문제를 전통적인 수학적, 기술적 또는 통계적 기법을 통해 격려하고 해결할 수 있다고 생각하고 있기에 더 심각하다.

예를 들어 2015년 뉴욕 경찰국은 필라델피아 소재 기술 기업 아자베아 Azavea와 범죄 예측 시스템 계약을 체결했는데, 이 시스템은 뉴욕경찰의 과거 범죄 데이터를 활용하여 경찰서에서 경찰관 배치 장소를 결정하는 데 도움을 주기 위해 어떤 장소에서 향후 범죄가 발생할 가능성을 예측하기 위한 것이다. 2018년 6월 14일 볼티모어 경찰국 또한 데이터를 이용한 예측 치안 시스템과 다른 시스템 확보에도 관심을 표명했다. 그러나 현재까지 뉴욕경찰, 볼티모어 경찰국, 기술 공급업체 중 어느 곳도 이러한 시스템이 가지고 있는 오손 데이터 문제를 어떻게 해결해보려 하거나, 오손 데이터의 존재 자체에 대하여 제대로 인식하고 있지 못한 것 같다는 의심을 지울 수 없다. 이러한 시스템의 오손 데이터는 이전의 치안 유지 패턴에 의해 대부분 형성되며, 종종 이미 알려져 있거나 내재된 편견으로 인해 오손의 정도가 심해진다. 편향되고, 왜곡된 법 집행의 부작용과 위험성은 상당히 크다. 볼티모어 선 신문에서 범죄 통계에 근거한 경찰관 배치 작업은 그들이 과거 집중적으로 배치됐던 곳으로 다시 그들을 돌려보내는 격이라고 언급했다. 그 결과, 이러한 데이터는 종종 경찰관들을 과잉보호되고 과잉범죄화 된 공동체에 집중 배치되는 바람직 못한 편향의 결과를 초래한다. 이로 인한 예측 시스템의 편향현상은 불가피한 측면이 없지 않다.

이러한 문제는 치안유지 자료가 부패와 다른 위헌적이고 비윤리적 경찰 관행으로 더럽혀지는 한 더욱 심화될 것이다.

실제 연구결과에 따르면 상당수의 법 집행 기관에서 다양한 형태의 불법적이고 편향된 경찰 관행에 의하여 생성된 경찰 데이터로 범죄 예측 시스템을 훈련시키고, 그로 인해 생성된 그릇된 정보에 근거하여 법 집행을 하고 있다는 것이 밝혀졌다.

범죄 예측 시스템은 오손 데이터에 반영되는 불법적이고 편향된 경찰 관행에 영향을 받으며, 경우에 따라 그런 편향이 영구화될 수 있다는 위험도 없지 않다. 정부나 기업의 관련 자료를 입수하기가 어렵기 때문에 이러한 편향의 정도를 보다 정확하게 평가할 수는 없었지만, 그럼에도 불구하고 편향의 위험이 결코 적지 않다는 것은 분명하다. 또한 경찰 부서 또는 범죄 예측 시스템 공급업체가 오손 데이터 문제와 관련하여 데이터의 적절한 평가나 오손의 해소, 데이터의 염결성 보장과 관련하여 어떠한 노력도 하지 않았음이 밝혀졌다.[380]

---

380) Rashida Richardson, Jason M. Schultz & Kate Crawford, "Dirty Data, Bad Predictions: How Civil Rights Violations Impact Police Data, Predictive Policing

기계 학습 기반의 범죄 예측 시스템이 중립성의 제약 하에서 미국의 인종차별 정책 패턴을 강화할 수 있다는 것은 우려되는 부분이다. 이러한 알고리듬은 편향된 데이터에 의존하기 때문에 실제 위협으로 이어질 수 있다. 범죄 예측 알고리듬이 의존하는 데이터에는 과거 범죄 데이터와 수사망 데이터 검색이라는 두 가지 유형이 있다. 역사적 범죄 데이터는 유색인종에 대한 인종적 편견으로 가득 차 있다. 수사망 데이터 검색은 백인 우월주의가 노골적인 웹의 인종적 편견으로 가득 차 있다.

유색인종 사회가 이질적인 치안유지를 경험할 수 있는 이유는 다양하지만 인종이 범죄의 정확한 예측자predictor이기 때문은 아니다. 미국 법무부의 범죄피해조사 결과 매년 강력범죄의 42%, 재산범죄의 60%가 미신고로 집계돼 경찰이 다른 지역사회에서 일어나는 주요 범죄사실을 놓치고 있다는 사실이 드러났다. 유색인종 공동체의 불균형한 치안유지는 부분적으로 경찰관의 편견에서 비롯된다. 경험적 증거에 따르면 경찰관은 은연중에 또는 명시적으로 어떤 사람을 구금하고 검색할 것인지, 어떤 지역을 순찰할 것인지를 결정할 때 인종과 민족성을 고려한다. 이와 같은 이질적인 치안유지활동은 또한 백인들의 암묵적인 편견에서 비롯될 수 있는데, 이것은 그들이 어떤 면에서 유색인종을 더 위험하게 생각하고, 같은 행동을 하더라도 유색인종의 행동을 백인의 비슷한 행동보다 더 위험하게 여기고 경찰에 더 자주 신고한다. 분명 과거 범죄 데이터는 인종적으로 편향되고, 왜곡되어 있다. 경찰은 단지 범죄 예측 알고리듬 결과의 최종 사용자만은 아니기 때문에 머신러닝 기반 범죄 예측 알고리듬에서 과거 범죄 데이터를 사용하는 것은 독특한 측면이 있다. 그것은 경찰이 범죄 예측 알고리듬이 사용하는 과거 범죄 데이터를 만들기 때문이다. 많은 학자들이 머신러닝 알고리듬의 특성과 연계된 입력 데이터의 편향이 '쓰레기가 입력되면 쓰레기

Systems, and Justice", 94 N.Y.U. L. REV. ONLINE 15 (2019), pp.17-21.

가 출력되는' 현상으로 이어질 것을 우려한다.

일부 범죄 예측 알고리듬은 웹에 공개되어 있는 상업적으로 이용 가능한 데이터도 사용한다. 이러한 웹의 데이터 또한 인종차별주의로 얼룩져 있다. 편향의 영향에서 자유롭지 않은 범죄 경력 데이터와 범죄 기록을 범죄 예측 알고리듬에 사용하면, 편향될 수밖에 없다. 그러나 범죄예측 알고리듬의 데이터 마이닝에는 고려해야 할 추가 편향이 있다. 즉 인터넷의 인종 차별주의 경향인데, 인터넷은 여전히 부유하고, 더 교육받은 사람들에 의해 지배되고 있기 때문이다. 인터넷은 덜 교육받고 가난한 사람들인 유색인종의 생각, 아이디어, 그들 고유의 다양한 표현을 포함하지 않는다. 인터넷에 내재된 인종차별 경향은 구글 검색과 같은 데서는 명백하다. 흑인에게 흔한 이름은 해당 이름과 관련된 사람이 전과가 없는 경우에도 백인에게 흔한 이름보다 구글 검색에서 범죄기록에 대한 연결을 표시하도록 유도할 가능성이 25% 정도 높다. 구글에서 'black girls'라는 용어를 검색한 결과 음란물이 검색 결과의 대부분을 차지한다는 사실이 드러났다. 구글을 검색하면 알고리듬, 사람 또는 장소에 대한 수십억 개의 데이터를 접할 수 있다. 이미 편향된 데이터를 검색하는 과정에서 인종차별적인 결과에 노출되고, 부지불식간 물들게 된다. 웹의 가치체계는 대부분 백인, 서구 남성들을 반영하지 소수민족과 여성을 반영하지 않기 때문이다.[381]

데이터 편향성의 문제

초기 범죄예측 모델들은 정기적으로 그리고 다소 일관성 있게 보고된 일반 절도나 자동차 절도와 같은 범죄에 초점을 맞췄다. 따라서 일반 절도 및 자동차 관련 범죄를 대상으로 하는 Predpol의 주요 기능은 집중된 범죄 유

---

381) Renata M. O'Donnell, "Challenging Racist Predictive Policing Algorithms under the Equal Protection Clause", 94 N.Y.U. L. Rev. 544 (2019), pp.553-557.

형으로 인해 데이터 수집 문제가 생기지 않는다.

초기 범죄 예측 프로젝트의 데이터 수집의 중점이 첨단 버전의 인종 프로파일링을 가능하게 하거나 심지어 정당화하는 데만 쓰인 것이 아닌가 하는 의혹도 받았다. 기본 데이터가 편향된 경우, 해당 데이터를 기반으로 한 데이터 기반 시스템도 편향되지 않을 수 있는 방법은 없다고 보아야 한다. 범죄예측 알고리듬도 마찬가지다. 이런 비판을 의식해서일까? Predpol과 같은 일부 예측 기업들은 자신들의 자료가 체포 통계보다는 신고한 범죄에 근거하고 있기 때문에 경찰관들의 판단에 편중되지 않는다고 주장한다. 즉, 신고한 범죄에 대응하는 경찰(예: "내 차를 도난당했다")은 경찰 순찰 패턴에 의존하지 않는 데이터를 만들고 이러한 데이터는 편향될 수 없다고 한다. 신고한 범죄는 단순한 체포보다 편견의 영향을 덜 받는다. 일부 범죄는 피해자가 신고했기 때문에 경찰이 주목한 것이며, 그 과정에서 경찰관의 어떤 편견도 개입될 여지가 없다. 보통 절도 피해를 당한 집주인 또는 자동차 소유자가 절도 피해사실을 신고한다. 그러한 경우, 범죄 보고는 체포 통계보다 덜 편향되고 더 신뢰할 수 있다. 하지만, 때때로 범죄와 체포가 겹치는 수가 있다. 경찰이 스크루드라이버로 차량에 침입하려는 절도 범인을 체포한 경우, 체포와 범죄 신고가 동시에 이뤄질 수 있다. 구속 또는 체포와 범죄가 데이터에 포함되면 예측 모델은 범죄 신고뿐만 아니라 체포 패턴에 영향을 받아 데이터 편중 우려를 낳는다. 물론 데이터 편향이란 취약성에도 불구하고 범죄 예측 알고리듬에 의한 치안은 기존의 치안 관행보다는 나을 수 있다. 데이터에 영향을 미치는 동일한 암묵적이고 노골적인 편견은 거리의 경찰관에게도 영향을 미친다. 따라서 범죄 예측 알고리듬 지지자들은 이 알고리듬이 편견으로부터 완전히 자유롭지는 않지만, 데이터 중심으로의 이동을 통해 법 집행 과정에서의 편견을 줄이거나 최악의 경우라도 지금의 현상유지 이상은 될 수 있다고 주장한다. 또한 이러한 취약성을 해결할 수 있다면 편향성은 현격하게 감소할 것이다.382)

우리나라 범죄 예측 선행 연구

제약이 많지만 우리나라에도 범죄 예측 알고리듬 연구가 있다. 비교적 최근에 이루어진 연구로서 "시·공간 데이터를 활용한 머신러닝 기반 범죄 예측모형 비교"라는 논문이 있어 소개한다. 이 연구자들은 이전의 동종 연구가 해외와 달리 범죄 데이터의 공개가 제한적이기 때문에 넓은 분석단위를 사용하고 있고, 예측의 범위도 범죄의 빈도나 발생유무를 파악하는데 그쳤다는 점을 염두에 두고 좀 더 나은 알고리듬을 제안하려고 한다. 또한 이들은 범죄 데이터는 특정 클래스에 분포가 치중되어 있는 불균형 데이터이므로 분석단위를 작게 설정할수록 클래스 간의 불균형이 심화되고, 이로 인해 머신러닝 학습 과정에서 제대로 된 학습이 이루어지지 않기 때문에 데이터의 불균형 문제를 해결해 줄 수 있는 방안으로 리샘플링 기법을 사용하였다. 역시 머신러닝에서의 데이터의 특성 문제가 얼마나 중요한지 다시 일깨운다. 기반이 되는 범죄 이론은 미국과 큰 차이가 없다. 중요한 것은 데이터 획득 문제인데, 이들은 관할경찰서의 도움으로 동작구에서 발생한 2012년부터 2017년까지 5개년의 절도범죄 자료를 구했는데, 해당 데이터에는 범죄발생 일시, 발생 주소, 범죄 수법 등이 기록되어 있다. 데이터 중 주소가 정확하지 않거나, 같은 내용이 중복되어 기입되는 등의 부정확한 데이터를 제외하고 9,413건의 절도범죄가 분석에 활용되었다. 이 연구에서는 최근 일어난 범죄일수록 이후 일어날 범죄에 더 많은 영향을 미친다는 선행연구를 바탕으로, 각 셀에 범죄가 존재하여 어느 정도 영향력을 미칠 수 있는 기간을 3개월이라 보고, 범죄 발생 일자에 따른 영향을 학습에 활용하기 위하여 각 구역에서 이전에 발생한 절도범죄를 1개월 단위로 구분하여 3개월 간격으로 이동평균Moving average을 적용하였다. 그 외에도 물리환경 데이터로 국가공간정보포털에서 제공하는 토지용도 및 건물

---

382) Andrew Guthrie Ferguson, supra note 379, at 1148-1150.

용도 데이터, 열린 데이터 광장 포털에서 제공하는 시설물 데이터를 사용하였다. 그런 연후에 데이터 리샘플링 과정 즉 전처리 과정을 거쳐, 모델의 학습과 평가 과정을 거친다. 이 점은 그간 살펴본 다른 머신러닝 알고리듬과 차이가 없다. 공통적이다. 이 연구에서 사용한 모델은 대표적인 머신러닝 알고리듬인 Random Forest, 의사결정나무, Suport Vector Classifier, 최근접 이웃 알고리즘K-Nearest Neighbor이다. 이 모델들은 분류 문제에 특화된 기법인데, 이를 사용하여 학습시킨다. 학습은 일단 데이터를 훈련 데이터와 테스트 데이터로 나누어, 훈련 데이터를 사용하여 학습을 진행한다. 총 5개년도 데이터 중 2013년부터 2016년까지의 4개년의 데이터를 훈련 데이터로, 2017년 데이터를 테스트 데이터로 사용했다. 학습이 끝난 후 모델에 대한 평가를 한다. 통상적으로 평가는 정확도를 기준으로 하는데, 불균형 데이터를 사용하는 경우는 정확도 외의 다른 요소도 고려해야 한다고 한다. 평가 과정에서 데이터 전처리를 하지 않은 데이터로도 학습을 진행하고 테스트를 하였는데, 데이터의 불균형 문제로 인해 범죄밀집공간에 대한 예측이 부정확하여 범죄예측에는 적합하지 않은 것으로 판단하였다. 데이터 전처리 즉 리샘플링을 한 경우에는, Random Forest 모델이 정밀도, 재현율, 정확도 등이 높았다. 랜덤포레스트의 특징 중요도 기능을 통해 각 변수간의 상대적 중요도를 분석한 결과 변수 중 '이전 1~3개월의 절도범죄발생 이동평균'이 중요도가 가장 높은 것으로 나타났고, 물리적 환경에 관한 변수의 경우 '단독주택', '기타 1종 근린생활시설', '보안등', '소매점' 순서로 중요도가 높게 나타났다. 리샘플링 방식에 따라 특징 중요도 분포가 다르게 나타났지만 어떻든 최근에 범죄가 일어난 장소일수록 범죄가 발생할 가능성이 높은 것을 볼 수 있고, 물리환경 변수 중 근린생활시설, 소매점, 주거용도 건물의 특징 중요도가 다른 용도에 비해 높게 나타났는데, 사람들의 일상 활동 중에 빈번하게 마주치는 장소가 범죄를 억제할 수 있는 요소가 부족할 경우 재차 범죄의 타겟이 될 확률이 높은 것으로 추정된다.[383]

소스코드 차원의 범죄예측 알고리듬 소개

Predpol 알고리듬은 아니지만, 연구실 차원의 범죄 예측 알고리듬의 코드를 소개한다. 관련 연구가 저장된 github.com[384]에서 가져온 소스 코드다. 실제로 범죄 예측 알고리듬의 소스 코드가 있구나 하는 느낌만 가져도 좋을 것이다. 그냥 막연한, 상상 속의 그 무엇인가가 아닌, 현실적으로 소스 코드로 구성된 실재적 존재다. 그러나 아래 코드만으로는 작동하지 않는다. 그렇게 복잡한 예측 기능을 흉내내는 데 다음과 같은 짧은 코드로는 턱도 없다. aggregate_plots.py, calculate_resource_allocation.py, config.py, parse_data.py, plotPredictions.py, plot_allocations.py, plot_predictions.py 등과 같은 python 파일이 더 존재한다. 그 외에도 많은 부속 파일 들이 있다.

```python
import pickle
import pandas as pd
import sys
import os
from fwdfiles.forecast_LSTM import forecast_LSTM
from fwdfiles.forecast_ARIMA import forecast_ARIMA
from fwdfiles.forecast_MM import forecast_MM
from fwdfiles.cluster_functions import computeClustersAndOrganizeData
import config
def compute_predictions(data, gridshapes, ignoreFirst, periodsAhead_list,
            threshold, maxDist, methods):
    for gridshape in gridshapes:
        # Compute the cluster/grid distribution based on the threshold.
```

---

383) 김동명/정성원, "시·공간 데이터를 활용한 머신러닝 기반 범죄예측모형 비교", 『대한건축학회논문집』, v.37, no.1(대한건축학회, 2021), 136-142면.

384) https://github.com/chuanxiuXiong/crime-prediction/ blob/master/ make_predictions.py(2022. 7. 13. 최종방문).

```
print('Computing clusters ...')
# In grid_prediction, which predict the crimes without clustering, the
threshold is set to 0
# 'clusters' is the cluster distributions
clusters, realCrimes = computeClustersAndOrganizeData
    (data, gridshape, ignoreFirst, threshold, maxDist)
print('Number of clusters: {}'.format(len(clusters)))
print('Computing predictions ...')


for method in methods:
    if method == "LSTM":
        forecast_LSTM(clusters=clusters, realCrimes=realCrimes,
                periodsAhead_list=periodsAhead_list,  gridshape=gridshape,
ignoreFirst=ignoreFirst, threshold=threshold, maxDist=maxDist)
    elif method == "ARIMA" or method == "AR":
        forecast_ARIMA(method=method,   clusters=clusters,   realCrimes=
realCrimes, periodsAhead_list=periodsAhead_list, gridshape=gridshape, ignoreFirst=
ignoreFirst,   threshold=threshold,   maxDist=maxDist,   orders=[],   seasonal_
orders=[])
    else:
        forecast_MM(method=method,     clusters=clusters,     realCrimes=
realCrimes, periodsAhead_list=periodsAhead_list, gridshape=gridshape, ignoreFirst=
ignoreFirst, threshold=threshold, maxDist=maxDist)
def main(ifilename):
  data = pd.read_pickle(ifilename)


  # Uniform grid predictions
  if config.grid_prediction == 1:
    print("Making grid predictions...")
```

```
    print("Grid prediction")
    compute_predictions(data=data, gridshapes=config.ug_gridshapes, ignoreFirst=
config.ignoreFirst, periodsAhead_list=config.periodsAhead_list, threshold= config.
ug_ threshold[0], maxDist=config.ug_maxDist, methods=config.ug_methods)
    print("Grid predictions done!")
  # Cluster predictions
  if config.cluster_prediction == 1:
    print("Making cluster predictions...")
    for threshold in config.c_thresholds:
        print("Cluster prediction with threshold {}".format(threshold))
        compute_predictions(data=data, gridshapes=config.c_gridshapes, ignoreFirst=
config.ignoreFirst, periodsAhead_list=config.periodsAhead_list, threshold=threshold,
maxDist=config.c_maxDist, methods=config.c_methods)
    print("Cluster predictions done!")


if __name__ == "__main__":
  if len(sys.argv) < 2:
    raise Exception("Usage: python make_predictions.py [input file name].pkl")
  main(sys.argv[1])
```

3. 자살 예측 방지 알고리듬

전 세계적으로 연간 2,500만 건의 자살 시도가 있고, 그로 인해 800,000
명이 사망한다. 미국에서는 자살률이 20년 동안 꾸준히 증가하여 연간
47,000명에 도달했으며 이는 연간 자동차 사망자 수를 능가한다. 우리나라
도 2020년 기준 자살자 숫자가 1만 명을 넘는 데 OECD 회원국 중 1위다.
이러한 추세로 인해 각국 정부나 의료 시스템 및 다국적 기업은 인공 지능

기반 자살 예측 알고리듬의 개발에 뛰어들고 있다.[385]

최근 경남 통영에서 대교 난간에서 자살하려던 40대 여성을 '인공지능 자살 예방 시스템'이 포착해 구조했다는 뉴스 보도가 있었다.[386]

통영시가 운영하는 인공지능 자살 예방 시스템은 다리 주변을 오랜 시간 떠돌거나 보호 난간에 올라가는 등 극단적 선택을 의심할 만한 행동 패턴을 학습하고, 이런 의심 행동을 인식하면 경보를 발령하는 시스템이다. 극단 선택을 예방하기 위해 통영대교와 충무대교 폐쇄회로 영상 배경 노이즈를 제거하고, 인공지능에 사람의 기본 행동 특성과 위험 행위 데이터를 꾸준히 학습시켰다.

이론적으로 자살을 정확하게 예측할 수 있다면 예방도 할 수 있다. 그러나 실제로 자살을 예측하는 것은 많은 기여 요인이 있는 복잡한 문제이기 때문에 어려운 일이다.

전통적인 자살 위험 예측 방법에는 부정확한 결과가 나오는 의료 체크리스트와 설문지를 이용한 임상적 방법이 있다.

자살 위험 예측에 인공지능 알고리듬을 사용하면, 예측의 정확도를 높일 수 있는 가능성을 보여준다.

궁극적으로 자살 예방의 첫 번째 단계는 특정 시간대에 자살 위험이 있는 개인을 정확하게 식별하여 예방적 개입이 가능한 분류 작업이다.

그러나 자살예측에 관한 365건의 연구를 대상으로 한 메타분석에 따르면, 개인의 위험이나 보호요인을 기반으로 한 예측은 예측의 정확도가 낮을 뿐만 아니라, 시간이 지나도 예측의 정확도가 딱히 나아지지 않고 있다는 것이 판명되었다.

---

385) Mason Marks, "Artificial Intelligence-Based Suicide Prediction", 21 YALE J.L. & TECH.98 (2019), p.101.

386) https://www.donga.com/news/Society/article/all/20220803/114795596/2(2022. 8. 4. 최종방문).

이러한 예측 실패에 기여하는 것으로 드러난 몇 가지 요인은 다음과 같다.

우선 자살은 정신과 병원에 입원한 사람과 같이 고위험군으로 간주되는 사람들 사이에서도 드물기 때문에 본질적으로 예측하기 어렵다.

또한 자살은 소수의 강력한 안정적인 예측 변수가 아니라 각각 작지만 의미 있는 기여를 하는 수많은 요인의 복잡한 상호 작용으로 인해 발생한다. 문제를 복잡하게 만드는 것은 많은 자살 유인이 시간에 따라 변한다는 것이다. 우울증과 같이 일부는 천천히 변할 수 있지만 급성 알코올 또는 기타 물질 중독이나 이별 후의 고립감 같은 다른 것들은 빠르게 변할 수 있다.

이전의 자살 위험 예측 연구는 대체로 표본이 제한적이고 단일 시점에서 측정된 제한된 수의 요인만을 대상으로 했으며 주로 고정적·지속적인 요인에 주목하였다. 그러다보니 만성적이거나 일시적인 포괄적 위험 요소를 찾아내지 못했다.

또 다른 한계는 자살 데이터의 전통적인 분석방법의 문제다. 최근까지, 모델 매개변수에 대한 추정 및 가설 테스트를 포함하는 추론에 주로 초점을 맞춘 고전적인 통계적 접근 방식이 우세했다. 이 접근 방식은 예측 정확도보다 해석 가능성을 강조하는 비교적 간단한 모델이었으며, 상호 작용하는 많은 요인의 데이터를 처리하지 못한다는 단점이 있다. 또한 기존 데이터에 새 데이터를 추가하여 제때에 업데이트를 할 수 있는 데까지 이르지도 못했다.

그러나 최근 두 가지 발전이 자살 위험 예측 환경을 변화시켰다. 첫째, 빅데이터라고 불리는 크고 복잡한, 종단적 데이터베이스가 생겼다. 예를 들어, 미국의 전자 건강 기록Electronic Health Record 시스템의 채택은 유비쿼터스화되어 기하급수적인 데이터 확장으로 이어진다. 2020년까지 약 2,314엑사바이트(엑사바이트 = 10억 기가바이트)의 데이터가 생성되었다.

전자 건강 기록 데이터는 여러 소스의 정형 및 비정형(텍스트) 데이터를 모두 포함하고 있으며, 종단적이며 중요한 통계 및 인구 조사 데이터와 같은 다른 소스와 연결된다. 상당한 수의 자살 사례가 포함된 풍부하고 방대한 데이터 세트에 접근이 가능하기 때문에 자살 위험 예측의 난관이던 낮은 자살 발생률을 극복할 수 있게 되었다.

둘째, 기계 학습으로 통칭되는 유연한 수학적 및 통계적 모델이 등장하여 이전 접근 방식에 내재된 많은 문제를 해결할 수 있는 가능성이 생겼다. 머신 러닝은 새롭게 부상하는 빅 데이터와 향상된 컴퓨터 처리 용량을 활용하는 데 매우 적합하여 대규모 분석을 실행 가능하고 쉽고 저렴하게 만든다.[387]

자살은 많은 위험과 기여 요인이 있는 복잡한 문제이기 때문에 예측하기 어렵다. 자살을 확실하게 예측하는 단일 위험 요소는 없다. 자살 시도와 우울증 병력이나 약물 사용 장애와 같은 일부 변수 사이에는 분명한 연관성이 있지만 그렇다고, 이러한 상태를 가진 대부분의 사람들은 자살을 시도하거나 자살하지 않는다.

다른 잠재적인 자살 위험 요인으로는 약물 남용 장애, 불안 장애, 양극성 장애, 섭식 장애, 실업, 자살 가족력, 최근 정신병원에서 퇴원한 사실, 어린 시절의 신체적, 성적 또는 정서적 학대가 포함된다.

위험 요인은 너무 많고 다양하기 때문에 단일 예측 모델에서 모든 위험 요소를 설명하기가 어렵다. 자살이 상대적으로 드물다는 사실 때문에 정확한 자살 위험 예측도 방해받고 있다.

국가적으로나 전 세계적으로나 자살로 사망하는 사람의 수는 결코 적지 않지만, 정신과 치료를 받는 사람 중 자살을 시도하는 사람은 극소수에 불과하다.[388]

자살에 대한 논의는 금기이기 때문에 자살 예측도 어렵다. 자살 생각이

---

387) Boudreaux ED et al., "Applying Machine Learning Approaches to Suicide Prediction Using Healthcare Data: Overview and Future Directions", Front. Psychiatry 12: 707916. doi: 10.3389/fpsyt.2021.707916, p.2.
388) Mason Marks, supra note 385, at103.

있는 환자는 자신의 의지에 반하여 판단, 낙인 효과, 입원 및 약물 치료를 받을 수 있다는 두려움 때문에 친구, 가족 및 의료 서비스 제공자와 논의하는 것을 두려워할 수 있다.

사람들이 의료 서비스 제공자에게 자살 의향을 더 자주 공개한다고 해도 그러한 보고는 임박한 자살을 예측하는 가장 좋은 지표가 아닐 수 있다.

특정 하위 집단은 자살 충동에 대한 토론을 더 어렵게 만드는 문화적 가치를 공유할 수 있다. 예를 들어, 정신적 강인함, 자기 희생, 감정의 통제 및 억제를 장려하는 미군의 문화는 자살과 같은 정서적 문제에 대한 공개 토론에 장애물이 될 수 있다. 군인들은 절망감에 직면했을 때 자신의 감정을 억누르고 해소해야 한다는 의무감 때문에 이를 외부에 드러내지 않는다.

인공지능은 전통적인 자살 위험 선별 도구의 많은 한계를 극복하고 예측의 정확도를 높일 수 있다.

인공지능 기반 자살 예측 도구는 크게 의료 기반 자살 위험 예측과 사회적 자살 위험 예측, 두 가지 범주로 나눌 수 있다. 의료 기반 자살 위험 예측은 환자 의료 기록 분석을 통해 자살 위험을 예측하는 것인데, 의사, 공중 보건 연구원, 정부 기관, 병원 등 의료 시스템에서 수행한다. 사회적 자살 위험 예측은 소매 구매, 스마트폰 앱, 소셜 미디어 및 기타 건강관리 외부 활동에서 파생된 소비자 행동 및 사회적 상호 작용에 대한 분석을 통해 자살을 예측한다. 그것은 기술에 의해 매개되는 사람들 간의 상호 작용에서 파생된 데이터를 기반으로 예측을 한다.

의료 기반 및 사회적 자살 위험 예측으로 나누는 것이 의미 있는 것은 미국의 경우 각 시스템에 적용되는 법률이 다르기 때문이다. 예를 들어, 의료 기반 자살 위험 예측은 HIPAA(Health Information Portability and Accountability Act)의 적용을 받으며, 이 법은 환자의 개인 정보를 보호하고 환자 기록과 관련하여 이 법을 위반할 경우 해당 대상에 민·형사상 처벌을 부과한다. 의료 기반 자살 위험 예측 연구는 인간 대상 연구를 규율하는 연방 공통

규칙의 적용도 받는다. 모든 연구는 또한 의료 윤리의 일반 원칙을 준수해야 하며 병원 및 대학 기관생명윤리위원회Institutional Review Board의 승인을 받아야 한다.

이와 대조적으로, 사회적 자살 위험 예측은 주로 의료 시스템 외부에서 의료기관과 무관하게 수행되기 때문에 일반적으로 이러한 법적 규제에 따르지 않는다. 다만 소비자에 대한 예측을 포함하기 때문에 미국의 경우 소비자를 보호하기 위한 연방통상위원회Federal Trade Commission, 연방통신위원회Federal Communications Commission, 식품의약국Food and Drug Administration에 의한 규제에 따르면 족하다.

그러나 적어도 지금까지 위에서 거론한 여러 규제 기관 등은 자살 위험 예측 등에 거의 또는 전혀 관심을 기울이지 않았다. 오히려 영국의 규제 기관은 소셜 미디어 플랫폼을 통한 자살 및 기타 형태의 자해를 예측하고 예방하는 방법에 관심을 가져왔다.[389]

인공지능 기반 자살 예측은 위와 같이 두 가지 범주로 나눌 수 있지만 인공지능 알고리듬을 사용한다는 점 이외에는 연구 대상 인구, 수집된 데이터 및 사용된 방법과 관련하여 각기 다른 모습을 보이고 있다.

의료 기반 자살 위험 예측은 인공지능을 사용하여 의료 기록을 스캔하고 분석한다. 대학 의료 센터, 병원 및 재향군인회와 같은 정부 기관에서 이런 업무를 주로 수행한다. 2018년에 발표된 현재까지 가장 큰 연구 중 하나에서 Simon 등은 여러 주에 있는 7개 의료 시스템에서 거의 3백만 명의 환자에 대한 익명화된 기록을 분석했다. 그 기록에는 1천만 건 이상의 정신 건강 전문 방문 데이터와 1천만 건 가량의 1차 진료 방문 데이터가 포함되었는데, 연구 결과에 따르면 대량의 의료 기록을 표준 정신 건강 설문지의 데이터와 결합하는 방법이 의료 기록만을 사용하는 이전 방법보다 더 효과적

---

389) Mason Marks, supra note 385, at 105.

이었다. Simon 등의 연구는 의료 기반 자살 위험 예측의 정확성을 향상시키는 인공지능 알고리즘의 잠재력을 보여준다.

그러나 그들의 예측 모델에는 여전히 한계가 있다. 예를 들어, 전통적인 방법보다 개선된 것일 수 있지만 현재의 의료 기반 자살 위험 예측 모델은 여전히 많은 수의 위양성 및 위음성의 문제에서 자유롭지 못하다. 그 때문에 실제 의료 시스템 내에서 임상 의사들의 결정을 지원하는 데까지 이르지 못하고, 연구실 수준의 연구에 머무르고 있는 실정이다.

이와 대조적으로 사회적 자살 위험 예측도구는 별도의 보호 장치가 없지만 실제 사용되고 있고, 실제 사람들의 삶에 영향을 미친다.

사회적 자살 위험 예측 알고리즘은 Facebook, Crisis Text Line 및 Objective Zero와 같은 기술 회사에서 개발되었는데, 이들 기술회사들은 의료 기관이나 의료 연구진과 달리 환자 기록에 접근할 수 없다. 그렇지만 환자 기록 대신 사용자 행동에서 파생된 대규모 데이터 세트에 접근하여 그것을 예측에 사용한다. 소비자는 인터넷을 검색하거나, 온라인으로 쇼핑하고, Uber 또는 Lyft와 같은 차량 공유 앱을 사용하고, 음악 및 비디오를 스트리밍할 때 또는 소셜 미디어에 뭔가를 게시할 때 그들이 어디에 있었고 무엇을 했는지를 반영하는 디지털 흔적을 남긴다.

Facebook 등 기술회사들은 이러한 디지털 흔적을 수집하고 인공지능 알고리즘으로 분석하여 사람들에 관한 민감한 건강 정보를 수집한다.

사회적 자살 위험 예측 시스템의 목표는 사람들의 디지털 흔적에서 자살 위험을 추론하는 것이다. 가장 눈에 띄는 예는 Facebook의 시스템이다. Facebook이 2016년 초 라이브 스트리밍 서비스 'Facebook Live'를 선보인 이후 수십 명의 사용자가 플랫폼에서 실시간으로 자살 시도를 방송했다.

2017년 2월 16일 Facebook CEO Mark Zuckerberg는 커뮤니티 관리자가 검토할 수 있도록 사용자 생성 콘텐츠를 분석하고 플래그를 지정하기 위해 회사가 인공지능 알고리즘을 개발 중이라고 발표했다. 이 발표에서

Zuckerberg는 자살 위험 예측과 예방을 우선 순위 중 하나로 언급했다. 2017년 3월 1일 Facebook은 드디어 사용자 제작 콘텐츠에서 자살 의도를 식별하기 위한 인공지능 알고리듬을 적용하기 시작했다고 발표했다. 회사 대변인에 따르면 머신러닝 알고리듬은 사용자의 게시물과 해당 게시물에 대한 댓글을 스캔하여 자살 위험이 높은 신호를 찾는다.

2017년 11월 26일에 공개된 Facebook 홍보 비디오에서 Upstate New York의 Chautauqua 카운티 보안관 부서는 경찰관이 개입할 수 있도록 자살 가능성을 경고한 Facebook의 역할을 높이 평가했다.

다음 날 Facebook은 인공지능 기반 자살 위험 예측 프로그램이 100개 이상의 "건강 점검"을 시작했다고 발표했다. 해당 발표에서 Facebook은 "유럽 연합을 제외한 대부분의 국가에서 자살 예측 프로그램을 전 세계적으로 확대할 것"이라고 밝혔다.

2018년 4월 2일 Zuckerberg는 Facebook의 인공지능 알고리듬이 사용자의 비공개 메시지 내용을 스캔한다고 밝혔다. 이는 공개 및 비공개 사용자 생성 콘텐츠 모두에서 자살 의도 징후가 있는지 스캔할 수 있다는 것을 시사한다.

2018년 9월 10일 Facebook은 자살 위험 예측 알고리듬에 대한 추가 세부 정보를 제공했다. Facebook은 Random Forest라는 인공지능 도구를 사용하여 사용자 생성 콘텐츠를 분석하고 각 게시물의 단어, 단어 쌍 및 구문에 위험 등급을 지정한다. 회사에서 제공한 가상의 예로는 '슬픔', '슬픔이 많다', '슬픔이 너무 많다' 등이 있다. Facebook의 경우 의료기록이 아닌 소셜 미디어 콘텐츠에서 자살 관련 단어와 문구를 찾아낸다.

대부분 실험적인 의료 기반 자살 위험 예측이 기관생명윤리위원회의 승인이 필요하고 학계의 동료들에 의한 엄밀한 연구 결과 검토가 따라야 하는 것과는 달리 Facebook의 자살 예측 프로그램은 독립적인 윤리 검토의 대상이 아니며 그 방법과 결과가 게시되거나 공개되지 않는다. 이러한 책임성과 투명성의 결여는 Facebook이 사람들의 감정 상태를 모니터링하고 사용자가 알지 못하거나 동의하지 않은 상태에서 실험을 한 이력이 있기 때문에 우려스럽지만, 그것으로 인한 긍정적 효과를 생각하면 이런 문제에 지나치게 집착할 일은 아니다. Facebook은 문제의 심각성을 인식하고, 내부 윤리 위원회를 활용하고 있다고 밝혔다.

물론 Facebook의 사회적 자살 위험 예측 프로그램의 정확도에 관하여 많은 의문이 있긴 하다. 알고리듬이 제대로 훈련되었는지, 그 정확도를 담보할 수 있는지에 대하여 Facebook은 모호한 답변으로 일관한다. 초기에 Facebook은 전문가와 협력하여 자살과 관련된 것으로 알려진 특정 키워드 또는 구문을 식별하는 방법을 택했지만, 위양성의 문제가 대두되자 기계학습을 이용하기 시작했다. 위양성의 예는 "어, 숙제가 너무 많아서 죽고 싶다." 와 같은 문구가 있더라도 이를 자살 의향을 나타내는 것으로 볼 수 없다.

Facebook이 게시물과 훈련된 검토자가 내린 결정을 교육 데이터 세트로 사용한다지만, 이는 인공지능 기계학습의 방법의 심각한 한계를 드러낸다.

Facebook은 의료 기록에 액세스할 수 없기 때문에 실제 자살 데이터를 사용하여 인공지능 모델을 훈련할 수 없다. 대신, 관련 Facebook 사용자의 게시물과 콘텐츠 중재자의 후속 조치를 자살 위험의 간접표지로 사용하는 것으로 보인다.

Facebook의 접근 방식은 자살 생각과 행동을 정확하게 예측하는 대신 Facebook의 인공지능 알고리듬이 사용자와 콘텐츠 중재자가 자살 위험으로 인식하는 것만을 예측할 수 있기 때문에 심각한 한계가 있다. 실제 자살 위험 예측에 쓰이는 데이터가 부족하면 Facebook 예측의 정확도는 떨어질 수밖에 없다.

사회적 자살 위험 예측이든 의료 기반 자살 위험 예측이든 인공지능 알고리듬을 사용하는 데, 그 유력한 후보는 머신러닝이다. 심층 신경망 모델은 일반적으로 레이블이 지정된 엄청난 수의 데이터 인스턴스에 의존하기 때문에 이러한 전략을 제대로 활용하려면 더 큰 데이터베이스를 구축해야 하는 과제가 있다. 자연어처리는 텍스트를 의미 있는 구조화된 데이터로 변환하기 위한 정교한 전략을 만들었다. 예를 들어, Bidirectional Encoder Representation from Transformer(BERT로 약칭)은 2018년 Google AI에서 개발한 최신 자연어처리 신경 언어 모델이며 다양한 자연어처리 작업에서 최고의 결과를 보여주었다. BERT에는 상황 정보를 양방향으로 통합하는 각 단어의 최적 벡터 표현을 학습할 수 있는 다층 신경망 아키텍처가 포함되어 있다. BERT를 통해 전자건강정보 서사敍事에서 파생된 의미 체계가 풍부한 표현은 예측 모델을 더욱 강화할 수 있다. 자연어 처리 부분은 뒤에서 보다 상세히 설명한다.

특정 훈련 데이터 세트의 데이터를 사용하여 자살을 성공적으로 예측할 수 있다고 해서 이러한 알고리듬을 바로 실전에 투입할 수 있다는 이야기는 아니다.

알고리듬이 훈련 데이터를 대상으로 높은 정확도를 보이더라도 실제 개별 의료 시스템으로 투입되었을 때 같은 정확도를 보인다는 보장이 없기 때문이다. 적어도 개발된 알고리듬을 투입하기 전에 실제 데이터로 정확도를 검증하고, 그 정확도가 훈련과 달리 낮다면, 정확도 변화에 영향을 미치는 요인을 파악하여야 하는 작업이 선행되어야 한다. 알고리듬을 실전에 투입하여 사용하기 전에 기존 의료 시스템의 자체 데이터를 사용한 로컬 검증 프로세스가 필요하다는 이야기다.

뿐만 아니라 임상의와 환자에게 직관적이고 유용하며 실행 가능한 방식으로 정보를 전달하기 위해서는 자살 위험 예측 결과를 시각화하고 효과적으로 전달하는 가장 좋은 인터페이스가 개발되어야 한다.[390]

기계 학습 예측을 임상 기반의 자살 위험 평가와 결합하는 것, 즉 human

---

390) Boudreaux ED et al., supra note 387, at 5.

in loop 접근 방식에 의거해서 임상의가 신뢰하고 활용할 효과적인 의사 결정 지원 도구로서의 개발이 필요하다. 이 점에 대하여 필자는 다른 논문에서 인간과 기계의 협업 모델의 필요성에 주목한 바 있다.[391]

머신러닝은 미래의 자살 위험 추정을 개선하고 시간 경과에 따른 위험의 변화를 모니터링 할 수 있는 강력한 잠재력이 있다. 그러나 이러한 이점이 임상적으로 실현되기까지는 중요한 과제가 남아 있다. 추가 연구는 데이터 불균형과 과적합을 해결하고 표본 및 설정 전반에 걸쳐 일반화 가능성에 영향을 미치는 요인을 이해하기 위한 새로운 방법을 통합하는 등 방법론적 문제를 먼저 해결해야 하고, 나아가 풍부한 입력 데이터의 확보가 필요하다.[392]

자살 위험 예측 코드

자살 위험 예측에 관한 python 소스 코드 예제를 힘들게 찾아냈다.

그렇게 복잡한 코드는 아니고, Training_Testing.py가 파일명인 다음 소스 코드 외에, 데이터 전처리에 관련된 Date_preprocessor.py를 비롯하여, Training_Tweets_cleaner.py, Tweets_Text_Retrieval.py 등의 python 파일과 Labelled_tweets.tsv, Raw_Suicide_tweets.tsv, test.tsv, tweets_words.txt와 같은 Dataset 파일이 더 있어야 한다. 그 중 학습·훈련 과정에 해당하는 소스 코드 파일 일부를 소개할까 한다. 물론 이 알고리듬은 사회적 자살 위험 예측 유형이다.

우선 소스 코드를 보면 라이브러리를 불러오는 부분이 있는데 생략하였다.

```
fin = open('tweets_words.txt', 'r',encoding="utf8")
```

---

391) 양종모, 각주 226)의 논문, 106면.
392) Boudreaux ED et al., supra note 387, at 6.

분석 대상인 tweet 텍스트를 불러와서 fin이란 변수에 저장한다.

```
train = pd.read_table('Labelled_tweets.tsv', header=0, \delimiter="\t", quoting=3)
```

레이블링이 된 훈련용 tweet 데이터를 불러와서 train이란 변수에 저장한다.

```
test = pd.read_csv('test.tsv', header=0, delimiter="\t", \quoting=3 )
```

테스트 데이터를 가져와 test에 저장한다. 물론 이 테스트 데이터도 레이블링이 되어 있다.
일부 파일 입력 처리 과정이 있는데 생략했다.

```
vectorizer = CountVectorizer(analyzer = "word")
```

bag of word 도구인 CountVectorizer를 불러와 vectorizer란 변수에 저장한다.

```
train_data_features = vectorizer.fit_transform(trainD)
```

위의 vectorizer는 scikit-learn의 개체로, 말 그대로 어떤 대상을 vector로 바꾸는 작업을 수행하고, fit 함수는 훈련에 사용할 초기 데이터의 매개변수를 계산한 후, 내부 객체 상태로 변환하는 데 사용한다. transform 함수는 데이터의 초기 값을 수정하여, 훈련용으로 적합한 데이터로 변환해주는 역할을 하는 데, 학습훈련에 사용하기 전에 데이터를 전처리하는 데 사용하는 함수다.

fit_transform 함수는 fit과 transform 함수의 결합이다. 결국 원시 데이터를 모델의 학습·훈련에 사용할 수 있도록 변환하는 역할을 하는데, 그 값이 train_data_features 변수에 저장된다.

```
classifier = LogisticRegression()
```

분류기는 흔한 로지스틱 회귀를 사용한다.

```
classifier.fit(train_data_features, train["category"])
```

분류기로 전처리된 데이터가 저장된 변수 train_data_features를 인자로 하여 데이터를 학습·훈련시킨다.

그런 다음, 테스트할 데이터 test를 가져온 후, 소위 불용어stopword[393]를 제거하는 작업을 하는 등 테스트 데이터를 배열로 만든다. 그 부분 소스는 지면 상 생략한다.

```
test_data_features = vectorizer.transform(clean_test_tweets)
np.asarray(test_data_features)
```

---

393) 자주 등장하지만 분석을 하는 것에 있어서는 큰 도움이 되지 않는 단어들을 말한다. 주어라든가, 조사, 접미사 같은 단어들은 문장에서는 자주 등장하지만 실제 의미 분석에는 기여하는 바가 거의 없는데, 이러한 단어들을 불용어라고 한다.

테스트 데이터에 대하여도 vectorizer 개체 즉 어떤 대상을 vector로 바꾸는 작업을 수행하고, transform함수를 사용하여 테스트에 적합한 데이터로 변환한다.

그리고 다음과 같이 가공된 test 데이터(test_data_features)를 가지고 분류·예측을 행하고, 그 결과를 result란 변수에 할당한다.

```
result=classifier.predict(test_data_features)
```

그런 다음 그 결과들을 Pandas의 to_csv 함수를 사용하여, Result.csv로 출력한다. Result.csv 파일[394]에 예측 결과가 저장되며, 그것을 열어볼 수 있다.

```
data={'id':test['id'], 'Category':result}
output = pd.DataFrame(data)
output.to_csv('Result.csv', index=False, quoting=3)
print("Wrote results to Result.csv")[395]
```

필자의 입장에서는 비교적 간명한 코드고, 이해 안 될 만한 난해한 부분이 없다. 자살 위험 예측 알고리듬을 실제 구현할 수 있다는 게 믿어지는가? 물론 실제 알고리듬 구현 과정은 더 복잡할 것이지만, 학습·훈련 과정

394) csv 확장자 파일은 정보가 쉼표로 구분된 텍스트 파일이다. 이 파일은 스프레드시트와 데이터베이스에서 널리 사용된다. 통상 Microsoft Excel과 같은 응용 프로그램으로 열 수 있다.
395) https://github.com/M-Ibtihaj/Suicidal-ideation-detection/blob/main/Training%20and%20Testing/Training_Testing.py(2022. 8. 3. 최종방문).

은 여기서 소개한 코드와 크게 달라질 부분이 없다. 물론 예측에 쓰는 모델은 로지스틱 회귀가 아닌 다른 모델을 쓸 수도 있고, 앞서 언급한 것처럼, 여러 모델을 함께 사용할 수도 있다. 그리고 알고리듬 구현에서 가장 큰 난관은 데이터 문제다. 데이터 확보뿐만 아니라, 그 데이터를 실제 훈련에 사용할 수 있도록 전처리하는 과정에 여러 가지 어려움이 따르고, 손이 많이 간다.

피상적으로 인공지능공학자들이 연구하고 발표한 결과의 극히 추상적인 일부 내용을 표현 그대로 앵무새처럼 반복하며, 마치 인공지능 알고리듬이 뭐다는 식으로 논의를 전개하는 것에서 탈피하고자, 이 책을 읽는 독자 대부분이 이해하지 못할 코드 분석을 덧붙였다. 인공지능에 관한 교재들을 보면 한결같이 Google에서 제공하는 숫자 인식 등 전형적인 알고리듬을 가져와서 설명한다. 그 알고리듬이 지향하는 분야가 무엇이든 가리지 않고 말이다. 그런데 필자는 법 분야 알고리듬을 이야기하면서 그런 뻔한 알고리듬으로 인공지능을 설명하려 하지 않는다. 어떤 분야에 관한 저술이든 대체로 인공지능에 대한 기본적인 설명을 담고 있고, 그 내용이 대동소이한 데도 불구하고, 책 전체에서 차지하는 분량이 꽤 된다. 필자도 각 분야별로 참고할 서적을 입수하는 과정에서 그와 같은 중복된 부분은 자원 낭비라는 생각이 들었고 그런 설명은 아예 생략하였다. 그런 부분에 대하여 관심이 있는 독자라면 인공지능 개설서부터 접근하면 된다.

8장

민간영역에서의 법적 위험예측

1. 법적 예측 알고리듬 사용

법적 분야의 정보기술

법적 분야에서도 인공지능을 비롯한 여러 형태의 정보 혁명이 진행되고 있다. 2008년 금융 위기는 여러 분야에서 생존이라는 문제를 실감케 했고, 법률 서비스 시장이라고 해서 예외가 아니었다. 로펌의 수입 구조가 바뀌고, 수입 자체가 줄면서 생존 경쟁에 몰린 법률시장에서 법률 정보 기술의 발전은 법률 서비스 시장에 커다란 변화를 초래했다. 법률 서비스 시장에 불어 닥친 고용 시장의 침체로 인해 두 가지 현저한 추세가 나타났다. 그중 하나는 순환적 성격을 띠고 다른 하나는 구조적 성격을 띤다. 법률 서비스 시장의 주기적 침체는 광범위한 경제 상황과 관련이 있는데, 경기 순환과 관련된 수요 침체의 일부는 경제 상황 호전으로 완화될 수 있다. 그러나 정보 기술의 발전과 관련된 고용 경기 침체는 구조적이고, 일시적인 것이 아니므로, 쉽게 개선되지 않는다. 달리 이야기하면, 법률 정보 기술 발전이 초래한 법률 서비스 시장의 일자리 상실은 계속될 것이라는 것이다.

이러한 혁신적인 기술을 사용하는 수요층에는 LegalZoom.com을 사용하는 단순한 소비자부터 비용을 낮추기 위해 정보기술을 적용하려는 로펌에 이르기까지 다양하다.

이러한 변화를 초래한 여러 가지 원인 중의 하나는 직업의 특성이 있다. 변호사가 수행하는 작업의 중요하지 않은 하위 집합은 컴퓨터 소프트웨어에 의한 자동화의 대상이 된다. 법률 서비스 시장이 아닌 다른 직역의 사무직의 운명도 유사하다. 법률 서비스 시장과 관련된 일련의 기본적 작업은 컴퓨터 연산에 의한 자동화로 대체가 가능하다.

이런 상황에서 비용 압박에 직면한 고객이나 로펌이 법률 정보 기술을 활용하여 이전에 변호사들이 수행했던 작업 중 상당부분을 자동화하거나 반자동화하려 할 것이다.

법률서비스 시장에 정보 기술이 적용된 1세대 혁신은 전자증거개시 e-discovery 및 자동화된 문서 작성 부문이다. 그런데 그 단순성에 비해 그 파급효과는 컸다. 전자증거개시는 그 막대한 규모 때문에 정보 기술이 적용되자마자 엄청난 비용 절감을 가져왔고, 그로 인해 정보기술 적용의 중심이 되고, 최대 수혜분야가 되었다. 이런 성과는 법률서비스 시장에도 자동화, 프로세스 엔지니어링, 정보학 및 공급망 관리라는 개념을 도입하는 계기가 되었고, 정보학, 컴퓨팅, IT 기술은 법적 실무 관행을 바꾸고, 그로 인해 "변호사처럼 생각하는 것"의 의미도 달라지기 시작했다. 사실 법률서비스 시장은 컴퓨팅, 정보학 및 IT 기술 도입에 있어 다른 많은 산업에 비해 뒤쳐져 있다.

양적 법적 예측

반쯤 구조화된 대규모의 법률 정보에 대한 접근 필요성이 증대됨에 따라 어떤 대체 기술 중에서도 가장 파괴적인 기술은 양적 법적 예측Quantitative Legal Prediction 알고리듬이다. 양적 법적 예측의 다양한 변형이 존재하지만 양적 법적 예측을 위한 노력은 법률 서비스 산업에서 다가올 혁신의 상당 부분을 점할 것이고, 바라지 않더라도 어차피 변혁은 일어날 것이다.

어떤 사건에서 당사자가 처한 위험은 무엇이며, 그로 인한 손실은 얼마나 될지, 어떤 계약에서 특정 조항을 제외하면 어떻게 될 것인지와 같은 법적 문제는 변호사가 제공하는 법률서비스의 핵심이다. 실제로, 많은 변호사들이 각자의 급여를 받는 것은 이러한 유형의 서비스에 대한 대가이고, 서비스는 위의 법적 문제에 대하여 정보에 입각하여 고객이 납득할 만한 답변을 제공하는 것이다.[396]

법은 비즈니스 세계의 모든 구석구석에 영향을 미친다. 기업이 하는 거의 모든 것(판매, 구매, 파트너십, 합병, 조직 개편)은 법적으로 집행 가능한 계약을 통해 이루어진다.[397]

변호사와 로펌은 어떤 행위가 비즈니스 계획 및 거래 구조에 미칠 수 있는 영향은 물론이고 소송으로 이어질 가능성, 그것의 승패에 대한 전망, 그리고 그로 인한 비용에 대한 예측을 고객에게 제공하는 것을 업으로 삼고 있다.

이러한 예측은 어떻게 생성이 되는가? 사람이 인지능력을 발휘하는 정신적 모델에 의해서도, 정교한 컴퓨터 알고리듬에 의해서도 생성될 수 있다. 얼마 전까지만 해도 이와 같은 예측은 인간에 의한 평가의 배타적 영역이었다. 경험은 특정 조건에서 개인의 능력을 극적으로 향상시킬 수 있다. 노련한 변호사는 다양한 법률 교육과 다년간의 법률 실무를 통해 쌓은 개인적인 경험을 이러한 예측에 모두 활용할 수 있다. 그러나 동시에 이러한 인간에 의한 예측은 비용이 많이 들고 전문가인 변호사라도 각자의 한계에서 벗어날 수는 없다.

우선 인간 전문가는 관찰 범위가 제한적이며, 그들은 관찰한 것에 대한 데이터만 소유한다. 경험 많은 변호사는 수천 건은 아니더라도 수백 건의 이전 사건에 대해 잘 알고 있을 수 있다. 하지만 수만 건, 수십만 건 또는 수백만 건의 이전 사건을 관찰하였을 가능성은 거의 없다. 따라서 현재 사건과 관련된 선례가 있는지에 대하여 제대로 된 답변을 가능하게 하는 개인의 특별한 이해는 일화적anecdotal이거나, 걸러졌거나, 평균과는 거리가 먼 개인적인 관찰에 의해 주도될 수 있다. 이것은 특히 드문 사건일 때 더 문제가 된다.[398]

---

396) Daniel Martin Katz, supra note 317, at 909-912.

397) Rob Toews, "AI Will Transform The Field of Law", https://www.forbes.com/sites/robtoews/2019/12/19/AI-will-transform-the-field-of-law/#70d5f9db7f01(2019. 12. 30 최종방문).

398) Daniel Martin Katz, supra note 317, at 928.

이러한 한계를 극복하기 위해 제시된 선택지가 바로 컴퓨터 모델에 의한 예측, 양적 법적 예측이다.

양적 법적 예측은 정확히 어떤 데이터 또는 모델이 활용되느냐에 따라 예측의 품질, 정확성이 달라질 수 있다. 많은 수의 유사한 사례에서 가져온 다양한 형태의 결과 데이터로부터 이런 예측을 하는 데, 아무래도 컴퓨터 알고리듬이 이런 예측에는 장점이 있다. 아무리 경험이 많고, 유연한 대처가 가능하다 해도 인간의 인지적 능력에는 한계가 있기 때문이다. 대규모 데이터 또는 문서 세트에서 통찰력을 얻고자 할 때 인간은 중요한 인지적 한계를 가지고 있다. 모든 관련 정보에 접근할 수 있다 하더라도 많은 경우에 기술의 도움 없이 관련된 모든 데이터나 잠재적 관련 차원을 완전히 처리하는 것은 불가능하다. 너무 많기 때문이다. 인간의 추론과정을 보면 가용성 휴리스틱 Availability heuristic, 낙관주의 편향optimism bias, 고정 anchoring, 확증 편향confirmation bias, 타당성 환상, 빈도 환상과 같이 잘 알려진 인지 편향을 가지고 있다. 정량적 예측 솔루션을 사용한다고 해서 이러한 모든 잠재적 한계가 반드시 제거되는 것은 아니지만 예측 모델 개발과 관련된 투명성은 궁극적으로 이러한 중요하고 잘 알려진 인적 결함을 해결하는 데 도움이 될 수 있다.

양적 법적 예측과 자연어 처리

컴퓨터 과학과 인공 지능의 이론 중심 하위 분야인 자연어 처리 또한 컴퓨터 알고리듬을 사용하여 인간의 언어를 자동으로 분석하고 처리하고 표현하는 방법을 탐구하며 이런 양적 예측 모델에 기여한다.[399] 자연어 처리 분야가 인공지능에서 얼마나 중요한가를 망각하기 쉽다. 자연어 처리는 단순히 컴퓨터가 인간 언어를 이해하는 것 정도로 생각할 문제가 아니다. 주

---

399) Christopher Markou/Simon Deakin, supra note 329.

가 등 금융 상품의 예측에도 쓰인다. 르네상스 테크놀로지의 고위 임원은 주식 트레이딩이 언어 인식과 비슷하다는 사실을 분명히 이해했고, IBM 컴퓨터 언어 팀의 인재를 지속적으로 영입하려고 했다.[400] 언어 이해와 주식 트레이딩은 불안정한 형태로 뒤섞인 정보들을 소화하고 앞으로 일어날 일을 신뢰할 만한 수준으로 예측하는 모델을 만들어 데이터에 기반을 두지 않는 전통적인 방식에서 벗어나는 것이었다. 일부 투자자들은 금융 시장과 언어 인식 패턴 같은 사건들의 복잡한 연결성을 은닉 마르코프 모델에 비유하기도 한다.[401] 수학적 면에서 볼 때 언어들은 각 단계가 무작위로 이뤄지지만, 앞 단계에 의존하는 순차적 시퀀스 즉 은닉 마르코프 모델의 결과라는 생각이 가능하다. 음성 인식 시스템이 하는 일은 관측된 음성 집합에서 확률을 분석해 그런 음성을 만들 수 있었던 단어들의 숨은 시퀀스에 관해 가장 가능성이 높은 추측 즉 예측을 하는 것이다. 즉 언어가 작동하는 방식에 관한 정적 지식에 따라 수동으로 프로그램을 작성하는 대신 데이터를 통해 스스로 학습하는 프로그램으로 언어의 확률 파악에 초점을 맞췄다.[402] 언어 인식 문제가 바로 예측과 직결되어 있는 알고리듬이므로, 이런 자연어 처리에 능한 언어 분석 팀원들이 주가 예측 등의 알고리듬도 별 무리 없이 만들 것이라고 생각하는 것은 당연하다.

자연어 처리는 몇 단계를 거치는 데, 경험주의라고 하는 두 번째 물결은 언어를 이해하기 위해 데이터 세트와 초기 머신러닝 및 통계 기술에 의존한다. 언어가 유전적 계승이라고 가정한 첫 번째의 합리주의적 접근과 대조적으로, 경험적 접근은 인간의 두뇌가 연합, 패턴 인식 및 일반화를 위한 기본적인 능력으로 시작한다고 가정했다. 자연어의 복잡한 구조를 배우기 위해서는 풍부한 감각 데이터의 흐름이 필요했다.

---

400) 그레고리 주커만, 각주 284)의 책, 33면.
401) 그레고리 주커만, 각주 284)의 책, 87면.
402) 그레고리 주커만, 각주 284)의 책 266면.

초기 경험적 자연어 처리 방식은 은닉 마르코프 모델과 같은 생성 모델을 사용하여 이벤트의 확률이 이전 이벤트에 의해 달성된 상태에 따라 달라지는 가능한 이벤트 시퀀스를 설명하는 확률 모델로 생성됐다.

다른 많은 용도 중에서 이러한 은닉 마르코프 모델은 대규모 데이터 세트에서 자연어의 구조를 결정하고 다양한 확률적 언어 모델을 개발하는 데 매우 유용하다.

음성 인식, 언어 이해 및 기계 번역과 같은 자연어 처리 응용 프로그램은 경험주의를 기반으로 크게 발전했으며 일반적으로 합리주의적 접근보다 훨씬 더 나은 성능을 보였지만 그래도 인간 수준에는 훨씬 못 미쳤다. 사용된 머신러닝 모델이 대규모 훈련 데이터 세트를 처리하기에 충분하지 않았고 알고리듬 설계, 방법 및 구현이 부족했다.

그러나 이것은 몇 년 전 딥러닝 패러다임을 이용하는 자연어 처리의 세 번째 물결과 함께 극적으로 바뀌었다. 머신러닝은 인간 프로그래머가 다양한 기능을 정의해야 하므로 특성공학은 상당한 수준의 인적 전문 지식을 요구하며, 병목 현상도 일으킨다. 게다가, 비교적 얕은 인공신경망은 자동으로 복잡하게 얽힌 언어 구조를 풀어내는 분해 가능한 추상화 및 온톨로지 생성 능력이 부족하다.

현재 딥러닝 시스템의 정교함은 하위 수준 표현에서 개념을 구축함으로써 상위 수준의 추상화된 개념 학습을 가능하게 한다. 동일한 계층의 뉴런 간에 연결을 생성할 필요 없이 계층 간의 연결을 생성할 수 있는 인공신경망의 한 형태인 소위 심층 신뢰Deep belief 네트워크와 이미지 분류 및 인식을 크게 증가시킬 수 있도록 동물의 시각피질을 복제하는 Convolutional Neural Networks가 개발되었다. 그러나 딥러닝의 가장 중요한 장점은 고차원 데이터에서 복잡한 패턴과 상관관계를 발견하는 기능이다. 이를 통해 음성 인식, 이미지 인식 및 기계 번역과 같은 실제 작업에 유용한 응용 프로그램을 개발할 수 있다.[403]

양적 법적 예측 현황

컴퓨터 알고리듬 특히, 인공지능에 의한 양적 법적 예측은 이미 특정 실무 영역에서 중요한 역할을 하고 있으며 적절한 법적 데이터에 대한 더 많은 액세스가 가능해짐에 따라 양적 법적 예측의 역할 증대는 불 보듯 뻔하다.404)

구체적 예로 Thomson Reuters와 Blue J Legal이 인공지능 기반 조세 사건 결과 예측기의 새로운 제품군인 Tax Foresight를 캐나다 시장에 출시하였다. Tax Foresight는 기계 학습 및 인공 지능의 힘을 활용하여 사용자가 제공한 사실을 기반으로 새로운 조세 상황에서 법원이 어떻게 판결할지를 사전에 신속하게 예측한다. 즉 Tax Foresight를 사용하면 새로운 상황에서 법원의 판결을 시뮬레이션 할 수 있다는 말이다. Tax Foresight는 토론토 대학의 컴퓨터 과학자 및 법학 교수의 광범위한 전문지식을 사용하여 구축된 알고리듬으로 조세 사건의 불확실성을 탐색하고 해소는 데 도움이 된다. Tax Foresight를 사용할 때 항상 그 결론, 그 결과에 도달한 이유 및 다음에 고려해야 할 사항에 대하여 신뢰성 있는 설명을 해준다.405) 그들은 예측 알고리듬의 정확도가 90%에 이른다고 자랑하고 있는데, 수천 개의 이전 결정을 즉시 분석하여 특정 사건의 결과를 예측할 수 있다고 한다.406)

Blue J Legal은 딥러닝을 사용하여 해당 사건의 상황을 분석하고 기존의 판례에서 숨겨진 패턴을 몇 초 만에 발견할 뿐만 아니라, 고객에 대한 답변, 관련 사례에 대한 링크를 제공하고 분석 결과에 대한 맞춤형 설명을 고객에게 제공한다.

---

403) Christopher Markou/Simon Deakin, supra note 329.

404) Daniel Martin Katz, supra note 317, at 929.

405) https://www.gettaxnetpro.com/DynamicData/AttachedDocs/Product%20Brochures/TaxForesight /00241QW-85390_Tax-Foresight_BRO_6x9.pdf(2022. 3. 20. 최종방문).

406) https://www.bluej.com/ca/bluej-prediction/(2022. 3. 20. 최종방문).

머신러닝과 법적 예측

머신러닝이 인간의 추론과 권위를 제외한 채로 법률 시스템의 핵심 프로세스를 복제할 수 있는가는 의문이다. 경험론자들의 가정과 달리 Kuhn은 현실은 인간 관찰자가 바로 기록하고 수학적인 공식으로 만들 수 있는 형태의 사실로는 접근할 수 없다고 주장했다. 인간은 감각에 의해 제한된 현실에 접근할 수 있지만, '의미 만들기'의 개입이 반드시 따른다. 예를 들어 우리가 카메라 렌즈를 통해 감지할 수 있는 것은 이미 의미가 있기 때문이며 의미는 감각 지각의 기능이 아니다. 관찰자가 관찰할 수 있는 생물학적 인지 없이는 감각 지각 자체가 불가능하다.

데이터 과학 또한 세상에 대한 사실을 있는 그대로 기록하는 것이 아니다. 인간의 감각이 이해할 수 있는 방식으로 데이터를 변환한다. 방대한 데이터 세트를 사용하는 인공지능 및 머신러닝 애플리케이션도 마찬가지다. 법적 지식을 수학적 공리로 공식화하고 법적 추론을 모델링 가능한 것으로 변환하려는 노력은 초기 과학 시대의 신플라톤주의를 반영하고 현실과 인간 인식의 구조 아래에 숨겨진 수학적 질서가 존재한다는 라이프니치의 가정을 되살린다.

인간은 몇 번의 시도만으로 추상적 관계를 배울 수 있다. 예를 들어, drother가 15세에서 30세 사이의 형제로 정의된 경우, 아마도 예를 들어, 인간은 그들에게 drother가 있는지 또는 아는 사람이 있는지 여부를 쉽게 추론할 수 있다. 명시적 정의를 사용하면 인간은 drother가 무엇인지 일반화하고 추상화하기 위해 잠재적으로 수백만 개의 훈련 예제가 필요하지 않다. 오히려 명시적 및 암묵적 휴리스틱을 통해 대수적 변수(남성/연령 범위) 간의 추상적 관계를 추론하는 능력은 생물학적 지능의 암묵적이고 선천적인 특성이다.

심리학 연구자들은 관찰을 통해 2분 이내에 제한된 수의 레이블이 붙은 예제에서 언어 규칙을 배울 수 있는 7개월 유아에게서도 추론과 추상화 능력이 있음을 확인했다.

그러나 현재의 딥러닝은 명시적 언어 정의를 통해 추상적인 관계를 학습할 수 없으며 대신 수백만 또는 수십억 개의 학습 예제를 사용하여 학습할 때 가장 잘 작동한다. 비디오 게임과 바둑에서 Deep Mind의 성공 방식으로 이런 전제를 잘 입증했다.

많은 연구자들이 입증했듯이 인간은 딥러닝 시스템보다 복잡한 규칙을 학습하고 추상화 관계를 일반화하는 데 훨씬 더 효율적이다. 딥러닝은 계산 집약적인 영역에서 인상적인 결과를 얻었지만 '깊은'이라는 단어는 기술적 속성(즉, 숨겨진 레이어 또는 컨볼루션 레이어의 수)을 나타낼 뿐, 개념적 깊이나 정교함을 의미하지는 않는다. 예를 들어, 수천 계층의 딥러닝 네트워크라 해도 '공정성', '정의' 또는 '직원'과 같은 추상적이고 주관적인 개념에 대한 이해를 할 수는 없다. 훨씬 더 평범한 개념일지라도 이해할 수 없기는 마찬가지다. 강화 학습 방법을 사용하여 Atari 비디오 게임을 정복한 Deep Mind의 알고리듬도 그 게임 속의 터널이 무엇인지, 벽이 무엇인지 정말로 이해하지는 못한다.

머신러닝 맥락에서 '학습'은 반복적인 데이터 노출에 대한 응답으로 입력과 출력을 올바르게 대응시키는 프로세스로 이해되는 알고리듬의 반복적 조정 및 동적 최적화를 의미할 뿐이다. 알고리듬의 성공여부는 주어진 변수 벡터에서 지정된 결과 또는 범위(기본 규칙)를 예측하거나 식별하는 알고리듬의 능력으로 측정된다. 예측에서 더 정확해진다는 차원에서 보면 학습하기 위해 알고리듬은 오류를 수정하는 동안 반복되는 이전 상태에 대한 정보를 유지할 수 있어야 한다. 이러한 방식으로 알고리듬의 성능을 조정하고 개선하는 데 사용되는 통계 기술에는 데이터를 개념적 범주로 분할하고 식별 및 예측 과정에서 상대적 중요성을 설정하기 위해 해당 범주에 차등 가중치를 할당하는 것까지 포함된다.

머신러닝이 사건 결과를 '예측'할 때, 과거 유사한 사건을 토대로 학습을 진행한다. 이러한 학습 결과 예측이 제대로 되기 위해서는 미래 사건의 사실이 과거의 사건과 변함이 없다는 가정이 전제되어야 한다. 그러나 이것은 현실 세계의 사회적 맥락에서는 있을 수 없는 이야기다.

딥러닝 접근 방식의 성공을 설명하는 중요한 요소는 궁극적인 예측 결과는 그것을 식별 또는 예측하는 데 사용되는 프로세스의 영향을 받지 않는다는 점이다. 즉, 당뇨병이나 암과 같은 의학적 상태는 머신러닝을 통해서든 다른 방법으로든 진단에 사용되는 기술에 관계없이 존재하는 불변의 현실이다. 의학적 상태를 예측하는 데 사용되는 알고리듬 또는 모델의 성공 여부는 그 불변의 현실을 대상으로 검증할 수 있다. 모델이 행한 진단을 분석하면 환자의 생존 또는 회복율 예측에서 그 모델이 얼마나 더 개선되었는가를 쉽게 확인할 수 있다. 그런 의미에서 모델을 벤치마킹할 수 있는 객관적으로 확인 가능한 '성공' 척도가 있는 셈이다.

반면 판결의 맥락에서는 모델의 성공에 대해 의료 진단과 같은 불변의 척도는 없다. 이는 출력 변수, 즉 예측 결과가 이를 정의하는 데 사용된 프로세스와 관련하여 변화하기 때문이다.

법률 지식은 반사적이어서, 법의 인식적 범주는 그것들이 관련된 사회적 형태를 변화시킬 뿐만 아니라 그것에 의해 변경되기도 한다. '고용인'이라는 범주는 법이 만들지 않았다면 존재하지 않았을 법적 구조다. 그것은 법과 독립적으로 존재하는 현실이 아니며, 이러한 종류의 개념은 그것을 지칭하는 사회적 대상과 복잡한 양방향 관계로 작동하며, 그 지시 대상을 반영하기도 하지만, 역으로 시간 경과로 노동 형태가 변하면 '직원'의 개념도 변하는 것처럼, 또한 그 지시대상을 형성하기도 한다.(법에서 고용을 정의하는 방식은 경제에서 노사 관계가 구성되는 방식에 실질적인 영향을 미치기 때문이다.).

따라서 어떤 법적 결정도, 심지어 논쟁의 여지가 없는 사실에 확실한 규칙이 적용되는 경우마저도 현실에 대한 단순한 설명일 수는 없다. 그것은 그와 관련된 현실을 바꾸기 위한 일종의 규범적 행위로 볼 수 있다. 가장 기본적인 물리적 형태로서의 '노동'이 법적 분류를 거쳐 '고용'이 되면, 그와 함께 수반되는 것은 법적 권리, 부채, 권한, 면역 등과 같은 규범적 효과를 가진 물질적 형태로서의 할당이 일어난다. 따라서 노동관계의 법적 분류는 의심할 여지없이 기술적·법적 차원을 갖지만 가치의 표현과 관련된 의미에서는 정치적 속성을 갖기도 한다.[407]

2. 계약서 위험 예측 알고리듬

계약은 일반적으로 상품이나 서비스의 판매와 같은 가치 교환을 체결하는 둘 이상의 당사자 간의 법적 구속력이 있는 계약이다. 여기에는 모든 당사자의 의무와 책임이 요약되어 있다. 계약은 거래 조건을 고정하고 조건이 충족되지 않을 경우 양 당사자를 보호하는 수단이기 때문에 모든 비즈니스 거래의 중요한 부분이라고 할 수 있다.

계약은 당연히 위험이 수반된다. 현실매매처럼 계약 체결과 의무 이행이 동시에 이루어지는 예외적 경우를 제외하고는 대부분 계약은 계약 체결 이후 상당 기간이 경과된 후에 그 계약상 의무를 이행한다. 따라서 동시이행 관계가 아니라면, 계약은 불확실성과 위험을 수반할 수밖에 없다. 때로는 보험계약이나 헷지 계약과 같이 위험배분 자체를 계약의 목적으로 삼는 경우가 있지만, 그런 유형의 위험계약이 아니라도 계약은 장래의 채무이행과 관련하여 위험이 내재될 수밖에 없다.[408] 최근에 사회적 문제로 대두된 것처럼 갑작스런 자재 값 상승으로 인한 원가상승이 계약 이행에 영향을 미치는 경우가 있다. 최근 우리나라에서는 건축 공사 현장 곳곳에서 자재 값

---

407) Christopher Markou/Simon Deakin, supra note 329.
408) 권영준, "코비드 19와 계약법", 『민사법학』, 제94호(한국민사법학회, 2021), 225면.

상승에 따른 공사비 인상 갈등 양상이 벌어지면서 시공자의 공사비 인상요구와 그에 따른 발주자의 계약 해지 사태가 속출하고 있는 상황이다.[409] 이런 상황에 대처하기 위하여 공사 입찰시 계약금액 조정 조항을 두어야 한다. 계약금액을 변경할 수 있는 사유는 물가변동, 설계변경, 기타 계약내용 변경의 3가지다. 물가변동으로 인한 계약금액 조정의 경우 계약금액을 구성하는 모든 비목의 등락을 개별적으로 계산하여 등락금액 및 등락율을 산출하는 품목조정방식과, 공사금액을 구성하는 비목별 순공사비에 대한 가중치를 산정하고 비목별 지수를 적용하는 지수 조정율을 산정하는 지수 조정방식 두 가지가 있다. 그러나 이런 조항을 두어도 현실적으로 합의점을 끌어내기는 쉽지 않은 일이고, 물가가 상승한다고 해서 무조건 과도하게 공사비를 상승해달라는 요구는 발주자 측의 반발을 불러일으킨다. 문제는 물가가 하락하여 원자재 값이 떨어진다고 해서, 건설업체 측에서 공사 계약금액을 하향 조정하지는 않을 것이라는 점에서 이런 조항을 계약 조항에 두는 것 자체가 문제일 수 있다.

이러한 계약 과정의 위험에 대한 대처에서 위험 회피, 위험 배분을 비롯한 다양한 방법이 있지만, 위험 자체를 예견하면서도 어쩔 수 없이 감수하여야 하는 경우가 있다. 예를 들어 전반적 경제 침체로 인한 경제적 가치 저하 등은 예견이 된다고 해서 피할 수 있는 그런 위험은 아니다. 그러나 계약 과정에서 위험을 아예 예측할 수 없어서 불의의 손실로 이어지는 경우도 없지 않다. 특히 계약 과정에서 계약서 작성을 대충 하는 바람에 예기치 못한 손해로 연결되는 안타까운 경우가 많다.

계약서는 계약 당사자 간의 합의 내용을 서면으로 명확히 한 것이다. 계약 체결의 방식은 제한이 없지만, 대체로 계약에서는 서면으로 계약서가 작성되며, 이러한 계약서는 구두로 계약을 체결하는 것보다는 심리적 강제

---

409) https://www.mk.co.kr/news/realestate/view/2022/05/387312/(2022. 7. 1. 최종방문).

가 가능할 뿐만 아니라, 증거자료로서의 가치가 크다. 계약서는 일반적으로 계약 당사자의 표시, 계약의 목적, 채무이행기의 약정, 권리이전 시기의 약정, 기한의 이익 상실 약관, 계약 해제 관련 조항, 손해배상액의 예정 약관, 계약금의 약관, 조건과 기한의 약정, 예약조항, 자동 연장 조항, 재판 관할의 합의, 준거법의 지정 등이 포함된다.

　계약서 작성 시 거래 세부사항에 대해 검토는 물론, 당사자가 명확하게 이해할 수 있도록 작성되어야 한다.

　우선 계약 유형이 무엇인지를 선택하고, 초안을 작성하고, 구체적으로 위에서 언급한 당사자 표시 등 정보를 명시한다. 나아가 계약 전체에 나타나는 주요 용어에 대하여 자세한 정의를 한다. 거래와 관련된 전체 작업 범위를 정의한다. 물품 공급일 경우, 그 물품에 대하여 명확히 규정하고, 각 당사자의 역할과 책임에 대하여 규정할 필요가 있다. 물론 구매자가 지불하여야 할 금액이 명시되어야 하고, 모호성과 오해를 줄이기 위하여 이해하기 어려운 법률 용어는 피한다. 이행 기간이나 방법에 대하여 세부 정보를 명시하여야 한다. 경우에 따라 기밀유지나 분쟁, 소유권 등을 명시한다.

　계약 유형이 다양하므로, 그에 따라 고려하여야 할 요소가 각기 다르지만 가격을 기준할 때 다음과 같은 계약 유형들이 존재한다. 대체로 공급계약의 경우, 고정 가격 계약이 통상적이므로 이러한 경우 공급에 필요한 모든 노동, 자재 및 기타 모든 것에 대한 비용견적으로 고정비용을 산출한다. 이러한 고정 가격 계약은 구매자의 입장에서는 총 비용에 대한 위험을 줄여준다. 앞서 잠깐 언급한 것처럼 원자재 상승 등으로 인하여 공급가액이 증액될 수 있는 비용 증액 계약도 있는데, 이런 경우, 구매자 입장에서는 위험이 증대된다. 반면 총 비용을 정하지 않고, 공급에 필요한 시간 및 자재에 대하여 고정비율로 산출하여 정하는 시간 및 자재 계약도 있다.

　전형적인 부동산 임대차 계약서를 보자. 임대차 계약서에는 임차인, 임대차 목적물인 부동산 개요(층수, 임대차 면적), 임료(임대차 보증금, 월 임대료), 기타 비용(월 관리비), 임대차 기간, 임대차 목적 등이 기재되어야 한다. 그리고 임차보증금이나 임대료 및 관리비의 인상 등 조정에 대한 항목, 주차장 사용료나 통신시설과 같은 부수적 사항도 들어 있으며, 나아가 임차인은 무단으로 임차인의 권리를 이전하거나, 전대, 임차물 내의 구조변경 등을 할 수 없다는 금지 조항, 임차 부동산의 수선이나 파손에 관한 조항, 임대인의 출입권한도 규정되어야 한다. 또 임대차 기간 종료나 임대차 계약 해지에 따른 명도 및 원상복구, 강제명도 규정뿐만 아니라, 풍수해 등 불가항력으로 인하여 입은 임차인의 손해에 대한 임대인의 면책 규정, 계약 변경, 제소 전 화해 조항, 법적 분쟁 시의 관할법원 등에 이르기까지 부수적이지만 중요한 조항들이 기재되어야 한다. 이러한 표준계약서는 대체로 모든 부동산 계약에서 일상적으로 예상되는 여러 상황을 가정하여, 분쟁 위험을 줄이기 위하여 고안된 것으로 대체로 이런 표준계약서로도 훌륭하지만, 이런 표준계약서가 통용될 수 있는 통상적인 상황이 아닌 이상 상황에서는 문제가 발생한다. 따라서 이런 계약서 분석을 통한 위험 예측은 향후 발생할 위험을 예측하고, 분쟁을 미연에 방지하기 위하여 필요한데, 계약과 관련된 모든 요구 상황을 충족하는지 검토되어야 한다. 이런 계약서의 검토는 경험 많은 법률 전문가가 투입되더라도 예상되는 모든 상황을 감안한 모든 유형의 위험을 예측하는 것은 어렵다. 더욱이 정부 조달 계약과 같이 매우 방대하고 세밀한 계약의 경우, 그것을 제대로 읽는 것조차 어려운 작업이다.

계약서 위험 분석은 과거엔 수동적으로 이루어질 수밖에 없었다. 계약서 내용 중에서 의뢰인에 불리한 특정 정보를 찾기 위해 많은 양의 텍스트를 지루하게 읽어야만 했다. 이 과정은 시간이 많이 소요되기 때문에 의뢰인의 비용 부담도 적지 않았다. 인공지능의 발전에 따라 이와 같은 계약 위험 분석을 기계 학습 기술을 사용하여 더 쉽고 빠르게 하겠다는 생각은 당연하다. 인공지능 알고리듬을 이용한 계약서 위험 예측 시스템은 어떤 계약서에 내재한 위험조항을 발굴하고, 이해관계자에게 통보하여 어떤 통찰력 있는 판단을 할 수 있게 하여야 한다.

계약서 위험 분석은 당사자가 의무를 이행하지 않을 때 어떤 일이 일어나는지를 안내하기 위한 것이다. 계약서에 누락되거나 불분명한 것이 있으면 다양한 해석의 여지를 남기며, 이는 소모적인 법적 분쟁으로 이어질 위험이 크다. 미국의 경우, 잘못된 계약 관리로 인해 회사들은 평균적으로 수익의 9%에 해당하는 비용을 지출하고 있다고 한다.410)

이러한 계약 위험을 완화하기 위해서 변호사는 계약 초안에서 사실뿐만 아니라 주요한 법적 쟁점을 찾아 의뢰인의 질문에 답할 수 있도록 하여야 하고 계약서 조항 중 표준에서 벗어나는 경우 별도로 표시하여야 한다. 이러한 작업을 사람이 일일이 하는 것은 시간 소모적이고, 많은 인원이 투입되어야 하는 절차일 수밖에 없다.

계약 위험 분석의 목표는 주로 날짜 및 당사자와 같은 주요 데이터를 정확히 찾아내는 데 목표가 있는데, 로펌의 입장에서는 기존의 수작업에 의존하여 날짜나 당사자 같은 항목을 찾아내는 방식을 탈피하여 그 절차를 단축하는, 보다 획기적 방안을 원할 것이다. 그런 획기적 방안은 계약서의 계약 조건, 조항의 변경 등 텍스트를 분석하여 위험을 평가할 수 있어야 하는 데 그. 분석 과정에서 계약이 다루고 있는 모든 주제를 추출할 수 있어야 한다. 인공지능의 지능형 검색 기능을 사용하면 문서에서 다양한 데이터를 추출하여 계약에 수반되는 위험을 분석함으로써, 계약서 검토는 물론 검토 결과 보고서 작성까지 지원함으로써 당사자의 계약서 작성 과정을 도울 수 있다.411)

---

410) https://www.expert.ai/blog/three-ways-nlp-can-simplify-contract-management/(2022. 7. 1. 최종방문).

411) https://legal.thomsonreuters.com/en/insights/articles/contract-analysis-easy-information-extraction-for-lawyers(2022. 7. 1. 최종방문).

계약서 위험 예측 시스템은 우선 계약서를 수집하여 기계가 읽을 수 있는 데이터 세트로 변환해야 하는데, 통상 문서 형태인 PDF 버전을 기계가 읽을 수 있는 데이터 세트로 변환한다. 물론 이런 작업 자체를 기계적으로 처리하는 알고리듬이 존재한다. 즉 계약서의 텍스트 데이터를 사전 처리하여 데이터 분석을 위한 알고리듬 적용, 데이터 시각화 등이 가능한 텍스트 분석 알고리듬이 바로 그것이다.

과정을 세분화해서 설명하면, 이 시스템은 먼저 PDF 형식의 문서를 일반 텍스트 파일로 변환한다. 이것은 기존 프로그램을 통해서도 가능한 일이다. 대부분 계약서는 디지털 파일 형태로 보존되기 때문에, 변환은 쉽다. 물론 디지털 파일 형태가 아닌 종이 계약서의 경우 광학적 스캔으로 디지털 형태로 변환한다. 일단 일반 텍스트 형식으로 변환되면, 문서 추출기를 사용하여 문서에서 특정 데이터 조각을 가져오고, 그 해당 정보로 문서에 태그를 지정해야 한다. 예를 들면 문서에 있는 날짜, 계약 코드, 금액 등의 정보를 태그로 지정한다. 그런 다음 이러한 태그를 스프레드시트에 배치하여 구조화되지 않은 데이터를 구조화된 데이터세트로 전환한다. 이런 과정을 처리하는 데이터 추출 소프트웨어도 있다. 이런 소프트웨어를 사용하면 다양한 소스에서 구조화 여부를 불문하고, 데이터를 효율적으로 검색할 수 있다. 이 소프트웨어는 전형적인 양식의 문서 형태에서뿐만 아니라, 웹사이트, 이메일 등 비정형 형태에서 데이터를 추출하는 등의 작업을 수행할 수 있다. 현재 이런 상용 데이터 추출 소프트웨어를 제공하는 업체들이 있고, 그 대표적 업체는 Fivetran, Bright Data, Hevo Data, Apify, Keboola 등이다.[412]

문서에서 텍스트를 사전 처리하는 첫 번째 단계는 텍스트를 단어인 토큰으로 분할하는 토큰화 작업이다. 그런 다음 형태소 분석과 표제어추출을 통해 토큰을 정규화하고 모든 텍스트를 소문자로 변환하는 한편 불용어를

---

412) https://www.g2.com/categories/data-extraction(2022. 6. 27. 최종방문).

제거한다. 그런 다음 각 문서에 대해 각 토큰이 말뭉치에서 발생하는 횟수를 계산하여 후속 분석에 사용할 수 있는 단어 모음을 생성한다.[413] 그리고 데이터를 시각화한다. 데이터 시각화는 단어의 출현 빈도에 따라 단어의 글자 크기를 키우는 것으로, 시각적으로 어떤 단어가 그 문서에서 중요한지를 한 눈에 알 수 있다. 다음으로 비교적 간단한 예측 모델을 사용하여 데이터 세트를 추가로 검증하고 데이터를 사용하여 보다 정교한 예측 모델을 개발할 수 있는지 여부를 평가한다.

간단한 모델의 경우 문서 또는 파일 수준에서의 분석이 가능하다. 파일 수준 분석의 단점은 지나치게 낙관적으로 성능 평가가 이루진다는 점이다. 또 각 파일을 각기 처리함으로써 여러 계약 문서들의 관련성을 포착하지 못할 가능성이 높다.

그 흔한 선형 회귀 모델부터 다양한 모델을 사용하여 계약서의 프라시 등을 예측할 수 있다. 훈련 자체를 위해서는 수집된 계약서 데이터는 훈련용 데이터와 테스트용 데이터로 양분하는 데, 이 비율은 통상 하는 것처럼 80대 20으로 나누어도 좋고, 달리 해도 된다.

계약서는 전형적으로 언어 분석 기법이 통할 수 있는 문서다. tf-idf를 이용하여 bag-of-words를 만드는 것이 그 과정 중에 들어간다. 처음 설명하는 개념인데, bag-of-words의 차원을 줄이기 위해 잠재 의미 분석Latent Semantic Analysis[414]를 사용하여 계약서 텍스트에서 어떤 특징 또는 패턴을 추출한다. 각 계약서 파일에서 어떤 텍스트가 가진 점수를 계산한 다음 이 점수를 예측 모델에 사용하는 것이 보통이고, 이것은 전형적인 선형 회

413) Gregory A. Davis et al., "Evaluating and Predicting Contract Performance Using Machine Learning: A Feasibility Study", https://apps.dtic.mil/sti/pdfs/ AD1121596.pdf (2022. 8. 22. 최종방문).
414) 잠재 의미 분석dms TF-IDF가 기본적으로 단어의 빈도수를 이용한 수치화 방법이기 때문에 단어의 의미를 고려하지 못한다는 단점이 있어, 이를 해결하기 위한 대안으로 잠재된 의미를 이끌어내는 방법으로 등장한 것이다. 자세한 설명은 생략한다.

귀 모델이다. 물론 Support Vector Machine, Random Forest 등 다양한 모델을 대신 사용할 수도 있다. 모델을 사용하여 어떤 결과를 산출하고, 그 결과를 예측에 사용한다. 주로 어떤 계약서 문서 간의 상관관계를 산출하는데, 이것은 계약서가 가진 위험성을 판단하는 데 소중한 자료가 될 수 있다.

과거 손실로 귀결된 계약과 분석 대상 계약이 유의미한 상관관계가 있다면, 분석 대상 계약 자체의 위험성이 크다는 것을 의미한다. 그럴 경우, 그 계약서는 재검토되고, 어떤 조항이 위험한지를 다시 검증하여야 한다. 이상적인 것은 이런 분석 과정에서 어떤 조항이 파국의 원인인지까지 예측할 수 있는 것이지만, 사실 굉장히 어려운 과제라고 봐야 한다.

이러한 수준의 분석·예측은 사용자가 계약서의 맥락을 이해하고 위험을 보다 신속하게 식별하는 데 도움이 된다. 이런 예측도구를 사용하여 계약서를 검토하면 계약서에 대한 의견제시나 위험 할당 등 계약 진행 상황을 신속하고 실수 없이 보고할 수 있다. 기본적으로 이러한 계약 위험 분석 솔루션은 비교를 돕기 위해 실제 법령, 판매 및 서비스 계약서 등을 제공한다. 물론 고객은 자신이 사용하는 계약서를 업로드하고 사용하려는 비교 텍스트를 공유할 수 있다.

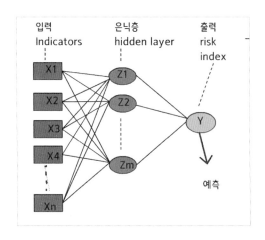

물론 이와 같은 인공지능에 의한 자동화된 계약서 검토에 다음과 같은 비판도 있다.

즉 계약서는 장황하고 조밀한 문서로 악명이 높고, 일반인의 입장에서는 읽어도 무슨 뜻인지 파악하기 쉽지 않다. 거기에다가 문서의 내용을 이해하는 데 필요한 높은 수준의 도메인 전문 지식(법률지식)의 문제까지 추가하면 계약서 분석은 자동화는커녕 제대로 관리하기가 매우 어려운 과정이라고 할 것이다. 많은 자동화된 계약서 검토 도구는 인공 지능 모델에 의존하여 계약에 대한 분석 및 통찰력을 제공한다지만 데이터 기반 모델은 그 계약서에 사용된 언어를 진정으로 이해하지 못한다. 계약이 가진 엄중함을 감안하면, 이러한 인공지능의 문제점은 여차하면, 엄청난 실수로 이어질 수 있다.

앞서 소개한 tf-idf처럼 자연어 기술을 사용하면 모든 계약 처리 과정에서 정확한 방식으로 핵심 정보를 추출하는 해결책이 될 수 있다. 규칙 기반 접근 방식을 사용하면 도메인 전문 지식을 포함하여 모호하거나 이해하기 어려운 용어에 대한 맥락을 파악할 수 있다. 이렇게 하면 한 번에 수천 개의 계약서를 처리하는 데 도움이 될 뿐만 아니라 추가하는 새 계약서마다 예측 프로세스가 간소화된다.

검토해야할 계약의 수가 엄청나다면, 그것에서 중요한 정보를 찾는 것이 어려울 수 있다. 기본 키워드 검색은 선택의 폭을 좁히는 데 도움이 될 수 있지만, 용어에 여러 의미가 있는 경우 기대했던 것보다 더 많거나 관련 없는 결과를 얻을 수도 있다. 특정한 절이나 용어를 검색할 때 정확한 결과가 필요하다. 효과적인 검색 기능은 정확하고 유용한 결과를 제공하기 위해 상황에 맞는 이해가 수반되어야 한다. 자연어 기술을 사용하면 용어와 절을 더 정확하고 빠르게 추출하고 분류할 수 있으며, 쉽게 탐색할 수 있다. 이는 새로운 계약을 생성하는 데 필요한 중요한 정보를 신속하게 찾을 수 있도록 하므로 사용자 입장에서는 신세계다.[415)

계약서 검토는 이런 측면 외에도 검토해야 할 엄청난 계약서의 양이 문제가 된다. 평균적 규모의 회사는 5년 기간 동안 계약건수가 20% 증가한 반면, Fortune 1000대 기업의 평균적인 계약건수는 연간 수만 건에 달하는 것으로 추산된다.416)

더욱이 계약은 같은 경우가 거의 없기 때문에 특히 그 안에 포함된 모든 정보에 관한 데이터베이스가 없는 경우 구성, 관리 및 업데이트가 어렵다. 즉 각 계약서에 공통으로 쓸 수 있는 법률 용어는 없으므로, 결과적으로 모든 회사는 자체 용어와 구문으로 계약서를 작성한다. 따라서 회사 입장에서는 문제가 된 어떤 계약을 자신들이 사용하는 계약서 작성 관행의 관점에서 검토해봐야 별 의미가 없을 수 있다. 물론 자신들이 작성하는 내부의 계약서에 의미 있는 조항을 추출하여 향후 계약을 평가할 때 사용할 조항의 데이터베이스를 만들 수는 있다. 그렇게 구축한 데이터베이스는 새로운 계약서를 검토할 때 유사성 평가를 실행하여 조항이 이전에 문제가 되지 않았는지 검토하고, 대체할 수 있는 보다 안전하고 완벽한 용어가 있는지 확인할 수 있을 것이다.417)

그러나 전반적으로 특정 유형의 계약을 검토하거나 여러 비즈니스 영역에서 어떤 조항을 어떻게 해석하는지와 같이 계약 데이터를 추출하는 효율적인 방법은 없다고 해도 과언이 아니다. 변호사는 양도, 배상, 기간 및 보험 보장 요건 등의 많은 변경 사항을 일일이 검토해야 할 수 있다. 그렇지만 사람이 모든 페이지를 눈으로 일일이 검토하는 것은 느릴 뿐만 아니라 오류가 발생하기 쉽다.418)

---

415) supra note 413.

416) Kira, "How Law Firms Leverage Kira's AI to Cut Contract Review Time by Up to 60%", p.3, https://kirasystems.com/files/whitepapers/KiraSystems-How_Law_Firms_Leverage_Kira. pdf(2022. 7. 1.최종방문).

417) supra note 413.

418) Kira, supra note 416.

Kira는 자신들의 인공지능 소프트웨어를 사용하면 계약 검토 시간을 절반 이상 줄일 수 있다고 주장한다. 그들은 머신러닝과 인공 지능의 힘으로 기업이나 어떤 조직과 관련된 엄청난 비정형 데이터에서 수백만 개의 조항 및 기타 항목을 분석할 수 있으며, 수천 가지 요인에 대한 상관관계를 대응시킬 수 있다고 한다.

계약 메타데이터 추출

로펌이 수천 개의 기존 계약을 고객의 새로운 요구에 따라 맞춤형 데이터 시스템으로 옮겨야 경우 인공지능 기반 계약 검토 소프트웨어를 통해 로펌은 이전에 필요한 계약 메타데이터를 빠르고 정확하게 이전할 수 있다.

예를 들어 남아프리카에 본사가 있는 Cognia Law에서 이와 같은 데이터 이전 작업은 일반적으로 시간과 비용이 많이 드는 대규모 작업이었다. 클라이언트의 새로운 맞춤형 시스템은 당사자, 해지, 갱신 및 계약 가치와 같은 주요 계약 조건의 검토 및 추상화와 재무, 인도 및 규정 준수 의무에 대한 추가 조건이 필요했다. Cognia는 Kira 시스템에 제공하는 Quick Study 기능을 이용하여, 필요한 계약 데이터를 신속하게 식별하고 추출할 수 있었다. 그 과정에서 계약 검토는 수동 검토에 비해 40% 적은 시간이 걸렸고 기계 학습 모델답게 90%의 정확도를 보였다고 한다.[419]

그들 주장대로라면, Kira는 비할 데 없는 정확성과 효율성으로 계약 문서의 콘텐츠를 식별, 추출 및 분석하는 특허 받은 기계 학습 소프트웨어이며, 이를 통해 계약 및 문서에서 신뢰할 수 있는 정보를 쉽게 찾고 사용할 수 있다.[420]

---

419) Id.
420) https://kirasystems.com/how-kira-works/(2022. 7. 1. 최종방문).

Kira의 작동원리

인공지능은 수천 가지 요소에 대한 상관관계를 대응시켜 모델을 생성하고 이전의 덜 정교한 솔루션이 주로 키워드에만 의존했던 것과는 달리, 데이터를 적절하게 분류하고, 추출하기 위해 계약 내 개념을 식별하는 성능을 보인다.

인공지능 기술 등장 이전에는 규칙 기반 접근 방식으로 법률문제를 해결하려 했는데, 인공지능 기술로 이전의 방식으로는 불가능했던 계약서 자동 검토가 가능하게 되었다. 인공지능이라는 데이터 기반의 예측 기술로 계약서를 분석하여 보다 정확한 예측 결과를 변호사에게 제공할 수 있게 되었는데, 이는 이전의 수작업으로 이루어졌던 검토가 느리고 오류가 발생하기 쉬웠던 것과는 대조된다. 수작업으로 한 계약서 검토와는 달리 인공지능의 데이터 기반의 계약서 검토는 실시간으로 더 유용한 결과를 제공할 수 있다. 그리고 실제로 사람에 의한 수동적 계약서 검토는 수행해야 되는 엄청난 계약 검토의 양을 생각하면, 너무나 시간 소모적이고, 비용도 많이 든다. 이에 반해, 인공지능의 데이터 기반 계약 검토는 더 빠르고 정확하며, 관련 결과가 발견되는 정도인 발견 횟수와 관련 결과만 발견되는 정도인 발견의 정밀도 면에서 높은 결과를 보인다. 결론은 인공지능 알고리듬에 의한 자동화된 계약서 검토는 인간이 할 수 있는 것보다 훨씬 더 많은 것을 정확하고 빠르게 처리할 수 있다는 것이다.[421]

자동화된 계약서 분석에서 자연어처리

자연어 처리는 인공 지능 분야에서 빠르게 성장하는 관심이 집중된 분야다. 2025년까지 자연어처리 시장의 가치는 430억 달러 이상일 것으로 예상된다. 컴퓨터가 지능화됨에 따라 이전에는 인간만이 수행 가능했던 작업을

---

421) Kira, supra note 416.

컴퓨터가 대신할 수 있게 되었는데, 이때 자연어 처리의 비중이 크다. 계약 분석에 자연어처리를 적용하는 것은 단순하게 오류를 찾는 것 이상이다. 계약 협상 절차를 완전히 바꿀 수 있는 가능성이 있다.

기업이 계약에서 저지르는 실수의 포괄적인 목록은 수천 페이지에 달할 수 있을 정도로 다양하고 많다. 그러나 일반적으로 일방적 실수, 상호 실수 및 공통적 실수의 세 가지 기본 유형에 따라 분류할 수 있는데 표로 그려 보았다.

일방적 실수	상호간의 실수	공통적인 실수
일방적인 실수는 한 당사자만이 주어진 계약 조건을 잘못 해석할 때 발생한다. 이러한 일반적인 유형의 오류는 모호성으로 인해 발생하는데, 이는 수천 개의 단어로 이루어지는 방대한 계약을 다룰 때, 특수성을 간과하기 쉬워서 발생한다. 여러 번 검토해도 잘못 해석할 수 있는 모든 모호한 조항을 포착하지 못할 수 있다.	상호 실수는 계약 당사자 쌍방이 핵심 용어를 잘못 해석할 때 발생하므로 일방적 실수보다는 가능성이 적다. 상호 실수는 합의를 무효화할 수 있지만, 이는 오류가 의도를 변경할 만큼 충분히 심각한 경우에만 가능하다. 이러한 실수는 템플릿 기반 계약에서 더 자주 발생할 수 있다.	공통 오류와 상호 오류는 양 당사자가 관련되기 때문에 유사하지만, 공통적인 실수는 합의에 중요한 사실에 대해 양측은 모두 틀렸기 때문이다. 잘못된 것은 계약에 대한 그들의 해석이 아니라 계약 자체이다. 일반적인 실수에는 선해가 필요하다. 즉, 회사가 잘못된 정보에 기해 의도적으로 조치를 취하지 않았다는 것을 의미한다. 이것은 템플릿 기반 오류가 만연한 또 다른 상황이다.

변호사는 한낱 인간일 뿐이므로 계약 전체를 기억할 가능성은 거의 없다. 거래의 완료 단계 이전에 실수로 계약 프로토콜을 벗어나기 쉽다. 또한 로펌 변호사는 그렇게 중요하지 않은 법률 개념에 너무 집착하면서 협상을 회사에 도움이 될 수 있는 쪽으로 이끌 기회를 놓칠 수 있다. 자연어처리는 계약 당사자가 계약 시 준수해야 할 프로토콜을 준수하도록 하고 가장 중요한 영역에 집중할 수 있도록 도와준다.

계약 분석에 자연어처리를 적용한다는 것은 단순히 정확한 계약의 작성을 보장하는 것 이상이다. 자연어처리를 활용하는 계약 협상 플랫폼은 협상 시간을 크게 단축하는 동시에 회사가 더 나은 거래를 할 수 있도록 돕는다. 이러한 자연어처리 솔루션이 더욱 정교해지면, 전체 법률 산업은 커다란 진전을 이룰 것이 분명하다.[422]

예측 계약predictive contracting

범죄 예측 알고리듬을 다른 말로 예측 치안predictive policing이라고 한다. 이와 유사하게 예측 계약이라는 표현도 등장했다. 예측 계약은 계약 작성자가 일련의 외생적 조건이 주어지면 계약 조건과 결과 간의 연결을 예측하는 데 도움이 되는 기술 시스템을 사용하여 계약을 설계할 수 있는 새로운 계약 방법이다.

다음의 그림처럼 계약조건은 일련의 외부 상황과 결부되어 어떤 결과를 초래한다. 예측 계약의 목표는 계약 작성자가 지정된 조건에서 조건이 결과와 어떻게 연결되는지 예측하도록 돕는 것이다. 또한 여기서 축적된 정보는 향후 동종의 계약 시에 반복적으로 사용되거나 더 나은 계약을 위해 쓰인다.

예측 계약의 중요성에 대한 실례를 들어보자. 2018년 7월 25일, 미국의 Qualcomm은 440억 달러 규모의 중국 반도체 업체 NXP 반도체의 인수를 중단한다고 발표했다. Qualcomm과 NXP는 거의 2년 동안 인수계약 마무리를 위해 노력해 왔지만, 중국의 규제 승인을 받지 못해 결국 거래를 종료할 수밖에 없었다. Qualcomm은 거래를 성사시키기 위해 최선을 다했지만 계약 조건에 따라 NXP에 20억 달러의 해지 수수료를 지불해야 했다.

---

422) https://www.lexcheck.com/resources/capitalize-on-nlp-for-contract-analysis-lc(2022. 7. 1. 최종방문).

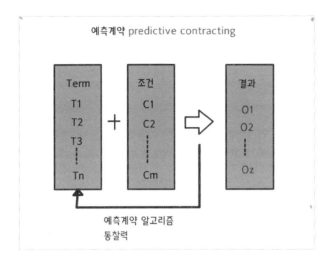

Qualcomm-NXP 사례에서 보듯 계약 조건에 관한 조항은 계약 당사자의 이해관계에 엄청난 영향을 미칠 수 있다.

학계에서도 계약 조건과 관련하여 여러 가지 논의가 있다. 그 중 효율적 계약 이론은 계약 조건이 시장 기반의 자연 선택 프로세스를 통해 진화한다는 관점을 취한다. 이 견해에 따르면 계약 당사자의 목표는 계약에 의해 창출되는 공동 가치를 극대화하는 것이다.

그러나 계약 당시 그 계약의 결과에 대하여 예측하는 것은 쉽지 않다. 통상적으로 경험에 의존하여 계약 결과를 예측하려 하는데, 이런 것이 쉽지 않은 것은 계약 조건과 그 결과에 대한 데이터가 집적되어 있지 않기 때문이다. 대부분의 회사는 계약 당시에 집중할 뿐, 어떤 계약이 종국에 어떤 결과를 초래하였는지에 대한 데이터를 전혀 수집하지 않는다. 계약 데이터를 수집하더라도 그 데이터에 계약이 소송으로 이어졌는가와 같은 결과를 나타내는 데이터가 전혀 포함되지 않는다. 따라서 어떤 회사가 계약 조건에 대한 데이터를 보유하고 있더라도 그 데이터에 결과 데이터가 없으면 계약의 어떤 조건이 어떤 결과로 이어지고, 특정 조항이 결과에 미치는 영향을 식별할 수 없다.[423] 또한 회사가 계약 데이터 분석에 착수하더라도 일반적으로 미래 결과에 대한 예측보다는 과거 사례를 분석하는 데 그칠 뿐이다.

여기서 머신러닝이 사용되면 상황은 달라질 수 있다. 과거 수천 개의 계약이 있고, 그 계약 조건 및 결과에 대한 데이터가 있는 예측 계약 시스템은 예를 들면 계약 작성자에게 어떤 계약 조건이 다른 계약 조건과 비교하여 상대방의 이행 지체 가능성이 10% 더 높다는 식의 예측을 할 수 있다. 이런 예측 기계는 머신러닝과 자연어 처리, 계약 데이터의 존재가 전제된다. 초기의 예측 계약이 주로 판매계약 등과 같은 비교적 단순하지만 대량의 정형적 계약에 적용되었다면 기계학습을 통해 점차 개선될 경우, 예측 계약 시스템은 금융 계약이나 기업 합병 계약과 같은 보다 복잡한 계약에도 적용될 수 있을 것이다.

이러한 예측 계약은 계약서 자동 작성과는 구별된다. 계약서 자동 작성은 특정 계약에 필요한 기타 주요 입력뿐만 아니라 시스템에 저장된 데이터를 사용하여 계약을 자동으로 생성하는 방법이다. 계약서 자동 작성은 소프트웨어를 사용하여 법률전문가 개입 없이 대규모로 일상적인 계약서를 자체적으로 처리할 수 있도록 하는 것이 목표다. 예를 들어, 계약서 자동 작성 소프트웨어는 특정한 날짜나 상황이 되면, 계약이 자동적으로 생성되는 식이다. 그러나 이러한 계약서 자동 작성 소프트웨어로 계약서 작성 과정을 자동화 한다고 하더라도 수작업으로 직접 계약서를 작성하는 반복적이고 사소한 작업에서 해방시켜 줄 뿐 예측 계약과 같은 효과를 거두기는 어렵다. 여전히 법률전문가의 조력이 필요하기도 하다.

그러나 예측 계약의 경우, 계약서의 작성 자동화에 초점이 있는 것이 아니라, 그러한 계약이 가지는 위험을 예측하는 것이 본질이다. 계약을 더 저

---

423) Spencer Williams, "Predictive Contracting", 2019 COLUM. Bus. L. REV. 621(2019), pp.623-631.

럼하고 빠르게 작성하는 데 주로 초점을 맞춘 LegalZoom과 같은 이전의 계약서 자동 작성 시스템과는 달리 예측 계약은 계약의 조건을 그 결과에 통계적으로 연결하여 계약 설계를 실질적으로 개선하는 것을 목표로 한다.

예측 계약 시스템은 분석 모델과 계약 조건, 결과 및 외부 조건을 포함한 데이터 세트라는 두 가지 주요 기술 구성 요소가 핵심이다. 예측 계약 모델은 계약 초안 작성자에게 계약 조건과 주어진 외생 조건 간의 통계적 연결에 대한 통찰력을 제공하기 위해 계약 데이터를 사용하는 분석·예측 기제다.

예측 계약 모델을 구축하기 위해 개발자는 빠르게 성장하는 분석 혁신 영역인 기계 학습을 사용할 수밖에 없다.

Contract Standards 및 Legal Robot은 계약이 규제와 충돌이 있는지 확인하기 위해 규제 영역의 맵과 연결하는 방법으로 계약 과정에서의 규정 준수 노력을 강화하기 위해 머신러닝을 사용하고 있다.

Kira Systems는 기업 인수 계약 시의 위험 예측을 위한 기계 학습 모델을 개발하였는데, 이 모델은 로펌이 기업 인수 시에 행하는 실사due diligence를 수행하는 방식을 완전히 바꾸었다. 전형적인 인수합병 계약에서 변호사들의 제한된 시간과 노력 때문에 극히 일부의 계약만 검토할 수밖에 없다. 이러한 선택적 프로세스는 본질적으로 거래의 위험을 증가시키며 중요한 정보가 간과될 수 있다. Kira를 통해 변호사는 더 많은 계약을 효율적이고 신속·정확하게 검토하여 위험을 완화하고 거래에 대한 더 중요한 통찰력을 제공받는다. 궁극적으로 Kira의 기술은 로펌의 고객 유지에 도움이 되며, 로펌의 영업이익을 늘린다.[424]

계약 초안 작성자는 이러한 예측 기계 모델을 사용하여 과거 계약 및 소송 데이터를 기반으로 한 인수 계약의 특정 조건과 관련된 소송 위험 가능

---

424) https://kirasystems.com/company-announcements/litera-acquires-kira-systems/(2022. 7. 22. 최종방문).

성도 식별할 수 있다.

기계 학습 모델을 사용하는 예측 계약 시스템은 다음과 같이 작동한다. 첫째, 예측 계약 시스템 개발자는 계약 조건, 결과 및 외부 조건의 데이터 세트를 집약한다. 이 데이터 세트는 기계 학습 모델의 훈련 세트로 사용된다. 그런 다음 예측 계약 개발자는 주어진 외부 조건 집합에 따라 조건과 결과 간의 연결을 식별하는 데이터 집합을 기반으로 모델을 훈련시킨다. 훈련이 끝나면, 계약 초안 작성자는 모델이 생성하는 정보를 사용하여 후속 계약 초안을 작성한다. 이러한 후속 계약과 관련된 조건, 결과 및 조건에 대한 데이터가 수집되고 모델을 재훈련하기 위해 훈련 세트에 주기적으로 추가된다. 데이터 세트가 시간 경과에 따라 점차 확장되고, 그에 따라 모델은 더욱 강력해지며 따라서 더 복잡한 예측 문제를 처리할 수 있게 된다.

예측 분석에 사용할 수 있는 기계 학습 모델이 많이 있지만 예측 계약 모델의 디자인은 분석 대상인 계약의 특성에 크게 좌우된다.[425] 이것은 모든 예측 시스템에 공통된 사항이다.

계약서 위험 예측 알고리듬 관련 국내 연구

국내에서도 기계독해 기반의 위험 예측 모델에 대한 연구가 있어 소개한다. 여러 번 강조했지만, 자연어 처리 알고리듬은 컴퓨터가 인간의 언어를 이해할 수 있도록 돕는 알고리듬이라고 정의하는 것이 부적절할 정도로 쓰임새가 많다. 위험의 예측에 쓰인다고 해서 이상할 것이 없다. 앞서 소개한 바와 같이 금융투자에서 위험의 예측에도 이 자연어처리 알고리듬을 사용한다.

위 연구의 저자들은 법률계약서의 위험 예측을 위한 기계독해 기반 질의 응답 모델을 구축하려 했다. 이들이 구축한 법률데이터는 국가법령정보, 한

---

425) Spencer Williams, supra note 423, at 637-639.

국법제연구원, 공정위 표준계약서, ETRI에서 공개한 법률 데이터를 기반으로 만들어졌다. 다른 도메인의 학습데이터와 다르게 법률계약서의 경우에는 개인정보와 같은 민감 정보 등이 포함되어 충분한 데이터양을 확보하기에 어려움이 있다. 따라서 이들은 상대적으로 적은 법률계약서 데이터양을 고려해 적대적 학습Adversarial Training과 하이퍼파라미터Hyperparameter 조정을 통한 기계독해 모델 파인튜닝(fine-tuning)을 수행했다.

적대적 학습은 학습하고자 하는 데이터의 레이블Label이 존재하지 않는 비지도학습Unsupervised Learning에 해당한다. 생성 신경망은 노이즈 값을 입력받아 여러 레이어Layer를 통과하면서 특징 맵Feature map을 확장해 나가는 구조로 되어 있다. 마지막 레이어를 통과해 나오는 특징 맵의 크기는 보통 입력 이미지의 크기, 즉 원하는 이미지의 크기와 같아지도록 만드는 기법이다. 판별 신경망은 반대로 특징 맵의 크기를 줄여나가는 기존에 많이 활용되는 전통적인 구조의 인공 신경망으로 구성되어 있다. 따라서 판별 신경망은 생성 신경망이 만들어낸 이미지나 실제 이미지 데이터 셋의 이미지를 입력으로 받아서 최종적으로 진짜 이미지인지 아니면 생성 신경망이 만든 가짜 이미지인지 판별한다.

생성 신경망과 판별 신경망의 학습 방향은 서로 반대가 된다. 생성 신경망의 출력은 판별 신경망이 진짜 이미지라고 판별하도록 학습이 진행되고, 판별 신경망은 반대로 생성 신경망이 만든 결과가 가짜 이미지라고 판별하도록 학습이 진행된다.

법률계약서 위험 분석을 위한 모델에서는 확보한 통합 법률 데이터와 변호사의 체크 리스트checklist를 토대로 법률계약서 QA 테스트 셋을 구축하여, 기계 독해 모델을 학습하여 계약서 위험 추출 임무에 적용하였다.

통합 데이터는 구체적으로 현행 법령 4,893건, 행정규칙 17,199건, 판례 50,000건으로 이루어졌다. 현행 법령의 경우 추후 위험 분석 결과의 참고 및 근거자료로 제시하기 위해 법령의 조-항-호-목의 체계에 따라 분리하여

DB에 적재하였다. 그리고 법률계약서 QA 데이터 셋의 지문이 될 공정거래위원회에서 제공하는 표준계약서 167건 및 법무법인에서 직접 작성한 계약서 샘플 1,033건을 수집하여 텍스트파일 형태로 포맷을 통일해 적재하였다. 더불어 ETRI에서 제공하는 국제법을 대상으로 한 법령 질의응답 데이터 셋 30,000건을 확보하여 본 연구의 학습 데이터 셋 형식을 설계하고, 검증하는 용도로 활용하였다.

학습 데이터 셋 구축에 앞서, 중소상공인이 자주 사용하는 금전, 물건, 부동산, 지식 분야의 계약서 55종을 선정하여 각 계약서마다 누락 시 위험이 되는 필수조항들을 정의하였다. 이에 따라 사전에 수집된 법령 통합데이터를 바탕으로 4인의 변호사가 실제 계약서 검토 시의 필수조항 누락 여부를 판별하는 체크리스트를 제작하였다. 이 체크리스트를 바탕으로 표준계약서 조항을 지문으로 하고, 필수 조항 누락 여부를 판별할 수 있는 구체적인 질의와 그에 대한 명사구 형식의 답변을 지문에서 추출하는 과정을 거쳤다. 최종적으로 구축한 법률계약서 QA 데이터 셋은 변호사, 법학/정책학 전공자 등 법률 도메인 지식이 있는 제작자 20인의 수작업으로 총 1,315건의 질의응답 쌍을 구축한 결과다. 답변의 평균 길이는 20자 내외로 조정하였다. 55종 중 무작위로 49종은 학습데이터, 6종은 평가 데이터로 나누었다. 이렇게 확보한 데이터는 통상적인 딥러닝 과제의 데이터 크기와 비교하면 현저히 작기 때문에 데이터 증식Data Augmentation[426], 적대적 학습 등과 같이 적은 양의 데이터로도 충분한 학습효과를 나타낼 방안을 따로 강구하였다.[427]

법률계약서 리스크 분석이라는 연구의 세부목적 달성을 위하여 사전 학

---

426) 이미지 회전과 같은 무작위 변환을 적용하여 훈련 세트의 다양성을 증가시키는 기술이다.

427) 이치훈 외, "한국어 기계독해 기반 법률계약서 리스크 예측 모델", 『한국IT서비스학회지』, 제20권 제1호(한국IT서비스학회, 2021), 132-137면.

습된 BERT 모델을 기반으로 미세조정fine tuning을 통해 모델을 생성한다. 미세조정은 사전 학습을 통해 만들어진 가중치Weight, 편향bias을 미세하게 조정하는 과정이며 이를 통칭하여 전이학습이라 한다. 전이학습 이전 기존의 학습 방법은 같은 '한국어 자연어처리'라고 하더라도 '법률계약서 리스크 분석'과 같이 세부목적이 다른 경우 그에 맞는 새로운, 대용량의 학습 데이터 셋을 구축하여 처음부터 모델을 학습해야 한다. 그러나 사전학습 모델을 미세조정 하는 전이학습 방법은 사전 학습된 지식을 바탕으로, 비교적 적은 양의 학습 데이터만으로도 비슷한 목적이지만 세부 목적이 다른 임무에 맞게 모델을 만들 수 있어, 투입되는 시간이나 리소스, 비용을 절약할 수 있다. 이 연구자들의 사용한 사전 학습 모델은 한국어 위키피디아 데이터, 뉴스데이터 등 약 15억 개의 한국어 문장을 학습한 것으로, 한국어의 특징을 반영하고 있는 KorQuAD 1.0 데이터 셋으로 Enliple Large-v1이다.

추론 프로세스는 다음 그림과 같다.

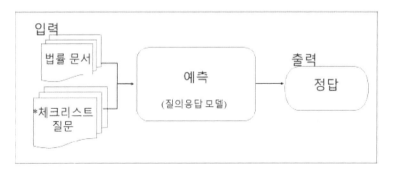

* 체크리스트: 리스크 분석을 위한 미리 정의된 질문 셋

통상의 머신러닝과 다를 바 없다. 법률문서와 체크 리스트 질문을 입력으로 하고, 예측과정은 (아마도) 은닉층에서 이루어질 것이다. 출력은 연산의 결과이고, 학습과정이라고 해봐야 기존 데이터의 실제 값과 예측 값을

비교하고 오류를 줄여나가는 과정이라고 추측된다. 학습이 끝나면 실험 데이터를 학습된 모델에 넣어 출력 값을 구하고, 그것이 데이터의 실제 값과 일치하는 비율을 조사하면 정확도가 나온다. 전형적인 머신러닝이다.

다만 이들 연구자들이 고심한 것은 역시 한정적인 데이터다. 논문 분량의 상당 부분 차지하는 것이 이에 대한 해결 방안이다. 이들은 총 세 가지의 적대적 학습기법을 사용하였는데, Fast Gradient Sign Method, 임베딩 레이어Embedding Layer에 가우시안 노이즈Gaussian noise를 추가하는 것, 그리고 데이터 증식의 일환으로 임베딩 레이어에 노이즈를 추가한 데이터와 추가하지 않은 데이터를 모두 사용하는 방법 등인데 상당부분 설명이 이 부분에 할애되어 있다.

Fast Gradient Sign Method는 신경망의 기울기Gradient를 이용해 적대적 샘플을 생성하는 기법으로, 입력 데이터에 대한 손실 함수의 기울기를 계산하여 그 손실을 최대화하는 데이터를 만들어 모델을 공격한다. 가우시안 노이즈를 입력 임베딩 값에 추가하는 기법은 모델의 일반화 기능을 높이는 방법으로, 노이즈를 추가한 데이터로만 학습을 수행하거나, 노이즈를 추가한 데이터와 원본데이터를 모두 다 학습에 사용할 수 있다. Fast Gradient Sign Method의 궁극적인 목표는 이미 학습을 마친 상태의 모델을 혼란시키는 것이다.[428]

정작 논문에는 모델 자체에 대한 상세한 설명은 없다. 그 이유는 모델은 이미 잘 알려진 머신러닝 모델을 사용했기 때문이고, 그것에 대하여 일일이 설명할 필요가 없었기 때문일 것이다.

---

428) https://www.tensorflow.org/tutorials/generative/adversarial_fgsm(2022. 8. 27. 최종방문).

3. 자금세탁 방지 알고리듬

금융기관은 국민경제 및 산업에 중대한 영향을 미치고 있고 업무의 공공성이 현저하여 특정범죄 가중처벌에 관한 법률 제4조는 한국은행 등 일부 금융기관의 임직원은 뇌물죄 적용에 있어 공무원으로 취급하고, 또 특정경제범죄 가중처벌 등에 관한 법률 제5조에 의하면 금융회사 등의 임직원이 그 직무에 관하여 금품이나 그 밖의 이익을 수수, 요구 또는 약속하였을 때에는 뇌물죄에 버금가는 처벌 규정을 두고 있다.

금융기관의 이러한 공공성에도 불구하고, 금융기관의 자금 세탁 방지 알고리듬을 공공영역의 위험 예측 알고리듬으로 분류할 수는 없었다. 금융기관에서 이런 알고리듬을 사용하는 것은 자금 세탁 방지라는 공익적 목적에 봉사한다는 측면도 있지만, 자금세탁 방지와 관련하여 금융기관에 부여된 규제 준수의무의 이행이라는 측면도 있기 때문이다.

금융기관이 자금세탁 거래를 적발해내는 것은 쉽지 않다. 자금세탁 money laundering이란 마약거래, 탈법정치자금, 불법무기거래 등 각종 불법활동으로 얻은 수익을 금융기관 등 제도금융권을 통해 합법적인 자금으로 전환하는 일련의 과정으로 국경 없는 경제 범죄로서 조직적이고 은밀하게 이루어지기 때문에 적발하기가 쉽지 않고, 특히 금융기관의 입장에서는 금융 거래에서 자금 세탁 여부를 파악할 만한 유인도 부족하다. 자금 세탁을 탐지하기 위해서는 상당한 노력이 소요되는 데 금융기관이 특별한 동기 없이 그런 시스템을 갖추기는 쉽지 않을 것이다. 그러나 자금 세탁은 그 자체로 전 세계적인 문제이고, 금융기관이 이를 방관하는 것은 결과적으로 반사회적 범죄 집단의 유지·확산을 방조한 것이나 다름없다는 점에서 문제다. 우리나라의 경우 특정금융 거래정보의 보고 및 이용 등에 관한 법률을 제정하여, 금융거래 등을 이용한 자금세탁행위와 공중협박 자금 조달행위를 규제하는 데 필요한 특정금융 거래정보의 보고 및 이용 등에 관한 사항을 규정하면서, 금융거래 등의 상대방이 불법적인 금융거래 등을 하는 등 자금세탁행위나 공중협박자금조달행위를 하고 있다고 의심되는 합당한 근거가 있는 경우에는 금융정보 분석원장에게 보고하도록 규정하고 이를 위반하면 과태료 처분을 하도록 되어 있다. 또, 범죄수익은닉의 규제 및 처벌 등에 관한 법률에서는 금융회사 등에 종사하는 사람은 금융거래등과 관련하여 수수한 재산이 범죄수익 등이라는 사실을 알게 되었을 때에는 다른 법률의 규정에도 불구하고 지체 없이 관할 수사기관에 신고하도록 규정하여 자금 세탁 방지에 관한 규정을 두고 있다. 이런 규정들이 적용되기 위해서는 금융기관이 자금 세탁을 의심할 만한 합당한 근거가 있는 경우라야 하는데, 그와 같은 경우는 제한적일 것이다. 그러나 자금 세탁 행위를 방지하고자 하는 요구는 점점 더 거세질 것이고, 규제기관의 규제 활동의 일환으로도 금융기관에 요구되는 사항이므로, 금융기관의 입장에서는 통상적인 거래와 자금 세탁 행위를 구별하는 알고리듬이 위험 예측 차원에서 중요하다. 과거에는 자금 세탁을 적발하는 알고리듬으로 고정 임계값 규칙 세트를 기반으로 하는 경보 시스템이 있었는데, 의심 거래로 표시된 거래에 대하여는 다시 실사를 하여 자금 세탁 해당 여부를 밝히는 것이다. 아직도 자금 세탁을 적발하기 위하여 이 시스템을 사용하고 있다. 그러나 이런 시스템은 규칙 세트를 항상 갱신하여야 하고, 규칙의 가중치 부여 등에서 사람이 개입하여야 한다. 이런 규칙 세트 자체가 기존의 데이터 분석에서 비롯된 것이고, 규칙이라고 해도 단순한 편이다. 사실 자금 세탁 의심 거래와 정상 거래를 구별할 때 잘못된 경고율을 낮추는 것이 적발율을 높이는 것 이상으로 중요하다.

　이에 대한 해결책이 바로 인공지능 알고리듬의 기계학습이다. 금융기관의 입장에서는 자금 세탁인지 여부를 확인하는 것은 어렵다. 자금 세탁은 범죄수익 등의 은닉 및 가장으로 일종의 범죄행위이며, 자금 세탁 행위 여부를 밝히는 것은 수사기관의 수사와 법원의 재판이 필요하다. 따라서 금융기관은 자금세탁이 의심되는 거래라는 정도의 판단만 필요하다. 따라서 인공지능 알고리듬도 의심 거래를 예측하는 것으로 족하다. 물론 의심거래를 예측한다는 말을 의심거래를 판별한다는 것으로 바꾸어도 무방하다. 판별한다는 표현대신 예측한다고 표현한 것은 인공지능은 무엇을 판별하지 못하기 때문이다. 심지어 1+1의 결과도 알지는 못한다. 다만 그것이 2에 가까운 실수라는 정도로만 예측할 뿐이다. 이것은 인공지능을 의사결정에 쓰려고 하는 경우, 공통된 것이다. 인공지능은 절대 어떠한 결정을 하라며 단정하는 식으로 답을 알려주지는 않는다. 어떤 결과가 낫다는 것이라고 예측할 뿐이다. 그래서 인공지능에 있어 확률과 통계학이 기본이라는 것이다.

　머신러닝을 사용한다면 구체적으로 어떤 알고리듬이 좋을까? 지도학습이나 비지도 학습 모두가 사용 가능하다. 데이터가 자금 세탁에 해당하는지 여부에 대한 정보 없이 거래의 패턴을 식별하여 의심거래로 분류하는 것이 비지도 학습이고, 반면 과거의 자금 세탁으로 판명된 사례의 데이터와 정상 거래의 데이터를 주고, 학습을 통해서 어떤 패턴을 찾는 것이 지도학습인데 모두 가능하지만 과거의 의심거래 데이터가 존재하는 이상 지도학습 방법이 더 적합한 것으로 보인다. 다만 데이터의 품질과 관련하여 데이터가 분석에 적합하게끔 정제가 되어있지 않고, 특히 최근의 모바일 결제 데이터와 같은 새로운 금융 서비스의 경우, 분석에 필요한 충분한 데이터가 생성되지 않아서 이런 거래까지 포괄한 시스템 구축이 쉽지는 않다. 거래를 끊임이 없는 일련의 흐름이라며 의심스러운 시퀀스 적발 차원의 시퀀스 매칭 알고리듬을 제안한 학자도 있다.

　어떻든 머신러닝 기법을 도입하면, 금융기관은 의심스러운 계정 대신 개개의 거래를 대상으로 모델을 구축할 수 있다. 계정 중심의 탐색은 계정명의자에 대한 다른 정보가 요구되지만, 그런 정보의 파악이 어려워 비현실적인 반면, 거래 자체를 예측의 대상으로 삼게 되면 계정 명의자의 특성과 같은 별도의 정보가 필요 없고 거래에만 집중할 수 있다. 물론 고객 데이터, 거래 정보, 이력 등도 예측에 기여하지만, 어떻든 과거 의심 거래로 판명된 거래와 그렇지 않은 정상적 거래로 레이블된 데이터로 학습하면 의심 거래가 가진 어떤 패턴을 찾아낼 것이고, 향후 거래에서 이런 패턴을 가진 거래를 의심거래로 예측할 것이다. 지도학습의 경우에도 다양한 알고리듬이 존재하므로, 예측에 적합한 모델을 선택하고, 또 모델 조정을 거쳐야 학습효과와 예측율을 제고할 수 있다.

문제는 데이터의 확보다. 특정 은행일 필요는 없으나, 어떤 유형의 금융기관과 협력하여 가능한 한 많고, 광범위한 데이터를 획득해야 한다. 그 데이터는 의심거래와 정상거래 모두 포함되어야 한다. 그런 데이터를 훈련시키면 각 거래의 어떤 특성이 의심 거래 예측에 기여하는지 여부에 대하여 어느 정도 패턴을 파악할 수 있다. 학습에 사용되는 데이터의 무작위성은 유지되어야 한다. 물론 전형적인 송금의 경우를 가정하더라도 송금인과 수신인 모두의 특성 정보가 있으므로, 이런 당사자에 대한 배경 정보에 대하여 가능한 개인 정보 보호와 충돌되지 않는 한 많이 수집하는 것이 필요하다. 뿐만 아니라 송금인과 수신인 모두의 거래내역, 의심스러운 거래에 대한 정보 요약, 송금인이나 수신인에 대하여 이전에 의심 거래 내역이 있다면 그 상세 정보 및 결과 등이 필요하다. 보다 구체적으로 들어가서 송금인 측의 정보를 살펴보자. 송금인이 파산 이력이 있다면, 그 파산일로부터 현 거래까지의 기간, 송금이나 수신 이력, 거래 상대방의 유형 및 숫자, 당사자의 성별 및 연령, 국적, 법인이라면 법인 설립 이후 존속 기간, 송금인이 속한 산업 및 기업 유형 등이 파악될 수 있으면 좋다. 거래 내역 자체의 특성도 송금 또는 수신의 최대 금액 및 총액, 통화별 거래 수 및 금액, 현금 입금이나 무통장 입금 여부, 매장 구매나 급여 해당 여부, 금리, 가입결제, 연금 결제 등 거래 유형별 최대 거래 금액과 거래 총 금액 및 횟수 등인데, 이와 같이 생각보다는 특성이 많고, 이러한 특성 중에 의심 거래 예측에 기여하는 요소가 있는가 하면 그렇지 못한 요소가 있을 수 있지만, 데이터 수

집 단계에서는 이 정도가 최소한의 요건이라고 보아야 한다.

다음 단계로는 데이터 정제가 필요하다. 데이터 세트를 최대한 투명하게 만들고 모델링된 거래 간의 고유한 종속성을 제거하기 위해서는 거래 데이터에서 제거할 요소들이 많다. 쓸데없거나 예측에 기여하지 않는 속성이나 지나치게 결정을 왜곡할 수 있는 편중적인 데이터는 필터링을 통해 없애야 한다. 바람직한 것은 특정한 거래를 의심 거래로 추정할 수 있는 속성만 데이터 세트에 존재하는 것이 바람직하다. 너무 지엽적인 세부 사항으로 인한 예측의 혼란을 줄이기 위해서는 관찰 의존도를 줄일 필요도 있다. 따라서 어떤 속성을 남기고 어떤 속성을 제거하느냐와 같은 특성 선택의 문제는 자금 세탁 의심거래 예측에도 여전히 중요한 문제이지만, 이상적인 것은 없고, 구체적인 상황에 맞게 어느 정도 절충점을 잘 찾는 것이 중요하다. 인공지능 구현에서 꽤 흔한 현상이지만, 디테일을 너무 지나치게 살린다고 해서 예측 효과가 좋아지는 것은 아니다. 그래서 충분한 데이터가 있고, 여러 속성이 있더라도 일부 속성을 제거하면 오히려 예측 효과가 커지는 경우가 허다한데 이런 현상의 이유에 대하여 충분한 해명은 없다. 흔히 이야기하는 과적합의 문제와는 다르다. 과적합은 학습 시 훈련 데이터에 지나치게 적합하게 되어서, 그 결과 학습데이터에 대한 예측에서는 예측율이 높은데, 새로운 실제 데이터와 관련해서는 제대로 된 예측을 하지 못하는 의미하며, 위에서 말하는 특성 제거와는 다르다.

다음의 훈련과 테스트 데이터를 통한 검증은 기존에 한 설명과 차이가 없다. 선별된 최종 데이터를 훈련 데이터와 테스트 데이터로 나눈 다음, 훈련 데이터는 예측 모델 훈련에 사용하고, 테스트 데이터는 후에 예측 모델의 검증에 사용한다. 데이터의 양에 따라 훈련 데이터와 테스트 데이터의 배분은 달라지지만 어떤 규칙이 있는 것은 아니어서, 통상 80대 20 또는 90대 10으로 나눈다. 이 단계까지 되었다면 다음은 알고리듬을 투입할 단계다. 알고리듬은 의사결정 트리의 변형이나 전형적인 로지스틱 회귀의 경사

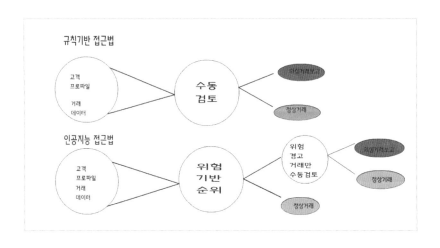

하강법 등을 쓸 수 있는데, 의사결정 트리는 간단하지만, 복잡한 연산에 적합하지 않기 때문에 부스팅 등 변형 의사결정 트리를 사용하고, 경우에 따라 여러 알고리듬을 사용하고, 그것을 결합한 앙상블 모델로 성능을 높이기도 한다. 여기까지가 설명의 한계다. 여기에서 조금 더 나아가면 함수가 등장하고, 그것의 배경을 설명하는 데도 꽤 오랜 시간이 소요된다. 어떻든 알고리듬 자체를 완전 무시하고, 관념적으로 접근하는 것을 지양한다고 하더라도 그 정도 수준의 설명까지는 무리라고 판단하였다. 관심이 있는 경우, 인공지능 알고리듬에 대한 보다 깊은 공부를 하길 바란다.

　예측 모델의 훈련 과정에서 다양한 유형의 정상 거래와 그렇지 않은 의심 거래와 관련된 각 거래 데이터의 속성에 가중치를 조정하면서 어떤 속성이 그런 이진법적 구분(의심거래/정상거래)을 가능케 하는지 인공지능 스스로 터득한다. 그 후 테스트 세트의 모든 거래 데이터를 예측 모델에 투입하여, 그 결과가 나오면 예측율을 산정하여, 그 모델의 훈련이 제대로 되었는지 성능을 평가한다. 성능 평가에도 머신러닝의 기존 함수가 그대로 사용된다.

이런 모델의 설계와 데이터 정제에서 유의할 점은 금융기관에서 의심거래라고 판단하였더라도 실제 감독기관에 의심거래로 보고되지 않은 사안이 꽤 있을 것이다. 비정상거래로 판단하였지만, 의심거래로 보고할 정도의 확신이 없었던 경우도 있을 것이고, 보고 자체가 귀찮거나 해서 제대로 보고하지 않는 태만 등 보고에 이르지 못한 이유는 다양하겠지만, 그러나 이런 거래를 정상 거래로 분류해서 예측 모델의 훈련에 사용해서는 안 된다. 어떻든 의심거래 가능성이 조금이라도 있는 거래라면 이것을 비정상 거래로 분류하여 데이터에 포함시켜야 한다. 감독기관에 보고된 사례 자체는 그 숫자가 적다는 현실을 감안하면, 예측의 정확도를 높이기 위해서 이런 비정상거래이지만, 의심거래로 감독기관에 보고되지 않는 거래의 중요성을 인식해야 한다.

지금까지의 모델은 각개 거래 자체에 대한 접근법이라면, 각 당사자의 주변 네트워크까지 분석대상에 넣는 방법이 제안된다.[429] 자금이 누구에게 이전되는지와 같이 어떤 계정과 관련 계정 전부를 파악하여 자금의 흐름을 파악할 수 있는 데이터도 포함하는 것이다. 흔히 수사기관에서 금융 계좌 분석 시 연결 계좌에 대한 압수수색영장을 발부받아 관련 계좌 전부를 수사하는 것도 이런 계좌 간의 연결을 들여다보면 계좌 명의인 간의 관계부터 뇌물 수수·교부 등 그 자금 이전의 이유까지 파악할 수 있다. 이는 자금 세탁일 경우도 통할 수 있는 이야기다.

이런 자금 세탁 의심 거래 알고리듬은 재범의 위험성과 같은 개인의 운명을 가르는 중요한 의사결정 알고리듬이 요구하는 정도의 정확성이 있을 필요는 없다. 자금 세탁 의심 거래 알고리듬은 경찰관의 불심검문에 비유할 수 있다. 경찰관은 수상한 행동이나 그 밖의 주위 사정을 합리적으로 판단하여 볼 때 어떠한 죄를 범하였거나 범하려 하고 있다고 의심할 만한 상

---

429) https://www.emerald.com/insight/content/doi/10.1108/JMLC-07-2019-0055/full/html#eqn1
(2022. 6. 24. 최종방문).

당한 이유가 있는 사람에 대하여 불심검문을 할 수 있다. 이는 범죄혐의가 상당할 것을 요구하는 정식 수사와는 달리 경도의 혐의로 족하다. 마찬가지로 자금 세탁 의심 거래 알고리듬은 자금 세탁으로 의심할 만하다고 할 예측의 정확도가 조금 낮아도 되는 것은 그 다음 단계에서 사람이 개입하여 실제 자금 세탁으로 의심할 만한 충분한 이유가 있는지 심사하고, 그 후 자금 세탁 의심 거래 처리 절차에 따르면 되기 때문이다.

4. 사기 예측 알고리듬

사기는 범죄로서 수사기관의 수사 대상일 뿐만 아니라 종국에는 법원의 판결로 처벌받는다. 그런 면에서는 공공의 영역과 무관하지 않지만, 금융기관 등의 입장에서는 사기로 인한 피해를 방지하는 것이 주목적인 이상 역시 민간 영역의 위험 예측으로 분류하는 게 타당하다고 생각하였다. 사기는 은행, 의료, 보험 및 기타 여러 분야에서 주요 골칫거리였다. 신용카드나 체크카드, Google의 Gpay, 카카오페이 등 다양한 결제 수단을 통한 온라인 거래 증가로 이런 결재 수단을 이용한 사기 행위도 증가하고 있다. 게다가 사기범죄자들은 새로운 사기 수법을 만들어내고, 이러한 신종수법까지 막을 수 있는 완벽한 사기 방지 시스템은 없다. 은행 등 여러 시스템에는 항상 허점이 있기 마련이고 이런 허점을 이용하여 범죄자들이 사기를 통해 범죄수익을 얻는다. 특히 인터넷을 통해 비대면으로 대량의 거래가 행하여지는 현재의 거래 시스템에서 사기 탐지·예측 알고리듬을 통해 사기 시도를 적발해서 피해 결과 발생을 방지하는 것은 어렵지만, 꼭 수행하여야 하는 과제다. 최근 카카오페이는 금융사기, 착오송금 등 사용자 피해를 예방하는 보호조치 강화 장치를 도입했다고 밝혔다. 카카오페이 이용자는 송금 전 금액 입력 단계에서 상대방의 이름 옆에 있는 '방패 아이콘'을 통해 더치트에 신고된 이력을 확인할 수 있다. 신고 이력이 없을 경우 파란색 방패 모양의 '안전'이 표시되고, 신고 이력이 있으면 빨간색 방패 모양의 '주의' 아이콘이 표시된다. 카카오페이는 이를 위해 금융사기 소셜벤처인 '더치트'에 지분투자를 하는 등 협력을 하고 있다.[430]

인터넷을 통한 대표적 사기 유형으로는 이메일 피싱을 이용한 사기, 결제 사기, 신분증 도용·위조를 수단으로 하는 사기 등이다. 이메일 피싱은 공격자가 이메일을 통해 가짜 사이트와 메시지를 사용자에게 보내는데, 이러한 이메일은 겉보기에 진정성이 있고 아무런 문제가 없는 것처럼 보여서, 누구나 오판할 수 있고 이러한 사이트에 개인 신상 정보 등 민감한 데이터를 입력함으로써 금전적 피해를 보는 위험에 빠질 수 있다. 기존의 피싱 방지 수단으로는 안티 피싱 필터가 있다. 안티 피싱 필터는 웹사이트, 이메일, 팝업 또는 인터넷 링크를 통해 의심스러운 콘텐츠나 데이터를 식별하도록 설계된 여러 컴퓨터 프로그램이다. 흔히 머신러닝에 입문할 경우, 스팸필터링 알고리듬이 많이 소개되는데 안티 피싱 필터와 작동 원리는 비슷하다고 보면 된다. 즉 분류 및 회귀를 위한 고전적인 기계 학습 알고리듬으로 이런 과정을 자동화할 수 있다. 스팸필터는 사용자들이 스팸으로 판단한 데이터를 사용하여, 그런 스팸에 자주 출현한 단어를 찾는다. 전체 데이터 셋에서 각 단어의 빈도수를 계산하는 비교적 단순한 방법을 사용하여 스팸의 특성을 가진 단어를 추출한다. 그 후 문제의 문서로부터 스팸의 특성으로 분류된 단어의 가중치들을 계산한 점수가 높을수록 스팸이 가능성이 역시 높다고 판단하는 것인데, 여기에는 Naïve Bayes 분류기 알고리듬이 사용된다. 피싱 방지 수단으로서의 필터링과 피싱의 특성을 가진 단어를 추출하는 방법이 근간을 이룰 것이다.

지불 사기는 오늘날의 은행 카드 결제 시스템에서 매우 일반적인데, 사

---

430) https://www.ajunews.com/view/20220906104142280(2022. 9. 7. 최종방문).

기꾼은 카드를 절취하거나, 점유 이탈된 카드를 습득하거나 카드를 위조하거나, 심지어 카드 번호 등 정보를 도용할 수 있다. 도용한 정보나 분실 카드 또는 위조 카드로 물건을 사고, 신용 대출을 신청하는 등으로 금융기관이나 카드 명의자에게 피해를 입힌다. 사기꾼들은 전자금융 거래를 위한 접근 매체를 구입하고, 이를 이용하여 보이스 피싱 등의 범죄에 이용한다. 노숙자나 장애인들을 유인하여 이들 명의로 휴대폰과 거래 계좌를 개설하고, 신용카드를 만들어 일명 카드깡, 신용대출, 차량 대출 등의 수법으로 막대한 돈을 가로채기도 한다. 이들은 여기에서 나아가 이들 명의의 대포폰과 대포통장을 만들어 보이스 피싱 범죄 조직 등에게 팔기도 한다. 이런 신종 범죄를 막는 것은 피해가 현실화되기 전에는 어렵다. 해커와 같은 사이버 범죄자는 피해자 의 계정을 해킹하여 이름, 은행 계좌 세부 정보, 이메일 주소, 비밀번호 등과 같은 자격 증명 수단을 획득한 후, 이런 자격 증명을 사용하여 대출을 받거나, 물건을 구입하는 등으로 피해자에게 피해를 줄 수 있다.

규칙기반의 접근 방식

이런 사기 거래를 막기 위해 종전에는 규칙 기반 접근 방식을 사용하였지만, 엄청난 노력에 비해 적발 효과가 미미했다. 규칙 기반 접근 방식의 경우, 분석 전문가가 경험을 살려 사기로 분류하기 위한 여러 규칙을 만들고 적용했다. 이런 규칙에는 유명한 벤포드 법칙Benford'law이라는 것이 있다. 1881년에 천문학자 사이먼 뉴컴Simon Newcomb은 로그 테이블 세트의 초기 페이지가 나중 페이지보다 더 닳아 있다는 사실을 알아냈다. 이는 1 또는 2와 같이 낮은 숫자로 시작하는 숫자가 9와 같이 높은 숫자로 시작하는 숫자보다 더 자주 출현한다는 것을 의미한다. 물리학자 프랭크 밴포드 Frank Benford는 1938년에 같은 방식으로 이런 현상을 재발견하고 20가지 다른 출처의 숫자를 분석하여 예상 확률 분포를 확인했다. 가짜 송장을 생성하거나 회계 거래를 하는 것과 같이 사기를 목적으로 숫자를 조작하는 사람들은 종종 이와 같은 벤포드의 법칙을 무시하기 때문에 숫자가 예상되는 확률 분포를 따르지 않아 이런 숫자 분포에서 사기행위를 감지할 수 있다.[431] 이것도 사기를 판별할 수 있는 일종의 규칙이고, 관찰에 의하여 나온 것인데, 전형적인 규칙 접근 방식이라기보다는 패턴 인식에 가까워 규칙 기반 접근법의 사례로 소개하기에는 부적절해 보인다. 오히려 인공지능이 무수한 시행착오를 통해 어떤 패턴을 발견하는 과정과 닮아있다.

  어떻든 신종 사기에 대해서는 즉각적인 대응이 어려울 뿐만 아니라 거래 수와 데이터가 증가함에 따라 수작업으로 행해지는 탐지 작업은 사실상 어렵게 되었고, 오탐 가능성도 높은데, 특히 위양성의 경우는 고객 상실로 이어지기도 하기 때문에 문제가 컸다. 예를 들어, 고가 주문이나 사기 위험이 높은 위치에서의 주문은 사기일 가능성이 더 커지만, 그렇다고 $500 이상의 모든 거래 또는 위험 지역의 모든 지불을 차단하는 규칙을 활성화하면 많은 진정 고객을 잃는 위험이 따른다.[432] 사기 행위에 대한 임계값은 시간이 지남에 따라 변경될 수 있다. 가격이 변경되면 평균 주문 금액이 조정되어야 한다. 그럴 경우 $500 이상의 주문을 임계값으로 한 규칙은 더 이상 유효할 수 없는 경우가 생긴다. 규칙은 절대적인 '예/아니요' 답변을 기반으로 하므로 결과를 조정하거나 위험 척도에서 지불이 차지하는 위치를 판단하는 것을 허용하지 않는다. 규칙 전용 접근 방식을 사용한다는 것은 사기가 진화함에 따라 라이브러리가 계속 확장되어야 함을 의미하고, 그로 인해 시스템이 느려지고 사기 분석가 팀에 막대한 유지 관리 부담이 가해져 수동 검토 분량이 점차 증가하게 된다. 사기꾼은 온라인에서 사기를 저

---

431) William C. Dimm, "Detecting Fraud Using Benford's Law", 30 CRIM. Just. 67 (2015), p.67.
432) https://www.ravelin.com/insights/machine-learning-for-fraud-detection(2022. 8. 27. 최종방문).

지를 수 있는 더 똑똑하고 빠르고 은밀한 방법을 항상 연구하고 있고, 범죄자들은 정교한 방법을 사용하여 고객 데이터를 훔치고, 교묘하게 진짜 고객으로 가장하기 때문에 일반적인 사기 계정을 염두에 둔 규칙 기반의 방식이 이러한 새로운 종류의 행동을 감지하기가 훨씬 더 어렵다.

그러나 인공지능 알고리듬의 등장으로 머신러닝 기반의 사기 예측 알고리듬이 전면 등장하면서 이런 상황은 달라졌다. 머신러닝 알고리듬은 더 많은 데이터 세트와 함께 발전하고 시간이 지남에 따라 일관되게 더 높은 예측율·탐지율을 보여주는 최고의 도구이기도 하지만, 데이터 패턴을 분석하고 훈련하여 명시적으로 코딩되지 않는 새로운 상황을 예측하고 대응하는 머신러닝 알고리듬은 특히 대량의 실시간 연속 거래를 처리하는 자동화된 시스템이라는 점에서 최적의 도구라고 하지 않을 수 없다. 사기 예측 판별 절차는 신속을 요한다. 이 과정이 길어지면 고객이 결제를 하지 않고 이탈할 가능성이 높기 때문이다. 머신러닝은 여러 분석가 팀이 수십만 개의 쿼리를 실행하고 결과를 비교하여 최상의 결과를 찾는 것과 같은데, 이 모든 작업은 실시간으로 수행되며 단 몇 밀리 초라는 극히 짧은 시간만 소요된다.

머신러닝은 실시간 의사 결정과 함께 개별 고객 행동을 평가하는데, 지속적으로 '정상적인' 고객 활동을 분석하므로 이상 징후를 발견하면 분석 검토를 위해 지불을 자동으로 차단하고, 그것을 즉각 통보할 수 있다. 모든 온라인 비즈니스는 거래량이 급격히 증가하고 있는데, 규칙 전용 시스템을 사용하면 지불 금액과 고객 데이터가 증가하면 할수록 규칙 라이브러리가 확장되어야 하는 부담이 커진다. 그러나 머신러닝에서는 반대로 데이터가 많을수록 좋으며, 머신러닝 시스템은 더 큰 데이터 세트로 점차 개선되고 진화한다. 예를 들어 거래량의 증가는 시스템에 진짜 고객과 사기 고객에 대한 더 많은 예를 제공하는데, 이를 통해 머신러닝 모델은 거래 행동 간의 차이점과 유사성을 더 빨리 찾아내고 이를 사용하여 향후 거래에서 사기를 예측할 수 있게 된다. 심지어 신경망은 고객이 주문하기 전에 탐색하는 페이지 수와 같은 의심스러운 신호를 보거나, 창 크기를 조정하여 정보를 복사 및 붙여 넣는지 여부 등을 가지고 사기 의심 여부를 판단하고, 검토를 위해 그 고객에게 식별표지를 붙일 수도 있다.

사기 예측·탐지 모델

사기 예측·탐지에는 지도학습이나 비지도 학습 모두 사용되며, 여기서도 중요한 것은 사기 예측을 위한 데이터라고 해야겠다. 특히 지도 학습 모델은 태그가 지정된 출력 데이터에 대해 학습되는데, 거래가 발생하면 '사기' 또는 '사기 아님'으로 태그 된다. 이와 같이 태그가 지정된 많은 양의 데이터는 학습을 위해 지도 학습 모델에 공급된다. 이미 몇 차례 언급한 바처럼 모델 출력의 정확도는 데이터가 얼마나 잘 구성되어 있는지에 따라 달라진다.

비지도 학습 모델은 이전에 감지되지 않은 거래의 비정상적인 속성을 감지하도록 구축되었는데, 비지도 학습 모델에는 거래에서 숨겨진 패턴을 찾는 데 도움이 되는 자가 학습을 포함한다. 이 유형에서 모델은 스스로 학습을 시도하고 사용 가능한 데이터를 분석하고 거래 발생 간의 유사점과 차이점을 찾으려고 하는데, 이를 통해 사기 행위를 예측·탐지한다.

지도학습 및 비지도 학습 모델은 독립적으로 또는 조합하여 사기 예측 탐지에 사용할 수 있다.

머신러닝 기반 모델에 점점 더 많은 데이터가 제공됨에 따라 모델은 예측에서 더욱 정확해지고 효과적이라는 장점이 있다. 사람 위주의 규칙 기반 적발 시스템은 그 시스템을 개발한 전문가가 다양한 상황에 맞는 새로운 규칙을 계속 갱신해야 하지, 스스로 진화하지 않는 반면, 기계 학습 기반 알고리듬의 경우 스스로 진화한다. 머신러닝 즉 기계 학습 알고리듬은 데이터 분석이라는 끊임없고 지루한 반복 작업을 수행하고 숨겨진 패턴을 지속적으로 찾는다. 수동 작업 시 초래될 수 있는, 효율성에 영향을 미치는 잘못된 긍정 결과의 발생을 방지할 수도 있다. 이런 알고리듬을 사기 예측·탐지에 도입하면서 전형적이고, 중간 또는 낮은 차원의 문제는 기계학습 알고리듬에게 위임하고 인간 전문가는 보다 고차원의 복잡한 패턴의 사기 예측·탐지에만 집중할 수 있다.

알고리듬 구조는 누차 설명한 것과 별반 차이가 없다. 이를 간단하게 도표로 나타내본다.

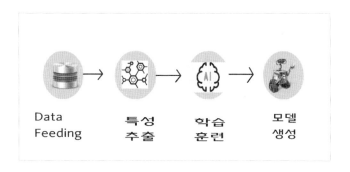

모델의 정확도는 학습 데이터양에 비례한다는 데는 큰 의문이 없다. 특정 영역과 관련된 사기를 예측하기 위해서는 더 많은 양의 데이터가 필요하다. 다음은 특성 추출인데, 거래 프로세스와 관련된 모든 층위의 정보를 추출하는 작업이다. 거래가 이루어진 위치, 고객의 신원, 지불 방식 및 거래에 사용된 네트워크가 포함된다. 예를 들어 대출 사기의 경우, 고객의 이메일, 휴대폰 번호 등을 확인하기 위해 사용하는 파라미터로 해당 은행 계좌의 신용등급을 조회할 수도 있다. 고객의 IP주소와 배송지 주소도 사기 예측에 중요하다. 거래에 사용된 카드, 카드 명의자, 카드 발급 국가, 사용된 은행 계좌 정보도 필요하다.

특성 추출이 끝나면 학습훈련 과정으로 돌입하는데, 여러 가지 방식의 학습 모델이 사용될 수 있다. 이런 훈련을 거치면 모델이 생성되는데, 이 모델은 '사기' 또는 '사기 아님'이라는 이진 결과를 내놓는다.

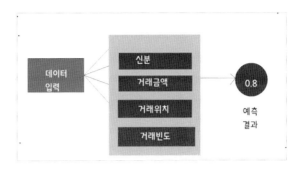

위 그림에서 예측 결과는 0.8이라는 숫자로 표시되는 데, 이는 이 거래가 정상거래일 확률이 80%라는 뜻인데, 사기 거래일 확률은 20%이다. 머신러닝의 특징은 확률에 기반한 예측이라는 것이 또 한 번 드러난다. 구체적 알고리듬은 의사결정 트리나 그 변형, Random Forest, 신경망 등 여러 알고리듬이나 그 결합방식이 사용될 수 있다.

모델이 항상 포착해야 하는 특정 사기 정황이 있다. 예를 들어, 고객이 한 시간에 새로운 10개의 결제 카드를 추가한 정황은 사기로 의심하여야 한다. 의심스러운 이메일 주소가 카드의 계정 이름과 일치하지 않거나 이메일 내용에 음란하거나 불온한 단어가 있는 경우, 고급술과 같은 고가의 상품을 다량으로 주문하는 경우, 특정 위치에서 주문이 사기로 판명된 적이 많은 경우, 주거지 주소가 아닌 알려진 사기성 핫스팟 또는 사서함으로 배송하는 경우는 모두 사기로 예측하여야 한다.

거래 시점에서 모델은 각 고객에게 1에서 100 사이의 위험 점수를 제공한다. 점수가 높을수록 사기 가능성이 높다. 비즈니스에 적합한 위험 수준을 선택하고 거래를 허용할 것인지 아니면 차단하고 사람에 의한 보다 면밀한 검토를 거쳐야 할 것인지에 대한 임계값을 설정한다. 그런 연후 임계값 분석을 통해 거래 적발의 정밀도를 측정하고, 이것이 다른 거래에서도 동일하게 재현될 수 있는 신뢰성을 가지고 있는지를 검증한다. 올바른 위험 임계값을 결정하려면 복잡한 균형 조정이 필요한, 정밀한 데이터 분석이 수반되어야 한다. 그것에 사용되는 가장 핵심적인 지표는 역시 참 긍정(제대로 차단한 사기 거래자의 수), 잘못된 긍정(사기꾼으로 잘못 차단한 정상 거래자의 수), 잘못된 부정(사기 거래자를 정상 거래자로 잘못 판단하여 거래 허용한 수)의 비율이다.

적절한 위험 수준은 각 비즈니스에 따라 다르다. 음식 배달과 같은 소액 거래의 경우는 위험 임계값을 매우 높게 설정하여 사기 거래를 최대한 차단할 수 있게 하여야 한다.

5. 대출 위험 예측 알고리듬

은행은 사람들에게 돈을 빌려주는 사업을 하고 있다. 은행 대출 규모는 은행의 이윤뿐만 아니라 보다 면밀히 살펴야 할 은행의 재정적 건전성에 대한 신호다.

은행이 대출을 하거나, 연장할 때 가장 걱정하는 것 중 하나는 물론 차용인이 돈을 갚지 못할 수도 있다는 것이다. 이는 차용인의 신용 위험을 정확하게 예측하는 능력이 금융 기관 전체에 매우 중요하고 가치 있음을 의미한다. 은행은 종종 이 프로세스를 13,000명의 직원을 둔 Equifax, 44개국에 걸쳐 20,000명의 직원을 둔 Experian 및 시카고에 본사를 둔 TransUnion

과 같은 신용 평가 기관에 아웃소싱 하지만, 신용 평가 기관의 프로세스 자체는 완벽하지 않다.[433]

금융 기관은 대출 신청이 있는 경우, 대출 상황의 위험을 식별하고 대출 신청인의 상환 능력에 대한 예측을 행한 후, 신청자의 재정적 필요에 비추어 제공할 수 있는 최적의 대출 유형에 대해 권고해야 하지만, 이러한 대출 위험을 식별하는 데 충분한 정보가 없으므로, 불확실하고 불완전한 정보의 시나리오에서 대출 위험 분석을 행할 수 있는 알고리듬이 필요하다.

신용 위험은 대출신청인 즉 차용인이 채무를 불이행할 위험과 관련이 있다. 따라서 금융기관의 입장에서는 신용 위험을 최소화하고 보다 공정한 신용 공여를 가능하게 하는 시스템이 필요하다.

신용 위험은 시장의 불확실성과 불안정성을 초래하며, 차용인의 채무불이행은 금융 기관 재정 건전성에 큰 짐이 된다. 채무불이행은 90일 이상 채무 이행에 늦어지는 것을 의미한다. 금융기관의 생존을 위해서는 올바른 신용 공여 결정이 필수적이다. 신용불량으로 인한 손실은 새로운 대출 시 높은 이자율 부과로 충당하여야 하기 때문에 이러한 채무불이행을 예상하고, 줄이는 것이 중요하다.[434]

많은 금융 회사는 기계 학습 알고리듬이 이러한 대출 위험을 더 잘 예측할 수 있다고 믿고, 도입하려 하는데, 기계 학습 알고리듬의 이론적 이점은 분명하다. 기계 학습에 사용되는 과거의 데이터에는 채무 불이행한 대출자뿐만 아니라, 채무를 제대로 이행한 대출자까지 포함하는 방대한 양의 기록이 있고, 기계 학습 알고리듬으로 이 데이터를 학습함으로써, 대출자의 대출 상황 가능성에 영향을 미치는 숨겨진 변수나 예상치 못한 변수를 식

---

433) William Magnuson, "Artificial Financial Intelligence", 10 HARV. Bus. L. REV. 337 (2020), p.349.

434) Cláudio Augusto Silveira Lélis et al., "Improving Default Risk Information System with TensorFlow", https://www.thinkmind.org/articles/iciw_2018_2_10_28005.pdf(2022. 5. 10. 최종방문).

별할 수 있기 때문이다.

대출자가 과거에 대출을 연체했는지 또는 많은 양의 신용 카드 부채가 있는지와 같은 단순하고 명백한 관계에 의존하는 대신 기계 학습 알고리즘은 차용인의 구매 내역이나 친구 관계 또는 Twitter 게시물 등을 통해 대출 상환 능력에 대한 의미 있는 정보를 파악하려 한다. 그리고 실제로 금융 회사는 이러한 어려운 평가를 수행하기 위해 점점 더 인공 지능 알고리즘을 사용하고 있는데, 예를 들어 캘리포니아에 기반을 둔 핀테크 스타트업인 Zest AI는 모기지, 자동차 대출, 기업 대출 및 소비자 대출을 위한 기계 학습 기반 신용 모델링 제품을 제공한다.[435]

대출 위험 예측 알고리즘을 사용하게 되면, 대출 기관은 추가 위험 없이 대출 승인율을 높이고, 시장변동성에 빠르게 대처할 수 있다. 이러한 대출 위험 예측 모델의 구축은 그리 복잡하지 않고 이론도 단순하다. 여기에 필요한 데이터는 과거 대출을 받은 사람들에 대한 데이터와 속성이며, 이런 데이터를 가져와 모델을 훈련시키면, 훈련된 모델이 대출 위험과 관련된 어떤 패턴을 발견하고, 그것을 이용하여 새로운 대출신청자의 대출 위험을 예측할 수 있다.[436]

이러한 대출 위험 예측 알고리즘 사용자는 주로 대출을 하는 금융기관들인데, 금융기관들은 이런 예측 모델을 구축하는 데 필요한 많은 대출 관련 데이터가 있다. 그리고 그러한 데이터의 품질도 다른 분야와는 달리 괜찮다. 따라서 다른 분야에서 데이터 전처리에 골몰하는 것과는 달리 그 작업에 큰 노력을 들이지 않아도 된다. 물론 그렇다고 해도 실제 데이터를 가져오면, 그 데이터에는 예상치 않은 실수 등의 이유로 결측치missing value가

---

435) William Magnuson, supra note 433, at 349.

436) Gabriel Mayers, "Loan Risk Prediction Using Machine Learning", https://medium.com/ analytics-vidhya/loan-risk-prediction-using-machine-learning-fff008622bfe(2022. 5. 17. 최종방문).

있을 수 있다.

통계에서 결측 데이터 또는 결측치는 관측 값의 변수에 대해 저장된 데이터 값이 없을 때 발생한다. 흔히 데이터 누락이 발생하며, 이러한 결측치는 데이터에서 도출할 수 있는 결론에 상당한 영향을 미친다.

결측치의 발생 원인의 하나로 무응답이 지목된다. 어떤 통계조사에 응답을 하지 않은 항목으로 인해 데이터 누락이 생긴다. 이로 인해 하나 이상의 항목 또는 전체 질문에 대한 정보가 없을 수 있다. 소득과 같은 개인 신상에 관한 민감한 항목은 다른 항목보다 무응답의 가능성이 더 높다. 그 이외에도 데이터 수집이 부적절하게 이루어지거나 데이터 입력에 실수가 있는 경우와 같은 경우에도 결측치가 발생한다.[437] 따라서 데이터 전처리에 드는 노력의 정도는 달라도 어느 정도의 전처리는 필요하다.

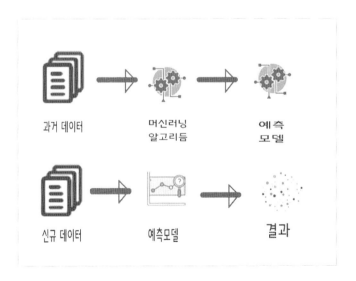

---

437) https://en.wikipedia.org/wiki/Missing_data(2022. 5. 20. 최종방문).

따라서 이런 데이터를 활용하여 모델을 구축하면 되는 데 모델 구축에는 기존 알고리듬을 사용하면 되므로, 개발자가 딱히 할 일이 없는 편이다.

파이썬과 텐서플로우를 사용하여 모델 훈련 코드 부분을 간단히 소개한다. 전체 소스 코드를 소개하는 것이 아니라, 부분적일 수밖에 없지만, 그래도 관념적이 아닌, 실제로 작동되는 코드임을 보여주기 위한 것이고, 그것을 꼭 이해하지 않아도 된다.

```
# 모델 구축: sklearn.linear_model에서 LogisticRegression 가져오기
model= LogisticRegression()
model.fit(X_train, y_train)
pred = model.predict(X_test)
```

모델 훈련은 model.fit(X_train, y_train)라는 한 줄의 함수로 된다. 그런 연후에 model.predict 함수는 데이터 준비 때 테스트 데이터로 분류했던 X_test 데이터를 변수로 삼아 예측을 행한다. 너무 간단하다고 할 것이지만, 그것이 현재 인공지능 코딩의 주소다. Google 덕분에 tensorflow 라이브러리가 있고, 복잡한 훈련 과정은 단 한 줄로 코딩할 수 있게 되었다. 필자도 군이 tensorflow 라이브러리의 소스까지 살펴보지 않는다. 그것은 더 이상 프로그래머의 몫이 아니다.

6. 소송(판결) 예측

인공 지능은 청구 자동화에서 계약 검토에 이르기까지 다양한 업무를 로펌에 지원하기 위해 다양한 법률 기술 제품에 활용되고 있다. 그러나 현재 인공지능의 가장 혁신적인 용도 중 하나는 소송의 가능한 결과를 예측하여

소송당사자를 지원하는 것이다.438)

인공지능 중 기계 학습 알고리듬은 과거 경험에서 배우고 새로운 입력이 제공될 때 출력을 생성할 수 있다. 입력은 형식, 특성 및 유형이 크게 다를 수 있으므로 기계 학습 모델을 그룹화 하는 기초로 사용할 수 있다. 따라서 소송 결과 예측에 대한 학술적 연구는 결과 예측을 위해 고려되는 서술어 (특징)의 종류와 성격에 따라 다음과 같이 분류할 수 있다.

1) 정치학 또는 사회과학적 접근: 법관이 인간이라는 점을 고려하여, 이 접근은 법관이 다양한 쟁점에서 이념적으로 어느 쪽에 치우칠 수 있고, 그들 자신의 인식 및 기타 편견, 그리고 그 밖의 다양한 사회적, 정치적 요인에 영향을 받을 수 있다고 가정한다. 이는 판사의 정신적 자원과 하급 법원의 결정과 같은 판단에 영향을 미친다. 따라서 결과를 예측하기 위해 고려되는 설명자는 인간의 편견을 생성하거나 나타낼 수 있는 사법 외적 요소다. 이러한 요인의 예로는 다른 판사의 득표수, 판사의 성별, 사건의 발생지, 피해자나 원고의 유형, 피고인이나 피고의 유형, 법원의 이념적 방향 등이 있다.

2) 언어 기반 접근법: 또 다른 접근법은 결과 예측을 위한 법적 판단의 언어적 특징을 고려한다. Ngo는 2017년 석사학위 논문에서 네덜란드 법률 사례 데이터베이스에서 언어적 특징에 따라 결과를 예측하려고 했다.439) 고려된 기능 중 일부는 단어 수와 다양한 대명사 유형의 빈도였다.

선행 연구 중에는 사례별 이름과 사례를 역할로 대체하고 영업비밀 침해 관련 사례를 예측하기 위해 명제 패턴을 사용한 경우가 있다.

단어 유형 토큰과 결합된 유니그램 및 바이그램을 사용하여 프랑스 대법

---

438) Alex Heshmaty, "Use of AI in law firms to predict litigation outcomes", LexisNexis, https://www.lexisnexis.co.uk/blog/future-of-law/using-AI-to-predict-litigation-outcomes (2022. 7. 1. 최종방문).

439) Michelle Ngo, "Classification of Legal Verdicts Using a Corpus Linguistic-Based Approach", Tilburg University, Master Thesis.

원 판례의 판례, 법률 영역 및 기간을 예측하려한 연구도 있다. N-gram과 주제를 특징으로 사용하여 유럽인권 재판소(European Court of Human Rights)의 판결을 예측하려는 시도도 있었다.

중국의 한 연구는 형사 사건에서 범죄 혐의 여부를 예측하는 데 신경망을 사용하였다. 예측에 쓰이는 것은 혐의 사실과 사건 관련 설명 등으로, 이것을 입력을 받아 다양한 조합을 만들어 결과 예측을 시도했다.[440]

3) 법적 접근: 해당 법적 사건의 사건별 법적 요인을 기반으로 결과를 예측하려 하는 것은 자연스럽다. 이 접근 방식의 결과에 영향을 미친 설명자(변수)는 예측하려는 법적 사건의 성격에 따라 달라진다. 일반적으로 이 접근 방식은 해당 사건의 중요 요소를 식별하고 각 사건의 텍스트에서 이러한 특성값을 추출하여 데이터베이스를 준비하고 기계 학습 알고리듬을 적용하여 결과를 예측한다.

판결을 읽고 분석하여 수동으로 어떤 특징을 추출한다. 법률 텍스트의 고유한 복잡성으로 인해 특징을 자동으로 추출하는 것은 기술적으로 어렵기 때문이다. 각 사실 설명자에 대한 값은 부울, 숫자 또는 표현 체계에 따라 사전 정의된 특성 집합의 값일 수 있다. 수동 특징 추출은 시간이 많이 소요되기 때문에 일반적으로 40건 내지 200건의 법적 소송 데이터가 수집될 뿐이다.[441]

선행연구에서 인공지능 소송 예측 모델 구현 사례

과거 연구에서 사용된 인공지능 모델을 살펴보는 것도 의미가 있다. 인

---

440) Bingfeng Luo, "Learning to Predict Charges for Criminal Cases with Legal Basis", Proceedings of the 2017 Conference on Empirical Methods in Natural Language Processing.

441) Rafe Athar Shaikh et al., "Predicting Outcomes of Legal Cases based on Legal Factors using Classifiers", Procedia Computer Science 167 (2020) 2393–2402, pp.2394-2395.

공지능 모델은 참으로 다양하다.

가장 초기의 결과 예측 모델 연구 중 하나는 1974년 Mackaay 등이 발표한 것으로, 세금과 관련된 64개 사례에서 46개 설명자를 사용하는 최근접 이웃 접근 방식nearest neighbor approach을 사용하여 소송 결과를 예측하려 했다. 이 프로그램에서 사용된 유사도 메트릭similarity metric은 단순히 케이스에서 동일한 값을 갖는 특성의 수였다.

위 예측모델의 후속 프로젝트인 SHYSTER는 규칙 기반의 하이브리드 법률 전문가 시스템인데, 판례를 바탕으로 실제 사건에 대한 법적 추론을 거쳐 어떤 의견을 도출하고, 그 의견을 실제 사건의 판단과 비교한다. 이 시스템은 사실적 설명 부분에 가중치를 할당하고 보다 복잡한 유사도 메트릭을 사용하여 가장 가까운 이웃을 선택하는 방법을 채택했다.

Zeleznikow 등은 1994년 5개의 사례 설명자를 사용하여 채무 연기 사례에 관한 결정 트리 분류decision tree classifier 알고리듬을 발표했다.

2003년 발표된 Aleven의 CATO 알고리듬은 원래 논증을 위해 만들어졌으나, 해당 사건에 적용할 수 있는 요인과 관련된 문제를 파악하고, 관련성 기준에 따라 최선의 사례를 찾고, 이를 활용하여 결과를 예측하는 데 사용되었다. 이 알고리듬의 데이터베이스는 184건의 영업비밀 횡령 사건으로 구성됐다.

Brüninghaus와 Ashley는 2003년 IBP라는 알고리듬을 연구하고 186건의 영업비밀법 사건의 결과 예측을 시도했다. 그 모델은 사례에서 제기된 문제를 식별하고 문제가 어느 쪽을 선호하는지 분석하고 이러한 개별 문제의 분석을 결합하여 결과를 예측했다.

Chorley 등이 2005년에 발표한 연구에서는 각 요인에 가중치를 할당하고 사례에서 규칙을 유도함으로써 IBP에 필적하는 결과를 생성했다.

IBP의 이전 작업을 확장하여 Ashley와 Brüninghaus는 2009년 법적 사례 텍스트에 대해 자동으로 추론할 수 있는 SMILE+IBP라는 프로그램을 성공

적으로 개발했다. 그 프로그램은 텍스트를 사실에 따라 분류한 다음 분류
된 텍스트에서 추출한 요소를 기반으로 결과를 예측했다.

Grabmair는 2017년 영업 비밀 사건의 결과를 예측하고 법적 논쟁을 통해
이러한 예측을 정당화할 수 있는 VJAP라는 시스템을 개발했다. 결과를
IBP의 성능과 비교하고 잘못 예측된 사례도 분석했다.

Christensen 등이 2018년 발표한 연구는 인디언 종족 관련 사건에서 미국
대법원의 판결을 예측하기 위한 것이었다. 그것에 적용된 알고리듬은 로지
스틱 회귀인데, 156개 사례의 데이터 세트에서 12개 기술어의 통계적 유의
성이 확인되었다.[442]

Balakrishnan는 구두변론 스크립트만 주어진 상태에서 특정 대법원 판사
가 어떤 쪽에 표를 던질 것인가에 대하여 연구하였는데 이것은 언어 기반
접근법, 자연어 처리를 이용하여 대법원 판사의 행동을 예측하려는 시도라
고 할 것이다. 특정 판사의 성향이나 배경 등이 아니라 동의나 부동의의 보
다 정밀한 언어적 시그널과 동의/부동의의 대화역동성을 파악하기 위해 긍
정/부정과 같은 극성 점수에 의한 정서적 특성, 어떤 단어가 특정 문서 내에
서 얼마나 중요한 것인지를 나타내는 통계적 수치인 tf-idf(term frequency,
inverse document frequency)와 같은 언어적 특성을 가지고 분석하는 방식
을 사용하였다는 것은 법적 분야의 예측에 대한 일반적 생각과는 완전히 달
랐다.[443]

또 Medvedeva등 연구자는 소송 절차의 텍스트 분석만으로 유럽인권재판
소의 판결을 예측하려하였다. Medvedeva등과 Christensen 등의 연구에 대하
여는 항을 바꾸어 좀 더 자세하게 살펴보자.

---

442) Rafe Athar Shaikh et al., supra note 439, at 2395.
443) Tara Balakrishnan et al., "Predicting Supreme Court Votes Through Conversational
Dynamic Features", Proceedings of the 33 rd International Conference on Machine
Learning, New York, NY, USA, 2016. JMLR: W&CP volume 48.

미 연방 대법원의 인디언 관련 사건 판결 예측 연구

앞서 Christensen 등의 연구444)를 간단히 소개하였는데, 여기서 좀 더 구체적으로 살펴보자. 막연한 것보다는 선행 연구의 방법론을 들여다보며 음미하는 것도 의미가 있다. 다만 인공지능에 대하여 사전 지식이 없는 경우에는 이해가 쉽지 않을 것이다.

Christensen 등의 연구는 인디언 관련 사건의 판결을 분석했는데, 개별 대법관의 결정을 분석하는 것이 아니라 대법원 전체의 결정에 대한 예측을 연구하였다. 모델은 로지스틱 회귀로 특이할 것이 없다.

인공 신경망의 뼈대를 이루는 것이 선형 회귀와 로지스틱 회귀다. 앞서 여러 차례 언급한 바처럼 인공지능은 절대 무엇을 알지 못한다. 통계적 방법에 따라 근사치를 계산해낼 뿐이다. 인간이라면 초등학교만 다니면 1+1=2라는 계산은 쉽게 한다. 그러나 인공지능은 이 간단한 수식의 답을 알지 못한다. 그래서 많은 시행착오를 거쳐 1.9999…와 같은 2에 가까운 예측치를 도출한다. 그러나 절대 2라는 답은 산출하지 않는다. 선형 회귀의 경우에도 근사치를 예측하는 셈이다. 보다 정확한 예측을 위해서 최소제곱법이라는 회귀분석의 표준방식을 쓴다.

그러나 선형회귀는 점수를 내는 작업, 즉 공부시간과 성적과의 관계를 나타낼 때는 적합하지만, 점수가 아니라, 합격과 불합격의 두 가지 중에 하나의 답을 내는 문제에는 적합지 않다. 0 또는 1의 결과가 나와야 한다. 이것은 선형회귀처럼 x, y축에 좌표를 찍어서 직선연결 한다고 답이 나오지 않는다. 이때 사용되는 모델이 로지스틱 회귀다. 로지스틱 회귀는 선형 회귀와 마찬가지로 적절한 선을 그려가는 과정이다. 다만, 직선이 아니라, 시그모이드sigmoid function 함수를 이용하여, 참(1)과 거짓(0) 사이를 구분하

---

444) Grant Christensen, "Predicting Supreme Court Behavior in Indian Law Cases", 26 MICH. J. RACE & L. 65(2020).

는 S자 형태의 선을 그어 주는 작업이다.

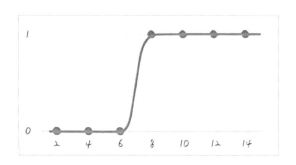

그림과 같이 1과 0의 두 가지 결과만 나온다. 결국 대법원의 결정이 인디언 쪽에 유리한 지 여부만 예측한다. 로지스틱 회귀 자체는 독립변수에 각각 임의의 가중치를 적용한 후 나오는 예측치와 실제 대법원 결정과의 비교를 통해 가중치를 조정하면서 예측치와 실제 결정과의 차이를 줄여나가는 것이 훈련이고 학습이다. 따라서 모델에서 특이할 것은 없다. 결정적인 것은 바로 입력변수다. 입력변수는 독립변수라고 하며, 이 입력변수에 따라 예측되는 값이 종속변수인 셈이다. 입력변수로 사용될 요소들을 결정하는 게 모델보다 더 중요하다.

인디언 관련 법률 사건에 대하여 연구자들은 열여덟 개의 가설과 독립적인 변수를 설정했다. 158건의 인디언 관련 법률 사건 결정이 인디언의 이익을 대변하는지 여부를 확인하고자 했다.

각 사건의 종속 변수에서 인디언의 이익이 우세했는지 여부를 결정하고 잠재적으로 설명 할 수 있는 이진 독립 변수에 대해 각 사례를 코딩하는 완전한 데이터 세트를 구축했다. 이 연구는 워런 대법원장 시절(1953년 10월 5일)부터 2020년 7월 9일까지 결정된 모든 인디언 관련 법률 사건을 포함시켰다.

대법원의 결정을 예측하는 작업은 '인디언 법' 자체가 명백한 규율로 존재하지만, 실질적으로 사건의 결정에는 형사, 민사, 관할, 가족법, 세법, 수권법, 동등한 보호, 이중 위험, 주권면제, 계약 강제, 카지노 게임, 신탁, 부동산 소유권 등 다른 법률 영역에서 가져온 질문을 포함하기 때문에 더욱 복잡하다.

데이터 셋의 마련 과정에서 모든 관련 인디언 법률 사건을 포함하고 있는지 확인하기 위해 Lexis 검색을 사용하였는데, 1953년 10월 5일 부터 2020년 7월 9일까지 "인디언"또는 "부족"이라는 단어가 포함 된 모든 대법원 사건을 일단 추출한 다음, 인디언 법률 사건과 무관한 항목은 제거하였다. 예를 들면, Red Lake Band의 16세 회원이 자동차를 훔쳐 교통사고를 일으켜 인디언 예비군 사망자가 발생한 사건의 경우, 대법원의 쟁점은 동일한 범죄를 저지른 성인보다 더 오랜 기간 동안 청소년을 구금할 수 있는지 여부였기에 비록 인디언이 연루되었지만, 그 문제는 인디언의 법률문제가 아니었으므로, 그와 같은 사건은 이 데이터 세트에서 제외되었다. 그렇다면 '인디언 법률' 사건은 무엇일까? 넓은 의미에서 인디언 법률 사건은 부족과 주 또는 미국 간의 관계를 다루는 사례나 인디언 조약을 해석하는 경우 또는 특별대우를 위해 인디언 또는 인디언 부족을 선정하는 법령, 인디언 보호구역에 영향을 미치는 등의 법적 문제가 있는 사례를 뜻한다. 뿐만 아니라 식민주의의 유산과 알래스카 원주민, 하와이 인의 지위를 다루는 사례도 여기에 포함될 수 있으며, 연방 문제를 제기하는 인디언과 부족 간의 경우도 포함된다. 본질적으로, 인디언 법률 사건으로 분류되기 위해서는 사건이 단순히 인디언이 관련되었다는 것 이상의 무엇이 필요하다. 법적 문제는 인디언 부족이나 원주민에게 고유한 문제여야 한다.

최종 데이터 세트에는 158 개의 인디언 법률 사례가 포함되어 있다. 미 연방대법원은 1959년부터 2020년까지 매년 평균 2.6건의 인디언 법률 사건을 결정했다.

어떤 데이터가 사건 결정에 통계적으로 유의미한 지를 확인하는 게 중요하다. 인디언 관련 법률 사건에 영향을 미치지 않는 귀무가설을 기각하기 위하여 로지스틱 회귀모델을 사용한다. 어떤 귀무가설[445]을 기각한다고 해서 독립변수와 종속변수 사이의 인과관계가 증명되는 것은 아니지만, 모델 내에서 어떤 변수가 인디언 법률 사건의 결과를 통계적으로 유의미하게 만드는 지 식별하는 데는 중요하다.

회귀모델의 종속변수는 대법원이 인디언 부족이 원하는 대로 결정을 했는지(1), 아닌 지(0) 여부이다. 따라서 종속변수는 이진법 0 또는 1로 코딩되며, 0은 인디언의 이익에 반하는 결정을, 1은 인디언 이익에 부합하는 결정을 의미한다.

이 회귀모델이 특정 사건의 판결이 인디언의 이익에 부합하는 지 아닌지를 결정하는 것은 어떤 변수에 좌우될까? 이 모델의 독립변수는 모두 18개로 코드화되었으며, 각각의 변수에 대하여 그 변수가 법원의 판결을 변경할 수 있는 이유에 대한 가능한 이론과 설명이 결부되어 있다. 독립변수도 0과 1의 이진변수 형태이며, 독립 변수와 관련하여 귀무가설이 적용된다. 이것은 어떤 독립변수가 가정과는 달리 결과에 영향을 미치지 않는다는 것을 감안한 것이다.

18개의 변수는 예를 들면 인디언이 상소 당사자인지 여부, 사건 판결에 관여한 대법관의 수, 인디언의 이익을 대변하거나 또는 반대하는 법무차관의 출석 여부, 인디언이 상소인인지 또는 피상소인인지 여부, 해당 사건이 관할권 문제와 결부되었는지 여부, 연방법원에서 상소했는지 아니면 주 법

---

445) 귀무 가설(歸無假說, 영어: null hypothesis, 기호 H0) 또는 영 가설(零假說)은 통계학에서 처음부터 버릴 것을 예상하는 가설이다. 차이가 없거나 의미 있는 차이가 없는 경우의 가설이며 이것이 맞거나 맞지 않다는 통계학적 증거를 통해 증명하려는 가설이다. 예를 들어 범죄 사건에서 용의자가 있을 때 형사는 이 용의자가 범죄를 저질렀다는 추정인 대립가설을 세우게 된다. 이때 귀무가설은 용의자는 무죄라는 가설이다. 통계적인 방법으로 가설검정(hypothesis test)을 시도할 때 쓰인다. https://ko.wikipedia.org/wiki/귀무_가설(2022. 8. 11. 최종방문).

원에서 상소했는지 여부, 사건이 시작된 지리적 위치, 인디언 보호 구역에서 카지노 개발에 따른 변수 등 다양하다.

로지스틱 회귀 모델을 사용한 결과 연구자들은 독립변수 중 해당 인디언이 상소 당사자인지, 미 연방대법원이 인디언 카지노 게임에 대한 기준을 설정한 후에 사건에 대한 판결을 한 것인지 여부, 사건이 발생한 지역이 오클라호마, 북부 평원, 또는 남서부 지역에서 발생하였는지 여부가 통계적으로 유의미한 결과를 산출하는 데 기여한 독립변수임을 밝혀냈다.

즉 로지스틱 회귀 분석의 결과는 18개의 독립 변수 각각에 대한 계수와 대비 값을 제공하지만, 그 관계는 12개에 대해 통계적으로 유의미하지 않으므로 이러한 변수와 관련된 귀무가설을 기각할 수밖에 없다. 따라서 금지 결정, 태평양 북서부, 캘리포니아 또는 인접하지 않은 주에서 오는 사건, 법무장관의 참여, 9명 미만의 의결권을 가진 법원, 주 법원의 항소, 국가의 존재라는 가설을 기각한다. 당사자 또는 특정 항소 법원은 법원이 친인디언적 결과에 도달하는지 여부에 통계적으로 유의한 영향을 미친다. 이러한 변수에 대해서는 귀무가설을 기각할 수 없다.

나머지 6개 변수는 통계적으로 유의미하다. 이 6개의 변수에 대한 결과는 귀무가설이 기각될 수 있는 신뢰도의 순서로 아래에서 논의된다. 이러한 결과는 학자와 실무자 모두에게 유용한 대법원의 행동에 대한 통찰력을 제공한다. 그들은 법원에서 인디언의 이익에 유리한 결과를 얻으려고 할 때 변호인은 인디언이 신청인일 때 법원이 기꺼이 사건을 승인하는 사건을 찾아야 한다고 제안한다.

연구자들은 로지스틱 회귀 분석은 인디언 법률문제와 관련하여 법원의 행동을 조사하기 위해 특별히 고안된 새로운 데이터 세트를 기반으로 하여, 인디언 법률관계에 고유한 패턴을 찾아낼 수 있고, 이는 실무자와 학자 모두에게 새로운 통찰력을 제공할 수 있다고 주장한다.

경험적 데이터의 사용은 인디언의 이익 옹호에 있어 새롭고 중요한 시대를 여는 열쇠가 된다. 인디언이 항소인일 경우 승소할 가능성이 높기 때문에 인디언이 항소인인 경우 미 연방대법원에서 유리한 결과를 얻기 위해 더 많은 노력과 자원이 집중되어야 한다는 것을 시사한다.

다른 학자들은 추가적인 amicus Briefs가 소송의 certiorari 단계에서 사건이 주목을 받는 데 도움이 될 수 있다고 제안한다. 인디언 법의 발전을 옹호하는 사람들은 인디언 부족의 이익을 위한 항소일 때 노력을 집중하는 것이 선택과 집중 차원에서 매우 효율적인 전략이라고 믿는다.

데이터는 또한 인디언 법률 옹호자들에게 다른 중요한 통찰력을 제공하는데, 그 중 일부는 직관적으로 와 닿지 않을 수 있다. 이들 옹호자들은 사법부의 관심과 동정을 얻기 위해 다양한 방식으로 법적 문제를 구성할 수 있는 능력이 있는 사람들이다. 여기에 제시된 모델은 법원이 인디언 부족의 이익이 부족과 국가 간의 투쟁으로 구성될 때, 특히 관할권 문제를 둘러싸고 단층선이 합쳐질 때 부족 이익에 특히 우호적이라는 것을 보여준다. 변호사는 이러한 정보를 사용하여 관할권 분쟁의 관점에서 주장을 구성하거나 인디언 부족이 국가에 대항하는 형태로 소송을 제기해야 유리한 결과를 얻을 수 있다.

마지막으로, 가능하다면 인디언 부족의 이익을 대변하는 사람들은 미국의 북부 평원, 남서부 또는 오클라호마에서의 사건을 발굴하려고 노력해야 한다. 보호 구역이 더 많고 농촌 인구가 많은 주에서 발생한 사건은 법무장관의 참여, 부족의 이해관계가 항소이유인지 여부, 사례가 주 또는 연방법원 등에서 나온 것인지 여부에 그 결과가 달려있다. 그러나 이 모델이 이러한 결과가 나온 이유에 대한 구체적인 설명을 제공하지 않는다는 점에서 아쉽지만, 머신러닝의 속성상 불가피하다.

자연어 처리를 이용한 유럽 인권 재판소 판결 예측

Medvedeva등은 언어분석 및 자동 정보 추출 기능을 이용하여 유럽인권

재판소의 판결을 자동으로 예측함으로써 자연어 처리 기술의 가능성을 보여주려고 했다. 유럽인권재판소에서 벌어지는 사건 절차에서 사용된 문구만을 분석하여 판결을 예측한다는 것은 법률가들이 들으면 좀 황당한 발상일 수 있다. 본래 법적 분석을 통해 미래의 판결을 예측하려면 특정 법률 범주를 지배하는 규칙을 체계적으로 분석하고, 규칙 간의 관계를 분석하고, 사실관계의 확정 등을 거쳐야 한다는 것이 일반적인 생각일 것이다. 따라서 판결 예측에서 선례에 해당하는 판례의 분석은 가장 기본일 것이다. 어느 국가나 그 국가의 판례 데이터베이스가 있다. 유료든 무료든 불문하고, 꽤 유용한 데이터베이스가 있는데, 이런 데이터베이스는 대부분 사람이 직접 읽고, 요약하고, 주석 처리하는 등 수작업을 통해 만들어진다. 이러한 판례 데이터베이스가 수작업이 아니라, 알고리듬의 힘을 빌려 자동으로 구축될 수 있다면 오랜 숙원이 이루어지는 순간일 것이다. 그 방법론의 하나가 텍스트 마이닝인데, 이는 자연어처리에 뿌리를 둔다. 자연어 처리 기술이 현재보다 훨씬 성숙한 언젠가의 시점에는 이 기술을 사용하면, 일일이 수작업을 거치지 않더라도 법원의 판결 등 재판과 관련된 데이터베이스를 자동으로 구축할 수 있을 것이다.

그러나 지금의 현실을 생각하면 그 언젠가는 꽤 먼 장래일 것이다. 미국의 각종 판결 예측에 사용된 데이터베이스는 수동으로 구축된 것이다. 수작업에 소요되는 막대한 시간이 문제가 되는 것은 물론이다. 미국은 비록 수작업으로 구축한 방대한 분량의 데이터베이스를 보유하고 있다. 예측 작업에는 그것에 쓰일 데이터가 중요하므로, 미국은 판결 등 법적 의사 결정을 예측하는 데 유리한 연구 환경을 가지고 있는 셈이다.

유럽재판소의 판결과 관련하여서는 그와 같은 자동 분석에 사용할 구조화된 데이터가 없으므로, 처리되지 않은 원시 데이터를 사용해서라도 유럽인권재판소의 판결을 예측하려 하는 것이 Medvedeva 등의 의도였다.

예측에 사용되는 모델은 Support Vector Machine 선형 분류기라는 기계 학습에 사용되는 특정 접근 방식을 사용하는데, 이 방식은. 데이터 세트(즉, 훈련 데이터)에 제공된 레이블을 기반으로 데이터를 정렬한 다음 오류가 가장 적은 레이블에 따라 서로 다른 데이터 포인트를 서로 분리하는 가장 간단한 방정식을 설정한다. Support Vector Machine으로 학습한 후에는 학습 중에 사용되지 않은 별도의 사례 집합(테스트 집합)을 사용하여 기계 학습 접근 방식의 성능을 평가한다. 이것은 평가가 필요한 모든 경우에 공통되는 방법이다. 애초 데이터에서 학습 데이터와 평가 데이터를 구분해놓는 것도 이 때문이다. 알고리듬이 모든 사건에 대해 '위반' 또는 '위반 아님'으로 표시하게 하고 이 결정을 법원의 실제 결정과 비교하면 정확도가 나온다.

유럽인권재판소의 판결은 온라인으로 제공되며 비교적 일관된 구조를 가지고 있다. 유럽인권재판소의 판결에는 사건명, 일자, 재판부와 그 구성원 등이 있는 소개 부분과 판결이 있을 때까지의 각종 절차, 신청자에 대한 배경 정보와 신청자가 권리 침해로 제소하게 된 상황으로 구성되는 사실관계, 각 인권 침해 위반 혐의가 개별적으로 논의된 법원의 법적 주장을 포함한 법률관계, 위반/비위반 의견 및 추가 의견이 포함되어 있다. 의견은 위반/비위반 뿐만 아니라, 추가 의견도 포함된다.

실험에 사용할 수 있는 데이터베이스를 만들기 위해 데이터는 HUDOC 데이터베이스 자료를 다운로드 받아 전처리과정을 거쳤다. HUDOC 데이터베이스는 유럽인권재판소의 판결이 수록되어 있는데, 실제 들여다보면 앞에 소개한 내용과 동일하다. Medvedeva 등은 아래 그림과 같이 HUDOC 웹사이트의 메타 데이터에서 위반 또는 비위반의 사례에 대한 정보를 자동으로 추출하였다.

From: Using machine learning to predict decisions of the European Court of Human Rights			
Article	Title	'Violation' cases	'Non-violation' cases
2	Right to life	559	161
3	Prohibition of torture	1446	595
4	Prohibition of slavery and forced labour	7	10
5	Right to liberty and security	1511	393
6	Right to a fair trial	4828	736
7	No punishment without law	35	47
8	Right to respect for private and family life	854	358
9	Freedom of thought, conscience and religion	65	31
10	Freedom of expression	394	142
11	Freedom of assembly and association	131	42
12	Right to marry	9	8
13	Right to an effective remedy	1230	170
14	Prohibition of discrimination	195	239
18	Limitation on use of restrictions on rights	7	32

"법원은 가족생활을 존중할 권리에 대한 간섭의 맥락에서 신청자가 겪은 차별을 고려하여 제8조와 제14조를 위반한 것으로 판결했다."

이 문장을 보면 유럽인권재판소가 해당 사건에서 제8조와 제14조를 위반하였다는 판결을 내렸다는 것이 분명하다. 그러나 예측 알고리듬이 이 정보를 기반으로 판결을 예측한다면, 텍스트 속에 이미 결정 자체가 포함되어 있기 때문에 예측이라고 할 수 없다. 법 부분 관련된 논의는 재판 전에 당사자가 이용할 수 없으므로 이 정보를 바탕으로 판단을 예측하는 것은 별 의미가 없다. 실제 사용 가능한 데이터는 절차, 상황, 관련 법률, 후자의 두 가지 (사실) 및 세 가지 모두(절차+사실)의 다섯 부분으로 그룹화할 수 있다.

HUDOC에 수록되어 있는 사례는 재판 후에 작성되었으므로 재판에 무의미하거나 재판에서 기각된 정보가 텍스트에서 제외된 것이 아니냐는 의구심이 들 수 있다. 그러나 실상은 사례와 관련된 사실은 재판 과정에서 기록되며, 대부분 변경 없이 HUDOC에 수록된다. 절차를 보면 법원은 해당 정부에 신청서를 전달하고 정부가 이러한 신청서의 사유에 대응할 수 있도록 신청자가 진술한 사실을 기록한다. 따라서 수록된 정보 중에서 법원의 의사 결정 과정 이전의 가공되지 않는 사실에 관한 정보는 예측에 사용하지만, 법원의 의사결정 과정 형성에 기여한 사실 등은 배제되어야 한다.

이러한 사실관계 등이 정리되면, 기계 학습을 통해서 예측을 해야 한다. Medvedeva 등도 사건의 텍스트 위주의 기계 학습 알고리듬을 기획했다. 특히 텍스트의 표현 방식에 주목했다.

기계 학습은 관찰 가능한 특성 선택이 중요하다. 이미지 식별에서 많이 쓰이는 고양이와 개 식별 예제를 보면 각 그림의 특징은 전체 신체 길이의 비율로서 꼬리의 길이, 털이 있는지 여부, 다리의 수 등이다. 그런 다음 기계 학습 프로그램은 어떤 특성이 분류에 가장 중요한 역할을 하는지를 결정한다. 고양이와 개 예제의 경우, 상대적인 꼬리 길이와 털이 있는지 여부는 두 범주를 구별하는 데 중요한 특징이 되는 반면, 네 개의 다리를 갖는 것은 중요하지 않다. 필수적인 질문은 어떻게 유용한 속성을 식별하는가이다. 사례에서 제기된 특정 유형의 문제와 같이 수동으로 생성된 속성을 사용할 수도 있지만, 단순히 모든 개별 단어를 포함하거나 단어의 짧은 연속 시퀀스를 포함하는 속성과 같이 자동으로 선택된 속성을 사용할 수도 있다. 그런 다음 기계 학습 프로그램은 이러한 단어 또는 단어 시퀀스 중 어느 것이 위반 또는 위반 아님을 결정짓는데 가장 특징적인지 결정한다. 텍스트에서 하나 이상의 단어의 연속 시퀀스는 언어 분석에서 공식적으로 단어 n-gram이라고 한다. 단일 단어를 유니그램unigram이라고 하고, 두 단어의 시퀀스는 바이그램bigram이며, 세 개의 연속 단어의 시퀀스를 트라이그램trigram이라고 한다.

"By a decision of 4 March 2003 the Chamber declared this application admissible."

위 문장을 bigrams(즉, 2개의 연속 단어)로 나누면 추출된 기능은 다음과 같이 구성된다.

By a, a decision, decision of, of 4, 4 March, March 2003, 2003 the, the Chamber, Chamber declared, declared this, this application, application admissible, admissible.

구두점 (예: 문장 끝의 한 점)도 단어로 해석한다. 트라이그램의 경우 기능은 다음과 같이 구성된다.

By a decision, a decision of, decision of 4, of 4 March, 4 March 2003, March 2003 the, 2003 the Chamber, the Chamber declared, Chamber declared this, declared this application, this application admissible, application admissible

자동으로 추출한 후 각 개별 사례에 대해 이러한 기능과 연결된 값을 결정해야 한다. 매우 간단한 접근법은 모든 경우에 모든n-gram을 가져 와서 이진 기능 값을 사용하는 것이다. n-gram이 사례 설명에 있으면 1, 그렇지 않은 경우 0으로 한다. 그러나 물론 문서에서 n-gram이 발생하는 빈도와 같은 유용한 정보를 버린다. 출현 빈도를 특징 값으로 사용하는 것은 확실히 개선이지만(예를 들어, 'By a': 100, '4 March': 1, 'never in': 0), 출현 빈도가 높더라도 문서의 특성과는 무관한 단어가 문제다. 예를 들어, 유니그램 'the'는 'application'이라는 단어보다 훨씬 더 자주 발생하지만 별반 의미가 없다. 이를 수정하기 위한 해법은 각 단어가 발생하는 문서 수 즉, 경우를 고려하여 절대 n-gram 빈도를 정규화 하는 것이다. 특성을 규정짓는 특징적인 단어는 해당 사례에만 나타나는 반면, 'the'와 같이 공통적이고 특징이 없는 단어는 많은 사례에서 공통적으로 나타난다는 것이다. 이 정규화 된 측정값을 tf-idf라고 하고, 이를 공식으로 나타내면 다음과 같다.

$$\text{tf-idf}(d,t) = \text{tf}(t) * \text{idf}(d,t) \quad \text{where} \quad \text{id}(d,t) = \log(n/\text{df}(d,t)) + 1$$

n은 문서의 총 수이고, (d,t)는 문서 빈도이다. 문서 빈도는 용어 t를 포함하는 문서 d의 수다. 여기서의 용어는 n-gram이다.

예를 들어, '고문'이라는 단어를 3번 포함하는 1000단어의 문서를 가지고 있다고 가정 하자. '고문'에 대한 빈도(즉, tf)는 (3/1000)=0.003이다. 이제 10,000 개의 문서가 있고 '고문'이라는 단어가 10의 문서로 나타난다고 가정해 보자. 그런 연후에 역 문서 빈도(예: idf)의 로그 값은 log(10,000/10)+1로 4이다. 그 결과 tf-idf 점수는 0.003×4=0.012이 된다. 이것은 '고문'이라는 단어에 할당된 점수 또는 무게라고 할 수 있다. 이 점수는 다른 문서에서는 이 단어의 발생빈도가 낮고, 해당 문서에서만 빈도가 높다는 것을 나타내기 때문에, 단순히 tf 점수만을 사용하는 것보다는 특정 문서에서의 해당 용어의 관련성을 보다 더 잘 대변한다.

보다 더 긴 n-gram의 발생 빈도는 낮다. 예를 들면, 하나의 문장 전체가 여러 문서에서 나타날 가능성은 거의 없다. 이런 긴 n-gram은 문서의 분석에서 큰 의미가 없다. 그래서 통상 최대 단어 시퀀스는 n-gram 길이로 4로 제한되는 것이다.

데이터와 모델이 준비되면, 데이터를 모델 훈련과 테스트에 사용할 데이터로 구분한다. 이 과정은 일반 머신러닝에 공통된 것으로 자세히 설명하지 않는다. 훈련과 테스트를 통해 가장 높은 예측력을 보이는 매개 변수를 찾아낸다. 어쩌다 좋은 성능을 내는 것이 아니라, 반복된 테스트에도 예측력이 좋은 모델이 되도록 훈련을 한다. 물론 모델이 테스트 데이터에서 더 나쁘거나 혹은 더 나은 성능을 발휘할 수도 있다. 대부분의 연구에서는 유니그램이 가장 높은 결과를 얻었지만 Medvedeva 등은 더 긴 n-gram의 성능이 더 좋은 것으로 판단했다. 예를 들어, Abubakarova and Midalishova v.

Russia의 사건을 보면 신청자들은 2002년 9월 30일 체첸에서 군인들에 의해 남편이 피살되었고, 당국이 이 문제를 효과적으로 조사하지 못했다고 주장했다. Medvedeva 등은 이 사건을 가지고, 어떤 매개 변수 조합이 가장 잘 작동하는지 조사한 후 이러한 매개 변수 설정을 열 가지 교차 유효성 검사와 함께 사용하여 모델이 일반적으로 잘 수행되고 학습된 특정 사례 집합에 지나치게 과적합 되지 않은지 확인했다. 균형 잡힌 데이터 세트(교차 유효성 검사와 테스트 집합 모두)를 사용했을 때 '위반' 사례 수는 '위반 아님' 사례 수와 거의 같다. 이들의 연구는 사례에 존재하는 (단순화된) 텍스트 정보를 사용하면 사례 결과의 예측을 개선할 수 있다는 가능성을 보여준다.

모델이 두 클래스를 비슷하게 예측하는지 평가하기 위해 정밀도, recall 및 f-점수를 사용하여 성능을 추정한다. 정밀도는 할당된 레이블이 올바른 경우(예: '위반' 또는 '위반 아님')의 백분율이다. Recall은 올바르게 식별되는 특정 레이블을 가진 경우의 비율이고, f-점수는 정밀도와 리콜의 빈도 평균으로 설명할 수 있다.

훈련 단계 동안, 주어진 정보의 비트 n-gram에 상이한 가중치가 할당되고, Support Vecotr Machine을 사용하면 두 클래스 사이의 거리를 최대화하는 초평면이 생성된다. 모델을 학습한 후 가중치를 검사하면 특정 판결을 예측하는 모델의 결정에 가장 큰 영향을 준 정보를 확인할 수 있다. 데이터 포인트가 초평면에서 멀어질수록 위반 클래스에 대한 가중치가 더 양수이거나 위반 클래스에 대한 가중치가 더 음수가 된다. 그런 다음 이러한 가중치를 사용하여 n-gram이 분리에 얼마나 중요한지 결정할 수 있다. 이러한 접근법의 배경은 위반으로 결정되는 데 기여하는 특정 키워드와 문구가 있다는 것이다. 예를 들어, 사례에서 소수 집단이나 어린이와 관련된 텍스트가 존재하는 경우, 동일한 키워드를 가진 이전 사례를 기반으로 기계 학습 알고리듬은 판결을 더 잘 예측할 수 있다.

물론 상대적으로 무의미한 n-gram도 많이 관찰된다. 이것은 모델이 단순할 뿐만 아니라, 불필요한 정보를 제대로 걸러내지 못하기 때문이다. 이 연구자들도 사례 텍스트에 대하여 단어의 대소문자를 변환하거나, 일부 문서에서 the, a, these, on 등과 같은 보다 일반적인 단어를 걸러내는 정도에 만족해야 했다.

이들은 교차 검증을 사용하여 결과를 평가한 후 최상의 시스템 매개 변수를 결정하는 데 사용되지 않은 '위반' 사례를 사용하여 시스템을 테스트했다. 결과의 불일치는 때때로 모델이 위반 사례보다 위반되지 않은 사례를 더 잘 예측하는 법을 배운다는 사실에 의해 설명 될 수 있다. 위반 사항만 포함된 경우에 대해 시스템을 테스트하면 성능이 더 나빠질 수 있다. 그 반대는 모델이 위반을 더 잘 예측하는 법을 배울 때 발생한다. 이 경우 이 위반 사례만을 테스트했을 때 결과가 더 좋아진다. 제14조에 대한 테스트 세트에는 위반이 아닌 것만 포함되어 있으며 이러한 테스트 세트를 학습한 경우, 모델은 '위반 아님' 사례를 더 잘 예측할 것이다. 그럼에도 불구하고 테스트 결과는 전반적으로 교차 검증 결과와 비교적 유사한 것으로 보이며, 이는 매우 간단한 텍스트 기능만 사용했음에도 불구하고 모델이 잘 수행되고 있음을 보여준다.

여기서 자연스레 드는 의문은 언어 분석이 도대체 인공지능과 어떤 관련을 맺고, 어떻게 판결의 예측뿐만 아니라, 앞서 본 르네상스 테크놀로지가 언어 분석가들을 채용하여 투자 예측 알고리듬 개발에 투입하려 한 것처럼, 투자 예측에도 쓰일까 하는 것이다. 따라서 언어분석, 달리 표현하면 자연어처리라는 개념에 대하여 좀 더 살펴볼 필요가 있다.

소송(판결) 예측 알고리듬 평가 총설

현재까지의 소송(판결) 예측 알고리듬들은 각기 다른 모델을 사용하고, 구체적인 기법은 다르지만, 방법론은 대체로 같다.

먼저 예측해야 하는 법적 사건의 유형과 법원을 선택한다. 예를 들면 명예훼손 사건에 대한 대법원 판결과 같이 분석 대상을 정한다. 다음에는 그런 유형의 판결 결과 예측의 문제를 가장 잘 나타낼 수 있는 중요한 특성 요인을 파악한다. 셋째, 판결을 읽고 분석하여 결과 예측에 기여할 수 있는 특징을 추출한다. 넷째, 머신러닝 분류 알고리듬에 적합하도록 추출된 데이터를 전처리preprocessed한다. 물론 앞의 연구 사례에서 보듯 충분한 양의 데이터 확보가 중요하다.

다음으로 수집된 과거의 데이터에 분류 알고리듬446)을 투입하여 학습 내지 훈련을 한다. 모델에 대한 학습·훈련이 끝나면 과거 데이터 중 테스트를 위하여 따로 남겨둔 테스트 데이터를 대상으로 관련 메트릭을 사용하여 성능을 평가한다. 이때 성능이 좋은 것으로 판명된 모델이 예측에 쓰이는 최종 후보가 된다. 향후 미지의 사건에 대하여 이러한 모델을 이용하여 예측을 수행한다.

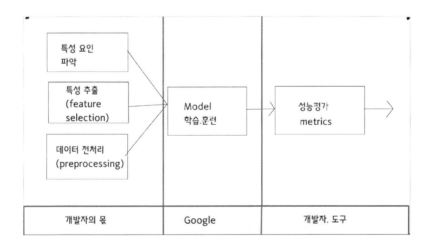

---

446) 분류 알고리듬은 이미 살펴본 바와 같이 Support Vector Machine, k-nearest neighbors, Naive Bayes 분류기 등이 있다.

앞의 그림에서 보듯, 개발자의 몫은 학습·훈련에 사용할 데이터를 확보하고, 예측에 기여를 할 수 있는 특성을 추출하여 데이터 전처리를 하는 것이 전부라고 해도 과언이 아니다. 나머지는 구글 등이 마련하여 놓은 인공지능 개발 도구를 사용하면 된다. 문제는 특성 추출 등 데이터 전처리는 해당 분야 전문가의 몫이라고 봐야한다는 점이다.

Lex Machina와 Solomonic

인공지능 예측 도구를 사용하면 방대한 분량의 과거 소송 기록을 분석하고, 그러한 사건들의 사실과 판사가 내린 결정을 살펴봄으로써 소송당사자가 사건의 결과를 예측하는 데 도움이 될 수 있다. 이러한 유형의 소프트웨어는 시대의 흐름에 따른 추세도 감지할 수도 있다. 예를 들어 인공지능 예측 도구를 사용하면 재판에서 어떠한 유형의 청구가 승소가능성이 높다거나, 반대로 어떤 유형의 청구는 원고에게 패소판결이 될 가능성이 더 높다와 같이 추세를 파악할 수도 있다. 이러한 유형의 인공지능 예측 도구는 특정 소송 전략이 다른 소송 전략보다 더 성공적인 이유를 정확히 설명할 수는 없지만 원시 데이터에 중점을 두어 소송 당사자의 결정을 알리는 데 도움이 되는 편견 없는 접근 방식을 보장한다.

인공지능을 사용하여 수천 건의 법원 판결을 선별하고 소송 결과를 예측하는 두 가지 상용 제품은 Lex Machina와 Solomonic이다.447)

지적재산권 분야에 특화된 정보를 제공하는 데이터베이스 회사인 Lex Machina448)는 단순한 법률검색을 넘어 데이터베이스를 이용하여 지적재산

---

447) Alex Heshmaty, "Use of AI in law firms to predict litigation outcomes", LexisNexis, https://www.lexisnexis.co.uk/blog/future-of-law/using-AI-to-predict-litigation-outcomes (2022. 7. 1. 최종방문).
448) Ray Worthy Campbell, "Rethinking Regulation And Innovation In The U.S. Legal Service Market", 9 N. Y. U. J. L. & Bus. 1 2012-2013, p.4.

권 소송의 결과 예측을 하고 있다.[449] 이것이 어떻게 작동하는가는 Lex Machina의 사이트에서 알 수 있다.[450] 우선 수집된 수많은 원시 데이터에서 소송과 연관 있는 구조화되고 일관성 있는 데이터를 추출하는 처리 과정을 거친다. 이때 인간 전문가가 개입하여 데이터를 보다 정제하여 고부가가치의 데이터로 만들고, 알고리듬이 기본 데이터를 탐색하고 정규화 하여 보다 고차원의 개념으로 만든다. 그 결과 이 서비스를 통해 어떤 판사가 어떤 유형의 청구를 받아들일 가능성이 많은지, 특정 판사가 일반 판사와 비교하여 어떤 특이성을 갖는지와 같은 값진 통찰력을 제공할 수 있다. 로펌이나 변호사는 이런 예측 도구를 사용하면 반대편 변호사나 로펌의 소송 경험 등에 대한 중요한 정보를 신속하게 파악할 수 있으므로 소송전략을 짜는데 많은 조력을 받을 수 있다. 로펌의 변호사 등은 Lex Machina를 사용하여 신규 고객을 유치하고 소송에서 승소확률을 높이며, 기업의 사내 변호사는 Lex Machina 서비스를 이용하여 외부 변호사 선임이나 소송 전략 및 전술 수립에 큰 도움을 받을 수 있다. 특정 법원이나 판사와의 과거 이력이나 판결 등을 분석하고, 청구에 유리한 시기가 언제인가를 가늠하며, 어떤 유형의 소송에서의 승소로 얻을 수 있는 승소예상 금액도 예측할 수 있다. 처음으로 변호사는 상향식 데이터에서 수집한 통찰력을 법령, 규칙 및 법원의 의견에서 볼 수 있는 전통적인 하향식 통제 방식과 결합 할 수 있게 되었다.

Legal Analytics는 좋은 변호사의 핵심 요소인 제대로 된 사실 관계 파악이 가능하도록 한다. 객관적인 데이터는 임시방편의 일회적 증거를 대체한다. 더 세부적으로 Lex Machina는 PACER, ITC의 EDIS, USPTO 및 주 법

---

449) Dan Pinnington, "Artificial intelligence and the 'self-driving' lawyer: Better access to justice and lower claims?", Lawpro Magazine Vol.15 no.3, p.15, www.lawpro.ca/magazinearchives.(2017. 3. 11. 최종방문).

450) https://lexmachina.com/what-we-do/how-it-works/(2022. 6. 28. 최종방문).

원 데이터를 24시간마다 크롤링451)하여 데이터를 캡처한다. 그런 다음 Lex Machina는 자사의 독점적인 자연어 처리 머신러닝 엔진인 Lexpressions를 사용하여 모든 데이터를 정리하여 코드화하고 태그를 지정한다. 모든 경우에 있어 Lex Machina는 변호사, 로펌, 당사자, 판사 등의 관련자 정보를 우선 추출한다. 인정된 손해액을 비롯한 소송 결과, 특이사항, 관련 특허 자산 등도 식별한다. Lex Machina는 모든 사례에 대한 준비서면, 신청, 명령, 의견 및 기타 서류를 연결하는 상세한 일정표를 작성한다.

소송 결과 예측 알고리듬은 승소 가능성이 낮은 경우, 재판으로 가지 않고, 화해를 모색할 수 있게 함으로써, 쓸데없고 무모한 소송으로 인한 출혈을 줄여주는 것과 같이 일반적으로 소송 전략을 수립할 때 따르는 위험을 줄일 수 있다.

Solomonic은 자신들의 제품이 변호사, 소송 자금 제공자, 보험사 및 사내 변호사가 분쟁을 관리할 때 경쟁 우위를 확보할 수 있도록 돕는 알고리듬임을 천명한다. 그들이 홈페이지에서 밝힌 서비스의 특징은 다음과 같다.

당사자의 사건을 전체적인 추세나 패턴과 비교하고, 관련 데이터가 사건의 승소 여부에 어떤 통계적 의미를 갖는지, 반대당사자에 대한 이해도 도우며, 독점적인 기계 학습 및 자격을 갖춘 실무자의 전문가 의견을 바탕으로 수천 건의 고등 법원 청구, 문서 및 법원 청문절차를 검토하여 최신 소송 활동 및 결정에 대해 신속하게 조치를 취하는 데 도움이 되는 통찰력을 제공한다.

Solomonic이 제공하는 분석은 합의 패턴 평가나 소송 전술의 미세 조정에 기여하며 추정 및 예측을 향상시키는 기능을 제공하며, 보유한 전문 지식과 깊이 있는 데이터를 활용하여 소송 상황을 파악하는 것이 그 어느 때

---

451) 크롤링이란 인터넷 사이트 등에 분산되어 있는 데이터를 수집하여 색인화 한다는 의미를 가지는데, 우리말에 이에 해당하는 적절한 용어가 없어 통상적으로 영어 발음 그대로 쓰고 있다.

보다 용이해진다.[452]

소송은 종종 문제가 있는 계약에서 촉발되기 때문에 인공지능 도구를 사용하여 계약을 자동으로 검토할 수도 있다는 점도 언급할 가치가 있다. 이러한 도구는 계약의 문구를 분석하고 새로운 법률 또는 판례에 따라 갱신해야 하는 조항을 확인하여 조치를 취할 수 있게 함으로써, 계약 분쟁의 가능성을 대폭 줄인다. 인공지능 알고리듬은 변호사가 직접 클라이언트의 문서를 수동으로 검토하는 것과 비교하여 더 광범위한 검색을 신속하게 마무리할 수 있게 해주므로 변호사가 보다 더 가치 있는 작업에 노력을 집중할 수 있게 해준다.

Womble Bond Dickinson의 연구에 의하면 기업이 인공지능을 사용하는지 여부는 기업 규모에 따라 크게 달라지며 더 큰 로펌일수록 인공지능을 사용하는 경우가 많은데, 700명 이상의 변호사로 구성된 로펌의 100%가 인공지능 도구를 사용하거나 인공지능 프로젝트를 추진 중이다.

인공지능을 사용하여 사건 결과를 예측하는 것과 관련하여 알고리듬 중 하나가 1953년부터 2013년까지 미국 대법원에서 내려진 7,700건의 사건 결과를 70% 정확도로 예측했다는 연구가 언급된다. 그러한 도구에 대한 의존에 대해 경고하지만 그럼에도 불구하고 인공지능은 인간 변호사의 사례 예측 능력을 향상시키기 위해 … [소송] 데이터를 검색하고 분석하는 데 중요한 역할을 할 수 있다.

다른 유형의 인공지능 도구는 실무 관리자가 비즈니스 및 마케팅 관련 결정을 내리는 데 도움이 될 수 있다. 예를 들어, 실행 관리 시스템을 자동으로 모니터링 하는 분석 소프트웨어는 부가적으로 변호사가 수행된 특정 유형의 법률 업무와 관련된 과금업무를 함께 처리할 수 있다. 이는 단순한 과금업무 처리에만 그치지 않고, 이러한 분석 결과를 바탕으로 회사에 가

---

452) https://www.solomonic.co.uk/(2022. 7. 3. 최종방문).

장 수익성이 높은 것으로 입증된 특정 법률 분야에 초점을 맞추는 결정도
내릴 수 있다.

인공지능 소프트웨어는 회사의 내부 데이터뿐만 아니라 웹 등을 검색하
여 뉴스 기사 또는 기타 공개 데이터 형태를 확보하여 분석함으로써, 회사
에 이익이 되는 수요 증가 등 어떤 추세를 감지할 수도 있다. 이러한 추세
정보는 그러한 추세 변화에 따른 회사 인력 충원을 미리 하는 등 예상되는
업무 변화에 미리 대비할 수 있도록 한다.

인공지능 도구는 향후 몇 년 동안 점차 확산될 것이며 보다 더 정교해지
고 변호사 업무와 실무 관리 팀의 업무를 함께 지원할 수 있는 다양한 형
태의 자동화를 이룰 수 있을 것이다. 그러나 인공지능이 진정으로 지능화
되기까지는 적어도 수십 년이 걸릴 것이다. 그 동안 인공지능 도구는 인간
변호사를 위한 단순한 툴킷toolkit 형태에 머물 가능성이 크다.

소송(판결) 예측 기술은 다양한 유형의 사건을 결정하는 판사의 이름과
소송을 제기하는 법률 회사, 판사에 대한 태도 정보, 판결의 역사적 추세,
법적 요인에 대한 주장이나 방어를 강화하는 고정 관념적 사실 패턴에 이
르기까지 이전 사건에 나타난 다양한 유형의 특징을 사용한다. 이러한 특
징 때문에 사건의 정보를 확보하는 방향과 정보가 달라진다. 판사의 이름,
법률 회사 이름 및 사건 유형(예: 특허 소송 또는 제조물 책임)에 관한 정
보는 어떤 법적 분쟁의 속성에 관한 정보는 아니다. 대조적으로, 법적 요인
은 소송의 속성에 대한 정보와 직결되어 있다. 이러한 속성의 차이는 사건
의 텍스트에서 자동으로 추출하는 것이 쉬울 것인지, 아니면 어려울 것인
가를 결정한다. 판사의 이름이나 로펌 이름은 자동으로 추출하는 것이 어
렵지 않다. 반면 법적 요인과 같은 속성은 추출이 불가능한 것은 아니지만
실제 추출은 쉽지 않다.

머신러닝의 개가와 소송 결과 예측 알고리듬

머신러닝의 최근 발전으로 인해 머신러닝을 과학 이론의 신뢰성 평가, 설명 또는 예측 목적을 위한 상대적 정보 변수(일반적으로 머신러닝에서 특성 feature 이라고 함)의 결정, 인과추론, 대규모의 고차원적이며 복잡한 데이터 세트의 시각화에 적용할 수 있게 됐다. 머신러닝의 발전으로 인해 현대적이고 복잡한 대체 데이터 세트에 대한 목표 설정, 이상치 감지, 특성 추출, 회귀, 분류에서 계량경제학 방법의 단점을 해결할 수 있게 되었다. 머신러닝 알고리듬과 달리 계량경제학모델은 데이터의 구조를 '학습'하지 않는다. 모형 설정에서 상호작용 효과 중 일부를 쉽게 놓칠 수 있다.

소송결과 예측 알고리듬은 인공지능 알고리듬을 이용하여 판결 등 소송 결과를 예측하려는 것으로 정의할 수 있다. 이와 같이 인공지능 알고리듬을 이용하여 소송결과를 예측하려는 시도는 법 분야 인공지능의 발전 단계에서 중요한 위치를 점한다. 이러한 알고리듬 중 주목할 만한 것은 미시간 주립대 법학 교수인 다니엘 마틴 카츠에 의하여 개발된 미 연방 대법원 판결 예측 알고리듬이다. 카츠 교수와 그의 동료들에 따르면, 이 예측 알고리듬은 미 연방 대법원의 전체 결정의 70%와 개별 판사의 의견의 71%를 정확하게 예측하였다고 한다. 이 알고리듬은 전형적인 머신러닝 기법을 사용하는 데, 예측에는 수십 개의 변수를 사용하며, 1953년부터 2013년까지 60년 이상 기간 동안에 이루어진 7,700건의 사건과 68,000건 이상의 판결에서의 대법관 의견을 분석했다.[453] 카츠는 법의 적용을 받는 모든 사람이 법에 보다 쉽게 접근할 수 있고, 법 분야 자체를 보다 투명하게 만들기 위해 이 알고리듬을 만들었다고 한다.

또 다른 시도는 유럽 인권재판소 결정을 예측하려는 알고리듬인데, 그

---

453) Kim Ward, "Using Data To Predict Supreme Court'S Decisions", MSUTODAY, 2014. 11. 4, https://msutoday.msu.edu/news/2014/using-data—to-predict-supreme-courts-decisions(2021. 11. 5. 최종방문).

주요 전제는 출판된 판결문과 제출된 신청서의 텍스트 사이에 어떤 관련성이 있다는 가정이다. 이에 대하여는 앞서 상세하게 분석한 바 있지만, 이러한 가정 하에 판결 결과에 대한 사전 예측을 위해서 텍스트 기반 분석 알고리듬을 사용하는 것이 그 핵심인데, 그 이전의 연구가 정치경제학의 입장에서 범죄의 성격과 중대성, 범죄 정책 등과 같은 비문자적 정보를 바탕으로 판사들의 의견을 분석하고 예측하는 데 주로 초점이 맞춰졌던 것과는 대조된다.[454]

위와 같은 시도가 성공을 거둘 수 있었던 것은 많은 나라의 법원이 공공부분 정보의 접근성 제고와 재사용을 촉진하려는 정책에 따라 법률 데이터의 공개와 이를 바탕으로 한 자동 분석의 문호가 열려있기 때문이다. 우리나라는 이런 추세에 비해 판결문 공개에 소극적이며, 이 때문에 대한변호사협회는 총 세 건의 대법원 판결 및 그 하급심 각 판결서에 대한 정보 공개를 대법원에 청구하며 "판결문에 대한 정보공개는 헌법적 요청"이라고 주장하기도 했다. 그러나 법관들을 대상으로 한 설문조사에서 드러난 판사들의 인식은 현행 사건번호로만 가능한 검색방식을 '키워드 검색' 형태로 바꿔야 한다는 의견에는 57%가 반대했고, 비실명처리 부분은 현행을 유지해야 한다는 의견이 66%, 더욱 강화해야 한다는 의견이 20%에 달했을 정도로 판결문 공개에 반대하고 있다.[455]

집단소송

집단소송제는 현 상황에서 뜨거운 감자다. 집단소송제는 다수인에게 피

---

454) Nikolaos Aletras et al., "Predicting judicial decisions of the European Court of Human Rights: a Natural Language Processing perspective", PeerJ Comput. Sci (2016), pp.2-4.

455) 오마이뉴스, 2018. 5. 15, http://www.ohmynews.com/NWS_Web/View/at_pg.aspx?CNTN_CD=A0002434521(2021. 12. 5. 최종방문).

해가 발생한 경우 그 중의 1인 또는 수인이 대표당사자가 되어 수행하는 손해배상청구소송을 말한다. 2022년 연내 제정을 목표로 입법을 추진 중에 있고, 조만간 법제화될 것으로 예상된다. 집단소송제는 종전의 증권관련 집단 소송법을 일반적·전면적으로 도입하는 것이다. 이는 피해자 일부가 제기한 소송으로 전체 피해자가 함께 구제받을 수 있는 제도로서 그동안 증권 분야에 국한한 제도였는데 이와 같이 집단소송법을 증권분야에 국한하여 두는 나라는 드물었다. 이러한 집단소송제가 도입되는 이유는 오늘날 손해배상 소송의 대상이 되는 피해가 집단적이고, 피해 양상이나 범위가 방대하고, 동시다발적인 것과 무관하지 않다. 환경오염의 경우, 그 피해 범위가 특정 지역사회를 넘어가고, 대량생산 시대의 특징상 어떤 제품의 하자는 그것을 사용한 많은 소비자들에게 집단적 피해를 입힌다. 그러면서도 개개인의 피해 규모는 작아서 개개인이 개별적으로 소송을 하기는 어려워 포기할 수밖에 없다. 직접 손해배상 소송을 수행한다는 것이 쉽지 않고, 변호사를 선임해서 손해배상을 청구하기에는 승소하여 받을 수 있는 배상액이 너무 적기 때문이다. 따라서 집단소송제와 같은 제도의 도입 없이 현행 사법제도만으로는 그 권리구제가 현실적으로 불가능한데도, 그동안 증권 부문에 국한하여 집단소송을 허용하였다가 이번에 손해배상 청구 소송 전부로 확대하는 법 제정을 추진 중에 있는 것이다.

그러나 집단소송제의 추진에서 문제될 수 있는 하나의 요소는 집단소송에 소요되는 비용의 조달이다. 개인의 피해에 대한 손해배상의 경우에는 소송의 규모가 작아서 그에 소요되는 비용 또한 그리 많지 않다. 그런 경우에도 소송비용 조달에서 문제가 많아 포기하는 경우가 속출하는데 집단소송의 경우는 아무래도 소요되는 비용이 개인의 피해 관련 소송과는 다르다. 비록 피해자 일부가 제기한다 하더라도 그 소송과정에서의 비용은 막대하고, 그런 비용의 조달 문제는 집단소송으로 가는 길목에서 큰 난관으로 작용할 가능성이 높다. 법 분야에 위험 또는 위험 관리의 개념 도입은 절실한 면이 있다. 그동안 이런 측면이 간과되어온 것은 다른 분야에서의 위험 관리 중요성과 성과에 비추어 안타깝기 짝이 없다. 위험과 확률은 단순한 숫자적인 의미를 뛰어넘는다. 인류는 위험 또는 리스크 관리라는 개념을 도입함으로써, 온갖 난관과 갖가지 제한을 뛰어넘고, 오늘날의 번영을 이루었다고 해도 과언이 아니다. 인류에게 불확실성은 숙명에 가까웠다. 예기치 않은 날씨 변화로 인하여 온갖 고초를 겪었고, 현대에 이르러서도 태풍이나 극심한 가뭄과 같은 기후로 인한 재난으로 막대한 피해를 입기도 한다. 이러한 불확실성의 해소를 위해 고대에는 미래를 예측할 수 있는 주술사 등이 중요한 역할을 하였다. 모르는 사람이 없는 단군신화에서 단군왕검은 종교적 의미의 단군과 정치적 의미의 왕검의 복합어로, 자연 현상에 대한 경외심이 높았던 고대사회에서 자연과의 교감이 가능하다는 단군456)은 결국 자연 현상에 대한 예측이 얼마나 절실했던가를 짐작케 한다. 이러한 불확실성 속에 우리의 나침반이 될 수 있는 것이 확률이며 위험 또는 리스크의 예측과 관리다. 법률서비스에서도 예측능력이 뛰어난 사람이 아니고서는 진정 탁월한 변호사로 평가하기 어렵다. 이들은 사건 당사자에게 향후 전개될 사건의 방향을 예견함으로써, 미래에 대한 불안감을 해소하고, 나아가 사건 결과에 예측을 토대로 치명적인 손해나 손실을 피하는 방책을 제시함으로써, 그렇지 못한 변호사와 차별화된다. 이들이 그와 같은 예측을 하고, 손해나 손실을 피할 수 있는 방도를 제시할 수 있는 것은 본능이나 직감은 아니고, 법률 분야에 종사하면서 터득한 경험과 그것을 바탕으로 한 예측능력 때문이며, 이러한 능력은 변호사의 경우, 대체로 개업한 지 얼마 되지 않는 소위 전관예우 변호사들에게 두드러진다. 이러한 변호사들도 시간이 지나면 예측능력이 떨어지는데, 실무 관행의 변화 등이 어쩔 수 없기 때문이다.

---

456) 권오영, "단군신화 대단군 민족주의 단군신화, 어떻게 봐야 하나", 『역사비평』, 19호 (역사비평사, 1992).

제3자 소송 자금 조달

법원은 또한 생산자들이나 혹은 그들의 보험업자가 상해를 입은 사람들에게 손해배상 하도록 강제함으로써 위험한 물질의 부주의한 생산을 막는 불법행위법 시스템을 집행한다. 그러나 그러한 시스템은, 통계적인 삶과 관련해서가 아니라 그들 앞에 있는, 법정에서 배상을 필요로 하는 바로 그 진짜 희생자와 관련해서 문제에 답하도록 강제되는 수십만 명의 다른 배심원의 손에 "너무 많은 위험"의 결정을 맡긴다. 그 결과는 무작위적, 로또 같은 결과와 배상금의 상당한 부분을 잡아먹는 높은 거래비용(즉, 법적비용)으로 비난받는 시스템이다.457)

소송에는 원고와 피고가 당사자가 되는데, 통상 소송비용은 원고와 피고가 부담하게 마련이다. 그와 달리 원고나 피고가 아닌 제3자가 소송 자금 조달에 관여하는 것이 바로 제3자 소송 자금 조달third-party litigation financing이며, 원고나 피고, 변호사, 피고의 보험회사가 아닌 제3자에 의한 소송자금 조달 현상을 설명하기 위하여 대체 소송 자금 조달alternative litigation financing이라는 표현도 쓴다.458)

변호사에게 사건을 의뢰하는데 필요한 자금 여력이 없는 사건 의뢰인의 입장에서는 제3자 소송자금 조달 또는 소송 금융litigation financing만이 소송을 가능케 하는 유일한 옵션이 된다. 소송으로 인한 막대한 비용은 변호사와 소송 당사자 사이에 소송 자금 조달의 필요성을 야기한다. 이는 소송에 국한되는 것이 아니어서, 대규모 법률 회사의 경우, 시간당으로 지급되는 수수료라는 안정된 수입원을 바탕으로 재정적 안정을 유지하는 일방, 잠재적인 수익이 큰 사건을 유치하기 위한 기제로 제3자 소송 조달의 필요성이 대두된다.459)

---

457) Stephen Breyer, 각주 55)의 책, 110면.
458) Steven Garber, "Alternative Litigation financing in the United States", RAND coporation(2010), pp.1-2.

제3자 소송 자금 조달은 상해 사건의 피해자가 원고가 되는 소송에 대하여 소비자 법률 자금 대출의 형태로 이루어지기도 하고, 당사자가 아닌 소송 당사자의 변호사가 소속된 로펌을 위한 대출의 형태 또는 아예 기업과 기업 간의 소송에 대한 대출 등으로 나누어지기도 한다.

우리나라의 경우 주로 집단소송에서 원고를 대리하는 변호사가 소송의 초기비용을 지불한 다음, 승소금의 일부에서 이를 회수하는 형태가 일반적인데, 문제는 이 과정에서 지나치게 과다한 금액을 변호사가 성공보수 등으로 가져가는 상황이다. 집단소송의 대표 격인 공항 소음피해 집단소송 사건 중 2004년 대구 공군 비행장 인근 주민들이 국방부를 상대로 제기한 소음 피해 보상 소송의 경우, 지난 2010년 대법원에서 최종 승소했고, 1천억 원대에 달하는 승소 금액에도 불구하고, 정작 피해 당사자인 주민 1만여 명이 받은 보상액은 1인당 평균 200만 원 정도에 불과했는데, 정작 소송을 대리한 변호사는 자신의 성공 보수와 지연이자 142억 원까지 챙겨 총 300억 원이 넘는 금액을 챙긴 사건[460]은 전형적 예다. 물론 이와 같은 상황이 벌어지는 것은 집단소송을 대리하는 변호사의 입장에서 그 소송의 승소 여부에 대해 확신할 수 없고, 또 초기비용을 직접 부담해야 되는 상황도 무관하지 않다.

이러한 소송금융은 비단 소송 당사자나 변호사 등의 관심사만은 아니다. 외부 투자자와 대출 기관의 입장에서 좋은 사업 모델이 될 수 있다. 미국에서는 헤지펀드나 주요 은행들이 이러한 대체 소송 자금 조달 또는 제3자 소송 자금 조달의 형태로 소송금융에 진입하고 있는 실정이다. 예를 들어 Credit Suisse는 최근 "소송 위험 전략" 부문을 독립 소송 금융 회사로 분사

---

459) Rich Saltzman, "Litigation Finance: The Emergence Of An Institutional Asset Class",
   http://cdn.hl.com/pdf/2019/fig-litigation-finance-2019.pdf
   (2021. 10. 3. 최종방문)
460) 아이뉴스, 2020. 10. 12, https://www.inews24.com/view/1306102(2021. 11. 4. 최종방문).

했고, Citi group의 경우, Hellerstein 판사의 9/11 사건에서 대출 기관인 Counsel Financial을 지원했다.461)

사실 앞서 집단소송에서 변호사의 과다 보수 문제는 집단소송의 거버넌스에 법원이 관여할 필요를 제기한다. 미국의 경우, 모든 집단 소송에서 변호사는 사건 의뢰인들과 변호사 비용 합의가 공식화되는 시점에 법원에 이를 알리도록 강제하는 것처럼 향후 확산될 집단소송에서 이런 비용에 대한 통제가 필요한 것은 분명하다. 그 과정에서 변호사가 소송당사자의 궁박함이나 무지를 이용하여 부적절한 계약을 맺는 것을 막고, 또 다른 변호사의 조력으로 계약을 재구성하도록 함으로써 앞서 언급한 바와 같은 폐해를 방지할 필요가 있다. 그렇다고 지나치게 개입을 하면 집단소송과 같이 많은 시간과 노력이 요구되는 사건의 수임을 변호사가 기피할 수도 있다. 변호사가 적절한 보수를 받지 못하면 집단 소송 제기 자체가 줄어들거나, 소송이 제기되더라도 성공적인 소송 수행이 어려울 수 있다. 과도한 소송비용의 폐해는 그로 인해 피해자인 소송 당사자가 제대로 된 보상을 받지 못하는 결과가 되거나, 변호사가 보수만 챙길 목적으로 승소 가능성이 없는 소송을 제기할 수도 있다. 이러한 집단소송의 상대는 주로 정부 등이기 때문에, 이런 남소로 인해 필요 없는 정부 재원이 지출되는 부작용도 있다.

변호사가 초기 비용을 지출하는 형태의 집단소송에는 또 다른 문제점도 있다. 대규모의 집단소송에는 분명 소송 초기에 막대한 비용을 필요로 한다. 집단소송이 되기 위해서는 많은 수의 피해자가 필요하고, 이런 피해자를 모아 집단소송 당사자로 만드는 것 자체로 광고비 등 막대한 간접비용을 발생시킨다. 나아가 소송 자금 조달 여력이 전무한 개개 피해자들이 감정비용 등 소송비용등을 감당할 수 없기 때문에 소송과정 자체에서도 막대한 비용이 발생한다. 상대방이 정부이든 대기업이든 자금 여력이 충분한

---

461) Bert I. Huang, "Litigation Finance: What Do Judges Need to Know", 45 COLUM. J.L. & Soc. Probs. 525 (2012), p.526.

상대방과 대적하는 데 있어 여러 가지 어려움에 봉착할 수밖에 없다.

변호사가 이런 자금 조달을 해야 하는 경우, 금융기관 등으로부터 이런 막대한 자금을 조달할 수 있는 변호사는 현실적으로 드물다. 금융기관 입장에서는 충분한 담보 제공도 없이 변호사에게 막대한 자금을 대출해줄 리 없기 때문이다. 따라서 다른 대안이 필요한 데, 제3자에 의한 소송자금 조달, 즉 소송금융이 그 해답이다. 사실 집단소송의 경우, 처음 제기된 사건의 경우, 소송비용이 높지만, 추후 같은 유형의 집단 소송이 제기될 경우, 규모의 경제가 작용할 수 있다.[462] 초기 소송에 비해, 후속 소송은 초기 소송의 노하우뿐만 아니라, 그 과정에서 비용을 지출하고 확보한 감정결과 등을 그대로 활용할 수 있기 때문에 후속 소송의 비용은 초기 소송에 비해 몇 분지 일로 줄어들 수 있다.

물론 제3자 자금 조달은 조달자인 투자자의 입장에서는 그러한 자금 조달로 인해 얻을 수 있는 수익에 관심이 있을 뿐, 집단소송의 당사자들에 대하여 어떤 책임을 질 이유가 없고, 집단소송으로 인한 이해관계는 변호사와 소송당사자 간에 상이할 뿐만 아니라, 여기에 자금조달자의 이해관계까지 고려하면 복잡해진다. 소송금융의 자금조달 구조는 다양한 형태를 가지고, 일부 형태의 경우, 관여하는 여러 이해관계자는 여러 가지 위험을 수반할 수 있다. 물론 제3자 자금 조달은 고리대금을 막는 이자제한법이나 윤리지침 위반과 같은 문제를 야기할 수도 있다.

물론 소송금융에 대하여 비판적 시각도 존재한다. 억만장자의 소송을 위한 백만장자의 지원처럼, 소송비용 조달이 꼭 소송비용 조달에 어려움을 겪는 빈곤층을 위한 제도가 아니며, 오히려 일종의 수익모델로 본다면 그와 같은 점은 분명하다. 그러나 소송비용 조달 때문에 법률서비스 접근이

---

462) Task Force on Contingent Fees of the American Bar Association's Tort Trial & Insurance Practice Section, "Contingent Fees in Mass Tort Litigation", 42 TORT TRIAL & Ins. PRAC. L.J. 105 (2006), p.112.

어려운 계층에게 소송금융 제도는 분명히 존재 가치가 있다.

그러나 이러한 제3자 소송 자금 조달은 위험의 예측과 관리가 필요한 영역이다. 막대한 자금을 투입하는 데, 소송의 승패에 따라 막대한 손실을 가져올 수도 있는 위험에 대한 예측은 필요불가결한 것이다. 대부분 제3자 소송 자금 조달에 나서는 투자자들은 빈곤층의 소송 접근 가능성 제고라는 공익적 목적과는 무관하며, 그것을 하나의 수익 모델로 보기 때문에 투자에 나선 것이므로, 소송의 승패에 대한 예측이 필요하다. 그런 측면에서 보면 앞서 논의했던 인공지능에 의한 법적 위험의 평가가 적용될 최적의 지점이다.

소송금융의 역사

역사는 소송 금융이 수천 년 전에 이미 발생했음을 보여준다. 대출 기관은 재정적 이득을 위해 오랫동안 소송 자금을 지원했지만 선린, 적개심, 이타심, 정치적 이득 등 다른 이유로도 행해졌다.

소송금융으로 인한 폐단도 있었다. 때때로 배심원에게 뇌물을 주고 증거를 위조하고, 위증을 교사하고 판사를 협박하는 등의 사법절차 부패뿐만 아니라, 남소, 고리대금 등의 부정적인 결과를 초래했다. 사회는 이러한 폐해에 대하여 다양한 방식으로 대응했다. 고대 아테네는 이것을 막기 위한 사회적 보호 장치로 대규모 배심원단 제도를 마련했다. 고대 로마에서는 사회적 보호 장치가 있었지만 소송 자금을 규제하는 법률도 만들었다. 중세 영국은 이런 행위를 다양한 유형의 범죄로 규제하기 시작했으며 나중에는 친척, 하인 및 가난한 사람들의 요구에 부응하는 다양한 예외를 만들었다.

오늘날 국가마다 소송 금융 규제가 크게 다르다.

역사를 살펴보면 소송이 당사자에게만 관련이 있다는 신화는 점진적으로 침식된다. 항상 제3자 개입이 있어왔고, 그에 따른 다양한 형태의 규제가 있었음을 알 수 있다. 고대 아테네는 소송이 빈번한 사회로 현대의 미국보다 더 소송이 많다고 할 정도였다. 그 당시 아테네에서는 모든 소송 당사자가 자신의 사건에서 직접 변론할 것을 요구했고, 법정에서 다른 사람이 대리할 수 없도록 규제하였다. 변론 내용을 대필해주는 사람logographoi이 있었을 뿐, 전문 계급으로서의 소송대리인은 존재하지 않았다. 소송 당사자가는 대필가가 작성해준 변론 내용을 암기해서 직접 변론하는 수밖에 없었다.

아테네가 가진 사법적 폐해를 막는 유일한 장치는 일반적으로 201명에서 501명의 배심원으로 구성된 대규모 배심원단이었다. 이로 인해 소송 당사자가 수백 명의 배심원 개개인에게 뇌물을 제공하는 것은 불가능했기 때문에 소송과정에서의 폐해를 막을 수 있었다. 그러나 증인을 매수하는 것을 막을 장치는 없었기 때문에 증인 매수에 돈이 필요하고, 또 대필가 고용에도 돈이 필요했기에 소송 결과가 돈에 좌우되는 경우가 없지 않았다. 유전무죄 무전유죄가 오늘내일의 문제가 아닌 것이다. 이런 제도적 허점 때문에 소송당사자 입장에서는 제3자로부터 소송에 드는 돈을 조달하더라도 승소할 경우, 소송으로 인한 이익이 컸고 소송 자금 조달의 필요성은 항상 있을 수밖에 없었다. 시간이 지남에 따라 소송 단체가 생겼는데, 이런 단체는 영리목적으로 소액 청구를 모으고, 증인, 고발자, 대필가를 확보하여 소송에 승소함으로써, 이익을 추구하였다. 이러한 소송 단체에 가입한 부유층은 주로 소송에 소요되는 돈을 기부하는 역할을 했고, 익명성도 보장되었다. 이런 제도는 일종의 소송 금융에 해당한다.463)

로마는 변호사를 허용했지만 일반적으로 소송 진행에 필요한 제3자의 후원은 무시했다.464)

영국은 가난한 사람들이 공적 소송을 제기하기 위해 친척 등 제3자에게

---

463) Michael K. Velchik/Jeffery Y. Zhang, "Islands Of Litigation Finance", Stanford Journal Of Law, Business & Finance, Vol. 24, Issue 1(Winter 2019), pp.5-7.
464) id at 10.

자금 조달을 요구할 수 있도록 하는 정교한 관습법 원칙을 발전시켰다.[465] 나중에 미국은 성공보수 약정을 합법화함으로써 이러한 소송금융 영역을 늘려갔다.

현재 일부 국가에서는 소송금융회사의 상장을 허용하는 등 개업 및 유지 관리에 대한 금지를 폐지하는 적극적인 움직임을 보이고 있다. 미국의 소송금융회사들은 증권 관리국 및 기타 규제 기관의 규제를 받게 되었다.[466]

소송자금 투자자의 위험 평가 도구

ABA의 관련보고서에 따르면, 제3자 소송자금 조달에 관하여 그 핵심은 위험 분배라지만,[467] 조달자 입장에서는 투자다. 흔히 투자에는 위험과 수익률 간에 교환관계가 성립한다고 한다. 즉 더 많은 위험을 감수할수록 더 높은 수익률이 실현될 수 있다는 것이 교환관계인데, 이것은 투자와 관련하여 일종의 불문율이라고 하겠다. 여기서 교환관계는 위험과 실현 수익률 간의 교환관계가 아니라 위험과 기대 수익률 간의 교환관계로 파악하는 것이 일반적이다. 기대 수익률은 실현 가능한 수익률을 발생 확률에 따라 가중 평균한 값이며, 여기서 실현 가능한 수익률과 발생 확률은 과거의 자료에 기초하여 추정되거나 주관적으로 평가된다.[468] 이와 같은 위험과 기대 수익률의 계산에는 인공지능 알고리듬이 사용될 수 있다. 통상 금융 분야의 경우, 이와 같은 인공지능 알고리듬의 사용은 일반화되어 있다. 컴퓨팅 성능 및 스토리지 용량의 지속적 증가와 함께 금융 시스템 전반에 걸친 활동을 기록하고 전달하기 위한 기계 판독 가능 데이터의 증가는 금융 모델

---

465) id at 12.

466) pp.5-

467) https://www.americanbar.org/groups/business_law/publications/blt/2020/09/alt-litigation-finance/(2022. 3. 13. 최종방문).

468) John C. Hull, 각주 24)의 책, 2면.

링에 큰 변화를 가져왔다. 더군다나 2007년부터 2008년 사이에 벌어진 금융 위기를 경험한 후부터 미국을 비롯한 주요 국가의 규제 감독자들은 데이터 중심의 규제 쪽으로 방향을 선회하기 시작했다.[469] 그러나 첨단 인공지능 알고리듬이라 해도 정확한 결과 산출에는 그에 상응하는 데이터가 있어야 가능하다. 굳이 '쓰레기가 들어가면 쓰레기가 나온다.Garbage in, garbage out'는 말을 들먹이지 않더라도 쉽게 납득할 수 있는 부분이다. 그런데 소송의 승패와 관련하여서 과연 정확한 결과 산출을 위한 충분한 데이터가 존재하는지는 의문이다. 주가 예측을 예로 들면, 주가와 관련한 시계열의 데이터는 무궁무진하다. 초 단위로도 엄청난 데이터가 누적되어 있다. 그러나 주가가 어떤 트렌드 등에 의하여 좌우된다는 가정을 할 때, 트렌드의 변화는 상당한 기간에 걸쳐 일어나고, 그런 트렌드의 변화를 나타내는 데이터는 제한적일 수밖에 없다. 이런 경우, 인공지능은 데이터 부족으로 제대로 된 계산을 수행하지 못한다.

예를 들어 100,000달러를 1년간 투자한다고 가정해 보자. 한 가지 가능한 투자 방안은 연간 5%의 수익률을 제공하는 단기 재정증권Treasury bill을 매입하는 것이며, 이때에는 위험은 전혀 없고 기대 수익률은 5%일 것이다. 또 다른 대안은 100,000달러를 주식에 투자하는 것이다. 단순화를 위해서 주식 투자를 했을 때, 투자의 수익률이 +50%가 될 확률이 0.05, +30%가 될 확률이 0.25, +10%가 될 확률이 0.40, -10%가 될 확률이 0.25, -30%가 될 확률이 0.05라고 가정하자. 이 경우 연간 기대 수익률을 실수real number로 표현하면 다음과 같다.

$$0.05 \times 0.50 + 0.25 \times 0.30 + 0.40 \times 0.10 + 0.25 \times (-0.10) + 0.05 \times (-0.30) = 0.10$$

---

469) 매튜 딕슨 외, 각주 3)의 책, 41면.

앞 수식에서 주식 투자의 위험을 감수한 대가로 기대 수익률을 5%에서 10%로 증대시킬 수 있음을 알 수 있다. 만약 상황이 좋은 방향으로 흘러간 다면 연간 수익률은 50%에 이를 수도 있는 반면, 최악의 경우에는 연간 -30%의 수익률, 즉 30,000달러의 손실을 입을 수도 있다. 통상 금융에서 투자 의사결정에서 투자자가 감수하게 되는 위험의 측정을 위한 편리한 척도 중 하나는 연간 수익률의 표준편차이다. 그런데 소송결과의 위험 측정에는 그와 같은 데이터가 존재하지 않는다. 아무리 대단한 알고리듬이라도 그러한 알고리듬에 투입될 데이터가 없다면, 제대로 된 예측을 하지 못한다. 따라서 제3자 소송자금 조달의 투자자들이 인공지능에 의한 합리적 의사 결정을 위한 위험 측정에는 상당 기간 동안의 소송자금 조달이 이루어지고, 그 결과가 축적되어야 할 것이다. 어떤 분야에 얼마를 투자하여, 소송 결과에 따라 어떤 수익이 발생하였는가와 같은 통계가 축적되면 알고리듬으로 추후 동종의 소송에 대한 투자 수익 등을 측정할 수 있을 것이다. 그렇게 되면 소송 위험 관리는 훨씬 용이할 뿐만 아니라, 정확하게 될 공산이 크다. 따라서 단순한 이론적 접근과 인공지능 기법 적용으로 제3자 소송자금의 위험 관리 공식이 만들어지긴 어려울 것이며, 실제 소송 자금 조달과 그 수익률의 비교와 같은 데이터 축적이 필요하다.

제3자 소송금융 조달의 거래 구조는 복잡하지만, 핵심 접근 방식은 법적 위험을 줄이고, 책임 등을 엄격하게 규정하는 것이다. 다음 그림은 제3자 소송금융 구조의 간단한 예시다.

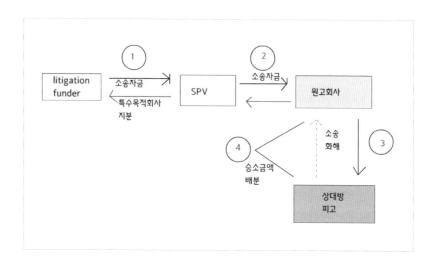

소송금융 구조의 작동 방식을 예를 들어 설명하면 다음과 같다. (1) 새로 생성된 특수 목적 법인(SPV)이 소송금융 회사에 주식을 판매한다. 특수목적 법인은 재무 위험을 분리하기 위하여 모회사와 독립된 자체 대차대조표를 가진 별도의 회사를 의미한다. 자산 분리를 위하여 증권을 발행하는데 심각한 실패 위험으로부터 모회사를 보호하면서 위험한 프로젝트를 수행하기 위하여 만든다. (2) SPV는 수익금에 대한 담보권을 받는 대가로 자본을 사용하여 모회사의 법적 청구권에 대한 법적 위험을 최소화한다. (3) SPV의 자본을 사용하여 모회사는 소송을 진행한다. (4) 소송에서 승소하는 경우 모회사와 소송금융 회사는 승소로 인한 이익을 분배한다.

매우 단순화된 수준에서 계산적으로는 소송 청구의 예상 가치를 다음과 같이 생각할 수 있다.

$$E[Vclaim] \sim = [(p*A) - C] / (1+r)T$$

여기서 "p"는 승소 판결이나 유리한 합의 가능성의 확률, "A"는 금액, "C"는 소송비용, "T"는 예상 기간, "r"은 적용 가능한 할인율이다.[470)]

새로운 제언(좋은 모델을 선택하기 위한 방법론)

머신러닝 모델 중 어떤 모델이 좋은 지를 확인하는 방법으로 그 모델의 소스를 들여다보는 것은 아무런 소용이 없다. 어차피 입력과 출력 확인만 의미가 있을 뿐 중간의 은닉층의 가중치 조정 과정은 알고리듬이 알아서하며, 그런 변화가 결과에 어떤 영향을 미치는지 확인하는 것이 쉽지 않다. 오히려 입력변수를 변화시키면서 결과 예측의 정확도가 어떠한지를 살피는 것이 모델의 성능을 평가하는 첩경이다. 인공지능 연구자들은 경험적으로 특별한 이유나 근거도 없이, 특정 데이터를 없애고, 테스트를 한다. 그런데 기가 막히게도 일부 데이터를 제거하니, 온전한 데이터로 학습할 때보다 성능이 더 좋은 결과가 발생하는 수가 많다. 이유는 알 수 없어도 결과가 좋으면 그와 같이 데이터를 제거한 모델이 더 좋다는 것을 경험으로 터득하고, 이렇게 데이터 일부를 제외한 모델은 그 성능이 좋다는 이유로 다른 연구자들도 기꺼이 사용한다. 그리고 앞서 살펴본 기존의 연구에서 알 수 있듯이 머신러닝의 핵심적인 연산 알고리듬을 손대는 일은 드물다. 대부분 데이터 전처리에 힘을 쏟는다. 그것은 매우 현명한 것이다. 그런데 그 전처리 과정은 다분히 각 연구자의 취향, 신념 등을 반영하기도 하지만, 관련 분야에서 형성된, 결과에 영향을 미치는 입력변수라는 점에서 그 분야에 관한 사전 지식이 개입하는 부분이다. 그러나 이는 어디까지나 인간의 지식영역이고, 경험일 뿐이다. 기계는 그런 지식과 무관한 어떤 상관관계를 밝혀낼 수 있다. 기계에게 그런 기회를 최대한 부여하는 방법은 인간이 지나치게 그 영역에 개입하지 않는 것이다. 그러면 전적으로 인공지능

---

470) supra note 467.

에게 맡겨두라는 이야기인가? 그렇지는 않다. 기계 알고리듬이 보다 정확한 결과를 도출할 수 있도록 변화·개선을 하는 노력을 하여야 한다. 그 노력의 핵심이 바로 입력변수의 변화와 결과의 정확도 검증이다. 입력 변수를 다양하게 변경하면서, 그런 입력변수 변경으로 인한 모델의 정확도 검증을 하는 것이다. 이것은 투자전략에서의 백테스트Backtest와는 분명 다르다. 투자전략에서의 백테스트는 과거 데이터를 기반으로 트레이딩 전략의 실행 가능성을 테스트하는 것이다. 과거 데이터를 사용하여 전략이 좋은지 여부를 확인하는 것인데, 그 실효성에 의문을 제기하는 입장에서 백테스트에 의존하지 말 것을 충고한다.

컴퓨팅에 의해 완전히 제어되는 시스템이 의식을 지닌 두뇌의 여러 가지 외적 징후-끊임없는 질문에 대한 대답도 포함하여-를 정말로 완전히 흉내 낼 수 있다면, 그와 같은 시뮬레이션에는 내적 징후-의식 그 자체-도 더불어 존재함을 받아들일 충분한 이유가 있는 셈이다.471)

진정한 법 분야 예측 알고리듬을 위한 제언

법적 위험의 예측은 인간 전문가가 예측하는 방법을 닮아야 한다. 변호사는 판결 결과를 예측할 때 어떻게 하는가? 우선 해당 사건과 유사한 판례를 찾는다. 그 판례의 맥락을 파악하고, 해당 사건과 판례의 사건의 유사성 등을 따진 다음, 일치 정도가 높고, 그 판례가 해당 사건에도 적용될 가능성이 높다고 판단하면, 그 판례의 법리에 따라 해당 사건에 대하여 예측하려 할 것이다. 이런 예측을 인공지능 알고리듬으로 하여금 수행하게 하기 위해서는 인공지능 알고리즘이 판례를 이해해야 한다. 인간 변호사처럼 판례를 이해하지 않고서는, 해당 사건과 판례와의 유사성을 검증하기는 어렵다. 텍스트적으로 얼마나 일치하는가 하는 문제로는 풀 수 없다. 그러나

---

471) 로저 펜로즈, 각주 141)의 책, 49면.

인공지능 알고리즘이 판례를 인간처럼 이해할 수는 없다. 그러나 어떤 방법을 사용하더라도, 인간처럼 이해하는 것은 아니더라도, 인간이 이해하는 것과 같은 정도의 뭔가가 있어야 한다. 그에 대한 해결책을 발견하였다면, 지금까지 인공지능 발전 전부와도 바꿀 수 없는 그야말로 획기적인 일일 것이다.

그것 외에도 넘어야 할 산이 많다. 법 분야에서 위험의 예측은 매우 중요하다는 점에 대하여는 크게 의문이 없을 것이다. 그러나 현재 법 분야의 예측 알고리듬 등은 모두 공학적 차원의 접근이라고 볼 수밖에 없고, 그로 인한 한계가 뚜렷하다. 무엇보다도 예측 결과를 믿고 그것을 기반으로 해서 어떤 의사 결정을 하기에는 신뢰성 차원에서 문제가 있다. 그 신뢰성은 예측의 정확성을 말하는 것이 아니다. 어떤 결정을 하기 위해서는 그런 결정을 하는 나름대로의 이유가 뒷받침되어야 한다. 인간이 중요한 의사결정을 하면서, 여러 가지 고려를 하는 데, 그 과정에서는 기존의 경험과 지식, 그 분야의 고유한 정보 등을 종합한다. 그런데 그런 과정을 설명할 수 없는 기계적 알고리듬에 의한 예측 결과는 그것을 수용하는데 저항이 있을 수밖에 없다. 물론 의뢰인이 그런 예측 결과가 기계적 알고리듬에 의하여 나온 것이라는 사실을 모르고, 그 예측 결과를 인간 변호사가 설명하는 식이라면 수용 가능성은 높아질 것이다. 그 과정에서 인간 변호사가 인공지능 알고리듬의 예측결과를 의뢰인에게 설명할 수 있느냐가 관건이다. 이럴 때 그 예측 결과가 나온 이유를 인간 변호사가 파악할 수 있으려면 예측 결과 도출 과정과 그 예측에 쓰인 모델, 그 모델의 타당성, 나아가 예측에 쓰인 여러 변수 들을 알 수 있어야 한다. 현재의 머신러닝에서의 커다란 약점이 바로 이 부분이다. 설명 가능성의 문제에서 머신러닝이 취약하다. 설명 가능성의 문제에 대하여는 이것 자체가 커다란 논의 주제다. 여기서는 꼭 필요한 논의가 아니기에 생략한다. 어떻든 설명 가능성의 장애가 있고, 현재 수준에서는 설사 설명 가능하다고 해도 인간 변호사든 의뢰인이든 납득할 수 있는 설명이 못 된다. 왜냐하면 그 도출과정의 분석이 가능하다 해도 그런 결론에 도달한 이유를 파악하거나 납득이 어렵기 때문이다. 지금 연구되는 각종 연구 방향을 보라. 언어 분석 등의 방법이 판결 예측에 많이 쓰이는데, 그게 어디 납득할 만한 예측 방법인가? 인간 변호사가 판결 결과를 예측하는 것과는 너무 다르다. 인간 변호사가 의뢰인에게 판결이 어떻게 될 것인가를 설명하는 과정은 의뢰인의 법적 지식 여하에 따라 조금 이해도가 달라질 수는 있어도 어느 정도 수긍이 가는 설명을 한다. 그러나 언어 분석 방법에 의하여 나온 판결 예측 결과를 의뢰인이 납득할 수 있게끔 설명할 수 있는 방법이 없다. 인공지능 알고리즘에 의한 예측 과정은 의뢰인은커녕 법률전문가인 변호사도 수긍하기 어렵다.

여기서 우리는 인공지능에 대한 기존 생각의 전환이 필요하다. 기존의 인공지능은 인간의 행동을 흉내 내는 것이라고 했다. 그런 행동을 하는 이유는 묻지 않고, 인간처럼 행동하면 인공지능이라고 했다. 튜링 테스트도 인간인 것처럼 말하면 된다. 대화 상대방이 자기가 대화하고 있는 상대방이 기계적 알고리듬인지 실제 인간인지 구분하지 못하면 튜링 테스트를 통과할 수 있다. 그러나 그 알고리듬이 왜 그렇게 이야기하는지, 진정 대화를 이해하는지에 대하여는 관심이 없다. 그러나 현재 수준에서는 중요한 의사결정을 하는 알고리듬이 자기가 하는 결정과정을 전혀 이해하지 못한다는 것은 문제다. 따라서 적어도 인간의 중요한 운명이 걸려있는 결정을 의탁할 수 있는 알고리듬의 구현에서 이해라는 문제와 직면해야 한다. 기계적 알고리듬이 인간처럼 이해하는 것은 어렵다. 인간의 이해과정도 제대로 규명되지 않은 상황에서 기계적 알고리듬이 이해를 할 수 있도록 만드는 것은 어렵다.

그러면 해결책은 없는가? 우리가 흔히 이야기하는 강 인공지능의 발상 같은 것은 좀 접어두길 바란다. 너무 지나친 기대라고 하지 않을 수 없다.

방안은 바로 인공지능이 이해하는 것처럼 보이게 하는 것이다. 인공지능이 진정한 이해는 하지 못해도 겉으로 보기에는 마치 이해하는 듯 의사결정을 하면 된다. 이것은 인공지능이 인간처럼 진정한 이해를 할 수 있도록 기대하는 것과는 다르다.

법 분야에 한정하여 이야기하면 마치 변호사가 판결을 예측하는 것처럼 설명 가능하게 하는 것은 불가능하지 않다. 그러나 그것이 가능하기 위해서는 생각보다 어려운 난관이 많다.

우선 인공지능 알고리듬이 판례를 이해하는 것처럼 만들어야 한다. 사람도 어려운 판례를 인공지능 알고리듬이 이해할 리는 없다. 그러나 이해하는 것처럼 보이게 할 수는 있다. 그렇게 하기 위해서는 자연어 텍스트로 되어 있는 판례를 어떤 사건의 해결에 활용할 수 있도록 맥락 차원에서 재조직화해야 한다. 기존에 등장했던 시멘틱 웹이나 온톨로지보다 훨씬 고차원적인 방법론이 동원되어야 한다. 자연어 처리에서 쓰인 벡터화를 기본으로 한 여러 가지 기법보다 더 고도화된 변환 과정이 필요하다. 필자의 수준에서 그 방법론을 예측하긴 어렵다. 필자가 그런 방법론을 구체적으로 제안할 정도라면 이렇게 한가하게 이 책을 쓰고 있지는 않을 것이다. 그러나 방향성은 제시할 수 있다. 마치 키워드 검색을 넘어 어떤 의미와 맥락 차원의 검색이 가능하도록 한 여러 가지 자연어 처리 기법과 같은 쌈빡한 아이디어가 나와야 할 것이다. 필요가 발명을 부른다. 인공지능 공학자들이 아무리 역량이 있어도 어떤 방향으로 나아가야 할지를 모른다면 뭔가 물건이 나올 수 없다.

판례를 재조직화하면 어떤 문제를 해결할 개개의 규칙을 구축하는 것도 가능하고, 이것을 집대성한 것이 지식베이스가 된다. 이것을 토대로 적절한 추론엔진 개발도 가능할 것이다. 이렇게 인공지능 알고리듬이 지식베이스와 추론엔진을 장착하면 그것에 의한 의사결정은 설명 가능한 형태로 나올 수 있다. 왜냐하면, 의사결정 자체가 지식베이스에 근거하고 있고, 지식베이스는 개개의 규칙이 집약된 것이며, 그것을 바탕으로 추론이 이루어졌으므로, 그 결과에 이르는 과정, 즉 어떤 규칙에 근거하여, 어떤 추론을 거쳤는지를 투명하게 보여준다. 이것이 진정한 의미의 설명 가능성이다. 구체적으로 예측을 해야 하는 어떤 사건이 있다고 하자. 그 사건을 분석하는 과정을 거쳐 그 사건에 맞는 적절한 규칙 즉 그 사건과 동일한 종전 사건의 해결에 기여한 판례를 찾아내고, 인공지능 알고리듬의 추론기능에 의하여 그 사건이 어떤 식으로 결론이 날지를 예측하며, 그러한 과정이 투명하게 변호사나 종국엔 수요자인 의뢰인에게 제시될 수 있다. 이는 인간전문가인 변호사보다 더 정확하고, 신뢰성이 있는 해결방안을 제시하는 것이어서 인공지능에 대한 거부감이 있는 의뢰인이라 할지라도 충분히 수용할 수 있을 것으로 전망할 수 있다.

　기존의 판례 DB를 재조직화하는 것은 수작업으로는 불가능하다. 이 과정은 결국 인공지능 알고리듬에 의하여 자동적으로 수행이 되어야 하며, 그 결과를 지식베이스로 만드는 과정 또한 자동적으로 이루어져야 한다. 이러한 작업의 관건은 자연어처리기법이 고도화되어 그 수준이 데이터를 이해하지는 못해도 이해하는 것처럼 보일 정도로 고도화될 것이 필요한데 화용분석pragmatics analysis 단계에 이르러야 가능할 것으로 보인다. 화용분석은 문장이 실세계와 가지는 연관관계를 분석한다. 사람과 같이 실세계의 지식과 상식이 요구된다. 이는 언어 행동 이론에 기초하여 대화적 암시나 발언의 맥락, 관련자들에 대한 기존의 지식에 따라 어떤 말의 의미가 어떻게 달라지는지를 파악한다. 즉 화용 분석은 전반적인 의사소통 및 사회적 내용과 해석에 미치는 영향까지 다룬다. 어떤 상황에서 언어의 의미 있는 사용을 추상화하거나 파생시킨다. 이 분석에서 주된 초점은 항상 무엇을 의미하는지에 대한 재해석이다. 실용적인 분석은 쌍방 대화를 특징짓는 일련의 규칙을 적용하여 사용자가 말한 진정 의도를 발견하려 한다. 예를 들어 "창문을 닫아주시겠습니까?"는 질문의 형태로 되어 있지만, 이는 창문을 닫겠느냐고 묻는 질문이 아니라, 창문을 닫아달라는 요청으로 해석되어야 한다.

화용분석이 가능해야 나름 알고리듬이 이해하는 것처럼 보일 수 있다. 문제는 현 단계에서는 이 정도 단계의 자연어처리는 슈퍼지능 구현과 마찬가지의 요원한 일로 보이며, 현행 자연어처리는 시만텍 분석semantics analysis 차원의 의미파악도 완전하지 않은 수준에 불과하여 이를 극복하는 것이 관건이라 하겠다.

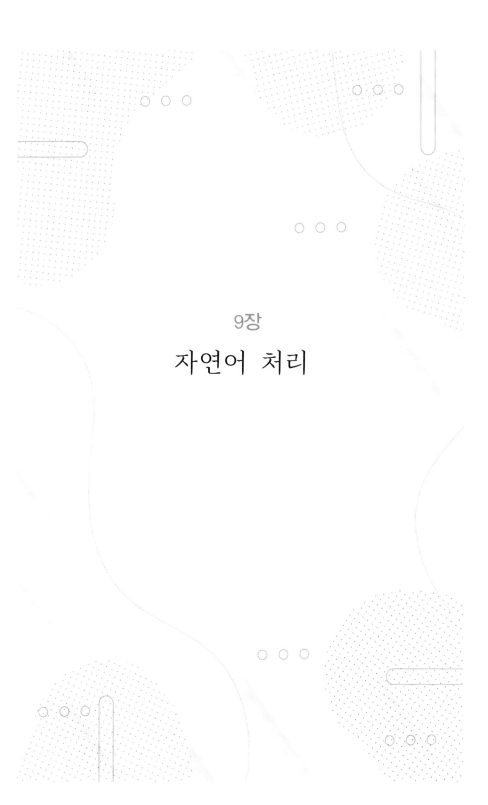

9장

자연어 처리

자연어 처리

자연어 처리는 컴퓨터가 텍스트나 구어체 문장에서 의미를 읽고, 분석하고, 해석하고, 추론하는 것을 목표로 하는 인공 지능 분야다.

요즘 인공지능의 개가로 사람의 질문에 답을 하는 인공지능 시스템이 많이 보급되고 있다. 알렉사Alexa나 시리Siri 같은 사람과 비슷한 이름을 가진 인공지능 질의응답 시스템은 일상 가정에서도 사용되고 있다.

최근 몇 년 동안 인공 지능, 기계 학습 및 음성 컴퓨팅의 출현으로 디지털 공간의 구조적 변화가 발생했으며 그 결과 대화형 음성 기반 가상 비서가 더 이상 희귀한 예라 할 수 없다. 빠르게 증가하는 디지털화 속도와 사물인터넷Internet of Things의 확산으로 인해 가장 뜨거운 트렌드가 되었다.[472]

Siri는 기본적으로 Apple의 기기, 특히 iPhone 용 디지털 비서인 반면 Alexa는 Amazon의 Echo 스마트 홈 장치 라인에서 볼 수 있는 일종의 홈 비서다. Alexa는 대화형 인공 지능을 사용하는 새로운 유형의 음성 인식 시스템으로, Amazon Echo 장치 전체 제품군의 두뇌 격이다. "Alexa!!"라고 말하여 작동시킨 후, 무언가를 질문하고, 명령을 내릴 수 있다. Alexa에게 최신 뉴스 업데이트 및 일기 예보에 대해 물어보고, 웹에서 콘텐츠를 찾게 하고, 알람을 설정하며, 조리법을 검색하고, 길을 찾을 뿐만 아니라, Amazon에서 제품을 구매할 수 있다. Alexa는 단일 개체이지만 실제로는 함께 모여 완벽하고 원활한 Alexa 경험을 생성하는 대규모 개체 모음이다.

Siri는 Apple 기기에서 더 빠르고 쉽게 작업을 수행할 수 있는 지능적 대

---

472) http://www.differencebetween.net/technology/difference-between-alexa-and-siri/#:~:text=
The%20Amazon's%20Alexa%20works%20kind,locked%20to%20the%20Apple's%
20ecosystem(2022. 7. 15 최종방문).

화형 가상 비서인데, 2011년 10월 출시된 iPhone 4S에서 데뷔한 Apple의
자체 음성 제어 개인 비서다. Siri는 나중에 Apple에 인수된 iOS용의 별도
스마트폰 앱으로 시작되었다. 처음에 Siri의 기능은 연락처 검색, 메시징,
날씨 업데이트 가져오기 및 몇 가지 간단한 쿼리와 같은 몇 가지에 한정되
었었다. 수년에 걸쳐 Apple은 Siri를 타사 앱과 긴밀하게 통합하면서 Siri의
기능을 확장했다. Siri는 질의 및 명령에 응답하고 필요할 때 적절한 지원
을 하는 자연어 처리 기능을 사용한다. Siri는 회의 준비, 전화걸기, 이메일
확인, 알람 설정, 레스토랑 찾기 등을 도와준다.

　이런 상황은 컴퓨터가 사람의 언어를 쉽게 이해하고 있는 듯 보인다. 그
러나 현재까지의 컴퓨터 수준에서 컴퓨터는 언어를 이해하지 못한다. 비록
컴퓨터는 텍스트를 수집하고, 저장하며 읽을 수 있지만 기본적인 언어 맥
락의 이해는 많이 부족하다.

　언어는 생각보다 훨씬 복잡했고, 문맥에 따라 달라지며, 인간이 수천 년
에 걸쳐 축적한 정보와도 연결되어 있다.[473]

　언어는 우리의 생각을 전달하고 인지 과정을 나타내는 데 사용하는 상징
적 도구이고, 언어는 생각의 거울이며 풍부한 인지 세계를 전달하는 방법
중 하나로 일컬어지고 있다. 우리가 사용하는 언어가 사고 의사소통을 촉
진할 뿐만 아니라 사고를 형성하고 다양화한다. 인지 과정으로서의 언어의
존재는 사고 체계에 영향을 미치고, 사고는 언어보다 먼저 오며, 언어의 학
습은 언어 사용 이전에 형성되는 개념적 과정과 상호작용한다. 뿐만 아니
라 각기 다른 언어는 사고 체계에 다른 영향을 미칠 수 있다.[474]

　언어는 의사소통의 수단으로 정의하지만, 단순히 의사소통의 방법이 아

---

473) 양종모, 각주 250)의 책, 62면.

474) Tilbe Göksun, "The Bases of The Mind: The Relationship of Language And
　　 Thought", Koç University, 2020. 4. 14, https://medium.com/kocuniversity/the-bases-
　　 of-the-mind-the-relationship-of-language-and-thought-a0bf30375528(2022. 7. 11. 최종
　　 방문).

니라 고유하고 구체적으로 만드는 문화의 구성 요소이기도 하다. 언어는 주어진 문화권의 사람들이 일상 업무를 수행하기 위하여 사용하는 임의의 음성 및 시각적 기호 시스템이다. 그러나 사회 언어적 의미에서 언어는 그 것을 통해 사회적 관계를 유지하는 수단이 된다. 언어와 문화를 논할 때 "언어는 문화이고 문화는 언어"라는 말을 자주 거론하는데, 그 이유는 두 가지가 항상 얽혀 있기 때문이다. 언어는 사람의 가치와 신념을 반영한다는 것을 의미한다.

사람들이 세계에 대해 생각하는 방식이 사람들이 세계에 대해 이야기하는 데 사용하는 언어에 직접적으로 영향을 받는다고 말한다. 또는 더 근본적으로 사람들은 자신의 언어에 단어가 있는 세계의 측면만 인식할 수 있다.[475]

따라서 언어는 단순한 통사론적 규칙을 컴퓨터 규칙으로 변환한다고 해서 해결될 수 있는 단순한 것이 아니다. 인간의 언어는 매우 모호하거나 다중적인 의미를 지니거나 불명확한 측면이 있다. 이는 단점이라기보다는 큰 장점이다. 이로 인해 부여되는 유연성은 제한된 단어만으로도 정보를 교환할 수 있게 만든다. 물론 인간의 언어소통 과정은 오로지 언어의 의미 파악만으로 이루어지지 않는다. 몸짓이나 표정 등과 언어를 결합해야 진정한 의미 파악이 가능하다. "응!"이라는 표현은 대화 당사자가 처한 환경에 따라, 톤(tone)에 따라 그 의미가 달라진다. 어떤 사람이 처한 상황과 표정, 몸짓 등이 결합되면 단 한 음절로도 복잡한 의사교환이 가능하다.

대다수의 질문 응답 시스템은 언어로 주어진 질문을 분석하고, 언어로 적힌 정보 출처를 검색해서, 언어로 된 답을 찾는다. 즉 현재는 질문에 답하는 데 외부세계를 살피는 일이 없이 언어의 세계에서만 완결되는 시스템이 대부분이다. 이런 점에서 보면 기계가 제대로 알고 답하는 것은 아니라

---

475) Marielle Zagada, "More Than Words: How Language Affects The Way We Think", goFLUENT, 2020. 3. 13, https://www.gofluent.com/blog/how-language-affects-the-way-we-think/(2022. 7. 11. 최종방문).

는 의견이 있는 것도 이상한 일이 아니다.476)

예측 부호화

예측 부호화predictive coding라고 불리는 기술을 활용하면 정신이 멍해질 정도인 이런 힘든 일을 인간보다 훨씬 빠르게, 열심히, 정확하게 수행할 수 있다. 우선은 변호사가 전체 내용의 특성을 대표할 만한 문서를 골라서 예시로 검토한다. 그 뒤에 기계학습 프로그램이 변호사가 수행한 일과 최대한 일치하는 영역을 확인한다. 그 영역에는 단순히 동일한 구문을 찾은 것도 있지만 문서, 문맥, 관계자들에 대한 고차원적인 의미를 해석한 내용도 포함된다. 그렇게 학습된 알고리듬이 문서의 나머지 부분을 처리해서 새로운 문서를 취합해낸다. 다음으로 그 문서를 변호사들이 재검토한다. 이 과정은 알고리듬이 스스로 적절하게 관련 문서를 골라내게 될 때까지 반복된다(이 기술은 이메일 스팸 필터가 사용자들이 스팸으로 표시한 메시지를 피드백으로 활용해서 조절해 나가는 과정과 유사하다). 전자 증거 개시 분야는 그 서비스만을 전문적으로 제공하는 업체들이 속속 생기면서 이미 작은 산업으로 자리 잡았다. 실제로 마이크로소트는 이 분야의 선두 주자였던 이퀴비오Equivio를 최근 인수하기도 했다.477)

n-gram

앞서 잠깐 언급한 바 있지만, n-gram은 자연어 처리 분야에서 널리 사용되는 기술이다. 텍스트 데이터, 또는 음성 데이터를 다루는 경우에 이 기술을 사용할 수 있다.

n-gram은 텍스트 데이터, 또는 음성 데이터의 주어진 시퀀스에 있는 n개

---

476) 카와조에 아이, 윤재(역), 『게으른 족제비와 말을 알아듣는 로봇』, 초판(니케북스, 2019), 98면.
477) 제리 카플란, 신동숙(역), 『인공지능의 미래』, 초판(한스미디어(주), 2017), 171면.

항목의 연속 시퀀스다. 여기서 항목은 해결하려는 애플리케이션에 따라 음소, 음절, 문자, 단어, 또는 기본 쌍일 수 있다.

단어 가방

단어 가방Bag of Words 모델은 자연어처리에서 사용되는 표현을 단순화하기 때문에 일을 편하게 만든다. 이 모델에서 데이터는 텍스트의 형태로되어있고, 단어 가방, 또는 단어 다중세트multiset로 나타내며 문법이나 단어순서는 무시하고 단어만 간직한다. 여기서 텍스트는 문장, 또는 문서다. 단어 가방에 대해 더 잘 이해할 수 있는 예를 들어보자.

> 텍스트 문서 1 : John likes to watch cricket. Chris likes cricket too .
> 텍스트 문서 2 : John also likes to watch movies .

위 문장을 토대로 리스트를 생성하면 다음과 같다.

> List of words= ["John", "likes", "to", "watch", "cricket", "Chris", "too", "also", "movies"]

이 리스트가 바로 단어 가방이다. 이는 문자로 된 피처를 숫자 형태로 변환해주는 역할을 한다. 기본적으로 머신러닝 모델은 문자를 인식하지 못한다. 그래서 카테고리 형 데이터도 라벨 인코딩을 하거나 원-핫 인코딩을 한다. 마찬가지로 단어 가방으로 피처를 만드는 것은 문서 내의 단어(더 정확히 말하면 토큰)를 숫자 형 데이터로 바꾸는 것이다. 단어가방은 단순히 단어의 발생 빈도를 기반으로 하지만, 텍스트의 특징을 잘 나타낼 수 있어 여러 분야에서 활용도가 높다. 이것은 문장의 문법이나 단어의 순서를 신경 쓰지 않는다.

단어가방은 종종 피처를 생성하는 데 사용된다. 단어가방을 생성한 후에 문서에서 각 단어의 용어-빈도를 유도할 수 있는데, 이는 나중에 머신러닝 알고리듬에 제공될 수 있다.

tf-idf 방법

tf-idf 방법은 언어 처리 기술과 통계적 기법의 융합으로 웹 검색이나 텍스트의 특징 추출에 널리 사용되는 일종의 자연어 처리 기법이다. tf-idf는 Term Frequency-Inverse Documebt Frequency의 약자다. 자연어 처리에서 많이 쓰이는 n-gram 방법은 출현빈도를 이용하여 문서의 특징을 조사하는데, 결과로 출력된 n-gram이나 단어에서 문서의 특징을 대표하는 것을 선택하는 문제에서는 무력하다. 반면 tf-idf 방법은 문서에서 특정 단어의 출현 빈도와 여러 문서에 공통되는 출현빈도 양쪽의 특징을 통합한 평가 기준으로 어떤 문서의 특정 단어가 해당 문서의 특징을 어느 정도 표현하는지를 나타내준다. tf-idf 계산에서는 특정 단어의 상대적 출현 빈도term frequency와 모든 문서에서 특정 단어가 출현하는 문서 비율의 역수inverse document frequency에 관계된 값을 서로 곱한다.[478] 대법원 종합법률정보에서 제공하는 2022. 7. 16. 자 화제의 판결의 기재 례를 가지고 tf-idf 방법을 적용하여 보자. 특별한 선정 기준 없이 첫 화면부터 다음 화면으로 옮겨가면서 형사 판결만을 고르고, 그 중에서 판결 요지 부분을 선택하되, 첫 번째 부분만 옮겨서 단순 검색의 방법으로 문자 출현 회수를 조사해보았다.

단어 출현 회수가 특정 판결에서 어떤 의미를 가지는 지 조사할 대법원 판결은 2022. 5. 12. 선고 2021도14074판결[도로교통법위반(음주운전)] 이

---

478) 오다타 토모히로, 김성재(역), 『인공지능을 이용한 빅데이터 처리』, 초판((주)도서출판 길벗, 2014), 228면.

다. 다음은 판결요지다.

> 범죄 구성요건 사실을 인정하기 위하여 과학 공식 등의 경험칙을 이용하는
> 경우에 그 법칙 적용의 전제가 되는 개별적·구체적 사실에 대하여는 엄격한
> 증명을 요한다. 위드마크 공식은 알코올을 섭취하면 최고 혈중알코올농도가
> 높아지고, 흡수된 알코올은 시간의 경과에 따라 일정하게 분해된다는 과학
> 적 사실에 근거한 수학적인 방법에 따른 계산결과를 통해 운전 당시 혈중알
> 코올농도를 추정하는 경험칙의 하나이므로, 그 적용을 위한 자료로 섭취한
> 알코올의 양·음주시각·체중 등이 필요하고 이에 관하여는 엄격한 증명이 필
> 요하다. 나아가 위드마크 공식에 따른 혈중알코올농도의 추정방식에는 알코
> 올의 흡수분배로 인한 최고 혈중알코올농도에 관한 부분과 시간경과에 따른
> 분해소멸에 관한 부분이 있고, 그중 최고 혈중알코올농도의 계산에 관하여
> 는 섭취한 알코올의 체내흡수율과 성별·비만도·나이·신장·체중 등이 결과
> 에 영향을 미칠 수 있으며, 개인의 체질, 술의 종류, 음주속도, 음주 시 위장
> 에 있는 음식의 정도 등에 따라 최고 혈중알코올농도에 이르는 시간이 달라
> 질 수 있고, 알코올의 분해소멸에 관하여도 평소의 음주정도, 체질, 음주속
> 도, 음주 후 신체활동의 정도 등이 시간당 알코올 분해량에 영향을 미칠 수
> 있는 등 음주 후 특정 시점의 혈중알코올농도에 영향을 줄 수 있는 다양한
> 요소가 존재한다. 한편 형사재판에서 유죄의 인정은 법관으로 하여금 합리
> 적인 의심을 할 여지가 없을 정도로 공소사실이 진실한 것이라는 확신을 가
> 지게 할 수 있는 증명이 필요하므로, 위 영향요소를 적용할 때 피고인이 평
> 균인이라고 쉽게 단정하여서는 아니 되고, 필요하다면 전문적인 학식이나
> 경험이 있는 자의 도움을 받아 객관적이고 합리적으로 혈중알코올농도에 영
> 향을 줄 수 있는 요소를 확정하여야 한다. 만일 위드마크 공식의 적용에 관
> 해서 불확실한 점이 남아 있고 그것이 피고인에게 불이익하게 작용한다면,
> 그 계산결과는 합리적인 의심을 품게 하지 않을 정도의 증명력이 있다고 할
> 수 없다.

위 문장을 출현 순서대로 나온 대법원 2022. 5. 12. 선고 2020도18062 판

결 [약사법위반], 대법원 2022. 3. 24. 선고 2017도18272 전원합의체 판결 [주거침입], 대법원 2022. 3. 17. 선고 2021도2180 판결 [상표법위반·업무상배임], 대법원 2019. 12. 12. 선고 2017도16520 판결 [정보통신망이용촉진및정보보호등에관한법률위반(정보통신망침해등)], 대법원 2019. 12. 12. 선고 2018도2560 판결 [공문서부정행사·사문서위조·위조사문서행사·도로교통법위반(음주운전)·도로교통법위반(무면허운전)], 대법원 2019. 11. 28. 선고 2019도11766 판결 [특정범죄가중처벌등에관한법률위반(뇌물)등], 대법원 2019. 10. 31. 선고 2019도8815 판결 [공직선거법위반], 대법원 2019. 9. 26. 선고 2018도7682 판결 [대부업등의등록및금융이용자보호에관한법률위반등], 대법원 2019. 8. 29. 선고 2018도2738 전원합의체 판결 [뇌물공여(일부변경된죄명:뇌물공여약속)], 대법원 2019. 7. 25. 선고 2019도5283 판결 [정보통신망이용촉진및정보보호등에관한법률위반(음란물유포)] 등 10개를 포함하여 특정 단어의 출현 빈도를 조사하여 보았다. 위 판결에서 나오는 단어들 순서대로 집계하여 보았더니, 범죄란 낱말은 11개 판결에서 모두 15회가 나왔는데, 해당 판결에서 출현 회수는 1개다. 그러면 td-idf는 1/15가된다. 이것은 별 중요하지 않은 단어다. 구성요건(1/4), 사실(4/11), 인정(2/7), 경우(1/19), 법칙(1/1), 흡수(3/3), 적용(4/4), 전제(1/2), 개별적(1/2), 구체적(1/4), 엄격(2/2), 증명(4/5), 인정(1/5), 위드마크(3/3), 공식(4/4), 알코올(15/15), 농도(8/8), 흡수(3/3), 시간(4/5), 경과(2/2), 일정(2/5), 제한(5/11), 음주(8/9), 과학(2/2), 운전(2/32), 당시(1/2), 결과(3/5), 계산(3/3), 수학(1/1), 방법(1/18), 경험칙(2/2), 추정(2/2)으로 앞부분 단어만 살펴보았다. 그런데 여기서 100%에 가까운 경우는 특정 판결에서 중요하다는 의미다. 범죄라든지 사실, 인정, 방법 이런 것들은 위 판결에서 별 의미가 없다. 그러나 알코올, 농도, 흡수, 음주 등은 출현회수도 높지만, 중요도도 높다. 따라서 이 판결이 음주 운전자의 혈중 알코올 농도와 관련된 판결임을 알려준다. 나아가 위드마크, 공식, 추정, 과학, 계산, 경험칙 등은 이러한 혈중 알코올 농도를 계산하기 위한 공식과 관련된 것이고, 그런 공식은 다분히 경험칙과 추정에 의한 것임을 알 수 있다. 필자가 이 부분 강의를 담당하여 출현 회수를 근거로 td-idf 공식을 적용하여 이런 결론을 낸 게 아니라 선입관으로 이 판결의 성격을 규정지었는지 의심할 수도 있지만, 필자는 이와 같은 간단한 실험을 통해 td-idf가 나름대로 특정 판결의 분석과 예측에 사용될 가능성의 단초를 엿보았다. 물론 td-idf를 이와 같은 주먹구구식으로 처리하지는 않는다. 원리를 설명하려고 한 것일 뿐이다. td-idf에 의하면 아주 많은 문장에서 공통적으로 나오는 출현 빈도가 높은 단어의 중요성보다 출현 빈도는 낮아도 어떤 특정 문서에서 집중적으로 나오는 단어의 중요성이 그 문서의 성격을 규정짓는 데는 중요한 역할을 한다고 본다. 물론 같은 조건이라면, 단어의 출현 빈도도 무시하지 못한다. 아무래도 출현빈도가 높은 단어의 경우, 중요한 단어일 가능성이 높기 때문이다.

이와 같이 td-idf의 아이디어는 문장 속에서 특정 단어의 출현 빈도를 가지고, 중요도를 평가하려는 것인데, 이러한 아이디어는 컴퓨터 알고리듬은 숫자를 다룰 줄 알지, 실제 자연어는 다루지 못하기 때문에 자연어라는 텍스트를 숫자로 변환하는데서 출발한다. 자연어를 컴퓨터가 이해할 수 있는 숫자의 나열인 벡터로 바꾼 결과 또는 그 일련의 과정을 임베딩Embedding이라고 한다. 단어나 문장 각각을 벡터로 변환하여 벡터 공간에 끼워 넣는다.'는 의미에서 임베딩이란 이름이 붙었다.[479) 이에 대하여 좀 더 살펴보기로 한다.

word2vec

Word Embedding은 문서에서 단어의 맥락, 의미, 구문 유사성, 다른 단어와의 관계 등을 포착하려는 기법이다. 이는 앞서 살펴본 특정 단어의 벡터

---

479) 임홍순 외, 각주 268)의 책, 71면.

포현과 관련된다. 이러한 Word Embedding을 가능케 하는 알고리듬이 바로 Word2Vec이다. Word2Vec은 얕은 신경망을 사용하여 Word Embedding을 학습하는 가장 널리 사용되는 알고리듬이다.

Have a good day and Have a great day.

위의 문장은 각기 다른 의미를 가지고 있다.

V=(Have, a, good, great, day)

이것은 one-hot-encoding을 해보면,

Have=[1,0,0,0,0], a=[0,1,0,0,0], good=[0,0,1,0,0], great=[0,0,0,1,0], day=[0,0,0,0,1]이 된다.

즉 단순하게 숫자로 변환하는 것이 아니라 단어나 문서의 상호 관계를 찾기 위한 목적으로 텍스트를 벡터화 하는데, 다양한 벡터화 알고리듬이 존재하며, 이러한 벡터 알고리듬이 뭐냐에 따라 자연어 처리 결과에 큰 영향을 미친다. 확률과 신경망과 관련된 삼각 벡터 등 다양한 도구가 존재한다. 실제 텐서플로우 알고리듬을 소개하는 사이트에 보면 벡터화 알고리듬이 있다. 필자도 깊은 이해까지는 아니어도 파이썬으로 작성된 알고리듬을 작동시켜 보면서 제대로 작동하고 있음을 확인하였다. 일단 어떤 단어를 벡터로 바꾸면 비교·추가·뺄셈 등의 단어 간 연산이 가능하다. 사람의 인지로는 알 수 없지만, 이런 연산을 통해 어떤 단어가 가장 가까운지, 유사한지와 같은 단어 간의 상관관계가 드러난다. 단어 간 연산의 예를 들어보자.

---

king-man+woman= Queen

앞과 같은 연산에서 처리된 벡터를 살펴보면 단위 queen에 가장 가까운 벡터가 생성됨을 알 수 있다. 이는 일종의 유추 컴퓨팅이며, 선형 기반이다.

놀랍게도 purple - red = blue 도 성립한다. 이것은 일종의 뺄셈 연산인데, 사실 보라색에서 적색을 제거하면 청색이 된다는 상식에 부합한다. 놀랍지 않은가? France Paris + Athens = Greece라는 벡터 연산도 성립한다. 이 모든 것이 인공지능 알고리듬의 기본인 선형처리다.

우리나라 말에 대하여도 이런 벡터 연산을 구현한 사이트480)가 있다. 여기서 아래와 같은 연산이 이루어진다.

한국-서울+도쿄

QUERY

+한국/Noun   +도쿄/Noun   -서울/Noun

RESULT

일본/Noun

'한국-일본+도쿄=서울'이란 연산도 이루어졌다. 이해가 된다. '사랑-고통+미련=소망'이란 결과도 나왔는데, 뭔가 야릇하다. 다양한 단어를 넣어 결과를 보니, 엉뚱한 결과도 나왔다. 충분한 학습이 이루어지지 않았다는 것을 방증하지만, 대단한 성과임을 분명하다.

위의 사례보다 훨씬 복잡한 연산이 존재한다. 매우 흥미롭다. 구체적으로 설명하지 않고 간단히 소개만 한다.

---

480) http://w.elnn.kr/search/(2022. 7. 20. 최종방문).

	Rent	Sale	Credit
Warranty	3	4	3
Lease	6	0	2
contract	0	6	4

위 도표에서 warranty가 벡터로 contract에 가까운지, 아니면 lease에 가까운지 알고자 한다. 이것을 식으로 표현하면 cos(warranty, contract) and cos(warranty, lease)이 된다. 두 벡터의 코사인을 계산하는 공식이 있다. 그 공식을 비롯하여 나머지 수반되는 공식은 생략한다. 너무 복잡하여 이 책의 주된 독자들에게는 무리다.

그러나 어떻든 warranty와 contract 벡터의 분자를 계산하면 (3 x 0) + (4x 6)+(3x4)= 36이 된다. 분모는 $\sqrt{3^2 + 4^2 + 3^2} \times \sqrt{0^2 + 6^2 + 4^2} = 42.04759$ 가 된다. 분자를 분모로 나누면 0.856173의 값을 얻는다.

warranty와 lease에 대하여도 동일한 계산을 하면 0.650791의 값을 얻는다. 이 결과에 의하면 warranty는 lease보다는 contract와 더 유사한다는 것을 알 수 있다. 이와 같은 벡터의 코사인 추출은 단어의 클러스터링, 문서나 문장의 주제 식별 등에 도움이 된다.[481] 벡터 연산은 차원을 더 늘린 고차원끼리도 가능하며, 단순한 빈도 위주의 검색 알고리듬을 획기적으로 바꿀 수 있는 계기가 되었다.

머신러닝 알고리듬이 이해할 수 있게끔 텍스트의 단어를 벡터화를 통해 숫자로 변환하고, td-idf 점수를 계산하고, 이것을 Support Vector Machines 나 Naive Bayes 분류기와 같은 알고리듬에 투입하여 단순한 단어 수와 같은 방법보다는 훨씬 향상된 결과를 얻고자 하는 것이다. 앞서 본 바와 같이 단어 벡터는 어떤 문서를 말뭉치의 가능한 각 단어에 대해 하나씩 숫자로

---

481) Paul D. Callister, Law, "Artificial Intelligence, and Natural Language Processing: A Funny Thing Happened on the Way to My Search Results", 112 LAW LIBR. J. 161 (2020), pp.173-175.

표현할 수 있게 해준다. 그렇게 해서 나온 벡터는 어떻든 특정 텍스트의 내용을 나타낸다. tf-idf를 사용하면 문서의 각 단어가 해당 문서에서 어떤 관련성을 지니는지 숫자로 나타낼 수 있게 된다. 그런 다음은 유사하고 관련성 있는 단어는 유사한 벡터를 갖게 되며, 이것을 계산하는 것을 앞서 소개했다. 이런 td-idf는 기존의 키워드 검색과는 확연히 다른 정보 검색을 가능하게 해준다. 검색하는 내용과 가장 관련성이 높은 결과를 제공해주며, 단순히 출현 횟수가 많은 것을 검색 순위 상위에 올리는 키워드 검색과는 달리 관련성, 유사성 비교를 통해 정말 찾고자 하는 정보를 검색 순위 상위에 올린다. 또한 키워드 추출에도 탁월할 것이다. 아무래도 tf-idf 점수가 높은 단어는 해당 문서와 가장 관련성이 높고, 이를 키워드로 삼아도 된다.

2017년 이전까지는 단어 수준의 임베딩을 사용해서 분석했는데. 이후로는 문장 수준의 임베딩이 등장했다. 단어 수준 임베딩의 단점으로는 동음이의어를 분간하기 어렵다는 점이 있다. 같은 단어가 다른 의미로 사용되는 용례는 대부분의 언어에서 너무나 흔히 발생하는 문제다. 대표적인 문장 수준 임베딩 기법으로는 ELMo, BERT, GPT 등이 있다.

언어 분석에는 순환 신경망을 이용하는데 순환 신경망으로는 바닐라 RNN, LSTM, GRU 등이 있다. 최근에는 어텐션 기법과 트랜스포머 등을 사용한다.[482]

이러한 언어분석 위주의 접근법은 종전의 법률 지식 모델링·공식화 시도와는 차원이 다르다. 인공지능 법률전문가를 만들고자 하는 수많은 시도의 배경에는 법적 사건에 대한 자동 추론을 가능케 하는 법률 지식의 모델링과 공식화가 필수적이었다. 그러나 이런 작업은 사람의 손을 일일이 거쳐야 하는 수작업 중심이었고, 자동화와는 거리가 멀었다. 법률 지식 관리 및 공유를 위한 시멘틱 웹Semantic Web의 아이디어가 등장했고, 꽤 많은

---

482) 임홍순 외, 각주 268)의 책, 71면.

연구가 따랐지만, 그 결과는 미흡했다. 어떤 기존 사건에 대한 판결 등에서 드러나는 전문 법률 지식을 현재 진행 중인 사건의 예측 등에 사용하기 위해서는 그런 법률 지식 영역을 모델링하는 것이 필요하다. 법률 지식을 예측에 사용하기 위해서는 어떤 개체를 분류하고, 설명하는 온톨로지 Ontology 구축 절차가 필요하고, 이러한 작업은 최첨단 기술의 지원을 받아야 하므로, 개발자뿐만 아니라, 협업하는 법률전문가 그룹도 이런 최첨단 기술에 대한 최신 정보를 입수하여야 한다. 그렇지 않으면 시멘틱 웹에 의하여 구축된 법률 정보 체계는 효율의 측면에서 심각한 문제를 야기할 수 있다. 법률 정보 시스템에 관한 논의에서 온톨로지가 중요하게 다루어지고 있다. 이는 온톨로지가 시맨틱 웹의 구축에 중추적 역할을 하기 때문이다. 온톨로지는 인터넷에 있는 압도적인 양의 정보 내용을 설명하는 수단을 제공하는 것이다.

일반적으로 온톨로지는 담론의 세계를 설명하는 데 사용할 수 있는 어휘다. 온톨로지는 관련된 용어의 집합으로, 특히 이러한 용어가 구조화되고 정의되는 방식으로 도메인을 설명한다. 이 구조는 '도메인이 무엇에 관한 것'인지 알려준다.

온톨로지는 시맨틱 웹에 대한 지원에 그치는 것은 아니다. 온톨로지의 역할은 지식 시스템에 대한 지식 베이스의 사양에서부터 지식 관리 및 정보 검색을 위한 대규모 문서 저장소를 관리하기 위한 개념 기반 색인에 이르기까지 다양하다.[483]

온톨로지의 구축은 새로운 지식 정보만으로는 될 수 없다. 기존에 이미 구축된 온톨로지까지 통합되어야 하며, 재사용 가능한 지식정보를 매번 새로 구축할 필요는 없다. 지식의 재사용이라는 개념을 확실히 하여야 한다. 지식의 재사용은 개인이나 그룹이 제3자가 생성하고 공유한 지식을 재사용

---

483) Tom Van Engers et al., "Ontology in the Legal Domain", 10.1007/978-0-387-71611-4_13, p.234.

하는 일종의 재활용 프로세스다.

인공지능 번역은 종전의 기계적 번역과는 차이가 있다. 예를 들어 다음 문장은 별다른 오류가 없다.

Although the involuntary confession rule presents difficulties for courts, imagine the test from the perspective of a police officer conducting an interrogation. Factors that later might become important to the inquiry, such as the education of the suspect or the suspect's psychological strengths and weaknesses, are usually unknown to the officer at the time of the interrogation.

이것에 대한 google 번역 결과는 아래와 같다.

비자발적 자백 규칙은 법원에 어려움을 제공하지만 심문을 수행하는 경찰관의 관점에서 테스트를 상상해보십시오. 피의자의 교육이나 피의자의 심리적 강점과 약점 등 나중에 수사에 중요하게 될 수 있는 요인은 대개 조사 당시 경찰관에게 알려지지 않았다.

그런데 아래 문장은 difficulties, conducting, interrogation의 철자가 잘못되었다. 그런데 그 번역 결과는 위의 번역 결과가 일치한다.

> Although the involuntary confession rule presents diffculties for courts, imagine the test from the perspective of a plice officer onducting an interrogtion. Factors that later might become important to the inquiry, such as the education of the suspect or the suspect's psychological strengths and weaknesses, are usually unknown to the officer at the ime of the interrogation.

바로 이것이 인공지능 번역의 핵심이다. 인공지능 번역은 단어와 단어의 대응 같은 것이 아니다보니, 일부 개별 단어에 오자가 있어도 번역에는 문제가 없다. 전형적 컴퓨터 알고리듬은 이런 경우, 오자로 인하여 번역에 문제를 일으킨다. onducting은 conducting과는 형태가 달라서 그것을 conducting과 같이 번역될 수는 없다. 그러나 인공지능 알고리듬에서는 앞서 본 자연어 처리 기법에 의해 onducting이 conducting의 오자임을 알고 제대로 번역한다. 이는 특정 단어 하나가 아니라, 문장 전체의 맥락을 파악하기 때문이다. 비록 word2vec 알고리듬의 구체적 내용까지는 몰라도 자연어 처리 과정은 단순한 단어와 단어의 대응을 넘어, 특정 단어가 문장 속에서 어떤 맥락을 갖고, 다른 단어와의 상관관계도 가지며, 그것을 정밀하게 계산하는 알고리듬에 의해 복잡하게 해석된다는 것을 알았으면 한다.

BERT

BERT는 Bidirectional Encoder Representations from Transformers의 약자인데, 자연어 처리를 위한 기계 학습 모델의 일종이다. Google AI Language의 연구원들에 의하여 2018년에 개발됐는데, 감정 분석 및 명명된 개체 인식과 같은 11개 이상의 가장 일반적인 언어 작업에 대한 획기적이고 편리한 솔루션이다.

BERT는 다양한 언어 작업에 사용할 수 있다. 영화에 대한 리뷰가 얼마나 긍정적인지 부정적인지 결정할 수 있다. 또한 챗봇이 어떤 질문에 답하는 소위 질의응답에 도움이 된다. 이메일을 작성할 때 텍스트를 미리 예측하는 텍스트 예측에도 사용할 수 있다. 몇 개의 문장 입력만으로 모든 주제에 대한 기사를 작성하는 텍스트 생성에도 사용할 수 있다. 장문의 법적 계약을 빠르게 요약할 수 있고, 주변 텍스트를 기반으로 여러 의미를 가진 단어를 구별할 수 있다.[484]

33억 단어의 방대한 데이터 세트는 앞서 언급한 바 있지만, BERT의 지속적인 성공에 기여했다. 개발사인 구글은 Wikipedia(~2.5B 단어)와 Google BooksCorpus(~800M 단어)를 사용하여 BERT를 학습시켰다. 이러한 대규모 정보 데이터 세트는 BERT가 영어뿐만 아니라 세상에 대한 깊은 지식체계 구축에 기여할 수 있도록 했다.

이렇게 큰 데이터 세트에 대한 교육은 오랜 시간이 걸린다. BERT의 교육은 새로운 Transformer 아키텍처 덕분에 가능했으며 TPU(Tensor Processing Units‐대규모 머신러닝 모델용으로 특별히 제작된 Google의 사용자 지정 회로)를 사용하여 속도를 높였다. 모두 64개의 TPU가 4일 동안 BERT를 교육했다. 또한 마스크 언어 모델Masked-Language Modeling이란 아이디어를 창안하였다.

마스크 언어 모델은 문장에서 단어를 마스킹(숨김)하고 BERT가 커버된 단어의 양쪽에 있는 단어를 양방향으로 사용하여 마스킹된 단어를 예측하도록 하여 텍스트에서 양방향 학습을 활성화 시킨다. 이것은 최초의 시도다.

그러나 사람들의 사고에서 이런 방식이 자연스럽다. Glacier National Park에서 캠핑을 하는 동안 친구가 전화를 걸었는데 전화 도중에 통신장애로 끊어졌다고 상상해 보자. 전화가 끊기기 전에 마지막으로 들을 수 있는 말은 다음과 같다.

---

484) Britney Muller, "BERT 101 State of The Art NLP Model Explained", https://huggingface.co/blog/bert-101(2022. 7. 10. 최종방문).

> Friend: "Dahm! I'm out fishing and a huge trout just [blank] my line!"

친구가 말한 문장에서 [blank] 부분에 들어갈 단어가 무엇인지 짐작이 가는가? 누락된 단어 앞뒤에 양방향으로 단어를 문맥 단서로 고려하여 누락된 단어를 자연스럽게 예측할 수 있다(낚시에 대한 역사적 지식도 추가되었다). 조금만 생각하면 [blank]의 단어가 'broke'인 것을 알 수 있지만 항상 그런 것은 아니지만, BERT는 100% 정확한 예측을 해낸다.

위의 예를 통해 언어 모델의 성능 점수와 "인간 성능"을 비교할 수 있다. BERT와 같은 최신 모델은 인간보다 더 정확할 수 있다. 위의 [blank] 단어를 채우기 위해 수행한 양방향 방법론은 BERT가 최첨단 정확도를 달성하는 방법과 유사하다. 토큰화 된 단어의 무작위 15%는 훈련 중에 숨겨지며 BERT의 임무는 숨겨진 단어를 정확하게 예측하는 것이다. 이를 통해 영어를 비롯한 언어들에 대해 모델을 직접 가르칠 수 있다.

GPT

같은 계열로 언론에서 야단인 일론 머스크가 합류한 OpenAI의 GPT가 있다. 최근 마이크로소프트가 GPT3의 독점사용권을 취득하면서 비난이 일고 있다.

샌프란시스코에 본사를 둔 인공지능 연구소 OpenAI가 제작한 대형 언어 모델 GPT-3는 딥러닝을 이용하는 알고리듬으로, 책이나 인터넷에 있는 수많은 텍스트를 학습하여 단어와 구절을 연결해 텍스트를 생성한다. 대형 언어 모델large language model은 일반적으로 수십 기가 바이트 크기이며, 훈련에 사용되는 텍스트 데이터는 페타바이트 규모로 추정된다. 매개 변수 측면에서도 가장 큰 모델인데, 매개변수는 모델이 학습하면서 독립적으로 변경될 수 있는 값을 의미한다.[485]

2020년에 처음 출시됐을 때 GTP-3가 인간의 글을 무서울 정도로 실제에 가깝게 모방하자 많은 이들은 드디어 진정한 기계지능machine intelligence 으로 향하는 문이 열렸다고 생각했다.

GPT-3는 마치 인간이 쓴 것처럼 보이는 복잡한 문장을 만들어낼 수 있다. GPT-3가 만들어내는 글에는 문화적 맥락도 포함되어 있으며, 과학자들이 실제로 작성하였을 법한 그럴듯한 내용도 들어있었다. 이런 식으로 언어를 사용할 수 있는 기계가 중요한 이유에는 몇 가지가 있다.

우선 언어는 일상 세계를 이해하는 데 필수적이다. 인간이 의사소통을 하거나 생각을 나누고 개념을 설명할 때 언어를 사용하기 때문이다. 따라서 언어를 완벽하게 익힌 인공지능은 언어를 학습하는 과정에서 세상을 더 제대로 이해하는 법도 습득할 수 있을 것이다.

대형 언어모델은 또한 다양한 분야에서 실용적으로 활용될 수 있다. 대형 언어모델을 이용하면 더 유창하게 대화할 수 있는 챗봇을 만들 수 있고, 문장이나 구절 몇 개만 주면 어떤 것에 관해서든 기사와 이야기를 만들어낼 수 있으며, 텍스트를 요약하거나 질문에 답을 하는 것도 가능하다. GPT-3를 이용하는 사람들은 이미 GPT-3를 이용해 창업 아이디어를 만드는 도구부터 던전을 배경으로 인공지능이 자유롭게 시나리오를 만드는 텍스트 어드벤처 게임에 이르기까지 수십 개의 다양한 앱을 만들고 있다.

GPT-3가 2020년에 등장한 유일한 대형 언어모델은 아니다. 마이크로소프트, 구글, 페이스북(현 메타)도 자체적인 대형언어모델을 발표했다. 그러나 GPT-3는 2021년 초까지 발표된 언어모델 중 가장 성능이 뛰어난 모델이었다. 또한 GPT-3는 특정 작품의 팬이 만든 2차 창작 소설을 뜻하는 팬픽션Fan fiction, 철학적 논쟁, 심지어 프로그래밍 코드까지 어떤 텍스트든

---

485) Kyle Wiggers, "The emerging types of language models and why they matter", TechCrunch, 2022. 4. 28, https://techcrunch.com/2022/04/28/the-emerging-types-of-language-models-and-why-they-matter/(2022. 6. 13. 최종방문).

작성할 수 있을 것처럼 보인다. 2020년 여름에 사람들이 GPT-3를 테스트하기 시작하면서 소셜미디어에는 GPT-3의 다재다능한 능력을 보여주는 수많은 사례들이 쏟아졌다. 심지어 GPT-3를 최초의 인공 일반지능artificial general intelligence이라고 할 수 있는지에 관한 논쟁이 불붙기도 했다.

그러나 그 의문에 대한 답은 '아니다.'이다. 매우 그럴듯한 텍스트를 생성할 수 있기는 하지만, GPT-3가 기존의 인공지능과 다른 새로운 알고리듬은 아니다. GPT-3는 '규모를 키우면 무엇이든 할 수 있다.'는 것을 보여주고 있을 뿐이다. GPT-3를 만들기 위해서 OpenAI는 GPT-3의 이전 모델인 GPT-2를 만들 때 사용했던 것과 동일한 방법과 알고리듬을 거의 그대로 사용했다. 차이점이 있다면 GPT-3가 GPT-2보다 훨씬 방대한 신경망을 가지고 있으며, 훨씬 거대한 학습 데이터를 사용했다는 점일 것이다. GPT-3는 1,750억 개의 파라미터parameter를 가지고 있는데, GPT-2의 파라미터가 15억 개였던 것과 비교하면 엄청난 차이다. GPT-3는 학습할 때도 훨씬 많은 데이터를 사용했다.

GPT-2 이전에는 딥러닝을 사용하는 언어모델을 학습시킬 때 일반적으로 두 가지 과정을 거쳤다. 우선 언어에 관한 기본적인 이해를 위해 범용적인 데이터 세트를 사용해 학습했고, 그리고 나서 텍스트 이해나 번역 같은 특정한 작업에 맞춘 작은 데이터 세트로 학습했다. 그러다가 GPT-2가 등장하면서, 규모가 더 큰 모델을 더 많은 데이터로 학습시키면 첫 번째 과정만 거치더라도 전반적으로 좋은 결과를 낼 수 있다는 것이 드러났다. 그런 이유로 OpneAI는 GPT-3를 만들 때 모델의 규모와 학습 데이터 크기를 더 키우기로 했고, 그때까지 출시된 모든 언어모델 중에 가장 큰 모델을 만들어냈다.

그러나 GPT-3가 모두의 관심을 사로잡았던 뛰어난 결과물만 만들어내는 것은 아니다. 사실 GPT-3는 수백 단어가 넘어가는 텍스트에서는 같은 말을 반복하거나 모순되는 말을 할 때가 많고, 어이없는 실수를 한다. 화려한 언

변 속에 우둔함을 감추고 있는 GPT-3로 완벽한 텍스트를 생성하기 위해서
는 보통 여러 번 시도해야 한다.

많은 사람들이 지능에 대해 이야기하기 시작한 것도 놀라운 일이 아니
다. 그러나 GPT-3의 인간을 능가하는 것처럼 보이는 출력과 놀라운 다재다
능함은 진정한 지능이 아니라 탁월한 엔지니어링의 결과다.

GPT-3 내부에서 정확히 무슨 일이 일어나고 있는지는 분명하지 않다.
하지만 잘하는 것처럼 보이는 것은 인터넷의 다른 곳에서 찾은 텍스트를
합성하여 수백만 개의 텍스트 조각으로 만든 일종의 방대하고 절충주의적
인 스크랩북으로 만든 다음 필요에 따라 이상하고 멋진 방식으로 접착하는
것이다.

또한 GPT-3의 놀라운 성능과 함께 점점 더 커지고 있는 인공지능의 문
제점도 드러내고 있다. 이러한 언어모델을 구동하는 데 필요한 엄청난 전
력 소비는 기후변화에도 그다지 이롭지 않다. 덴마크 코펜하겐대학의 연구
팀은 GPT-3가 화석연료로만 전력을 공급하는 데이터센터에서 학습했다면,
GPT-3를 학습시킬 때 자동차로 달까지 왕복하는 것과 비슷한 수준의 온실
가스가 발생했을 것이라고 추정한다. 또한 일부 전문가들은 GPT-3를 학습
시키는 데 최소 1,000만 달러가 필요했을 것으로 추산하는데, 이러한 학습
비용은 연구비 규모가 가장 큰 연구소 몇 곳을 제외하면 나머지 대부분 연
구소에서 감당할 수 없는 수준이다. 대부분의 연구소에서 최신 연구를 수
행할 때 필요한 비용의 범위를 훨씬 뛰어넘는 금액이기 때문이다.[486]

GPT-3가 생성한 텍스트는 사람이 작성한 것처럼 보이기 때문에 사람들
에게 쉽게 믿음을 줄 수 있다. 이로 인해 GPT-3를 비롯해 사람처럼 언어를
작성하는 모든 언어모델들에 '사용자 주의User beware' 스티커 같은 안전

---

486) Will Douglas Heaven, "Why GPT-3 is the best and worst of AI right now", MIT
Technology Review, https://www.technologyreview.kr/gpt3-best-worst-ai-openai-natural-
language-2/(2022. 7. 11. 최종방문).

경고 표시를 해서 사람들에게 그들이 지금 인간이 아니라 소프트웨어와 대화 하고 있다는 것을 알려야 한다고 주장하는 이들도 있다.

몇 달 전에 누군가가 소셜 뉴스 포럼인 레딧Reddit에 GPT-3로 만든 봇을 풀어놓았다. 이 봇은 정체가 드러나기 전까지 며칠에 걸쳐 수백 개의 댓글을 남기고 수십 명의 레딧 이용자들과 소통했다. 봇이 레딧에서 행한 대부분의 활동은 무해했으나, 자살에 관한 글에 맥락을 전혀 파악하지 못한 채 부적절한 댓글을 달기도 했다.

이러한 한계에도 불구하고 GPT-3는 '클수록 좋다'고 믿는 이들의 생각을 어느 정도는 증명하고 있다. GPT-3 같은 대형 모델들은 컴퓨팅 파워와 데이터가 커지면 커질수록 큰 발전을 이룰 수 있다는 것을 보여주며 미래에 대한 기대감을 키우고 있다. GPT-4가 어떤 모습일지는 아직 알 수 없지만, 미래에는 챗봇이 대화 주제에 대해 더 폭넓게 이해하면서 더 길고 일관성 있는 텍스트를 만들어낼 수 있게 될지도 모른다.

왓슨이라는 IBM의 인지 컴퓨팅

〈제퍼디〉의 인지 컴퓨팅은 또 한 단계의 기술발전을 구현한 것이었다. 그것은 바로 인간의 언어를 향한 컴퓨터의 진보였다. 컴퓨터 시대의 첫 50년 동안 컴퓨터는 가지런히 배열된 숫자와 단어를 전문으로 다루었다. 데이터베이스 안에 들어 있는 거래처의 명단을 세로줄로 정리하고, 그 다음 줄에는 이 업체들의 제품, 그 다음 줄에는 가격을 배열했다. 모든 것은 분명했다. 컴퓨터는 이런 숫자를 단숨에 처리했다. 그런데 어떤 사람이 한번은 'Don'이라는 이름으로, 또 한 번은 'Donny'라는 이름으로 거래를 했다면, 컴퓨터는 이를 두 명의 다른 사람으로 인식한다. 이 두 개의 이름은 서로 다른 0과 1의 조합으로 되어 있기 때문이다. 따라서 'Don≠Donny'가 된다. 컴퓨터는 언어를 이해하지 못하니, 별명은 말할 것도 없다. 이런 식이라면 대책이 없다. 그저 이 복잡한 세상을 단순화시키고 가지런히 배열해서 컴퓨터 손에 쥐어주는 수밖에 달리 방도가 없다.[487] IBM은 웹에서 쏟아져 나오는 정보를 기업 고객들이 신속하고도 최대한 정확하게 이해하는 데 필요한 첨단 도구를 제공해야 했다. 상당한 비중을 차지하는 컨설팅 부문의 사업에 쓸 수 있는, 아주 똑똑하고 언어를 능숙하게 처리하는 기술이 필요했다. 그리고 고객들에게 IBM에 이러한 역량이 있다는 믿음을 주어야 했다. 고객의 믿음은 IBM이라는 브랜드의 핵심이었다. 그래서 시도한 것이 바로 인지컴퓨팅의 구축, 즉 왓슨의 탄생이었다. 물론 왓슨은 진정한 의미의 언어모델의 구현은 아니었다고 생각한다.

제퍼디라는 퀴즈 쇼를 위해 구상한 왓슨은 퀴즈 쇼 후, 왓슨이라는 기반 시스템으로 탈바꿈하면서, 의료분야에서는 Dr.Watson, 법 분야에서는 ROSS[488]라는 파산 분야 특화 법률 정보 검색 알고리듬이라는 후속 작을 만들어냈다.

ROSS의 구현 방식

ROSS와 같은 법률 정보 검색 알고리듬을 만든다고 가정해보고, 그 절차를 구상해보자.

컴퓨터 알고리듬 또는 기계는 가장 먼저 검색자의 질문이 '어떤 유형의 답을 바라는지'를 판단해야한다. 기계가 답해야 하는 것을 결정하는 것이

---

487) 스티븐 베이커, 이창희(역), 『왓슨, 인간의 사고를 시작하다』, 초판(세종서적(주), 2011), 38면.

488) 각광을 받던 ROSS는 Westlaw의 독점 데이터를 복사하고, 사용하였다는 소송을 당하여, 2021. 1. 31. ROSS 플랫폼을 사용할 수 없는 상태가 되었다. Westlaw를 서비스하는 톰슨 로이터는 2020. 5. ROSS에 대하여 Westlaw의 콘텐츠를 훔쳤다는 주장을 하며 소송을 제기하였고, ROSS는 톰슨 로이터가 반독점금지법을 위반하였다면 반소를 제기하였다. https://www.lawnext.com/2020/12/legal-research-company-ross-to-shut-down-under-pressure-of-thomson-reuters-lawsuit.html; https://news.bloomberglaw.com/ip-law/reuters-fails-to-escape-antitrust-claims-in-copyright-battle(2022. 1. 3. 최종 방문).

법조문인지, 판례인지, 관할 구역인지 아니면 사실관계 속의 인명인지 일자나 지명인지 혹은 또 다른 무언가의 이름인지와 같은 것을 파악해야한다.

대다수의 질문 응답 시스템은 자신이 갖춘 '정답 유형 분류' 속에서 질문이 요구하는 대답의 유형이 어디에 가까운지를 판단한다. '정답 유형 분류'를 어느 정도의 규모로 구성하고 어떤 정보들을 갖추고 있느냐는 질문 응답 시스템의 목적에 따라 바뀌게 된다. 예를 들어 퀴즈에 도전할 때 왓슨은 광범위한 분야에 걸친 2천5백여 가지 '정답 유형 분류'를 갖추고 있었다. 물론 법률 정보 검색과 같이 보다 한정된 목적으로 사용하고자 하면 '정답유형 분류'의 규모가 보다 작고 전문적인 것이 되어야하는 데 예상되는 것은 판례법의 말뭉치corpus일 것이다. 말뭉치는 언어를 대표하는 것으로 생각되는 원문, 발화 또는 기타 표본들의 뭉치로 대개 전자 자료의 틀로 저장되어 있다.

일반적인 질문에서 정답 유형을 한정한 후에는 답을 찾기 위해 정보 출처를 검색해야 한다. 그때는 보통 질문 문장을 그대로 검색에 사용하지 않고 질문 문장에 포함되었던 중요한 핵심어를 뽑아내서 사용한다. 핵심어로는 주로 고유명사, 전문용어, 연호나 일시 따위의 시간표현, 길이나 가격 같은 수치가 이용된다. 정보 출처 속에서 예상 답안을 포함한 문헌을 골라내 줄 수 있는 단어를 고르는 것이 가장 바람직하다. 법률 정보 검색 같은 경우는 기존에 법률전문가들의 검색에 사용하는 검색 방법이 있으므로 그것을 참고해야 할 것인데, 사례 자체를 바로 찾으려 하는 것이 아니라, 사례 내 구절을 찾는 방식이 되어야 한다. 왜냐하면 검색으로 찾고자 하는 답변은 전체 사례가 아니라 사례 텍스트의 구절에서 발견되기 때문이다. 단순히 키워드를 찾는 것과는 다르다.

정보출처란, 사전에 '여기에서 답을 찾아라!' 하고 기계에게 제공해둔 자료의 집합을 말한다. 정보출처 안에서 어떤 문헌을 얼마나 포함해야하는지 역시 질문응답시스템의 목적에 따라 바뀌게 된다. 예를 들어 IBM의 왓슨이 퀴즈에 도전했을 때는 검색 대상이 신문 기사나 백과사전, 각종 사전, 블로그 기사, 성경 등으로 다양하였지만 의료 관련 정보 시스템으로 탈바꿈한 Dr.Watson은 진료기록이나 의학 논문처럼 전문적으로 신뢰할 수 있는 문헌으로 검색 대상을 한정했다. 쓸데없는 정보를 넣지 않음으로써 더 좋은 결과를 기대할 수 있다. 어떤 분야의 시스템이든 정확한 답을 낼 때는 어중간한 억측이나 거짓이 기록된 문헌은 피해야한다.489) 법률정보 검색 시스템의 경우는 그 자료 제공이 용이하다. 대체로 판례를 비롯하여 제공되는 정보 출처 목록이 어느 정도 정해져 있기 때문이다.

　핵심어를 포함한 문헌이 발견되면 그 속에서 정답유형에 들어맞는 말을 추려 내서 정답 후보 리스트에 넣는다. 이때 작성된 후보 리스트에는 정답이 포함되어야만 하는데, 후보가 너무 많은 것도 바람직하지는 않다. 따라서 검색으로 찾아낸 문헌에 어떻게 순위를 매길 것인가, 또 상위 몇 개까지의 문헌에서 정답 후보를 추려낼 것인가도 적절히 결정할 필요가 있다.

　마지막으로 정답 후보 리스트에서 답을 고르게 되는데, 이때 정답 후보 하나하나에 순위를 매긴 다음 가장 순위가 높은 것이 '답'이 된다. 이때 검색어에 포함된 키워드의 출현 빈도만 계산하여 검색 순위를 정하는 우를 범하지 말아야 한다. 어떤 사례에서 키워드에 해당하는 말이 많이 출현했다는 것, 즉 키워드 일치를 강조하는 것은 종종 질문의 요점과 의도와는 무관한 결과로 이어질 수 있기 때문이다. 정답 순위를 매기는 기준은 질문에 포함된 중요 핵심어와 각각의 정답 후보가 서로 몇 단어만큼 떨어져 있는지, 혹은 그것들이 같은 문장이나 단락에 들어가 있는지 등을 고려해서 정하는 것도 방법이다. 이때도 여러 단계를 통해 발견된 특징을 최대한 활용하여야 한다. 이런 과정을 통해서 기계가 정답을 도출하기도, 오답을 도출하기도 하지만, 사용분야와 목적에 맞추어 기계가 가능한 한 정답을 내놓

---

489) 카와조에 아이, 각주 470)의 책, 93-95면.

게 하기 위해서는 얼마간의 시행착오가 불가피하다.[490] 이런 시행착오가 바로 머신러닝을 통한 학습이고 훈련 과정이다. ROSS가 Watson의 후손이고, Watson이 자연어처리에서 탁월하다면, 결국 ROSS와 같은 법률정보검색 시스템을 만들 때 사용되는 알고리듬은 머신러닝일 수밖에 없다. 머신러닝과 문법 구조, 단어 임베딩 등을 이용해 사례와 질문의 관련성을 결정하기 위한 학습이 제대로 될수록 결과가 좋을 것이다.

앞서 본 것처럼 단어 임베딩은 다차원 공간에 단어를 배치하여 의미가 유사한 단어를 더 가깝게 만드는 수학적 기술인데, 이를 통해 질의의 단어와 유사하거나 관련된 단어를 찾고 사례의 단어와 비교할 수 있다.

예를 들어, 변호사는 "의무"와 "과실"이 관련 단어라는 것을 직관적으로 이해한다. 그러나 알고리듬은 단어들의 관계를 사용하여 단순한 키워드 이상으로 이해를 넓힌다. 질의에 "의무"를 사용하는 경우 ROSS는 다른 요인에 따라 "과실"까지 확장하여 검색함으로써 "의무"라는 단어가 포함되지 않지만 "의무"와 관련이 있는 사례도 반환할 수 있는 것이다.

ROSS는 변호사가 직관적으로 인식하지 못할 가능성이 있는 패턴을 발견할 수 있기 때문에 ROSS가 질의에 대하여 사람이 할 수 없는 다양한 응답을 제공한다. ROSS는 판례법의 문맥, 구문 및 의미를 인식하고 이해하기 위해 단어 임베딩 기법을 사용하여 법률 문서에 대한 학습을 했다. 즉 ROSS는 단어 임베딩을 사용하여 단순한 키워드가 아닌 질의의 의도와 의미에 들어맞는 검색결과를 반환한다.

인공지능에 의한 검색은 문법 구조와 단어 유형 간의 관계에 따라 문장의 의미가 변하는 방식을 이해할 수 있어야 한다. 각 질의에서 명사, 동사, 형용사 등과 같은 품사를 정확하게 식별하고 질의를 개별 구문으로 그룹화한다.

---

490) 카와조에 아이, 각주 470)의 책, 95-96면.

다음과 같은 질문이 있다고 가정하자

> 중과실의 기준은 무엇입니까?

변호사는 중대한 과실이 단순한 과실과 다르다는 것을 알고 있다. 인공지능 알고리듬에게도 이를 이해시켜야 한다. 알고리듬이 말뭉치를 스캔할 때 "중과실", "절대적 퇴원" 및 "사기 운송"과 같은 여러 단어의 전문 용어를 이해해야한다.

방법은 질의에서 단어 간의 관계를 가져와 유사한 구조의 구절을 찾는 것이다. 문법적 관계가 다르다는 것을 이용하면 "남자가 여자를 사랑한다."는 키워드가 정확히 같더라도 "여자는 남자를 사랑한다"와 같은 의미가 아니라는 것을 이해시킬 수 있다.

해당 사건의 사실관계와 절차적 측면 등 추가적인 맥락을 고려하여야 한다. 그런 다음 식별한 추가 맥락을 강조 표시하여 일치하는 사례를 찾는다.

이 과정에서 기계 학습은 필연적이다. 사례가 항상 명확하게 표현되거나 표현된 사실과 동일하지 않을 수 있으므로, 키워드 검색만으로는 이를 놓칠 수 있다.

방주를 만든 사람이 모세라고 착각하는 '모세의 착각'은 인간이 가진 지적 능력의 한 측면을 드러낸다. 뇌는 정보를 그룹별 덩어리로 만든다(컴퓨터와는 달리 뇌는 부호화된 데이터 패킷을 이리저리 옮기지 않는다. 데이터는 그 자리에 있고 신경세포 연결망에 의해 상호 연결된다.). 어떤 한 가지 정보가 있으면 사람은 그 정보가 어떤 그룹에 속할 것이라고 예측한다. 그런데 이 정보가 해당 그룹과 조화를 이루지 않으면 사람은 이를 눈치 챈다. 비정상으로 받아들인다는 뜻이다. 그러나 노아와 모세는 여러 가지 덩어리 안에 공존한다. 둘 다 성경 속의 인물이며, 눈에 보이는 모습도 턱수

염을 기른 것이 비슷하다. 음성학적으로도 모세Moses의 'Mo'와 노아Noah
의 'No'는 운이 맞는다.491)

　신경망은 여러 산업에서 미래를 예측하는데 쓰인다. 미래가 과거와 같은
패턴으로 움직이는 한(주택담보 대출상품을 판매하는 은행원이라면 누구나
알듯이 이러한 가정이 항상 옳은 것은 아니다) 신뢰할 만한 예측이 가능해
진다.492)

　Natural Language Classifier(NLC)는 왓슨의 대표적인 자연어 처리 서비
스다. 미리 머신러닝에 의해 작성된 분류기(NLC에서 학습된 모델)에 문장
을 입력하면 어떤 의미를 나타내는지 분류해주는 기능이다.

　예를 들어, PC 제조업체의 콜센터에 "인터넷 연결이 잘 되지 않는다."라
는 질문이 들어온 경우, PC에 탑재된 '유선 LAN' 이나 '무선 LAN'에 관한
질문으로 분류한다. '유선 LAN'이나 '무선 LAN'이라는 분류 Class는 학습
할 때 미리 사람이 정해줘야 한다. 지금의 예는 PC 제조업체를 대상으로
했기 때문에 이와 같은 분류를 사용했지만, 인터넷 접속 제공자JSP의 콜
센터라면 '광회선'이나 '인터넷 공유기', '고객 서비스 기간'이라는 분류가
더 적합할 것이다. 물론 NLC에 의한 분류가 항상 100% 정확한 답변이라고
할 수는 없다. 학습시킨 분류의 종류 모두를 통틀어 신뢰도가 0에서 1까지
의 절대적인 신뢰도 값이 분류 결과와 함께 제공된다.

　NLC 답변을 토대로 후속 처리하는 시스템을 작성하려면, 예를 들어 신
뢰도 값이 0.8이나 0.9 이상인 분류 결과가 존재할 때만 그 클래스를 이용
하여 후속 처리 로 넘어가듯이 임계값threshold 설정이 필요하다. 신뢰도가
임계값에 미치지 못하는 경우 분류를 좀 더 자세하게 변경하거나 질문을
기존의 분류에 추가해 NLC를 재학습하는 방법으로 개선이 필요하다.493)

---

491) 스티븐 베이커, 각주 479)의 책, 64-65면.
492) 스티븐 베이커, 각주 479)의 책, 99면.
493) 이노우에 켄이치, 각주 249)의 책, 94면.

참고문헌

1. 국내 단행본

권용진, 『인공지능 투자가 퀀트- 알고리듬, 세계 금융시장을 침공하다』, 초판(카멜
　　북스, 2017).
구종만, 『알고리즘 문제 해결 전략』, 초판(인사이트, 2012).
그레고리 주커만, 문직섭(역), 『시장을 풀어낸 수학자』, 초판((주)로코미디어, 2021).
김대식, 『인간을 읽어내는 과학』, 초판((주)북이십일, 2017).
김소영 외, 『미래의 귀환』, 초판(한울엠플러스(주), 2020)
김중구, 『위험관리가 회사의 미래를 결정한다』, 초판(원앤원북스, 2009).
김태원, 『데이터 브랜딩』, 초판(유엑스리뷰, 2021).
김창봉 외, 『4차 산업혁명 시대의 Global SCM』, 초판(박영사, 2018).
나심 니콜라스 탈레브, 김원호(역), 『스킨인더게임』, 초판((주)비즈니스북스, 2019).
니시우치 히로무, 신현호(역), 『빅데이터를 지배하는 통계의 힘』, 초판((주)비전비
　　엔피·비전코리아, 2015).
니얼 퍼거슨, 홍기빈(역), 『둠, 재앙의 정치학』, 초판((주)21세기북스, 2021).
데이비드 드레먼, 이건 외(역), 『데이비드 드레먼의 역발상 투자』, 초판(흐름출판,
　　2009).
레이 달리오, 송이루 외(역), 『레이 달리오의 금융위기 템플릿 1』, 초판(한빛비즈
　　(주), 2020).
로저 펜로즈, 노태복(역), 『마음의 그림자: 과학이 놓치고 있는 의식에 대한 탐구』,
　　초판(도서출판 승산, 2014).
Robert D. Cooter/Thomas Ulen, 한순구(역), 『법경제학』, 초판(경문사, 2009).
릭 에덜먼, 이영래(역), 『4차 산업혁명과 투자의 미래』, 초판((주)현암사, 2018).
마크 더글라스, 이진원(역), 『투자, 심리학에서 길을 찾다』, 초판((주)위즈덤 하우
　　스, 2009).
마셜 W. 밴 앨스타인 외, 이현경(역), 『플랫폼 레볼류션』, 초판(부키(주), 2017).
마틴 반 크레벨드, 김하현(역), 『예측의 역사』, 초판((주)현암사, 2021).
매튜 딕슨 외, 이기홍(역), 『이론에서 실전까지 금융머신러닝』, 초판(에이콘출판주
　　식회사, 2022).

박가열 외,『법률 전문직의 미래 직업 세계 연구』, 한국고용정보원, 2020.

박종하,『수학, 생각의 기술』, 초판(김영사, 2019).

브라이언 크리스천/톰 그리피스, 이한음(역),『알고리듬, 인생을 계산하다』, 초판(청림출판(주), 2018).

BC카드 빅데이터 센터,『빅데이터, 생활을 바꾸다』, 초판((주)미래의 창, 2021).

스테판 젠슨, 홍창수 외(역),『퀀트 투자를 위한 머신러닝·딥러닝 알고리듬 트레이딩』, 초판(에이콘출판주식회사, 2021년).

스튜어드 러셀/피터 노빅, 류광(역),『인공지능 현대적 접근방식 Ⅰ』, 초판(제이펍, 2016).

스튜어드 러셀/피터 노빅, 류광(역),『인공지능 현대적 접근방식 Ⅱ』, 제3판(제이펍, 2016).

스티븐 베이커, 이창희(역),『빅데이터로 세상을 지배하는 사람들』, 신판(세종서적(주), 2014).

스티븐 베이커, 이창희(역),『왓슨, 인간의 사고를 시작하다』, 초판(세종서적(주), 2011).

Stephen Breyer,『규제의 악순환』, 법제처 비교공법연구회(역), 초판(법령정보관리원, 2012).

안드레아스 M. 안토노풀로스, 최은실 외(역),『비트코인, 블록체인과 금융의 혁신』, 초판(고려대학교 출판문화원, 2015).

Allen B. Downey, 이제원(역),『복잡계와 데이터 과학』, 초판(홍릉과학출판사, 2016).

아사야 헐, 이병욱(역),『텐서플로2로 배우는 금융머신러닝』, 초판(에이콘출판(주), 2022).

야마모토 잇세이, 남혜림(역),『인공지능 개발 이야기』, 초판(처음북스, 2018).

양종모,『인공지능과 법률서비스 분야의 혁신』, 초판(한국학술정보, 2021).

애널린 응/케네스 수,『수학 없이 배우는 데이터 과학과 알고리듬-모두를 위한 데이터 사이언스』, 초판(에이콘 출판주식회사, 2018).

어제이 애그러월 외, 이경남(역),『예측기계- 인공지능의 간단한 경제학』, 초판(생각의 힘, 2019).

에드 O. 소프, 김인정(역),『나는 어떻게 시장을 이겼나』, 초판(이레미디어, 2019).

에레지 에이든/장바티스트 미셸, 김재중(역),『빅데이터 인문학: 진격의 서막』, 초판((주)사계절출판사, 2015).

에릭 시겔, 고한석(역),『빅데이터의 다음 단계는 예측분석이다』, 초판(이지스퍼블리싱(주), 2016).

오다타 토모히로, 김성재(역), 『인공지능을 이용한 빅데이터 처리』, 초판((주)도서
　　출판 길벗, 2014).

우종필, 『빅데이터 분석대로 미래는 이루어진다』, 초판(매경출판(주), 2017).

윤두희, 『빅데이터가 나를 위해 일할 때까지』, 초판(주식회사 부크크, 2019).

이수정 등, 『재범방지를 위한 범죄자처우의 과학화에 관한 연구(Ⅱ)』, 초판(한국형
　　사정책연구원, 2011).

이노우에 켄이치, 마창수/김남근(역), 『왓슨을 이용한 인공지능 서비스 입문』, 초판
　　(책만, 2017).

이재박, 『괴물신입 인공지능 쫄지 말고 길들여라』, 초판(엠아이디, 2020).

임홍순 외, 『인공지능 인사이트-로보어드바이저 사례를 중심으로』, 초판(한국금융
　　연수원 출판미디어사업부, 2020).

잘라지 트하나키, 이승준(역), 『파이썬 자연어 처리의 이론과 실제』, 초판(에이콘
　　출판(주), 2017).

장진현, 『세계사 속의 부의 대반전』, 초판((주)스마트북스, 2021).

제리 카플란, 신동숙(역), 『인공지능의 미래』, 초판(한스미디어(주), 2017).

제임스 마틴, 류현(역), 『제임스 마틴의 미래학 강의』, 초판(김영사, 2009).

조용헌, 『조용헌의 사주명리학 이야기』, 초판((주)생각의 나무, 2002).

John C. Hull, 강병진 외(역), 『금융기관의 위험관리』, 제2판((주)시그마프레스, 2013).

존 R. 노프싱어, 이주형/신현경, 『사람의 마음을 읽으면 주식투자가 즐겁다』, 초판
　　(스마트비즈니스, 2009).

조지 소로스, 김국우(역), 『금융의 연금술』, 초판(국일증권연구소, 1995).

카와조에 아이, 윤재(역), 『게으른 족제비와 말을 알아듣는 로봇』, 초판(니케북스,
　　2019).

KAIST 문술미래전략대학원 미래전략연구센터, 『카이스트 미래전략 2021』, 초판
　　(김영사, 2020).

토르스텐 데닌, 『42가지 사건으로 보는 투기의 세계사』, 초판(웅진지식하우스, 2022).

파노스 루리다스, 황영숙(역), 『리얼월드 알고리듬』, 초판((주)도서출판 길벗, 2019).

피터 L. 번스타인, 안진환(역), 『위험, 기회, 미래가 공존하는 리스크』, 초판(한국경
　　제신문, 2008).

페드로 도밍고스, 강형진(역), 『마스터 알고리듬』, 초판(비즈니스 북스, 2016).

한낙현/김홍기, 『위험관리와 보험』, 초판(우용출판사, 2008).

2. 국내논문

권영준, "코비드 19와 계약법", 『민사법학』, 제94호(한국민사법학회, 2021).

권오영, "단군신화 대단군 민족주의 단군신화, 어떻게 봐야 하나", 『역사비평』, 19호(역사비평사, 1992).

김도훈, "미국 전자증거개시절차상 변호사의 기술역량구비의무에 관한 소고", 『이화여자대학교 법학논집』, 제21권 제1호(이화여자대학교 법학연구소, 2016).

김동명/정성원, "시·공간 데이터를 활용한 머신러닝 기반 범죄예측모형 비교", 『대한건축학회논문집』, v.37, no.1(대한건축학회, 2021).

김정헌, "머신러닝을 통한 예측시 특징처리(features engineering)에 따른 모델성능 차이분석", 『한국관광학회 국제학술발표대회집』, 제91권(한국관광학회, 2022).

김태완, "데이터 마이닝 기법을 활용한 청소년 재범 관련 요인 연구", 『교정복지연구』, 제35호(한국교정복지학회, 2014).

남보람, "위험관리(Risk Management)에 대해 다시 한 번 생각해 보기", 『국방과 기술』, 제490호(한국방위산업진흥회, 2019).

문병근·김진근, "법률서비스 시장에 대한 진입규제의 후생효과", 『공공경제』, 제2권 제1호(한국재정학회, 1997).

박성원, "미래전망의 프레임과 개선안", 『국가미래전략 Insight』, vol. 45(국회미래연구원, 2022).

신홍균, "법률서비스의 통합방안", 『저스티스』통권 제121호(한국법학원, 2010).

양종모, "인공지능으로 인한 법률 서비스의 파괴적 혁신과 시사점", 『영남법학』, 제44권(영남대학교 법학연구소, 2017).

양종모, "인공지능에 의한 판사의 대체 가능성 고찰", 『홍익법학』, 제19권 제1호(홍익대 법학연구소, 2018).

양종모, "인공지능에 의한 사이보그형 자동화 의사결정에 대한 고찰", 『과학기술과 법』, 통권 22호(충북대학교 법학연구소, 2021).

오다타 토모히로, 김성재(역), 『인공지능을 이용한 빅데이터 처리』, 초판((주)도서출판 길벗, 2014).

유수정, "4차 산업혁명과 인공지능", 『한국멀티미디어학회지』, 제21권 제4호(한국멀티미디어학회, 2017).

이상돈, "司法的 福祉社會 實現을 위한 法律서비스의 改善方向",『법학논문집』
　　제26집 제1호(중앙대학교 법학연구소, 2002).

이준열, "4차 산업혁명과 인공지능 기술",『대한산업공학회 추계학술대회 논문집』,
　　(대한산업공학회, 2018).

이치훈 외, "한국어 기계독해 기반 법률계약서 리스크 예측 모델",『한국IT서비스
　　학회지』, 제20권 제1호(한국IT서비스학회, 2021).

임　현, "미래 위험 대응을 위한 기술 예측의 방향",『FUTURE HORIZON』, (과학
　　기술정책연구원, 2020).

정재호, "미래예측 방법론 : 이론과 실제",『나라경제』, 2006년 10월호.

정형근, "변호사의 직업윤리에 관한 고찰",『법조』, 제58권 제6호(법조협회, 2009).

황승흠, "법률구조 서비스 전달체계의 재구성",『법과사회』, 제43호(법과사회이론
　　학회, 2012).

3. 외국 단행본

Bryan E. Hopkins,『The Art of Legal Risk Management』, Partridge, 2019.

Christopher Hood et al.,『The government of risk- Understanding Risk Regulation
　　Regimes』, Oxford University Press, 2004.

Matthew Whalley/Chris Guzelian,『The Legal Risk Management Handbook』,
　　KoganPage, 2017.

Philippa Girling,『Operational Risk Management』, Wiley, 2013.

4. 외국논문

Adam Dodek & Emily Alderson, "Risk Regulation for the Legal Profession", 55 Alta.
　　L. Rev. 621(2018).

Alexander H. Kipperman, "Frisky Business: Mitigating Predictive Crime Software's
　　Facilitation Of Unlawful Stop And Frisks", 24 Temp. Pol. & Civ. Rts. L.
　　Rev. 215 2014-2015.

Andrew Guthrie Ferguson, Policing Predictive Policing, 94 Wash. U. L. REV.
　　1109(2017).

Anthony D'Amato, " Legal Uncertainty", 71 California Law Review 1-55 (1983),

Bert I. Huang, "Litigation Finance: What Do Judges Need to Know", 45 COLUM. J.L. & Soc. Probs. 525 (2012).

Bingfeng Luo, "Learning to Predict Charges for Criminal Cases with Legal Basis", Proceedings of the 2017 Conference on Empirical Methods in Natural Language Processing.

Boudreaux ED et al., "Applying Machine Learning Approaches to Suicide Prediction Using Healthcare Data: Overview and Future Directions", Front. Psychiatry 12:707916. doi: 10.3389/fpsyt.2021.707916.

Carmen Cheung,"Making sense of the black box: Algorithms and accountability", Criminal Law Quarterly(2017), 64(3-4), 539-547.

Craig S. Lerner, "Reasonable Suspicion and Mere Hunches", 59 Vand. L. Rev. 405(2006).

Daniel Martin Katz, "Quantitative Legal Prediction－Or－How I Learned To Stop Worrying And Start Preparing For The Data-Driven Future Of The Legal Services Industry", 62 EMORY L.J. 909 (2013).

Daniel W. Linna Jr., "Leveraging Technology To Improve Legal Service A Framework for Lawyers", 96-JUN Mich. B. J . 20.

David Higham, "Does Justice Play Dice-Can Lawyers Predict the Chances of Success in Litigation", 12 Nottingham L.J. 20 (2003).

David C. Vladeck, "Machine Without Principal: Liability Rules And Artificial Intelligence", 89 Wash. L. Rev. 117(2014).

Edwina L. Rissland et al., "AI and Law: A fruitful synergy", Artificial Intelligence 150 (2003) 1－15.

Eric E. Johnson, "Agencies And Science-Experiment Risk", University of Illinois law review. 2016. 527-587.

Estefania McCarroll, "Weapons of Mass Deportation: Big Data and Automated Decision-Making Systems in Immigration Law", 34 GEO. IMMIGR. L.J. 705 (2020).

Grant Christensen, "Predicting Supreme Court Behavior in Indian Law Cases", 26 MICH. J. RACE & L. 65(2020).

Guiling Wang/Yimin Chen, "Enabling Legal Risk Management Model for International Corporation with Deep Learning and Self Data Mining", Comput Intell

Neurosci, 2022.

Jessica Gabel Cino, "Deploying the Secret Police: The Use of Algorithms in the Criminal Justice System", 34 Ga. St. U. L. Rev. 1073 (2018).

John P. Sullins, "When Is a Robot a Moral Agent?", International Review of Information Ethics vol.6(2006).

Jonathan T. Molot, "A Market in Litigation Risk", 76 U. Chi. L. Rev. 367(2009).

Jose Luis Bermu Dez & Michael S. Pardo, "Risk, Uncertainty, And Super-Risk", 29 Notre Dame J.L. Ethics & Pub. Pol'y 471 2015.

Kehl, Danielle et al., "Algorithms in the Criminal Justice System: Assessing the Use of Risk Assessments in Sentencing", Responsive Communities Initiative, Berkman Klein Center for Internet & Society, Harvard Law School.

Kevin D. Ashley/Sefanie Bruninghaus, "Automatically classifying case text and predicting outcomes", Artif Intell Law(2009).

Luis Fernando Guerra, "Legal Risk Management-A heightened focus for the General Counsel", Deloitte Legal.

Mark K. Osbeck, "Lawyer as Soothsayer: Exploring the Important Role of Outcome Prediction in the Practice of Law", Penn St. L. Rev. 123, no. 1(2018): 41-102.

Mason Marks, "Artificial Intelligence-Based Suicide Prediction", 21 YALE J.L. & TECH.98(2019).

Matthew T. Wansley, "Regulation of Emerging Risks", 69 Vand. L. Rev. 401 2016.

Matthew U. Scherer, "Regulating Artificial Intelligence System: Risks Challenges, Competencies, And Strategies", Harvard Journal of Law & Technology Volume 29, Number2 Spring(2016).

Megan Stevenson, "Assessing Risk Assessment in Action", 103 Minn. L. Rev. 303(2018).

Melissa Hamilton, "Adventures In Risk: Predicting Violent and Sexual Recidivism in Sentencing Law", 47 Ariz. St. L.J. 1 2015.

Melissa Hamilton, "Back to the Future: The Influence of Criminal History on Risk Assessments", 20 Berkeley J. Crim. L. 75 2015.

Michelle Ngo, "Classification of Legal Verdicts Using a Corpus Linguistic-Based Approach", Tilburg University, Master Thesis.

Nikolaos Aletras et al., "Predicting judicial decisions of the European Court of Human

Rights: a Natural Language Processing perspective", PeerJ Comput. Sci(2016).

Rafe Athar Shaikh et al., " Predicting Outcomes of Legal Cases based on Legal Factors using Classifiers", Procedia Computer Science 167(2020) 2393 - 2402.

Ray Worthy Campbell, "Rethinking Regulation And Innovation In The U.S. Legal Service Market", 9 N. Y. U. J. L. & Bus. 1 2012-2013.

Richard Moorhead/Steven Vaughan, "Legal Risk: Definition, Management and Ethics", SSRN Electronic Journal. 10.2139/ssrn.2594228.

Rashida Richardson, Jason M. Schultz & Kate Crawford, "Dirty Data, Bad Predictions: How Civil Rights Violations Impact Police Data, Predictive Policing Systems, and Justice", 94 N.Y.U. L. REV. ONLINE 15(2019).

Renata M. O'Donnell, Challenging Racist Predictive Policing Algorithms under the Equal Protection Clause, 94 N.Y.U. L. Rev. 544(2019).

Spencer Williams, "Predictive Contracting", 2019 COLUM. Bus. L. REV. 621(2019).

Stefanie Bruninghaus/ Kevin D. Ashley, "Predicting outcomes of case based legal arguments." ICAIL(2003).

Steven Garber, "Alternative Litigation financing in the United States", RAND coporation(2010).

Tara Balakrishnan et al., "Predicting Supreme Court Votes Through Conversational Dynamic Features", Proceedings of the 33 rd International Conference on Machine Learning, New York, NY, USA, 2016. JMLR: W&CP volume 48.

Task Force on Contingent Fees of the American Bar Association's Tort Trial & Insurance Practice Section, "Contingent Fees in Mass Tort Litigation", 42 TORT TRIAL & Ins. PRAC. L.J. 105(2006).

Tom C. W. Lin, "Artificial Intelligence, Finance, and the Law", 88 FORDHAM L. REV. 531(2019).

William C. Dimm, "Detecting Fraud Using Benford's Law", 30 CRIM. Just. 67 (2015).

William Magnuson, "Artificial Financial Intelligence", 10 HARV. Bus. L. REV. 337(2020).

Xiuyan XuID, "Risk factor analysis combined with deep learning in the risk assessment of overseas investment of enterprises"PLoS One. 2020 Oct

2;15(10).

Zachary Hamilton et al., "Isolating modeling effects in offender risk assessment", Journal of Experimental Criminology 11, 299-318(2015).

5. 인터넷 검색

http://citeseerx.ist.psu.edu/viewdoc/download?doi=10.1.1.78.8279&rep=rep1&type=pdf(2016. 12. 3. 최종방문).

https://www.forbes.com/sites/robtoews/2019/12/19/AI-will-transform-the-field-of-law/#70d5f9db7f01(2019. 12. 30 최종방문).

http://scholarlycommons.law.northwestern.edu/facultyworkingpapers/163(2021. 12. 10. 최종방문).

https://www2.deloitte.com/content/dam/Deloitte/global/Documents/Financial-Services/deloitte-gx-ai-and-risk-management.pdf(2021. 12. 11. 최종방문).

https://www.mechamath.com/algebra/examples-of-exponential-growth/(2021. 12. 14. 최종방문).

https://www.americanbar.org/groups/business_law/publications/blt/2020/09/alt-litigation-finance/(2022. 3. 13. 최종방문).

https://www.wolterskluwer.com/en/solutions/legisway/legal-risk(2022. 1. 23. 최종방문).

https://www.tableau.com/learn/articles/time-series-analysis#:~:text=What%20is%20time%20series%20analysis,data%20points%20intermittently%20or%20randomly(2022. 3. 27. 최종방문).

https://www.techtarget.com/whatis/definition/extrapolation-and-interpolation(2022. 3. 27. 최종방문).

https://corporatefinanceinstitute.com/resources/knowledge/modeling/scenario-analysis/(2022. 3. 27. 최종방문)

https://www.rand.org/topics/delphi-method.html(2022. 3. 27. 최종방문)

https://www.investopedia.com/terms/f/forecasting.asp#:~:text=Forecasting%20is%20a%20techniqueng%20tha20upcomit,an%%20period%20of%20time(2022. 3. 27. 최종방문).

https://necsi.edu/power-law#:~:text=A%20power%20law%20is%20a,the%20length%20of%20its%20side(2022. 4. 3. 최종방문).

https://www.stranberg.com/post/what-is-a-gray-rhino(2022. 4. 3. 최종방문).

https://thedecisionlab.com/biases/illusory-correlation(2022. 4. 10. 최종방문).

https://www.projectmanager.com/blog/guide-using-risk-register(2022. 4. 15. 최종방문).

https://www.imf.org/en/News/Articles/2018/10/11/pr18388-the-bali-fintech-agenda(2022. 4. 22. 최종방문).

https://www.nature.com/subjects/predictive-medicine(2022. 5. 13. 최종방문).

https://keis.or.kr/user/extra/main/3874/publication/publicationList/jsp/LayOutPage.do?categoryIdx=131&pubIdx=7412&spage2=2(2022. 6. 3. 최종방문).

https://www.businessinsider.com/the-incredible-story-of-how-target-exposed-a-teen-girls-pregnancy-2012-2(2022. 4. 27. 최종방문).

https://www.weforum.org/focus/fourth-industrial-revolution(2021. 8. 1. 최종 방문).

https://www.standigm.com/about/company(2022. 4. 1. 최종방문).

https://magazine.securities.miraeasset.com/contents.php?idx=44(2022. 3. 5. 최종방문).

https://www.applicoinc.com/blog/what-is-a-platform-business-model/(2022. 4. 25. 최종방문).

https://en.wikipedia.org/wiki/Economic_model(2021. 12. 1. 최종방문).

https://towardsdatascience.com/use-of-machine-learning-in-economic-research-what-the-literature-tells-us-28b473f26043(2022. 1. 15. 최종방문).

https://blog.datagran.io/posts/predict-future-outcomes-uncover-risks-opportunities-for-your-business-with-predictive-analytics(2022. 1. 25. 최종방문).

https://www.bis.org/ifc/events/ifc_bnm_ecb/3_akusoglu.pdf(2022. 4. 6. 최종방문).

https://www.centralbanking.com/awards/7671396/artificial-intelligence-initiative-bank-of-thailand(2022. 4. 24. 최종방문).

https://www.bancaditalia.it/pubblicazioni/qef/2022-0674/QEF_674_22.pdf(2022. 4. 24. 최종방문).

https://www.imf.org/en/News/Articles/2021/10/29/sp102921-ai-and-RegTech.(2022. 4. 24. 최종방문).

https://iotbusiness-platform.com/insights/mas-banks-creating-framework-for-ai-use-in-assessing-credit-risk-the-straits-times/(2022. 4. 24. 최종방문).

https://www.linkedin.com/pulse/RegTech-adoption-aspiration-2021-necessity-james-ocallaghan/(2022. 4. 24. 최종방문).

https://www.regulationtomorrow.com/the-netherlands/dnb-publishes-general-principles-for-the-use-of-ai-in-the-financial-sector/(2022. 4. 24. 최종방문).

https://complyadvantage.com/(2022. 5. 3. 최종방문).

https://www.businesswire.com/news/home/20161019005423/en/Neurensic-Releases-SCO
RE-The-Trading-Industry%E2%80%99s-First-Cloud-Based-AI-Powered-Surveil
lance-Solution(2022. 5. 4. 최종방문).

https://www.revelis.eu/en/RegTech-en/(2022. 5. 4. 최종방문).

https://www.prove.com/blog/application-of-ai-in-RegTech(2022. 5. 4. 최종방문).

https://www.thinkmind.org/articles/iciw_2018_2_10_28005.pdf(2022. 5. 10. 최종방문).

https://www.netsuite.com/portal/resource/articles/financial-management/predictive-modeling.
shtml;https://insightsoftware.com/blog/top-5-predictive-analytics-models-and-
algorithms/(2022. 5. 15. 최종방문).

https://medium.com/analytics-vidhya/loan-risk-prediction-using-machine-learning-fff0086
22bfe(2022. 5. 17. 최종방문).

https://en.wikipedia.org/wiki/Missing_data(2022. 5. 20. 최종방문).

https://corporatefinanceinstitute.com/resources/knowledge/credit/
altmans-z-score-model/(2022. 6. 12. 최종방문).

https://www.netsuite.com/portal/resource/articles/financial-management/predictive-modeli
ng.shtml(2021. 3. 24. 최종방문).

https://insightsoftware.com/blog/top-5-predictive-analytics-models-and-algorithms/(2022.
4. 17. 최종방문).

https://www.gartner.com/en/documents/3941881(2021. 11. 5. 최종방문).

https://www.cgma.org/resources/tools/scenario-planning.html(2022. 6. 3. 최종방문).

https://www.berkmansolutions.com/articles/risk/6-steps-to-legal-risk-management(2021.
3. 5. 최종방문).

https://blog.ipleaders.in/legal-risks/(2021. 4. 16. 최종방문).

https://ssrn.com/abstract=3201337(2021. 4. 15. 최종방문).

https://royalsociety.org/AI-interpretability(2020. 6. 5. 최종방문).

https://mit-serc.pubpub.org/pub/risk-prediction-in-cj/release/2(2022. 6.7. 최종방문).

https://stanfordpolitics.org/2020/09/13/AI-prediction-tools-claim-to-alleviate-an-overcrowd
ed-american-justice-system-but-should-they-be-used/(2022. 6. 30. 최종방문).

https://kirasystems.com/company-announcements/litera-acquires-kira-systems/(2022. 7. 22.
최종방문).

https://www.weforum.org/agenda/2022/05/age-of-prediction/(2022. 4. 2. 최종방문).

https://law.asia/hong-kong-singapore-RegTech-adoption/(2022. 7. 5. 최종방문).

https://www.bmc.com/blogs/machine-learning-vs-predictive-analytics/(2021. 12. 1. 최종
방문).

http://yann.lecun.com/exdb/mnist/(2022. 4. 7. 최종방문).

https://www.forbes.com/sites/robtoews/2019/12/19/AI-will-transform-the-field-of-law/#70
d5f9db7f01(2019. 12. 30. 최종방문).

https://www.academia.edu/39761958/Ex_Machina_Lex_The_Limits_of_Legal_Computabi
lity(2022. 3. 20. 최종방문).

https://www.bluej.com/ca/bluej-prediction/(2022. 3. 20. 최종방문).

https://www.gettaxnetpro.com/DynamicData/AttachedDocs/Product%20Brochures/Tax
Foresight/ 00241QW-85390_Tax-Foresight_BRO_6x9.pdf(2022. 3. 20. 최종
방문).

https://www.medidata.com/kr/(2022. 4. 1. 최종방문).

https://www.etri.re.kr/45th/sub05_44.html(2022. 4. 25. 최종방문).

https://sites.law.duq.edu/juris/2019/03/21/should-pharmaceutical-
companies-be-liable-for-deaths-caused-by-their-drugs/(2022. 5. 1. 최종방문).

https://www.expert.ai/blog/three-ways-nlp-can-simplify-contract-management/(2022. 7. 1.
최종방문).

http://news.mk.co.kr/newsRead.php?year=2017&no=737834.(2020. 1. 20. 최종방문).

https://www.g2.com/categories/data-extraction(2022. 6. 27. 최종방문).

https://www.mk.co.kr/news/realestate/view/2022/05/387312/(2022. 7. 1. 최종방문).

https://legal.thomsonreuters.com/en/insights/articles/contract-analysis-easy-information-ext
raction-for-lawyers(2022. 7. 1. 최종방문).

https://kirasystems.com/files/whitepapers/KiraSystems-How_Law_Firms_Leverage_Kira.p
df(2022. 7. 1. 최종방문).

https://www.sciencedirect.com/science/article/abs/pii/S0045790613003066(2022. 7. 1. 최
종방문).

https://kirasystems.com/how-kira-works/(2022. 7. 1. 최종방문).

https://www.lexcheck.com/resources/capitalize-on-nlp-for-contract-analysis-lc.(2022. 7. 1.
최종방문).

https://www.lexisnexis.co.uk/blog/future-of-law/using-AI-to-predict-litigation-outcomes
(2022. 7. 1. 최종방문).

https://trends.google.com/trends/yis/2021/KR/(2022. 7. 3. 최종방문).

https://repository.law.umich.eduviewcontent.cgi?article=3348&context

/cgi/=articless://(2022. 4. 14. 최종방문).

http://arno.uvt.nl/show.cgi?fid=149307(2020. 1. 15. 최종방문).

https://www.lexisnexis.co.uk/blog/future-of-law/using-AI-to-predict-litigation-outcomes
(2022. 7. 1. 최종방문).

www.lawpro.ca/magazinearchives.(2017. 3. 11. 최종방문).

https://lexmachina.com/what-we-do/how-it-works/(2022. 6. 28. 최종방문).

https://www.solomonic.co.uk/(2022. 7. 3. 최종방문).

https://www.predpol.com/hot-spot-policing/(2021. 4. 5. 최종방문).

https://www.hani.co.kr/arti/science/technology/1009225.html(2022. 7. 3. 최종방문).

https://www.hikvision.com/en/solutions/solutions-by-industry/safe-city/(2022. 7. 3. 최종
방문).

https://www.sternekessler.com/sites/default/files/2017-11/Strategic_Planning___Legal_Ma
nagement.pdf(2022. 2. 9. 최종방문).

https://www.statisticssolutions.com/what-are-focus-group-interviews-and-why-should-i-co
nduct-them/(2022. 6. 8. 최종방문).

https://www.bizjournals.com/tampabay/stories/2002/12/23/focus7.html(2022. 7. 1. 최종
방문).

https://www.aurigininc.com/c/Lawyer-Metrics-LLC/United-States-of-
America/oVk7Tp(2022. 7. 1. 최종방문).

https://growpath.com/how-to-track-paralegal-productivity-in-your-law-firm/(2022. 7. 1.
최종방문).

https://www.nolo.com/legal-encyclopedia/jury-selection-criminal- cases.html(2022. 7. 1.
최종방문).

https://juryanalyst.com/blog/artificial-intelligence-in-the-courtroom/(2022. 7. 2. 최종
방문).

https://msutoday.msu.edu/news/2014/using-data--to-predict-supreme-courts-decisions(202
1. 11. 5. 최종방문).

http://www.ohmynews.com/NWS_Web/View/at_pg.aspx?CNTN_CD=A0002434521(202
1. 12. 5. 최종방문).

http://cdn.hl.com/pdf/2019/fig-litigation-finance-2019.pdf(2021. 10. 3. 최종방문).

https://www.inews24.com/view/1306102(2021. 11. 4. 최종방문).

https://www.lexisnexis.co.uk/blog/future-of-law/ using-AI-to-
predict-litigation-outcomes(2022. 7. 1. 최종방문).

https://huggingface.co/blog/bert-101(2022. 7. 10. 최종방문).

https://www.gofluent.com/blog/how-language-affects-the-way-we-think/(2022. 7. 11. 최종방문).

https://www.technologyreview.kr/gpt3-best-worst-ai-openai-natural ai-openai-natural-language-2/(2022. 7. 11. 최종방문).

https://biz.sbs.co.kr/article/20000058075(2022. 5. 3. 최종방문).

http://www.differencebetween.net/technology/difference-between-alexa-and-siri/#:~:text= The%20Amazon's%20Alexa%20works%20kind,locked%20to%20the%20Apple 's%20ecosystem(2022. 7. 15 최종방문).

https://corporatefinanceinstitute.com/resources/knowledge/trading-investing/risk-tolerance/(2022. 2. 17. 최종방문).

https://techcrunch.com/2022/04/28/the-emerging-types-of-language-models-and-why-they-matter/(2022. 6. 13. 최종방문).

https://www.emerald.com/insight/content/doi/10.1108/JMLC-07-2019-0055/full/html#eqn1 (2022, 6. 24. 최종방문).

https://www.gofluent.com/blog/how-language-affects-the-way-we-think/(2022. 7. 11. 최종방문).

https://medium.com/kocuniversity/the-bases-of-the-mind-the-relationship-of-language-and-thought-a0bf30375528(2022. 7. 11. 최종방문).

https://github.com/M-Ibtihaj/Suicidal-ideation-detection/blob/main/ Training%20and%20Testing/Training_Testing.py(2022. 8. 3. 최종방문).

https://www.donga.com/news/Society/article/all/20220803/114795596/2(2022. 8. 4. 최종방문).

https://ko.wikipedia.org/wiki/귀무_가설(2022. 8. 11. 최종방문).

https://apps.dtic.mil/sti/pdfs/ AD1121596.pdf(2022. 8. 22. 최종방문).

https://www.tensorflow.org/tutorials/generative/adversarial_fgsm(2022. 8. 27. 최종방문).

https://www.ravelin.com/insights/machine-learning-for-fraud-detection(2022. 8. 27. 최종방문).

https://www.ajunews.com/view/20220906104142280(2022. 9. 7. 최종방문).

찾아보기

ㄱ

가격괴리 위험 244
가능도 271
가용성 휴리스틱 404
가중치 조정 344
감각 지각 408
감정 분석 253, 278, 516
거시적 변수 273
걸음걸이 분석 기술 370
검색 응답성 303
검은 백조 99
결측치 450
결합된 지혜 352
경보 시스템 113, 434
경제 모델 277
경험적 검증 25
경험적 규칙 311
경험적 규칙성 311
경험적 자연어 처리 방식 406
경험적 접근 405
계량분석 93
계량투자 274
계산 모델 276, 282
계약 위험 분석 415
계약 협상 플랫폼 424
계약서 위험 분석 414

계약서 위험 예측 시스템 416
계약서 자동 작성 426
고노출 미래 시나리오 277
고전모델 282, 283
고정 가격 계약 413
공급 네트워크 15
과적합 271, 285, 286, 288, 437
과학적 모델 282
교환관계 243, 487
규범적 규칙 311
규제 목적 13
규제의 패러다임 전환 263
규칙 기반 접근 방식 419, 422, 442
규칙 전용 시스템 444
그래디언트 부스트 모델 288
글로벌 공급위험 42
글로벌 수요위험 42
글로벌 안전위험 42
글로벌 운영위험 42
글로벌 위험관리 41
금리위험 262
금융의 연금술 239
금융혁명 274
기계 학습 기반 신용 모델링 450
기계독해 기반 428
기계독해 모델 파인튜닝 429

기계지능 519
기대 수익률 487
기본 분석 240
기술적 분석 241, 274
기울기 432
기후 위기 29

ㄴ

낙관주의 편향 404
내부관점 153
노출액 39
뉴머러티 173, 174

ㄷ

다중 변수 분석 289
다중 선형 회귀 292
다층 신경망 15
단순 선형 회귀 292
단어 가방 505
단어 수준 임베딩 513
단어 임베딩 526
대량 마케팅 251
대수의 법칙 165
대재해 위험 24
대적 학습 429
대체 소송 자금 조달 481, 482
대출 위험 예측 알고리듬 450
대형 언어 모델 518
데이터 과학 141, 142, 211, 283, 303,
    305, 408

데이터 댐 169
데이터 모델링 282
데이터 시각화 417
데이터 유출 61, 199
데이터 전처리 381, 450, 472, 491
데이터 정제 437, 439
데이터 증식 430, 432
데이터 플랫폼 169
데이터는 편향 379
델파이 기법 94
도구주의 280
도덕적 위태 27
도시 모델 279
동일범 여죄추적 알고리듬 370
되먹임 작용 131
드래건 킹 99, 100
디레버리징 242
딥뷰 233
딥지노믹스 154

ㄹ

러브레이스 백작 부인의 반론 111
레그테크 21, 22, 194, 201, 262, 263
레이블링 314, 316
렌딩클럽닷컴 31
로지스틱 회귀 457
로짓 모델 277
르네상스 테크놀로지 405

ㅁ

마법의 양탄자 172, 174
마스크 언어 모델 517
말뭉치 417, 512, 524, 527
매칭과 랭킹 315
머신러닝 16, 107, 108, 109, 110, 111,
    177, 181, 200, 201, 202, 208,
    209, 211, 212, 234, 283, 285,
    435
머신러닝 모델 287
멘탈 모델 269
멱 법칙 99
모델링 12, 187
모델 해석성 110
모세의 착각 527
무작위 알고리듬 104
무차별 대입 344
문장 수준 임베딩 513
문제의 분할 158
물리적 위태 27
미래 예측 21, 35, 93, 98, 106, 130,
    178, 250
미세건전성 196

ㅂ

반사실적 추리 220
발리 핀테크 의제 195
발리데어 154
배송 후 쇼핑 117
배심원 선정 299, 303

버블 붕괴 248
범죄 발생 지점 예측 358, 359
범죄 빈발 예상 지역 362, 367
범죄예측 모델 378
범죄예측 알고리듬 20, 284, 373, 378,
    379
범죄 위험도 예측 분석 시스템 15
범죄인 예측 358
범죄 징후 예측 시스템 15
범죄 핫스팟 맵 362
법률계약서 위험 분석 429
법률 전문가 시스템 455
법률정보 검색 시스템 268, 525
법률 지식 모델링 513
법적 사실주의 운동 313
법적 위험 관리 54, 64, 69, 76, 89,
    139
법적 위험 보고 시스템 139
법적 위험 분석 71, 80
법적 위험 평가 72
법적 의사 결정 304, 463
벡터화 315, 495, 510, 512
벤포드 법칙 442
변성의식상태 95
변증법 243
병목 현상 313, 370
보석 허가 326
보험 수리적 239
보험 수리적 방식 322, 323
보험 수리적 평가 327, 339
복잡도 186

부동산 버블 붕괴 246
분류 모델 283
분리모델 280
불량 데이터 372
불투명성 194, 341
불평등 표적화 339
브라운 운동 103
블랙 스완 40
블랙박스 거래 250
비금융 데이터 분석 253
비례 위험 기반 263
비선형 비모수 예측 모델 202
비선형 회귀 211
비용 증액 계약 413
비의학적 개입 25
비지도 학습 429, 435, 445
비체계적 위험 20, 21
비트코인 12
빈도 환상 404

ㅅ

사기 예측 444
사기 탐지 16, 142, 194
사기 탐지·예측 440
사례 기반 311
사망 위험 23, 24, 48
사생활영역 보호 174
사용자 주의 521
사이보그 형 의사결정 223
사회·인구학적 특성 327
사회적 자살 위험 예측 388, 390, 394

삼각 벡터 510
삼각측량 368
상관관계 343
상쇄관계 24
상충관계 154
상향식 위험 평가 78
생성 신경망 429
서브프라임 사태 10, 45
선례구속의 원칙 311
선순환 고리 118
선형 회귀 288, 457
섭테크 194, 198
소송 결과 예측 15, 453
소송 결과 예측 알고리듬 474
소송 예측 모델 454
소송 위험 427
소송 위험 관리 309, 489
소송 위험의 회피 310
소송결과 예측 153
소송결과 예측 알고리듬 477
소송금융 482, 484, 485, 487
손실 시나리오 82
수학적 모델 119, 240, 276
순차 능선 회귀 278
순환 신경망 314, 513
스트레스 시나리오 202
스트레스 테스트 9, 195, 209
스팸필터 441
시계열 모델 150, 285
시계열 분석 93
시나리오 계획 40, 41, 120, 121, 122

시나리오 기법 94
시나리오 모델 82
시나리오 분석 95
시나리오 상황 84
시나리오 시뮬레이션 3
시나리오 업데이트 123
시나리오 테스트 123
시만텍 분석 497
시멘틱 웹 495, 513
시스템 위험 11
시장 위험 12, 13, 21, 37, 58, 307, 309
시장 위험 관리 209
신경망 165, 271, 444, 454, 520, 528
신경망 알고리듬 208
신기술 위험 25
신바젤 협약 12
신용 위험 12, 13, 38, 60, 197, 208, 262, 284, 448
심층 신경망 392
심층 신뢰 406
심층신경망 369
심프슨의 역설 180
쌍방향 추론 132

ㅇ

아마존 대시 116
아마존 에코 116
안티 피싱 필터 441
알고 덤벼들기 254
알고리듬의 오류 199

알렉사 154
앙상블 모델 292, 438
양의 상관관계 236
양자컴퓨팅 189
양적 데이터 분석 170
양적 법적 예측 402
어휘적 접근 278
언어 모델링 278
언택트 131
여과처리 132
여진 시퀀스 362
역 색인 268
역공학 346
역사적 유추 93
역인과성 220
연간 사망 위험율 47
영업 위험 21
예방주의 336
예외 예측 225
예측 계약 424, 426, 428
예측 모델 107, 142, 212, 255, 277, 284, 438
예측 모델링 255, 270, 293, 294
예측 부호화 504
예측 치안 361, 424
예측 치안 알고리듬 15, 367
예측 코드 118
예측 코딩 305
예측곤란성 181
예측기계 118, 161, 221, 225
예측배송 시스템 115

예측자 291, 377
예측적 치안유지활동 359
오류 관리 이론 47
오손 데이터 374, 376
오탐지율 196
온라인 개인화 251
온톨로지 495, 514
완전 시장 22
요소 중심 분석 149, 152
우연성의 요소 20
운영 위험 12, 52, 58, 59, 76, 262
위기 31
With Corona 시대 131
위양성 16, 351, 390, 392
위음성 16, 351, 390
위험 가치 81
위험 감수 33, 45, 214
위험 감수자 240
위험 관리 321
위험 관리 프레임워크 49
위험 관리 프로세스 76, 85
위험 관리 프로토콜 76
위험 규제 11, 45
위험 내성 74
위험 대응 324
위험 등록부 70, 81
위험 배분 412
위험 분해 37
위험 비용 81
위험 사다리 47
위험 선호도 78

위험 식별 70, 76, 79
위험 완화 조항 57
위험 완화책 85
위험 점수 70, 81, 325, 448
위험 처리 75
위험 통합 38
위험 평가 49
위험 평가 프로세스 77
위험 평가 프로토콜 76
위험 허용 범위 73, 81
위험 회피 309, 412
위험 히트맵 81
위험관리 44
위험배분 411
위험소통 34
위험점수화 81
위험-지형 모델링 363
위험평가 44
유니그램 466
유동성 위험 9, 59, 196
User beware 스티커 521
은닉 마르코프 모델 274, 405, 406
은닉층 271, 431, 491
응보형주의 336
의료 기반 자살 위험 예측 389, 391
의사결정 트리 447
의사 결정 트리 모델 289
이머징마켓 채권 277
이메일 피싱 441
이산수학 282
이상치 감지 477

이상치 모델 284
이상치 탐지 알고리듬 292
이자 위험 21
인간과 기계의 협업 225
인공 일반지능 520
인공신경망 234, 406
인공지능 기반 자살 예측 388
인공지능의 거울 15, 160
인공지능 통찰력 114
인과 추론 221
인과 추론 평가 108
인과관계 29, 178, 182, 343
인종 편견 351
인종 프로파일링 379
인지부조화 215
인지적 한계 182
인지 편향 404
인플레이션 위험 21
일반화 선형 모델 287
임계치 117
임베딩 509
임베딩 레이어 432
임상적 예측 351
입력층 270

ㅈ

자금세탁 195, 433
자기 과신 133, 214
자동화 편향 341
자연어 처리 237
자연어 처리 404, 422, 463, 474, 501

자연어 처리 기법 279
자연어 처리 알고리듬 314
자질 선택 235
잘못된 긍정 342
잘못된 부정 342
장기 위험 관리 모델 277
장수 위험 23, 24
재난 회복력 39
재무 위험 21, 49, 490
재범 위험성 예측 알고리듬 230, 322, 327
재범 위험성 예측 알고리듬 COMPAS 17
재범의 위험성 예측 모델 337
재해위험 24
저금리 정책 246
적대적 논증 314
적대적 학습 429
적대적 학습기법 432
전관예우 137, 153, 304, 480
전문가 접근 방식 122
전사적 위험관리 69
전자 증거 개시 305, 402, 504
전체주의 모델링 281
정규 선형 회귀 288
정량적 방법 322
정량적 방법론 269
정량적 예측 알고리듬 307
정량定量 기술 103
정보 과부하 134
정보의 역치 225

정성적 데이터 123
정성적 방법론 269
정신적 위태 28
제3자 소송 자금 조달 481, 489
조粗이혼율 180
조지 소로스 239
즉 human in loop 접근 방식 394
증거 기반 이니셔티브 328
증거 기반 형사사법 322
지능형 검색 기능 415
지능형 비디오 감시 367
지도학습 164, 291, 435, 445
지불 사기 441
지수적 증가 187
집합적 대응 131

ㅊ

차원의 저주 237
차원 축소 279
착각상관 134
창발적 행동 167
천재적 예측 93
체계적 위험 20
초과사망률 105
초재해 25
총 자본요구량 12
총격음 감지 시스템 368
최적 멈춤 157
추상화 158, 277, 406, 496
추세외삽법 93
출력층 271

취약국가 지표 106
치명적 손실 시나리오 82
치즐 154, 225

ㅋ

카드 5 카운팅 알고리듬 259
카드 카운팅 260
캘리 공식 260
퀀트 155, 256
퀀트 투자자 275
K-평균 288
클라우드 펀딩 31
클러스터링 모델 283

ㅌ

타당성 환 404
텍스트 기반 측정 279
토픽모델링 370
통계적 모델링 364
통찰력 114
투자 위험 감수 240
트라이그램 466
특성 235, 380, 436
특성공학 234, 237, 406
특성선택 237
특성 추출 446, 472

ㅍ

파괴적 혁신 117
파산비용 22

파생상품 12, 24, 31
파스칼과 페르마의 확률이론 102
판별 신경망 429
패러다임의 전환 167
패턴 학습 164
팩터 투자 274
편향성 161, 342, 379
평판 위험 58, 77
페인들의 힘 167
포트폴리오 관리 250
표시점 프로세스 방법론 365
표준 선형 회귀 277
프레이밍 위험점수 175
플랫폼 4, 5
핀테크 10, 258

ㅎ

하향식 위험 평가 78
합리주의적 접근 405
해머평가 위험도구HART 335
해외 투자 위험 26
행동 접근법 19
헌팅턴 무도병 129
헤지펀드 257, 275
협력적 접근 방식 122
혼돈계란 119
화용분석 496
확률론적 그래픽 모델 274
확증 편향 404
환원주의 281
환율 전환 효과 247

환율의 저주 248
회색 코뿔소 40, 98
효율적 계약 이론 425
흑마술 166

A

actuarial approach 322
actuarial risk assessment 323
Adversarial Training 429
alternative litigation financing 481
Amazon Dash 116
Amazon Echo 116
artificial general intelligence 520
Artificial Neural Network 234
Automation Bias 341
Availability heuristic 404

B

Bag of Words 505
Bali Fintech Agenda 195
bankruptcy cost 22
Benford'law 442
Black Swan 40, 99
Brownian motion 103

C

catastrophic risk 24
chaotic system 119
Chisel 154

Classification Model   283

Cloud Walk   370

Clustering Model   283

COMPAS   325

ComplyAdvantage   202

computational model   276

confirmation bias   404

conjecture   93

Convolutional Neural Networks   406

corpus   524

counterfactual reasoning   220

crime hot spot map   362

D

Data Augmentation   430

Deep belief   406

Deep Genomics   154

DeepView   233

Dirty data   374

dragon king   99

E

e-discovery   305, 402

Embedding   509

Embedding Layer   432

Enterprise Risk Management   69

Error Management Theory   47

Exposure   39

extrapolation   93

F

factor investing   274

false negative   16, 342

false positive   16, 342

feature   235

feature engineering   234

feature selection   235

feedback loop   131

Fintech   10

Forecast Model   284

forecasting   93

Fragile States Index   106

fundamental analysis   240

G

GAP 분석   82

Geek Power   167

Generalized Linear Model for Two
      Values   287

genius prophecy   93

GPT-3   518, 522

GPT-4   522

Gradient   432

Gradient Boosted Model   288

Grey Rhino   40

H

hidden Markov model   274

Hikvision   369

hotspot   362

I

Insight 114
inverted index 268

K

k-nearest neighbor, Support Vecotr
Machine 235
K-Means 288

L

labeling 314
large language model 518
Lex Machina 315
Lexical Approach 278
Lexpressions 474
likelihood 271
Logistic Regression 235
Lovelace's Objection 111

M

machine intelligence 519
macroscopic variables 273
Masked-Language Modeling 517
mass marketing 251
mental model 269
missing value 450
money laundering 433
moral hazard 27
morale hazard 28
multiple linear regression 292

N

Naive Bayes 분류기 235, 292
Natural Language Processing 237
N-gram 454
numerati 173

O

online personalization 251
Ontology 514
optimal stopping 157
optimism bias 404
Outliers Model 284

P

paradigm shift 167
perfect marke 22
physical hazard 27
positive associations 236
power laws 99
pragmatics analysis
Predict and Pounce 254
prediction by exception 225
predictive coding 118, 504
predictive policing 359, 424
predictor[s] 291
privacy 174
Prophet 알고리듬 289

Q

Quant 256, 275

Quantitative Analyst   256
quantitative investing   274
Quantitative Legal Prediction   402

R

Random Forest   285, 381, 391, 418, 447
Ravel Law   315
RegTech   21, 194, 201, 262
resilience   39
risk aggregation   38
risk assessment   44
risk decomposition   37
risk management   44
risk register   70
risk score   81
risk scoring   81
risk-needs-responsivity 모델   337
Ross Intelligence   315

S

Scenario Planning   40, 120
SCORE   203
Semantic Web   513
semantics analysis   497
sentiment analysis   253, 278
ShotSpotter   368
simple linear regression   292
Solomonic   474

Support Vector Machine(SVM)   292, 418
SupTech   194

T

TF-IDF   370
tf-idf   456, 513
tf-idf 방법   506
third-party litigation   481
Time Series Model   285
trade-off   154
trigram   466

U

ultrahazards   25
Unforeseeability   181
unigram   466
Unsupervised Learning   429
untact   131

V

Validere   154

W

Word Embedding   509, 510

Z

ZestFinance   207, 208

양종모

1981년 사법시험에 합격한 후 사법연수원을 거쳐 군 복무를 마치고, 1986년 검사로 임용되었다. 2003년 부장검사를 끝으로 퇴직한 후, 2006년부터 영남대학교에서 교수로 재직하면서, 법학전문대학원에서 형사법을 가르치고 있다.

1989년부터 컴퓨터 프로그래밍(코딩)을 하면서, 검사 업무와 관련된 어플리케이션을 개발하여 사용하기도 했고, 1990년 초부터 자연스레 인공지능에 대하여 관심을 가지게 되었으며, 현재 python, tensorflow 등을 이용하여 코딩을 하고 있다. 인공지능과 직·간접으로 연관이 있는 뇌과학, 언어학, 인지심리학에도 관심이 있으며, 최근 OpenAI의 GPT-3 등 자연어처리에 주목하고 있다.

연구의 주된 방향은 인공지능의 법 분야 활용 모색이며, 인공지능 판사, 챗봇 등 인공지능 관련 법적 이슈 때마다 언론에 논문의 내용이 소개되었고, 2021년에 발간한 『인공지능과 법률 서비스 분야의 혁신』이 2022년 학술원 우수도서에 선정되기도 하였다. 인공지능과 법률이라는 주제로 각종 기관이나 대학에서 강연을 하였으며, 카이스트 4차 산업혁명 지능정보센터 전문자문위원을 역임하는 등 법학 분야 외에서도 활동하고 있다.

유민총서 17

4차 산업혁명 시대의 인공지능
알고리즘에 의한 법 분야 위험 예측

초판 1쇄 인쇄 2022년 12월 23일
초판 1쇄 발행 2022년 12월 30일

지 은 이 양종모
편   찬 홍진기법률연구재단
주   소 서울특별시 종로구 동숭3길 26-12 2층
전   화 02-747-8112   팩   스 02-747-8110
홈페이지 http://yuminlaw.or.kr

발 행 인 한정희
발 행 처 경인문화사
편 집 부 김지선 유지혜 한주연 이다빈 김윤진
마 케 팅 전병관 하재일 유인순
출판번호 제406-1973-000003호
주   소 경기도 파주시 회동길 445-1 경인빌딩 B동 4층
전   화 031-955-9300   팩   스 031-955-9310
홈페이지 www.kyunginp.co.kr
이 메 일 kyungin@kyunginp.co.kr

ISBN   978-89-499-6675-5 93360
값 38,000원